刑法总论

GENERAL THEORIES OF CRIMINAL LAW

付立庆　著

法律出版社 | LAW PRESS

引　言

刑法与人们的日常生活息息相关。以下是几个常见的例子。

例1　一名同学为了方便在校园内活动,购买了一辆价值2000多元的电动车,将其放在宿舍楼下。不料某天车子丢了,于是他向警方报案,警方调查得知,原来是其同学突然有事急需用车而将该车骑走,并未事先告知。这时警方会如何处理该同学的行为?这一行为与刑法有无关系?换一种情形,如果该同学并无急事,只是单纯想开个玩笑,想看看失主丢失车辆后着急的样子,在此种情况下警方会如何处理?如果该同学一开始具有偷车意图,但在几天后意识到一旦行为暴露将面临来自校纪校规、法律等一系列的处分或制裁,就又暗地里将车辆放回原处,此时行为是否值得刑法进行评价?

例2　实践中发生过的,失主追小偷,小偷慌不择路跳河了,失主会游泳却未施救,导致不会游泳的小偷被淹死了,如何评价失主的行为?

例3　实践中常会发生的,看到别人要跳楼自杀时,单纯在路面上幸灾乐祸地观望自然不构成犯罪,但是如果,起哄说,"想跳就快跳吧,别装模作样地耽误我们的时间,我们都忙着呢!"使精神极度脆弱的准备跳楼者最后下定决心并跳楼摔死的,起哄者是否触犯了刑法?

例4　实践中还常出现,原配当街对"小三"大打出手的问题,还有的甚至当街扒光"小三"的衣服让其当众出丑,周围的人都对原配的行为表示理解、认为解气。怎样评价"小三"的第三者插足和原配的上述行为?

例5　由于ATM出现故障,输入1000元取款金额只会扣款1元,于是反复取款上百次,总额达十几万元的,是民事纠纷还是刑事犯罪?

例6　宝马汽车车主因占用非机动车道与电动车主发生摩擦,宝马车主从车上拿出刀具朝电动车主挥刀连续砍去,后因醉酒等原因刀具脱手落地,电动车主拾刀追砍跑向自己汽车的宝马车主,导致其遭砍失血过多而死亡。电动车主是否构成犯罪?

以上这些问题,是法律问题还是非法律问题?是仅涉及行政法、民法,因而需要行政处罚或者民事赔偿,还是涉及刑法,需要进行刑事制裁?这些都是需要思考的问题,而这也正是刑法学研究的内容。

刑法学由刑法总论与刑法分论构成,其中,刑法总论主要研究什么样的行为与刑法有关,以及刑法将如何处理这样的行为。刑法总论的知识体系由刑法绪论、犯罪论和刑罚论三个部分组成。

目　录

第一编

刑法绪论

第一章　刑 法 概 说

第一节　刑法的概念、性质、任务和机能

一、刑法的概念

刑法的首要研究对象是犯罪。什么行为构成犯罪,什么行为不构成犯罪只能由刑法进行规定,其他法律如行政法、民法等则不能规定犯罪,也无权规定犯罪。刑法与犯罪的关系可以概括为:刑法是犯罪的存在前提,犯罪是刑法的规制对象。

刑法除了规定何种行为构成犯罪外,还规定:当一个行为构成犯罪时随之而来的法律后果是什么,即行为是否应受以及应受何种刑罚处罚。一个犯罪行为将会产生多种后果,如国家工作人员因犯罪而丧失公职、受到道德的谴责和社会的否定评价,但是刑法研究的是,犯罪在法律上要承担何种后果。犯罪的法律后果既包括刑罚,又包括非刑罚的法律后果,如我国《刑法》第 37 条规定的具结悔过、赔礼道歉、赔偿损失等。可见,犯罪的法律后果并非单一,但主要还是刑罚制裁。概括来说,刑法是立法机关以国家名义颁布的,规定什么行为是犯罪以及犯罪的法律后果(主要是刑罚)的法律规范的总和。

"刑法"一词在英语国家的表述有 criminal law 和 penal law 的区别。criminal law 侧重的是刑法对犯罪的关注,着眼的是事实部分;而 penal law 着眼的是刑罚部分,即刑法规范对行为的制裁。但无论如何解读,刑法既不单纯指向一种事实,也不单纯表示一种规范,其指向的是因为某种事实的存在而引起的某种规范的适用问题,因而刑法是以事实为前提、以规范为重心的法律。

二、刑法的性质

(1)从公法与私法的区分来看,刑法属于公法,其调整的是国家与公民之间的关系,不同于民法,后者调整的是平等主体的自然人、法人和非法人组织之间的关系。刑法的公法性质体现为国家对侵犯了某种利益因而构成犯罪的行为人的制裁与惩罚,同时,也体现为对国家公权力的一种限制,即法律没有规定为犯罪的行为,就不能动用国家公权力加以干涉。

学理上还存在强行法与任意法的概念。据此,刑法是强行法,即强行性法律规范,必须绝对执行,只有告诉才处理的情况下才具有任意法的性质。由于所具有的强行法的特征,刑法中更为明显地体现出国家强制力。而民法则主要是任意法,绝大多数情况下允许法律关系参加者自己确定相互间权利义务的具体内容。

近年来,随着刑事和解制度的发展和深入,实务界存在一定的刑法私法化的倾向。对于一些轻微的刑事案件,如在打架斗殴中致他人轻伤,若行为人进行了充分赔偿也获得了被害方的谅

解，双方达成和解，此时侦查机关就可能作撤案处理，或者检察机关作不起诉处理，该行为也就不会被认定为犯罪而被判处刑罚。原本需要国家公权力介入将其作为犯罪处理的行为，因为双方当事人的和解最终没有被认定为犯罪行为，体现出一定程度私法化的倾向。但是，由于刑事和解的适用情形极其有限且有明确的范围限制，并不足以否定刑法本身的公法属性和强行法特征。

（2）从与宪法的关系的角度看，刑法是根据宪法制定的子法，现行《刑法》第1条即明确了这一点。宪法是上位法，刑法是下位法。宪法是母法，而刑法和其他的法律都是子法。由此，刑法的原则和制度都不能与宪法相违背，而是要与宪法相协调一致。尽管在我国还没有建立起对于违反宪法精神、宪法规定的部门法条文由相应机关宣布无效的合宪性审查制度，但明确宪法与刑法的位阶关系，自觉运用宪法精神和宪法原则解释刑法规定，仍是具有重要意义的。比如，在研究诽谤罪时，必须考量是否与宪法规定的言论自由相冲突；分析贪污受贿罪判处终身监禁规定时，需考虑是否具有合宪性，如终身监禁是否与尊重保障人权相冲突。

（3）刑法属于基本法，作为宪法的子法和下位法，刑法在位阶关系上属于基本法，与民法、行政法等基本法并列，从而区别于其他不属于基本法的法律。基本法与非基本法的区别体现在其重要性上，而这种重要性又反映在法律的制定程序上。基本法必须由全国人民代表大会制定，而非基本法全国人大常委会就可以制定。不过，作为基本法的刑法，其修正案，尤其是涉及内容广泛且重大的修正案是否可以由全国人大常委会制定和通过，目前的立法实践采取了肯定立场，对此值得进一步研究。

（4）从部门法的划分角度看，刑法属于刑事法，刑事法是与犯罪有关的法律规范群。对一个犯罪行为应该如何加以追诉、审判等内容规定在刑事诉讼法中，而刑法作为实体法，它不涉及如何启动诉讼程序、证据证明等程序问题，而涉及一个行为构成犯罪应该具备何种条件，以及构成犯罪的法律后果，至于这些行为在实践中如何定罪量刑，如一个杀人行为被判处死刑，这个死刑将如何执行、何时执行，这些都是由刑事诉讼法规定的内容。至于刑罚确定之后的具体落实，则由刑事执行法调整。

在刑法中，存在所谓行政刑法，对其归属尚有争议。尽管也有主张认为行政刑法具有行政性，是行政法，①但行政刑法本质上是关于行政犯罪及其法律后果的法律，因此仍应属于刑事法。

（5）从法律后果的实现方式上看，刑法属于强制法。刑法的法律后果主要体现为刑罚，而刑罚的实现有国家公权力作为后盾，有国家强制力加以保障。比如，刑法中罚金的缴纳，若行为人不缴纳罚金，将面临公权力的制裁；而民法中赔偿金则主要依靠当事人的自觉履行。民事法领域也并非全无国家公权力的介入，但这种介入是少见的，主要还是通过当事人的自由意志予以实现，而在强制法中国家公权力的介入更多体现为违背主体意志的强制执行和具有严厉性的制裁手段。

（6）从立法法、司法法、行政法的分类中，刑法为司法官员适用法律加以定罪和量刑设置了指南，因而属于司法法。例如，何种行为构成盗窃和诈骗、何种行为不属于盗窃和诈骗，刑法为法

① 卢建平：《论行政刑法的性质》，载《浙江大学学报》（社会科学版）1993年第3期；杜澎：《环境刑法对传统刑法理念的冲击》，载《云南法学》2001年第1期。

官规定了适用法律的指南,因而是司法法。

(7)关于刑法的补充性与谦抑性特征。需要特别强调的是刑法的补充性、谦抑性、片段性、最后手段性等特征。在刑法教科书中常见的表述方式为:其他法律规范,如民法,都是第一次法律规范,而刑法是在第一次法律规范调整失效以后作为补充加以适用的第二次法律规范。不少学者也赞同此观点。[①] 常见的思维方式是,诸如在民间借贷、合同买卖等场合,刑法不应直接介入干涉,例如,他人欠钱不还的行为不是一个犯罪问题,因此无须动用刑法进行调整。只有在民事法律等其他第一次法律规范失效以后,才需要作为保障法的刑法介入。

但是,刑法的二次规范性、补充性和谦抑性应正确理解。二次规范性并不意味着刑法依附于民法、行政法等第一次法律规范而存在,只是强调了刑法的严格性。其原因在于,与其他法律的制裁手段相比,刑法的制裁更加严厉,因而不到不得已时不得随意动用刑法资源。例如,在借钱不还的场合,债权人可以通过向法院起诉申请强制执行的方式迫使对方还钱,必要时可以扣押对方财物,因而无须将此行为认定为犯罪。但刑法并非附属于其他法律规范,而是具有相对的独立性。例如,在强奸、杀人等自然犯的场合,完全不存在与之相对应的第一次法律规范,这时刑法的独立性就更加充分地体现出来。由此可见,承认刑法的谦抑性、最后手段性与强调刑法作为一个独立的法律部门之间并不矛盾。对此,本书着重强调两点:(1)在司法上,存在值得刑罚处罚的侵害行为时,应该尽可能挖掘刑法规范的供给,而不能动辄以刑法谦抑为原则放弃处罚。(2)在立法上,不能将增设新罪与刑法谦抑性人为对立,应该顺应社会发展需求进行适度的犯罪化。“刑法谦抑性‘不意味着只要不动用刑罚就是好的’,其并不反对与社会发展相匹配的、必要的犯罪化。”[②]

三、刑法的分类

1. 狭义刑法与广义刑法

刑法有狭义与广义之分。狭义刑法是系统化地规定犯罪与刑罚的一般原则和具体罪名及其法定刑的法律规范。无论是否在名称上明确称为“刑法典”,都应该认为,狭义刑法就是指国家立法机关制定的刑法典,这是最本初意义上、最典型的刑法。当本书在刑法规范集合意义上使用“刑法”概念时,所指即是狭义刑法。

广义刑法是一切规定犯罪及其法律后果的规范的总和,除了刑法典之外,还包括单行刑法和附属刑法。

2. 单一刑法与附属刑法

以刑法规范是否具有独立性为标准,可以将刑法分为单一刑法与附属刑法。单一刑法,是指刑法规范具有独立性,即其内容全部或者主要是刑法。由于在外形或名称上通常就具有刑法的性质,单一刑法有时也被称为形式刑法,但这个称谓并不严谨,也没有什么实际意义。单一刑法除了包括刑法典之外,还包括单行刑法。单行刑法,是指在刑法典之外,由立法机关为补充或者

---

① 代表性著述参见田宏杰:《行政犯的法律属性及其责任——兼及定罪机制的重构》,载《法学家》2013年第3期。

② 周光权:《刑法总论》(第3版),中国人民大学出版社2016年版,第21页。

修订刑法典而颁布的,针对一个专门事项,就其是否构成犯罪以及适用何种法律后果进行规定的法律规范。例如,《关于惩治骗购外汇、逃汇和非法买卖外汇犯罪的决定》(1998 年 12 月)、《关于特赦部分服刑罪犯的决定》(2015 年 8 月)等都属于由全国人大常委会制定的单行刑法。单行刑法的内容主要是刑法规范,但不排除其中也包含少量行政处罚等非刑法规范的内容。

附属刑法,是指在经济法、行政法等非刑事法律中规定关于犯罪及其后果的规范。例如,在著作权法、土地法、森林法等非刑法规范体系中,都可能存在严重侵犯他人著作权、破坏水资源、森林资源等的行为而构成犯罪的问题,其中的相应规范就是与罪刑有关的规范,这些散见于刑法典之外的其他部门法律之中、涉及行为是否成立犯罪的规范称为附属刑法规范。之所以称为"附属"刑法,是因为相应的刑法规范不是其所依存的法律的主体部分,具有一定的附属性。

从理论上说,我国的广义刑法也是由刑法典(狭义刑法)、单行刑法和附属刑法构成的。但正如有观点所言,域外的附属刑法就是行政刑法,我国的附属刑法是附而不属的影子刑法:在行政类法律的"法律责任"章节中规定"构成犯罪的,依法追究刑事责任",但该类法律中没有明确的罪刑条款,要追究刑事责任时还是要去查找刑法。而刑法中的相关规定又常常过于模糊。我国的附属刑法,不许存在行政刑法,罪刑条款只许出现在刑法中,一元化刑法立法模式的出发点原本是突出刑法优位,结果却是弱化了刑法功效。① 有学者提出,我国现有的刑事立法不注意区分法定犯与自然犯,而是将两者混为一谈,统统归属于刑法典和单行刑法(特别刑法)中,而在大量的附属刑法中往往只用"依法追究刑事责任"等含糊用语,这种单轨制的立法模式会带来诸多弊端:(1)增加立法与执法成本;(2)容易导致立法留下空白,使执法无法可依,或者对行为人的肆意执法;(3)给实现刑罚轻缓化增加难度;(4)不利于保持刑法典的稳定。② 更有学者认为,刑法立法的单轨制是刑法机制运作不畅的外发性原因,即刑与罪的法律规范只存在于刑法典和单行刑法中,单轨制不可避免地使刑法规范与其所依托的相关法律形成毛与皮相分离的状态。而顺应世界潮流,实现刑事立法的双轨制是严密刑事法网、顺畅刑法机制的一个重要方面。

3. 普通刑法与特别刑法

以刑法的适用范围大小为标准,可以将其分为普通刑法与特别刑法。

普通刑法具有普遍适用效力,即其效力及于一国领域内的任何地区与个人。普通刑法是刑法的基础部分,主要表现为刑法典。

特别刑法是指适用于特别人、事、时、地域的刑法。例如,军事刑法、禁毒法、战时特别法、特定地区的戒严法等,都是特别刑法。此外,如果从纯粹形式上区分,可以认为,国家为了弥补刑法典不足而颁布的单行刑法与附属刑法,都是特别刑法。

当一个行为同时触犯普通刑法条文和特别刑法条文时,应适用特别法优于普通法的原则;如果行为同时触犯两个特别刑法,则应该优先适用新法。不过,我国刑法中的附属刑法通常规定为"(情节严重)构成犯罪的,依照刑法追究刑事责任",所以在普通刑法与附属刑法发生竞合时,最终的结果是仍然要回到普通刑法的适用上。

---

① 参见储槐植:《1997 年刑法二十年的前思后想》,载《中国法律评论》2017 年第 6 期。

② 参见刘仁文:《关于调整我国刑法结构的思考》,载《法商研究》2007 年第 5 期。

四、刑法的任务与机能

(一)刑法的任务

刑法的任务,从字面上理解,是立法者赋予刑法的职能与责任。我国无论是1979年《刑法》还是1997年《刑法》,都在其第2条对刑法的任务作出了规定。对于刑法典中规定刑法任务的立法例,我国学者作出了如下考察。在大陆法系刑法中,都没有关于刑法任务的规定,仅作为一种理论问题加以讨论。俄国十月革命后,随着政治话语对法律领域的垄断,刑法的阶级性得以强调,而刑法的任务被视为最能体现刑法阶级性的内容在刑法中加以强调,并成为社会主义刑法与资本主义刑法的重大区别之一,某种程度上成为社会主义刑法的政治标签之一。1960年《苏俄刑法典》第1条第1款规定了《苏俄刑法典》的任务:"苏俄刑法典的任务是保护苏联的社会制度及其政治体系和经济体系,保护社会主义所有制,保护公民的人身和权利,维护社会主义法律秩序,以防犯罪行为的侵害。"受此影响,《罗马尼亚刑法典》第1条、《朝鲜刑法典》第1条等,也都规定了刑法的任务。我国刑法历次草案中都有刑法的任务这一条文,被认为是"具有重大政治意义和法律意义",在1979年《刑法》第2条也对此进行了详细规定。1997年《刑法》在对上述第2条规定中已经过时的政治术语进行调换的同时,也对其基本内容予以修改,形成了现行《刑法》第2条的规定。①

现行《刑法》第2条规定:"中华人民共和国刑法的任务,是用刑罚同一切犯罪行为作斗争,以保卫国家安全,保卫人民民主专政的政权和社会主义制度,保护国有财产和劳动群众集体所有的财产,保护公民私人所有的财产,保护公民的人身权利、民主权利和其他权利,维护社会秩序、经济秩序,保障社会主义建设事业的顺利进行。"通过这一描述,可以看出中国刑法的任务主要包括以下4个方面。第一,保卫国家安全,保卫人民民主专政的政权和社会主义制度。正因如此,我国刑法分则编第1章规定了"危害国家安全罪",规定了与国家安全、社会主义制度的安全密切相关的一类犯罪。作为执政党的刑法,首先要维护自己的统治利益和政权基础,这是不言而喻的。刑法分则编第8章"贪污贿赂罪"、第9章"渎职罪"等,作为国家工作人员的职务犯罪,也都是和国家机器职能的正常运转相关,进而保护政权的健康运行。第二,保护国有财产和劳动群众集体所有的财产。刑法分则编第3章"破坏社会主义市场经济秩序罪"承担的就是刑法保护上述财产的任务,这也是刑法的主要任务之一。第三,保护公民私人所有财产,保护公民的人身权利、民主权利和其他权利。这也是刑法的主要任务之一。公民个人的生命权、健康权、性自主权、名誉权、宗教信仰自由等人身、民主权利,以及公民私人的财产权利,都需要刑法加以保护。为此,刑法在分则编第4章"侵犯公民人身权利、民主权利罪"和第5章"侵犯财产罪"中规定了相应的犯罪行为,通过对这些犯罪的处罚,刑法承担起保护公民个人的任务。第四,维护社会秩序、经济秩序,这一点体现在刑法分则编第2章"危害公共安全罪"、第6章"妨害社会管理秩序罪"以及之前提到的第3章"破坏社会主义市场经济秩序罪"中,涉及的是与秩序,包括社会秩序和经济秩

---

① 前述介绍与梳理,参见陈兴良:《刑法机能的话语转换——刑法目的论的一种探讨路径》,载《环球法律评论》2008年第1期。

序有关的犯罪。

通过以上的归纳可以看出,刑法的任务实际上可以进一步整合为两大部分:以上第1个、第2个、第4个任务可谓是"保护国家和社会",其第3个任务,可谓是"保护公民个人"。保护国家、社会和公民个人免受犯罪的侵害,这就是《刑法》第2条所规定的我国刑法的任务。在与后述的刑法机能的关系上,可以认为,我国刑法的这一任务,就是承担刑法的法益保护机能。① 这个任务的实现,需要通过"用刑罚同一切犯罪行为作斗争",即惩罚犯罪的手段,也有赖于刑法机能的发挥。对此,有如下两点需要特别强调。第一,认为我国刑法的任务是法益保护,这是基于对现行《刑法》第2条之实然解读所得出的结论,基于此种解读也只能认为"刑法的任务"与后述"刑法的机能"的含义不同。不过,从应然的角度来讲,刑法的任务不应局限于保护法益,更应该强调保障人权,尤其是被告人的人权,在立法上标明罪刑法定基本原则的国家尤应如此。就此而言,本书认同这样的论断:"我国《刑法》第2条关于刑法任务的规定是片面的,也是与罪刑法定原则相悖的。在刑事法治的背景之下,我们应当重新审视我国《刑法》第2条对刑法任务的规定,按照刑法机能的法理对刑法任务的规定进行补充,实现法理对法律的纠偏。"②第二,从《刑法》第2条关于我国刑法保护法益任务的规定顺序中可以看出,立法者总体上是先规定了保护国家法益,之后是保护个人法益,最后是保护社会法益的。尽管刑法典分则编的排列顺序与此稍有不同,但总体上,立法者是将保卫国家安全、保卫人民民主专政的政权和社会主义制度看作刑法的首要任务。③ 不过,这样的规定终究令人产生国权刑法而非民权刑法的感触,并且,也会得出我国刑法并未将宪法中"国家尊重和保障人权"的规定完全体现的结论。④

(二)刑法的机能

除了需要分析刑法的任务之外,还要研究刑法的机能。刑法机能,又称为刑法功能,是指刑法在运行过程中产生的功效与作用。关于刑法的机能,存在不同主张。二分说认为,刑法的机能分为法益保护机能和人权保障机能,不含行为规制机能。所谓的行为规制机能基本上只是法益保护机能的反射效果,⑤保护法益机能主要通过刑法的规制行为机能来实现。⑥ 三分说在保护机能和保障机能之外,强调规制机能的独立意义。本书认为,强调刑法的规制机能具有必要性和独立的价值,所以本书持三分说的立场,认为刑法具有行为规制机能、法益保护机能和人权保障机能。

1. 行为规制机能

行为规制机能,又称为规范机能、规律机能,是指通过刑法规范而发生的规制、规范他人行为的效用。刑法的行为规制机能又可进一步分为针对公民行为的评价机能和针对裁判者行为的裁判机能。

---

① 明确肯定我国刑法的任务就是保护法益的,比如张明楷:《刑法学》(第5版),法律出版社2016年版,第21页。
② 陈兴良:《刑法机能的话语转换——刑法目的论的一种探讨路径》,载《环球法律评论》2008年第1期。
③ 参见胡康生、朗胜主编:《中华人民共和国刑法释义》(第3版),法律出版社2006年版,第3页。
④ 参见陈兴良:《刑法机能的话语转换——刑法目的论的一种探讨路径》,载《环球法律评论》2008年第1期。
⑤ 参见张明楷:《刑法学》(第5版),法律出版社2016年版,第22页。
⑥ 参见黎宏:《刑法学总论》(第2版),法律出版社2016年版,第6~7页。

刑法通过将某行为确定为犯罪并科处一定刑罚,从而指出其应受到法的否定性判断,这就是刑法的评价机能。通过评价机能的发挥,可以使普通人形成不实施犯罪行为的意思决定,从而指引其不去犯罪。比如,通过将在他人不知情情况下拿走其财物的行为评价为盗窃,即通过将行为评价为违法这种否定性法律评价,设定一定制裁,使其他人不去实施盗窃行为,从而为行为人设定一个不得做什么、应该做什么(作为义务)的行为规范。“刑法是区分罪与非罪、此罪与彼罪、轻罪与重罪界限的根本标准,它向公民提供了一张罪刑价目表,凡列入罪刑价目表的行为,刑法都予以否定评价。因此,刑法的评价机能使刑法具有一种行为尺度的功效。”①刑法的评价机能包括为社会提供定罪量刑的总标准以及针对具体行为的个别评价两个层次,前者体现在刑法总则中,后者体现在刑法分则中。

除了为社会一般人设定行为规范以外,刑法的规制机能还体现在,规制裁判者即刑事法官的行为,告诉法官在何种情况下可以将行为人的行为认定为犯罪,并且处以相应刑罚,何种情况下不能将行为人的行为认定为犯罪、不能判处相应的惩罚。从指引法官作出裁判这一点来看,刑法属于一种裁判规范,具有裁判机能。通过刑法的裁判机能,约束司法者的司法活动,保证刑罚权的合法行使。例如,对于一个遭到他人侵害后实施反击行为将对方打成重伤的行为人,其反击侵害的行为能否作为故意伤害罪进行评价? 这时法官的裁判就需要借助故意伤害罪、正当防卫规定等相应刑法规范加以判断。概括来说,无论是定罪还是量刑,司法者都需要以刑法的规定为依据,刑法也正是由此发挥其裁判机能。

可见,刑法的规制机能包括针对一般人的行为规范与针对法官的裁判规范两个方面。本书后文中会进一步提到,如果认为犯罪的本质是对规范的违反同时也是对法益的侵害的场合,更可能同时肯定刑法的行为规范和裁判规范的双重属性。即便认为犯罪的本质仅仅是对法益的侵害,即认为犯罪的本质是对法益的侵害而不包括对规范的违反,在将具有法益侵害性的行为评价为“违法”的意义上,无疑仍是一种否定性评价,就仍然能够同时肯定刑法的评价机能和裁判规范的机能的统一。

2. 法益保护机能

刑法的第二个机能是法益保护机能。“刑法的保护机能可以说是刑法最为原始的机能,甚至可以说是刑法的本能。”②刑法规定某行为构成犯罪的目的是保护对个人、社会、国家有意义的重要利益。例如,刑法将不经过他人同意拿走其财物的行为规定为盗窃犯罪,目的是对相应财产权利加以保护,这种利益对于个人的存在和持续具有重要意义。从这个角度看,刑法的本质是保护值得保护的利益,刑法是一部法益保护法。对诸多刑法学问题必须从法益保护角度进行理解。

刑法保护的具体法益将会在刑法分论部分进一步展开,而作为一种类型化的划分,法益可以分为:(1)个人法益,与个人利益直接相关,如生命、健康、人身自由、性自主权、名誉、财产等;(2)社会法益,是与社会的安定、秩序相关的利益;(3)国家利益,与国家的存续和发展相关的利益。例如,颠覆国家政权、危害国家安全的犯罪就直接危及国家的存续,此外还包括与国家发展

① 陈兴良:《本体刑法学》(第3版),中国人民大学出版社2017年版,第31页。

② 陈兴良:《刑法机能的话语转换——刑法目的论的一种探讨路径》,载《环球法律评论》2008年第1期。

相关的一类犯罪,例如,像贪污贿赂犯罪会危及国家政权的基础,妨碍国家的长治久安。

从违反刑法的后果是承担刑事责任、面临刑事制裁的角度讲,刑法不可能将所有的生活利益都一概作为保护对象,而只能是选择其中较为重要的、值得动用刑罚的利益加以保护。而且前文已经提到,刑法的任务与刑法的保护机能实际上是一个问题的两个方面,刑法的保护机能落实在刑法任务上,刑法的任务反映了刑法的保护机能。

3. 人权保障机能

刑法的人权保障机能,是指刑法对人权,包括被告人人权的保障效用。统治者为了维护其统治利益和社会秩序,往往倾向于扩大对行为的打击面而将法律没有规定为犯罪的行为也认定为犯罪。就此而言,没有刑法典可能更有利于保护社会。可以说,刑法真正具有独立性的机能并非其法益保护机能,而是其人权保障机能。作为一部司法法和裁判规范,刑法告诉司法者只能在刑法规范框架内将行为人的行为认定为犯罪,而不允许出于法益保护目的、超出刑法规范任意将某一行为认定为犯罪。从这个意义上说,刑法就具有了保障人权的属性。

即便是犯罪嫌疑人和被告人,或者是正在服刑的罪犯,其在与国家以及司法机关的刑事法律关系中,也不是简单地沦为司法客体,其人权仍然受到法律的保障,这正是现代法治社会刑事司法制度的特征和优势所在。随着罪刑法定原则和无罪推定原则在刑法和刑事诉讼法中的确立,犯罪嫌疑人、被告人的权利在法律中得到承认。犯罪嫌疑人、被告人的人权,就体现在对国家司法权不当行使的限制之中,具体体现为,无罪的人不受刑事追究,有罪的人不受非法追究,其中,后者主要是通过刑事诉讼法加以保障,而前者则是通过刑法予以保障。即国家没有权力未经法律规定就任意处罚一个人,而仅有在刑法规定的范围之内处罚一个人的权力。刑法典既是一个人在其行为触犯法律时进行处罚的依据,同时也是国家对公民加以处罚的边界。只要行为人的行为没有规定在刑法中,行为人就不受刑法处罚,公权力就无权对该行为加以刑事处罚。刑法具有防止国家公权力恣意干涉公民自由、保障公民权利和行动自由的属性,这就是刑法对犯罪嫌疑人、被告人以及犯罪人的人权保障机能,“刑法是犯罪人的大宪章”,就是在这个意义上强调刑法的人权保障机能。

一种有代表性的观点认为,刑法的人权保障机能就是指对犯罪嫌疑人、被告人和被告人人权的保障,①而不包括对于一般自由公民权利的保障。尽管从“任何人都是潜在的犯罪嫌疑人”“任何人都可能成为犯罪嫌疑人”的抽象意义上,上述观点也可以成立,但本书是在具体的、已经遭受刑事追诉的意义上理解上述论断,从而对之并不认同。本书认为,对于一般国民而言,刑法也同样能够发挥人权保障的机能。即公民作为一个理性人,有权利选择自己的行为模式,并就其行为承担法律后果。法无禁止即自由,既然法律没有明文规定,行为人就可以选择实施相应行为而不受法的责难。刑法通过框定公民行为的边界,对一般公民、善良公民的行为自由加以保障。这同样也是刑法的人权保障机能的体现。这里讲的对于善良公民的人权保障机能,与前文所讲的对于个人法益的保护机能并不相同。对于个人法益的保护机能,是指对被害人个体利益的保护,这是通过对犯罪的惩治实现的,属于刑法的积极机能、扩张机能;而此处对于善良公民的行动自由

① 陈兴良:《刑法机能的话语转换——刑法目的论的一种探讨路径》,载《环球法律评论》2008 年第 1 期。

的尊重和保障,是通过限制国家刑罚权(包括立法权与司法权)来实现的,属于刑法的消极机能或曰限制机能。[①] "刑法也是善良公民的大宪章",是在这个意义上强调刑法的人权保障机能的。

4. 刑法各个机能之间的关系

刑法规范既是行为规范,又是裁判规范。与此相对应,刑法的规制机能由评价机能和裁判机能两部分构成。评价行为人的行为构成犯罪以命令或指引其(取决于是强调刑罚的威慑预防还是规范预防)不去实施相应行为,是为了预防犯罪(特殊预防以及一般预防)从而保护社会。在这个意义上,评价机能和法益保护机能之间是手段和目的的关系。刑法又是司法者的裁判规范,为司法者提供惩罚犯罪的标准,并限制其恣意入罪。在这个意义上,裁判机能和人权保障机能之间是手段和目的的关系。这样来说,刑法的规制机能并非仅是法益保护机能的反射效果,其不同内容服务于不同的刑法目的,具有独立的价值,是独立的刑法机能。

现代刑法应该兼顾法益保护机能和人权保障机能,不可偏废。一方面,人的本质是个体性与社会性的统一,这是刑法机能双重性的人性基础;现代社会是市民社会与政治国家的统一,这是刑法机能双重性的社会基础;法权是个人依法享有的权利与国家依法享有的权力的统一,这是刑法机能双重性的法律基础。[②] 另一方面,刑法的法益保护机能与人权保障机能一定意义上又是对立的。在刑法学说史上,刑事古典学派从强调与重视个体人的权利这一基本观点出发,立足于刑法的人权保障机能,由此展开刑法的理论构造;刑事实证学派在对犯罪人的处遇上坚持社会责任说,追求刑法对社会的保护机能。在刑法调控范围的框定上,强调法益保护机能,则会尽可能扩张刑法的调控范围,走向极端时就会成为所谓的"国权主义刑法";强调人权保障机能,就会对刑法的扩张保持警惕,从而尽可能限缩刑法的介入范围,走向极端时就会成为所谓的"民权主义刑法"。[③] 国权主义刑法与民权主义刑法作为两个极端都应该摒弃,现代刑法应该在法益保护和人权保障之间寻求平衡。

两种机能的对立,集中体现在当某种行为本身具有刑事可罚性的前提下,判断刑法有无明文规定时,对刑法条文的具体解释。在此,一种更容易获得认同的观点是,"随着市场经济体制的形成,法治成为治国之本,个人的权利日益受到重视与保护,因此,刑法机能应当从社会保护机能向人权保障机能倾斜,加重刑法的人权蕴含。换言之,应当调整刑法的社会保护机能与人权保障机能之间的关系和比重,对人权保障机能予以适当的强调"。[④] "在我国当前刑事法治建设的大背景下,更应当强调的是刑法的人权保障机能,只有这样才能实现刑法的最终目的,使之在人权保障方面发挥更大的作用。"[⑤]有所不同的是,本书主张积极主义刑法观,主张在罪刑法定原则允许的范围内,尽可能周延法益的保护,从而强调刑法的目的就是保护法益。因此,在法益保护机能和人权保障机能的关系上,本书更认可"在符合罪刑法定原则的前提下,必须充分发挥和尽量实

---

① 陈兴良:《本体刑法学》(第3版),中国人民大学出版社2017年版,第37页。

② 对于刑法机能双重性的人性基础、社会基础与法律基础的详细展开,参见陈兴良:《本体刑法学》(第3版),中国人民大学出版社2017年版,第39~43页。

③ 国权主义刑法与民权主义刑法的区分,参见李海东:《刑法原理入门(犯罪论基础)》,法律出版社1998年版,第4~5页。

④ 陈兴良:《本体刑法学》(第3版),中国人民大学出版社2017年版,第42~43页。

⑤ 陈兴良:《刑法机能的话语转换——刑法目的论的一种探讨路径》,载《环球法律评论》2008年第1期。

现刑法的法益保护机能"[1]这样的主张。但这不等于轻视刑法的人权保障机能,而只是主张应该保持两种机能之间的调和与平衡。无论如何,罪刑法定原则是必须坚守的底线,问题终归是对于刑法条文含义的解释本身。

第二节　中国刑法简史

一、刑法发展的基本历程

(一)中国传统刑法:唐律、明律、清律

在中国古代,儒家强调犯罪的产生是为政者的责任,应该最小限度地使用刑罚;而法家则主张将法律和刑罚作为治理国家的根本手段。尽管存在上述分歧,但在古代中国社会,刑法是处于领先地位的。在西周时期,周公即提出了"明德慎刑"的法制基本理念,强调"永念厥辟"、严防滥罚,"不蔽要囚"、慎之又慎,宽严分明、区别对待。[2] 从李悝的《法经》开始,中国的成文法典日益完善,直到《北齐律》12 篇,奠定了隋唐律 12 篇为准的基础,该法典在中国刑法发展史上具有突破性的意义。[3] 随后,隋律、唐律、宋刑统等均体现了较高的立法技术。

其中最具代表性的是唐律,从传至今日的《永徽律疏》(又称《唐律疏议》)来看,唐律由名例、卫禁、职制、户婚、厩库、擅兴、贼盗、斗讼、诈伪、杂律、捕亡、断狱 12 篇构成,而在相当于刑法总则的名例篇中,规定了五刑、十恶、八议、官当、自首、共犯、数罪俱发等。此外,典型的律典还有《明大诰》《大清律》等,这些律典所代表的成就在中华法系中熠熠生辉,为古代统治阶级维护其统治利益做出了历史性贡献。但是,中国古代的律典都不同程度具有封建性、干涉性和恣意性:规定法律可以比附援引,即比附类似的条文定罪;同时还将思想规定为犯罪,恣意干涉人的内心自由;此外,法律后果极其残酷,有各种各样的生命刑、身体刑;另外,刑罚还具有身份性,刑不上大夫,依人的身份定罪。

(二)清末近代转型:古代刑法、近现代刑法

在世界范围内,16 世纪之后,随着自然科学的发展和启蒙思想的普及,刑法开始了以人为本、追求合理性的进程。在十七八世纪,启蒙思想家以人道主义和自由主义为旗帜,对中世纪具有恣意性、残酷性、身份性和宗教性的刑法进行了严厉批判。到 19 世纪初,康德、黑格尔以启蒙主义的合理主义为背景,从自由主义、人道主义的立场出发,深化了关于犯罪和刑罚的本质的哲学认识,费尔巴哈、宾丁等人则分析了刑法中的各个概念,建立了近代刑法学的理论框架。而后,伴随着 19 世纪末 20 世纪初在德国展开的古典学派(旧派)与近代学派(新派)之间的论证,现代

---

① 张明楷:《刑法学》(第 5 版),法律出版社 2016 年版,第 22 页。
② 黄源盛:《中国法史导论》,广西师范大学出版社 2014 年版,第 122 ~ 123 页。
③ 王宏治:《中国刑法史讲义——先秦至清代》,商务印书馆 2019 年版,第 119 页。

刑法学真正发展起来。①

在19世纪末20世纪初的中国，清朝统治者为了收回领事裁判权，开始以近代欧陆法律为蓝本，开展声势浩大的法制近代化。尤其是沈家本主持的清末变法修律，将近现代的法律思想观念和制度引入到对法律的修改中。刑法方面，在日本学者冈田朝太郎的帮助下，中国刑法缓慢向近代刑法过渡。中国近现代刑法具有以下特色：(1)反对刑法的恣意性和干涉性，提倡依据刑法定罪量刑，严格罪刑法定；(2)反对身份性，提倡刑法适用的平等性，提倡罪刑均衡；(3)反对刑罚的残酷性，提倡刑罚的人道主义。

清末开始向近现代刑法的转型，其成果体现在《大清新刑律》等一系列法律之中。《大清新刑律》也被认为是我国近代刑法的肇始。② 至此，刑法典作为一门独立的部门法开始在法典体例和立法技术上向德日为代表的大陆法系看齐，打破了以往刑、民不分的旧格局，按照德日通例将刑法典分为总则和分则，在总则中规定全篇之纲领、在分则中规定具体之事例。1912年中华民国建立之后，延续了清末变法修律的影响，《中华民国刑法》进一步在清末新刑法的基础上坚持罪刑法定、罪刑均衡等原则，至今台湾地区的"刑法"仍是以1935年的《中华民国刑法》为基础。同时，在民国期间，刑法理论也从古代律学理论向近现代刑法理论发展，受到德日刑法学说的诸多影响，理论研究逐渐精细化。到20世纪40年代，出现了一批具有相当影响力的刑法学者及刑法著作。民国时期涌现了许多著名的刑法学家，如王宠惠、居正、王觐、郗朝俊、张知本、赵琛、蔡枢衡、瞿同祖等人均在民国时期的刑法学发展史上留下了深深的痕迹，为中国刑法学的发展做出了巨大的贡献。这一时期代表性的刑法学著作主要有：王觐的《中华刑法论》、《中华刑法论总则》(三卷)、《刑法分则》；郗朝俊的《刑法原理》《刑律原理》；陈瑾昆的《刑法总论》《刑法总则讲义》；赵琛的《刑法总则》；蔡枢衡的《刑法学》等。③ "民国时期是二十世纪中国现代刑法学史上的一个非常重要的历史时期。正是通过民国时期刑法学家的引进、译介和发展大陆法系刑法制度和刑法学说，中国现代刑法学的体系才初步形成，并在许多刑法学基本理论问题的研究上取得了相当的成就。""但民国时期的刑法学也存在明显的缺憾。民国时期的刑法学的整体品格表现为典型的'移植刑法学'，对西方主要是大陆法系德国、日本的刑法学说，不加分析和批判，不经中国现实社会经验的证明，即盲目地全盘予以移植照搬。"④

(三)新中国刑法学的发展历程

20世纪50年代初期，是共和国刑法学的草创时期，以废除旧法观点、引入苏俄刑法学为特征，我国刑法学开始苏俄化和政治化，民国刑法学的学术传统，如同以民国《六法全书》为基本框架的法统一样，猝然为之中断。⑤ 这一时期，苏联向中国派出一批刑法学者、教授传播刑法。刚刚成立的中国人民大学当时率先接收了这批刑法学者，并开办了全国第一个刑法学研究生班，培

① 以上归纳，参见冯军、肖中华主编：《刑法总论》(第3版)，中国人民大学出版社2016年版，第4～10页。

② 陈兴良：《刑法的知识转型(学术史)》(第2版)，中国人民大学出版社2017年版，第3页。

③ 梁根林、何慧新：《二十世纪的中国刑法学(上)》，载《中外法学》1999年第2期。

④ 梁根林、何慧新：《二十世纪的中国刑法学(上)》，载《中外法学》1999年第2期。

⑤ 陈兴良：《刑法的知识转型(学术史)》(第2版)，中国人民大学出版社2017年版，第10页。

养了一批中国本土的、学习苏联的刑法学教师。① 新中国的刑法学是以20世纪50年代苏联刑法学的传播为基础建立起来的，这一刑法学体系在理论上的鲜明特性是强调刑法的政治性，认为刑法是"刀把子"，刑法的任务是打击犯罪，犯罪的本质是社会危害性，刑法作为"刀把子"要清除犯罪以维护统治秩序。也正是在50年代苏联刑法学者"传经送宝"的过程中孕育出了新中国第一代刑法学者，他们创建了以社会危害性为中心的刑法学理论，成为中国几十年间的刑法学正统理论学说。

从1949年到1979年新刑法成立的时期，有的学者概括为1949年到1956年是"从创立到发展"，1957年到1976年是"从萧条到停滞"，②有的学者则直接在和民国刑法学对比的意义上，认为这30年间是"刑法学的由生而死"。③ 在这一时期，政治话语取代学术话语，政治判断取代规范判断，政治逻辑取代法律逻辑。在1979年刑法典制定之后，从20世纪80年代后期开始，通过出国留学、翻译著作、召开会议等多种方式，我国开始重新引进日本、德国的刑法理论，同时也开始关注英美等国的刑法理论，而后"从借鉴到创新"，逐渐探索具有中国特色的刑法理论，在这个历史进程中，中国的刑法学开始"起死回生"。④

在1979年之后，伴随着恢复高考而学习法律的第二代刑法学者登上历史舞台。他们虽然开始接触的是政治话语浓烈的苏俄化的刑法学体系，但逐渐认识到刑法学应该去政治化而回归到学科本身，在是维持传统的刑法理论还是变更传统的刑法理论这一命题上做出了巨大努力，并取得了突出成就。他们在批判现有刑法理论的基础上，借鉴德日刑法理论的优势成果进而对传统理论进行改造，在从刑法立法学、注释刑法学到刑法教义学的转向中取得了突出成就。从20世纪90年代开始，第三代刑法学者即更年轻一批的刑法学者对犯罪论和刑罚论中的具体问题展开更加深入和细致的研究，在使得刑法教义学精细化的同时，也在刑事政策、刑法社会学等方面有所收获。在中国刑法学的知识转型过程中，人文社科知识的吸收、德日刑法知识的借鉴、法治实践经验的汲取成为三个行之有效的路径。⑤ 由此，刑法社会学、比较刑法学、实践刑法学等刑法学分支得以发展，而中国刑法学也才可能真正走出具有中国特色的自觉之路。

二、新中国的刑事立法

（一）1979年刑法典时期

1949年中华人民共和国成立之后虽然马上着手了刑法典的制定工作，但随着之后的"三反""五反"，以及"文化大革命"等政治运动，虽然有多种刑法草案的出现，但30年中刑法典一直未能制定出来。实务中主要依靠《惩治反革命条例》《妨碍国家货币治罪暂行条例》《惩治贪污条例》三部特别刑法，以及执政党的一些规则和命令来规制犯罪。1979年7月1日第五届全国人民代表大会第二次全体会议制定通过了新中国第一部刑法，又称1979年《刑法》或旧刑法，并于

① 对于这一段历史，请参见高铭暄：《高铭暄自选集》，中国人民大学出版社2007年版，第619页。
② 高铭暄主编：《新中国刑法科学简史》，中国人民公安大学出版社1993年版，第8页以下。
③ 陈兴良：《刑法的知识转型（学术史）》（第2版），中国人民大学出版社2017年版，第10～19页。
④ 陈兴良：《刑法的知识转型（学术史）》（第2版），中国人民大学出版社2017年版，第19页。
⑤ 陈兴良：《刑法的知识转型（学术史）》（第2版），中国人民大学出版社2017年版，第34～38页。

1980 年 1 月 1 日起实施。这部刑法制定得较为粗糙,总共只有 192 条,特别是其第 79 条规定:"本法分则没有明文规定的犯罪,可以比照本法分则最相类似的条文定罪判刑,但是应当报请最高人民法院核准。"此即类推制度,对刑法没有规定的内容,可以比照最相类似的条款加以规制。在当时社会矛盾冲突加剧,并且立法者经验不足的历史背景下,类推制度的存在具有其历史合理原因,但这一制度无疑与罪刑法定原则背道而驰。

(二)1997 年刑法典时期

随着改革开放的深入,社会经济领域出现了各种新的情况,而 1979 年《刑法》对此并无规定,且无最相类似的条款,于是立法者制定了多个单行刑法,如《关于惩治贪污罪贿赂罪的补充规定》等,在 10 余年间就涌现了 24 个单行刑法。1979 年《刑法》规定粗疏的问题日益暴露,不能有效应对社会日新月异的发展现实,于是制定一部新刑法的呼声越来越高涨。在 1997 年以前,我国的刑法渊源已朝着分散性方向发展。但 1997 年修订的《刑法》基于"要制定一部有中国特色的、统一的、比较完备的刑法典"的考虑,所有的单行刑法均纳入刑法典;附属刑法的部分规定成为刑法分则的具体条款。据此,法定犯被全部纳入刑法典,法定犯与自然犯均规定在一部刑法典中,于是形成了自然犯与法定犯一体化的立法体例,这被学者称为刑事立法正要走上分散型立法正道时的"一个大转变"。① 1997 年《刑法》于 1997 年 3 月 14 日第八届全国人民代表大会第五次会议通过、1997 年 10 月 1 日起实施,又称现行刑法,是目前现行有效的刑法。现行刑法与 1979 年《刑法》最大的区别在于废除了旧刑法第 79 条的类推规定,并在第 3 条中明确规定了罪刑法定原则。

(三)1997 年《刑法》的完善

刑法的权威性源于其稳定性,不能朝令夕改。另外,也需要依据现实的需要进行适当修改,使其具有适应性,以便更好地维护其权威性。1997 年《刑法》制定以来,在 20 余年的时间里,虽然进行了多次修改,但其基本框架仍然未变。

1. 制定单行刑法

在 1997《刑法》制定之初,依然沿用了用单行刑法填补刑法不足的做法,如 1998 年 12 月 29 日制定的《关于惩治骗购外汇、逃汇和非法买卖外汇犯罪的决定》,这一规定属于单行刑法已是共识。除此之外,在 1997 年《刑法》之后,我国的刑事立法活动中是否还有其他单行刑法? 在法典汇编性质的工具书《刑法一本通》中,编者认为,1999 年 10 月全国人大常委会通过的《关于取缔邪教组织、防范和惩治邪教活动的决定》、2000 年 12 月全国人大常委会通过的《关于维护互联网安全的决定》以及 2015 年 8 月通过的《关于特赦部分服刑罪犯的决定》都属于"刑法立法",且属于单行刑法。编者的理由可能是,这几个决定都是全国人大常委会通过的刑事法领域的规范性文件,是"法律",且是"实体方面"的刑事立法,又由于其是刑法典之外的单独规定,因此是"单行刑法"。据此可以认为,随着立法形式的变化,对"单行刑法"的理解要与时俱进。② 无独有偶,

---

① 张明楷:《自然犯与法定犯一体化立法体例下的实质解释》,载《法商研究》2013 年第 4 期。

② 李立众编:《刑法一本通》,法律出版社 2016 年版,第 650 ~ 653 页。

高铭暄、赵秉志主编的《新中国刑法立法文献资料总览》(第2版)中,也将1999年和2000年的2个决定列为单行刑法。① 学说中,有观点认为只要是在刑法典之外单独以“决定”形式存在的刑法规范,就是单行刑法。② 也有观点认为,除了1998年的决定之外,其他的3个决定“也可谓单行刑法”,但“这些决定都没有直接规定具体的犯罪与法定刑,因此,不是典型的单行刑法。”③

在本书看来,1998年的《关于惩治骗购外汇、逃汇和非法买卖外汇犯罪的决定》无疑属于单行刑法,而1999年、2000年的2个决定都并非“单行刑法”。理由如下:判断一项立法是否属于刑法立法的标准,是看立法主体,还是看是否创设了新的罪刑规则?本书认为,应该以后者为标准,因为按照一般性的理解和共识,“刑法是规定了犯罪与刑罚的法律”。按此标准,1998年的《决定》制定了罪刑罚则,后2个决定则只是声称“构成犯罪的依照刑法追究刑事责任”,只有宣誓、指引的性质而缺乏实体内容,所以不能算是单行刑法。至于2015年的《关于特赦部分服刑罪犯的决定》,毕竟创设了新的有关犯罪与刑罚(执行)的实体内容,应该属于单行刑法。至于2020年6月30日全国人大常委会通过并公布施行的《中华人民共和国香港特别行政区维护国家安全法》,虽然也规定了一些组织法、程序法的内容,但其最显著的特征是在第三章“罪行和处罚”中规定了分裂国家罪、颠覆国家政权罪和恐怖活动罪三类犯罪及其处罚,因此有理由将其理解为典型的单行刑法。

单行刑法比较大的缺陷在于,其游离于刑法典之外,因而人民法院在裁判中必须专门引用单行刑法的规定。考虑到这种立法方式比较繁杂,不便于实务操作,同时也基于中国传统的“大一统”思想的影响,在2000年以后转而改为用刑法修正案的方式对刑法进行修改。

2. 制定刑法修正案

刑法修正案是针对现行刑法之中的条文,对其表述、内容等进行修改、更新与完善,或者是针对现行刑法之中欠缺规定的内容,直接以修正案的方式加以填补扩充。与单行刑法相比,刑法修正案的优点在于能够保持刑法典本身的统一性和完整性。单行刑法独立于刑法典以外,而刑法修正案则立足于刑法典本身对其现有条文加以修改或对没有的条文加以增补。形象地说,如果将现有的刑法典视为原始文档,那么单行刑法就好比在原始文档之外新建了一个小型的文档;而刑法修正案则是以修正模式在源文档上加以增删,最终呈现的是修订后的文档。

例如,对于实践中发生的40岁保安大叔性侵18岁小保安(男)的行为,1997年《刑法》的第236条强奸罪规定其对象是“妇女”,第237条强制猥亵妇女罪、猥亵儿童罪规定的是强制猥亵妇女和猥亵儿童的行为,仅有妇女和儿童(未满14周岁的男童和女童)才能成为猥亵犯罪的对象。所以根据制定之初的1997年《刑法》,已满14周岁的男性不但不能成为强奸罪的对象,也不能成为猥亵罪的对象。上述行为在当时的刑法规定下难以处理。同时,1997年《刑法》也废除了类推

---

① 高铭暄、赵秉志编:《新中国刑法立法文献资料总览》(第2版),中国人民公安大学出版社2015年版,第854~855页。由于出版时间的原因,该书未收录2015年的《关于特赦部分服刑罪犯的决定》,倒是收录了全国人大常委会于2011年10月通过、已经于2015年12月被《中华人民共和国反恐怖主义法》所取代的《关于加强反恐怖工作有关问题的决定》。

② 阮齐林:《刑法学》(第3版),中国政法大学出版社2011年版,第3页。该书认为1999年《关于取缔邪教组织的决定》属于单行刑法。令人生疑的是,该书未将《关于互联网安全的决定》纳入单行刑法范畴,不知是有意为之,还是疏漏所导致的立场不一致。

③ 张明楷:《刑法学》(第5版),法律出版社2016年版,第17页。

制度,在行为人对男青年没有造成轻伤以上后果的情况下,很难对行为人的行为进行处罚。2015年《中华人民共和国刑法修正案(九)》将第237条中强制猥亵的对象“妇女”修改为“他人”,于是成年的男子也被包括在强制猥亵罪的行为对象中,从而使刑法能够适应社会生活实际,更加完善。除此之外,刑法修正案也可能增加新的规定,增设之前完全没有的罪名。例如,《中华人民共和国刑法修正案(八)》增设的拒不支付劳动报酬罪、《中华人民共和国刑法修正案(九)》增加了大量恐怖活动犯罪,等等,并且在刑法分则中采用某某条之一、之二的方式加以规定。

迄今为止,共制定了10个刑法修正案。其中包括1999年12月25日《刑法修正案》、2001年8月31日《刑法修正案(二)》、2001年12月29日《刑法修正案(三)》、2002年12月28日《中华人民共和国刑法修正案(四)》(以下简称《刑法修正案(四)》)、2005年2月28日《中华人民共和国刑法修正案(五)》(以下简称《刑法修正案(五)》)、2006年6月29日《中华人民共和国刑法修正案(六)》(以下简称《刑法修正案(六)》)、2009年2月28日《中华人民共和国刑法修正案(七)》(以下简称《刑法修正案(七)》)。到2009年为止,刑法修正案对刑法的修改都只限于对刑法分则部分条文的修改,体现为增加条文。而2011年2月25日的《中华人民共和国刑法修正案(八)》(以下简称《刑法修正案(八)》)和2015年8月29日的《中华人民共和国刑法修正案(九)》(以下简称《刑法修正案(九)》)体现出与以往刑法修正案不同的鲜明特色。第一,不再局限于分则,而是包括了一些重要的对于刑法总则的修正,比如《刑法修正案(八)》关于不适用死刑的对象范围的规定,关于累犯的成立条件的规定,等等。第二,《刑法修正案(八)》和《刑法修正案(九)》不但增加了一些犯罪的规定,做加法,还删除了一些犯罪的规定,做减法。例如,《刑法修正案(八)》删除了“自首之后又有重大立功表现的,应当减轻或免除处罚”的规定。同时两个修正案都删除了一些判处死刑的犯罪的规定。第三,两个修正案涉及的规模大、范围也较广,具有重要的意义。在2017年11月4日,全国人大常委会又通过了《中华人民共和国刑法修正案(十)》(以下简称《刑法修正案(十)》),增加了《刑法》第299条第2款侮辱国歌罪的规定。总体上,10个刑法修正案体现出适度犯罪化与刑罚结构调整两个鲜明特征。适度犯罪化表现为大量增设新罪与修改构成要件。而刑罚结构调整,体现为重刑化和刑罚轻缓化两级,重刑化主要体现在增加数罪并罚有期徒刑的上限、针对特殊主体增设限制减刑制度等;刑罚轻缓化则主要表现为削减死刑罪名、针对某些特殊主体规定宽缓处罚等。

3. 立法解释

立法解释应该在狭义上加以理解,是指在刑法的施行过程中,针对疑难问题对发生歧义的规定由立法机关所作的解答或者决定。例如,《刑法》第93条第2款对国家工作人员的说明仍然无法解决村委会主任在代为征收税款的过程中,是否可以视为国家工作人员的问题,于是全国人大常委会作出立法解释,认为村委会等基层组织人员协助政府从事行政管理工作时,属于国家工作人员。再如,《刑法》第266条规定了诈骗罪,行为人通过伪造社保证明骗取社保,这一行为是否属于骗取公私财物,人们有不同理解:一些人认为行为人只是获得了某种资格,但并没有直接获得经济利益;另一些人则认为行为人的行为造成了社保资金的减少。为了解决这一问题,2014年4月24日的《关于〈中华人民共和国刑法〉第二百六十六条的解释》规定,以欺诈、伪造证明材料或者其他手段骗取养老、医疗、工伤、失业、生育等社会保险金或者其他社会保障待遇的,属于《刑法》第266条规定的诈骗公私财物的行为。

迄今为止的立法解释有13个,分别是:2000年4月29日全国人大常委会关于《〈中华人民共和国刑法〉第93条第2款的解释》;2001年8月31日全国人大常委会关于《〈中华人民共和国刑法〉第228条、第342条、第410条的解释》;2002年4月28日全国人大常委会关于《〈中华人民共和国刑法〉第294条第1款的解释》;2002年4月28日全国人大常委会关于《〈中华人民共和国刑法〉第384条第1款的解释》;2002年8月29日全国人大常委会关于《〈中华人民共和国刑法〉第313条的解释》;2002年12月28日全国人大常委会关于《〈中华人民共和国刑法〉第9章渎职罪主体适用问题的解释》;2004年12月29日全国人大常委会关于《〈中华人民共和国刑法〉有关信用卡的解释》;2005年12月29日全国人大常委会关于《〈中华人民共和国刑法〉有关文物的规定适用于具有科学价值的古脊椎动物化石、古人类化石的解释》;2005年12月29日全国人大常委会关于《〈中华人民共和国刑法〉有关出口退税、抵扣税款的其他发票规定的解释》;2014年4月24日全国人大常委会关于《〈中华人民共和国刑法〉第30条的解释》;2014年4月24日全国人大常委会关于《〈中华人民共和国刑法〉第158条、第159条的解释》;2014年4月24日全国人大常委会关于《〈中华人民共和国刑法〉第266条的解释》;2014年4月24日全国人大常委会关于《〈中华人民共和国刑法〉第341条、第312条的解释》。

第三节 刑法的体系与解释

一、刑法(典)的体系

刑法的体系,是指各种刑法规范按照一定的规律和顺序有机排列,形成一个统一的整体。刑法的体系经历了从粗糙到精密的历史演变过程。我国春秋时期从"以刑统罪"到"以罪统刑"的变化,对中国古代刑法体系的形成具有重大意义。经过汉、魏、隋等历代的发展,刑法体系逐渐完备,《唐律》则成为一部以刑法为框架的法典。在世界范围内,1810年《法国刑法典》彻底废除了诸法合体的立法原则,奠定了刑事立法的独立地位,并且最终形成总则与分则分立的刑法体系。而后,1871年《德国刑法典》使刑法体例进一步完备,成为世界各国刑法典的蓝本。①

我国现行刑法典由编、章、节组成基本的结构,而具体的刑法规范则由条、款、项等构成。

(一)刑法典的基本结构:编、章、节

1.编

编是刑法典的第一级单位。我国刑法典分为第一编"总则"和第二编"分则",最后是附则。附则并未独立一编,性质上则与总则、分则并列。刑法总则是关于刑法的任务、基本原则与适用

① 以上梳理,参见陈兴良:《本体刑法学》(第3版),中国人民大学出版社2017年版,第7~8页。

范围，以及犯罪与刑罚一般原理的规范体系，总则不仅适用于分则，通常也适用于其他有刑罚规定的法律。刑法分则是关于各具体犯罪及其法定刑的规范体系。总则与分则是一般与特殊的关系。

2. 编下设章

《刑法》总则编有 5 章，第 1 章规定了刑法的任务、基本原则和适用范围，第 2 章规定了犯罪，第 3 章规定了刑罚，第 4 章规定了刑罚的具体运用，第 5 章规定了其他事项。分则编有 10 章，分别规定了 10 大类犯罪行为。

3. 章下设节

节根据该章的内容多少而决定是否设立，内容多时设节，内容少时则不需要设节。在总则编中，第 2 章、第 3 章、第 4 章分别设立了 4 节、8 节和 8 节，第 1 章及第 5 章因为条文较少而未设节。在分则编中，仅在第 3 章"破坏社会主义市场经济秩序罪"和第 6 章"妨害社会管理秩序罪"下分别设了 8 节和 9 节，其他 8 章均没有设节。从条文的规模和犯罪具体类型化的程度上讲，第 2 章"危害公共安全罪"似乎也有设节的必要。

（二）刑法规范的具体载体：条、款、项、但书与段

1. 条

刑法典的基本单位是条，条也是刑法规范的基本载体。刑法条文统一编号，便于检索和引用。

我国现行《刑法》第 452 条是最后一条，但由于存在诸多第某某条之一的条文，实际上的条文不止于此。据统计，截至《刑法修正案（十）》，中国《刑法》总共有 490 个条文。

在刑法中常出现"本条"的称谓，这指的是直接规定罪刑内容的条文，而其他规定程序事项或其他内容的条文，则一般不能称作本条。例如，《刑法》第 452 条规定的是刑法的生效时间以及相关法律的废止与保留，其便不能称作"本条"。从刑法典可得出，条的序号是贯穿刑法典始终而连续编号的，这样规定的目的在于使用上的便利。

在刑法修正的过程中，对于需要在原条文的基础上增加某个犯罪行为类型，例如，组织出卖人体器官的行为，立法者认为该行为主要是侵害人身权益，于是将其规定在分则编第 4 章侵犯公民人身权利、民主权利罪中，另外其行为不构成对生命权的剥夺，而是与生命健康相关、与故意伤害行为相类似的行为，但考虑到组织出卖人体器官的行为有其特殊之处，因为被害者是出于自愿提供器官，为了维护刑法条文原有序号的稳定性，于是立法者在第 234 条之后新设一条作为第 234 条之一，规定为组织出卖人体器官罪。如果是多个类型的新增罪名，则除了某条之一外，还有某条之二、之三、之四等，如《刑法》第 120 条之一到第 120 条之六，实际上是多个独立的刑法条文。

2. 款

如果某个条文有多个意思单元，则条文会分成多个自然段，每个自然段表示独立的意思，这时每个自然段就称为款。当在一条中出现两款以上内容时，就需要表明具体是哪一条的哪一款。

例如,《刑法》第 267 条抢夺罪,第 2 自然段规定,“携带凶器抢夺的,依照本法第二百六十三条的规定定罪处罚”,当引用这一规范时,应注明引用的是第 267 条第 2 款的规定。

3. 项

在款下,如果有多个事项需要并列表述,通常是以分行表述的方式作出,在每行开头用括号加汉语数字注明。列于项的内容之间往往具有并列关系,并共同从属于条或款。例如,《刑法》第 34 条:

> 附加刑的种类如下:
> (一)罚金;
> (二)剥夺政治权利;
> (三)没收财产。
> 附加刑也可以独立使用。

此时,引用时应表述为根据第 34 条第 1 款第“(一)”项,我国刑法规定了罚金制度。

4. 但书

在刑法条文中,在表述完一层意思后,用“但是”或“但”将前面的主文和后面的另一层意思隔开,这时的“但是”或者“但”之后的内容称为但书。刑法中但书的作用包括以下几种。

(1)表相反。例如,《刑法》第 13 条规定了“……都是犯罪,但是情节显著轻微危害不大的,不认为是犯罪”。

(2)表例外。例如,第 8 条保护管辖“外国人在中华人民共和国领域外对中华人民共和国国家或公民犯罪,而按本法规定的最低刑为三年以上有期徒刑的,可以适用本法,但是按照犯罪地的法律不受处罚的除外”、第 49 条第 2 款“审判的时候已满七十五周岁的人,不适用死刑,但以特别残忍手段致人死亡的除外”。

(3)表限制。例如,第 73 条缓刑考验期“拘役的缓刑考验期为原判刑期以上一年以下,但是不能少于二个月。有期徒刑的缓刑考验期为原判刑期以上五年以下,但是不能少于一年”。

(4)表补充。例如,第 37 条“对于犯罪情节轻微不需要判处刑罚的,可以免予刑事处罚,但是可以根据案件的不同情况,予以训诫或者责令具结悔过、赔礼道歉、赔偿损失,或者由主管部门予以行政处罚或者行政处分”;又如,第 20 条第 2 款“正当防卫明显超过必要限度造成重大损害的,应当负刑事责任,但是应当减轻或者免除处罚”。

正确理解但书,分清其在句子中所表述的含义,对于正确理解刑法条文的规定具有重要意义。

5. 段

在刑法体系中还有“段”的概念。这里的段与先前的“款”不相同,其表示的是一个语义群的意思,即使在一款之中,也可以因为几个语义群的存在而将其分为“前段”“中段”“后段”。不同的段之间,通常是以句号隔开,但也可能是以分号隔开。

例如,第 234 条故意伤害罪第 2 款的规定:“犯前款罪,致人重伤的,处三年以上十年以下有期徒刑;致人死亡或者以特别残忍手段致人重伤造成严重残疾的,处十年以上有期徒刑、无期徒刑或者死刑。本法另有规定的,依照规定。”这一款就分为了三个语义群,前段表明致人重伤的如何处理,中段表明致人死亡或者以特别残忍手段致人重伤造成严重残疾的如何处理,后段表明另有规定的如何处理。

二、刑法的解释

(一)刑法解释的理由

刑法的解释是指对于刑法规范蕴涵的阐释说明。在刑法的解释问题上,启蒙时代法治原则的创造者们面临的主要还是限制罪刑擅断的问题,因此他们以“理性的立法者”的假设为前提,认为基于立法者的理性能够创造一部完美的成文法典,法官的任务只是适用法律。贝卡利亚即明确提出:“刑事法官根本没有解释刑事法律的权利,因为他们不是立法者。”“‘法律的精神需要探询’,再没有比这更危险的公理了。采纳了这一公理,等于放弃了堤坝,让位给汹涌的歧见。”①然而,后来的人们逐渐改变了这一看法。“今天,人们一致同意,这种机械性的法官概念是行不通的。”“法官必须总是在各种可能的含义之间加以选择,而这种根据特定规则进行的创造性活动,就被人们称之为解释。”②

至今已经不容置疑的是,刑法规范的涵义需要解释。这主要有两个理由。第一个理由是,成文法本身固有的局限性。刑法规定本身具有一定的稳定性,而现实生活始终处在变动之中,因此刑法条文在适用于具体生活实际时总是面临着如何理解的问题。对此存在不同可能性:(1)立法当时的词语已经将现实中需要适用相应规范的情形包括在内;(2)现实中词语的可能含义没有包含在法律的词语内。鉴于上述情况,就需要司法者基于立法的规定,对照案件的实际情况,作出如何适用法律的解释。比如,组织男性向不特定男子提供有偿性服务的,是否属于组织卖淫罪中的“卖淫”?非法制造土炮的,是否属于非法制造“枪支”?

第二个理由是,法律条文用语本身的含义具有多样性、概括性、模糊性和不确定性等特征,而社会生活是纷繁复杂的。法律条文不可能完全对应于社会生活事项,立法者在制定法律时也不可能预计到社会生活的每个细节,因此现实中所发生的事实是否符合刑法条文的规定,就需要法官按照法律条文与具体的案件事实进行对比和判断。像“罪行极其严重”“数额巨大”等具有伸缩性的法条用语无疑需要解释,而像“淫秽”物品这样的需要价值判断的构成要件要素也需要解释。即便是纯粹描述性的法条用语,也同样需要解释。比如,刑法中的“人”就是一个需要解释的事项。《刑法》第232条规定“故意杀人的,处……”,这里的“人”应该如何解释?固然,所有不分年龄、身份的人类都是“人”,但是一个脑死亡的人算“人”吗?一个刚刚出生但还没有独立呼吸的婴儿算“人”吗?刚刚露出母体一半的胎儿算“人”吗?月黑风高夜将狗熊误认为人而杀死,此处的狗熊是故意杀人罪中的“人”吗?将尸体误认为活人而杀死,这里有“人”存在吗?再如,《刑法》第236条的强奸罪,未满14周岁的幼女是否属于强奸罪中的“妇女”?《刑法》第240条规定的是拐卖妇女、儿童罪,在行为对象是不满14周岁的幼女时,具体认定罪名时,是将其认定

① [意]贝卡利亚:《论犯罪与刑罚》,黄风译,中国大百科全书出版社1993年版,第12页。

② [德]克劳斯·罗克辛:《德国刑法学总论》(第1卷),王世洲译,法律出版社2005年版,第85页。

为妇女从而定拐卖妇女罪,还是认定为儿童从而定拐卖儿童罪?《刑法》第 125 条规定了非法制造、买卖、运输、邮寄、储存枪支、弹药、爆炸物罪,此时行为人制造了大口径的土炮,是否属于第 125 条的"枪支",或者属于弹药或者是爆炸物,还是均不属于? 再如,《刑法》第 263 条抢劫罪中的持枪抢劫中的"枪"应如何解释? 带着土炮去抢劫算不算持枪? 红缨枪呢? 或者枪是假枪,再或者是真枪但枪里没有装子弹?《刑法》第 234 条规定了故意伤害罪,能否把"拔掉别人的一根头发"解释为"伤害"他人身体?《刑法》第 275 条规定了故意毁坏财物罪,将他人的电脑砸坏固然属于故意毁坏财物,但是能否将行为人把他人所养的鱼放入大河的行为理解为"毁坏"财物? 此时如果认为鱼塘的主人仅仅遭受了财物损失而财物本身并没有毁坏,那么就有可能仅作为民事案件处理。《刑法》第 238 条规定了非法拘禁罪,将他人捆绑在房间内固然是非法拘禁,但是将他人强行拽入汽车,持续带着他在北京四环公路上高速行驶,这是否属于非法拘禁? 再如,能否将在他人洗澡时拿走其衣服使其几天无法出门的行为解释为"非法拘禁"? 趁他人熟睡时将其反锁在房间内,待其醒后又将房间门打开,是否是非法拘禁? 在此就需要对"非法拘禁"进行理解。《刑法》第 258 条规定了重婚罪,"有配偶而重婚的,或者明知他人有配偶而与之结婚的,处……"能否将他人以夫妻名义的公开同居解释为"结婚"? 此处的结婚仅指具有法律意义上的经过民政局登记的婚姻,还是也包括事实上的婚姻?

通过以上的举例可以得出,法律的语言与现实的生活并非一一对应的,因而司法者需要基于法律的规定比照社会生活实际进行判断。所以对法律的解释是必不可少的。

总而言之,法律解释就是立足于法律的规定,对照案件的实际情况,判断能否将相应的法律规定适用于具体案件的事实,从而作出法律适用解释的这一过程。

(二)刑法解释的分类

根据解释的效力,法律解释分为有权解释和学理解释。

1. 有权解释

有权解释,是指该解释是具有法律效力的,对司法者而言该解释具有拘束力,司法者应当遵照执行。根据有权解释的主体的不同,可将其分为立法解释和司法解释。

(1)立法解释

立法解释,是由立法机关即全国人民代表大会或者全国人大常委会对法律条文的含义作出的解释或说明。立法解释具有与立法相同的效力。虽然在理论上也存在"法律解释天然属于司法机关、立法解释没有存在之必要性"的主张,[①]但学说上通常都对立法解释的存在予以认可,而立法机关也依然对通过立法解释阐明法律含义的做法予以坚持。

立法解释可从不同角度加以理解。广义的立法解释包括刑法或相关法律中所作的解释性规定,例如,对公共财产、私人所有财产、国家工作人员等的解释,但这种解释性规定是刑法规范的

① 参见袁吉亮:《论立法解释制度之非》,载《中国法学》1994 年第 4 期;袁吉亮:《再论立法解释之非》,载《中国法学》1995 年第 3 期。

组成部分,不能视为立法解释。[①] 广义的立法解释还包括立法机关的官员在"法律的起草说明"中所作的解释。但关于刑法的起草说明与修改说明旨在使审议者了解制定、修改刑法的目的,便于立法机关通过刑法。"面向立法机关成员所作的说明,不一定能适用于法律指向的一般人。"[②] 所以,这种起草说明、修改说明也不应该视为严格意义上的立法解释。立法解释的范围应该在狭义上理解,仅指立法机关对于刑法适用过程中对于疑难案件所做的解答或决定。[③]

(2)司法解释

司法解释在中国特指由最高司法机关即最高人民法院和最高人民检察院对法律条文作出的解释。最高司法机关对于法律进行解释的根据,来自 1981 年《全国人民代表大会常务委员会关于加强法律解释工作的决议》第 2 条。该条规定:"凡属于法院审判工作中具体应用法律、法令的问题,由最高人民法院进行解释。凡属于检察院检察工作中具体应用法律、法令的问题,由最高人民检察院进行解释。最高人民法院和最高人民检察院的解释如果有原则性的分歧,报请全国人民代表大会常务委员会解释或决定。"

而在 2000 年通过、在 2015 年修正的《立法法》第 104 条则确认了最高司法机关解释法律的权力。该条规定:"最高人民法院、最高人民检察院作出的属于审判、检察工作中具体应用法律的解释,应当主要针对具体的法律条文,并符合立法的目的、原则和原意。……最高人民法院、最高人民检察院以外的审判机关和检察机关,不得作出具体应用法律的解释。"

当遇到法律条文有多重含义时,在国外,法官会依据自己对法律的理解来阐释法律的含义,是通过法官个体适用法律来阐释法律的含义,被称为法官适用解释。而中国则是由最高司法机关对条文进行阐释,这种具有中国特色的司法解释体制在很大程度上是基于对基层一线的法官水平的不信任。这种不信任固然有其一定的现实依据,基层法官的素质水平和接受的法学教育情况仍然堪忧,另外,出于对其职业操守和道德的担忧,认为其手中的权力过大会形成司法腐败。考虑到目前的司法实践中法官办案水平层次不均的现状,由"两高"发布司法解释,可以统一司法适用,解决由法律用语不明带来的司法适用上的困难。总体来说,这种司法解释制度的存在有其合理性。但是这一制度的存在源于对法官的不信任,助长了法官不独立思考而等待请示上级的做法,使得大量法官消极被动地等待司法解释的出台,机械地适用法律,因而其能动适用法律、独立适用法律的能力无法得到提高。目前的司法改革正在逐步改善这种现状,使法官和检察官对法律的解释拥有一定的权限,能够独立进行判断。

需要注意的是,司法解释不是立法,因而其必须具有一定的限度,必须在法律的框架内受到法条用语可能含义的限制,不能随意进行解释,创设法律或进行类推,必须遵守罪刑法定原则。近年来司法解释的越权问题已经引起了广泛的关注。[④] 解释与新的立法存在明显的不同,解释是对条文已有含义进行的阐释、说明和发掘,而立法是在原有的法律上进行的新的创造和发明。

---

① 参见李希慧:《刑法解释论》,中国人民公安大学出版社 1995 年版,第 142 ~ 143 页。

② 张明楷:《刑法学》(第 5 版),法律出版社 2016 年版,第 30 页。

③ 对于立法解释的含义采取狭义理解的,比如陈兴良:《本体刑法学》(第 3 版),中国人民大学出版社 2017 年版,第 23 页,等等。

④ 详细的分析,参见张明楷:《简评近年来的刑事司法解释》,载《清华法学》2014 年第 1 期。

最高人民法院、最高人民检察院只能对现有的法律条文的含义进行解释和阐发，而无权对法律条文没有规定的事项进行创设。例如“人”可以解释为有生命的自然人，不包括法人，这是符合人的通常含义的解释。而不能将客观上已经死亡的，但外表上仍然像活人的尸体解释为“人”，刚刚死亡的人也不能被解释为“人”。同样，也不能将会说话的智能机器人解释为“人”。立法是立法机关行使的权力，无论是最高人民法院，还是最高人民检察院，都无权创设法律。但在实践中存在司法解释游走在扩大解释和类推之间的倾向，甚至可以说存在比较多的司法解释以解释为名，行创设法律、立法之实的现象。比如，司法解释将“明知是捏造的事实而传播”解释为“视为捏造事实”，就存在是否是类推的疑问。

在最高人民法院作出的解释与最高人民检察院作出的解释存在冲突的场合下，一般由“两高”请示立法机关作出立法解释来统一法律的适用。例如对“黑社会”的认定是否要求具有“保护伞”这一问题，最高人民法院与最高人民检察院的解释不同，最终由立法机关制定立法解释对这个问题做出了统一的解释。

2. 学理解释

与有权解释相对应的是无权解释。不过，一般所说的无权解释并非指任何人对法律的解释，而是特指学理解释。尽管没有普遍效力，但是，缺少学说之间的争鸣，就会导致法律解释的混乱和恣意。学理解释是推动立法解释和司法解释的动力，也是完善司法解释和立法解释的重要参考。学理解释的存在，不但对于学说的发展本身是必不可少的，而且对于完善和推动立法和司法解释也是至关重要的。

（三）刑法解释的立场

如何解释刑法，主要存在两种不同的立场，即主观解释论和客观解释论。主观解释论是一种以立法者为中心的法律解释理论，其是指探寻立法者在制定法律条文、形成刑法规范时的原意，以立法本意、立法原意作为解释的目标。例如，如果认为《刑法》第 234 条故意伤害罪的立法本意是为了保护他人身体的完整性，拔掉他人的头发就可能侵犯了他人身体的完整性，因而就可能被解释为故意伤害的行为。主观解释的方法是回溯的，是回到立法当时判断立法本意。根据学者的研究，主观解释论的根据主要在于以下三点：(1)立法行为是立法者的意思行为，立法者通过立法表达他们的看法和企图，他们借助于法律追求社会目的，这些目的在法律解释中应表现出来。(2)立法者的意思是一种可以借助立法文献加以感知的历史事实。只要每一个人坚定此种历史意旨的取向，执法机关的裁判或决定便不会捉摸不定而根本地动摇法的安定性。(3)依据权力区分的原则，执法机关应依法裁判或决定，而法律只能由立法机关制定，因此，立法者的意思在法律适用上应为决定性因素，法律解释因而也应以探求立法者意思为目标。①

主观解释的缺陷较为明显。② 首先，在中国这样一个立法体制较为复杂而又缺乏“立法理由书”制度的背景下，确定“谁是立法者”本身就存在困难，尤其应该强调“法律自从颁布时起，即与

① 参见黄茂荣：《法学方法与现代民法》（增订 3 版），台湾大学出版社 1993 年版，第 295 页。

② 参见陈兴良：《口授刑法学（上册）》（第 2 版），中国人民大学出版社 2017 年版，第 40～41 页。

立法者脱离关系”这一点。谁是“立法者”？以我国目前的立法体制而论，作为立法主体的全国人大及其常委会分别设立了法律委员会和法制工作委员会。全国人大常委会法制工作委员会下设刑法室，负责刑法草案的起草；而全国人大宪法与法律委员会是对刑法草案进行审议的机构，对草案审议以后，将其提交全国人大常委会或者全国人大进行审查表决。最终有投票权的是全国人大常委会的常委或者全国人大的代表。以上各个机构和人员中，究竟谁是立法者、谁的意思是立法意图，难以确定。如果一定要以立法意图作为刑法解释探求的目标，就会缺乏解释的客观标准，难免会出现以解释者的意思冒充立法者意思的现象。而如果将立法者固定为具体的人，且不论其法律水平如何，将其个人观点理解为立法原意可能面临将法治沦为人治的危险。其次，即使刑法制定时有一个确定的立法本意，但如果出现言不达意的情况，导致立法意图与法律文本的意思之间出现不一致，若根据主观解释论将立法意图作为最终结论，则会导致法律文本被虚置。最后，法律的含义完全以立法者的意思为转移，会使法律文本的含义凝固僵化，难以适应社会发展的需要。

与主观解释论相对应的是客观解释论，其是以解释者为中心的法律解释理论，不考虑立法者的原意为何，而只考虑社会生活的客观需要以及法律条文的客观含义范围。客观解释论认为，应根据形势的变化对静态的文本作出动态的解释，使刑法文本能够和纷繁的、流动的社会现实相适应。[①] “法律一规定好，立法者就死了”，其探求现实生活的客观需要是否超出了法律条文所具有的客观涵义，是关照当下而非回溯的。研究者认为，客观解释论的根据主要在于以下两点：(1)法律自从颁布时起，即与立法者脱离关系，法律思想也在那时确定下来，因此，裁判者应在法律内而不是法律外寻找依据。法律规范经常是从同时或先后颁布的不同法律章节、条文中摘取或归纳出来，这也说明法律与立法者(的意思)并非一体的事实。(2)依据客观解释论的立场，可以提高法的安定性。如果法律解释以立法者的意思为基准，那么人们势必再求助于那一堆一般人接触不到的庞杂、烦琐的立法资料，从而，事实上受法律规范的人，将无从认知法律的所在。[②]

主观解释论与客观解释论对具体法律涵义的阐释常会出现分歧。比如，《刑法》第 358 条组织卖淫罪的规定，这里的“卖淫”具有何种含义？在江苏南京曾发生过组织男子向男子提供有偿性服务的活动，主观解释论者会认为 1997 年《刑法》制定时社会并无此现象，因而法律规定的卖淫是指女性将自己的身体向不特定人出卖的行为，立法者当时并未考虑男子提供有偿性服务的这些情况，虽然这些行为也有伤社会风化，但不符合立法原意，不是犯罪。客观解释论则会认为，固然“卖淫”的通常含义是女子向不特定男子提供有偿性服务，但是无论男子向女子还是女子向男子，抑或是同性之间进行的有偿性服务，都是将身体作为对价进行出卖的行为，从而构成卖淫。

与主观解释论相反，客观解释论不追求法律制定时立法者的原意，而是基于现实有效的法律规定，分析客观存在的法律用语可能具有的含义，并对其作出符合社会实际的解释，以使法律用语适应社会发展的需要。如今客观解释论立场已被刑法学的学说所广泛采纳，同时也为司法实务部门所广泛认同。只是，应该强调客观解释的“客观性”，即不允许超出法条用语的客观可能

---

① 王政勋：《论客观解释立场与罪刑法定原则》，载《法律科学》2011 年第 1 期。

② 黄茂荣：《法学方法与现代民法》(增订 3 版)，台湾大学出版社 1993 年版，第 298 页。

含义进行随意的“解释”。超出法律规定的可能含义进行所谓的“解释”，容易混淆立法与司法的界限，使得解释变为造法，这是违反罪刑法定原则的。

（四）刑法解释的方法

解释的方法大致可分为文理解释和论理解释两大类。文理解释又称语义解释，论理解释又称逻辑解释。

1. 文理解释

文理解释又称文义解释、语义解释、平义解释，是根据法律规定本身的用语，包括单词、概念、术语以及标点符号、结构等，从文理上依据通常理解对于条文含义进行的解释。比如，《刑法》第385条第1款规定：“国家工作人员利用职务上的便利，索取他人财物的，或者非法收受他人财物，为他人谋取利益的，是受贿罪。”受贿罪的行为分为两种类型，一为主动索贿型，二为被动收受型。问题在于，在收受他人财物的场合是否要求为他人谋取利益？在索取他人财物的场合是否要求为他人谋取利益？两种行为的成立条件是否完全相同？与上述条文相对照，《刑法》第163条非国家工作人员受贿罪规定：“公司、企业或者其他单位的工作人员利用职务上的便利，索取他人财物或者非法收受他人财物，为他人谋取利益，数额较大的，处五年以下有期徒刑或者拘役……”这一条文中的“为他人谋取利益”与第385条成立受贿罪的规定中的“为他人谋取利益”适用行为的情形是否相同？这些问题都要回到法律，从其条文本身探究。《刑法》第385条设定了两种情形，一种是索取他人财物，另一种为非法收受他人财物，为他人谋取利益的，在这两种情形之间法律用“或者”一词相并列。这样理解的原因在于立法在第385条中规定了“索取他人财物的”，这个“的”字表明了一种选择，是一种罪状完成的表述，这既是一种语义上的停顿，也是一种含义上的转折。而第163条中规定的是“索取他人财物或者非法收受他人财物，为他人谋取利益”，在此立法将索取和非法收受相并列，认为都必须具备为他人谋取利益的要件才能成立。

文理解释是按照法条用语通常含义所进行的解释，这也正是其又被称为平义解释的原因。而后文的扩大解释或者缩小解释，则是在可能含义的范围之内，对通常含义的扩张或者限缩，属于与文理解释相对的论理解释范畴。所以，文理解释不涉及语义的可能含义问题。但是，文理解释也不能随意进行，其虽然阐释的是用语的通常含义、基本含义或者核心含义，但与字典语义、日常生活中的含义并不完全重合。例如，《刑法》第18条规定的“精神病人”并非日常用语中的含义，而是特指因为某种精神疾病而导致辨认和控制能力丧失的人，有严格的医学和法学标准；再如，刑法条文中的“以上”“以下”“以内”的规定。《刑法》第99条规定：“本法所称以上、以下、以内，包括本数。”

2. 论理解释

论理解释不拘泥于条文的字面含义，而是根据条文之间内在的逻辑关系，或者根据条文的历史发展等，在条文的可能范围进行的解释。论理解释有多种解释方法，具体如下。

（1）扩张解释

扩张解释又叫扩大解释，是指解释的结论超出了法条用语的通常含义，但是没有超出其可能含义和边缘含义，或该词可能具有的含义。其既是一种解释方法，又是一种解释的结论（在该词的边缘含义中选择一种可能的结论）。例如，对“卖淫”一词的解释，通常含义是女子向男子提供性服务，但是解释为男子对男子提供性服务虽然会超出该词的核心含义、通常含义，但并没有超出其可能的含义。值得讨论的是，对“妇女”的解释，能否包括对自己的性别认知为女性的男性？解释的结论如果超出了词语可能具有的含义，超出了该词语的语义范围，就可能构成类推，这是罪刑法定原则予以严格禁止的。

一个重要的疑问是，这种扩大解释，是否只限于对被告人有利的结论？学说上有一种观点认为，在罪刑法定原则下，一般来说，扩张解释应当限于对被告人有利的情形，对被告人不利的扩张解释，应当十分慎重。① 但是，这种观点值得商榷。因为扩大解释仍然处于法律条文的可能用语的解释范围内。所以，无论其是否有利于被告人，都是符合罪刑法定原则的解释。例如，南京的卖淫案是典型的不利于被告人的扩大解释，但不应该认为其违反罪刑法定原则。

问题是，条文用语可能含义的边界在哪里？如《刑法》第 385 条受贿罪中索贿和收受贿赂的对象——“财物”如何界定？为了便利自己的孩子上学，请小学校长欧洲十国游、巴西奥运游，或者帮助其装修房屋，校长欣然接受了这些好处。在这里校长实际上没有拿到具体的钱财，对此一种有代表性的理解认为财物是金钱或实体的物，而另一种观点认为可以以货币结算的服务或利益都属于财产性的利益，因而属于财物。后者对财物的理解是属于超出其核心含义但仍为其可能含义的扩大解释，还是属于已经超出其可能含义的类推解释？2016 年 4 月 18 日“两高”《关于办理贪污贿赂刑事案件适用法律若干问题的解释》采用了后一种观点，认为贿赂的对象除包括金钱、实物外，还包括可以以货币结算的财产性利益，以有权解释的方法肯定了将财产性利益认定为财物的做法。

根据《刑法》第 260 条的规定，虐待罪的行为对象是“家庭成员”。其中的“家庭成员”应如何解释？男女两人同居了 10 年但一直没有结婚，算不算家庭成员？家里的保姆算不算家庭成员？比如雇主殴打家庭成员，或者保姆殴打家庭中的成员，如果殴打的行为不构成轻伤不能作为故意伤害罪处理，这种情况下能否认定为家庭成员关系从而按照虐待罪处理？如果认为家庭成员关系仅能通过婚姻、血缘、收养等关系形成，那么上述情况就不能视为发生在家庭成员内部；如果认为持续了一定时间并形成较为稳定的人身关系就可以认定为家庭成员，则上述情况可能被认定“家庭成员”。《刑法修正案（九）》在第 260 条之一规定了虐待被监护、看护人罪，但此条仍然没有解决雇主虐待保姆等问题，因而对家庭成员的含义界定仍然有讨论的价值。

（2）限制解释

限制解释既是一种解释方法，又是一种解释结论，作为解释方法，限制解释是指将法条用语的含义进行限缩，使解释的结论适用于具体的案件事实；作为解释结论，限制解释是指词语的含义小于法条用语的一般含义。

例如，《刑法》第 263 条抢劫罪中 8 项加重构成中包括“入户抢劫”的规定。如何理解“入户”？可否将行为人基于合理理由进入家中，但临时起意进行抢劫的行为理解为入户抢劫？例

---

① 参见陈兴良：《本体刑法学》（第 3 版），中国人民大学出版社 2017 年版，第 28 页。

如,行为人原打算上门进行推销,但进入房屋后发现对方很有钱,转而进行抢劫。或者行为人原本打算进入女主人的房间进行强奸,但后来放弃了强奸的意图转而为抢劫,算不算“入户抢劫”?再如,行为人是电站工作人员,负责收电费,如果在进入房间时仅打算收电费,或者进入时已有抢劫的意图,这两种情况是否都属于入户抢劫?行为人出于侵犯财产的目的入户,或者是出于非财产的目的入户,这两种情况是否相同。考虑到刑法对入户抢劫设定了10年以上有期徒刑、无期徒刑或者死刑的加重法定刑规定,当然不能将所有的在他人家中发生的抢劫行为一概理解为入户抢劫。何种算是入户抢劫,可能存在不同的理解。最狭义的理解A说主张是基于抢劫的目的入户,稍宽缓的解释B说认为是基于盗窃、诈骗、抢夺等财产犯罪的目的入户,再广一点的C说基于犯罪的目的入户,或者最广义的理解D说,无论出于什么目的入户,只要在户内抢劫就算入户抢劫。对上述不同的解释进行分析,很显然最广义的D说处罚面太宽,其将所有发生在户内的抢劫行为都理解为入户抢劫,与词语“入”字本身含义不符。C说将基于犯罪目的进入家中且后来发生抢劫的行为理解为入户抢劫,例如,行为人本身意图强奸,其后转而进行抢劫,此时行为人进入房间的行为仅仅是为强奸创造条件的行为,而将其理解为入户抢劫,适用加重的法定刑显然不合理。现在司法解释倾向于B说,即基于财产犯罪的目的入户,但这种理解面临的问题会过度依赖于口供,如行为人供述入户后才产生了抢劫目的,则适应基本刑3年以上10年以下有期徒刑;如行为人供述说进门之前就已经产生了抢劫目的,则属于入户抢劫,适用加重的法定刑。这时,究竟应采取何种理解是刑法各论研究的对象,而无论是采取上述A说、B说还是C说,都可谓是限制解释。

又如,《刑法》第263条抢劫罪中8项加重构成中还包括“持枪抢劫”。其中的“枪”应如何理解?仿真枪、未装子弹的真枪,或者行为人携带了装有子弹的枪但没有放在手中而是装在包里,这时是否属于“持枪抢劫”?考虑到对持枪抢劫设置的法定刑为10年以上有期徒刑、无期徒刑或者死刑,因而应当将其限缩为可以随时使用的真枪,这就属于限缩解释。

再如,“致使被害人死亡”属于强奸罪的加重处罚情形,应处10年以上有期徒刑、无期徒刑或者死刑。被害妇女在受辱后自杀了,这时是否可以认定为“致使被害人死亡”?强奸行为人将被害妇女双手捆绑并反锁在房间内,并切断电话线,被害人无法获得救助而走到阳台呼救,由于天色灰暗而从阳台坠落死亡,此时是否算强奸“致使被害人死亡”?如果被害人对行为人以死相逼,明确告知如果对方实施强暴行为自己就会自杀,或者被害人一言不发,而事后自杀,这两种情况显然不同。但这里没有疑问的是,如果被害人因心脏病突发而死亡,不会被认定为强奸致人死亡。在此就要对因果关系进行限定,即不仅要求行为与结果之间具有因果关系,而且要具有直接的因果关系,必须是强奸的行为直接导致了被害人的死亡;并且要求行为人要意识到自己的强奸行为可能导致对方死亡,对此有预见的可能性,因而构成过失。在强奸的过程中因担心对方呼救而堵住对方的嘴或卡住其脖子,而导致对方直接死亡,此时客观上行为人的行为与对方的死亡之间具有直接的因果关系,同时主观上行为人也能够认识到自己的行为会导致对方窒息死亡,因而属于强奸致使被害人死亡,这就是限制解释。

但是限制解释也不能任意地缩小。例如,将故意杀人罪中的“人”限制为健康的人,把强奸罪中的“妇女”限定为品行良好的妇女，而对卖淫者的性自主权不进行保护，这显然是错误的。限制解释应该遵循以下几个规则。

首先，不能超出一般人的预测可能性。例如，将入户抢劫中的入户目的限制为基于犯罪的目的入户就没有超出人们的预测可能性。但是如果将入户抢劫的“户”限制为卧室就可能超出了人们的预测可能性，因为只要是属于家的范围，如客厅、厨房等都应属于户。

其次，限制解释也应当与法益保护的目的相一致。例如，在卖淫女报警被强奸的场合，强奸罪的保护法益是女性的性自主权，而不论该妇女具有何种身份。在强奸致人死亡的场合，保护的是可能被强奸行为侵害的生命法益，因而需要进行限制解释。

(3)当然解释

当然解释，是指按照法条用语表述的逻辑关系，对法条中没有明确规定的事项，当然地适用相应法律规范的解释方法。当然解释在《唐律》中概括为“入罪，举轻以明重；出罪，举重以明轻”。在法律规定本身比较粗疏、不严密，同时强调刑法的主要任务是打击犯罪而非保障人权时，在法律无明文规定的场合下，当然解释大行其道。然而在强调罪刑法定、保障人权的刑法机能时，当然解释如何适用就值得推敲。当然解释与类推适用(类推解释)之间是何种关系？现在越来越多的学者指出，当然解释与类推在逻辑上具有一致性，当然解释是一种强有力的类推。类推适用的逻辑是：如果法律规定行为人实施 A 行为就要受处罚，行为人实施了法律没有明确规定的 B 行为。法律规定的是 A 行为，由于 B 行为与 A 行为类似，所以将 A 行为的法律规范类比适用到 B 行为上。当然解释的逻辑是：法律规定 A 行为是犯罪，但没有规定 B 行为是犯罪，但是 B 行为比 A 行为严重，根据当然解释之“入罪举轻以明重”，于是将处罚 A 行为的条文适用于 B 行为。但是应当注意到，既然法律规定的是 A 行为，A 行为与 B 行为是两种不同的行为，法律没有规定 B 行为，就不能将 A 行为的规范适用到 B 行为上。

何时当然解释可行，何时不可行？对此，我国学者鉴于刑法的特殊性质指出，其他法律中，只需要事理上的当然即可作当然解释，而在刑法上则不然，能够肯定的刑法上的当然解释，是事理上的当然与逻辑上的当然的统一，两者缺一不可。“事理上的当然是基于合理性的推论，逻辑上的当然是指解释之概念与待解释之事项间存在种属关系或者递进关系。”①具体来说，如果 B 行为能够还原为包括 A 行为，即 $B = A + C$，在这种情况下法律规定处罚 A 行为，那么针对 A 的处罚规定就能够适用于 B 场合。例如，根据《刑法》第 239 条第 3 款的规定，以勒索财物为目的偷盗婴幼儿的，依照绑架罪的规定处罚。如果是以勒索财物为目的而抢劫、抢夺婴幼儿的，该如何处理？如果认为法条规定的“偷盗”包括“偷”与“盗”两种行为方式，前者是通常的盗窃，而后者则包括“抢劫或者抢夺”(相当于中国古代刑法中的“强盗”)，则可以通过文理解释解决上述问题。如果认为“偷盗”就是盗窃的话，则可以通过当然解释解决上述问题，即抢劫或者抢夺是在一般的盗窃(以平和方式取得财物)基础上添加了暴力因素(对人的暴力则为抢劫，对物的暴力则为抢夺)，从而，符合当然解释的适用规则。

反之，如果待解释的对象与法律条文之间仅仅存在并列关系，被解释的事项不能还原为条文

---

① 陈兴良：《本体刑法学》(第 3 版)，中国人民大学出版社 2017 年版，第 28 页。

的规定,则根据当然解释得出的不利于被告人的结论就是不利于被告人的类推,是罪刑法定原则不允许的。这种情况,也就是仅有事理上的当然,而没有逻辑上的当然。比如,《刑法》第263条抢劫罪中,"冒充军警人员抢劫"的情形属于抢劫罪的8项加重处罚情节之一。现实中发生了军人显示自己的身份实施抢劫的行为,对此如何量刑?一个保安冒充军警人员进行抢劫,与警察亮明自己的身份进行抢劫,何者对社会的危害性更为严重?需要注意的是,虽然两者都侵害了军警人员的形象,都侵犯了公众对社会的信赖,但是真的军警进行抢劫的场合对社会信赖的破坏是不可恢复的,其危害也更大。根据当然解释的主张,入罪举轻以明重,当冒充军警人员抢劫应加重处罚时,由于真军警人员显示身份抢劫的行为危害更大,更应该加重处罚,从而也应属于"冒充军警人员抢劫"。但是这样的观点受到学界的广泛批评。因为真军警抢劫的行为显然不能解释为"冒充"军警人员抢劫的行为,二者之间不存在包含与被包含的关系,因而不能根据当然解释适用该规定。也就是说,如果当然解释的结论是不利于被告人的,同时又无法还原为具体法律条文,这种当然解释的结论就与罪刑法定原则的要求相违背,就不能允许。反之,如果一个当然解释的结论虽然不利于被告人,但是能够还原于法律的规定,即使其是不利于被告人的结论,但仍然可以被解释为是一种扩大解释从而符合罪刑法定,此时的当然解释是被允许的。需要强调的是,有利于被告人的当然解释或扩大解释都是符合罪刑法定的。例如,《刑法》第49条规定的"审判的时候怀孕的妇女,不适用死刑",如何理解这里的"审判的时候"?如果妇女在侦查阶段或起诉阶段时怀孕,但在审判阶段流产,此时根据文理解释不能得出审判时包括侦查、起诉阶段,但根据当然解释,将审判时解释为包括侦查、起诉和审判三个阶段在内,从有利于被告人的角度出发是具有合理性的。

概括说来,当然解释只有在能够还原为法条的场合,即待解释对象与法律条文之间存在的是包容关系的场合,这种当然解释的结论才是可接受的。不过,在并列的场合,如果当然解释的结论有利于被告人,这种当然解释就仍可能被允许。

(4)体系解释

体系解释,是指结合该条文在刑法典中与相关条文或者同一条文中其他表述之间的位置关系,对其作出符合用语含义的解释说明。

体系解释的一个重要体现是,根据法条的列举性、描述性规定而确定其概括性表述的含义,这也被称为同类解释。比如,《刑法》第263条抢劫罪中,对暴力、胁迫或其他方法中的"其他方法"该如何理解?在被害人熟睡时取走其财物的行为构成盗窃罪,但是如果行为人将对方催眠后再实施取财行为,是否属于抢劫罪中的"其他方法",从而构成抢劫罪?在此,催眠行为与暴力、胁迫具有相当性和同质性,因而属于抢劫行为。这种解释方法就是体系解释。又如,对于《刑法》第114条、第115条所规定的以其他危险方法危害公共安全罪中的"其他危险方法",要求其与放火、决水、爆炸、投放危险物质具有相当性,这样的解释方法也是体系解释。

对于同一条文不同款之间含义的理解,也常常要用到体系解释方法。比如,《刑法》第20条第1款规定:"为了使国家、公共利益、本人或者他人的人身、财产和其他权利免受正在进行的不法侵害,而采取的制止不法侵害的行为,对不法侵害人造成损害的,属于正当防卫,不负刑事责任。”第 2 款则规定:“正当防卫明显超过必要限度造成重大损害的,应当负刑事责任,但是应当减轻或者免除处罚。”在此,如何理解第 1 款和第 2 款中出现的两个“正当防卫”的表述?为何前 1 款规定正当防卫不负刑事责任,而第 2 款又说正当防卫可能要负刑事责任?对第 2 款中的正当防卫必须与第 1 款的规定相结合进行理解,作出体系性的解释。也即第 2 款中的“正当防卫”的防卫行为符合了正当防卫中的时间、对象等条件,但不符合正当防卫的限度条件,其“明显超过必要限度造成重大损害”,因而第 2 款中的正当防卫并非符合全部条件的防卫行为,而仅仅是具有防卫性质的防卫行为。

体系解释规则的又一个重要体现,是会肯定刑法用语的相对性。比如,《刑法》第 236 条强奸罪中,第 1 款规定“以暴力、胁迫或者其他手段强奸妇女的,处三年以上十年以下有期徒刑”,第 2 款规定“奸淫不满十四周岁的幼女的,以强奸论,从重处罚”。由于在第 2 款中立法规定了奸淫不满 14 周岁的幼女,显然第 1 款中的“妇女”就不包括幼女。又如,《刑法》第 240 条规定的拐卖妇女、儿童罪,意味着儿童是不同于妇女的,因而妇女不包括未满 14 周岁的幼女。但是在该条第 3 项中“奸淫被拐卖的妇女的”,由于此处没有将妇女与儿童并列,所以此处的“妇女”应包括未满 14 周岁的幼女。还如,刑法中有很多处关于“可以”的规定。“可以”通常没有强制性,可以这样,也可以不这样。但是刑法中有的“可以”则是“应当”,没有裁量的余地。例如,《刑法》第 48 条第 1 款规定:“死刑只适用于罪行极其严重的犯罪分子。对于应当判处死刑的犯罪分子,如果不是必须立即执行的,可以判处死刑同时宣告缓期二年执行。”这一款中的“可以”不能理解为可以这样也可以不这样,而应根据体系解释,结合之前的规定“不是必须立即执行”,解释为不立即执行,判处死刑的同时宣告缓期二年执行。①

反对解释也是体系解释的一种重要体现。例如,《刑法》第 257 条暴力干涉婚姻自由罪规定:“以暴力干涉他人婚姻自由的,处二年以下有期徒刑或者拘役。犯前款罪的,致使被害人死亡的,处二年以上七年以下有期徒刑。第一款罪,告诉的才处理。”根据上述第 3 款规定“第一款罪,告诉的才处理”,就可以得出,第 2 款规定的“致使被害人死亡的”情形,就不属于告诉才处理,而是非亲告罪。

(5)历史解释

历史解释,又称沿革解释,是指结合刑法条文制定的历史背景以及规范变迁等而对条文含义的一种解释和挖掘。历史解释注重从连续与变动的相关性上阐述刑法条文的含义。

比如,1979 年《刑法》第 183 条规定:“对于年老、年幼、患病或者其他没有独立生活能力的人,负有扶养义务而拒绝扶养,情节恶劣的,处五年以下有期徒刑、拘役或者管制。”该条规定在 1979 年《刑法》的第 7 章妨害婚姻家庭罪中。1997 年《刑法》将该条文原封不动地规定在《刑法》第 261 条(第 4 章侵犯公民人身权利、民主)之中。如果养老院的负责人决定将老人遗弃不顾,对这一行为如何定性?一种代表性的理解认为,遗弃罪原本放置在妨害婚姻家庭罪中,因而保护的是婚姻家庭关系,所以具有抚养关系的只能是婚姻、家庭成员内部的关系,养老院的领导与被遗

---

① 关于法条用语的相对性,参见张明楷:《刑法分则的解释原理》(第 2 版·下),中国人民大学出版社 2011 年版,第 775 ~ 805 页;本书作者的相关论述,参见付立庆:《拐卖幼女并奸淫行为之定罪量刑》,载《法学》2007 年第 10 期。

弃的老人之间不存在家庭成员关系，因而遗弃孤寡老人的行为不能认定为遗弃罪。这实际上就是一种历史解释、沿革解释的方法。这种观点进一步认为，即便1997年《刑法》取消了原来妨害婚姻家庭罪一章而将其整体性移植到侵犯公民人身权利、民主权利罪一章之中，也仅仅是一种立法技术上的考虑，并不涉及对遗弃罪内容的改变，应该尊重遗弃罪的历史沿革，其中的遗弃仍然限于具有抚养义务的亲属之间的遗弃。[①] 这一理解以刑法解释之间存在一定的位阶关系为依据，其认为，即使在文义解释上可能认为遗弃罪之中的“扶养义务”包括因为先行行为、职务行为等所产生的义务，但根据历史解释，遗弃的范围应该限于家庭成员之间，此时，历史解释、沿革解释优于语义解释，应该尊重历史解释的结论。

对于这一问题，另一种理解认为，既然遗弃罪被1997年《刑法》规定在侵犯公民人身权利、民主权利罪这一章中，其保护的是公民的人身权利，因而不要求行为发生在婚姻家庭成员之间。[②] 故而，养老院负责人遗弃孤寡老人等行为构成遗弃罪。可见，其所采取的不是历史解释，而是目的论的解释，即根据刑法规范的创设目的、法益保护目的所进行的解释。

总体上来说，对于历史解释，本书强调如下两点。第一，表面上看来，历史解释与主观解释探求立法原意的做法具有一定的相似性。但历史解释并非机械地追求立法原意，而是将其历史地回溯至法律条文中，是为了通过历史资料探寻刑法的真实含义，而不是探求所谓的立法原意，其本质仍是一种客观解释，“不可将历史解释与主观解释混为一谈”。[③] 第二，历史解释应该作为其他解释方法、解释结论的参照，不应该过于强调其独立意义。这是因为，“我们所处的社会变幻莫测，作为一种解释理由的历史解释，其说服力相当有限”。[④]

（6）目的解释

目的解释又称目的论解释，是指并非拘泥于条文的字面语义，而是根据刑法条文制定的规范保护目的阐明条文真实含义的解释方法。目的解释中的“目的”，不是通常所说的立法目的，而是基于对刑法的人权保障机能的重视，对刑法规范可能具有的含义的一种严格的客观解释。“在进行目的解释时，需要确定法规的意义和目的，也就是规范的保护目的，并且要将该目的用于确定具体的构成要件要素的含义。”[⑤]在规范保护目的意义上的目的解释，与探寻立法目的这一主观目的不同，也可以称为客观的目的解释。目的解释可以分为目的性限缩和目的性扩张。

目的性限缩，是指在法条用语可能的含义范围过宽时，为了达到处罚的合理性，根据相应法条的规范保护目的，去限缩构成要件的适用范围。比如《刑法》第263条抢劫罪中所规定的“持枪抢劫”，其中“枪”的字面含义较宽，按照文义解释可能会导致加重处罚的范围过宽。此时需要结合刑法设置“持枪抢劫”加重处罚这一规范的保护目的在于对被害人人身安全乃至公共安全的保护，来限缩“枪”进而限缩“持枪抢劫”的范围，并将持红缨枪、玩具枪、仿真枪乃至空枪等排除在外。

---

① 参见陈兴良：《刑法的知识转型（方法论）》（第2版），中国人民大学出版社2017年版，第113～114页。

② 参见张明楷：《刑法学》（第5版），法律出版社2016年版，第865～866页。

③ 张明楷：《刑法学》（第5版），法律出版社2016年版，第37页。

④ 张明楷：《刑法学》（第5版），法律出版社2016年版，第38页。

⑤ ［德］乌尔斯·金德霍伊泽尔：《刑法总论教科书》（第6版），蔡桂生译，北京大学出版社2015年版，第31页。

目的性扩张,则是指在法条用语的字面含义可能过窄时,为了保证处罚的合理性,根据相应法条的规范保护目的,扩充法条用语的字面含义到其可能边界的一种解释方法。认为“土炮”属于《刑法》第125条中“枪支”的解释,认为“大型载人拖拉机”属于《刑法》第116条中“汽车”的解释,都是从相应法条对于公共安全法益的保护目的出发,而对于“枪支”或者“汽车”含义的扩张,即可谓是目的性扩张。不过,需要强调,不利于被告人的目的性扩张不能超出法条用语的可能含义或语义边界。而有利于被告人的目的性扩张,比如对于“审判的时候怀孕的妇女”的理解等,则不受语义边界的限制。

目的性限缩与目的性扩张最终的结论可能是限制解释(缩小解释)与扩大解释(或者有利于被告人的类推),因此也可以认为,目的解释是一种解释理由,而限制解释或扩张解释是一种解释技巧,[①]或者说是一种解释结论。

(五)刑法解释方法之间的位阶关系

所谓刑法解释方法的位阶性问题,是指认为已有的解释方法存在适用顺序,处在前一顺位的解释方法得出的结论通常具有优先地位,只有在特殊情况下后一种解释方法得出的结论才能优先于前一顺位的方法适用。

1. 肯定说的主张、理由及其质疑

能否肯定这种位阶性,存在肯定说与否定说的基本分歧。肯定说多受法理学上一般解释方法位阶性命题的启发。拉伦茨认为,由一般的语言用法获得的字义,构成解释的出发点,同时为解释的界限;然而法律的语言用法通常还包含有不同的意义可能,此时法律的意义脉络(其“前后关系”)是不可或缺的。假使仍然有作不同解释的空间,则应优先采纳最能符合立法者的规定意向及规范目的之解释(历史的目的论的解释)。若前述仍有不足,解释者即不得不求助于客观的目的论的标准。“合宪性”解释是要求多数解释中应优先选择符合宪法原则,因此得以维持的规范解释。[②] 由此,拉伦茨确定了文义解释→体系解释→历史的目的论解释→客观的目的论解释→合宪解释的位阶关系。我国也有刑法学者认为,文义解释应当成为解读刑法文本基本的和首选的方法,能够根据文义解释合理地界定刑法语词含义的,则没有必要进行论理解释;体系解释不再拘泥于刑法文本语词的通常字面含义进行解释,但仍然是依据刑法文本本身对特定刑法语词含义进行解释,因而无疑应当成为论理解释的首选方法;在体系解释仍然不能合理地界定刑法文本语词的含义时,则应当超越刑法文本本身,发现和重构立法者于制定法律时所作的价值判断、立法目的以及通过文本意图表达的真实意思;如果运用历史解释方法仍然不能适当地确定刑法文本语词的含义的,则应当进行目的论的解释;要使解释结论符合正当性与合宪性的要求,必要的时候宣告违宪的刑法文本无效。由此,提出了解释刑法时应遵循文义解释→体系解释→历史解释→目的解释→合宪解释的先后顺序。[③] 很明显,上述学者对于刑法解释方法位阶顺序的

---

① 关于解释方法问题中解释理由与解释技巧的区分,参见张明楷:《刑法学》(第5版),法律出版社2016年版,第34页。

② [德]卡尔·拉伦茨:《法学方法论》,陈爱娥译,商务印书馆2003年版,第200~222页。

③ 梁根林:《罪刑法定视域中的刑法适用解释》,载《中国法学》2004年第3期。接受了这一主张的,比如苏彩霞:《刑法解释方法的位阶与运用》,载《中国法学》2008年第5期。

结论,受到了拉伦茨的影响。肯定论者认为,通过确立解释方法的位阶性,可以提供一套获取合理的解释结论的方法,从而具有方法论的意义。其不但能够约束法官的自由裁量权,①而且能够更容易检验法律适用的结果,②也能使操作更加经济、便宜。③ 还有论者认为,尽管各种解释方法之间的位阶关系并非固定不变,但“如果这种解释方法之间的位阶关系得不到遵守,可能会影响解释结论的合理性”。④

针对肯定论者的主张,有论者提出了一系列的质疑,包括:(1)法理学者们和民法学者们基于操作的方便性和经济性,对解释方法进行不同程度的排列,直接借鉴到刑法学领域,可能超越刑法解释的合理限度,违反罪刑法定原则。(2)既然承认位阶关系,那么后者在何种情况下可以取代前者?(3)刑法解释方法的适用位阶和效力位阶是固定不变的吗?如果是,怎么诠释复杂多变的刑法条文和应对千变万化的社会现实?如果不是,也就无所谓刑法解释方法的位阶。(4)固定的刑法解释方法位阶关系是保证得出合理妥当的刑法解释结论的可靠途径吗?以及,这是符合人类思维规律的吗?⑤

2. 否定说的立场

否定刑法解释方法之间存在位阶关系的主张也十分有力,国内的典型代表比如周光权。⑥本书也持否定论立场。这主要包括如下理由:(1)没有哪一种解释方法具有绝对的优位性,各种解释方法之间相互配合、相互协调,最终指向一个妥善合理的解释结论。如萨维尼认为,对于制定法内容的理解,通过文法要素、逻辑要素、历史要素、体系要素而得以实现,这 4 个要素必须是协调作用的不同活动。阿列克西主张,各种不同形式的解释的分量和权衡,没有顺序。⑦ (2)如果认为文义解释是按照法条用语通常含义进行的解释,则它是采取其他各种解释方法的基础,在此意义上固然可以说文义解释是最基础的解释方法,具有绝对的优先地位,但这种说法的实际意义极其有限。正是因为按照通常含义也就是字面含义、平义解释无法形成妥当结论,才需要借助其他解释方法,才有其他各种解释方法出场的必要性。这实际上是讨论各种解释方法之间位阶关系的前提。与之相反,如果是在可能含义的意义上理解文义解释的话,则文义解释不过是为解释者划定了不能逾越的边界,不能超越文义进行解释不过是在重复一句正确的废话,而且,这种意义上的文义解释反而应该是对各种解释方法得出的结论是否符合罪刑法定原则的最后检验,也完全可能认为这应该是最后一步。也确实有位阶关系肯定论者认为,“文义解释是一切解释的出发点……要求文义具有界限功能……更应是一切解释的终点”,“在可能的文义界限点上,文

---

① [德]汉斯·海因里希·耶塞克、托马斯·魏根特:《德国刑法教科书(总论)》,徐久生译,中国法制出版社 2001 年版,第 190 页。

② [德]伯恩·魏德士:《法理学》,丁小春、吴越译,法律出版社 2003 年版,第 314 页。

③ 张志铭:《法律解释学》,中国人民大学出版社 2015 年版,第 112 页。

④ 陈兴良、周光权:《刑法学的现代展开Ⅰ》(第 2 版),中国人民大学出版社 2015 年版,第 64 页。引文部分为陈兴良教授的立场。

⑤ 刘俊杰:《刑法解释方法位阶性否定论》,载陈兴良主编:《刑事法评论》(第 39 卷),北京大学出版社 2017 年版,第441~442 页。

⑥ 周光权:《刑法解释方法位阶性的质疑》,载《法学研究》2014 年第 5 期。

⑦ 参见刘俊杰:《刑法解释方法位阶性否定论》,载陈兴良主编:《刑事法评论》(第 39 卷),北京大学出版社 2017 年版,第 442 页。

义要素绝对优先”。[①]“文义解释的优先性仅仅在文义解释是解释的起点的意义上存在，但这样的结论无助于疑难问题的解决。”[②]“认为文义解释是解释的起点，与其说是强调文义解释的重要地位，还不如说是承认文义解释之不足。文义解释也仅仅是起点而已。”[③]这样看来，确实可以认为，“刑法解释方法之间是否具有位阶关系的讨论本不应将文义解释的解释方法掺和进来，以免使得刑法学界已经达成共识的问题重新陷入没有意义的争论”。[④]（3）目的解释虽然追求所谓“规范保护目的”，但其与立法本意之间的关系是什么，本身就存在疑问。目的解释容易受到解释者主观价值判断的左右，并且因为在扩张和限缩两个方面都呈现出对法安定性的威胁，而为学者们所诟病。[⑤]所以，虽然目的解释自身不该加以排斥，但无论是目的论扩张还是目的论限缩，都应通过其他解释方法予以补充印证，而不应固定其在解释方法体系中的位置，更不应将其拔高为所谓“所有解释方法之冠”。（4）前文已经提到，历史解释或曰沿革解释在刑法解释中更多的是辅助性作用，[⑥]是帮助理解现行法律当下的规范含义必不可少的参考资料，因此，其不应在各种解释方法中具有优先于其他解释方法的特殊地位。（5）至于所谓的合宪性解释，究竟是一种解释方法，还是一种解释目标，本身就值得讨论。

3. 本书观点

总体上来说，不同的解释方法“本来就没有一定的效力顺序，因此也没有办法保障一个所谓的正确看法出现”。[⑦]解释方法之间不存在特定的位阶关系，在不同的解释方法得出的结论不同时，应该看哪种解释方法更加合理，判断何种解释方法符合罪刑法定、罪刑均衡、罪刑平等刑法基本原则。这样看来，位阶关系否定说的看法或许更为可取。

刑法解释是一个商谈、反复试错的过程，而不是单向度地从文义解释出发抵达目的解释的思维过程。即便是解释刑法时通常可能按照文义解释→体系解释→历史解释→目的解释的逻辑顺序推演，但是，在发现根据目的解释得出的结论明显不妥当，不能被国民接受时，又要返回文义解释，对法条用语进行限制，进行解释的“反向制约”，在反复试错中取得共识。[⑧]而且，不同解释方法之间存在竞争关系，“很多刑法规定的解释都是解释者或明或暗地有了倾向性意见之后，再回过头寻找解释方法，论证该结论的正确性。此时，使用何种解释方法，就受制于解释者的‘前理解’或预判”。[⑨]

如果非要对各种解释方法之间的关系进行总结的话，那么，应该立足于客观解释论的基本立场，在运用各种解释方法挖掘法条真实含义的过程中，以文理解释为出发点，在文理解释不足以

---

① 苏彩霞：《刑法解释方法的位阶与运用》，载《中国法学》2008年第5期。

② 周光权：《刑法解释方法位阶性的质疑》，载《法学研究》2014年第5期。

③ 陈金钊主编：《法律方法论》，中国政法大学出版社2007年版，第113页。

④ 刘俊杰：《刑法解释方法位阶性否定论》，载陈兴良主编：《刑事法评论》（第39卷），北京大学出版社2017年版，第444页。

⑤ 劳东燕：《刑法中目的解释的方法论反思》，载《政法论坛》2014年第3期。

⑥ 采取这种理解的，比如刘俊杰：《刑法解释方法位阶性否定论》，载陈兴良主编：《刑事法评论》（第39卷），北京大学出版社2017年版，第453页。

⑦ 黄荣坚：《基础刑法学（上）》，元照出版有限公司2012年版，第108页。

⑧ 周光权：《刑法解释方法位阶性的质疑》，载《法学研究》2014年第5期。

⑨ 周光权：《刑法解释方法位阶性的质疑》，载《法学研究》2014年第5期。

得出妥当结论时,考虑论理解释方法,在这个过程中,体系解释、目的解释、历史解释等解释方法可能是相互重叠、同时运用并相互印证,也可能是择一而用。最终,所得出的结论要考虑国民的认同程度等解释方法之外的因素,要接受社会的检验。① 而在无论如何解释结论都无法为社会接受时,就需要调整解释方法,重新得出解释结论。

第四节 刑法规范的供给不足及其处理

一部具体的刑法典所创设的刑法规范体系形成了刑法规范的供给,而现实案件是否有必要通过刑法加以规制,则可谓是对刑法规范的需求。实定化的规范供给和流动化的规范需求之间永远不可能达到完全一致,两者之间的矛盾是必然的。这种矛盾主要有两种体现:刑法规范的供给不足、供给无法满足需求;刑法规范的供给过度、供给已然超出需求。在以上两种刑法规范的供需矛盾中,供不应求矛盾表现更为突出,对之加以审视,有助于刑法立法本身朝着更科学的方向进化,也有利于刑事司法本身更理性地进行。

一、刑法规范供给不足的不可避免性

刑法规范的供给不足具有不可避免性。这种供给不足既是罪刑法定原则的必然结果,也不可能为任何高明的立法技术所解决。只有坦率地承认这一点,才能为能动司法奠定理性的前提。

(一)罪刑法定原则的明确性要求注定会抑制刑法规范的供给

民法调整平等主体之间的人身关系和财产关系,并将诚实信用、公序良俗等作为基本原则,其呈现出一个相对开放的规范体系,具有学者所描述的"空筐结构"。"法律一旦具有这样的空筐结构,就可使其保持相当长的寿命,而不需作经常的修改,新的解释将使既有的法律条文获得新的生命力。"②与此相对,伴随着"刑法是被告人的大宪章"这一理念深入人心,罪刑擅断主义遭到抛弃,罪刑法定原则成为刑法中的铁则,这就要求刑法规范的体系框架必须呈现出一定的稳定性和封闭性。罪刑法定要求刑法用语应尽可能明确,以保障国民的预测可能性和行动自由。"虽存在罚则但若其内容不明确,何为犯罪暧昧不清(这和犯罪的内容事前并未法定是一样的),何为具体的犯罪就需要由法律的适用者事后决定(这和犯罪并未由立法者决定没什么两样),因此,这就违反了法律主义以及禁止事后法。在这个意义上,不明确的罚则实质上违反了罪刑法定主义,是不被允许的。"③只是,成文刑法在具备明确性优点的同时,必然也会因为对明确性的追求而抑制刑法规范的供给,致使其无法充分满足现实需要,体现出滞后性的特征。这种滞后性既有立法能力不足的原因,也根源于成文法本身所固有的缺陷。

---

① 周光权:《刑法解释方法位阶性的质疑》,载《法学研究》2014年第5期。

② 徐国栋:《民法基本原则解释——成文法局限性之克服》,中国政法大学出版社1992年版,第29~30页。

③ [日]山口厚:《刑法总论》(第3版),付立庆译,中国人民大学出版社2018年版,第17~18页。

（二）无论采用何种立法技术都无法担保刑法规范的供给充足

绝对明确的刑法规定不但永远无法做到，而且也是有害的。为了尽可能涵盖更多的调整对象和扩充刑法的法益保护范围，刑法语言在对各种事实进行抽象的过程中只能是类型化地舍弃一些细节，因此刑法规范也就必然会呈现出一定的概括性。为了尽量缝合刑法规范的有限性和社会生活的无穷性之间的矛盾，刑法立法者总会设法采用多种立法技术。但是，不管立法者采用何种高明的立法技术，刑法规范供给不足的问题，都不可能得到彻底的解决。

为了尽力弥补刑法规范不足的问题，立法者可以放弃对相关刑法条文的确定性描述，而采用概括规定的方式。这既包括像《刑法》第 246 条侮辱罪、第 236 条强奸罪、第 263 条抢劫罪以及第 114 条及第 115 条的以危险方法危害公共安全罪等，对于犯罪方法采取明示列举加“其他方法”“其他手段”之概括规定的立法模式，也包括如《刑法》第 169 条之一的背信损害上市公司利益罪，第 182 条的操纵证券、期货市场罪，第 190 条之一的骗购外汇罪，第 191 条的洗钱罪，第 193 条的贷款诈骗罪，第 225 条的非法经营罪等，在列举一些犯罪的行为方式之后，又设置笼统的堵截式入罪条件对行为方式加以兜底性涵盖的情形。① 但是，无论是在犯罪手段、方法上的概括性规定，还是在犯罪行为方式上的兜底式规定，在试图通过严密法网来保护被害人权利的同时，其本身也是对罪刑法定原则之明确性要求的一种突破，从而使被告人的人权面临着一种被侵害的危险。所以，对于这样的立法技术在总体上予以肯定的同时，又必须予以警惕，对于一些传统重罪要尽量避免采用此种立法技术，即便对于一些现代型犯罪，也不可能指望概括性规定等包打天下。

二、刑法规范供给不足是相对于理性的规范需求而言的

（一）不能脱离刑法规范的需求而抽象谈论供给不足

尽管在宏观上而言，“法有限而情无穷”所导致的刑法规范供给不足现象将永恒存在、不可避免，但是要强调，这里所说的供给不足有其特定的针对性，即这种“不足”是针对现实社会中惩罚犯罪的需要而言的。因此，不能脱离刑法规范的需求而孤立地、抽象地谈论刑法供给，更不能在扩大、膨胀甚至是虚构刑法需求的前提下去空谈“供给不足”。比如，在他人面临生命危险而见死不救的，由于单纯的见死不救者并不处在保障人的地位之中，其欠缺救助的作为义务，因而无法按照不作为的故意杀人处理；而遍观现行刑法，也没有其他任何条文能够规制相应的行为。那么，能否认为在此问题上刑法规范出现了供给不足问题？回答应该是否定的。虽然近年来设立“见危不救罪”的主张始终不绝于耳，但是，这样的主张实际上是希望借助刑罚的强制力来推行“见义勇为”的道德观念，这既模糊了法律和道德之间的界限，也和刑法的最后手段性特征不符。而且，在中国当下社会道德水准仍然普遍较低的现实之下，设立“见危不救罪”也缺乏可行

---

① 明显可以看出，采用此种兜底式规定的，主要是行政犯罪。正如有分析者指出：“对当下的中国而言，所缺乏的主要是与行政犯罪有关的规范资源。”“形成规范增量需求的地方，应当是那些与行政犯罪的规制有关的领域。”白建军：《论刑法不典型》，载《法学研究》2002 年第 6 期。

性:面对危难中之濒死者的看客常常几十、上百甚至更多,刑法不可能全部将其绳之以法。可见,现实社会缺乏支撑见死不救入罪的道德底线和实践基础,在此意义上也就不可能孕育出激发见死不救入罪的理性需求;在缺乏入罪有效需求时,对于类似的行为,只能是借助于社会道德的充分培育和社会救助、保障体系的完备健全,而不应该去批判刑法的无为本身。

由此可知,只有在摒弃虚假的、非理性需求的前提下,才可能观察到理性的刑法规范需求,也才能发现真正的刑法规范的供给不足问题。

(二)刑事可罚性的判断标准

那么,什么样的刑罚需求才算是理性的?要而言之,只有某种行为确实具有刑事可罚性,针对它的刑罚需求才可谓是理性的。于是问题就转变为刑事可罚性的判断标准。这可以从实质和形式两个层面上展开。从实质上,在世界范围内,第二次世界大战后的刑法学中,有这样的一个基本原则得到了多数学者的承认,即个人的行动仅在具有法益侵害性时处罚才得以正当化,此即法益保护原则或者是侵害原理(harm principle)。特别是,基于这样的思考方法,认为应该将法律与道德、伦理加以分离,国家权力不应该介入纯粹的价值判断的领域。就此而言,刑法只允许保护法益,只有具备法益侵害的行为,在刑法上才是可罚的。从这个观点出发,人们提出了两个限制刑事可罚性的重要要求:刑法排除单纯的违反道德的行为,刑法排除违反秩序的行为。[①] 据此,不但见死不救这样的行为仅仅是违反道德的,欠缺刑事可罚性,而且像成年人之间的同性恋、通奸甚至是多名成人之间的自愿性行为,也同样欠缺刑事可罚性;在法益侵害程度上并不侵害刑法秩序的行为,不需要动用刑罚加以规制,只需要通过行政处罚等手段即可解决。

从形式上说,是否具有刑事可罚性,需要结合与之相当的或者更轻行为的处理,以及相应行为的发生频率等综合加以考虑。大致说来,实质标准是基于报应的要求,而形式标准则是基于功利即预防的考虑,两者共同担保了刑罚的正当性。比如说,(1)真正的军警人员显示身份抢劫的,不但侵犯了被害人的人身权利和财产权利,而且还现实地、不可恢复地侵犯了军警人员的形象;而冒充军警人员抢劫的,其对军警人员形象的侵犯可能随着案件的查明而得到恢复。因此,前者的危害性重于后者,既然后者能够适用加重法定刑,前者就具有适用加重法定刑的需求。这就是从报应的角度使得加重法定刑之需求得以正当化的根据。(2)扒窃数额不大的财物的行为,单纯从报应的角度无从肯定其刑事可罚性,但此种行为屡屡发生,且一旦发生即难以被抓,同时其再犯可能性较高,所以从一般预防和特殊预防的角度讲,仍有相当程度的刑事可罚性。单纯出于使用的目的将他人数额较大的财物偷出来,使用后返还的,是否具有刑事可罚性?这样的行为侵犯了他人对财产的占有权,但并不具有不法所有的目的,故而并非转移所有权;较之既侵犯占有权又侵犯所有权的盗窃行为而言,其危害性要小;较之只侵害所有权的侵占罪而言,其危害性也要小。所以,单纯从报应的角度看,难以肯定上述行为的刑事可罚性。另外,一般人将他人的财物偷出来之后不是为了自己所有,偷出来使用之后予以返还的,表明行为人的人身危险性不大,所以通过适用刑罚加以威慑的必要性也较低。因此,此种行为通常欠缺刑事可罚性。但是,当偷

---

① [德]克劳斯·罗克辛:《德国刑法学总论》(第1卷),王世洲译,法律出版社2005年版,第13页。

盗对象是可损耗的财物,行为人在使用该财物时损耗较大或者未及时返还,则有构成盗窃罪(盗窃财产性利益)的可能性。

(三)刑法规范供给不足的基本含义

结合以上对于刑法规范需求的理解,可以认为,真正的刑法规范的供给不足,需要同时具备以下两方面因素:(1)该当行为确实具有刑事可罚性。这是从刑法规范之需求的角度考察。(2)现行刑法规范对于类似行为的规制无法涵盖问题行为。这是从刑法规范的供给角度的考察。只有确实存在刑事处罚的必要性而现行刑法规范体系又确实未能提供相应的刑法规范时,才能说是真正的刑法规范的"供给不足"。在此,相应行为的刑事可罚性所决定的刑法规范的需求是前提性的,必须首先考虑。只有在肯定了刑事可罚性之后,才能进行下一步关于是否存在刑法规范供给的判断,而不能跳过第一步的判断,直接进行第二步的考察。但是,现实中确实存在这样一种错误倾向,即完全不关注或者是放大问题行为的刑事可罚性,只要是产生了对某种行为处罚的冲动,就挖空心思在现行刑法规范中去寻找法律规定,然后或者是通过所谓的平义解释或者扩大解释,甚至是类推适用而认为该行为构成犯罪,或者是由于无法找到相应的法律依据而批评立法的不完善。这样的倾向,要么会导致扩大入罪的范围,要么会导致随意地批评立法,都是有害的。

三、刑法规范供给不足的非常规应对:立法变动与理论调整

(一)应该在立法上进一步提高刑法规范的类型化水平

刑事立法要追求明确性,但这种明确性不可能是面面俱到的绝对明确,只能是吸纳了概括性立法技术和体现一定开放性特征的相对明确化。相对的明确化是在明确性和概括性之间取得平衡的一种体现,而衡量是否实现相对明确的标准,就是是否通过一定的抽象和概括,具备了相对的类型化特征。"立法者不应当企图通过不明确的概念,将界定犯罪行为的界限的责任推卸到法官那里。重要的是立法者通过一般规定和具体规定,明确地规定出犯罪行为的类型。"①中国刑法立法的类型化水平较之1979年《刑法》已经显著提高,这在1997年《刑法》以及此后的历次修正案中都有所体现。比如,《刑法修正案(七)》对《刑法》第201条原偷税罪的具体偷税手段放弃了原来具体列举的规定方式而概括为"欺骗、隐瞒",就很好地运用了类型化的立法技术,值得肯定。但是,现行刑法典的个罪规定整体上的类型化水平仍有不小欠缺,这主要体现为如下的两个极端。一是常常不厌其烦地耗费数个分则法条去规定具有类似属性的行为,既导致法典的不恰当膨胀,也会遗漏未能入罪的行为类型。若将诸如背任罪、强制罪、业务上过失致死伤罪、制作虚假公文、证件罪等加以规定之后,会导致法网更加严密,同时可以节省更多的分则条文。② 二是对于一些常见多发的犯罪,仅仅是通过一两个条文概括其中的主要类型,而对其次要类型、边缘

---

① [德]汉斯·海因里希·耶塞克、托马斯·魏根特:《德国刑法教科书(总论)》,徐久生译,中国法制出版社2001年版,第159页。

② 对此的详细且深入的论述,可见张明楷:《刑事立法的发展方向》,载《中国法学》2006年第4期。

类型则无法规制。在法典相对较为完备的大陆法系各国，对多发性犯罪设计系列犯罪构成已经成为一项重要的刑法立法技术，在我国，像在贿赂犯罪中，如能通过主从式立法方法设置系列犯罪构成，即在基本的受贿罪类型之外，增设单纯受贿罪、事前受贿罪和事后受贿罪等边缘类型，则能更好地严密法网，打击形形色色的权钱交易行为。

除了表现为以上两个极端外，现行刑法在具体个罪的犯罪构成设计上，常常也欠缺类型化。比如，《刑法》第270条在第1款将“代为保管的他人财物”规定为侵占罪的行为对象之后，又在第2款将“他人的遗忘物或者埋藏物”也纳入本罪的调控范围。他人的遗忘物和埋藏物的共同特点是财物都属于他人，因此都不是无主物，但是又都既不在物主的占有之下，也不在行为人的占有之下，可谓是脱离占有物。但是，在法条明文列举的遗忘物和埋藏物之外，还存在着其他的脱离占有物，如遗失物、漂流物等，对这些脱离占有物的侵占也同样侵害了他人对财物的所有权，从刑法规范的需求即需罚性的角度而言，和遗忘物及埋藏物是一样的。立法上未将“遗忘物、埋藏物”类型化而只是限定性地列举，就留下了明显的法律漏洞，造成了刑法规范的供给不足。对此，可供对照的是日本《刑法》第254条的规定。该条规定：“侵占遗失物、漂流物或者其他脱离占有的他人之物的，处1年以下惩役或10万日元以下罚金或科料。”这样的类型化的立法，就为保护脱离占有的他人财物提供了批量性的充足的刑法规范供给，可谓法网严密。再如，《刑法》第227条将行为对象规定为“车票、船票”而未能规定为更具概括性的“交通票证”，第125条将行为对象规定为“枪支、弹药、爆炸物”而不是“武器装备”，都可以说是立法类型化程度不高的代表，并且为司法实践预留了难题。

刑法规范的类型化程度不足的问题，不仅存在于1997年《刑法》之中，也存在于此后的刑法修正案之中。以《刑法修正案（八）》为例，亦可看出这一点。这一修正案增加了一条规定，“在道路上驾驶机动车追逐竞驶，情节恶劣的，或者在道路上醉酒驾驶机动车的，处拘役，并处罚金”。最高人民法院、最高人民检察院《关于执行〈中华人民共和国刑法〉确定罪名的补充规定（五）》将本条规定的罪名确定为危险驾驶罪。但是，这一“危险驾驶罪”却并未涵盖所有的或者是主要的危险驾驶行为。如能在对醉酒驾驶和在道路上追逐竞驶两种危险驾驶行为予以列举的基础上明确规定“以及其他的危险驾驶行为”，将能够提供更加充分、有效的刑法规范供给，起到更好的威慑作用，并规制相应的严重的违法行为。

类型化的立法，就是提炼相应规制行为或行为对象的相通之处予以抽象，以一个上位概念加以统摄来保证法网的严密。可以说，尽管过度的类型化思维确实需要节制，①但就中国现行刑法的规范供给系统而言，矛盾的主要方面仍然是类型化思维不足的问题。所以，就总体趋势而言，基本犯罪构成以及修正犯罪构成的适当类型化仍为必要，其对于完善刑事法网、解决刑法规范的供给不足问题，具有重要的不可替代的作用。

（二）可以通过刑法理论的调整扩充刑法规范的供给空间

面对刑法规范的供给不足，在立法论的层面上，除了刑法规范的设置应该尽可能讲求类型性

---

① 马荣春：《警惕刑法学中的过度类型化思维》，载《法律科学》2012年第2期。

之外，在罪刑法定原则的要求之下，已然无法再借助类似于1979年《刑法》第79条类推制度那样的一般性条文入罪。扩充和开发刑法规范的供给，立法本身的作用是有限的，而通过刑法理论的重新选择，则可以为缓和刑法规范的供给无法满足需求的矛盾做出贡献。

通过刑法理论的选择扩充刑法规范的供给是可能的。比如，对于教唆或者帮助他人自杀的行为能否按照故意杀人罪定罪的问题，理论上素有争论。无论从对其他人生命法益之侵害危险的角度，还是从报应需要以及行为发生概率的角度，都比较容易肯定此等行为的刑事可罚性。问题在于，现行《刑法》第232条是否提供了这样的供给，相应行为能否按照该条定性为故意杀人罪？传统理论对此会感到无助：因为除了必要的共犯等场合之外，刑法分则条文规定的通常都是单独实行犯，而教唆、帮助他人自杀者并未亲自实施剥夺他人生命的行为，所以不能直接适用《刑法》第232条；又由于自杀者自身并不构成犯罪，所以，教唆、帮助者的行为也不能借助共同犯罪的规定加以处罚；同时，这样的行为也有别于间接正犯。据此，就会出现这样的观点：国外刑法中存在关于教唆、帮助自杀的特别规定，比如日本《刑法》第202条规定，教唆或者帮助他人自杀，或者受他人嘱托或者得到他人的承诺而杀之的，处6个月以上7年以下惩役或者监禁。既然我国刑法中并不存在这样的特别规定，那么，教唆和帮助他人自杀的行为，虽然具有刑事可罚性，但只能属于"法无明文规定"，而不按照犯罪处理。[①] 不过，如果跳出传统刑法理论的桎梏，在新的理论框架下，完全可能解决教唆、帮助自杀行为的刑法规范供给问题。比如，采纳统一正犯体系，认为虽然刑法分则各本条规定的都是实行犯，但是教唆行为和帮助行为也是实行行为，所以教唆、帮助他人自杀的行为就都符合《刑法》第232条的规定，可以分别作为正犯适用该条。或者是，虽然采用区分正犯与共犯的区分制体系并且认为刑法分则各本条是以正犯即实行犯为模式规定的，但是认为，自杀本身也是违法的，只是自杀者本身由于责任程度减少等原因不受处罚，在采纳共犯从属性问题上的限制从属性理论下，就可以认为，教唆、帮助者和自杀者本人构成共同犯罪，教唆、帮助者可以作为共犯处罚。这样，就可以通过理论的调试和选择，为值得处罚的行为找到相应的刑法规范。

以刑法理论为媒介扩充刑法规范的供给，远不限于上述教唆、帮助自杀的场合。实际上，在教唆或帮助未达到刑事责任年龄但具有基本的规范意识者实施危害社会行为的，按照现行理论，都会出现定罪上的空隙。比如，已满16周岁者为未满16周岁者的盗窃行为望风的，对于望风者能否处罚？肯定该望风者的刑事可罚性并非难事，但是其能否适用《刑法》第264条认定为盗窃罪仍需考察。如果割裂望风者和实行者的行为，单纯评价望风者的行为的话，断然无法为其找到处罚的根据；但是，根据传统刑法理论，此处的望风者和实行者又不构成共同犯罪，望风者也不属于间接正犯。所以，只有采纳统一正犯体系，或者是在区分制体系下采纳限制从属性的观点，认为望风者和实行者构成共同犯罪，才能为望风者适用盗窃罪追究责任找到充分的刑法规范根据。

---

① 例如，陈兴良：《口授刑法学》，中国人民大学出版社2007年版，第517页。

四、刑法规范供给不足的常规应对:刑法适用解释

(一)要尽量通过各种解释方法增加刑法规范的有效供给

当今时代的刑法学者们在如下一点上形成共识:“法律不是嘲笑的对象”,不要动辄批评刑法条文本身,特别是在中国目前法律的权威性仍然远远不够的前提下,作为法学研究者和法律适用者不该“趁火打劫”,而应该在尊重法律的前提下尽可能培植、维护法律的权威。所以,面对有待解决的问题行为,解释者需要保持清醒的头脑和谦和的心态,稳步有序地推进事实与法条的对应关系。在所对应的条文似乎难以提供刑法规范的充分供给时,不要匆忙得出“法无明文规定”的结论,而应该借助各种解释方法,尽力挖掘现行刑法可能提供的供给空间。

首先,要瞄准最相类似的法条。(1)在平义解释已然能够提供有效的供给时,即无须进行扩大解释。比如,若是肯定了丈夫强行和妻子性交的行为具有刑事可罚性,就不能因为《刑法》第236条强奸罪的行为对象“妇女”没有明示“包括妻子在内”而认为刑法并未规定处罚这样的行为,而需明确“妇女”完全可以包括妻子。同样,在判断是否构成危险驾驶罪时,将“摩托车”解释为“机动车”也属于平义解释,不必存在任何疑虑。再如,在考虑拐卖未满14周岁的幼女并奸淫的行为如何定罪量刑时,将该幼女解释为“妇女”并直接认定为拐卖妇女罪且适用加重法定刑,也属于是在“妇女”一词的通常含义内适用,并非扩大解释。(2)在刑法用语的最通常的含义无法满足事案需要时,可从法益保护的需要出发,对用语的含义做必要的扩充。比如,若是肯定了盗窃Q币等虚拟财产的行为具有刑事可罚性,就不能因为《刑法》第264条中的“财物”没有明确包括虚拟财产而认为“法无明文规定”,而应该认为,“只要是具有经济价值的物品”就是财物;[①] 若是肯定了盗窃他人所珍藏的父母的唯一遗物、前女友所写的唯一情书等,具有动用刑法规制的必要性,就应该认为“具有主观情感价值的物品”也是财物。这样的解释方法可谓是基于法益保护目的的目的解释,在结果上,由于是扩张了“财物”一词的通常含义、核心含义,也可谓是扩大解释。扩大解释是在刑法用语的通常供给无法满足需求的情况下,为具有刑事可罚性的事案提供了边缘性的供给。此时,扩大解释的结果常常是不利于被告人的,但是,不能认为“扩大解释的限度是必须有利于被告人”,而应该明确,因为扩大解释并不违反罪刑法定主义,所以,就应该“既应当允许有利于被告人的扩大解释,也应当允许不利于被告人的扩大解释”。[②] (3)在对刑法用语的通常含义予以扩充时,从功能性的角度予以扩充较为常见。比如,如果肯定了将他人打至耳聋的行为具有刑事可罚性,就应该认为《刑法》第234条中的“伤害”不是指外观上对身体完整性的伤害,而是指功能上对身体机能的伤害,从而拔掉了他人仅存的几根头发而给他人造成精神伤害的行为就不属于“伤害”。再如,将他人的数额较大的财物偷出来予以隐匿的,在刑法上如何评价?即便肯定了这一行为的刑事可罚性,其也不可能成立盗窃罪。因为,如果想将此种行为解释为盗窃罪,要么认为盗窃罪的成立不需要非法占有目的,要么认为盗窃罪所要求的非法占有的目的只包括排除财物所有人、占有人加以利用的“排除意思”,而不包括行为人自己或者第三

---

① 至今的反对意见,可见曲新久:《区分扩张解释与类推适用的路径新探》,载《法学家》2012年第1期。

② 冯军:《论刑法解释的边界和路径》,载《法学家》2012年第1期。

人加以利用的"利用意思"。但是,前者会导致单纯的"使用盗窃"被认定为盗窃罪,后者则可能导致故意毁坏财物的行为被认定为盗窃罪,这不仅和学界的主流立场明显相悖,也不符合当前的司法实践,还会导致盗窃罪的法网大开。因此,将他人数额较大的财物偷出来予以隐匿的,无法成立盗窃罪。在将目光停留在故意毁坏财物罪时会发现,如果认为这里的"毁坏"就是在物质上、外形上破坏了财物的原本样态(这样理解的毁坏称为"物理上的毁坏"),那么隐匿的行为无疑就不属于"毁坏";但是,如果将毁坏界定为"效用上的侵害",那么单纯的隐匿行为就同样可以为"毁坏"这一用语的可能含义所包含。比如日本学者山口厚教授指出:"基于对'毁弃'、'损坏'、'伤害'等法条用语的日常理解,物理性损坏说确有值得倾听之处,但如此一来,毁弃概念的范围过于狭窄,对虽并不属于物理性损坏但损坏了物之效用的行为,认为一律不具有可罚性,并不妥当。"①立足于前述的刑法积极主义的立场,本书对于将"隐匿"的行为解释为"毁坏"予以认同,并认为这不过是对"毁坏"一词核心含义的一种功能性的扩充。

其次,在最为类似的法条无法提供有效供给的情况下,仍然不可匆忙得出"法无明文规定"的结论,而需要借助体系解释的方法再次考察:对于源自案件事实的规范需求,现行刑法的规范体系是否提供了边缘性的有效供给。比如,拐卖成年男子的,实践中通常按照非法拘禁罪处理,这虽然并不能完整准确地评价相应行为的法律属性,但是毕竟对于值得科处刑罚的行为有了一个处理,对于相关各方来说,算是"有了一个交代",可以说是一种退而求其次的次优选择。再如,在夫妻中的一方看到另一方自杀或者是父母看到子女自杀而见死不救导致对方死亡的,由于父子之间的赡养义务或者夫妻之间的抚养义务之中,并不包括救助生命的义务,因此,在夫妻一方或者儿子自杀,而夫妻另一方或者父亲不阻止或不救助的场合,不能仅仅因为存在特定关系,就将不阻止或不救助的行为认定为故意杀人罪。② 但是《刑法》第 261 条明文规定了遗弃罪,此时从法益保护的角度出发,完全应该将夫妻中的另一方或者是孩子解释为"没有独立生活能力的人",将"他人自杀身亡"解释为"情节恶劣",从而认为此时可构成遗弃罪。又如,对吸食毒品之后在高度亢奋的状态下在道路上驾驶机动车的,与之最相类似的条款是规定了所谓危险驾驶罪的《刑法》第 133 条之一,而上述的行为却无法纳入该条之中。但是不应该就此径直认为,由于"法无明文规定",上述的行为就是无罪的。实际上,现行刑法已然为这样的行为提供了刑法规范加以规制(只不过不那么明显),此即《刑法》第 114 条。上述的行为完全可以构成以危险方法危害公共安全罪。此外,如果危险驾驶的行为虽未规定在第 133 条之一中,但是该行为造成了严重的后果,则完全可能按照第 133 条的交通肇事罪处理。比如,2012 年 4 月 4 日,上海稻草人旅行社携 24 人在苏州太湖乘游艇游览时,撞上前面两艘货船中间的钢缆而发生意外,致 4 人死亡。调查显示,驾驶员是在两船间距比较小的情况下,强行穿越,属于违章行为。这样的违章穿越的行为属于危险驾驶的行为,但其造成了严重的后果,可以按照交通肇事罪处理。

借助体系方法寻求刑法规范之供给,有别于法律没有明文规定的情况下寻找最相类似条文

---

① [日]山口厚:《刑法各论》(第 2 版),有斐阁 2010 年版,第 353 页。

② 王作富主编:《刑法分则实务研究(中)》(第 5 版),中国方正出版社 2013 年版,第 728 页。

这样的类推适用,而仍然属于"寻找法律明文规定"的过程,是借助"刑法正文"即"体系化的文义"①来确定针对具体事案的刑法规范。可以说,这实际上是在固定了刑法规范的"存量供给"的前提下,充分挖掘刑法规范的"增量供给"的一种努力。如此,就可以得出结论,对于类似的行为现行刑法已经提供了充分的供给。

(二)要警惕借扩大解释等弥补供给不足之名行类推适用之实

通过扩大解释扩充刑法规范的供给是解决刑法规范供给不足的最直接同时也是最实用的途径。只是,由于罪刑法定原则排斥不利于被告人的类推,因此,在某一解释结论在结局上不利于被告人时,厘清其究竟是通过扩大解释方法得出的结论,还是类推适用的结果,就至关重要——如果是前者,则可以接受;若是后者,则必须禁止。在将扩大解释与类推适用的界限划定为是否超出了法条用语的可能含义时,仍有诸如"可能含义"的边界如何判断等一系列的问题需要进一步讨论。②

(三)不利于行为人的当然解释最终必须还原为扩大解释才能获得认可

有一种理解认为,对于那些明显具有刑事可罚性但现行刑法却没有明确规定的情形,可以通过当然解释处理,如果较轻的行为已经被规定为犯罪或者是按照加重法定刑处理,那么更重的行为当然也要作为犯罪处理或者是适用加重法定刑。于是,既然非法制造枪支的行为已经被规定为犯罪,那么,非法制造大炮的行为更应该作为犯罪处理;既然轻的冒充军警人员抢劫的被规定为加重犯,那么,重的真正军警人员显示身份抢劫的也当然应该适用加重法定刑。比如对于后者,王作富教授、刘宪权教授、林亚刚教授等都予以了肯定,并对真正军警人员抢劫适用抢劫罪的加重情节予以了认可。③

但是,本书特别需要强调这样一点:在实质正义压倒一切的时代,所谓的当然解释尚有其存在的正当性,但在当代罪刑法定的视野之下,当然解释和类推之间的关系就成为必须关注的问题。如果某种重的行为得到允许或者未受禁止,那么轻的行为当然也得到允许或者未受禁止,这样的"出罪,举重以明轻"场合下的解释即便说成是类推,其也属于有利于行为人的类推,并不为罪刑法定原则所禁止。真正成为问题的是另外一种情形下的当然解释,即某种轻的行为已经规定为犯罪或适用加重法定刑,则较之更重的行为当然应该构成犯罪或适用加重法定刑,是这样的"入罪,举轻以明重"的场合。前文提到的王作富教授等的理解,正是此种归结。此时,由于得出的结论是不利于行为人的,而且罪刑法定原则允许不利于行为人的扩大解释但是禁止不利于行为人的类推适用,那么就必须说明,通过此种"举轻以明重"所得出的不利于行为人的结论,到底是扩大解释还是类推?这是这种结论能否被正当化的关键所在。

---

① 曲新久:《区分扩张解释与类推适用的路径新探》,载《法学家》2012年第1期。

② 付立庆:《刑罚积极主义立场下的刑法适用解释》,载《中国法学》2013年第4期。

③ 王作富:《罪刑法定与扩大解释》,载检察日报主办:《法学院》专刊第1期,2007年1月5日,第8版;刘宪权:《论罪刑法定原则的内容及其基本精神》,载《法学》2006年第12期;林亚刚:《析侵犯著作权行为与侵犯著作权罪的衔接》,载《法学评论》2006年第6期。

实际上,不管是当然解释还是类推,都结合相关立法的旨趣、目的等,进行了一种目的论的推论,在这一点上是共通的;而且,将并未直接规制的对象和直接规制的对象加以比较,基于两者间所能肯定的类似性而将前者和后者同样对待,在此限度内,也可以认为扩张解释和类推具有同样的特征。由此,屡屡有学者如纳维斯基(Nawiasky)、拉伦茨(Larenz)、卡纳里斯(Canaris)、彼德林斯基(Bydlinski)、加斯特(Gast)、邦德(Bund)等主张,所谓的扩张解释是类推的一种,或者是类推的特殊事例。也就是,从规范的保护目的观点来看,通常的狭义的类推是将"同程度"的关系性作为问题的,与此相对,当然解释大概就是将更强的关系性作为问题了。可以说,当然解释和类推,无论何者都有"比较的、多值的、家族类似的、语用论上的"构造,其并没有本质的构造上的差别。①

既然当然解释和类推之间并不存在构造上的本质差别,当然解释不过是一种强力的类推,那么,就像不利于行为人的类推为罪刑法定原则所禁止一样,不利于行为人的当然解释也应该受到明确的限制。除了需要结合相应法条的立法旨趣、立法目的之外,更为重要的,不利于行为人的当然解释也必须受到"刑法用语的可能含义"的限制,超出"可能含义"的不利于行为人的当然解释,同样应该禁止。也就是说,任何刑法意义上的解释结论,都必须最终落实到刑法条文具体用语的解释之中,只有能够为现存刑法用语的规范保护范围所包摄,即能够为刑法用语的可能含义所涵盖的,才可能得到认可;相反,即便是某种解释结论具有"当然的"实质合理性,但如果无法为现存的刑法规范所涵盖,也只能认为是"法无明文规定"从而作有利于行为人的处理。具体到相应的事案类型,非法制造大炮的行为之所以能够按照非法制造枪支罪处理,并非由于所谓的"举轻以明重",而是因为在规范的意义上,大炮可以为"枪支"的含义所包含,将"大炮"解释为"枪支"不过是扩张了枪支之通常含义的扩大解释而已;而真正的军警人员抢劫之所以无法适用抢劫罪的加重法定刑,无非是因为这样的行为类型无法为包括《刑法》第263条第6项"冒充军警人员抢劫"在内的抢劫罪的加重构成规范所包含。在此意义上可以说,当然解释并非一种独立的解释方法,任何所谓的当然解释都不具有天然的正当性,其要想获得正当性都必须还原和落实为对于具体条文的解释,以扩大解释或者缩小解释的形式体现在刑法条文之中。②

(四)要采取限制解释的方法对待刑罚规范的供给不足

在观察刑法规范的供给不足时会发现,真正的刑法规范供给不足,除了包括入罪规范无法满足需求这种常见类型之外,还包括另外一种类型,即刑法分则对具体个罪所配置的刑罚种类无法满足需求。比如我国刑法分则中存在若干处绝对确定的死刑,这种过于单一、僵化的法律后果即无法充分评价其所对应的行为模式类型。源于罪刑法定原则中"刑之法定"的要求,对于已然该当了相应刑罚后果所对应的行为模式之后,除非具备减轻处罚的情节,否则司法者只能按照立法

---

① [日]增田丰:《语用论的含义理论与法解释方法论》,劲草书房2008年版,第231页。

② 有研究者指出,如果待解释事项和刑法规定之间具有逻辑上的递进发展关系,那么,就可以通过当然解释将待解释事项吸纳到刑法用语的规范含义之中;如果待解释事项与刑法用语仅仅是并别关系,则不可能将待解释事项解释为符合刑法的规定。参见刘艳红:《走向实质的刑法解释》,北京大学出版社2009年版,第221~222页。事实上,论者所说的值得接受的当然解释,完全可以为扩大解释所包含。

者的配置为行为人裁量法定刑，而不能随意改变。但是，由于相应的刑罚后果确定，特别是在绝对确定的死刑情况下，需要对于相应的行为模式加以规范解释，以尽可能做到罪刑相适应。比如，对于《刑法》第239条"……故意伤害被绑架人，致人重伤、死亡的，处无期徒刑或死刑……"这一规定就应该结合其有限的刑罚供给作限制解释，将"致人重伤、死亡"限制解释为"故意伤害被绑架人致其死亡"甚至是"故意以残忍的方法伤害被绑架人致其死亡"，唯有如此，才能维持最基本的罪刑均衡。再如，现行刑法关于危险驾驶罪的法定刑配置也同样存在刑罚后果过于单一、刑罚供给不足的问题。对此，只能通过对《刑法》第133条之一的规范解释，使得其和"一到六个月的拘役"这一刑罚后果尽可能相适应。

第二章　刑法的基本原则

第一节　刑法基本原则概说

一、刑法基本原则的含义

刑法的基本原则，是指贯穿全部刑法规范和刑法适用过程、体现刑法的基本性质和基本精神、对于刑事立法和刑事司法具有指导作用的观念和准则。

对于刑法的基本原则，存在不同的规定方式。我国现行刑法采取直接规定于刑法条文中的方式，而其他国家多采援引模式，即援引宪法规定等。

二、成为刑法基本原则的要求

刑法的基本原则首先必须是刑法所特有的。如果一个原则同时被规定在各个部门法中，即并非刑法所独有的原则，例如，法律面前人人平等原则就非刑法所独有，则难以被称为典型意义上的“刑法”基本原则。不过，需要看到和承认的是，“在特殊情况下，即便是所有法律的共同准则，立法者也可能基于某种原因将其规定为刑法的基本原则”。①

刑法的基本原则是全局性而非局部性的原则。相应的原则不单单指导刑事立法，还指导刑事司法；就刑法适用而言，不但指导定罪，还与量刑、行刑相关，是贯彻于刑法制定与适用各个环节的原则。唯有如此，才能被称为刑法的“基本”原则。如果仅仅是在量刑或者行刑的某个环节中具有指导作用，就不是刑法的基本原则。例如，累犯从重处罚的原则；再如，对未成年人以惩罚为辅、教育为主的原则，都只对部分刑法问题具有指导作用，因而不是基本原则。

刑法的基本原则既然被称为“原则”，就意味着其具有强制约束力而非只具有技术性，应当得到普遍遵守。只有在极其特殊的场合且具有实质性理由时，相应原则才可能存在例外。

三、我国刑法中的基本原则

在1997年刑法典的研拟过程中，对于应该增设哪些基本原则，我国刑法学界一直存在争议。据不完全统计，学者们当时反映的意见是，除了罪刑法定、平等适用刑法和罪刑相适应原则之外，还包括建议增设主观和客观相一致原则、惩办与宽大相结合原则、教育与改造相结合原则、刑法法制的统一原则、罪责自负原则、刑事责任的公正原则、刑事责任的不可避免原则、刑罚人道主义原则、刑罚个别化原则。“对于这些原则，考虑到要么分歧太大，立法条件尚不成熟，要么属于量

---

① 张明楷：《刑法学》（第5版），法律出版社2016年版，第42页注1。

刑、行刑的原则,并不属于基本原则,因而最终都没有被立法机关采纳写入新刑法典中。"①

我国现行《刑法》规定了(第3条)罪刑法定原则、(第4条)平等适用刑法即罪刑平等原则、(第5条)罪刑相适应即罪刑均衡原则。一般认为,这三条都是刑法的基本原则。需要考察的是,我国刑法究竟规定了多少条法定的刑法基本原则?除了这些原则之外,是否还存在其他的基本原则?

《刑法》第一编"总则"第1章的名称为"刑法的任务、基本原则和适用范围"。其中,第2条是关于刑法的任务的规定,第6~12条是关于刑法的适用范围的规定,因此,一般认为,介于两者之间的第3~5条是关于刑法的基本原则的规定。但是,第4条平等适用原则并非刑法所独有的原则,宪法和其他法律同样遵循平等适用原则。此外,理论上一般认为,罪刑相适应原则是罪刑法定原则的派生原则和应有之义,是罪刑法定原则实质侧面中刑罚法规适正原则的体现,②并不属于独立的原则。

刑法的基本原则并不依赖实定法的规定,因此,除罪刑法定原则外,刑法还可能有其他的基本原则。如有的教科书着重论述罪刑法定原则、法益保护原则、责任主义原则这三个基本原则,③有的教科书在上述三者之外还论述刑法谦抑原则。④ 总之,要区分法律上规定的基本原则和理论上探讨的基本原则,同时明确基本原则具有全局性和约束力的特点。根据通说的理解,同时也尽可能尊重法律的规定,本书暂且认为,我国刑法规定了三个基本原则,即罪刑法定原则、平等适用原则以及罪刑相适应原则,以下着重对这些原则展开论述。

第二节 罪刑法定原则

无论是中国的刑法理论,还是世界上其他国家的刑法理论,均没有争议地认为,刑法的首要基本原则是罪刑法定原则。罪刑法定原则是不容置疑、不容破坏的原则,是刑法的铁则。

一、罪刑法定原则的理论渊源

关于罪刑法定原则的理论渊源,一般都是从民主主义原理和自由主义原理的角度加以展开。

(一)民主主义

从民主主义的角度探寻罪刑法定主义的思想渊源,常常会述及三权分立思想的影响。三权分立理论最早在17世纪由英国学者洛克提出,最终由法国学者孟德斯鸠完成理论构建,并得到了意大利贝卡利亚等大批刑法学者的赞同。该理论认为,立法权、司法权和行政权这三类国家权力必须分别由不同的国家机关行使,才能保证个人的自由。同一个机构同时掌握其中的两种甚

---

① 高铭暄:《中华人民共和国刑法的孕育诞生和发展完善》,北京大学出版社2012年版,第176~177页。
② [日]山口厚:《刑法总论》(第3版),有斐阁2016年版,第17~22页。
③ 张明楷:《刑法学》(第5版),法律出版社2016年版,第44页以下。
④ 冯军、肖中华主编:《刑法总论》(第3版),中国人民大学出版社2016年版,第39页以下。

至三种权力,必将导致公民政治自由的丧失,带来灾难性后果。根据这一理论,司法者应当按照立法者的规定,严格根据立法适用法律,其只是"表达法律之口",不允许司法者创设法律。如果在法律没有明文规定的情况下,司法者擅用法律,就越过自己的权限进行了立法的活动,从而不当地干涉了他人的权利。而为了限制司法者的权力,在事前就必须要有严格规定犯罪与刑罚的法律。

但是,严格贯彻三权分立思想的话,则司法者就没有解释法律的权力和自由裁量的空间,这并不符合世界各国的现实;而且,我国虽然不采用三权分立思想,但也认可罪刑法定主义。可见,从民主主义的角度,还可能有其他的理论支撑罪刑法定原则。这就是国民主权以及议会民主制思想的影响。该思想认为,何种行为是犯罪、对其处以何种刑罚,应当由国民通过自己投票选举产生的议会以法律的形式加以决定。[①]

(二)自由主义

自由主义原理在早期是从心理强制说的角度说明罪刑法定主义的思想渊源。如费尔巴哈的心理强制说认为,人都是理性的动物,趋利避害是每个理性人的本能,行为人实施犯罪时会进行利益的衡量,在把实施犯罪所获得的利益、快感与将要受到的惩罚进行比较之后,选择自己的行为。立法者事先将罪刑"价目表"在法律中进行公布,行为人据此进行衡量,由此使行为人在心理上产生惧怕感,从而产生一种威慑作用,使行为人不去犯罪。因此,这种心理强制的前提是:什么行为是犯罪,犯罪要受到何种处罚已经事先由法律加以明确规定。不过,这一理论的缺陷在于,其假设人们都是理性人,在实施犯罪前会衡量利弊,但在激情犯罪和偶发犯罪的场合,行为人往往不去考虑自己行为的得失。同时,犯罪的原因是多种多样的,并不都是犯罪人自身的原因,还包括社会原因和环境原因等,而这些原因并不是侧重于犯罪人内心的心理强制说所能解释的。

之后,自由主义原理强调从国民的预测可能性角度解释罪刑法定主义的根据。即为了确保人们的行动自由,必须在事前对犯罪与刑罚作出规定,使人们在行为上有所依据,否则人们就会因为不知道自己的行为是否合法而无所适从。[②] 任何人只要其意志是自由的,就能够事先根据法律的规定预测和决定自己的行动。通过公布法律条文,使公民了解法律、信任法律,让公民自由选择自己的行为,从而承担相应的法律后果:如果行为人选择的是合法行为,将受到法律的保护,获得社会的肯定评价;相反,如果选择非法行为,将受到法律的制裁,遭到社会的否定评价。因此,只要侵犯国民的预测可能性与行动自由的法律,都应该被禁止。进一步说,在自由主义原理的背后,实际上体现着尊重人的自由、基本人权的思想,即从实质上保障以个人尊严为基础的权利和自由免受国家刑罚权恣意行使的侵害,这就是人权保障的观念。

二、罪刑法定原则的确立

(一)罪刑法定原则的历史沿革

在古代刑法至近代刑法的早期,法律神秘主义思想盛行,在其影响下,追求"刑不可知,威不

---

① 陈家林:《外国刑法理论的思潮与流变》,中国人民公安大学出版社、群众出版社 2017 年版,第 62 页。

② [日]井田良:《讲义刑法学・总论》,有斐阁 2008 年版,第 32 页。

可测”，某种行为是否构成犯罪、会受到何种处罚在事前并不为民众所知，因而可以使民众处于一种惶恐之中；而司法权完全掌握在统治者的手中，统治者可以根据自己的需要恣意处罚民众。法律神秘主义的实质是罪刑擅断，在赋予法官巨大权力的同时，也意味着对公众权利的肆意践踏。罪刑法定主义最早的思想渊源一般被追溯到1215年英格兰国王约翰所签署的《自由大宪章》，其第39条规定：“任何自由人，非经相同身份者的合法审判并且非根据国家的法律，不受逮捕、监禁、剥夺领地、剥夺法的保护、驱逐出境或者其他方法的侵害。”不过，这一规定只是对国王与自由人（贵族）之间关系的约束，是对国王权力过大的制约，其确认的是封建贵族的既得权利不可侵犯的“封建的自由”，与近代社会“市民的自由”相比具有本质差异，因而很难说是民主主义与自由主义的产物。[①] 在资产阶级革命前后，启蒙思想家的思想为罪刑法定主义的确立奠定了深厚基础。英国1628年的《权利请愿书》(Petition of Right)和1689年《权利法案》(Bill of Rights)相继确认了罪刑法定原则。之后，意大利刑事古典学派的代表学者贝卡利亚在1764年的《论犯罪与刑罚》一书中，积极主张“只有法律才能确定一个人在什么情况下应受惩罚”。其后，在19世纪初，德国学者费尔巴哈在其教科书中明确提出罪刑法定原则。

在美洲，1776年的美国《独立宣言》与1787年的美国宪法《第五修正案》的正当程序条款中，罪刑法定的思想得到体现。在欧洲大陆，1789年法国《人权宣言》第8条规定：“除非根据犯罪前制定公布且依法施行的法律，不得处罚任何人。”这一规定概括了法律主义与禁止事后法这些罪刑法定主义的基本内容。之后，1810年《法国刑法典》第4条规定：“没有在犯罪行为时以明文规定刑罚的法律，对任何人不得处以违警罪、轻罪和重罪。”这是罪刑法定原则第一次在刑法典中得以明文规定。此后，德国、意大利等欧洲大陆各国纷纷将罪刑法定原则作为近代刑法的基本原则规定于刑法典之中。在亚洲，日本1880年旧刑法以《法国刑法典》为蓝本，在其第2条规定：“法律无正条者，无论何种行为，均不得处罚。”

在20世纪前叶，罪刑法定主义曾遭遇一定挫折。1907年的《日本刑法典》未规定罪刑法定原则，1922年的《苏俄刑法典》第10条、1926年的《苏维埃刑法典》第16条都规定了类推制度，1935年纳粹时期的《德国刑法典》也废除了此前刑法规定的罪刑法定主义，而确立了类推制度。但是在“二战”后，罪刑法定原则重新在德、日、苏等国复苏。在德国，1949年的《德意志联邦共和国基本法》取消了类推制度，1975年的《联邦德国刑法典》第1条明确规定了罪刑法定原则，并得到了1998年刑法典的继承。在日本，1946年的《日本国宪法》第31条与第39条第1款都对罪刑法定原则作了规定。在苏联，1958年由苏维埃最高会议附属立法准备委员会公布的《刑事立法基本原理》第3条明示了罪刑法定主义和禁止类推，1960年的《苏联刑法典》第3条则将之成文化，规定了罪刑法定原则，取代了原来的类推制度。苏联解体后，1996年的《俄罗斯联邦刑法典》也规定了罪刑法定原则，并且明确禁止类推。此外，罪刑法定原则也逐渐发展为一项国际法原则。1948年12月10日联合国大会通过的《世界人权宣言》第11条第2款明文规定：“任何人实行当时根据国内法或者国际法不构成犯罪的作为、不作为，不认为是犯罪，不得科处比该犯罪实行时应适用的刑罚为重的刑罚。”1966年12月6日联合国大会通过的《公民权利和政治权利国

---

① ［日］浅田和茂：《刑法总论》（补正版），成文堂2007年版，第48页。

际公约》第15条第1款也作了类似规定。① 至今,罪刑法定原则已经为世界各国所普遍认可。②

(二)罪刑法定原则在中国的确立

中国古代否定罪刑法定原则,裁判者可援引比附类似条款定罪。如西晋时期的司法官员刘颂就坚持“律法断罪,皆当以律令正文,若无正文,依附名例断之”。在《唐律》中也存在“诸不应为而为之,笞四十,重杖八十”的堵漏性条款。《大清新刑律》首次将罪刑法定主义明文化,第一次向君主和官员强调民权。《大清新刑律》初稿于光绪三十三年(1907年)八月脱稿,其草案第1条规定:“凡本律自颁行后之犯罪者适用之。”而第10条第1项则规定:“凡律例无正条者,不论何种行为均不得为罪。”条目后所附“理由”为:“第一条规定本于刑法不溯及既往原则,与第十条规定采用律无正条不处罚之原则相辅而行,不宜偏废也。”其后,《大清新刑律》又经多次修改,于宣统二年十二月(1911年1月)决定颁布,但未及明定施行日期,清朝即告灭亡。辛亥革命之后,南京临时政府一度将《大清新刑律》中涉及皇室和帝制的内容稍加删改之后,以《中华民国暂行新刑律》之名公布实施。而在国民党政府期间,南京国民政府于1935年颁布第二部《中华民国刑法典》,该法第1条规定:“行为之处罚,以行为时之法律有明文规定者为限。”第2条规定:“行为后法律有变更者,适用裁判前之法律有利于行为者,适用最有利于行为人之法律。”这表明该刑法确立了罪刑法定原则,并正式采用从旧兼从轻原则。③

1949年2月,中国共产党中央委员会发表《关于废除国民党的六法全书与确定解放区的司法原则的指示》,包括刑法在内的国民政府六法体系被彻底废除,罪刑法定原则也随之被连根拔起。从1949~1979年的30年中,中国没有一部成文的刑法典,虽然其间曾有刑法典的起草工作,但在刑法草案中也并未规定罪刑法定原则,反而是允许类推。之后,1979年《刑法》没有明文规定罪刑法定原则,同时受苏联刑法的影响,1979年《刑法》第79条规定了类推制度。该条规定:“本法分则没有明文规定的犯罪,可以比照本法分则最相类似的条文定罪判刑,但是应当报请最高人民法院核准。”在理论界看来,1979年《刑法》并非完全排斥罪刑法定原则,而是试图在罪刑法定原则和类推之间、在保障人权和打击犯罪之间保持平衡,可谓是罪刑法定原则与类推并存的状况。但事后冷静地看,罪刑法定原则本身是排斥类推制度的,二者根本不能并存。因而1979年《刑法》在实质上仍然是一种肯定类推、否定罪刑法定原则的法律框架。在对1979年《刑法》予以系统修订的过程中,围绕是否应该在刑法典中确立罪刑法定原则,学界存在不同意见。否定说认为,罪刑法定原则要求立法机关把一切犯罪和刑罚预先规定在刑法中,违背了实事求是的认识路线;实行罪刑法定原则会束缚司法机关的手脚,既不利于处理一些新类型的案件,也不利于

---

① 以上梳理,参见陈家林:《外国刑法理论的思潮与流变》,中国人民公安大学出版社、群众出版社2017年版,第60~61页;陈兴良主编:《刑法总论精释(上)》(第3版),人民法院出版社2016年版,第25~26页。

② 研究者进一步指出,尽管存在融合的趋势,但英美法系传统的罪刑法定原则与大陆法系传统的罪刑法定原则之间仍保留有重大区别:前者侧重于在刑事程序方面适用罪刑法定原则,罪刑法定原则被包容于正当程序条款中,并且依赖它才能实现;后者则将罪刑法定原则作为实体刑法的原则。陈兴良主编:《刑法总论精释(上)》(第3版),人民法院出版社2016年版,第26~27页。

③ 对以上过程的描述,参见陈兴良主编:《刑法总论精释(上)》(第3版),人民法院出版社2016年版,第28~29页。

严厉打击犯罪。[①] 肯定说则认为，规定罪刑法定原则有利于维护我国刑法的国际形象，更好地与国际接轨；能够避免罪刑擅断和保障人权。[②] 在具体表述上几经反复之后，最终1997年《刑法》采纳了肯定说的意见，废除了类推规定，并在第3条正式确立了罪刑法定原则。[③] 因此，"罪刑法定原则在20世纪90年代后期的中国社会确立，其意义主要在于：执政党开始正视国家与个人之间关系上的变更，并承认国家刑罚权的行使需要正当依据与节制性"。[④]

（三）对我国《刑法》第3条规定的解读

1. 所谓的积极罪刑法定原则的主张

我国《刑法》第3条规定："法律明文规定为犯罪行为的，依照法律定罪处刑；法律没有明文规定为犯罪行为的，不得定罪处刑。"与此形成对照的是，西方国家的罪刑法定原则通常表述为：法无明文规定不为罪，法无明文规定不处罚。这也是由费尔巴哈最早在其教科书中提出的，且被世人公认为是罪刑法定原则的经典含义。可见，我国刑法的规定具有中国特色，其后半段的内容与西方国家的规定相同，但对前半段应该如何解读？何秉松教授认为，《刑法》第3条后半段"法律没有明文规定为犯罪行为的，不得定罪处刑"体现的是消极的罪刑法定原则，其意义在于从消极方面限制刑罚权的适用，防止国家滥用刑罚权侵犯人权。《刑法》第3条前半段"法律明文规定为犯罪行为的，依照法律定罪处刑"体现的则是积极的罪刑法定原则，它从积极方面要求正确运用刑罚权，惩罚犯罪，保护人民。何秉松教授进一步认为，正确运用刑罚权，惩罚犯罪，保护人民，这是第一位的，而防止刑罚权的滥用以保障人权，则是第二位的。积极的罪刑法定原则与消极的罪刑法定原则的统一，运用刑罚权以惩罚犯罪、保护人民与约束刑罚权、保障人权的统一，是我国刑法所规定的罪刑法定原则全面且正确的含义，它克服了西方国家刑法罪刑法定原则的片面性，是对罪刑法定原则的新发展。[⑤] 应该承认，这种对1997年《刑法》第3条罪刑法定原则价值取向的双重性解读可能更接近于立法本意。此外，薛瑞麟教授与杨书文博士亦对我国《刑法》第3条罪刑法定原则的独特表述方式进行了逻辑分析，认为西方国家刑法中罪刑法定原则的表述属于必要条件假言推断，而我国刑法的罪刑法定原则的表述则属于充分必要条件假言推断，两种不同的表述方式，深刻反映了其价值追求与精神实质的差异：西方国家刑法的价值追求侧重于限制司法权，保障公民人权；我国刑法的价值追求则同时兼顾保护社会与保障人权。[⑥]

2. 罪刑法定原则价值诉求的偏一性

本书无法认同上述主张所谓的积极罪刑法定原则的论断。第一，罪刑法定原则从其诞生的那一天起，就是以保障公民自由、限制国家刑罚权的行使为己任，是消极的，而不是积极的。罪刑

① 宋占生、张竞：《罪刑法定不能成为我国刑法的原则》，载《现代法学》1981年第4期。

② 高铭暄：《中华人民共和国刑法的孕育诞生和发展完善》，北京大学出版社2012年版，第172页。

③ 高铭暄：《中华人民共和国刑法的孕育诞生和发展完善》，北京大学出版社2012年版，第174～175页。

④ 陈兴良主编：《刑法总论精释（上）》（第3版），人民法院出版社2016年版，第30页。

⑤ 何秉松主编：《刑法教科书》（上卷），中国法制出版社2000年版，第63～68页。接受这种主张的，比如曲新久主编：《刑法学》，中国政法大学出版社2008年版，第35页。

⑥ 薛瑞麟、杨书文：《论新刑法的基本原则》，载《政法论坛》1997年第5期。

法定原则产生的前提是公众对国家司法机关罪刑擅断的憎恨超过了对犯罪的憎恨，罪刑法定主义作为对罪刑擅断主义的否定，是深受中世纪刑罚权无节制扩张和滥用之苦而作出的价值选择。罪刑法定主义就是通过严格限制国家刑罚权的发动来实现对国民权利与自由的保障的，人权的保障与刑罚权的限制始终是罪刑法定主义的精髓与本质所在。

第二，罪刑法定原则虽然历经200多年的发展，但其价值旨趣并未发生变化，换言之，社会保护与人权保障的双重机能的统一并非罪刑法定原则的现代价值蕴含。罪刑法定原则作为法治国思想的产物，最初是自由资本主义时期个人本位观念在法律上的要求和反映。应该承认，随着19世纪末20世纪初期以后垄断代替竞争，国家干预主义学说取代自由放任主义学说而在社会经济生活中发挥主导作用，政府从后台的消极的"守夜人"走向前台成为积极的"干预者"，社会主流意识亦相应地发生了变化，个人本位的观念逐渐被社会本位的观念所取代。与此同时，法律的时代价值与追求亦发生了微妙的变化，法律社会化运动的发展以及社会防卫论和社会责任论的蓬勃兴起，使得对法律秩序、社会整体利益的关注和维护被置于优越于个人自由权利的地位。加之对于成文法局限性的认识逐渐深化，这些都一度对传统的罪刑法定原则提出了严峻的挑战，甚至加剧了罪刑法定原则的危机。[①] 正是在这样的背景之下，刑事实证学派的个别学者如牧野英一提出了松弛、批判甚至取消罪刑法定原则的主张。牧野英一曾经主张，刑法是为保护社会才规定对犯罪予以处罚的，所以，行动受刑法限制的不是法官，而只能是犯罪人，这是不言自明的。在这样的理念引导下，牧野英一提出在罪刑法定原则已有的限制机能之上增加促进机能，将人权包含在国家刑罚权的一般增长之中。但是，这不过是罪刑法定主义200多年发展史上的一段短暂的插曲。20世纪上半叶对罪刑法定主义的松弛乃至否定所造成的法西斯主义猖獗、法治被颠覆、人权被蹂躏的惨痛历史教训，很快就警醒了许多西方国家的公众、政客、议员、法官以及学者，痛定思痛后人们才发现，罪刑法定主义对国家刑罚权发动的严格限制对于保障自由以及生命具有多么重大的、不可替代的价值。因此，在第二次世界大战后，罪刑法定主义又重新得以发扬光大，并且进一步派生出了刑罚法规不明确即无效以及实体正当等新的要求，实现了从追求形式合理性的形式的罪刑法定向追求实质合理性的实质的罪刑法定的超越。同时，随着司法经验的积累与立法认识能力的提高，针对传统的罪刑法定主义的严格规则主义的局限，在有利于被告人、犯罪人的前提下，罪刑法定主义亦逐渐由绝对的罪刑法定主义发展成为相对的罪刑法定主义。但是，所有的这些变化并不标志着罪刑法定主义的基本价值蕴含发生了根本变化。正如有的学者所指出的那样，罪刑法定主义适应时代要求而发生的上述变化，"与其说是社会保障需要的考虑，不如说是人权保障思维的转轨"。"罪刑法定原则的价值定位的偏一性、排他性是一如既往的。该原则所蕴含的保障人权、限制司法权的价值追求和根基非但没有被丝毫动摇，反而更加突出和彰显，更加生机勃勃。因为这些变化都是沿着'有利于保障人权'的方向进行。如果说该原则在产生之初尚不可避免地带有时代的印痕和矫枉过正的色彩，那么它两百年来的发展在实质上就可以说是人权保障价值理念的自我扬弃，或者说是人权保障理念的务实的、理性化的进化，

---

① 高铭暄主编：《刑法专论》（上编），高等教育出版社2002年版，第66页。

而绝不是对社会保护价值的延纳与交融。"①

以上两点告诉我们,无论是原初意义上的罪刑法定主义,还是历经时代变迁的当代罪刑法定主义,都以保障人权、限制国家刑罚权为偏一的价值诉求,"罪刑法定是价值偏一的选择,而并非兼顾各种价值目标和利益",②罪刑法定主义不应该也不可能包含积极方面,法益保护、秩序维持作为刑法这一法律文本与生俱来、不言而喻的原始机能,不应该亦不可能成为罪刑法定主义的内容与追求。相反地,罪刑法定主义恰恰是通过对国家刑罚权的限制以及公民人权保障机能的发挥,使刑法典对法益保护、秩序维持机能的追求受到人权保障机能的有效制约,使法益保护与人权保障的双重机能在博弈互动的过程中达致平衡,从而实现社会正义。③

3. 所谓的积极罪刑法定的实践障碍

不但在理论支撑和价值蕴含上存在障碍,这一具有中国特色的罪刑法定原则的规定试图实现出罪和入罪之间的调和,但第 3 条前段"法律明文规定为犯罪行为的,依照法律定罪处刑"的规定在实践中也难以完全得到实现。例如,行为人为了实施杀人行为而购买菜刀,很显然该行为属于故意杀人罪的预备行为,也就符合《刑法》第 22 条规定的犯罪预备,根据该条第 2 款的规定,"对于预备犯,可以比照既遂犯从轻、减轻处罚或者免除处罚"。无论最终的法律后果为何,犯罪预备都是以定罪为前提的,即在立法者看来任何犯罪预备都是构成犯罪的。但在实践中,为杀人而仅仅购买菜刀的行为不会被认定为犯罪行为。再如,行为人为了实施盗窃而尾随他人,这一尾随行为也属于盗窃犯罪的预备行为,但是在实践中也不会将该尾随他人的行为认定为犯罪。又如,在我国当下司法实务中存在的刑事和解制度,对于故意伤害致人轻伤等一些轻微的犯罪,如果双方达成和解的,就可以不按照犯罪处理,这也似乎明显地违反了所谓的"积极的罪刑法定原则"。由上可见,《刑法》第 3 条前半段的规定使得司法人员陷入一种尴尬境地:一方面,一些行为依照法律应当被认定为犯罪;另一方面,将这些行为认定为犯罪又会导致刑法处罚范围过宽,违背刑法的谦抑原则。

4. 对《刑法》第 3 条的理解

刑法学界存在将《刑法》第 3 条罪刑法定原则所规定的前半段删掉而保留其原初含义的呼声。④ 而在现有的法律规定之下,如何在理论上解读我国《刑法》所规定的罪刑法定原则既能避免逻辑矛盾又能契合司法实务的需要,对《刑法》第 3 条的正确理解是关键。对此,从罪刑法定原则的原初旨趣出发,本书同意这样的结论:"法律明文规定为犯罪行为的,依照法律定罪处刑"的含义是指,"只有法律明文规定为犯罪行为的,才能依法定罪处刑",这一含义与后半段相比,是完全相同的,都是为了限制国家的刑罚权,尤其是司法机关的定罪量刑权,从而保障公民个人的权利和自由。⑤

---

① 武玉红、徐建峰:《应然的论说与实然的评说——对新刑法罪刑法定原则"中国特色"的透析与质疑》,载《浙江政法管理干部学院学报》2001 年第 3 期。

② 宗建文:《刑罚正义论——罪刑法定的价值分析》,载赵炳寿主编:《刑罚专论》,四川大学出版社 1995 年版,第 31 页。

③ 对此的详细展开,参见付立庆:《善待罪刑法定——以我国刑法第三条之检讨为切入点》,载《法学评论》2005 年第 3 期。

④ 刘艳红:《刑法的目的与犯罪论的实质化——"中国特色"罪刑法定原则的出罪机制》,载《环球法律评论》2008 年第 1 期。

⑤ 陈兴良:《教义刑法学》(第 3 版),中国人民大学出版社 2017 年版。

而且,后文会详细论述成立犯罪需要具备符合性、违法性、有责性三个构成要件,只有三者全部具备时才能将行为认定为犯罪并据此处刑,欠缺其中任何一个条件(比如阻却了违法,或者阻却了责任)的,都不是(完整意义上的)犯罪,不需要承担责任。就此而言,现行《刑法》第3条前半段“法律明文规定为犯罪行为的,依照法律定罪处刑”,只是划定了成立犯罪的界限即构成要件的范围,而并不表明“法律的明文规定”是成立犯罪的必要充分条件。因此,应该看到,《刑法》第3条的后半段具有绝对性,即严格禁止在没有法律依据时发动国家刑罚权,体现了罪刑法定原则的“法外入罪禁止机能”;而该条的前半段则具有相对性,“法律明文规定为犯罪的,依照法律定罪处刑”的规定,“虽然在常态情况下能够成立并且应当如此,但在刑罚法规内容缺乏实体正当性,或者被告人的行为符合刑罚法规的形式要件却没有实质的违法性或可罚性时,这种貌似全面的罪刑法定原则的双向表述,则窒息了现代罪刑法定原则应有的法内出罪正当化解释机能,不仅致使司法者对形式上符合刑罚法规构成要件,但因超法规的违法阻却事由和超法规的责任阻却事由的存在,而缺乏实质的可罚性的行为无法合法地予以出罪处理,而且致使司法者对违反内容实体正当要求的违宪的刑罚法规进行司法审查在逻辑上成为不可能”。[①] 在“法律明文规定为犯罪”的前提下,罪刑法定原则当然允许由于存在实质上的阻却违法或者阻却责任等理由而不构成犯罪。因此,《刑法》第3条前半段就只与三阶层犯罪论体系中的第一阶层即构成要件有关。

三、罪刑法定原则的形式内容

(一)排斥习惯法(法律主义、成文的罪刑法定)

法律主义,是指犯罪与刑罚在形式上必须由法律加以规定,刑法的法律渊源只能是法律。在理解法律主义时,虽然也涉及“行政法规或规章能否成为刑法的渊源”“判例能否成为刑法的渊源”等问题,但习惯法能否成为刑法的法律渊源的问题尤其受到关注。

习惯法,是指在特定时间内某一地区因为长期反复适用一些规则而形成的惯例。“当一个社会中经常实施的某种事实被民众作为共通的规范意识即民众的法律确信加以遵守时,该事实即能因此被视为法律渊源的规范,”[②]这就是习惯法。在民商事法律领域中,习惯常被视为法律渊源。比如,《民法总则》第10条规定:“处理民事纠纷,应当依照法律;法律没有规定的,可以适用习惯,但是不得违背公序良俗。”不过,在刑事法领域,“排斥习惯法”是罪刑法定主义的一项基本内容。对此,德国学者罗克辛指出:“在其他法律领域中,除了法律法之外,还承认(没有写出来的)习惯法作为独立的法律渊源。然而,刑事可罚性不能通过习惯法来建立或者加重……刑事可罚性只允许在法律上加以确定。”[③]

罪刑法定主义排斥习惯法,其原因在于习惯法是不成文法,具有不确定性,习惯可能因人、因地、因时而发生变化,这与刑法所追求的法的安定性这一目标相左,因此不利于人们预测自己行为的性质和后果。例如,在20世纪三四十年代,一些边远地区将女性作为男性的附属物,在妻子

---

① 梁根林:《罪刑法定视野中的刑法合宪审查》,载《法律科学》2004年第1期。

② [日]山中敬一:《刑法总论》(第3版),成文堂2015年版,第70页。

③ [德]克劳斯·罗克辛:《德国刑法学总论》(第1卷),王世洲译,法律出版社2005年版,第79页。

与他人通奸的场合，丈夫杀死妻子的情人是一种被广泛接受的做法。但在刑法的视角下，丈夫的行为属于故意杀人的行为，构成犯罪。再如，父母暴力打骂子女的行为也许被公众所理解与接受，但若致孩子轻伤，则可能构成相应的犯罪。在这些场合，如果允许单纯以存在习惯法为由作为行为人出罪的依据，明显会损害法的安定性。

但对习惯法也应该辩证地看待，而不应一概予以否定。例如，在一些地方，常常发生父母在患病情况下为不给子女添麻烦而外出乞讨的现象，此时若父母因疾病或冻饿而死亡，子女的行为是否构成遗弃罪等犯罪则需要结合具体情况思考。就此而言，在认定行为不构成犯罪即出罪时，虽不应仅仅依据习惯的存在而认定行为不构成犯罪，但习惯仍可以作为一个考量因素引导法官进行思考，据此判断行为是否应该按照犯罪处理。“排斥习惯法在原则上并不反对从习惯法中推导出正当化事由，因为这种推论的结果是扩大而不是限制公民自由的范围。”①

（二）禁止事后法（事前的罪刑法定）

禁止事后法，又称禁止溯及既往，因为所有的刑事立法者都是在为未来设计规则，刑法规范是指向未来的，所以不得用事后的法律处罚该法律生效之前实施的行为。“对确立刑罚的法律规定以及对加重刑罚的法律规定，既不允许立法者也不允许法官对其增加回溯力。”②美国法学家富勒指出，“回溯性的刑事法规会令人们直接联想到这样一种荒唐至极的情况：今天命令一个人昨天做某事。”禁止事后法意味着，适用于行为的法律规范必须在行为时就已经生效，这样才能保障国民的预测可能性和行动自由。只有行为当时有效的刑法才能决定该行为是否构成犯罪，禁止根据事后的法律对行为进行处罚。例如，《刑法修正案（九）》所规定的替考的行为，在刑法修正前不是犯罪行为，就不能因其现在属于犯罪而将法律修订之前的合法行为认定为犯罪。

禁止事后法是一个原则，应根据行为人在行为当时的生效法律对其定罪量刑，而不能对他溯及适用事后的法律。但这一原则的例外是，如果事后法对行为人有利，则应适用事后的法律。“根据罪刑法定主义的要求，刑法法规的效力原则上只及于施行后的行为。不过，溯及适用对犯罪人有利的法律，不违反罪刑法定主义。”③例如，某一行为在行为时被规定为犯罪，因而行为人被羁押，但在审判时该行为已经不被规定为犯罪，就应该适用现有的刑法不认定该行为为犯罪。再如，如果面临刑罚的变更，新的刑法对同样一个犯罪行为规定的刑罚更轻，则应适用有利于行为人的新法。例如，1997年《刑法》对绑架罪规定，“致使被绑架人死亡或者杀害被绑架人的，处死刑，并处没收财产”，其一直有效到2015年10月1日。《刑法修正案（九）》将该罪修改为：“杀害被绑架人的，或者故意伤害被绑架人，致人重伤、死亡的，处无期徒刑或者死刑，并处没收财产。”如一行为人在2014年实施了绑架并杀害被绑架人的行为，但一直未归案，一直到2015年6月行为人才被抓获，其后人民法院审判该行为人时已经是2015年12月。此时刑法的规定已经进行了变更，行为时的刑法是“处死刑”，而审判时的法律是“处无期徒刑或者死刑”，可见裁判时

---

① 陈家林：《外国刑法理论的思潮与流变》，中国人民公安大学出版社、群众出版社2017年版，第64页。

② ［德］约翰内斯·韦塞尔斯：《德国刑法总论》，李昌珂译，法律出版社2008年版，第21页。

③ ［日］藤木英雄：《刑法》（第4版），船山泰范补订，有斐阁2013年版，第14～15页。

的刑罚更轻，对行为人更有利，因此应当适用审判时的法律即事后法。其理由在于，事后法是现行有效的法律规定，应将有利的结果适用到犯罪人身上，同时也不存在侵犯被告人预测可能性的问题。

由此看出，罪刑法定主义是对入罪的限制，在将一个行为认定为犯罪时，必须极其严格，但是在将行为不认定是犯罪时，即出罪时，可能因在法律之外存在其他应该考量的因素从而不将行为认定为犯罪。

（三）禁止类推（严格的罪刑法定）

类推不等于扩大解释。扩大解释是将待解释对象与刑法法条用语的含义进行对比，如待解释对象超出了法条用语的核心含义，但仍然属于其可能的含义时，对法条用语的可能含义进行扩张的一种解释方法。而所谓类推，则是以两个事实之间具有一定的共通要素和相当性为由，将对其中一个事实而言妥当的结论推论为对另一个事实也妥当的一种法律适用方法。“从罪刑法定主义的见地出发，得以允许的扩张解释与不被允许的类推之间的不同、区别，未必在于结论上的不同，而在于将该结论予以正当化的论理的不同。”[①]即扩张解释是扩张地界定成为处罚对象的行为的概念，将相应事例纳入该概念中，从而将其包含于处罚范围之中。这种扩张并非无限制的、任意允许的，而是要限定在条文用语的可能含义的框架之内，因此存在语言上的限制。而类推是比照相类似的法律条文所进行的法律适用活动，并非一种严格意义上的“解释”。在指向入罪的场合，类推是指尽管成为问题的行为不能通过罚则包含进处罚的对象中，但却以该问题行为与成为处罚对象的行为在恶害性、当罚性方面是相当的为理由，将该行为也作为处罚的对象。类推推理过程的前半部分是承认相应行为没有成为处罚的对象，但尽管如此仍将其作为处罚对象，这作为“将结论予以正当化的论理”违反了罪刑法定原则。[②] 罪刑法定原则否定不利于被告人的类推，因为这种类推适用并没有明确的法律依据，侵害了国民的预测可能性。

例如，《刑法》第 259 条第 1 款破坏军婚罪规定，“明知是现役军人的配偶而与之同居或者结婚的，处三年以下有期徒刑或者拘役”，对条文中的“同居”应如何界定？同居，按照字面含义是指共同居住，但是与现役军人的配偶通奸的行为是否可以被解释为“同居”？很显然，如果有长期稳定的性关系、经济关系，并长期居住在一起的，可以将其认定为具有“同居”关系，符合破坏军婚罪的犯罪构成。但仅有通奸行为的，则不能将通奸类推为同居而认定为犯罪。在此，无论对“同居”作何种扩大解释，偶尔的婚外性关系都不能被解释为同居，如果将明知是现役军人的配偶而与之通奸的行为解释为破坏军婚，就是一种类推适用，并且这种类推适用的结果是不利于被告人的，应当予以禁止。再如，刑法规定对于故意杀人行为负刑事责任的年龄为已满 14 周岁，如果行为人智力超常，具有成年人的智商，实施了故意杀人行为但其年龄距离 14 周岁仅差 1 天甚至几小时，此时仍不得以行为人具有成年人的心智为由对行为人定罪处刑，否则即属于类推适用。与之相对，在《刑法》第 116 条破坏交通工具罪中，如果行为人破坏的是载有多人的大型四轮

---

① ［日］山口厚：《刑法总论》（第 3 版），付立庆译，中国人民大学出版社 2018 年版，第 13 页。

② ［日］山口厚：《刑法总论》（第 3 版），付立庆译，中国人民大学出版社 2018 年版，第 14 页。

拖拉机,能否被认定为破坏交通工具?《刑法》规定的是"破坏火车、汽车、电车、船只、航空器,足以使火车、汽车、电车、船只、航空器发生颠覆、毁坏危险……"如果单纯从罪名上看,拖拉机肯定属于交通工具,但不能就此直接认定破坏拖拉机的行为属于破坏交通工具,还必须具体到条文中,看拖拉机能否被解释为火车、汽车、电车、船只、航空器中的任何一种。拖拉机属于四轮、由机械发动的并具有一定速度的在道路上行驶的车辆,因而可能认为"汽车"属于拖拉机的上位概念,拖拉机属于"汽车"的一种,二者不是并列关系,而是包含与被包含关系,所以前述的行为可以被认定为破坏交通工具罪,这属于对"汽车"一词的扩大解释而非类推。

关于扩大解释和类推之间的区分标准,理论上存在不同理解,主要有如下几种观点。第一种见解是犯罪定型说,其认为,类推与扩大解释的区别在于,解释结论是否在法律所预设的犯罪定型之中。"对于构成要件的规定来说,不允许超越各法条所预设的法的犯罪定型范围的类推,即使从刑事政策的视角来看该行为是如何地具有处罚的适当性,但这也只是立法的问题。"①这种观点的问题在于如何确定犯罪的定型。第二种见解是可能含义说,又称语义射程说,认为只要解释的结论在法条用语的可能含义之内的,就是扩大解释,超出可能含义的则是类推。"类推与扩张解释的区别在于,扩张解释停留在刑法的成文语言可能的意义范围之内,与此相对,类推超出了这个可能语义的界限,因而对于条文没有规定的事实也认可具有适用刑法规范的妥当性。"②这种观点正确地指出了语义的范围或射程是区分扩大解释和类推的关键,这值得肯定,但日常用语的界限通常并不明确,无法确定某种解释处在或者超出了可能的含义的范围或者语义的射程。第三种见解是预测可能性说,其认为,类推与扩大解释的区分,关键要看解释结论是否超出了国民的预测可能性,没有超出的就是扩大解释,否则即为类推。"从刑法严格解释的旨趣出发,即使具有处罚的必要性与合理性,而且在语言可能含义的范围之内……但如果其内容超出了一般国民的预测可能性的范围,就应该认为这样的解释结论是不被允许的。"③如将具有女性特征的男性解释为女性会超出一般人的预测可能性的范围,而将拖拉机解释为汽车就没有超出一般人的预测可能性的范围。这种学说从有无可能预测的角度来区分两者,在操作性上较之语义射程说存在进步之处,但何种场合属于超出了"预测可能性"的范围,仍在判断标准上存在疑问。第四种见解为存疑即类推说,该说鉴于在司法实务上区分扩大解释与类推十分困难,主张应该按照"存疑时有利于被告"的原则,凡是存疑的解释结论均属于类推,从而树立严格解释的精神。④ 这种标准虽然最为便利且操作简单,但在本质上也可能被批评为回避问题,不利于周延保护法益。

本书主张明显突兀感说,即如果解释结论使一般人感到明显突兀的,就属于类推;虽然具有一定的突兀感,但可以通过合理的解释加以说明的,则属于扩大解释。⑤ 需要指出的是,扩大解释与类推之间并不存在明确的界限,某个解释结论究竟属于扩大解释还是类推最终取决于适用者的法律感觉和价值判断,如认为刑法应当更加谦抑的,则会在入罪的场合对法条用语的可能含

---

① [日]团藤重光:《刑法纲要总论》(第 3 版),创文社 1990 年版,第 58 页。

② [日]木村龟二:《刑法总论》,阿部纯二增补,有斐阁 1978 年版,第 21 页。

③ [日]大谷实:《刑法讲义各论》(新版追补版),成文堂 2002 年版,第 66 页。

④ [日]山中敬一:《刑法总论》(第 3 版),成文堂 2015 年版,第 80 页。

⑤ 对此的详细展开,参见付立庆:《刑罚积极主义立场下的刑法适用解释》,载《中国法学》2013 年第 4 期。

义采取限缩的态度;相反,如果认为在现代社会刑法应当更加积极地介入社会的,就会在对刑法用语的“可能含义”予以理解或者对给人的突兀感是否“明显”的判断上采取较为积极的立场。

此外还需强调的是,禁止类推是为了保障国民的预测可能性从而保障其行动自由,因此,罪刑法定原则不排斥有利于被告人的类推。正如有论者所说的那样,之所以如此是因为,由于文字表述以及立法漏洞等缘故,对于那些在刑法中存在的有利于被告人的规定,若仅按照其文字含义解释适用时,会出现对被告人不公平、不合理的现象;而允许有利于被告人的类推,正是为了克服形式化理解罪刑法定原则所带来的缺陷,实现刑法的实质正义。[①] 比如,《刑法》第 67 条第 2 款规定:“被采取强制措施的犯罪嫌疑人、被告人和正在服刑的罪犯,如实供述司法机关还未掌握的本人其他罪行的,以自首论。”如果是被处以治安拘留的违法人员在拘留期间主动如实供述司法机关还未掌握的本人犯罪行为的,虽然既不符合第 67 条第 2 款的规定,也不符合该条第 1 款“自动投案”的成立条件,但应该类推适用第 67 条第 2 款的规定,按照自首处理,以避免出现显失公平的结果。[②] 再如,对审判时怀孕的妇女不适用死刑,其中,将“审判时”的范围扩大到包括侦查、起诉、审判在内的三个阶段,实际上就是一种类推。又如,在主张对物防卫肯定论时,鉴于《刑法》第 20 条第 1 款所规定的防卫对象是“不法侵害人”,在不能肯定动物之侵害系人之侵害的延伸时,即可认为此时对动物的反击属于“准正当防卫”,可援引《刑法》第 20 条而得以正当化。这就是一种有利于被告人的类推适用。不过,即便是有利于被告人的类推也需要满足法的安定性要求,必须能从规范的立法保护目的和旨趣中获得合理说明。

(四)禁止绝对不确定刑

罪刑法定主义包括罪之法定和刑之法定两个层面:第一层面是刑法要对构成犯罪的行为加以明确规定,无明文规定的就不构成犯罪;第二层面是刑法要明确规定对犯罪行为所判处的刑罚(包括刑种与刑度),无明文规定的就不能判处刑罚。第二层面便是禁止绝对不确定刑,详言之,刑法法规必须对法定刑的种类和分量即刑种与刑度作出明确的规定。完全不规定法定刑的种类和分量(例如,只规定“犯……罪的,由法院判处刑罚”),或者只规定刑罚的种类而不规定其分量(例如,只规定“犯……罪的,判处徒刑”),都会侵犯国民的预测可能性,从而违反罪刑法定主义。只有一个明确的刑罚才能引导公民按照法律的指引选择适法行为,同时才能对违反法律规定者依法进行处罚。

问题是如何理解此处的“确定”。是否绝对确定的法定刑就是妥当的?在绝对罪刑法定主义的时代,罪与刑一一对应,法官没有自由裁量的余地,只能消极适用法律。但是,对同样一个行为,在许多场合下由于具体犯罪情状的差异,其危害程度和应受谴责的程度是不一样的,需要予以区别对待。完全不考虑犯罪人个体的差异而等量适用刑罚的做法,不符合刑罚的矫正目的。于是,对罪刑法定主义的理解从绝对罪刑法定主义的时代过渡和进化到相对罪刑法定主义的时

---

① 陈兴良主编:《刑法总论精释(上)》(第 3 版),人民法院出版社 2016 年版,第 39 页。

② 再次申明,本书并不认为这样的场合属于“类推解释”,即不认为处在治安拘留期间的违法人员可以被“解释”进《刑法》第 67 条第 2 款中的“犯罪嫌疑人、被告人”之中,其归根结底是比照最相类似的条款的一种“适用”而已。

代,绝对的罪与刑一一对应的关系被打破,立法者赋予法官一定的自由裁量空间。在我国刑法中,多数条文规定的是具有一定幅度的相对确定的法定刑,但在一些条文中也规定了绝对确定的法定刑,如在危害国家安全罪、危害公共安全罪、侵犯公民人身权利罪、妨害社会管理秩序罪等场合,《刑法》还残留有绝对确定的"处死刑"规定。这种绝对确定的法定刑的规定是否妥当,值得检讨。

我国刑法中是否存在绝对不确定的法定刑设置?其存在是否违反了罪刑法定原则的要求?对此值得思考。我国《刑法》第34条规定了罚金、剥夺政治权利和没收财产三种附加刑,对其中罚金刑的上下限规定,值得反思。刑法分则中有比例罚金制、倍数罚金制、倍比罚金制的规定方式,但也存在大量无限额罚金的规定,主要集中于分则第3章破坏社会主义市场经济秩序罪中,而司法解释规定罚金的下限为1000元,但对上限则没有规定,具体数额由法官进行裁量。从实质上看,这种无限额的罚金制可能违反罪刑法定原则。①

四、罪刑法定原则的实质内容

以上内容是罪刑法定原则从形式侧面提出的要求,构成对司法权行使的限制。但是,这"并不意味着只要是事前的法律制定了罚则,处罚违反该罚则的行为就一定是正当的。很明确的是,该法律不能违反宪法。在此意义上,从宪法的立场来看罚则的内容的适正性(适当性)就成为问题"。② 也就是说,为了保障公民应有的权利,需要对立法权本身有所限制,从而实现"良法善治"。这也正是罪刑法定原则实质侧面的要求。

(一)明确性原则

1. 明确性原则的含义与价值

"尽管存在罪刑规范,但若是其内容不明确,对何为犯罪暧昧不清(从而,这和犯罪的内容在事前并未法定是一样的),以致对何为具体的犯罪需要由法律的适用者在事后决定(从而,这和犯罪并未由立法者规定没什么不同),如此一来,就违反了法律主义以及禁止事后法的原则。"③ 从这个意义上而言,不明确的刑法在实质上违反了罪刑法定主义,是不被允许的。明确性原则的提出,正是针对这一问题。

刑法法规的明确性原则,是指立法者必须具体而明确地规定犯罪与刑罚的内容,不允许存在模棱两可或含义模糊的刑法法规,以便国民能够确切了解其中的内容,并对罪与非罪的界限有所认识。这一原则是由美国的"不明确即无效"(void for vagueness)的理论发展而来。如《德国基本法》第103条第2款、《日本宪法》第31条等不少国家的宪法也都承认明确性原则。④ 我国《刑法》第3条规定:"法律明文规定为犯罪行为的,依照法律定罪处刑;法律没有明文规定为犯罪行为的,不得定罪处刑。"这里的"明文规定",也应该被认为是对明确性原则的一种立法确认。明

① 付立庆:《论刑法用语的明确性与概括性——从刑事立法技术的角度切入》,载《法律科学》2013年第2期。

② [日]山口厚:《刑法总论》(第3版),付立庆译,中国人民大学出版社2018年版,第17页。

③ [日]山口厚:《刑法总论》(第3版),付立庆译,中国人民大学出版社2018年版,第17~18页。

④ 陈家林:《外国刑法理论的思潮与流变》,中国人民公安大学出版社、群众出版社2017年版,第77页。

确性原则与可预知性及法的安定性密切相关,也与对个人自由的尊重相关,对于限制国家刑罚权具有重要意义。

2. 明确性的内容与判断标准

刑法条文的明确主要包括构成要件的明确和法律后果的明确。构成要件的明确性要求对构成要件的描述应尽量避免使用弹性太大或模糊不清的用语;而法律后果的明确性要求在规定犯罪行为的法律后果时,必须确定应当科处的刑罚或者保安处分的种类,且上限与下限之间的差距不能过大,不得作出绝对不定期刑的规定。罪刑法定原则形式侧面的内容所派生出的"禁止绝对不确定的法定刑",实际上就是法律后果明确性这一实质要求的形式化体现。有学者进一步指出,我国《刑法》的不明确性至少还表现在以下三个方面:其一,对某些犯罪特别是传统上隶属于自然犯范畴的重大犯罪,我国《刑法》并没有作出明确的规定,典型的如故意杀人罪;其二,对某些行政犯没有明示刑法上的不法构成要件与行政法上的不法构成要件,以至于在文义上同一行为既该当刑法"明文"规定的刑事不法构成要件,亦符合行政法规定的行政不法构成要件,既可以以刑法上的行政犯罪予以刑事处罚,亦可以以行政不法行为予以行政处罚,从而给司法机关特别是行政执法机关留下了广阔的裁量空间,典型的如引诱、容留、介绍卖淫罪;其三,部分刑法分则条文对财产刑特别是罚金刑的数额未作明文规定,致使司法实践中滥用财产刑特别是任意判处与罪行、罪责不成比例的财产刑的现象层出不穷。① 这样看来,不能否认的是,我国《刑法》距离实现明确性原则的要求尚有一定差距。

需要补充的是,不能将明确性原则适用于正当化事由。一方面,正当化事由是对国民自由的保障,刑法不可能穷尽规定,只要符合正当化根据的要求,则自然应得到法秩序的认可,如果将明确性原则适用之,则会不当缩小了国民自由的空间;另一方面,将明确性原则适用于正当化事由,反而会产生违背罪刑法定原则初衷的结果,因为根据"不明确即无效"的理论,如果刑法未对正当化事由作出明确的规定,则完全可以以此为由宣告该正当化事由无效,可如此一来,便意味着处罚范围的不当扩张,而这恰恰与罪刑法定原则所追求的限制刑罚权发动的宗旨不符。②

怎样判断刑罚法规是否符合明确性的要求?对此必须明确这样一点:罚则是否具有明确性,必须就罚则本身作一般的、抽象的判断。即便相应的案件依据罚则明显地处于处罚对象的核心含义部分,但若是罚则的周边含义部分不具有明确性,就不能认为在限于相应案件之适用的意义上罚则是明确的,因为不明确的罚则本身就具有不当的行为萎缩效果;同样也不能认为,只要是对罚则作限定解释所能得出的犯罪成立要件是明确的就认为其符合明确性的要求。通过这样的限定解释所得到的犯罪成立要件,必须是被接触到该罚则的一般的国民所能够认识、理解的。因为未显示明确的处罚范围的暧昧的罚则,其存在本身即具有不当的行为萎缩效果,会侵害国民的自由。在罚则的犯罪构成要件不明确时,就会产生这样的重大弊端:其并没有为具有通常的判断能力的一般人展示出能够识别被禁止的行为与不被禁止的行为之间的基准,也就未能发挥向适

---

① 梁根林:《罪刑法定的立法解读》,载梁根林、[德]埃里克·希尔根多夫主编:《中德刑法学者的对话:罪刑法定与刑法解释》,北京大学出版社2013年版,第56~57页。

② 陈璇:《公民扭送权:本质探寻与规范续造》,载《法学评论》2019年第3期。

用该罚则的国民预先告知成为处罚对象的行为的机能,从而导致对于罚则的运用就会求诸适用刑罚的国家机关的主观判断而流于恣意。① 所以,当罚则不当地限制了一般人的预测可能性,使得社会一般人无法根据相应的罚则辨识自己的行为性质,以致国民的行动自由受到了压制和萎缩时,就可以认为该罚则是不明确的。

3. 明确性原则的具体实现

明确性可以通过举例和定义加以说明。例如,什么是严重危及人身安全的暴力犯罪? 对此,《刑法》第20条第3款规定了不属于防卫过当的情况,并以"行凶、杀人、抢劫、强奸、绑架"等举例,明确了对危及人身安全的暴力犯罪而言,其危害性应当与行凶、杀人、抢劫、强奸等行为具有相当性;再如,刑法条文在总则或者分则中对公共财产、国家工作人员、毒品等概念进行了界定,也增加了其明确性。

但是,明确性是相对的,而不可能是绝对的。一味追求明确性可能会使刑法的规定过于冗长、烦琐、细碎,从而缩小其适用范围。因而刑法的条文规定应具有一定的抽象性和必要的张力,换言之,具有概括性、类型化的规定是必不可少的。例如,在抢劫罪和强奸罪中规定的"其他方法""其他手段",即是如此。此外,刑法中还存在为数不少的"口袋罪",如非法经营罪、寻衅滋事罪、破坏计算机信息系统罪、以危险方法危害公共安全罪等。"口袋罪"的规定本身概括性较强,其与罪刑法定原则的明确性要求之间仍存在一定距离,因而法官在解释相应条文时必须严格对其加以适用。再者,刑法分则条文中还存在"情节严重""数额较大"等用语,对什么是情节"严重"、多少数额构成"较大",这些都需要法官进一步的解释。由此可见,对刑法的明确性和概括性这对矛盾需要进行一定调和:一方面,刑法规定得过于具体,难免会以偏概全、挂一漏万;另一方面,规定得过于概括又与罪刑法定原则的要求不符,因而保持一定的张力是必要的。目前,我国刑法规定类型化的水平在不断提高,例如,《刑法修正案(八)》对危险驾驶罪仅规定了两种行为类型,《刑法修正案(九)》则在此基础上规定了其他两种行为类型,对行为类型进一步予以完善,但是新的立法依然没有将实践中频发的毒驾行为规定为犯罪。可以认为,划定明确性与概括性的分界点,与国家更偏向于打击犯罪还是保障人权之间具有密不可分的关系。侧重于打击犯罪时,刑法规范自然会倾向于概括性强一些;侧重于保障人权时,刑法规范则会尽可能地追求明确性。在刑法用语的明确性和概括性之间如何保持平衡,对刑事立法技术提出了较高的要求。慎重设置兜底式规定,避免绝对确定和绝对不确定的法定刑,合理对待刑法规范的例外规定等,有助于在刑事立法上实现上述平衡。与此同时,刑法用语也应该尽量避免粗糙、力求追求精致。②

(二)刑罚法规适正原则

"刑法不仅要在形式上规定犯罪与刑罚,而且其规定的内容也应适当。"③这就是刑罚法规的适正原则,或称适当处罚原则,其目的同样是对立法权的限制。为使刑罚法规能够为人们所信赖

---

① 参见[日]山口厚:《刑法总论》(第3版),付立庆译,中国人民大学出版社2018年版,第18页。

② 对此的详细分析,请参见付立庆:《论刑法用语的明确性与概括性——从刑事立法技术的角度切入》,载《法律科学》2013年第1期。

③ [日]大塚仁等编:《大注解刑法》(第1卷)(第2版),青山书院2004年版,第61页。

与遵守，刑法规范至少应符合以下几个原则。

(1)不得把行使权利的行为规定为犯罪。假如刑法规定，“不得在同一时间与两人以上保持恋爱关系”，就不正当地限制了公民的权利和自由，进而在实质上违反了罪刑法定原则。在有违宪审查的国家，可以以刑法规定违反宪法为由要求违宪审查，并在通过违宪审查后宣告刑法的相应规定无效。而在无违宪审查机制的国家，如中国，该条款可能被作为僵尸条款对待，而不加以适用。

(2)不得用刑罚处罚不值得其处罚的行为。如对课堂上接吻的行为就不值得用刑罚加以处罚；但如果是在公共场合进行的性交行为，就可能被视为一种公然猥亵行为，由于侵犯了公民的性羞耻心，因而可能构成犯罪行为。当然，在中国，由于只有强制猥亵罪的规定而无公然猥亵行为构成犯罪的规定，故将上述行为认定为犯罪存在困难。

(3)不得用不适当的刑罚处罚犯罪。这涉及刑罚配置不合理的问题。假如对逃税罪设置死刑，则刑法剥夺的法益和行为侵害的法益之间就存在明显的不对等，进而在实质上违反罪刑法定原则，因此，这是一种明显不适当的规定。

根据以上原则，回头审视我国刑法中的一些规定，不无值得检讨之处。比如，《刑法》第301条第1款规定了聚众淫乱罪，但对于成人之间在私密场所基于合意实施的性行为，即便不能说是权利行为，至少也是不值得以刑罚处罚的行为。因此，学界有观点对这一条文的立法正当性提出疑问，认为其实际上是运用刑法强占道德领域从而不当地干涉了公民自由，并建议将该罪废除。[①] 在现行规定之下，应该将该罪限制解释为三个以上的成人之间基于合意但在公开场合(比如公园、电影院、教室)所实施的淫乱行为，由于这样的行为使得不特定人或者多数人可能看到其淫乱行为，从而会侵害善良的性风俗和公众对性的感情，[②]此时才有用刑罚处罚的必要。

五、罪刑法定原则的贯彻

罪刑法定原则在立法上虽有所规定和体现，但更重要的是要以自由主义和民主主义的原理，尤其是以前者为指导，在司法上予以贯彻落实。对此，本书尤其强调如下两点。

(1)在立法上要摒弃浪漫主义观念。对罪刑法定主义的贯彻以一部良法为前提。要实现良法善治，就要避免情绪化立法，追求立法的理性化。在这方面，中国的刑事立法无论是在立法理念、立法技术还是立法体例上都有值得完善之处。简单来说，在立法理念上，需要在立法的必要性与可行性之间保持平衡；在立法技术上，需要在规范的明确性与概括性之间寻求平衡；在立法体例上，需要在刑法典的稳定性与权威性之间掌握平衡。[③]

(2)在司法上要杜绝机械主义司法的现象。不能单纯依靠法律的形式规定而教条地、机械地认定犯罪，而应该通过对构成要件的实质解释，结合行为的违法性程度和可谴责性程度，层层筛选值得刑罚加以处罚的行为。例如，一个15周岁的中学生在放学后将邻居家的小孩堵在角

---

① 陈伟：《聚众实施性行为的非犯罪化考量》，载《中国人民公安大学学报》(社会科学版)2012年第6期。

② 张明楷：《性犯罪的争议问题》，载《第六届中日刑事法研讨会(2017年9月16－9月17日，无锡)文集》，第166页。

③ 对此的详细展开，参见付立庆：《积极主义刑法观及其展开》，中国人民大学出版社2019年版，第2章。

落,持棍棒要挟其为自己购买一箱饮料,此时中学生的行为在表面上符合抢劫罪的构成要件,但是在此案例中对方仅损失了48元。其实,可以通过对"财物"的限制解释认为其不符合《刑法》第263条抢劫罪的规定,即刑法保护的并非数额微小的财物,从而妥当地处理和规制相应的行为。在解决机械主义司法的问题上,本书所立足的阶层式犯罪论体系大有可为。

第三节 罪刑平等原则

在阶级社会,由于各阶级在生产资料所有制上的不平等,因此就相应地不存在法律和刑法适用上的平等。"礼不下庶人,刑不上大夫"是中国古代刑法面前人人不平等现象的生动写照。"王子犯法与庶民同罪"之说,绝对只是一种统治口号而非社会现实。因为,既然有了王子与庶民之分,即使同罪也不会同罚,所以也就有了"割发代首"之类的把戏。只有在民主和法治的社会里,刑法适用之中的平等才是可能的。我国《刑法》则在第4条中规定了罪刑平等原则。

一、罪刑平等原则的立法规定

《刑法》第4条规定:"对任何人犯罪,在适用法律上一律平等。不允许任何人有超越法律的特权。"法律面前人人平等,也是一个宪法原则。我国《宪法》第33条第2款规定:"中华人民共和国公民在法律面前一律平等";第5条第5款规定:"任何组织和个人都不得有超越宪法和法律的特权。"在刑法的修订研拟过程中,对于是否有必要将平等适用刑法的原则写入1997年刑法典,曾有激烈争论。反对者认为,法律面前人人平等原则已经作为法的一般原则在宪法中明确予以规定,故不宜再在刑法中作重复规定。而赞成者基于以下理由认为:(1)我国社会主义法治的一般原则与各个部门法的基本原则间是一般与特殊、抽象与具体的关系,离开了各部门法的具体体现,法治一般原则就难免空泛无用;(2)刑事诉讼法、民事诉讼法中的"以事实为依据、以法律为准绳""适用法律上一律平等"等都是社会主义法治一般原则在各个部门法中的具体体现;(3)在刑法中明确规定法律面前人人平等原则,有助于在司法实务中减少与消除在适用刑法方面的特权现象。① 最终,立法机关采纳了赞成者的意见,在《刑法》第4条规定了平等适用刑法的原则,即罪刑平等原则。

本书认为,罪刑平等原则确实不是典型意义上的、为"刑法"所特有的基本原则,但是,刑法立法者将其明确规定为基本原则,仍有一定的道理,因此是能够被接受的。一方面,在刑法上强调平等原则,存在理论上的依据:平等是人类的共同本质,法律是平等愿望的产物,刑法是对不平等的反抗。② 另一方面,刑法本身关涉重大,其可以剥夺犯罪人的生命、自由、财产等重要利益,同时在我国现阶段的刑事司法实务中适用刑法不平等的现象仍然较为严重。因此,在刑法中明确强调平等适用刑法,仍有其针对性和现实意义。

---

① 高铭暄:《中华人民共和国刑法的孕育诞生和发展完善》,北京大学出版社2012年版,第175页。

② 冯军、肖中华主编:《刑法总论》(第3版),中国人民大学出版社2016年版,第47~48页。

二、罪刑平等原则的主要内容

对于罪刑平等原则，本书着重强调如下几点。

1. 立法上的平等与司法上的平等。作为一项刑法的基本原则，罪刑平等原则理应对刑事立法和刑事司法都具有指导意义，理论上一般也认为这一原则包括立法上的平等和司法上的平等两方面的内容。[①] 在刑事立法上贯彻刑法平等主义，是实现司法上适用刑法平等的前提。“如果刑事法律的内容是不平等的，刑事司法就不过是在巩固不平等而已。”[②]不过，这种理解在很大程度上只是一种应然状态，并不意味着实际上已然做到如此，换言之，在现行刑法的相关规定中还存在着事实上的不平等。首先，《刑法》第4条强调的是“适用”刑法上的平等，即强调的是司法上的平等而非立法上的平等。其次，在我国刑事立法中也确实存在不平等现象，如：(1)性别不平等，如拐卖罪的对象仅是妇女、儿童，强奸罪的对象只能是女性。[③] (2)对公私财物保护的不平等，对国有财产的保护力度明显高于其他财产。刑法不但对国有资产的保护范围更广，对其保护力度也更大。就保护范围上的差别而言，比如，国有公司、企业、事业单位直接负责的主管人员在签订、履行合同过程中失职被骗，导致国家利益遭受重大损失的，构成犯罪，但同样的失职行为如发生在非国有单位中，则未被规定为犯罪。就保护力度上的差别而言，比如，挪用公款罪与挪用资金罪相比，贪污罪与职务侵占罪相比，在行为性质上并无差别，但由于前者侵害的是国有单位的资金，因而在法定刑配置上明显高于后者。(3)身份等其他方面的不平等。比如，《刑法》第306条规定了辩护人、诉讼代理人毁灭证据、伪造证据、妨害作证罪，但在刑事诉讼中，公诉人、法官也可能同样实施毁灭、伪造证据或者妨害作证的行为。在对公诉人、法官的相应行为无法按照滥用职权罪等其他犯罪处理的场合，会导致无罪的不合理结论，如此显然造成了由于身份所产生的适用法律上的不平等，也可谓是构成了对于辩护人、诉讼代理人的差别性歧视。

2. 定罪平等、量刑平等与行刑平等。“适用”刑法的平等，强调的是对定罪、量刑、行刑等刑法适用各个环节的平等。就定罪平等而言，是指无论行为人的身份、地位如何，只要其行为对刑法保护的利益即法益造成了侵害，就应适用相同的定罪原则。当然，根据共同犯罪的相应理论（参见后文的部分犯罪共同说），即使对不同的共同犯罪人分别定罪，也并不违反定罪平等原则。定罪平等在我国刑法的具体规定中已经得到体现，比如我国刑法在空间适用范围上规定了属地管辖、属人管辖和保护管辖等原则，这都表明只要实施了我国刑法所规定的犯罪行为，无论是在国内还是国外，也无论是中国人还是外国人，除非法律有特别规定的之外，在适用我国刑法上一律平等，不允许任何人有超越法律规定的特权。

这里所说的量刑平等，是指不因行为人单纯的身份、地位等原因而在刑罚裁量上予以特殊考量，而不是否定刑罚个别化。《刑法》第61条规定：“对于犯罪分子决定刑罚的时候，应当根据犯

---

① 例如，王作富主编：《刑法》（第6版），中国人民大学出版社2016年版，第20页。

② 冯军、肖中华主编：《刑法总论》（第3版），中国人民大学出版社2016年版，第49页。

③ 正因如此，学说上素有主张认为，应该借鉴《德国刑法》第177条和我国台湾地区“刑法”第221条的规定，将强奸罪的行为对象从“妇女”修改为“他人”；也应该将拐卖犯罪中的“妇女、儿童”修改为“他人”。参见冯军、肖中华主编：《刑法总论》（第3版），中国人民大学出版社2016年版，第49～50页。

罪的事实、犯罪的性质、情节和对于社会的危害程度，依照本法的有关规定判处。”这一规定也明确了在量刑时应该予以考虑的是犯罪事实和犯罪的性质、情节以及对于社会的危害程度，而不包括其他因素。需要强调的是，量刑上的平等是相对平等而非绝对平等。例如，在因感情纠纷而杀人的场合，一行为人因有钱而给予了被害家属足够的赔偿进而取得了谅解，最终没有被判死刑；但另一行为人因贫穷无钱进行赔偿而未取得谅解，最终被判死刑。就此处的量刑而言，二者是否平等？应该承认的是，行为人有效的经济赔偿使被害方的经济状况有所改善，其情感创伤也得到了一定平复，同时进行赔偿也体现了行为人一定的悔罪态度，因而进行差别对待也是有根据的。可以说，平等原则意味着公平，只有实现了公平的平等才是具有实在意义的平等，而不是为平等而平等。所以，平等是机会上的平等，而不是平均主义。要警惕忽视行为人之间的差别而“一视同仁”的做法，否则，这样反而是一种实质上的不平等。①

不过，对现行刑法中的一些有关刑罚裁量的特别规定是否妥当，值得检讨。比如，根据《刑法》第383条第3款以及第386条的规定，贪污、受贿数额较大，在提起公诉前如实供述自己罪行、真诚悔罪、积极退赃，避免、减少损害结果的发生，可以从轻、减轻或者免除处罚；数额巨大或者特别巨大，有前述情形的，可以从轻处罚。但是，“将类似奖励规定放在贪污贿赂罪这些身份犯中，而不能适用于普通人可能触犯的大量财产犯罪，从立法技术上看，容易受到官官相护的质疑……同时也有与罪刑平等原则有所抵牾的嫌疑”。②

罪刑平等，除在定罪和量刑环节要求平等适用法律外，在行刑的过程中也应当贯彻罪刑平等原则。行刑平等“是整个刑事程序链条中的最后一环，在某种意义上也可以说是最为重要的，因为行刑上的不平等将使定罪和量刑上的平等成为一句空话”。③ 行刑平等要求对于减刑、假释等刑罚执行制度的适用而言，应该只考虑行刑人在服刑期间的表现，而不考虑其身份、地位和财产状况等情况。同时，在执行刑罚的过程中，根据《监狱法》第39条第2款“监狱根据罪犯的犯罪类型、刑罚种类、刑期、改造表现等状况，对罪犯实行分别关押，采取不同方式管理”的规定，我国是根据改造罪犯的需要而实施区别对待、科学管理，并非根据罪犯的出身、地位、财产状况等予以区别对待，从而也就不存在行刑不平等的问题。

3. 反对特权、差别对待。“古今中外，对绝大多数人适用刑法都是平等的，具有超越刑法特权的人总是极少数。但这种极少数的不平等，却极大地破坏了法治、冲击了社会心理平衡、妨碍了经济发展、阻碍了社会进步。”④

平等原则意味着反对特权和歧视，也意味着任何特权都不能位于法律之上。需要强调的是，这里的反对特权，既包括反对被告人的特权，也包括反对被害人的特权。就犯罪人而言，任何人犯罪，都应当受到法律的追究；任何人不得享有超越法律的特权；不论犯罪人的社会地位、家庭出身、职业状况、财产状况、政治面貌、才能业绩如何，都对其一律平等地适用刑法。就被害人而言，

---

① 陈兴良主编：《刑法总论精释（上）》（第3版），人民法院出版社2016年版，第60页。

② 周光权：《刑法各论》（第3版），中国人民大学出版社2016年版，第59页。

③ 陈兴良主编：《刑法总论精释（上）》（第3版），人民法院出版社2016年版，第60页。

④ 张明楷：《刑法学》（第3版），法律出版社2007年版，第57页。该书2011年第4版和2016年第5版均未再对罪刑平等原则单独展开讲述。

任何人对其实施侵害，都应受到犯罪追究；被害人同样的权益，应该受到刑法同样的保护；不得因为被害人的身份、地位、财产状况等的不同而对犯罪人在定罪量刑上有所区别。①

罪刑平等原则并不意味着否定任何差别，其核心含义在于“同样情况同样对待”“不同情况不同对待”。问题的关键在于对差别的理解与把握，“最难回答的问题是，为什么正是这些差别而不是其他差别被认为是可以接受的差别”。② 可以认为，(1)如果差别对待有法律上的根据，则应该是被允许的。比如，对犯罪的时候不满 18 周岁的人或审判的时候怀孕的妇女不适用死刑，以及对未成年人犯罪予以从轻或者减轻处罚；再如，在共同犯罪中因不同行为人所起的作用不同而被判处不同的刑罚。(2)如果差别对待没有明确的法律依据，但具有实质合理性，比如出于人道主义的考虑而对处在哺乳期的妇女在量刑中予以特殊对待，就是需要予以肯定的。(3)既无法律依据又无实质合理性的差别对待，比如对一位亿万富翁杀人犯仅因为其表示愿意捐献全部财产而不判处其死刑或重刑，则违反罪刑平等原则，应该予以禁止。此外，还涉及的问题是，哪些差别在刑法看来是不重要的。对此，本书总体上认可如下归纳，即种族、肤色、性别、阶级、社会地位、出身、家庭状况、职业、财产、宗教信仰、政治面貌等差别是刑法不关心的。③ 本书还认为，受教育程度(这也可归入“社会地位”之中)也是刑法所不关心的差别，如仅因为行为人是一位名牌大学的在校生而对其网开一面，也会造成刑法适用中的隐性不平等。④

根据以上标准，可以认为，在认定财产犯罪的过程中，判断是否达到“数额较大”的标准时应考虑地域差异，比如司法解释将盗窃罪“数额较大”的标准规定为“1000 元到 3000 元”，若经济发达省份将自身标准界定为 3000 元，而经济欠发达省份将标准界定为 1000 元时，这样的差别对待是从法益侵害的角度，为了保证实质上的公平和平等而做出的，从而是合理的。与之相对，一些司法解释中的相应规定则存在违反罪刑平等原则的重大疑问。如 2000 年 11 月 10 日通过的最高人民法院《关于审理交通肇事刑事案件具体应用法律若干问题的解释》第 2 条第 3 项规定，造成公共财产或者他人财产直接损失，负事故全部或者主要责任，无能力赔偿数额在 30 万元以上的，处 3 年以下有期徒刑或者拘役；其第 4 条第 3 项规定，造成公共财产或者他人财产直接损失，负事故全部或者主要责任，无能力赔偿数额在 60 万元以上的，属于“有其他特别恶劣情节”，处 3 年以上 7 年以下有期徒刑。这就使得在造成相同财产损失并承担相同事故责任的情况下，财务状况好的行为人因赔偿较多(无能力赔偿数额在 30 万元以下，或者在 30 万元以上 60 万元以下)而被认定为无罪或者获得轻刑，而财务状况较差的行为人(无能力赔偿数额在 30 万元以上，或者在 60 万元以上)则被认定为有罪或者获得重判。⑤ 这样的差别对待欠缺实质上的合理性，可以认为该现象属于“超越法律规定的特权”。

---

① 参见陈兴良：《规范刑法学(上册)》(第 4 版)，中国人民大学出版社 2017 年版，第 44 ~ 45 页。

② [美]乔·萨托利：《民主新论》，冯克利、阎克文译，东方出版社 1993 年版，第 354 页。

③ 陈兴良主编：《刑法总论精释(上)》(第 3 版)，人民法院出版社 2016 年版，第 53 页。

④ 付立庆：《论刑法适用中的隐性不平等——以刘海洋案为视角的考察》，载《法律科学》2004 年第 2 期。

⑤ 陈兴良主编：《刑法总论精释(上)》(第 3 版)，人民法院出版社 2016 年版，第 59 页。

第四节 罪刑均衡原则

《刑法》第5条规定:“刑罚的轻重,应当与犯罪分子所犯罪行和承担的刑事责任相适应。”这通常被称为罪责刑相适应原则。但如后所述,本条中的“刑事责任”并非犯罪法律后果之意,将这一原则概括为罪责刑相适应原则而突出其中的“责”,容易引起误解,故称其为罪刑相适应原则更为妥当。为了与罪刑法定原则和罪刑平等原则相照应,本书将其称为罪刑均衡原则。至于一些论著将本条规定理解为责任主义,[①]也值得商榷,因为刑法中的责任主义是指主观责任和个人责任,其属于犯罪成立条件的内容,而《刑法》第5条则是指定罪量刑原则尤其是量刑原则。

一、罪刑均衡原则的观念基础

如何评价犯罪的轻重进而确定刑罚的轻重？对此,学说上存在争论。报应刑论认为,犯罪是对社会的反动,而刑罚则是对这种反动的反制,刑罚的轻重只需要与“罪行”的轻重相当,与客观上的犯罪行为和犯罪结果相适应即可。如果犯罪的行为与结果很严重,则报应应当重;反之,若犯罪的行为和结果轻,报应也应当轻。目的刑论认为,刑罚的本质并非对犯罪行为进行报应,而是对犯罪人进行教育,从而预防犯罪。从刑罚预防犯罪这一目的来讲,刑罚的轻重就可以脱离犯罪行为及其结果的轻重,而与犯罪分子的主观恶性及人身危险性相适应。如果犯罪行为所体现的行为人的人身危险性即再次犯罪的可能性和主观恶性比较高,则为预防其再次犯罪就需要动用较重的刑罚;反之,如果犯罪行为体现出的人身危险性和主观恶性较低,则预防其再次犯罪所需的刑罚也应当轻。

纯粹的报应刑论会导致刑罚过重。如故意杀人的,对其最直接的报应方式是将行为人也处以死刑,但这种不顾行为人主观恶性的轻重以及再次犯罪可能性的大小,单纯根据行为客观方面及其结果进行量刑的做法会导致刑罚过于苛厉。同样地,单纯的目的刑论只根据行为人主观上的恶性和危险程度判处刑罚,而不顾行为在客观上造成的危害,且由于行为人的主观恶性与再次犯罪的可能性之间缺乏明确的、可供操作的具体标准,就可能使刑罚处于不确定之中。基于上述理由,纯粹的报应刑论和单纯的目的刑论都存在明显缺陷,因此以报应为基础、以预防犯罪的刑罚目的为补充的刑罚观,即二元的刑罚观(又称为并合的刑罚观),是目前的一种主流观点。

二、对我国《刑法》第5条规定的理解

我国《刑法》第5条规定的罪刑相适应原则或罪刑均衡原则,也正是在这样一种以报应为主、以预防犯罪为补充的二元刑罚观指导下制定的原则,可以将其概括为:重罪重罚、轻罪轻罚、罪刑相称、罚当其罪。具体而言,罪刑相适应原则包括以下几个方面。

---

① 冯军、肖中华主编:《刑法总论》(第3版),中国人民大学出版社2016年版,第51页以下。

(一)刑罚的轻重应当与犯罪分子所犯的罪行相适应

此处的“所犯罪行”是一种客观描述,包括了危害行为及其结果两个方面的内容。例如,同样是导致行为人死亡的结果,一行为是杀人行为,另一行为是伤害行为,其行为性质不同;再如,同样是杀人行为,一行为没有造成死亡结果,另一行为造成了死亡结果,其危害后果不同。《刑法》第 23 条第 2 款规定,犯罪未遂的,可以比照既遂犯从轻或者减轻处罚,也体现了当行为的危害程度不同时,对其的处罚也不同。

(二)刑罚的轻重与犯罪分子所承担的刑事责任相适应

“刑事责任”一词在刑法中有各种各样的含义,其通常含义指的是因犯罪行为所应承担的刑事法律后果,比如《刑法》第 2 章“犯罪”的第 1 节“犯罪和刑事责任”中的“刑事责任”,即是此意。但《刑法》第 5 条中的“刑事责任”,却不是指犯罪的法律后果。因为“如果说这里的‘刑事责任’是指‘犯罪的法律后果’的话,则只要将《刑法》第 5 条的规定置换为‘刑罚的轻重,应当与犯罪分子所承担的刑事责任相适应’就够了,而没有必要再画蛇添足般地加上‘应当与犯罪分子所犯罪行’相适应的要求”。①

《刑法》第 5 条中的“刑事责任”,指的是与犯罪分子所犯的罪行相对应的主观恶性和人身危险性。其中,主观恶性,是指犯罪分子在行为中所反映出的可谴责性大小或罪过大小,如行为人主观上的故意或过失,以及犯罪的动机等。例如,行为人导致了他人死亡,但其是基于故意还是过失实施杀人行为?是直接故意、间接故意,还是过于自信的过失抑或疏忽大意的过失?在故意的场合,是何种原因导致其杀人?是出于一定原因的杀人,还是仇恨社会的无差别杀人?人身危险性,是指犯罪分子再次犯罪的可能性大小,简称再犯可能性,其与犯罪的故意或过失没有关系,而是与犯罪分子在行为中体现出来的再次犯罪的可能性有关。如初犯、偶犯的再犯可能性小,惯犯的再犯可能性大。因而,主观恶性与人身危险性是两个不同的概念,两者共同构成《刑法》第 5 条中“刑事责任”的内容。再如,同样是最终没有造成被害人死亡的两个杀人行为,其中一行为人向被害人开了两枪,见被害人倒在血泊之中,认为被害人已经死亡,于是离开了,但实际上被害人并没有被击中要害部位,因而没有死;但在另一情况下,被害人没有死亡是由于行为人良心发现并对其进行了积极救助,从而避免了死亡结果的发生。显然,在这两种情况下,行为人的行为不同决定了对其的评价也不同,即第一个行为是犯罪未遂,第二个行为则是犯罪中止。我国《刑法》第 23 条第 2 款规定,对于未遂犯可以比照既遂犯从轻或者减轻处罚;第 24 条第 2 款规定,对于中止犯,没有造成损害的,应当免除处罚,造成损害的,应当减轻处罚。这也体现出对征表不同的主观恶性和人身危险性的行为,应当判处不同的刑罚。

三、罪刑均衡原则的具体实现

作为刑法的基本原则,罪刑均衡原则既是立法原则,也是司法原则。从立法的角度看,立法

---

① 黎宏:《刑法学总论》(第 2 版),法律出版社 2016 年版,第 27 页。

者在制定刑法时，在罪与刑的配置上当然应当贯彻罪刑均衡原则，根据报应与预防犯罪的需要，对较重的犯罪配置较重的法定刑，对较轻的犯罪配置较轻的法定刑。例如，故意杀人的法定刑当然应当重于过失致人死亡的法定刑；同样地，由于抢劫罪不仅侵犯了他人的财产权利，也侵犯了他人的人身权利，故其法定刑当然要重于只侵犯财产权利的盗窃罪、诈骗罪和抢夺罪。从应然的角度讲，我国现行刑法在罪刑均衡的立法实现方面还存在不少值得检讨之处。仅以分则具体犯罪的刑罚配置为例，在研究者看来，其中即存在纵向失衡与横向失衡的问题。所谓“纵向失衡”，是指个罪刑种和刑度的配置与具体犯罪的社会危害程度和情节不相对称，不能恰当衔接，高比例的死刑使得我国刑法呈现重刑结构，更有甚者如第121条劫持航空器罪等绝对确定法定刑的设置模式使得死刑的适用缺乏回旋的余地。所谓“横向失衡”，是指个罪之间的法定刑配置存在刑种和刑度的不均衡现象。比如贷款诈骗罪的刑量等于骗购外汇罪的刑量，而暴力危及飞行安全罪、组织越狱罪的刑量竟然不高于制作、复制、出版、贩卖、传播淫秽物品牟利罪的刑量。① 学者的实证研究表明，在横向失衡方面，现行刑法中存在“一重一轻”的现象，对物质利益的保护偏重，对个人安全的保护偏轻。在关爱人性、尊重生命价值、注重个人利益等方面，刑法的态度比较暧昧；相对而言，刑法却明显表现出对经济秩序、有形利益、分配秩序等方面的高度重视。②

从司法的角度看，罪刑均衡原则既是定罪原则，也是量刑和行刑阶段的原则。例如，行为人因强奸行为被判处5年有期徒刑，此时是在定罪量刑环节评价犯罪行为及其结果；其后，行为人在监狱内认真遵守监规，接受教育改造，有悔改表现，反映出其较低的人身危险性，监狱管理人员据此对其提出减刑或者假释的建议，减刑是对刑罚的变更，而假释则是刑罚执行方式的变更，二者均与罪刑均衡原则密切相关。因此，无论是在立法的配刑阶段，还是在司法的定罪、量刑和行刑阶段，都应当贯彻罪刑均衡原则。而且，由于我国刑法分则的法定刑配置总体偏重，因此在刑罚裁量的过程中尤其要贯彻罪刑均衡原则，应该高度警惕假借预防犯罪的名义适用重刑的做法，防止重刑主义。

不言而喻，罪刑均衡原则并不否定刑罚个别化。刑罚个别化，是指在刑罚裁量时，根据犯罪人的人身危险性和再犯可能性的大小，以法定刑为基础确定相适应的刑罚。“同类案件中的被告人，其主观恶性和人身危险性可能完全不同，因而在刑罚裁量中必须有所区别。可以说，只有贯彻刑罚的个别化，才能实现个案正义，才能真正地实现罪刑均衡。从这个意义上说，无论基于什么样的理由，法官在量刑方面的自由裁量权都不应被剥夺。”③

四、刑罚后果对构成要件解释的反向制约

按照对定罪与量刑关系的代表性理解，定罪是量刑的前提条件，定罪只能根据犯罪构成要件的事实而不应受量刑的影响；即使是为了实现罪刑相适应，也不能以量刑左右定罪。司法上的罪刑相适应只能在立法所确定的罪刑关系的限度内实现，而不能超越法律的界限。④ 此即“刑由罪

---

① 陈兴良主编：《刑法总论精释（上）》（第3版），人民法院出版社2016年版，第65页。

② 白建军：《法律实证研究方法》，北京大学出版社2008年版，第356～366页。

③ 陈兴良主编：《刑法总论精释（上）》（第3版），人民法院出版社2016年版，第66页。

④ 陈兴良：《法条竞合的学术演进——一个学术史的考察》，载《法律科学》2011年第4期。

生、以罪定刑”,其强调犯罪是刑罚的前提,刑罚是犯罪的后果。但是,刑罚难道只能被动地尾随犯罪,其能否对犯罪的认定起一个能动的反作用?近年来的一种观点认为,刑罚不能仅仅被动地受犯罪影响,而是应该积极地影响犯罪,对犯罪的认定施加反作用力。这种观点认为,如果只把刑罚看作是犯罪的消极后果和附属物,在判断是否成立犯罪、成立此罪还是彼罪时完全不考虑刑罚后果,可能会得出不恰当的结论。在符合何种构成要件不甚清晰的疑难案件之中,在应当认定为犯罪的前提下,要从量刑的妥当性这一基点出发,反过来考虑与所裁量的相对妥当的刑罚相适应的构成要件是哪个,从而判断该定什么罪。这有助于克服法律形式主义、教条主义的束缚,更好地发挥刑事政策对刑法适用的指导作用,从而实现司法个案处理的公正。①

这种从罪刑关系的新视角认为刑罚对定罪有积极的反制作用的见解,被称为以刑制罪的观点,其核心要义在于通过刑罚制约犯罪的认定。然而,这种观点没有成为多数说,至今刑法学界的多数说仍然认为犯罪是刑罚的原因,不能颠倒因果。但是,不能仅以因果颠倒为由而直接否定以刑制罪的观点,这一观点是在罪刑均衡原则下对罪刑关系的新的解读。有观点认为,《刑法》第5条规定的罪刑均衡原则即罪刑相适应原则“更主要的是对量刑起指导作用”,但这一原则也同样地“对定罪有明显的制约作用”,②这实际上是委婉地承认了刑罚后果对于构成要件解释的反向制约。本书认为,以刑制罪观念虽至今未获得主流学术界的认同,可谓是弱势理论,但反而更应对其引起重视。在罪刑法定原则的限制之下,无论是对传统重罪构成要件的解释,还是对犯罪加重构成的解释,以刑制罪观念都有其积极价值,值得重视。③

① 关于此方面的表述,参见梁根林:《现代法治语境中的刑事政策》,载《国家检察官学院学报》2008年第4期;梁根林:《许霆案的规范与法理分析》,载《中外法学》2009年第1期。

② 张明楷:《刑法学》(第5版),法律出版社2016年版,第43页。

③ 对此的详细分析,参见付立庆:《以刑制罪观念的展开及其反思》,载《东南大学学报》(哲学社会科学版)2018年第4期。

第三章　刑法的适用范围

刑法的适用范围由空间适用范围和时间适用范围两部分构成。其中,空间适用范围解决的是对于哪些刑事案件,我国刑法享有刑事管辖权,如对于中国人在外国犯罪有无管辖权,对于外国人在中国犯罪有无管辖权;刑法的时间适用范围,则既包括刑法的生效与失效时间,也涉及刑法的溯及力问题。

第一节　刑法的空间适用范围

一、概念

刑法的空间适用范围,是指一国的刑法适用于什么地域,对哪些人适用,是刑法的地域效力与对人效力的结合。据此,刑法的空间适用范围,也就是一国刑法的管辖范围,其在刑法中常表现为若干的管辖原则。

刑法的管辖原则,与连接点相关。据此,结合我国刑法的有关规定,可以概括得出如下结论:以行为地为连接点的,为属地管辖原则;以行为人为连接点的,为属人管辖原则;以利益为连接点的,为保护管辖原则;以条约为连接点的,为普遍管辖原则。

二、我国刑法的规定

(一)国内犯

《刑法》第6条第1款规定:“凡在中华人民共和国领域内犯罪的,除法律有特别规定的以外,都适用本法。”国内犯是一国刑法打击犯罪的重心,我国刑法首先针对国内犯规定了属地管辖原则。

1. 领域的含义

“领域”中首要的是物理领域,其由领陆、领水、领空组成。领陆,包括陆地表面及其地下部分;领水,是指国家陆地疆界以内的水域和与陆地疆界邻接的一带海域,即内水和领海两大部分;领空,是指国家领陆和领海以上的空间。

除此之外,《刑法》第6条第2款规定:“凡在中华人民共和国船舶或者航空器内犯罪的,也适用本法。”此处规定,基本上沿用了1979年《刑法》第3条的规定,只是将原法条中的“飞机”改为“航空器”。所谓航空器,是指在空间中航行的多种航空工具,其外延明显大于飞机,而有关国际公约规定的也是“航空器”,故作此修改。只要是在中国的船舶和航空器内犯罪的,即便不是发生在中国的领域内,也适用中国刑法,这实际上是将在中国注册登记的船舶和航空器拟制为中国的领域。据此可以认为,在着陆于中国但注册地为外国的航空器内犯罪的,由于该航空器并不直接属于注册地国的领域,所以也属于是在我国领域内犯罪,我国同样可以对其行使管辖权。这样看来,对于发生在航空器内的犯罪,实际上是登记国和停留国基于属地原则的并行管辖权。区分之处在于,旗籍国只是基于对航空器的管理权(旗国原则)而适用本国刑法追究在航空器内实施犯罪之人的刑事责任,而不是因为航空器属于一国领土而对其行使管辖权。因此,行为人和被害人都是外国人,犯罪行为地为在外国登记注册的航空器内,但航班在中国着陆且案件在中国侦破的,可以基于上述并行管辖权而管辖相应案件,这一点已经获得了司法判决的认同。①

2. 在我国领域内犯罪的判断

《刑法》第6条第3款规定:"犯罪的行为或者结果有一项发生在中华人民共和国领域内的,就认为是在中华人民共和国领域内犯罪。"该款规定不是例外性规定,而是注意性规定,因而若行为和结果都发生在中国的,当然属于在中国犯罪。这里的犯罪行为既包括预备行为也包括实行行为,犯罪结果既包括既遂犯的实害结果也包括未遂犯的危险结果,只要有一项发生在中国的,就属于在中国领域内犯罪。比如,行为人在国内购买毒药,但在国外进行投毒的,其犯罪(预备)行为发生在中国领域内,结果发生在国外,属于在中国犯罪;再如,在我国边境地区,行为人在国外开枪,但致人死亡的犯罪结果发生在中国,亦属于在中国犯罪。对于犯罪的行为或者结果发生在中华人民共和国领域内的情形,具体可以概括为:(1)行为与结果均发生在我国领域内;(2)行为发生在我国领域内而结果发生在领域外;(3)行为发生在我国领域外而结果发生在领域内。特别需要注意的情形是利用计算机网络进行的新型犯罪,如行为人利用互联网在我国介绍卖淫,但交易是在国外完成的,行为地(发出指令之地)与结果地(发生不法效果之地)不一致,但仍然属于在中国领域内犯罪。

3. 不适用本法的情形

对《刑法》第6条适用范围的限制是"除法律有特别规定的以外"。这里的"法律有特别规定",具体包括如下情形。

(1)享有外交特权和豁免权的外国人的刑事责任。我国《刑法》第11条规定:"享有外交特权和豁免权的外国人的刑事责任,通过外交途径解决。"本条规定的"外交特权和豁免权",是指一个国家为了保证和便利驻在本国的外交代表、外交代表机关以及外交人员执行职务,而给予他们的一种特殊权利和待遇。这种特殊权利和待遇是各国之间按照平等、相互尊重的原则,依据国际惯例和国际公约、协议而相互给予的。根据国际公约的精神,全国人大常委会于1986年制定了《中华人民共和国外交特权与豁免条例》。该条例规定,享有这种外交特权和豁免权的外国人主要是指:①外国的国家元首、政府首脑、外交部长;②外国驻本国的外交代表、大使、公使、代办和同级别的人及具有外交官衔的使馆工作人员(一、二、三等秘书,随员,陆海空武官,商务、文化、新闻参赞或专员),上述人员的家属(配偶、未成年子女等)亦包括在内;③执行职务的外交使差;

---

① 《BUSAMBU TEMBELE MAYETA 盗窃案》,载最高人民法院中国应用法学研究所编:《人民法院案例选 刑事卷1》,人民法院出版社2017年版,第12～15页。

④根据我国同其他国家订立的条约、协议享受若干特权和豁免权的商务代表;⑤经我国外交部核定享受若干特权和豁免的人员;⑥总领事、领事、副领事、领事代理人、名誉领事和其他领馆人员。上述人员在中国领域内犯罪的,并非不构成犯罪,而是不交付我国法院审判,他们的刑事责任通过外交途径解决。一般而言,有下列几种解决方式:要求派遣国召回;建议派遣国依法处理;对罪行严重的,由我国政府宣布其为"不受欢迎的人",限制其离境。①

(2)在港澳台地区犯罪的,虽属于"在中华人民共和国领域内犯罪",但不适用我国《刑法》,从而也构成了对我国刑法属地原则的事实上的限制。

(3)根据《刑法》第90条的规定,自治区或者省人民代表大会根据当地的政治、经济、文化特点在民族自治地方制定了变通或者补充规定的,即可不适用刑法典的部分条文。但在这种场合,需要报请全国人民代表大会常务委员会批准施行所变通或补充的规定。

(4)单行刑法中不同于刑法典的特别规定。如在1997年《刑法》制定后,至今仍施行的《关于惩治骗购外汇、逃汇和非法买卖外汇犯罪的决定》,现行刑法典与其不一致的地方,根据特别法优于普通法的原则,以单行刑法为准。

(二)国外犯

1. 属人管辖

随着我国对外开放的进一步扩大,出国留学、访问、考察、劳务等人员越来越多,各种驻外机构、中资企业也越来越多,中国公民在域外犯罪的数量也势必有所增加。有鉴于此,对中国公民在国外犯罪的管辖范围作出明确的规定,实有必要。

《刑法》第7条第1款规定:"中华人民共和国公民在中华人民共和国领域外犯本法规定之罪的,适用本法,但是按本法规定的最高刑为三年以下有期徒刑的,可以不予追究。"同条第2款规定:"中华人民共和国国家工作人员和军人在中华人民共和国领域外犯本法规定之罪的,适用本法。"该条第1款针对的是一般国民,其为有条件的追究刑事责任。最高刑为3年以下有期徒刑的罪在理论上一般被称为轻罪,反之则被称为重罪。据此,中国公民在国外犯重罪的,对其一律追究刑事责任;但犯轻罪的,如私拆他人信件、在国外危险驾驶的,则可以不予追究。第2款适用的对象是国家工作人员和军人,其为无条件的追究刑事责任,即无论所犯的是重罪还是轻罪,都对国家工作人员和军人一律追究刑事责任,由此体现出对国家工作人员和军人的严格要求。在此,有以下几点需要予以特别明确:(1)我国公民在国外犯罪,法定最高刑为3年以上有期徒刑的,无论被告人实际被判处的刑罚高于还是低于3年有期徒刑,均应对其追究刑事责任。(2)我国公民在国外犯罪,法定最高刑为3年以下有期徒刑,但犯罪情节严重的,应追究刑事责任。②(3)在1979年《刑法》第5条关于属人管辖的规定中,有"但是按照犯罪地的法律不受处罚的除外"的但书规定。同样地,在后述的现行《刑法》第8条中也有这样的但书规定。不过,在1979年

---

① 全国人大常委会法制工作委员会刑法室编:《中华人民共和国刑法:条文说明、立法理由及相关规定》,北京大学出版社2009年版,第13~14页。

② 《陈先贵聚众扰乱社会秩序案》,载陈兴良、张军、胡云腾主编:《人民法院刑事指导案例裁判要旨通纂》(下卷),北京大学出版社2013年版,第866~868页。

《刑法》系统修订的过程中,多个修法稿本曾一度保留相应的但书规定,[1]但现行《刑法》第 7 条关于属人管辖的规定最终并未沿袭此等但书内容。这意味着,即便按照犯罪地的法律不受处罚,但我国刑法对中国公民在国外所犯重罪及对中国的国家工作人员或者军人在国外犯罪的,一概享有管辖权。(4)我国公民在国外犯罪的,应由被告人离境前的居住地或者户籍所在地的人民法院管辖。

2. 保护管辖

《刑法》第 8 条规定:"外国人在中华人民共和国领域外对中华人民共和国国家或者公民犯罪,而按本法规定的最低刑为三年以上有期徒刑的,可以适用本法,但是按照犯罪地的法律不受处罚的除外。"此条与 1979 年《刑法》第 6 条的表述完全一致,是为了保护我国国家和公民的利益所作的规定。例如,美国公民在美国针对中国留学生实施了强奸行为,强奸罪按照中国《刑法》的规定最低刑为 3 年有期徒刑,而且,美国刑法也显然将该行为规定为犯罪了,此时则可以对该美国公民适用中国刑法。但是,《刑法》对保护管辖原则设置了例外,即"按照犯罪地的法律不受处罚的除外"。之所以如此规定,是因为一国公民所实施的在本国内不构成犯罪的行为,不能因其他国家将该行为规定为犯罪而被认定为犯罪,否则就会侵犯公民的预测可能性和行动自由。综上,概括而言,行使保护管辖需要具备以下几个条件:(1)在我国境外实施针对我国的国家或公民的犯罪行为;(2)我国《刑法》规定的最低刑为 3 年以上有期徒刑;(3)按照犯罪地的法律同样需要受到处罚。

3. 普遍管辖

普遍管辖原则,又称世界主义原则,"是指对于某些危及全人类安全的国际犯罪,不论犯罪人是何国籍,在何地犯罪,也不论侵犯了何国利益,世界各国对其均具有管辖权,这是为适应同国际犯罪作斗争的需要而制定的"。"中国作为国际社会中负责任的一员,为信守承诺,履行我国承担的国际义务,打击国际犯罪,将普遍管辖原则规定到我国刑法中,很有必要。"[2]

起初,在我国 1979 年《刑法》中并没有普遍管辖权的规定。1979 年《刑法》生效后,我国于 1980 年 10 月加入了《关于制止非法劫持航空器的公约》和《关于制止危害民用航空安全的非法行为的公约》,后又于 1987 年 6 月加入了《关于防止和惩处侵害应受国际保护人员包括外交代表的罪行的公约》。这些公约分别规定了一些国际犯罪,如劫持航空器罪、劫持船只罪、侵害应受保护的外交代表罪等,并同时规定,各缔约国应将上述国际犯罪规定为国内法上的罪行,予以惩处;有关缔约国应采取必要措施,对任何这类罪行确立管辖权,而不论罪犯是否其本国人,罪行是否发生在国内。这一旨在应对危害人类生命财产安全、损害国际关系的国际犯罪行为而确立的普遍管辖权的条款,已经成为有关国际公约的基本内容。[3]

可见,之所以规定普遍管辖原则,是因为相应行为危害了人类社会的重大共同利益,如果各国只是根据属人原则、属地原则或者保护管辖原则行使管辖权,而对危害人类社会重大共同利益

---

① 高铭暄:《中华人民共和国刑法的孕育诞生和发展完善》,北京大学出版社 2012 年版,第 179 ~ 180 页。

② 全国人大常委会法制工作委员会刑法室编:《中华人民共和国刑法:条文说明、立法理由及相关规定》,北京大学出版社 2009 年版,第 12 页。

③ 高铭暄:《中华人民共和国刑法的孕育诞生和发展完善》,北京大学出版社 2012 年版,第 180 ~ 181 页。

的行为放弃管辖、听之任之的话,实际上是对相应行为的纵容,反而可能招致相应行为的严重侵害。所以,从保护人类共同生存条件和基本利益的角度出发,各国通过签订国际条约的方式对此类行为予以管辖,方能实现对此类行为的有效规制。我国《刑法》第9条规定:“对于中华人民共和国缔结或者参加的国际条约所规定的罪行,中华人民共和国在所承担条约义务的范围内行使刑事管辖权的,适用本法。”因此,适用普遍管辖原则需要具备的条件有:(1)该原则所适用的犯罪必须是危害人类社会共同利益的国际犯罪,比如劫持航空器、跨国贩毒、跨国拐卖人口、洗钱、恐怖活动等;(2)我国已经缔结或者参加了相关的国际条约;(3)在所承担的条约义务的范围内行使管辖权。如果我国对条约中的某些规定声明保留,则我国对此就不承担义务;反之,在我国缔结或者参加的国际条约中,凡是没有声明保留的规定,都属于在我国所承担的义务范围之内。

4. 在国外已受审判案件的处理

我国公民在国外犯罪,根据属地原则,所在国对该案件具有刑事管辖权,因此该行为完全可能被所在国法院审判。那么,对于已经在国外接受审判的我国公民,我国是否应承认或接受国外的刑事判决?是否可以再次适用我国刑法进行审判?这涉及对外国刑事判决的承认问题。一方面,如果完全承认外国的判决,则我国依据属人管辖、保护管辖等原则所享有的管辖权没有得到行使,而仅仅是被动地承认国外的判决,以致我国的司法主权得不到切实实现,会存在有损我国国家司法主权的问题;另一方面,如果过于强调我国的司法主权,对于外国的判决一概予以否认,则可能使行为人受到双重处罚,从而侵犯犯罪人的基本权利。

《刑法》第10条规定:“凡在中华人民共和国领域外犯罪,依照本法应当负刑事责任的,虽然经过外国审判,仍然可以依照本法追究,但是在外国已经受过刑罚处罚的,可以免除或者减轻处罚。”据此可知,我国对外国判决采取的是消极承认的态度,对其效力既非完全承认也非完全不承认。应当注意,对已经在外国受过刑罚处罚的我国公民,要优先考虑免除处罚,不能免除时,再考虑减轻处罚,以实现维护国家主权与刑法人道主义的有机结合。

(三)中国刑法没有管辖权的情况

首先,对某些国际条约所规定的性质较重的罪行,若我国并未缔结或参加该条约的,则无法根据普遍管辖原则处理。

其次,某些犯罪虽然与中国的国家或国民利益有一定的关系,但若因各种管辖原则都无法对其适用,从而无法管辖相应案件。例如,从中国黑龙江省黑河市开出的,所有权属于中国旅行社的旅游车在进入俄罗斯境内后,随车旅游的韩国公民甲和朝鲜公民乙之间由于争抢座位而大打出手,乙使用暴力导致甲死亡。在这一案例中,由于犯罪行为发生在国境外,且是在汽车而非船舶、航空器上,故不适用属地原则;同时,由于行为人并非中国公民,故不适用属人原则;另外,该行为也不是针对中国公民或国家,故不适用保护原则;该行为也不属于普遍管辖的范畴,所以中国对其没有管辖权。[①]

---

① 本案例参见周光权:《刑法总论》(第3版),中国人民大学出版社2016年版,第64页。

第二节 刑法的时间效力

刑法的时间效力问题,包括刑法的生效时间、失效时间以及对于生效之前的行为是否有追溯的效力三大方面。

一、生效时间

我国刑法的生效时间主要采用两种方式。

(1)自其公布之日起生效的方式。比如,全国人大常委会制定的《关于惩治骗购外汇、逃汇和非法买卖外汇犯罪的决定》这一单行刑法的第 9 条规定:"本决定自公布之日起施行。"在迄今为止的 10 个刑法修正案之中,从 1999 年的第一个刑法修正案,直到 2009 年的《刑法修正案(七)》及 2017 年的《刑法修正案(十)》,都采用了"自公布之日起施行"的方式。这种方式的优点在于,能够及时对公布之后的行为进行有效规制;但其缺点在于,由于公民缺少对新的刑法规范的熟悉和了解时间,以致使刑法规范不能充分发挥宣传和教育的作用。

(2)公布之后过一段时间再生效的方式。例如,1997 年《刑法》是在 1997 年 3 月由第八届全国人大第五次会议修订通过的,该法第 452 条第 1 款规定:"本法自 1997 年 10 月 1 日起施行。"这就给一般公民以及司法人员一定的时间熟悉新的刑法条文。同样地,于 2011 年施行的《刑法修正案(八)》以及于 2015 年施行的《刑法修正案(九)》都采取了公布一段时间之后再生效的方式。这种生效方式对于保障公民的预测可能性和行动自由较为有利,因此理应成为今后刑法修正案生效时间的基本模式。

二、失效时间

我国刑法的失效时间主要也有两种情形。

(1)由立法机关明文宣布失效。现行《刑法》第 452 条第 2 款规定:"列于本法附件一的全国人民代表大会常务委员会制定的条例、补充规定和决定,已纳入本法或者已不适用,自本法施行之日起,予以废止。"

(2)自动失效。如 1997 年《刑法》生效后,1979 年《刑法》自动失效。

三、刑法的溯及力

(一)概说

原则上,刑法适用于其生效时间内,但如此并不意味着刑法对其生效之前的行为一概无效,这涉及刑法的溯及力问题。刑法的溯及力,亦称刑法溯及既往的效力,是指对刑法生效之前未经审判或者判决尚未确定的行为,能否适用刑法的问题。如《刑法修正案(九)》对贪污、贿赂犯罪新增了不能减刑、假释的终身监禁规定,那么,对于行为人在 2014 年 9 月所犯的贪污罪行,能否于2015年11月5日依据《刑法修正案(九)》修订后的条文,对贪污犯作出宣告终身监禁的判决?

刑法的溯及力问题与罪刑法定原则中“禁止事后法”的派生原则其实是同一问题的不同表述,其实质都是能否对行为人适用事后法的问题。根据罪刑法定原则中禁止事后法的要求,很容易得出“刑法仅在其生效的时间范围内具有效力”的结论,从而不能将刑法适用于其生效以前未经审判或者判决尚未确定的行为。但是,僵化理解罪刑法定原则,一律否定刑法的溯及力的做法,可能会导致加重被告人处罚的不利结果;相反,部分肯定刑法的溯及力,可能有助于实现罪刑法定原则限制国家处罚权这一应有之义。

对于刑法的溯及力问题,存在不同的处理原则。(1)从旧原则,即只要行为跨越新旧法的,则新法没有溯及力,只能依据旧法对行为进行处罚。(2)从新原则,即一概肯定刑法的溯及力,既然在旧法生效期间对行为没有裁判,那么就可以适用新法对行为进行判决。但根据这一原则,当新法规定的处罚比旧法重时,可能导致对行为人不利的后果。(3)从轻原则,即比较新法和旧法规定的处罚,哪个规定的处罚轻就适用哪个法。以上原则可以被组合为从旧兼从轻原则,或者从轻兼从新原则。需要说明的是,虽然1979年《刑法》第9条在刑法溯及力的问题上坚持了从旧兼从轻原则,但自1981~1997年新刑法典通过前,我国立法机关通过了20多部以“决定”或“补充规定”为表现形式的单行刑法,其中个别单行刑法事实上并未奉行从旧兼从轻原则,而是明确规定采用从新原则。例如,1983年9月2日由全国人大常委会颁行的《关于严惩严重危害社会治安的犯罪分子的决定》第3条规定,“本决定公布后审判上述犯罪案件,适用本决定”,采取的就是从新原则。由此,该决定对其生效前的行为具有溯及力,即决定对其所列举的,在其生效前实施但未经审判或者判决尚未确定的犯罪,一律适用决定。尽管这一决定是出于当时的刑事政策需要而制定的,但其确实与罪刑法定原则的精神内涵和内在要求格格不入。①

(二)我国刑法的规定

我国现行《刑法》第12条第1款规定:“中华人民共和国成立以后本法施行以前的行为,如果当时的法律不认为是犯罪的,适用当时的法律;如果当时的法律认为是犯罪的,依照本法总则第四章第八节的规定应当追诉的,按照当时的法律追究刑事责任,但是如果本法不认为是犯罪或者处刑较轻的,适用本法。”这一规定实质上与从轻原则等同,且其不仅适用于刑法典,也适用于各个刑法修正案的溯及力问题。此外,在刑法修正案施行后,应直接援引修改后的刑法条文,而不得援引刑法修正案的相应条文;在审判时司法解释没有确定罪名的,应当根据准确、简明的原则确定罪名。

对于《刑法》第12条的适用,最高人民法院于1997年12月31日发布的《关于适用刑法第十二条几个问题的解释》第1条规定,《刑法》第12条规定的“处刑较轻”,是指刑法对某种犯罪规定的刑罚即法定刑比修订前刑法轻。法定刑较轻是指法定最高刑较轻;如果法定最高刑相同,则指法定最低刑较轻。其第2条规定,如果刑法规定的某一犯罪只有一个法定刑幅度,法定最高刑或者最低刑是指该法定刑幅度的最高刑或者最低刑;如果刑法规定的某一犯罪有两个以上的法

---

① 高铭暄:《中华人民共和国刑法的孕育诞生和发展完善》,北京大学出版社2012年版,第182页。

定刑幅度,法定最高刑或者最低刑是指具体犯罪行为应当适用的法定刑幅度的最高刑或者最低刑。对此,有学者进一步归纳提出,如下5种情形属于不利于被告人,因此为禁止溯及既往原则所禁止:(1)创设新罪名;(2)从轻罪改为重罪从而加重既有罪名;(3)对既有犯罪施加更为严厉的惩罚;(4)出于入罪目的而改变证据规则;(5)减少犯罪构成要件而增加入罪的可能性。[①] 以上5个方面是从实体条件和证据规则、实体上有罪还是无罪、有罪时在处罚上是轻还是重等多个方面,全面给出了判断新法是否更重的标准。在新旧刑法均认为行为是犯罪并且应当予以追诉的情况下,因新旧刑法都尚未对行为进行处罚,故需要比较处刑的轻重来判定新旧刑法的轻重,此时原则上应以法定刑为标准具体加以比较。(1)比较主刑的轻重,应以刑法总则规定的主刑种类从轻到重的排列次序来确定;(2)比较同种刑罚的轻重,应以刑法分则条文规定的法定最高刑的轻重为准,如果法定最高刑相同,则以法定最低刑的轻重为准;(3)如有两种以上的主刑,在比较刑罚轻重时,应以最重主刑中种类较轻的或者刑期较短的为轻,如果最重主刑的种类或者刑期相同,则以最轻主刑中种类较轻的或者刑期较短的为轻;(4)如果主刑的法定最高刑与法定最低刑均相同,应比较有无附加刑,有附加刑的为重,无附加刑的为轻;(5)如果刑法规定的某一犯罪只有一个法定刑幅度,法定最高刑或者最低刑是指该法定刑幅度的最高刑或者最低刑;如果刑法规定的某一犯罪有两个以上的法定刑幅度,法定最高刑或者最低刑是指具体犯罪行为所应当适用的法定刑幅度的最高刑或者最低刑。在后一种情况下,不能笼统地以几个不同法定刑幅度的最高刑或最低刑为标准进行比较,而应以相应情节条款所适用的法定刑作为比较的标准。[②]

上述第5点尤其重要,其强调对刑罚轻重的比较应该结合案件的实际情节进行,是具体比较而不是笼统的抽象比较。在此,以《刑法》第383条第4款为例,对这一观点加以展开。该款规定,犯第1款罪,有第3项规定情形被判处死刑缓期执行的,人民法院根据犯罪情节等情况可以同时决定在其死刑缓期执行2年期满依法减为无期徒刑后,终身监禁,不得减刑、假释。在具体讨论该规定的溯及力问题之前,首先需要明确的是,这一规定是否违反刑法基本原则?有宪法学者认为,这一立法不仅违反了宪法的基本原则,也违反了刑法的基本原则。其理由分别从程序法和实体法两个角度阐述,其中程序法部分认为,《立法法》规定,一部重要的法律草案要经过人大常委会的三次审议才能诉诸表决,《刑法修正案(九)》草案的全文经过了三次审议,但规定终身监禁的条文本身仅经过了一次审议就通过了表决。虽然《立法法》规定对于没有争议的草案可以经一次审议即可通过,但是对于终身监禁这样对公民人身权利有重大影响的条文不可能没有争议。这里也反映出就刑法条文的表决方式而言,在对于多数的条文没有异议但对于个别条文有争议的情形下,如果采取的是全部条文通过或不通过的表决方式,则极易忽视个别的争议条款。终身监禁条款在程序法上存在的问题确实是不言而喻的,但需要思考的是,其在实体法上是否也有问题。对此,上述宪法学者认为,(1)罪刑法定原则包括了刑法适正原则,其禁止残忍的、不人道的刑罚,第383条第4款新增的对贪污、贿赂犯罪的终身监禁的规定,剥夺了行为人获得

---

① 陈兴良主编:《刑法总论精释(上)》(第3版),人民法院出版社2016年版,第37页。

② 《吴三玉、许乃刚盗窃案》,载最高人民法院中国应用法学研究所编:《人民法院案例选 刑事卷1》,人民法院出版社2017年版,第33~34页。

减刑、假释的权利,是一种残忍的、不人道的规定。(2)《刑法》第4条规定了适用刑法人人平等原则,将死缓犯改为终身监禁后不得减刑、假释的规定只适用于贪污、贿赂犯罪,显然是加大了对这类犯罪人的惩罚力度;而对于其他社会危害性相当甚至更为严重的犯罪,却没有作出同样的规定,进而在实质上有可能造成对贪污、贿赂犯罪的差别性对待,因此也就违反了刑法的平等适用原则。(3)终身监禁条款违反刑法的罪刑均衡原则。服刑人获得减刑、假释是一种实体性权利,对由死缓犯改为无期徒刑后终身监禁的贪污、贿赂犯罪人不得减刑、假释,剥夺了他们的实体性权利。由于这类服刑人并没有明显的人身危险性,这一剥夺权利的法律根据明显不足,从而与《刑法》第5条所规定的罪均衡原则矛盾,也有违宪法上的比例原则。[①]

本书对于上述宪法学者的观点并不认同,在此予以明确回应。理由在于:(1)从罪刑法定原则的角度看,《刑法修正案(九)》新增的终身监禁规定,其参照物是按照修正前的刑法应当判处死刑立即执行的贪污犯和受贿犯,因而不存在对这类犯罪加大处罚的问题,在死刑立即执行替代措施的意义上,也不能称之为"残忍的刑罚"。此外,修正后的刑法作出的规定在实质上对被告人处罚更轻,因而不存在对被告人的重大不利影响,不违反刑法的罪刑法定原则。(2)从罪刑平等原则的角度讲,针对恐怖活动犯罪、毒品犯罪、故意杀人罪等危害更大的犯罪而言,如果认为其危害程度已经达到"罪行极其严重的程度",则行为人即可能被判处死刑立即执行;反之,如果实施这些犯罪的行为人被判处死缓,就一定有其理由,如其罪行本身或者人身危险性、主观恶性等方面必定存在某些合理的理由,从而使其被判处死缓而非死刑立即执行。(3)从罪刑均衡原则的角度讲,在行刑的过程中,人身危险性降低则刑罚也应相应地降低,终身监禁的规定与该原则存在着一定的冲突,这确实不容否认;但从量刑意义上考虑的话,对于数额特别巨大且使国家和人民利益遭受特别重大损失的贪污贿赂行为,从限制死刑适用和罚当其罪的角度而言,终身监禁恰恰是罪刑均衡原则的体现,并且是对被告人有利的规定,因而尽管存在一定的冲突之处,但还是在最大程度上保持了与罪刑均衡原则的一致。此外,《刑法》第81条第2款规定,对累犯以及因故意杀人、强奸、抢劫、绑架、放火、爆炸、投放危险物质或者有组织的暴力性犯罪被判处10年以上有期徒刑、无期徒刑的犯罪分子,不得假释。从比较的意义上来说,也可得出对贪污犯、受贿犯不得假释有其明确的参照物,因而足以体现罪刑均衡原则。

在肯定了《刑法》第383条第4款的正当性和合理性之后,继而从具体案例切入,以其为例,探讨刑法修正案的溯及力问题。2016年6月16日,河南省安阳市中级人民法院一审公开开庭审理了全国人大环境与资源保护委员会原副主任委员白恩培受贿、巨额财产来源不明一案。安阳市中级人民法院经审理认为,白恩培受贿数额特别巨大,犯罪情节特别严重,社会影响特别恶劣,给国家和人民利益造成特别重大损失,论罪应当被判处死刑。但鉴于其到案后,如实供述自己的罪行,主动交代办案机关尚未掌握的大部分受贿犯罪事实,认罪悔罪,且赃款赃物已被全部追缴,故具有法定、酌定从轻处罚情节,对其判处死刑,可不立即执行。由此,安阳市中级人民法院遂对被告人白恩培以受贿罪判处死刑,缓期2年执行,剥夺政治权利终身,并处没收个人全部财产。同时,根据白恩培的犯罪事实和情节,依据《刑法》第383条第4款的规定,决定在其死刑缓期执

① 韩大元:《行宪以法,驭法以宪:再谈宪法与部门法的关系》,载《中国法律评论》2016年第2期。

行 2 年期满依法减为无期徒刑后，终身监禁，不得减刑、假释。对重大贪污受贿犯罪增设终身监禁的《刑法修正案(九)》，是全国人大常委会于 2015 年 8 月 29 日通过并于 2015 年 11 月 1 日起施行的，而对白恩培案所认定的受贿犯罪行为则发生在 2000 ~ 2013 年，因此，对白恩培案能否、应否适用在其涉案行为发生之后颁行的终身监禁新规？

对此问题的回答，关键在于比较修正前后的刑法就受贿罪所规定刑罚的轻重。对此，理论上存在不同的主张。一种观点认为，终身监禁新规不应具有溯及既往的效力，因为终身监禁的规定在实质上提高了对贪污受贿犯罪所科处的刑罚的严厉程度，即修正后的刑法较重；对同样的行为，依据《刑法修正案(九)》之前的刑法规定，是有可能对行为人判处死刑缓期 2 年执行，且在当时是可能适用减刑和假释的，但法院依据修正后的刑法判处行为人死缓并宣告终身监禁，不得减刑和假释，这明显是适用了较重的处罚，违反了刑法从旧兼从轻的原则。另一种观点则认为，终身监禁新规应当具有溯及既往的效力，因为《刑法修正案(九)》提高了对贪污受贿犯罪判处死刑的门槛，并将犯罪后被提起公诉前如实供述罪行，真诚认罪、悔罪，积极退赃以及避免、减少损害结果发生等原来的酌定从宽情节改为法定从宽量刑情节，其有关贪污受贿犯罪量刑的规定(包括终身监禁新规)从总体上看更有利于被告人，即修正后的刑法较轻。还有观点认为，应区分情况分别对待，对依照修正前的刑法应当判处死刑立即执行而依照修正后的刑法可判处死缓暨终身监禁的，即适用修正后的刑法(此时修正后的刑法较轻)；而对依照修正前的刑法本就应当判处死缓的，则不应适用终身监禁(此时修正前的刑法较轻)。①

值得注意的是，于 2015 年 11 月 1 日起施行的最高人民法院《关于〈中华人民共和国刑法修正案(九)〉时间效力问题的解释》第 8 条规定，对于 2015 年 10 月 31 日以前实施贪污、受贿行为，罪行极其严重，根据修正前的刑法被判处死缓不能体现罪刑均衡原则(原本应当被判处死刑立即执行)，而根据修正后的刑法被判处死缓同时附加终身监禁可以罚当其罪的，适用修正后的《刑法》第 383 条第 4 款。若根据修正前的刑法被判处死缓即足以罚当其罪(原本就应当被判处死缓)的，则不适用修正后的《刑法》第 383 条第 4 款。这实际上是采纳了上述第三种意见即“区别对待”的原则。具体到白恩培案中，考虑到行为人的犯罪数额特别巨大(2.46 亿余元)，且犯罪情节特别严重(受贿的时间跨度长、涉及的领域广泛)，社会影响特别恶劣，给国家和人民利益造成特别重大损失，因此在本案中，即使行为人存在认罪悔罪的情节，根据行为时的刑法规定以及当时掌握的死刑标准，对其判处死缓也不足以体现罪刑均衡原则，故原本应当判处白恩培死刑立即执行。因此，人民法院对行为人判处死刑缓期 2 年执行并适用终身监禁，恰恰是对行为人判处了较轻的处罚，符合刑法的从旧兼从轻原则。

(三)立法解释和司法解释的溯及力

有权解释分为立法解释和司法解释。立法解释是否具有溯及力？对于行为人实施相应行为时尚无相应立法解释而在裁判时存在该立法解释的，应如何处理？比如，于 2000 年出台的最高人民法院《关于审理黑社会性质组织犯罪的案件具体应用法律若干问题的解释》将“保护伞”规

① 赵秉志：《终身监禁第一案之观察》，载《人民法院报》2016 年 10 月 10 日，第 2 版。

定为黑社会性质组织的4个特征之一，而于2002年通过的全国人大常委会的立法解释《关于刑法第二百九十四条第一款的解释》则取消了这一要件。对此，在相关案件中，辩护人提出，行为人涉嫌的组织缺少"保护伞"，根据从旧兼从轻的刑法适用原则，行为人在该立法解释公布前实施的行为不构成组织、领导黑社会性质组织罪。但是，案件的裁判者认为，立法解释是对法律条文含义的阐释，在法律规定本身未发生变化的情况下，法律条文的含义自法律施行之日起即存在。立法解释公布后，除对时间效力有特别规定的以外，应及于被解释的法律的整个施行期间。①

问题是司法解释有无溯及力，即禁止事后法中的"法"是否包括司法解释？于2001年起施行的最高人民法院、最高人民检察院《关于适用刑事司法解释时间效力问题的规定》第1条指出："司法解释是最高人民法院对审判工作中具体应用法律问题和最高人民检察院对检察工作中具体应用法律问题所作的具有法律效力的解释，自发布或者规定之日起施行，效力适用于法律的施行期间。"其第2条规定："对于司法解释实施前发生的行为，行为时没有相关司法解释，司法解释施行后尚未处理或者正在处理的案件，依照司法解释的规定办理。"第3条规定："对于新的司法解释实施前发生的行为，行为时已有相关司法解释，依照行为时的司法解释办理，但适用新的司法解释对犯罪嫌疑人、被告人有利的，适用新的司法解释。"仔细分析上述规定，会发现其中存在的不协调之处。第1条关于司法解释的"效力适用于法律的施行期间"的规定，实际上是说司法解释并不涉及溯及力的问题。第2条所言的只有一个司法解释时可以对未决案件溯及既往的规定，实际上也是强化和印证了司法解释不涉及溯及力问题的判断。而第3条的规定实际上是表明，当存在两个司法解释时，原则上不能对未决案件溯及既往，即应适用从旧兼从轻原则。但从理论角度而言，肯定司法解释原则上不能溯及既往，存在疑问。就此，我国学者的如下论断在总体上值得赞同。其认为，司法解释并不是刑法本身，既然是对刑法的解释（而且排除了类推解释），那么，对司法解释生效之前的行为，只要是在现行刑法施行之后实施的，就得按司法解释适用刑法。因此，司法解释不存在从旧兼从轻的问题。否则，会出现以错误地适用刑法为代价来肯定以往的解释系属错误的不可思议的现象。不仅如此，承认司法解释适用禁止溯及既往的原则，还会形成司法与立法处于同一等级的不当局面，从而违背立法权与司法权相分离的法治原则。②这里还要补充强调以下几点：第一，司法解释不同于立法，其不过是对法条用语本身含义的一种解释和阐明，不应存在溯及力的问题。第二，如果旧的司法解释规定某种行为不构成犯罪而新的司法解释将该行为解释为犯罪，行为人在新的司法解释颁布之前根据旧的司法解释实施了该行为，但司法机关在新的司法解释颁布后才发现该行为的，应认定行为人无罪。这时，不应从司法解释的效力"从旧"的角度加以论证，而应认为，行为人不具有违法性认识的可能性，从而阻却责任。尤其需要注意的是，对这时的"违法性认识的可能性"应该做客观判断，因此就与行为人在实施行为时是否认识到了当时的司法解释未将相应行为解释为犯罪无关，而是依据客观事实认定其没有可能认识到该行为是违法的，从而否定其可谴责性。第三，旧的司法解释将某种行为解

---

① 《王江等组织、领导、参加黑社会性质组织案》，载陈兴良、张军、胡云腾主编：《人民法院刑事指导案例裁判要旨通纂》（下卷），北京大学出版社2013年版，第909～910页。

② 张明楷：《刑法学》（第5版），法律出版社2016年版，第79页。

释为犯罪而新的司法解释规定该行为不构成犯罪，行为人在新的司法解释颁布之前实施该行为的，同样不构成犯罪。这时，也不应从司法解释的效力“从轻”的角度加以论证，而应认为，行为人的行为原本就并未违反裁判时的生效法律，从而自然不构成犯罪。

在实务操作上，受前述“两高”《关于适用刑事司法解释时间效力问题的规定》的影响，还是肯定了司法解释的效力像立法一样，原则上禁止溯及既往。但即便如此，也需要注意的是，在适用同一罪名时，不应交叉引用行为时的修正前的刑法及其配套司法解释和裁判时修正后的刑法及其配套司法解释。比如，在陈卫吉敲诈勒索案中，行为人于 2009 年 8 月敲诈勒索他人 6 万元财物而在 2014 年到案，根据行为时的规范（1997 年《刑法》的规定及相关司法解释），属于敲诈勒索数额巨大，其法定刑为 3 年以上 10 年以下有期徒刑，但不能判处罚金；而由于在 2011 年 5 月 1 日生效的《刑法修正案（八）》及相关司法解释对于犯罪数额的确定标准，根据裁判时的规范，属于敲诈勒索数额较大，[1]法定刑为 3 年以下有期徒刑、拘役或者管制，并处或者单处罚金。这样的话，应适用修正后的刑法及其司法解释，认定行为人的行为属于敲诈勒索数额较大，对其判处 3 年以下有期徒刑并处罚金，更符合刑法的从轻原则。此时，不能在主刑中援引修正后的刑法而在附加刑援引修正前的刑法，对主刑和附加刑应“一揽子”地适用从旧兼从轻原则，不可分别适用。[2]

（四）生效判决

《刑法》第 12 条第 2 款规定：“本法施行以前，依照当时的法律已经作出的生效判决，继续有效。”这里所说的依照当时的法律已经作出的“生效判决”，既包括无罪判决，也包括有罪判决。详言之，（1）若依照当时的法律作出的是无罪判决，而新刑法将相应行为规定为犯罪的，则无罪判决继续有效，此时既体现了对既有判决的尊重，也体现了对于行为人权利的保障；（2）依照当时的法律作出的是有罪判决，而新的法律已经不认为该行为是犯罪或者处刑更轻，也不能适用新的法律，即对这类判决不能“从轻”处理。如此规定既是为了实现新旧刑法的顺利过渡，也体现了对于法院判决的既判力和司法权威的应有尊重。

---

① 根据 2013 年最高人民法院、最高人民检察院《关于办理敲诈勒索刑事案件适用法律若干问题的解释》第 1 条，敲诈勒索公私财物 3 万～10 万元属于“数额巨大”，案发地浙江省执行 8 万元属于“数额巨大”的标准。

② 《陈卫吉敲诈勒索案——根据从旧兼从轻原则如何适用刑法及司法解释》，载最高人民法院中国应用法学研究所编：《人民法院案例选　刑事卷 1》，人民法院出版社 2017 年版，第 45～50 页。

第二编

犯罪论

第四章 犯罪概念与犯罪构成

第一节 犯罪概念、特征与分类

一、犯罪的概念

犯罪的概念,是对犯罪各种要素和特征的高度概括。对于犯罪概念,各国刑法的规定和理论的概括不一。有的国家直接在刑法典中规定什么是犯罪,更多的国家则并不在刑法典中直接规定,而是将犯罪认定的权力交给司法机关。比如1908年1月1日生效的现行《日本刑法典》、1999年1月1日生效的《德国刑法典》中都没有关于犯罪概念的一般规定。而部分国家的刑法典中则规定了犯罪概念,就此而言,又可大致分为如下3类。

1. 犯罪的形式概念

所谓犯罪的形式概念,是指不涉及犯罪的本质或实质,而仅从法律特征上定义犯罪。比如1810年《法国刑法典》,是从犯罪后果的角度来规定什么是犯罪。该法第1条规定:"法律以违警刑所处罚之犯罪,称为违警罪;法律以惩治刑处罚之犯罪,称为轻罪;法律以身体刑处罚之犯罪,称为重罪。"1937年《瑞士刑法典》第1条规定,"凡是用刑罚威胁所确定禁止的行为",就是犯罪行为。这些都是从"应受刑罚处罚性"这种法律后果的意义上定义犯罪。除了立法例之外,理论上也多有从形式上定义犯罪的。如德国刑法学者宾丁认为,犯罪即违反刑事制裁法律的行为。①日本刑法学者则通常认为,犯罪是指该当构成要件、违法且有责的行为。② 这样的定义或者涉及犯罪的刑事违法性特征,或者涉及犯罪的成立条件,但同样都未涉及犯罪的实质与本体。

这种从立法或理论的形式层面界定的犯罪概念,将刑事违法性作为区分罪与非罪的标准,因此又称为犯罪的法律概念。其是资产阶级反对封建刑法和罪刑擅断的产物,追求的是实现罪刑法定主义,即"法无明文规定不为罪"的目标。这种形式上的犯罪概念不但有助于体现罪刑法定主义的功能,还有助于将刑法上的犯罪与犯罪学上的犯罪加以区别。③ 但其并未回答认定犯罪的实质依据,也容易导致犯罪认定的形式化、教条化。

2. 犯罪的实质概念

犯罪的实质概念,是指从本质属性、本质特征上定义犯罪,而不涉及犯罪的法律特征。有代表性的则是苏俄刑法规定的犯罪概念,是在社会危害性这个犯罪本质特征主导下的实质犯罪概

---

① 徐久生编著:《德国犯罪学研究探要》,中国人民公安大学出版社1995年版,第1页。

② [日]大塚仁:《刑法概说(总论)》(第3版),冯军译,中国人民大学出版社2003年版,第90页;[日]山口厚:《刑法总论》(第3版),付立庆译,中国人民大学出版社2018年版,第23页。

③ 冯军、肖中华主编:《刑法总论》(第3版),中国人民大学出版社2016年版,第96页。

念，苏俄各时期的刑法典都开宗明义地揭示了犯罪的实质，这是相对于大陆法系各国刑法的独特之处。[①] 比如，1922年的《苏俄刑法典》第6条规定："凡威胁苏维埃制度基础及工农政权在向共产主义过渡时期所建立的法律秩序的一切危害社会的作为或不作为，都被认为是犯罪。"类似的还有1926年《苏俄刑法典》第6条、1960年《苏俄刑法典》第7条的规定。其定义注重的是犯罪的本质属性，力图揭示犯罪隐藏在法律背后的社会政治内容，即侵犯了统治者的根本利益。[②]

犯罪的实质概念在一定程度上回答了主体（个人或单位）的行为何以被规定为犯罪这一具有实质意义的问题，解释了犯罪应受刑罚处罚的根据，对于深入理解犯罪现象具有重要意义。但其没有突出犯罪的法律特征，因此，在认定犯罪时容易超出立法的规定，单纯依据实质标准而扩大犯罪的范围，对国家的法治造成威胁。

3. 犯罪的混合概念

中国《刑法》第13条规定了犯罪的概念："一切危害国家主权、领土完整和安全，分裂国家、颠覆人民民主专政的政权和推翻社会主义制度，破坏社会秩序和经济秩序，侵犯国有财产或者劳动群众集体所有的财产，侵犯公民私人所有的财产，侵犯公民的人身权利、民主权利和其他权利，以及其他危害社会的行为，依照法律应当受刑罚处罚的，都是犯罪，但是情节显著轻微危害不大的，不认为是犯罪。"从这一规定可以看出，中国刑法所规定的犯罪概念与前述两类犯罪定义皆不相同，而是形式与实质相混合的犯罪概念。申言之，该条所规定的"依照法律应当受刑罚处罚的"是犯罪，即从形式侧面规定犯罪的含义。同时，规定犯罪必须是"一切危害国家主权、领土完整和安全……侵犯公民私人所有的财产，侵犯公民的人身权利、民主权利和其他权利，以及其他危害社会的行为"，即从实质的角度揭示犯罪的根据。这样规定的犯罪概念既揭示犯罪的实质社会内容，又强调犯罪的法律形式特征，"在方法论上克服了犯罪的实质概念和犯罪的形式概念存在的片面性，有利于真正揭示犯罪的内涵和外延"，"既从实质上阐明了某种行为之所以被刑法规定为犯罪的依据、犯罪需要处罚的依据，又从形式上规定了犯罪的法律特征，明确限制了犯罪的处罚范围"。[③] 正确理解犯罪的形式要求和实质内容的统一，就需要强调，只有在行为的实质内容与法律规定同时具备时，才符合犯罪的概念要求，两者缺一不可。

二、犯罪概念的定量因素与但书的机能

（一）犯罪概念中的定性与定量

西方国家通常秉承"立法定性、司法定量"的模式，成立犯罪只有行为类型上的要求，而没有程度上的明文要求。与此相对，我国《刑法》第13条明确规定，"但是情节显著轻微危害不大的，

---

① 徐岱、韩劲松：《论俄罗斯刑法的犯罪本质之争及中国反思》，载《吉林大学社会科学学报》2017年第4期。

② 在刑事立法的较长一段时间，苏联或俄罗斯都将犯罪视为对统治阶级利益造成损害的行为。而现在世界的大多数国家的刑事立法都不采用阶级的或是狭隘的阶级立场来分析犯罪的社会本质。目前，在《俄罗斯联邦刑法典》中规定的犯罪概念亦是实质要件与形式要件相结合的概念，不仅指出了犯罪社会本质的实质要件即行为的社会危害性，而且也指出了犯罪的形式要件即刑事违法性。参见[俄]Л. В. 伊诺加莫娃－海格主编：《俄罗斯联邦刑法（总论）》（第2版），黄芳、刘阳、冯坤译，中国人民大学出版社2010年版，第28～29页。

③ 冯军、肖中华主编：《刑法总论》（第3版），中国人民大学出版社2016年版，第97页。

不认为是犯罪”。这一但书规定被称为犯罪的定量因素。据此,我国的犯罪成立模式就是“立法定性+定量”的模式,即刑法条文本身即主张成立犯罪必须同时满足定性和定量两方面的要求,前者是质的规定性,后者是量的规定性。[①] 据此,中国刑法中的犯罪概念为定性与定量的统一,只是但书具有限制犯罪成立范围的功能,这一点已成为刑法理论与司法实务的共识。其关键在于对犯罪概念中定量因素以及但书规定的具体理解。

首先需要明确“情节”的含义。传统理论认为,“情节”包括能够决定和影响行为的社会危害性的一切主、客观因素。[②] 而在本书看来,这里的“情节”则是影响行为的(后文重点阐述的)违法性和有责性的一切主客观因素。行为本身、行为对象、行为后果、行为人的个体状况、罪过形式等,相关的案前、案中和案后情节,都属于“情节”。

重要的是,“情节显著轻微”和“危害不大”是必须同时具备才不认为是犯罪,还是只要具备其中之一就不认为是犯罪。对此,在立法机关的条文说明中,其态度并不明确,而只是笼统指出,“情节显著轻微危害不大的,不认为是犯罪”,即行为人的危害行为虽属于刑法规定禁止的行为,但情节显著轻微,其社会危害尚未达到应当受刑罚处罚的程度,法律不认为是犯罪。[③] 应该认为,这里的“情节”和“危害”是在两个不同层面予以考量的,实践中也存在“情节相当严重但危害不大”或者“情节显著轻微但危害很大”的情形,如果一概不认为是犯罪,可能既非立法者的初衷,也不利于发挥刑法保护社会的机能。因此,只有上述2个条件同时具备时,才能“不认为是犯罪”。

(二)《刑法》第13条但书的功能

1. 学说状况

对于如何具体运用但书来控制犯罪圈,理论与实务上存在两种不同的见解与做法,即存在罪标准说与入罪限制条件说的基本对立。出罪标准说由坚持社会危害性是犯罪本质特征的部分学者主张,但书的实质是将符合具体犯罪构成但社会危害性不大的行为排除在犯罪圈之外,犯罪圈的划定由《刑法》第13条的正文和但书共同完成。即犯罪的认定一般分为两步:第一步,看是否符合犯罪构成,如不符合,则直接排除其犯罪性(形式判断);第二步,看是否属于“情节显著轻微危害不大”,如果属于就不认为是犯罪,反之则认为是犯罪(实质判断)。这样,只有那些既符合具体犯罪构成又不符合但书规定的行为,才能认定为犯罪。[④] 入罪限制条件说则认为,犯罪概念不是认定犯罪的具体标准,但书也不是宣告无罪的直接依据。刑法在规定犯罪构成时,必然对符合犯罪构成的行为进行实质评价,刑法的解释者、适用者在解释、适用犯罪构成时,也必须进行实质化理解,只能将值得科处刑罚的违法、有责的行为解释为符合犯罪构成的行为。如果行为符合

---

① 西方国家和我国的两种不同规定模式各有利弊。近年来,不少学者倾向于主张向西方国家靠拢,即取消立法关于犯罪定量因素的规定,将依据危害程度决定犯罪成立与否的判断权力交给司法者。对此问题的详细检讨,可参见沈海平:《犯罪定量模式检讨》,载《法学家》2015年第1期。

② 冯军、肖中华主编:《刑法总论》(第3版),中国人民大学出版社2016年版,第101页。

③ 全国人大常委会法制工作委员会刑法室编:《中华人民共和国刑法条文说明、立法理由及相关规定》,北京大学出版社2009年版,第21页。

④ 储槐植、张永红:《善待社会危害性观念——从我国刑法第13条但书说起》,载《法学研究》2002年第3期。

犯罪构成,却又根据但书宣告无罪,会使得刑法规定的犯罪构成丧失应有意义,也违反了《刑法》第 3 条有关罪刑法定原则的规定;只要行为符合具体的犯罪构成,就不应当以情节显著轻微危害不大为由宣告无罪。也就是说,若要出罪,应以行为不符合犯罪构成为由宣告无罪,而不是直接以但书宣告无罪。[①]

2. 出罪标准说的问题所在

出罪标准说与入罪限制条件说都试图运用但书将那些"情节显著轻微危害不大"的行为逐出犯罪圈,在最终结论上没有根本区别。但是,对于如何控制犯罪圈,两种观点却选择了不同路径:前者是在犯罪构成之外解决,后者是在犯罪构成之内解决。路径选择的不同直接体现了两种观点在刑法观念上的根本对立:是否坚持犯罪构成是认定犯罪的唯一标准?"这种对立不仅涉及但书的适用,更事关犯罪构成的性质与定位,涉及犯罪论体系的根本问题,因而需要明确做出选择。"[②]

出罪标准说存在的问题是,在第 13 条中但书的功能定位上采取出罪标准说,"不仅会在理论上付出犯罪构成形式化的代价,更有招致司法权僭越立法权之虞"。[③] 正如有论者指出,以但书出罪,就意味着社会危害性这种实质判断是自外于犯罪构成的,需要在犯罪构成之外独立判断,而且,社会危害性及其程度不仅要由犯罪构成还要由犯罪构成以外的事实情况来说明。这实质上是说,一种行为只有经过了犯罪构成和社会危害性的双重过滤才能成立犯罪。这表明,犯罪构成已退化为只是认定犯罪的一个必要条件,不具有最终决定性,社会危害性才是决定是否追究刑事责任的实质根据。这实际上是宣告现有犯罪构成理论的失败。[④] 如后所述,既然犯罪的本质特征是法益侵害性而非社会危害性,就不应该在犯罪构成之外凌驾一个"社会危害性"作为犯罪认定的实质标准,判断某种行为是否构成犯罪的唯一也是终局的标准,只能是犯罪构成体系。对于那些"情节显著轻微危害不大"因而不具有实质上的法益侵害性的行为,应该直接在犯罪构成的评价框架中得出不构成犯罪的结论来。

在此考察一下所谓的"中国安乐死第一案"。1986 年 6 月 23 日,陕西汉中传染病医院肝炎科主任蒲连生作为主治医师收治了肝硬化腹水患者夏素文;6 月 27 日,夏素文病情恶化、痛苦不堪,医院签发了病危通知书;其子王明成不忍看到母亲生不如死的痛苦,跪地恳求蒲连生让其母亲早点咽气;在王明成保证承担一切责任后,蒲连升吩咐护士向患者注射了 87.5 毫克的冬眠灵,致夏素文于 6 月 29 日凌晨死亡。一审法院认为,被告人王明成要求主管医生为其母注射药物,让其母无痛苦地死去的行为,虽属故意剥夺其母生命权利的行为,但情节显著轻微,危害不大,不构成犯罪;被告人蒲连升的行为亦属故意剥夺公民的生命权利,但其用药量属正常范围,不是造成夏素文死亡的直接原因,情节显著轻微,危害不大,不构成犯罪。依照 1979 年《刑法》第 10 条,于 1991 年 4 月 6 日判决宣告两名被告人无罪。[⑤] 但是,上述案件中,故意剥夺他人生命的行为被

---

① 张明楷:《刑法学》(第 5 版),法律出版社 2016 年版,第 91 页。
② 王昭武:《犯罪的本质特征与但书的机能及其适用》,载《法学家》2014 年第 4 期。
③ 王昭武:《犯罪的本质特征与但书的机能及其适用》,载《法学家》2014 年第 4 期。
④ 王昭武:《犯罪的本质特征与但书的机能及其适用》,载《法学家》2014 年第 4 期。
⑤ 最高人民法院应用法学研究所编:《人民法院案例选:刑事卷》(1992 ~ 1996 年合订本),人民法院出版社 1997 年版,第 289 页以下。

认定为"情节显著轻微危害不大"本身就存在重大疑问,安乐死的行为,完全符合故意杀人罪的构成要件,因而应按照犯罪处理,按照但书出罪实属自相矛盾。

3. 入罪限制条件说的立场

本书赞同入罪限制条件说的立场,其主张,应以行为不符合犯罪构成为由,而不是直接以但书为由宣告无罪。在判断行为是否符合构成要件时,应同时以但书的限制性规定为指导,据此,符合但书规定的行为原本就不符合犯罪的构成要件。[①] 可以认为,以行为是否符合犯罪构成而非但书为依据入罪与出罪,不但保证了犯罪构成自身的特定地位,也使得出罪与入罪的判断标准相对规范与明确,相对而言是更为理想的。根据入罪限制条件说,比如,使用轻微暴力迫使他人当场为自己买了几瓶矿泉水的场合,"几瓶矿泉水"不能被评价为值得刑法保护的第 263 条抢劫罪意义上的"财物","轻微暴力"也不足以评价为《刑法》第 263 条所要求的"暴力",所以,行为不符合抢劫罪的犯罪构成;再如,醉酒之后驾驶机动车在方圆百里空旷无人的道路上行驶的场合,就可能因为欠缺危害公共安全的抽象危险,而被评价为不符合危险驾驶罪的犯罪构成,从而出罪。

三、犯罪的特征

传统刑法理论认为,一个行为要成为犯罪,需具备三个特征:一定的社会危害性(犯罪的本质特征)、刑事违法性(犯罪的法律特征)、应受刑罚处罚性(犯罪的法律后果)。[②] 立法机关或者立法参与者编写的相关书籍也采纳了这种三特征说。[③] 但具体分析以上三种特征,会发现其中存在诸多问题。

(一)从社会危害性到法益侵害性

传统理论认为,社会危害性是犯罪的本质特征。其中的社会危害性,"是指行为对刑法所保护的社会关系造成或者可能造成这样或那样损害的特性",[④]或者"是指行为对于刑法所保护的社会关系造成损害或者威胁的特性"。[⑤] 表述上虽有差异,但都强调社会危害性对刑法所保护的社会关系造成了损害或者威胁(可能造成的损害)。传统观点还强调了社会危害性在程度上的要求,需要是"一定的社会危害性"[⑥]或者"严重的社会危害性"[⑦]。并认为,社会危害性的轻重大

---

① 张明楷:《刑法学》(第 5 版),法律出版社 2016 年版,第 91 页。

② 高铭暄、马克昌主编:《刑法学》(第 9 版),北京大学出版社、高等教育出版社 2019 年版,第 42 ~ 44 页;王作富主编:《刑法》(第 6 版),中国人民大学出版社 2016 年版,第 34 ~ 36 页;冯军、肖中华主编:《刑法总论》(第 3 版),中国人民大学出版社 2016 年版,第 98 ~ 101 页。

③ 全国人大常委会法制工作委员会刑法室编:《中华人民共和国刑法:条文说明、立法理由及相关规定》,北京大学出版社 2009 年版,第 20 ~ 21 页;朗胜主编:《中华人民共和国刑法释义》(第 6 版),法律出版社 2015 年版,第 12 ~ 13 页。

④ 高铭暄、马克昌主编:《刑法学》(第 9 版),北京大学出版社、高等教育出版社 2019 年版,第 42 页。

⑤ 冯军、肖中华主编:《刑法总论》(第 3 版),中国人民大学出版社 2016 年版,第 98 页。

⑥ 参见高铭暄、马克昌主编:《刑法学》(第 9 版),北京大学出版社、高等教育出版社 2019 年版,第 42 页;冯军、肖中华主编:《刑法总论》(第 3 版),中国人民大学出版社 2016 年版,第 98 ~ 100 页。

⑦ 王作富主编:《刑法》(第 6 版),中国人民大学出版社 2016 年版,第 34 ~ 35 页;马克昌主编:《犯罪通论》,武汉大学出版社 1999 年版,第 19 ~ 25 页。

小，由(1)行为的类型，(2)行为侵犯的客体，(3)行为的对象，(4)行为的手段、后果以及时间、地点，(5)行为人的情况以及主观因素等几个方面决定。社会危害性程度的大小不仅决定行为是否构成犯罪，也影响量刑轻重。①

然而，刑法学界不少学者提出，社会危害性不具有基本的规范质量，社会危害性标准具有笼统、模糊及不确定性，社会危害性本质特征说不符合罪刑法定原则的精神，等等，从而主张社会危害性不应该成为犯罪的本质特征。② 尽管社会危害性概念本身并非一无是处，但在理论上应该以其与刑事违法性的关系为中心，反思社会危害性理论的应然定位。不容否认的是，不存在、也不可能存在、更不应该存在符合了某一事物的本质特征却并非这一事物的情形。一种行为具备了严重的社会危害性从而符合了传统观点所认可的犯罪的本质特征，其是否一定就是“犯罪”？这涉及我们是在何种意义上理解犯罪的。犯罪既可以在犯罪学意义上理解，也可以在刑法学意义上理解。在犯罪学意义上研究犯罪旨在观察犯罪现象、剖析犯罪原因、形成犯罪对策，这里的犯罪是从事实意义上考察的，认为此种意义上的犯罪的本质特征是严重的社会危害性，这完全没有问题。但是，刑法学上的犯罪旨在为司法者认定犯罪描述框架、提供对象，为了防止司法者的恣意，罪刑法定原则要求认定犯罪必须有法律的规定。由于立法者认识能力的有限以及成文法本身所固有的局限性，立法不可能将所有具有严重社会危害性的行为无一遗漏地规定在刑法典中，总有一部分具有严重社会危害性的行为未被规定在刑法典中，因“法无明文规定”而不能认定为犯罪。比如，《刑法》第240条规定了拐卖妇女、儿童罪，其中的儿童指未满14周岁的人，妇女指已满14周岁的女性。当行为人拐卖了一个16周岁的男性时，如何处理？不容否认，这一行为同样具有严重的社会危害性，但刑法可能并未将其规定为犯罪。在社会危害性与刑事违法性的关系问题上，传统理论认为，“社会危害性是第一位的，也是基础性的；刑事违法性是第二位的，是建立在行为的社会危害性之上的。行为不是因为违法才具有社会危害性，而是因为具有社会危害性才违法”。③ 在1979年《刑法》承认类推适用的背景下，认为社会危害性是第一位的、是犯罪的本质特征，有其社会背景和法律依据，而在1997年《刑法》已然规定了罪刑法定原则的现实之下，仍然坚持认为严重的社会危害性是犯罪的本质特征，就会产生一些行为具备了犯罪的本质特征(又因欠缺刑法规定)而不是犯罪的悖论。

所以，需要直接质疑“严重的社会危害性是犯罪的本质特征”这一命题本身。事实上，随着对社会危害性理论本身的质疑，“严重的社会危害性是犯罪的本质特征”的主张也已经被越来越多的学者放弃，更多学者转而认为犯罪的本质特征是法益侵害性。法益侵害性是对刑法所保护的利益的侵害，其中刑法所保护的利益，就是刑法上的法益。法益侵害有实害和危险两种情形，危险又有具体危险和抽象危险之分。以法益侵害性取代社会危害性作为犯罪的实质特征，至少具有以下意义：(1)相较于社会危害性这一超越法律规定的实质范畴，法益侵害行为是刑法明文

---

① 冯军、肖中华主编：《刑法总论》(第3版)，中国人民大学出版社2016年版，第98～99页。

② 李海东：《刑法原理入门(犯罪论基础)》，法律出版社1998年版，第8页；樊文：《罪刑法定与社会危害性的冲突——兼析新刑法第13条关于犯罪的概念》，载《法律科学》1998年第1期；陈兴良：《社会危害性理论：一个反思性检讨》，载《法学研究》2000年第1期。

③ 高铭暄、马克昌主编：《中国刑法解释》(上卷)，中国社会科学出版社2005年版，第186页。

规定的，行为是否具有法益侵害性，应以刑法规定为基础，从而保证将犯罪限定在法律保护范围之内，并由此解决了社会危害性与刑事违法性之间的紧张关系。(2)社会危害性标准缺乏基本的规范质量和操作依据。相对而言，法益之间具有较为明确的类型区分、位阶关系和衡量准则，从而能够保证法益侵害的判断尽可能客观化，以避免司法恣意。(3)社会危害性标准更容易被认为是凌驾于犯罪构成之上或之外对犯罪认定起实质作用。与此不同，法益侵害性则是实质违法性的判断标准，而违法性属于犯罪认定的重要阶层和内容，从而能够更好地协调犯罪的实质(本质)与犯罪成立条件之间的关系。

(二)应受刑罚处罚是犯罪的后果而非特征

传统理论认为，应受惩罚性是犯罪的法律后果，因此也是犯罪的一个基本特征。但是，所谓犯罪的法律后果，是一种行为被认定为犯罪后所带来的法律效果，而不是犯罪本身所具有的特征。[①] 换言之，犯罪的特征应该是在区别犯罪与其他行为(比如其他违法行为)时需要参照的标准，而犯罪的法律后果则是将某一事物认定为犯罪之后，其所带来的附随效果。由此观之，将应受刑罚惩罚性作为犯罪的特征，存在倒果为因的疑问。

即便按照传统的三特征说，则至少也需要明确，实际受刑罚惩罚和应受刑罚惩罚是不同的概念，这里的“应受刑罚惩罚性”，是一种应然的状态，是从“犯罪的性质”角度出发的，表明任何犯罪行为在性质上都是应当受刑罚处罚的，而不意味着在实际处理中凡是犯罪一定会受到刑罚处罚。就是说，“犯罪的性质”和对犯罪行为的“实际惩罚”是不同层面的东西，不能将两者等同起来。除了最常见、最典型地表现为刑罚之外，犯罪还有另外的两种法律后果，即免除处罚和非刑罚的处罚方法。我国《刑法》第 37 条规定：“对于犯罪情节轻微不需要判处刑罚的，可以免予刑事处罚，但是可以根据案件的不同情况，予以训诫或者责令具结悔过、赔礼道歉、赔偿损失，或者由主管部门予以行政处罚或者行政处分。”此外，根据《刑法修正案(九)》新增加的《刑法》第 37 条之一规定的从业禁止，也是一种非刑罚处罚方法。由此来看，试图根据一种应然性质的“应受刑罚处罚”来区分犯罪与民事违法、行政违法行为，也缺乏足够的操作可能和实际意义。

(三)两特征说

在本书看来，犯罪具有两个基本特征：(严重的)法益侵害性是犯罪的本质特征(实质特征)，刑事违法性是犯罪的法律特征。其中的刑事违法性，是指某种危害社会的行为被立法者明确规定为犯罪，即相应行为符合了刑法分则关于犯罪的具体规定。强调犯罪的法律特征是刑事违法性，既是罪刑法定原则的重要体现，也使得犯罪与一般违法行为相区别。

四、犯罪的分类

犯罪的分类，是指根据犯罪所具有的某些特殊属性，将犯罪划分为若干相互对应的类别。从不同的角度、使用不同的方法对犯罪进行分类，能够获得对犯罪更清晰、更全面的认识。其中，根

---

① 马克昌主编：《犯罪通论》，武汉大学出版社 1999 年版，第 16 页。

据对犯罪的相应分类存在法律依据还是纯粹出于理论研究的需要,可以将犯罪的分类区分为法定分类和理论分类两大类别,而每一大类之下,对犯罪又可以继续细分。

(一)法定分类

1. 国事犯罪和普通犯罪

我国刑法分则中规定的400余种罪名之中,大多都是普通的犯罪,这可以简称为普通犯。与此相对,刑法分则第1章"危害国家安全罪"则与国家的政权、社会制度与安全密切相关,因此常被称为国事犯罪,或者称为政治犯。① 我国刑法将这类犯罪规定为分则之中第一大类犯罪,并且在设置法定刑时也对其中一些严重犯罪(如背叛国家罪、分裂国家罪等)配置了从高到低的法定刑,足以体现对于此类犯罪的特殊重视。

对于国事犯罪与普通犯罪的区分,此处还有两点需要强调。第一,国事犯罪并不等于侵害国家法益的犯罪。比如贪污贿赂犯罪、渎职犯罪等,也被认为是侵害国家法益的犯罪,具体说是侵害国家作用的犯罪,但却不属于此处的国事犯罪。第二,侵害国家法益的犯罪分为侵害国家作用的犯罪和侵害国家存在的犯罪。除了分则第1章"危害国家安全罪"一类之外,刑法分则第7章"危害国防利益罪"与第10章规定的"军人违反职责罪"也被认为是侵害国家存在的犯罪。② 所以,如果认为国事犯罪就是"侵害国家存在的犯罪",则上述三章都可谓是国事犯罪(这可谓是广义说);如果将国事犯罪限定为直接危害国家安全、直接威胁国家存在的犯罪的话,则只有第1章"危害国家安全罪"才属于国事犯罪(这可谓是狭义说)。从立法对刑法分则各章的排列顺序以及为第7章、第10章的法定刑配置角度考虑,本书采取狭义说,认为国事犯罪仅限于分则第1章所规定的危害国家安全罪。不过,危害国防利益罪与军人违反职责罪也具有一定的侵害国家存在的属性,这一点需要强调。此外,也有观点鉴于第10章"军人违反职责罪"的特殊性,主张将犯罪分为国事犯罪、军事犯罪与普通犯罪。③ 本书认为,在采取狭义说界定国事犯罪范围的前提下,如果强调军事犯罪的特殊性,那么刑法分则第7章"危害国防利益罪"也与普通犯罪有差别,也可以在广义上归入军事犯罪的类型之中。不过,从普通犯罪之中专门独立出"军事犯罪",其必要性可能并不明显。

2. 自然人犯罪和单位犯罪

这是从主体上对犯罪的分类。我国刑法规定的犯罪大多只能由自然人构成,只有刑法明确规定为单位犯罪的,才可以由单位构成。单位犯罪可进一步细分为两类:一类是只能由单位实施的犯罪,可简称为纯正的单位犯罪,比如第137条的工程重大安全事故罪,又如第387条单位受贿罪;另一类是既可以由自然人构成也可以由单位构成的犯罪,可简称为不纯正的单位犯罪,如票据诈骗罪。

自然人犯罪可以分为身份犯和非身份犯。身份犯,是指以国家机关工作人员、公司、企业管

---

① 直接称为政治犯的,参见冯军、肖中华主编:《刑法总论》(第3版),中国人民大学出版社2016年版,第104页。

② 如此分类的,比如周光权:《刑法各论》(第3版),中国人民大学出版社2016年版。

③ 张明楷:《刑法学》(第5版),法律出版社2016年版,第94页。

理人员等一定身份作为构成要件要素的犯罪。我国刑法规定的身份犯的范围很广，只要是刑法分则中对该犯罪的主体要件作出特别规定的，即可将其理解为身份犯。与之相对，非身份犯，则是指刑法对行为主体要件未作特别规定同时在司法实践中成立该罪也无特别要求，而且相应的身份对于刑罚的轻重也没有明确影响的犯罪，诸如故意杀人罪、故意伤害罪、聚众斗殴罪、盗窃罪等。

身份犯则可以进一步分为构成的身份犯和加减的身份犯。构成的身份犯又称真正身份犯，是指只有具备特定身份的人才能构成相应的犯罪。比如，根据《刑法》第 382 条，只有国家工作人员才能构成贪污罪的单独实行犯；根据《刑法》第 316 条，只有“依法被关押的罪犯、被告人、犯罪嫌疑人”才能成立脱逃罪，而被监视居住、取保候审的犯罪嫌疑人或被告人则不能构成本罪。因此，构成的身份犯中的身份又被称为定罪身份。欠缺相应身份的人，不能单独构成相应犯罪，但可以构成该罪的共犯。例如，女子可以成为强奸罪的教唆犯或者帮助犯；国家工作人员的妻子可以成为贪污罪或者受贿罪的帮助犯等。加减的身份犯又称不真正身份犯，是指无论有无特定身份都可能构成相应的犯罪，但具有特定身份可导致刑罚的加重或者减轻。比如，根据《刑法》第 243 条第 2 款，国家机关工作人员犯诬告陷害罪的，要从重处罚；根据《刑法》第 349 条第 2 款，缉毒人员或者其他国家机关工作人员掩护、包庇走私、贩卖、运输、制造毒品的犯罪分子的，从重处罚。这些都是加重的身份。我国刑法没有规定减轻的身份犯，但现实中却有因为具备某种特殊身份而导致刑罚减轻的情况，如亲属相盗的，处罚较轻。因此，加减的身份犯中的身份又称为量刑身份。

根据身份的来源，又可以将身份犯分为自然的身份犯（这种身份是由自然的事实带来的，如男性这一身份）和法定的身份犯（这种身份是由法律规定的，如国家工作人员的身份）。另外，还有积极的身份犯（只有具备某种身份才能构成相应犯罪）和消极的身份犯（具备某种身份是不构成犯罪的理由，如有医生的身份就不会构成非法行医罪）的区分。

3. 亲告罪和非亲告罪

根据犯罪是否需要被害人的告诉才能成立或启动程序为标准，可以将犯罪分为亲告罪和非亲告罪。我国刑法中的绝大多数犯罪都是非亲告罪，即便违背被害人的意思，也可以启动相应的法律程序追究行为人的刑事责任。但例外地，我国刑法针对少量较轻的犯罪规定了“告诉才处理”的亲告罪。《刑法》第 98 条规定：“本法所称告诉才处理，是指被害人告诉才处理。……”不过，为了全面保护被害人的利益，《刑法》第 98 条同时规定：“……如果被害人因受强制、威吓无法告诉的，人民检察院和被害人的近亲属也可以告诉。”根据《刑事诉讼法》第 16 条的规定，告诉才处理的犯罪，没有告诉或者撤回告诉的，不追究刑事责任，已经追究的，应当撤销案件，或者不起诉，或者终止审理，或者宣告无罪。

作为国家追究犯罪的一种例外，只有刑法明文规定为“告诉的才处理”的，才属于亲告罪。刑法将少部分的犯罪规定为亲告罪，主要考虑其所侵害的是个人法益且侵害程度比较轻微，这些犯罪往往发生在熟人之间，双方之间的关系一般较为密切等因素。告诉才处理的犯罪，告诉权人可以通过不告诉或者撤回告诉的方式阻止刑事诉讼的进行。1979 年《刑法》规定了侮辱罪、诽谤罪、暴力干涉婚姻自由罪和虐待罪4种犯罪，1997年《刑法》增加了侵占罪，目前共有5种犯罪属于亲告罪。根据我国刑法的规定，犯侮辱罪或诽谤罪，一般情形下是“告诉才处理”的案件，严重危害社会秩序和国家利益的情形除外（第246条）；犯暴力干涉婚姻自由罪，一般情形属于“告诉才处理”的案件，而致使被害人死亡的除外（第257条）；犯虐待罪，一般情形属于“告诉才处理”案件，而致使被害人重伤、死亡的除外（第260条）。因此，这4种犯罪属于“相对告诉乃论”；与之相对，侵占罪则是“绝对告诉乃论”，不论数额与情节，一律不告不理，是绝对的亲告罪（第270条）。

需要注意的是，自诉与亲告的概念并不相同，自诉的范围更广。根据《刑事诉讼法》第210条的规定，自诉案件包括下列案件：“（一）告诉才处理的案件；（二）被害人有证据证明的轻微刑事案件；（三）被害人有证据证明对被告人侵犯自己人身、财产权利的行为应当依法追究刑事责任，而公安机关或者人民检察院不予追究被告人刑事责任的案件。”①因此，对于不属于亲告罪的自诉案件（比如重婚罪），即便被害人选择不告诉，行为人仍然构成重婚罪并可被国家公权力主动介入而追究刑事责任；但在刑事诉讼程序中，被害人可以通过自诉发动追诉程序。再如，一些较轻伤害的刑事犯罪，同样不属于告诉才处理的亲告案件，但是也可以采用自诉的形式提起诉讼。因此，与“亲告罪”对应的是“非亲告罪”，而非“公诉罪”。

除亲告罪之外的其他犯罪，都是非亲告罪。非亲告罪需要由公安机关或检察机关立案侦查或（在贪污、渎职类犯罪的场合）由监察机关立案调查，并由检察机关代表国家提起公诉。

4. 故意犯罪和过失犯罪

从犯罪分类存在法律根据的意义上说，可以将犯罪分为故意犯罪与过失犯罪，分别对应《刑法》第14条及第15条的规定。一般而言，凡是行为人明知自己的行为有危害社会的结果，仍决意实施危害行为的是犯罪故意；凡是行为人不知自己行为的危害社会结果，或试图避免自己行为的危害社会结果的是犯罪过失。

其中，犯罪故意是罪过的基本形式，也可以说是主要形式；而犯罪过失是罪过的补充形式，亦可以说是次要形式。② 犯罪故意具有实施犯罪的自觉性，集中体现着行为人对抗社会、破坏规范秩序的主观恶性和人身危险性，反映了行为人蔑视社会的心理态度，其刑事责任较重，从来都是刑法制裁的重点；而犯罪过失并不具有实施犯罪的自觉性，主观恶性较小，反映的是行为人对法益的漠视和对自己行为严重不负责任的心理态度，其刑事责任较轻，因而刑法有条件地制裁、谴责犯罪过失。正是犯罪故意和犯罪过失反映了行为人的有责性程度不同，从而对刑事责任的承担也不一样。我国刑法目前以处罚故意犯罪为原则，以处罚过失犯罪为例外。对此，将在本书第七章第2节、第3节对故意责任和过失责任的部分详细展开。

---

① 根据2012年最高人民法院《关于适用〈中华人民共和国刑事诉讼法〉的解释》第1条规定，“被害人有证据证明的轻微刑事案件”，是指人民检察院没有提起公诉，被害人有证据证明的下列轻微刑事案件之一：（1）故意伤害案（《刑法》第234条第1款规定的）；（2）非法侵入住宅案（《刑法》第245条规定的）；（3）侵犯通信自由案（《刑法》第252条规定的）；（4）重婚案（《刑法》第258条规定的）；（5）遗弃案（《刑法》第261条规定的）；（6）生产、销售伪劣商品案（刑法分则第3章第1节规定的，但严重危害社会秩序和国家利益的除外）；（7）侵犯知识产权案（刑法分则第3章第7节规定的，但严重危害社会秩序和国家利益的除外）；（8）刑法分则第4章、第5章规定的，对被告人可能判处3年有期徒刑以下刑罚的案件。

② 姜伟：《罪过形式论》，北京大学出版社2008年版，第12页。

(二)理论上分类

1. 重罪与轻罪

在所有的犯罪分类中,重罪与轻罪的划分可能是最为经典的。这种分类法不仅盛行于大陆法系国家,甚至也为英美法系国家所认可。在大陆法系国家,重罪与轻罪(此外还有违警罪)的区分最早见于1810年的《法国刑法典》。我国刑法并未将犯罪区分为重罪与轻罪,但理论上确有如此区分之必要。在理论上区分重罪与轻罪,在实体、程序和刑事政策上都有意义。实体上,无论是对犯罪的认定还是对刑罚的适用来说,区分重罪都有意义。例如,重罪未遂一概处罚,轻罪未遂法律有规定才处罚;缓刑只适用于轻罪,等等。从程序上来说,重罪与轻罪的区分对于诉讼程序的选择(比如能否适用简易程序)以及管辖等问题具有重要意义。① 在刑事政策上,对于重罪与轻罪也应当适用不同的预防政策,有限的监禁资源应该重点打击严重犯罪,而对于轻微犯罪则应该更多着眼于预防,尽量适用财产刑或者非刑罚处罚方法等。

至于重罪与轻罪的具体区分标准,依赖于理论上的概括。一般从缓刑适用对象、属人管辖的例外等规定出发,将法定最低刑为3年以上有期徒刑的犯罪确定为重罪,此外的为轻罪。据此,像故意杀人罪、抢劫罪、强奸罪、绑架罪、拐卖妇女、儿童罪、组织卖淫罪等一概为重罪;而另外的一些犯罪,比如故意伤害罪、盗窃罪、贪污罪等,是重罪还是轻罪则需要结合具体的情节(比如伤害的程度,盗窃或者贪污的数额)等加以确定;还有一些犯罪,比如非法侵入住宅罪、非法剥夺公民宗教信仰自由罪、侵犯通信自由罪、危险驾驶罪、代替考试罪等,则一律是轻罪。

2. 自然犯与法定犯

自然犯与法定犯的区分可以追溯到古罗马法。古罗马法将古希腊伦理学中的恶性理论适用于对犯罪的理解,确立了自体恶(mala in se)和禁止恶(mala prohibita)两种不同的犯罪类型。及至近代,意大利学者加罗法洛在其自然犯罪的概念中,明显包含古罗马中自体恶的内容,在此基础上形成了自然犯与法定犯的两分法,并被后世的大陆法系刑法理论广泛认同。②

自然犯又称刑事犯,是最传统的一种犯罪,相应行为自身即带有一种强烈的反伦理、反道德、反规范的属性,行为自身就是恶的,即所谓"自体恶"。杀人、放火、抢劫、强奸、绑架等都是典型的自然犯。法定犯又称行政犯,是由于违反行政法规中的禁止性规范才成为一种犯罪,如非法狩猎罪、危险驾驶罪等。与自然犯不同,法定犯是一种"禁止恶",特点在于,其原本并未被认为是犯罪,而是由于社会形势的变化,在一些经济、行政法规中首先作为被禁止的行为加以规定,随后在修订的刑法中予以吸收而被认定为犯罪。在这个意义上,法定犯属于典型的"二次违法"。随着社会形势的发展变化,有学者预言"法定犯时代的到来",③但也有人直接质疑这种分类本身。④

事实上,区分自然犯与法定犯是有理论意义的。(1)在自然犯的场合,由于其"自体恶"的属性,不需要再单独判断是否存在违法性认识或者其可能性;而在法定犯的场合,确实不存在违法

---

① 陈兴良:《规范刑法学(上册)》(第4版),中国人民大学出版社2017年版,第74页。
② 以上梳理,参见陈兴良:《规范刑法学(上册)》(第4版),中国人民大学出版社2017年版,第74页。
③ 储槐植:《要正视法定犯时代的到来》,载《检察日报》2007年6月1日,第3版。
④ 张文、杜宇:《自然犯、法定犯分类的理论反思——以正当性为基点的展开》,载《法学评论》2002年第6期。

性认识及其可能性时,可以作为超法规的责任阻却事由。(2)也可以将自然犯与法定犯作为单位是否构成犯罪主体的一般标准:单位可能成为法定犯的犯罪主体,却不可能成为自然犯的犯罪主体,所以,集体决定实施故意杀人等带有明显伦理色彩的犯罪时,只能是自然人共同犯罪。不过也要承认,自然犯与法定犯的区分是相对的,相互之间是可以转化的,比如,"在社会伦理道德演变过程中,环境犯罪等法定犯越来越具有自然犯的色彩,这就是所谓法定犯的自然犯化"。①

国外一般将自然犯规定在刑法典中,而法定犯则规定在附属刑法之中,即直接规定在行政法、经济法之中,这样既可以保证随着社会情势的变化,及时调整其他法律以适应社会需要,同时又能保持刑法典的稳定性;在我国,由于实行所谓的单轨制立法,所有的犯罪都被规定在刑法典之中,这样虽可保证刑法典的权威性,但对于刑法典的稳定性却是一种伤害。

3. 实害犯与危险犯

实害犯,又称侵害犯,是要求对法律所保护的利益造成实际侵害才构成既遂的犯罪。比如在盗窃的场合,只有他人的财产所有权(采占有说时,则为他人对财产的占有)受到现实侵害才构成盗窃罪既遂。危险犯,则是只要对法律保护的利益构成一种危险的状态即构成犯罪,如危险驾驶罪。危险犯又可细分为具体危险犯和抽象危险犯。至于二者的区分标准,通常有"对危险的要求是否有法律规定"或者"是否需要公诉方积极证明危险的存在"两种标准。前者认为,法条上明确要求某种危险存在的(如《刑法》第 114 条),这种危险是一种积极的构成要件要素,就是具体危险犯;而法条上没有明确要求(如《刑法》第 133 条之一危险驾驶罪),立法认为行为完成即类型性地具有危险,则是抽象危险犯。后者认为,需要公诉机关积极证明危险之存在的,就是具体危险犯;行为完成即推定具有危险,因此不需要积极证明,但允许辩护方反证危险不存在而出罪的,则是抽象危险犯。② 在本书看来,这两种区分标准并不互相排斥,前者是形式上的标准,后者是程序性、证明上的标准,可以结合起来作为区分具体危险犯与抽象危险犯的依据。

4. 其他理论分类

除了以上分类,刑法理论还对犯罪进行了其他分类。比如,以犯罪次数或者其他法定条件为标准,可以分为初犯、再犯、累犯;以犯罪人的犯罪特征为标准,可以分为常习犯、常业犯、普通犯等;以犯罪终了之后不法行为或者不法状态的具体情形为标准,可以分为即成犯、状态犯、持续犯(继续犯)。前两组分类与行为人的人身危险性、再犯可能性有关,因此,会对量刑产生影响;而第 3 组分类将在本书第 5 章第 4 节关于结果的部分详细展开。

(三)犯罪的分层次性

同样是刑法条文中使用的"犯罪"或者"犯罪的人",其含义未必相同。比如,《刑法》第 20 条第 3 款规定的"以及其他严重危害人身安全的暴力犯罪"中的"暴力犯罪"该如何理解?一名 13 周岁的人持刀对他人行凶,能否对其进行正当防卫并行使《刑法》第 20 条第 3 款规定的特殊防卫

① 陈兴良:《规范刑法学(上册)》(第 4 版),中国人民大学出版社 2017 年版,第 75 页。

② 因此,本书也就不认为抽象危险犯中的危险"在司法活动中无须认定"。陈兴良:《规范刑法学(上册)》(第 4 版),中国人民大学出版社 2017 年版,第 72 页。

权？这取决于能否将此人的行为解释为“暴力犯罪”。应该认为，这里的“暴力犯罪”是严重危及人身安全的具有刑事违法性的行为，而不是指应当受刑罚惩罚的犯罪。同样，在讨论已满 14 周岁未满 16 周岁者能否成立《刑法》第 269 条规定的转化型抢劫罪时，也涉及对该条所规定的“犯盗窃、诈骗、抢夺罪”的理解。《刑法》第 310 条规定了窝藏罪、包庇罪，明知一名 13 周岁的人杀人而给其钱物帮助其逃跑的，是否构成窝藏罪？这同样取决于对窝藏罪中“明知是犯罪的人”中“犯罪的人”的理解。

应该认为，犯罪概念有不同的层次，即违法意义上的犯罪和需要承担刑事责任意义上的犯罪。需要处罚一个犯罪行为和一个犯罪人时，这个“犯罪”必须是满足犯罪全部成立条件的犯罪。但是，并非要处罚具体的行为人，而是在其他意义上使用“犯罪”一词时，就不要求相应行为符合成立犯罪的全部要件，而只要是刑法把相应的行为类型规定为犯罪，并且行为人实施这种行为没有任何正当理由，具有刑事违法性。根据后述的三阶层理论，只要是该当构成要件并且违法即可。承认这种违法意义上的犯罪、客观意义上的犯罪，对于共同犯罪的成立，以及其他许多刑法问题而言，具有重要的意义。对此，中国刑事司法实践已经在很多判决中，表现出了对于“违法意义上的犯罪”的认同。①

第二节 犯罪构成的界定

一、概说

能否根据犯罪概念将某种危害社会的行为认定为犯罪？比如，当看到某人将另一个人杀死之后，能否说“这是一种侵犯了他人生命权的、依照刑法规定应当认定为犯罪的行为”，因此是一种犯罪？显然不行。凭什么判断是否侵犯了他人的生命权？凭什么说是属于符合法律规定的犯罪行为？这些从《刑法》第 13 条本身无法找到答案。《刑法》第 13 条规定的概念，仅仅是客观上对犯罪本身的一种描述，并没有提供相应的标准、条件来判断某种行为是否构成犯罪的具体尺度。因此，单纯根据犯罪概念无法判断是否犯罪，要判断犯罪成立与否，必须回到刑法分则的具体条文之中。

但是，刑法分则具体条文未必会规定犯罪成立的全部条件，一些共性的内容不需要规定在分则条文当中，以避免法律条文的过度繁杂、臃肿。比如，故意杀人罪若规定成“已满 14 周岁、具有辨认和控制自己行为能力的自然人故意实施了杀害他人的行为，同时又没有正当理由的，成立故意杀人罪”，会显得啰嗦和不必要。一些共性内容可以规定在总则之中，而分则中对共性内容加以省略，只对犯罪成立的核心要件加以强调即可。比如，对实施危害社会行为的人的年龄、辨认控制能力等都可以在总则中规定，在分则中除非有特殊规定，否则就没有必要重复。如此，就有必要在刑法总则当中对所有犯罪都具备的内容进行提炼，概括出行为成立犯罪必须符合的条件，

---

① 对此的详细展开，参见付立庆：《违法意义上犯罪概念的实践展开》，载《清华法学》2017 年第 5 期。

从而形成一套认定犯罪的理论模型。这种模型就是犯罪构成,也叫犯罪成立条件。

二、犯罪构成的概念

(一)犯罪构成理论与犯罪论体系

欲了解犯罪构成理论,需首先理解犯罪构成要件的概念。犯罪构成要件,顾名思义,就是构成犯罪所需要的要件,即成立犯罪所需要的一切主客观要件的总和。而犯罪构成理论,则是关于犯罪构成要件的系统知识。换言之,对于各犯罪类型所共通的犯罪一般的成立要件予以体系化、旨在明确是否属于值得科处刑罚的行为,这样的理论集合即是犯罪构成理论。区别于(后文所述的)德日阶层式体系之中的"构成要件",犯罪构成要件由于是成立犯罪所需要的要件的总和,所以具备、充足了犯罪构成要件的行为即可成立犯罪。此外,我国学者也使用"犯罪论体系"这一称谓,[①]但是需要明确,"犯罪论体系"一词可以在狭义和广义两种不同意义上使用。狭义上的犯罪论体系是指有关犯罪成立条件的知识系统,它与通行的犯罪构成理论或者是犯罪成立理论[②]在外延上相当;而广义上的犯罪论体系是所有的有关犯罪的一般问题的知识体系的集合,它是指刑法上的犯罪论,与刑罚论相对应,除了包括犯罪成立的一般要件及其理论之外,还包括正当化事由、故意犯罪的未完成形态、共同犯罪和罪数形态等理论。

(二)犯罪构成要件体系化的必要性

所谓犯罪构成要件,并非如同水在化学上单纯是由氢元素和氧元素构成。犯罪构成要件的"体系",是作为对法官的思考予以整理、对其判断予以规制的手段而存在的。将犯罪是由什么样的要素构成予以明确,对于具体的事实属于何种要素予以检讨,据此,能够区分出与具体的事实相关的多样的事情之中,哪些是重要的,哪些是不重要的。更进一步,由于对诸要素的关系予以体系的思考,该种事实所具有的意味就会变得明确。由于预先设立了理论的体系,使得法官在处理各个事件时,能够不拘泥于感情和事件的特殊性,作出适当、齐一的判决来。[③] 由此看来,对犯罪成立条件予以理论的、体系的思考是必要的。

三、犯罪构成的特征

一般认为,犯罪构成具有如下特征。

(一)犯罪构成的法定性

关于犯罪构成是法律规定还是理论命题,存在法定说、理论说和折中说的对立。本书认为,"犯罪构成的理论性是以刑法规定为前提的,这也是罪刑法定原则的必然要求。因此,法定性是

---

① 比如陈兴良教授主编的《犯罪论体系研究》(清华大学出版社 2005 年版)和梁根林教授主编的《犯罪论体系》(北京大学出版社 2007 年版)。

② 李立众:《犯罪成立理论研究——一个域外方向的尝试》,法律出版社 2006 年版;王志远:《犯罪成立理论原理——前序性研究》,中国方正出版社 2005 年版。

③ [日]平野龙一:《刑法总论Ⅰ》,有斐阁 1972 年版,第 87 页。

犯罪构成的根本特征”。[①] 行为成立犯罪所需要的构成要件，必须由刑法加以规定或者包含。其中的“规定”，是指刑法的明文规定，既包括刑法分则通过罪状描述而明文要求，也包括刑法总则通过概括性规定而延展适用于相应犯罪（如主体要求、主观方面要求）；而所谓的“包含”，则是指虽无刑法的明文规定，但可以通过法益保护目的等顺理成章、合乎逻辑地推导而出，即所谓不成文的构成要件要素。对于犯罪构成的分析，应当以刑法规定为依据。只有这样，才能在犯罪构成的问题上贯彻罪刑法定原则。

（二）犯罪构成的规范性

犯罪构成的规范性，“在立法上是指通过立法活动为犯罪所设置的法律规格，在司法上是指在司法过程中认定犯罪的法律标准”。[②] 强调犯罪构成的规范性，就是要对犯罪构成本身所具有的对于认定犯罪的准则功能予以充分关注，从而正确地认识犯罪构成所具有的可供反复适用的制度性特征。任何一种犯罪，都包含着许多的事实性信息，但并非每一个事实特征都是犯罪构成的要件。由犯罪构成的规范性决定，只有对行为的法益侵害性及其程度具有决定意义而为该行为成立犯罪所必需的那些事实才是犯罪构成的要件，因此，就必须将犯罪构成要件的事实和其他的事实加以区别。

（三）犯罪构成的体系性

犯罪构成要件（要素）多种多样，这些要件并非杂乱无章地拼凑在一起，而是按照一定规律组合而成，形成一定的外观结构，呈现出体系性的特征。犯罪构成的体系性特征主要体现在两个方面：其一，主客观相统一。成立犯罪必须要同时具备客观要件和主观要件，只根据客观要件或者只根据主观要件定罪，属于客观归罪或者主观归罪，都为近现代刑法所不容。只有同时具备了客观要件（体现客观的危害）和主观要件（体现主观的恶性）才可能将行为认定为犯罪。其二，犯罪构成各要件之间具有逻辑性。各犯罪构成要件之间存在一定的逻辑关系和先后顺序，不可随意置换。比如大陆法系的三阶层犯罪论体系之间，就是先有构成要件该当性的判断，再有违法性的判断，最后是有责性的判断，三阶层不可颠倒，体现出明显的阶层性特征。而我国传统的犯罪客体—犯罪客观方面—犯罪主体—犯罪主观方面的四要件体系，虽然在主客观相统一问题上得到了很好的贯彻，但是在犯罪构成要件的逻辑性上却不够严密。这也正是这一体系近年来广受诟病的原因之一。

四、犯罪构成的功能

如何定位犯罪构成的功能，关系着对犯罪构成的全面认识，进而关系着犯罪构成的体系选择。

对此，我国学者曲新久教授认为，犯罪构成具有以下两个主要功能。第一个功能，是作为定

---

① 陈兴良：《规范刑法学（上册）》（第 2 版），中国人民大学出版社 2008 年版，第 91 页。
② 陈兴良：《规范刑法学（上册）》（第 2 版），中国人民大学出版社 2008 年版，第 91 页。

罪的说明书和教科书的功能。犯罪构成是犯罪一般理论之具体知识的系统化、条理化、整体化，因而也就具有刑法典之说明书和教科书的功能。所谓说明书是针对司法官员特别是法官而言的，所谓教科书是针对法科学生而言的。第二个功能，是理论探索功能。任何纯粹的理论探索从表面上看都是“毫无用处”但却又十分必要的工作，理论探索活动并不是为了直接用以解决眼下的理论或者实践问题的，而是着眼于未来，在某种意义上是为未来服务的；如果现在有人感兴趣，那么其功能和意义在于怀疑、批判，从而为目前既有的犯罪论知识进行更科学、合理的改造，只不过，这是次要的。①

本书认为，犯罪构成理论（狭义的犯罪论体系）的功能体现为其具有双重属性，既是一个知识系统，也是一个评价系统。作为一个知识系统，其并非各种知识的简单聚合，而是依一定关系组成的有层次、有结构的知识系统，体现出其说明犯罪的功能。同时，犯罪构成理论更是一个评价系统，其作为确定犯罪成立与否的规格和尺度，评价一种行为是否属于刑法上的犯罪，体现出其认定犯罪的功能。

第三节 犯罪构成体系的不同模式

对于犯罪构成的理论模型，世界范围内大概有 3 类，分别称为大陆法系模式、英美法系模式和社会主义模式。中华人民共和国成立后，彻底放弃民国时期的《六法全书》和三阶层犯罪论体系，全面照搬了苏联的四要件犯罪构成模式。本书先对各种体系进行介绍与简单的分析，之后再表明自身的立场。

一、大陆法系的犯罪构成体系

（一）基本内容

犯罪构成是资产阶级反对封建司法专制的历史性产物，是其法治思想在刑法学上的成果。起初，犯罪构成只具有诉讼法上的意义。直到 19 世纪初，德国著名刑法学家费尔巴哈和斯鸠贝尔才明确将犯罪构成作为刑事实体法上的概念加以使用。现代意义上的犯罪构成理论，形成于 20 世纪之后，德国著名刑法学家贝林（Ernst Beling，1866 ~ 1932）、迈耶（Max Ernst Mayer，1862 ~ 1932）和梅茨格尔（Edmund Mezger，1884 ~ 1962）以及韦尔策尔（Hans Welzel，1904 ~ 1977）等人都对犯罪构成理论的发展作出了重要的贡献；而在德国的刑法理论传播到日本之后，小野清一郎、团藤重光、平野龙一等学者则进一步发展了这一理论。

迄今为止，大陆法系（主要指德、日）主流的犯罪构成体系为构成要件该当性（构成要件符合性）、违法性、有责性的三阶层体系。详细说来，判断一种行为是否构成犯罪，需要依据三个阶层逐一加以检验，即其是否该当于刑法分则所规定的具体犯罪的构成要件、实质上是否具有违法性

① 曲新久：《刑法的逻辑与经验》，北京大学出版社 2008 年版，第 122 ~ 123 页。

(法益侵害性)、实质上是否具有责任(非难可能性),只有在三个阶层全部得出肯定的结论后,才能得出有罪的认定;而在任何一个阶层中得出了否定结论,则行为不构成犯罪(无罪)。而且,行为在三个阶层中分别受到了否定评价,虽然在结局上其行为都不成立犯罪,但是,其意义并不完全相同。(1)不该当构成要件的行为,可以说其在刑法上不作评价,在刑法上不作评价,但不意味着在刑法上未受到否定的评价就一定是合法的。不该当刑法中构成要件的行为,可能是合法的,比如正常的恋爱行为、日常的生活行为,等等。还存在另一种情况,即虽然也不该当构成要件,但其本身是不合法的,只是因为刑法规范的有限性致使该行为类型未被刑法规定为犯罪行为,所以从罪刑法定原则出发,只能认为该行为无罪,这是在第一阶层中即被排除的。但是这样两种不该当构成要件的行为,不应该混同。(2)在违法性阶段,是对于该当了构成要件的行为进行实质判断、考察其是否具备实质违法性。行为该当了构成要件,原则上就推定其具有违法性,但在例外的情况下,虽该当了构成要件,却可能由于刑法规定或者基于法益侵害的实质判断,而不具有实质的违法性,从而在第二阶层中得出否定刑事违法的评价。其中,基于法律的明确规定而否定违法性评价的情形,称为法定的违法阻却事由(如正当防卫),而基于法益侵害的实质判断被认为不具有违法性的具体情形,称为超法规的违法阻却事由(如职务行为)。(3)具有了实质的违法性,则进入责任阶层的检验。若在责任阶层由于法律的规定(如刑事未成年)或者是实质的判断(如期待不可能)而认为本具有违法性的行为却无实质上的非难可能性,即会在有责性阶层中得出否定的结论,仍只能作无罪处理,这两种情形分别被称为法定的阻却责任事由和超法规的阻却责任事由,此两种情形下的行为,可以统称为免责行为。对于免责行为,由于其仍属于违法,故可以进行正当防卫,一个犯罪人也可以与免责行为者之间构成共同犯罪。(4)行为在责任阶层检验中若也得出了肯定的结论,则可以就该当构成要件的违法行为追究具体行为人的刑事责任,即得以对之作出有罪判断。

(二)三阶层犯罪构成体系:要素及其顺序

至此,对于三阶层的犯罪论体系,需要予以进一步的概括总结。第一,犯罪必须是行为。换言之,只有行为才能成为处罚的对象,思想、信条、意思等,在其仅止于行为者的内心的意义上,不能成为处罚的对象。不过,行为本身完全没有必要成为一个独立的犯罪阶层。第二,要求"构成要件"这样的独自的要件作为犯罪成立条件。这里所说的构成要件,不同于作为犯罪成立要件的总体,而是一个特殊的法技术的概念。这是指根据刑罚法规所设定的犯罪的类型,为了肯定犯罪之成立,该当这种犯罪类型是首要条件。而构成要件中类型化的行为方式,既可成为公民度量自己行为的标准,也是司法者考察行为人是否从事了相应行为的普遍适用的指导。[①] 这正是罪刑法定主义的要求,不该当构成要件的行为不能成立犯罪,构成要件具有这样的排除机能。第三,将违法性与责任予以区别,各自作为独立的犯罪成立要件。行为所产生的客观的被害、害恶的侧面与做出行为的行为者的内心面予以区别,对此分别予以检讨。换言之,不是将犯罪的实质的成立要件归诸一元的基准,而是由违法性以及责任这样的二元的基准划定犯罪的成否(这是由于违

---

① 蔡桂生:《构成要件论》,中国人民大学出版社 2015 年版,第 78 页。

法性以及责任各自立足于不同的政策原理)。如此,也就与主观的违法论(将法规范理解为命令、只有有责的行为才属于违法、否定违法与责任的区别的见解)明确划清了界限。第四,就犯罪的成立来说,构成要件该当性—违法性—有责性,以这样的顺序判断,就其本身来说是有意义的。是否成立犯罪,按照由客观到主观、由事实到评价、由形式到实质这样的顺序进行判断是重要的,因为,这样的话,就赋予了原本困难的犯罪成立与否的判断以安定性。①

如上所述,以上关于构成要件该当性—违法性—有责性的犯罪论体系,不但各个要素本身是必要的,而且要素之间的排列顺序也是关键的。对于犯罪成立要素之间的阶层性顺序,日本著名刑法学家平野龙一明确指出,为了防止刑事司法中的危险,针对各个要素冷静地予以检讨,这是这一犯罪论体系的目标。而且,不单是将犯罪分成这三个要素,也意味着指引法官按照构成要件、违法、责任这样的"顺序"进行判断。由于对是否该当一定的行为框架之判断是比较明确的,首先将那些不该当这一行为框架的成分予以排除,则违法、有责这样界限稍不明确的判断即便掺杂一些感情的成分在内,处罚的范围也不会突破行为的框架。就违法与责任来说也是如此。由于责任这一主观要件的判断也带有不明确的危险,在此之前,首先对判断标准比较统一的客观违法性有无进行判定,一旦将不属违法的行为予以排除,责任判断也就是在违法行为的框架之内进行,而不会越出此框架了。不仅如此,而且能够将责任归属于何者这一责任范畴的内容也予以明确。这样,"构成要件该当性—违法性—有责性"体系就可以说是合乎保证刑法的正确适用这一目的的体系。这一体系现在占据了通说的地位,也正是基于这个原因。② 平野博士的弟子西田典之教授也认为,犯罪论的体系,就是对于犯罪的成立要件予以明确,亦是对法官乃至于对从事搜查、追诉活动的警察、检察官等的判断予以控制,从而使刑法的适用得以适当为目的的体系。而且,由构成要件该当性到违法性再到有责性这样的判断顺序在维持法官判断的适当性上也是有意义的。这是因为是否对该当可罚的行为类型这样的构成要件该当性的判断,在某种程度上是形式的、明确的,那么,若首先设定了这样的框架,之后的违法性和有责性即使是进行实质的判断,也不会导致扩张处罚范围。此后的违法性判断,虽然属于实质的判断,由于其原则上也是基于客观的要素而为的判断,从而可以比较明确地进行。与此相对,有责性的判断,由于是考虑行为者的主观,所以包含着使认定变得不明确的要素。由此考虑出发的犯罪论体系,从形式的判断到实质的判断,从客观要素的判断到主观要素的判断,根据阶段性的推进而着力担保法官判断的适当。由此说明来看,"构成要件该当性—违法性—有责性"的犯罪论体系,可以说是为了控制法官的思考路径,使刑法的适用停留在适当范围的有效的体系。③

(三)三阶层犯罪论体系的含义:杀人罪的例说

针对行为,首先进行定型的、一般的、抽象的判断,在明确了其符合违法类型之后,进而予以个别的、具体的判断,明确其是否具备违法性和有责性,从而得以肯定犯罪的成立。比如,甲出于

---

① [日]山口厚:《刑法总论》(第3版),付立庆译,中国人民大学出版社2018年版,第23~25页。

② [日]平野龙一:《刑法总论Ⅰ》,有斐阁1972年版,第90页。

③ [日]西田典之:《刑法总论》,弘文堂2006年版,第59~60页。

杀意向乙开枪并且致其死亡的场合。凡是出于杀意致人死亡的行为,从定性的角度看,由于是属于违法的而且可以对行为者予以非难的行为,所以法律以杀人罪这样的犯罪定型的形式规定下来(如《日本刑法典》第199条)。甲出于杀意开枪杀人的行为,明显是属于此种定型的行为,因此充足了杀人罪的构成要件。但是,由此却不能马上推导出其具体的行为是违法、有责的结论。如果其杀害行为是出于正当防卫的目的,那么,虽是杀人这样定型的行为,也不能说是违法的。只有在不具备像正当防卫那样的阻却违法性的特别事由的场合,才能说是具备了具体的违法性。可是,下一阶段仍需进行有责性的判断。比如,乙并非实施的抢劫等不法行为而仅是实施一般的日常行为,也就是说在这种情况下,法律并不允许对乙进行正当防卫,而甲却误认为乙在抢劫、自己出于正当防卫的目的将乙杀死。如果这样的误信符合情理,那么以此对甲进行非难则是无理的。在这种场合,虽然是充足了构成要件并且违法的行为,但作为欠缺有责性要件的行为,也就不构成犯罪。只有在排除非难可能性的特别要件的场合,方才能够肯定犯罪的成立。[①]

二、英美法系的犯罪构成体系

(一)英美的犯罪构成模式概说

对于英美的犯罪构成理论体系,我国学者储槐植教授概括为具有双层级的特征。其指出,刑法分则条款中规定的种种犯罪定义,其多种多样的构成要件一般被抽象为两方面内容——犯罪行为和犯罪心理。作为早在普通法时期就已确立的规则,只有犯罪行为和犯罪心理都存在时,罪状才能得到满足(actus non facit reum nisi mens sit rea),从而犯罪行为和犯罪心理不仅是犯罪本体要件,而且是刑事责任的基础。目前,虽在部分制定法中,有的犯罪并不需要犯意,但有意识的不当行为才构成犯罪的规则一直深深扎根于英美的法律制度中,其仍是原则而非例外。[②] 当然,要成立犯罪除要求具有犯罪本体要件外,还必须排除事实和法定抗辩(defense)的可能。储槐植教授指出,英美法系的犯罪构成体系一般在理论结构上,犯罪本体要件(行为和心态)属于第一层次,抗辩事由为第二层次。[③] 从而可知,英美的双层次的犯罪构成模式具有两个鲜明的特征:其一,犯罪本体要件仅包含犯罪行为与犯罪心态,而抗辩事由是在犯罪本体要件之外独立存在的;其二,在抗辩事由中,认为区分正当化事由与宽宥事由并不是那么重要。[④]

在较新的研究中,学者亦会有不同的解释,作为英美刑法代表的《模范刑法典》(Model Penal Code)并未沿袭普通法中双层次的犯罪构成模式,而是解释为采取了三分制(或者三阶层)的犯罪论体系。其中,第一阶层在于行为是否符合罪状的各个要素,即是否存在对个人利益或者公共利益造成实质危害或者有造成实质危害之危险的犯罪行为;第二阶层在于确认行为在一般意义上是否违法,即是否具备违法性(无正当化事由);第三阶层在于行为人是否因

---

① 以上设例参见[日]团藤重光:《刑法纲要总论》(第3版),创文社1990年版,第98~99页。

② Daniel E. Hall, *Criminal Law and Procedure*, Delmar Cengage Learning, 2011, p. 55.

③ 参见储槐植:《美国刑法》(第3版),北京大学出版社2005年版,第35~36页。

④ 虽然从理论上英美刑法中一般将抗辩事由分为正当化事由(justification)与宽宥事由(excuse),过去两者之间的区分似乎被认为不那么重要。但是目前的情况正在发生改变,英美刑法的研究者尝试对二者进行实质区分的兴趣开始增加。J. C. Smith, *Justification and Excuse in the Criminal law*, Stevens and Sons, 1989, p. 8.

其缺乏正当化事由的违法行为而应受谴责，即行为人是否具备罪责（无宽宥事由）。[①] 从英美刑法的研究动向来看，对英美的犯罪构成理论体系解释为三分制无疑是有可能的，亦是一种有力的见解，[②]甚至有颇为类似于违法和有责架构的二阶层犯罪构成理论体系提出。[③] 但是，基于以前普通法解释的传统惯性，双层次的犯罪构成模式仍是大多数英美学者分析和解释犯罪而采用的常规手段。[④]

（二）本体要件

1. 犯罪行为（actus reus）

从广义上讲，源自于拉丁语的 actus reus 是指除犯罪心理之外的一切犯罪要件，也就是犯罪构成的客观要件，包括犯罪行为、犯罪结果和犯罪情节。其中，《模范刑法典》中采取的是狭义的解释，actus reus 是"有意识的行为"。[⑤] 从狭义上讲，构成"犯罪行为"的要素包括行为（act）和意识（voluntariness）。有意识行为才能作为刑罚的对象，惩罚无意识行为既没有意义，也不人道。就犯罪行为的具体表现形式而言，可以分为作为（action，积极的身体动作）、不作为（omission，消极的身体无动作，和一定的作为义务联系在一起）[⑥]和持有（possession）。英国刑法中，与作为和不作为并列的行为形式称"事态"（state of affairs），[⑦]其主要内容即为持有。[⑧]

2. 因果关系

总体而言，美国刑法因果关系理论的主要特点是注重实用的双层次原因学说。所谓双层次原因，就是把原因分为两层：第一层是"事实原因"（cause in fact），第二层是"法律原因"（cause in law）。"法律原因"就是为了弥补第一层次的缺陷，限定事实原因的范围，从事实原因中筛选出法律所关注的那部分作为刑事责任的客观基础。对于美国刑法中的因果关系论，有日本学者认为，其属于以大陆法系因果关系理论中的"条件说"为主轴，并且糅合了"原因说"，是一种条件说和原因说的混合理论。这种理论也考虑因果关系的中断等场合。[⑨]

3. 犯罪心理（mens rea）

粗略说来，犯罪心理，就是行为人在实施社会危害行为时的应受社会谴责的心理状态。犯罪

---

① 江溯：《论美国〈模范刑法典〉的犯罪论体系》，载《比较法研究》2016 年第 3 期。

② Markus D. Dubber, *An Introduction to the Model Penal Code*, Oxford University Press, 2015, pp. 144, 179 – 181.

③ Andrew Ashworth, Jeremy Horder, *Principles of Criminal Law*, Oxford University Press, 2013, pp. 117, 234.

④ Jacqueline Martin, Tony Storey, *Unlocking Criminal Law*, Routledge, 2015, pp. 18 – 19; Nicola Padfield, *Criminal Law*, Oxford University Press, 2012, p. 22; John M. Scheb, John M. Scheb Ⅱ, *Criminal Law*, Wadsworth Cengage Learning, 2012, p. 91; Daniel E. Hall, *Criminal Law and Procedure*, Delmar Cengage Learning, 2011, pp. 54 – 85; Jonathan Herring, *Criminal Law*, Palgrave Macmillan, 2011, p. 39; Joel Samaha, *Criminal Law*, Wadsworth Cengage Learning, 2011, p. 83.

⑤ Markus D. Dubber, *An Introduction to the Model Penal Code*, Oxford University Press, 2015, p. 28.

⑥ 针对英美刑法中的不作为犯，有日本学者认为，在（英）美刑法中，虽然似乎并没有截然将不作为犯区分为所谓的真正不作为犯（echte Unterlassungsdelikte）与不真正不作为犯（unechte Unterlassungsdelikte），但在概念上恐怕是将两者都包含在不作为犯之中了。所以，单纯的道德义务等并不产生不作为犯，这与日本刑法中的解释论等并没有什么大的差别。参见［日］山下克己：《美国刑法概论》，杉山书店 1982 年版，第 16 ~ 17 页。

⑦ William Wilson, *Criminal Law*, Pearson, 2017, p. 77.

⑧ 储槐植：《美国刑法》（第 3 版），北京大学出版社 2005 年版，第 36 ~ 43 页。

⑨ ［日］山下克己：《美国刑法概论》，杉山书店 1982 年版，第 18 ~ 19 页。

心理是规范内容和心理内容的统一，缺少任何一层含义，就不能构成犯罪心理。规范内容是犯罪心理（罪过）的客观标准，心理内容是犯罪心理的主观根据。与我国刑法不同的是，在某个犯罪的定义中有多个客观要素时，刑法可能要求行为人对不同的客观要素具有不同类型的犯罪心理。① 比如，以《模范刑法典》为代表的美国刑法中犯罪心理模式有 4 种，即蓄意（purpose）、明知（knowledge）、轻率（recklessness）和疏忽（negligence），其针对三种客观要素，即行为（conduct）、附随情状（attendant circumstance）、结果（result）予以详细的描述。② 在某一犯罪中行为、结果和附随情状可以对应以上 4 种不同类型的犯罪心理，从而以独具特色的要素分析模式（elements analysis）建立了客观要素与犯罪心理之间的关系。③ 从《模范刑法典》对犯罪心理的定义可知，此种要素分析模式不同于我国和德日刑法中故意理论采用的整罪分析模式（offense analysis），其对同一犯罪的不同构成要素可能会要求不同程度的犯罪心理。一个犯罪具有几个客观要素，那么就可能具有几种犯罪心理，其中，犯罪心理可以相同，也可以不同。一般而言，在严重犯罪中，核心客观要素要求具有故意或轻率，但对客观要素中的某些附随情状有疏忽即足够。④《模范刑法典》中犯罪心理的要素分析模式彻底颠覆了整罪分析模式所坚持的传统罪过结构，而是致力于一种更加精确的方式实现责任主义原则。

大体而言，英美刑法中的“故意（intention）”相当于有些国家刑法中的希望故意（直接故意）。疏忽即无认识过失或称疏忽大意过失。“轻率”犯罪心理存在于对危害结果有一定预见但又并非明确追求或明确排斥此结果的场合，大概涵盖有些国家刑法中的放任故意（间接故意）和轻信过失（有认识过失、过于自信过失）的情形。除了一般的犯罪都要求犯罪心理之外，英美法系还特别存在绝对责任制度，这是大陆法系国家所不具备的。绝对责任（absolute liability），就是法律对某些没有规定犯罪心理即许可对缺乏（无须控方证明）犯罪心理的行为追究刑事责任。绝对责任又可以称为严格责任（strict liability），或者无罪过责任（liability without fault）。考虑到刑事惩罚的严厉性，所以绝对责任条款一般只限于轻罪或违警罪范围。法律上允许惩罚无犯罪心理的行为，既是由于社会的需要，也是出于诉讼的考虑。就犯罪的本体要件而言，除了特殊的严格责任等不特别要求犯罪心理的犯罪类型之外，就一般的犯罪的本体要件而言，美国刑法之中，不仅要求犯罪行为、因果关系与犯罪心理，还要求犯罪行为与犯罪心理的同时存在，即被禁止的行为与同时被禁止的犯意一起构成犯罪的要素，这与大陆法系实际上是一样的，不过是理论展开的具体方式不同而已。

（三）事实和法定抗辩要件

1. 犯罪构成的双层模式

在满足了犯罪成立的第一层次的要件即犯罪的本体要件（犯罪行为 + 犯罪心理）之后，还不

① 刘士心：《美国刑法中的犯罪论原理》，人民出版社 2010 年版，第 57 页。

② Markus D. Dubber, *An Introduction to the Model Penal Code*, Oxford University Press, 2015, p. 52.

③ 对于要素分析模式的介绍，具体可参见王华伟：《要素分析模式之提倡——罪过形式难题新应》，载《当代法学》2017 年第 5 期；陈银珠：《论美国刑法中的要素分析法及其启示》，载《中国刑事法杂志》2011 年第 6 期。

④ 劳东燕：《犯罪故意的要素分析模式》，载《比较法研究》2009 年第 1 期。

能直接认定行为构成犯罪，还需要具备责任充足要件，即要排除合法辩护。合法辩护（legal defense）是英美刑法上的一个概念，内容有未成年、错误、精神病、醉态、被迫行为、警察圈套、安乐死、紧急避险、合法防卫等。刑法理论将这些内容统称为合法辩护，强调刑法的人权保障功能，同时准确地反映了司法中的定罪过程。我国学者储槐植教授认为，形成以上特点的原因要追溯到英国普通法的历史背景。以判例法为基础的英国普通法的历史上，上述内容起初都是刑事诉讼过程中遇到的实际问题，随着司法经验的积累，这些内容逐渐被总结为诉讼法上的原则（辩护原则），直到晚近才被纳入（上升为）实体法范畴。由此，犯罪本体要件和抗辩事由相结合，形成了美国刑法犯罪构成的双层模式。①

2. 正当化事由和可宽恕事由

我国学者对于美国刑法中的辩护事由的研究与关注，集中在正当化事由和可宽恕事由这两种所谓的可罚性辩护事由上。其中的可宽恕事由，即“可得宽恕”，如未成年、错误、精神病、被迫行为等，相当于大陆刑法的责任阻却；而正当化事由，亦即“正当理由”，如正当防卫、紧急避险、警察圈套（也有人认为此项辩护应列为可得宽恕辩护）等，相当于大陆刑法的违法阻却。至于“无须开脱罪行的辩护事由”，则包括双重危险禁止、外交豁免、证据豁免、辩诉交易豁免、司法（立法、行政）豁免等。我国学者储槐植教授对于正当化事由与可宽恕事由之间的区别作了详细分析，储老师认为，这两类合法辩护中行为人的行为都具有不自愿的性质，都是免除刑事责任的根据，两者的主要区别在于：（1）社会价值不同。可得宽恕行为在客观上有害于社会，只是由于行为人主观上的原因，才得到宽恕；正当理由行为在实际上无害于社会，甚至有利于社会（择小害而避大害），因而这类行为在实质上是正当的。（2）权利归属不同。正当理由的辩护权利是普遍的，属于任何一个处于这类情况的行为人；而可得宽恕的辩护权利只限于特殊的个人。（3）是否认识自己的行为性质。可得宽恕情况下行为人一般对自己的行为性质没有认识，而正当理由情况下行为人通常都认识到自己行为的性质。②

三、我国传统的犯罪构成体系

（一）典型的四要件犯罪构成模式

我国传统的刑法理论，是在犯罪概念之外论述犯罪构成，认为犯罪构成是成立犯罪必须具备的主客观要件的有机整体，具体由4个方面构成：（1）犯罪客体，是指我国刑法保护而为犯罪行为所侵犯的社会主义社会关系（社会利益）。（2）犯罪客观方面，是指犯罪活动在客观上的外在表现，其中主要包括危害行为、危害结果、行为与结果之间的因果关系等。（3）犯罪主体，是指达到刑事责任年龄、具有刑事责任能力、实施危害社会行为的人。单位可以成为部分犯罪的主体。（4）犯罪主观方面，是指犯罪主体对其所实施的危害行为及危害结果所抱的心理态度，包括故

① 储槐植：《美国刑法》（第3版），北京大学出版社2005年版，第64页。

② 这里只是就正当化事由与可宽恕事由做些简单的介绍，对此的详细的分析，请参见［美］乔治·弗莱彻：《反思刑法》，邓子滨译，华夏出版社2008年版，第551页以下。

意、过失以及目的等。[①] 这种通说的排列顺序,被认为是按照认定犯罪的过程来排列构成要件顺序的。[②]

(二)传统的·变种的犯罪构成模式

不满足于传统的犯罪客体——犯罪客观方面——犯罪主体——犯罪主观方面的典型的犯罪构成模式,学界开始了若干的改进尝试,只是,这种尝试先是在四要件的框架之内、围绕着四要件的先后排列顺序,出现了若干的变种。第一种主张认为,犯罪构成共同要件应当按照如下顺序排列:犯罪主体——犯罪主观方面——犯罪客观方面——犯罪客体。这种主张在十几年前就曾经出现过,[③]并且也一度被之后的一些教材采纳,[④]可以说也有一定的影响。这种观点亦自认为是按照犯罪的发生顺序来进行逻辑排列的。第二种主张,认为犯罪主体和犯罪客体是犯罪构成这个系统结构的两极,犯罪的主观方面和犯罪的客观方面是连接它们的中介,因此构成要件的排列顺序应该是犯罪主体——犯罪客体——犯罪主观方面——犯罪客观方面,[⑤]这样的主张在论者主持的教材中得到进一步推广。[⑥] 第三种主张是,按照犯罪客体——犯罪主体——犯罪客观方面——犯罪主观方面的顺序排列。[⑦] 第四种主张认为,构成要件的排列顺序不仅应该满足建构犯罪构成理论的要求,还应该满足犯罪构成实践层面的要求,因此我国刑法中构成要件应当按照犯罪的客观要件——犯罪的客体要件——犯罪的主观要件——犯罪的主体要件的顺序排列。[⑧]

第四节　犯罪构成体系的路径选择

在本书看来,虽不存在完美无缺的体系,但应该承认,在通过对各种体系的比较之后会存在一个相对合理的体系。我国传统的四要件犯罪构成体系只反映定罪的规格而不反映定罪的过程,较之德日的三阶层体系甚至是英美的犯罪构成体系存在不足。即便是英美的犯罪构成体系也开始与德日的三阶层体系有合流趋势,《模范刑法典》三分制的犯罪论体系和德日的三阶层犯罪论体系不管是在形式上抑或是在实质上均有着共通性。三阶层犯罪论体系所具有的体系性、逻辑性和实用性优势无疑是引人注目的。因此,采用构成要件该当性——违法性——有责性的

---

① 高铭暄、马克昌主编:《刑法学》(第9版),北京大学出版社、高等教育出版社2019年版,第48页;王作富主编:《刑法》(第6版),中国人民大学出版社2016年版,第37页。

② 高铭暄、马克昌:《刑法学》(上编),中国法制出版社1999年版,第105~106页。

③ 赵秉志、吴振兴主编:《刑法学通论》,高等教育出版社1993年版,第84~85页、第91页。

④ 冯军、肖中华主编:《刑法总论》,中国人民大学出版社2008年版。该书2016年出版的第三版虽在具体论述上还是倾向于"主体要件——主观要件——客观要件——客体要件"的顺序(第132页),但在详细展开上则改为"客体要件——客观要件——主体要件——主观要件"的传统四要件体系。参见冯军、肖中华主编:《刑法总论》(第3版),中国人民大学出版社2016年版,第138页以下。

⑤ 何秉松:《犯罪构成系统论》,中国法制出版社1995年版,第112~119页。

⑥ 何秉松主编:《刑法学教科书》(上卷),中国法制出版社2000年版,第208页。

⑦ 曲新久主编:《刑法学》,中国政法大学出版社2008年版,第45页。

⑧ 王充:《从理论向实践的回归——论我国犯罪构成要件的排列顺序》,载《法制与社会发展》2003年第3期。

三阶层体系似乎是一种较为理想的选择。

一、我国传统犯罪论体系的缺陷及归结

(一)传统四要件体系的主要缺陷

有坚持传统体系的论者认为,四要件犯罪构成理论是新中国几代刑法学者集体智慧的结晶,该理论甚至被国外学者认为是当代中国刑法基础理论的特色和标志。尽管该理论曾受到过一些质疑,但这些质疑至多也只是一些非根本性问题,“而对该理论的根本性质疑则极为鲜见。由此,该理论通行观点的地位几十年来,迄今也从未动摇过。这说明,四要件理论不仅具有历史的必然性,也具有现实的合理性”。[①] 可是,我国传统的平面四要件体系存在前提缺陷、要素缺陷、结构缺陷、实践缺陷和功能缺陷,这些缺陷,并非全是“非根本性问题”,而是涉及这一体系存在的根基性问题。

1. 四要件理论的前提缺陷。由于存在被视为“犯罪的本质特征”、凌驾于四要件体系之上的社会危害性理论,贬损和矮化了犯罪构成理论作为认定犯罪成立之规格的价值。不仅如此,以一个法律之外的名词来对一个法律意义上的犯罪概念进行本质性概括,同样会存在明显的不足,这集中反映在以下三个方面:其一,社会危害性的具体指涉不明确;其二,社会危害性与刑事违法性之间的界限模糊;其三,社会危害性的解释场域不明确。更值得警醒的是,以社会危害性为核心话语的传统犯罪本质观基于社会本位,过多地强调抽象的国家、社会利益甚至是宗教、伦理秩序,人权非但难以得到保障,还极易为刑事立法、司法上的恣意行为所利用。[②] 从而可知,社会危害性理论的缺陷虽属于广义的犯罪论体系范畴,但却可谓是狭义的犯罪构成体系(犯罪成立理论)之外的一种前提性缺陷,唯有对这一缺陷加以剔除,才可能真正解决中国犯罪构成理论存在的其他问题。

2. 相对于犯罪成立理论体系外部的社会危害性理论这一前提性缺陷,平面四要件体系自身内部也存在要素或曰成分上的缺陷。这主要表现在,由于诸多的原因,犯罪客体和犯罪主体都不应该成为独立的犯罪成立要件。(1)就犯罪客体而言,我国传统理论将其作为犯罪成立的第一个要件。但是,这种“刑法所保护的而为犯罪行为所侵害的社会主义社会关系或者社会主义社会利益”究竟是实质的,还是形式的?如果认为犯罪客体的概念是实质的,恐怕意味着在犯罪构成的第一个要件上就要作实质判断,这难免会导致司法上先入为主的危险,难免被批评为“中国刑法学通说先考虑犯罪客体要件,实际上等于先定罪,再找证据”。[③] 所以,这里的犯罪客体,本身可谓是一个空洞的、抽象的、待证的事实。如有学者也认为,犯罪客体与犯罪构成的其他要件并不处于同一层次,犯罪客体是被反映、被说明的对象。[④] 由于犯罪客体缺乏实质内容,其存在与

---

① 赵秉志、王志祥:《中国犯罪构成理论的发展历程与未来走向》,赵秉志主编:《刑法论丛》(第19卷),法律出版社2009年版,第61页。

② 刘为波:《诠说的底线:对以社会危害性为核心话语的我国犯罪观的批判性考察》,载陈兴良主编:《刑事法评论》(第6卷),中国政法大学出版社2000年版,第85页以下。

③ 周光权:《犯罪论体系的改造》,中国法制出版社2009年版,第298页。

④ 张明楷:《刑法学》(第3版),法律出版社2007年版,第97~98页。

否需要借助其他要素的存否来检验和证明，这也说明了犯罪客体的形骸化。正如我国学者指出的那样，当前刑法理论意义上的客体，显然具有刑法哲学意义，但却不具有司法刑法学意义。即便在目前的俄罗斯刑法学界，四要件理论虽一直占据通说地位，但犯罪客体的界定仍是一个难题，况且并无一个统一的、符合实践的要求且具有科学根据又合乎逻辑的犯罪客体概念。相反，各种犯罪客体概念本身不仅相互矛盾，而且对于犯罪客体的内容以及客体概念要素之间的相互关系的理解也各不相同。由于以上弊端，俄罗斯刑法学者主张用犯罪客体的“法益”理论代替社会关系理论则呈现出复归趋势。① 因此，犯罪客体概念也有必要与超规范的社会危害性评价标准加以整合，其应该为法益概念所替换，在社会危害性≈实质违法性≈法益侵害性的意义上，对其予以重新定位。而犯罪主体的要件也应该为行为主体和责任主体的概念所取代，如此，方可能保持理论的自洽和逻辑的严谨。(2)就犯罪主体而言，将其作为犯罪构成要件，会引起逻辑上的矛盾：如果犯罪主体作为犯罪构成的一个要件先于犯罪行为而独立存在，那么，每一个达到法定刑事责任年龄、具备刑事责任能力的人都是犯罪主体；如果符合犯罪构成的犯罪行为先于犯罪主体被评价，则不具备刑事责任能力的人也有可能实施犯罪行为。这是一个两难推理，将犯罪主体是犯罪构成要件的观点推到一个尴尬境地。② 再者，承认犯罪主体是独立于犯罪客观方面和犯罪主观方面的要件，还面临着这样一种尴尬，犯罪主体要件究竟是“客观的”，还是“主观的”，或者是“部分是客观的，部分是主观的”？究竟有没有一种要件既不是“客观的”，也不是“主观的”，或者“部分是客观的，部分是主观的”？承认犯罪主体是独立于犯罪客观要件与犯罪主观要件之外的一个独立的要件，实际上就否认了“客观—主观”这一区分标准的绝对性和纯粹性，这在逻辑上难说妥当。所以，取消犯罪主体这一犯罪构成要件，把行为主体与责任能力相剥离，应当是完善的方向。

3. 在结构上，传统的平面四要件体系还欠缺违法性和责任（有责性）这两个阶层，直白地说，在中国平面四要件的犯罪成立理论体系之中，“不该有的有了，该有的倒没有”。这种结构性缺陷突出表现在正当防卫、紧急避险等正当化事由原本都应该在犯罪成立理论体系的内部讨论以求得体系的圆满自洽，而中国体系下将其作为“排除犯罪性事由”则会矛盾丛生；此外，还表现在中国的平面体系内诸如超法规的违法阻却事由和诸如期待可能性之类的超法规的责任阻却事由根本无栖息的空间，违法与责任（从而正当化与免责）的二元区分也无从可能，这都带来一系列的问题。

4. 中国的犯罪成立理论体系有上述成分和结构上的缺陷，以及其平面体系的本性，都决定了这种只反映定罪规格、不反映定罪过程的体系，在操作上有悖一般人的思维模式。而且，要素和结构上的缺陷将影响犯罪的论证，并且最终影响犯罪构成理论在功能上的发挥。犯罪构成理论在结构上缺乏违法性和责任阶层，相应地也就缺乏违法阻却事由和责任阻却事由，这直接导致中国的平面体系缺乏成立犯罪的消极条件。从而，在传统体系的内部就无从体现控辩双方的平等

---

① 庞冬梅：《俄罗斯犯罪构成理论研究》，中国人民大学出版社 2013 年版，第 138 页、第 168 页。

② 杨兴培：《犯罪主体的重新评价》，载《法学研究》1997 年第 4 期；承认论者所述的这一逻辑矛盾之存在的观点，可参见陈兴良：《本体刑法学》，商务印书馆 2001 年版，第 214 页；周光权：《刑法总论》（第 3 版），中国人民大学出版社 2016 年版，第 83 页。

对话和和谐共存，犯罪成立理论单纯异化为追诉和打击犯罪的工具，辩护权难以系统施展，人权保障的刑法机能难以制度性发挥。①

（二）我国传统犯罪论体系几种缺陷的逻辑归结

实际上，我国通行的平面四要件体系之所以会有上述缺陷，都归根于这种体系本质上存在的逻辑缺陷，即四要件理论实际上是以犯罪已经成立为前提的。现有的平面体系是在犯罪已经成立的前提之下，再用四要件理论对其进行解剖，就像是已经存在一个西瓜，将其切分为四块，分别是客体、客观方面、主体、主观方面，这四块合起来就是一个西瓜。“这种思维往往假定犯罪已经存在，再用四要件理论对犯罪进行分析。但是，现在的问题是要认定犯罪，从无罪到有罪是一个犯罪的‘寻找’过程，这是定罪的逻辑思维过程。犯罪不应当在判断之前就存在，而应当作为判断的结论最后出现。大陆法系的犯罪构成理论就有这个特点，首先是构成要件该当性，然后是违法性，最后是有责性，只有这三个要件齐备了，犯罪才成立。这样的判断过程，以无罪为前提，有罪是判断最后得出的逻辑结论。这是一种无罪推定的思维模式，犯罪判断的过程是非罪的情形不断被排除出去的过程，为无罪辩护提供了广阔的空间。”②简单地说，只要承认犯罪构成模式不但是认定犯罪的标准，更是一整套刑事司法的思维模式，那么，犯罪构成的理论框架就必须体现定罪的过程，而这是以无罪推定为前提的。

事实上，即便是坚定地主张我国四要件犯罪论体系具有现实合理性的学者们，也认为“就我国通行的四要件犯罪构成理论而言，在充分肯定其合理性、实用性的基础上，也应当认识到其并不是完美无缺的，还存在诸多应当改进之处”。③ 具体来说，论者认为，“当前亟须取得较大突破的是犯罪构成与犯罪概念之间的关系、犯罪构成与违法性阻却事由之间的关系以及犯罪构成的动态性、精确性及层次性问题等”。可是，这些问题某种意义上是四要件犯罪论体系的先天性缺陷、结构性缺陷，是这一理论的“死穴”。只要坚持要素集合式（而非阶层区分）的思维模式，上述的问题就不可能在四要件（以及以此为基础的N要件）体系内部得到实质的解决。换言之，真要是彻底解决了论者所说的“亟须取得较大突破的问题”，这样改造之后的犯罪论体系，也就不再是四要件（N要件）的体系了。

概括说来，正如学者所尖锐指出的那样，对于犯罪的认定，基本上是属于人间最为复杂的一种社会现象，若将这种高智商的展示过程降格为将犯罪客体——犯罪客观方面——犯罪主体——犯罪主观方面这四大块拼凑在一起的“搭积木”的游戏，则会带来很多问题。游戏的过程枯燥无味，自不待言；有时，拼凑四大构成要件的游戏甚至还带有“儿戏”的味道，因为依据这种

---

① 陈兴良教授认为，四要件的犯罪构成体系存在以下4个难以克服的根本性缺陷，因而成为其应当被摒弃的充足理由：(1)没有构成要件的犯罪构成；(2)没有出罪事由的犯罪构成；(3)没有归责的犯罪构成；(4)没有阶层的犯罪构成。参见陈兴良：《犯罪构成论：从四要件到三阶层》，载《中外法学》2010年第1期。陈老师的以上概括和本书对于中国传统犯罪论体系缺陷的梳理和归纳形式上是高度相似的，实质上也是契合的。

② 杨丹：《感想与感悟：刑法学的一种观感式叙说——访著名刑法学家陈兴良教授》，载冯军主编：《比较刑法研究》，中国人民大学出版社2007年版，第461页。

③ 赵秉志、王志祥：《中国犯罪构成理论的发展历程与未来走向》，载赵秉志主编：《刑法论丛》（第19卷），法律出版社2009年版，第63页。

理论认定犯罪时,出错的概率,比起德日阶层式的犯罪论体系要高出不少。[①] 由此可见,只有改变我国传统四要件平面、耦合的"存在论"的体系,真正构建出一种体现认定犯罪过程、体现出刑事法网不断收缩的"认定论"的体系,才能充分保障行为人的权利,才能与刑事法治的精神合拍。

二、三阶层犯罪论体系的理论基础

为什么德日犯罪论体系的通说采纳了"构成要件该当性——违法性——有责性"这样的构成和顺序?这一点常常被作为前提性共识予以忽视,因此需要首先予以明确。

(一)刑法基本原则与犯罪论体系的构造

1. 三原则

一般认为,刑法具有三个基本原则。第一,"没有法律则没有刑罚"这一罪刑法定的原则;第二,刑法以法益保护为任务的原则;第三,无责任则无刑罚这一责任主义的原则。[②] 由罪刑法定主义的原则出发,可以推导出构成要件该当性的要件,由法益保护主义的原则出发,违法性的要件得以解释,更进一步,由责任主义的原则出发,可以导出责任(有责性)的要件。

不过,就这里构成要件所承担的罪刑法定主义的机能来说,有必要稍加注释与说明。就犯罪的成立而言,仅仅该当构成要件还不行,违法阻却事由、责任阻却事由的不存在同样是必要的。就这些阻却犯罪成立的事由而言,亦是罪刑法定主义的应有之义,就是说,既然是该当了被法律条文所认可的犯罪成立的阻却事由,就不允许肯定犯罪的成立,限于这样理解的意义上,担当罪刑法定主义机能的就不限于构成要件了。换言之,即便构成要件承担着罪刑法定主义的一部分作用与机能,但担负罪刑法定主义机能的,是犯罪成立要件的总体,而不仅仅是构成要件。"在以罪刑法定主义为前提构筑构成要件的概念的场合,重要的是这样的一种认识,即并非由单纯的构成要件来确保罪刑法定主义,为了确保罪刑法定主义,构成要件虽是重要的,但其也不过就是承担其中的一部分而已。这里,只有立法者想要作为犯罪处罚的行为才成为犯罪,这一点的含义有必要进一步的考察。由于立法者限定地规定了应该作为犯罪被处罚的行为类型,可以说也就宣示了不处罚并不该当上述行为类型的行为。也就是说,构成要件并不是由于包含了处罚之要件的整体而服务于罪刑法定主义,而是指将未进入构成要件框架内的行为排除在处罚范围之外、使其不可罚,在这个限度内效力于罪刑法定主义。这一点是应该注意的。构成要件是立法者为处罚的对象所确立的犯罪行为的类型,也就是规定了类型化的违法行为,在我看来,相对于罪刑法定主义本身来说,这种意义上的违法性限定机能才是应该注意的。也就是说,在对于成为问题的行为的这样那样的评价之中,只有立法者所着眼的否定的评价才作为构成要件的框架,就此对处罚予以限定,在此限度内为处罚奠定基础,而在此之外的否定的评价则并不奠定犯罪成立的基础。"[③]

---

① 周光权:《刑法总论》,中国人民大学出版社 2007 年版,第 2 页。

② [日]平野龙一:《刑法总论 I》,有斐阁 1972 年版,第 90 页。

③ [日]山口厚:《犯罪论体系的意义与机能》,付立庆译,载《中外法学》2010 年第 1 期。

2. 三原则→三危险→三阶层

实际上，这三种原则对应着刑法适用的三个危险性，相应地，犯罪论的体系构筑，也必须围绕着这些危险的尽力避免而展开。第一种危险，一旦发生使人心生冲动的事情，就产生了强烈的感性的处罚的要求，法官面对这样的行为，存在虽然没有法律上的规定、但却依据类推解释予以处罚的危险。而对此予以检验的就是构成要件该当性的判断。第二种危险，一旦行为者的心性是恶劣的，那么不再充分检讨行为在客观上对他人是否造成损害就予以处罚。也就是说，在行为者的心性是恶质的、行为的样态是违反社会伦理的场合，则其行为在客观上对于他人造成了怎样的妨害，也就是能否认为是侵害了被视为刑罚法规之保护对象的法益，对此没有予以充分检讨就予以处罚的危险。对此的检验就是违法性的判断。第三种危险，一旦被害是重大的，则不问行为者的主观面（不对能否对于行为者予以非难进行充分考量）就予以处罚。对此所进行的检验就是有责性的判断。① 这样，构成要件该当性——违法性——有责性的犯罪论体系，就不但与刑法的上述三个基本原则密切联系在一起，而且，从构成要件该当的检验到违法性的检验最后有责性的检验，也就有助于层层递进地堵截刑法适用的上述三个危险。

三阶层犯罪论体系的构成及其顺序，是与刑法适用中可能存在的以上三个危险相互关联的。而前述的日本著名的刑法学者平野龙一博士对于犯罪论的整体结构及其顺序的理解，亦得到了日本学界的广泛认可。确实，这样的理解使得刑法中认定犯罪成立条件不但明确了其“成分”（构成犯罪的各个要件），而且也厘清了其“结构”（各个要件之间所遵循的顺序），并且，这样的结构设定也遵循着相应的规律、具有刑事政策上的依据和实质上的合理性，可以说对于刑法的妥当适用，都是具有积极意义的。

（二）合理组织对犯罪的反应：阶层式犯罪论体系的理念支撑

刑法中的犯罪论体系就是一国的国家权力借助刑法理论的概括而对于犯罪的规范反应体系，简言之，犯罪论体系本身也就是一种对犯罪的反应体系。果真如此，采用什么样的犯罪论体系，也就决定着我们对于犯罪采取什么样的反应方式。自然，任何一个现代国家都不可能听凭犯罪现象的蔓延而无所作为，但是文明国家与欠文明国家在对待犯罪问题上的主要区别或许在于，文明国家更为注重追求对于犯罪控制和反应的合理性而非有效性。这里所说的对犯罪控制和反应的合理性，主要也就是对于国家刑罚权发动予以必要的限制，使之停留在文明社会为维护其统治所必需的最低限度之内。

目前，我国社会正面临着从政治社会到市民社会、从人治社会到法治社会的重大转型，与此转型相适应，刑法机能的全面发挥、公民个人的自由保障机能的强调也都被推上前台。而目前的平面四要件犯罪论体系，是一种封闭式的注重定罪规格的体系，其与追求社会秩序的前文明社会相适应，强调和体现了通过对于国家刑罚权发动的依赖来维护社会秩序的内在动力，这与现代社会的刑法价值观无从相容。这一体系本身，加之我们现有的超然于犯罪构成理论的社会危害性理论和“具有中国特色”的《刑法》第 3 条“罪刑法定主义”的“双面规定”，共同效

① ［日］平野龙一：《刑法总论Ⅰ》，有斐阁 1972 年版，第 90 页；［日］西田典之：《刑法总论》，弘文堂 2006 年版，第 59 页。

忠于刑法的有效打击犯罪，就对于刑法机能的发挥来说，是单纯地指向于社会保护（法益保护）的。

“现代法治社会的刑法的价值绝不仅仅是为国家发动和行使刑罚权提供正当根据，而是要以刑法这种代表和体现社会公意的法律有效地规范和限制国家刑罚权的运作，防止因国家刑罚权的滥用而侵损公民的权利。”[①]与平面四要件体系相对，构成要件该当性——违法性——有责性这样的体系，通过刑事责任追究范围的层层限缩，体现了对于国家刑罚权发动范围的重重规制，奠定了对于犯罪这一“文明社会的野蛮现象”之反应方式的合理性源泉。德日三阶层式的犯罪论体系更能实现刑法的自由保障和法益保护的机能的协调发挥。其中，构成要件该当性阶层通过其事前告知的功能和明确性的要求，从客观的侧面保障国民行动自由的预测可能性（自由保障机能的客观保障——法无明文规定不为罪）；违法性阶层则将该当了构成要件但是又不具有实质违法性的行为作为违法阻却事由（或者超法规的违法阻却事由）排除在外，从而体现了刑法的法益保护主义思想；而有责性（责任主义）则依据不具有故意、过失之罪过则不被处罚的原则，从主观的侧面保障国民行动自由的预测可能性（自由保障机能的主观保障——无责任则无刑罚）。[②] 这样的犯罪论体系，通过层层过滤、环环相扣，共同担保刑法机能的实现，担保刑法目的趋向现实。应该指出，在确定一国的犯罪论体系（犯罪构成理论体系）时，要体现“合理地组织对犯罪的反应”[③]这一目标。对犯罪的反应方式的合理性（而非有效性）追求不但是作为刑事政策整体的追求，也是刑法理论中作为犯罪抗制之工具模型的犯罪构成理论体系的目标。三阶层的犯罪论体系由于为出罪设置了制度化、定型化的渠道，从而对刑罚权的发动予以了重重限制、对犯罪的反应趋于合理，这与法治国家和和谐社会的追求都是吻合的。

三、采纳三阶层体系的历史基础与中国特色

（一）历史基础

现有四要件理论虽直接源于苏联，但在清末和中华民国时期，我国就已经受日本刑法学的实际影响。[④] 虽然《大清新刑律》的颁布以及沈家本的一系列变法修律活动的推行，并未直接给当时的中国带来犯罪论体系的系统阐释，但使中国刑法典迅速与近现代各国刑法典接轨，实现了刑

---

① 梁根林：《刑事法网：扩张与限缩》，法律出版社 2005 年版，第 3 页。

② ［日］西田典之：《刑法总论》，弘文堂 2006 年版，第 42 页。

③ “合理地组织对犯罪的反应”作为新社会防卫运动提出的一个刑事政策口号，其要旨在于通过多学科的研究提出符合我们这个时代要求的、对打击犯罪更有效的反应方式和战略，而法治、人道和科学则被认为是对犯罪的反应的三大评价指标。关于新社会防卫运动的基本主张，可参见［法］马克·安塞尔：《新刑法理论》，卢建平译，香港天地图书有限公司 1990 年版；我国学者对于“合理地组织对犯罪的反应”这一理念的宣扬和推进，可参见梁根林：《刑事法网：扩张与限缩》，法律出版社 2005 年版，“代自序《合理地组织对犯罪的反应》”。

④ 关于中国刑法学的发端的内容，请参见梁根林、何慧新：《二十世纪的中国刑法学（上）》，载《中外法学》1999 年第 2 期。另外，关于沈家本的代表性著作，有《历代刑法考》《汉律摭遗》《明律目笺》《文字狱》《刑案汇览》《读律校勘记》等。

法体系的转型。[①] 及至民国期间，在出版的刑法学著作之中，“主体”“客体”“违法性”“责任”等近现代刑法学关于犯罪论体系的一些关键性和普遍性的要素都已经从具体的、特殊的分则条文中被抽象出来。而且，在民国时期，很多刑法学者在理论上将“律有正条”视为与“违法性”“责任”等相并列的“普遍性的犯罪构成要素”，这实际上已经颇为类似于德日理论体系中的“构成要件该当性”了。这一时期，虽未明言，犯罪论体系却已经呈现构成要件该当性——违法性——责任的浓厚的三阶层体系的气味了。[②] 经历了新中国成立初期清算“旧法”之后的新一轮移植，中国刑法学界在1950年代也开始探索新中国刑法学的理论体系，包括犯罪论体系。从1957年到1979年，与新中国整体法治建设的停滞相对应，中国刑法学界对于犯罪论体系的研究也举步不前。而在1979年后的20年间，中国四要件的犯罪论体系总体上维持了强大的优势地位。不过，从1990年代开始，尤其是进入21世纪之后，一批受德日刑法理论影响（不限于留学德日者）的中青年刑法学者再次对传统理论作了不同进路的清算，不再是在四要件体系内部的零打碎敲，而是在吸收了德日体系的理论系统之后，对传统理论形成了前所未有的冲击。可以说，整个中国刑法学的现代化过程都表明，中国的刑法理论包括犯罪构成理论和德日（特别是日本）的刑法理论存在历史上的深厚渊源和现实中的密切联系，这一点无从否认。在这个意义上，放弃传统的四要件理论，转而采纳德日的三阶层体系，完全可以说是一种回归。只是，这种回归不是一种简单的倒退，而是一种扬弃，一种否定之否定，“是一种螺旋式的上升，是在痛定思痛后，所作出的理性抉择”。[③]

以德日三阶层体系为目标重构我国犯罪构成理论的历史基础，不仅可以从中日刑事立法的渊源和中日刑法交流的历史实践中寻找，还可以扩展到更为广阔的空间。即中国四要件犯罪构成理论源于苏联，而苏联刑法学中的犯罪构成体系又由大陆法系的犯罪构成体系改造而来，两者之间存在渊源关系。苏俄刑法学的犯罪构成学说中所指的“犯罪构成”一词，最初就是源于德国学者费尔巴哈的 Tatbestand 理论，俄罗斯刑法学家克鲁格里科夫教授即指出：“19世纪中叶，俄国的刑法学家接受并将 Tatbestand 引入到了学术用语中，这个词译成俄语后就是犯罪构成。如此，这一问题（以及其他问题）就‘迁移’到了俄国的刑法理论中。”[④]由此，就更可以看出，四要件的体系实际上是间接地来源自德日体系，与德日的阶层体系之间存在不容否认的历史渊源。这种渊源关系直接表现为，中国的四要件理论和三阶层体系在要素上，有一些内容是相互交叉重合的。比如，四要件体系中的客体要件可以分为行为客体和保护客体，行为客体作为行为对象是客观构成要件的一个内容，保护客体即法益，是违法性有无的一个实质判断标准，在违法性阶层消极加以检验。四要件体系中的客观方面主要是客观构成要件。主体和主观方面基本是有责性的内

---

① 这一时期，犯罪论体系之所以未在中国刑法理论的研究视野中出现，一方面是因为，当时政府和修律大臣的主要精力集中在移植和制定新式的刑法典上，而且，《大清新刑律》颁行未久晚清政府就宣布垮台，理论体系的建构还来不及成为最紧要的事情；更为重要的一点是，在晚清修律的时期，德国刑法学界对于犯罪论体系的研究也刚刚起步，贝林的“构成要件”概念提出在1906年，以此为基础的三阶层的犯罪论体系传到日本，再传到中国，都需要时日。车浩：《未竟的循环——“犯罪论体系”在近现代中国的历史展开》，载《政法论坛》2006年第3期。

② 车浩：《未竟的循环——“犯罪论体系”在近现代中国的历史展开》，载《政法论坛》2006年第3期。

③ 车浩：《未竟的循环——“犯罪论体系”在近现代中国的历史展开》，载《政法论坛》2006年第3期。

④ 蔡桂生：《构成要件论》，法律出版社2015年版，第38页。

容。其中的主体应该加以区分,从构成要件的行为是由人或者单位主体实施的角度来说,主体可以称为是行为主体;责任阶段的主体则称为责任主体。对于苏联的犯罪论体系与德日犯罪论体系的渊源关系,以研究苏联刑法学见长的日本学者上野达彦教授曾经对于苏联学者在犯罪论体系中引入阶级分析方法以及进行意识形态改造就作出过生动的描述。① 我国学者也认为,在苏联刑法学对德日体系的本土化改造(将大陆法系的递进式的逻辑结构改造成为耦合式的逻辑结构)过程中,存在政治化与意识形态化的倾向,这对犯罪构成体系的逻辑性造成的伤害是难以弥补的。② 由此,论者主张"刑法知识的去苏俄化",就犯罪论体系而言,这实际上是剔除源自苏联的四要件体系中的政治化与意识形态化的因素,还原犯罪论体系的本来面目。而"去苏俄化"之后的犯罪论体系,也就恢复了德日阶层式体系的原貌。这样来看,即便接受了阶层式的思考方法和三阶层体系本身,也不意味着注定会引起我国刑法理论的巨大震荡。

(二)中国特色

采纳三阶层体系面临的一种责难是,以德日三阶层体系为蓝本重构我国现有的犯罪论体系,属于完全的"照搬"。这涉及借鉴他国优秀文化成果与发展具有本国特色的理论之间的关系问题。

何秉松教授早在1986年就对以苏联刑法理论为依托的"一元化"犯罪构成理论的正当性与科学性提出了质疑,并提出了"建立有中国特色的犯罪论体系"的理论宣言。③ 而不满足于现状的刑法学界的有识之士们也从未停止对于犯罪构成理论新体系的探索,并且,也取得了一定的成果。④ 这其中,张文教授等的人格刑法体系(在定罪阶段不仅要考虑客观的危害行为,也要考虑行为人的人格)和陈兴良教授的罪体——罪责——罪量体系等可谓是有中国特色的犯罪论新体系的代表。主张在犯罪论体系上要展示中国特色台面上的理由是"中国有中国的国情",而未必愿意摆上台面的理由,就是中国这样一个泱泱大国,如果什么都学别人,只怕是面上无光。⑤

理论创新是必要的,但是,创新不是凭空而来的,创新不能忽视对于人类优秀的文明成果的学习与吸收。因此,要创新,先继承。"能否建立所谓独具特色、有别于其他任何国家的犯罪论体系呢? 对此恐怕只能作否定回答。因为所有可能采用的体系,国外都已出现。我们似乎只能选

---

① [日]上野达彦:《犯罪构成要件和犯罪的确定:苏联刑法》,敬文堂1989年版,第31页以下。

② 陈兴良:《刑法知识论》,中国人民大学出版社2007年版,代序。

③ 参见何秉松:《试论建立有中国特色的犯罪构成体系》,载《法学研究》1986年第1期。

④ 从20世纪80年代后期开始,中国学者逐步推出了一些专门研究犯罪构成的著作,这主要包括,樊凤林主编:《犯罪构成论》(1987年),曾宪信、江任天、朱继良:《犯罪构成论》(1988年),张明楷:《犯罪论原理》(1991年),何秉松:《犯罪构成系统论》(1995年),刘生荣:《犯罪构成原理》(1997年),肖中华:《犯罪构成及其关系论》(2000年),杨兴培:《犯罪构成原论》(2004年),王志远:《犯罪成立理论原理——前序性研究》(2005年),童伟华:《犯罪构成原理》(2006年),李立众:《犯罪成立理论研究——一个域外方向的尝试》(2006年),包雯:《犯罪构成若干问题研究》(2006年),彭文华:《犯罪构成范畴论》(2009年),付立庆:《犯罪构成理论:比较研究与路径选择》(2010年),等等。

⑤ 比如谢望原教授认为,"中国刑法学研究及其理论体系的构建,应当符合我国国情,应当具有中国特色,完全照搬照抄他国刑法学理论并不可取。中国是一个具有5000年文明史(其中当然包括法律史)的古国,有近14亿人口,有56个民族,无论从历史的层面还是从现实的视角来看,中国没有理由没有自己的刑法学理论体系!"他还特别认为,"当今世界上有重要影响的国家鲜有完全照搬他国刑法学理论者"。谢望原:《中国刑法学向何处去》,载《检察日报》2007年7月31日,第3版。

择,而不是创新。”[①]对此,本书想强调如下几点。首先,维持现有的四要件犯罪论体系,并不意味着就是维持有中国特色的犯罪论体系。“因为我国现行的犯罪论体系,并不是我国土生土长的,而是来源于苏联,苏联学者不是为了中国而建立四要件体系的,换言之,苏联学者不可能建立具有中国特色、符合中国国情的犯罪论体系。”[②]其次,在我们追求创建社会主义法治国家的时代,在世界上的法治发达国家面前,更应该强调我们与其之间的“共性”而非“个性”,特别是在犯罪论体系建构上,关乎犯罪的成立与否从而关系国民的形象名誉乃至身家性命的犯罪论体系建构上,强调吸收其他法治发达国家的成熟经验而非另起炉灶是更为必要的。[③] 再次,主张对于德日阶层式犯罪论体系的“继承”,不但是对于他国优秀文明成果的“为我所用”,在现时段来说,也是一种论证的策略。这种策略的进路在于,不是强调“道不同,不与谋”,而是追求“取乎上,得乎中”——力倡引入三阶层式的犯罪论体系,即便固有的三阶层方案未必得到完全接受,那么,至少阶层式的思考方法本身、违法与责任的概念区分等理念,随着三阶层体系的宣扬,会得到重视和强调——而这些,也是在犯罪论体系上追求理论创新时应坚持的基本前提。

最后,还有如下一点需要着重强调。以德日三阶层体系为蓝本对中国传统的四要件理论加以重构,这归根结底不是对他国既有体系的简单照搬,我们不能机械、僵化地理解三阶层体系,而要结合中国立法和司法的实际情况,对于三阶层体系中的各个要件加以符合中国国情的阐释。具体来说,由于中国刑法中的犯罪概念是定性因素和定量因素的结合,这就要求犯罪成立条件中必须反映出犯罪概念的定量因素。如果将这种数量因素作为“客观处罚条件”来把握,既损害了三阶层体系的形式特征(客观处罚条件不得不成为一个独立的阶层),而且,也缺乏实质的理由(这些犯罪成立的数量因素应该成为犯罪故意的认识对象,因此应该纳入构成要件该当性的阶段)。由此,基于中国刑法建构的三阶层犯罪论体系中,第一阶层(构成要件该当性)就涵括了犯罪概念定量因素的内容,虽仍称为“构成要件该当性”,但是其与德日的三阶层犯罪论体系的内涵并不完全相同。

四、采纳阶层式犯罪论体系的紧迫性、必要性与可行性

有论者指出:“对于我国犯罪构成理论这样重大的问题,如果要全盘推翻,移植另外一种体系,至少需要三个方面的理由:紧迫性、必要性、可行性。但是,这三点目前根本就不具备。因此,无论从哪一方面来说,‘推倒重来论’都是不可取的。”[④]但本书对这一论断不敢苟同。

曾有论者断言,“尽管近年来有极少数刑法学者极力主张我国刑法理论应当借鉴大陆法系的

① 张明楷:《构建犯罪论体系的方法论》,载《中外法学》2010 年第 1 期。

② 张明楷:《构建犯罪论体系的方法论》,载《中外法学》2010 年第 1 期。

③ 周光权教授表达了相同的观点。他认为,“中国和德、日等大陆法系国家在文化根基上有些差异,从刑法发生学上看,也有明显不同。但是,从另外的意义上看,或者不同点更少,而相同之处更多,故意夸大这种差异,有时于事无补。换言之,在犯罪论等刑法学根本问题上,中国刑法学没有必要拒斥已经在世界上 100 多个国家产生根本性影响的德国刑法学体系。”周光权:《犯罪论体系的改造》,中国法制出版社 2009 年版,第 304 页。

④ 高铭暄:《对主张以三阶层犯罪论体系取代我国通行犯罪构成理论者的回应》,载赵秉志主编:《刑法论丛》(第 19 卷),法律出版社 2009 年版,第 11 ~ 12 页;高铭暄:《论四要件犯罪构成理论的合理性暨对中国刑法学体系的坚持》,载《中国法学》2009 年第 2 期。

犯罪构成理论对中国犯罪构成理论进行改造或者重构，甚至提出全盘引进三阶层犯罪论体系，但刑法理论界及司法实务界对此却反应甚为冷淡。此种观点根本没有形成气候，更没有成为通说”。① 这样的论调实际上和主张“重构论不具有紧迫性”的观点有着某种亲和关系。事实上，主张重构论者虽然至今难称是多数说，可是也绝非“极少数”，不少学者在自己的论文和教材中公开表达对四要件体系的质疑和批判，德日的阶层式（尽管未必是三阶层）体系则颇受青睐，大多数有留学德日背景的学者虽尚未出版教材，但也在课堂上公开以三阶层的体系为样本讲授犯罪论体系，这都不是论者一句“极少数”所能抹煞的。同时，阶层论的主张真的是在刑法理论界“反应甚为冷淡”或“根本没有形成气候”吗？可能恰恰相反。多份杂志就犯罪构成理论的反思与重构问题开设专题研讨、有众多国内外专家学者参加的犯罪论体系比较研究的学术讨论会多次召开、有关对传统犯罪构成理论加以反思的文章、深化阶层式体系的理解并得以中国化利用的文章，亦层出不穷地在权威期刊发表，多位知名刑法学者的个性化教材中抛弃了传统体系改采阶层式体系，甚至一度在全国统一司法考试的大纲中径直采用三阶层体系等现象，都足以说明，对于传统犯罪论体系之缺陷的深刻体悟与对于阶层式体系的倾向性选择绝非“极少数”学者的标新立异或者一厢情愿，而是成了有代表性、有影响力的一种关键性主张，其已经并将继续对于传统理论构成致命的挑战，并且，在“刑法知识的去苏俄化”的大潮中，终将吞噬保守理论的顽强抵抗。清楚了这一点，也就明白了采用三阶层体系的紧迫性所在。“紧迫性”的含义，不是说继续采纳四要件体系就会天塌地陷，而是意在强调，在“将对犯罪的反应方式从有效升华为合理”的变动过程中，刑法学人应该清醒自己的使命感和责任感，应该为中国刑法学真正融入国际社会付出积极的努力，通过相对科学、合理的犯罪论体系为中国的刑事法治建设真正作出创造性贡献。阶层犯罪论体系真正成为中国学界的通说虽仍然有待时日，我们还是应该以只争朝夕的态度去宣传这一相对合理的主张。四要件理论彻底退出中国刑法理论的历史舞台还将是一场持久战，但这与宣传采纳阶层式犯罪论体系具有紧迫性之间完全不矛盾，这是一个辩证的统一。

说到对于现有四要件理论“推倒重来”的必要性，论者认为，“所谓必要性，意味着旧的体系和新的体系相比，新的体系明显优于旧的体系，旧的体系已不足以承载现有的理论成果或不足以解决现实中出现的新问题”。② 按照这样的框定，结合本书前面对于四要件体系的缺陷分析，完全可以认为，四要件体系在中国的存在虽然具有历史的必然性乃至历史的合理性，但是至今这一体系已经“不足以承载现有的理论成果”，同时由于这一体系内部缺乏违法性与责任的层次构造，也无法实现正当化与免责的二元区分，这会使得一系列相对复杂的问题难以在四要件体系中得到合理解决。这样说来，推翻四要件理论，采纳阶层式体系就是完全必要的。事实上，对绝大多数犯罪来说，采用何种体系最终得出的结论往往并无区别，但是对于一些疑难、复杂的犯罪，或者需要对一种行为作出功能性判断时，两种体系给出的结论就有可能不一致，特别是推出结论的

① 赵秉志、王志祥：《中国犯罪构成理论的发展历程与未来走向》，载赵秉志主编：《刑法论丛》（第19卷），法律出版社2009年版，第50页。

② 高铭暄：《对主张以三阶层犯罪论体系取代我国通行犯罪构成理论者的回应》，载赵秉志主编：《刑法论丛》（第19卷），法律出版社2009年版，第11页；高铭暄：《论四要件犯罪构成理论的合理性暨对中国刑法学体系的坚持》，载《中国法学》2009年第2期。

过程更不一致。所以,不论是从体系自身的严密性还是导致的不同结局看,德日的三阶层体系都具有相对合理性。此外,有学者认为,只要坚持客观要件先行和区分犯罪的不同层次,就没有必要推倒重建。[①] 也有学者主张,我国应采纳不法与责任的二阶层体系(主张将构成要件符合性与违法性一元化为"不法"阶层)。[②] 但是,三阶层体系中的"构成要件该当性"阶层具有独自的意义,其具有罪刑法定的宣示功能,这种功能是二阶层体系不具备的。因此,以构成要件符合性——违法性——有责性的三阶层体系为我国应坚持的犯罪构成体系,仍是必要的。[③]

说到放弃四要件、改采三阶层的可行性问题,有论者认为,"所谓可行性,是指对于移植新的体系,必须在国内已经做好了充分的知识上的准备和智识上的训练,而且在立法和司法实践中已经受到了检验,取得了显著的成效"。[④] 按照这样的理解,完全可以说,三阶层体系与我国的现行刑事立法完全可以兼容。我国刑法典关于犯罪成立条件的规定,与大陆法系各国的规定之间,并无实质性差别。犯罪论体系主要是一个理论建构的问题,在现行的立法框架下,直接采用大陆法系的三阶层犯罪论体系,并不存在法律制度上的障碍。[⑤] 与此同时,三阶层犯罪论体系正逐渐对于刑法的研究者、学习者乃至实践者发挥强大的理论辐射作用,稍假时日,会有更多人了解、熟悉,乃至接受这一理论。随着国家统一法律职业资格考试的强力推进,重构论主张或许会以一种"突变"而非"渐变"的方式进入更多学习者、实践者的视野中,随着接受者从被动到自觉的领悟,三阶层的犯罪论体系终将在中华大地上生根开花。虽然三阶层体系可能稍微复杂,但是,在肯定了客观的构成要件具有违法推定机能之后,违法性阶段就不是积极判断行为的违法性而是一个消极的出罪判断,有责性的阶段同时包含积极判断和消极判断。因此,三阶层体系三个阶层之间分工明确、逻辑清晰,特别是逐渐走上前台的接受过正规法学高等教育的实务工作者,接受三阶层体系也并非太大的难事。再考虑到前文提到的阶层体系在中国早已存在的历史渊源,可以说,认为三阶层体系在中国的采纳缺乏可行性,显然缺乏充分的理由。

第五节 犯罪构成的类型

犯罪构成是一个具有高度概括性的概念。为了深入理解犯罪构成概念,可以从不同角度对之进行分类。

---

① 黎宏:《我国犯罪构成理论不必重构》,载《法学研究》2006年第1期。

② 张明楷:《刑法学》(第5版),法律出版社2016年版,第85页以下。

③ 有关本书作者对四要件理论的系统批判、对各种改造方案的反思以及对三阶层体系的正面宣传,详细的内容,请参见付立庆:《犯罪构成理论:比较研究与路径选择》,法律出版社2010年版,第29页以下。

④ 高铭暄:《对主张以三阶层犯罪论体系取代我国通行犯罪构成理论者的回应》,载赵秉志主编:《刑法论丛》(第19卷),法律出版社2009年版,第11页;高铭暄:《论四要件犯罪构成理论的合理性暨对中国刑法学体系的坚持》,载《中国法学》2009年第2期。

⑤ 表达了类似观点的,可见陈兴良:《犯罪论体系:比较、阐述与讨论》,载陈兴良主编:《犯罪论体系研究》,清华大学出版社2005年版,第26~38页;周光权:《犯罪论体系的改造》,中国法制出版社2009年版,第304页。

一、基本的犯罪构成与修正的犯罪构成

基本的犯罪构成，是指刑法分则就某一犯罪的基本形态所规定的构成要件，是标准的犯罪构成；而修正的犯罪构成，是指以基本的犯罪构成为基础，结合犯罪行为的不同形态而对基本的犯罪构成加以某些修改或变更而成的犯罪构成。只要是犯罪，不管在什么意义上都还要以构成要件的特殊类型为基本，并且必须是以构成要件的特殊类型为基本的、一般性的、阶段的或方法的类型。这除了构成要件的修正形式外，不会有别的。① 刑法理论上通常认为，刑法分则条文是以单独正犯的既遂形态为样本来规定某一具体犯罪的犯罪构成，因而，除了必要的共犯等特殊场合之外，基本的犯罪构成实际上就是单独正犯的既遂状态的犯罪构成。与此相对，各种未完成形态的犯罪构成，如预备犯、未遂犯、中止犯等，以及正犯（实行犯）之外的组织犯、教唆犯、帮助犯等共犯形态的犯罪构成则属于修正的犯罪构成。② 各个具体犯罪的基本的犯罪构成由刑法分则加以明确规定，而与此相对，各个犯罪的修正的犯罪构成则以刑法分则的基本的犯罪构成为基础，结合刑法总则关于预备、未遂、中止或者是共犯形态的规定加以认定。研究修正的构成要件，是为了准确把握相应犯罪未完成形态的成立条件，以便准确定罪量刑。

二、普通的犯罪构成与派生的犯罪构成

普通的犯罪构成，是指刑法条文对具有通常法益侵害程度的行为所规定的犯罪构成。派生的犯罪构成，是指以普通的犯罪构成为基础，由于具有较轻或者较重的法益侵害性而从普通的犯罪构成中衍生出来的犯罪构成。它包括加重的犯罪构成和减轻的犯罪构成。加重的犯罪构成，是指在普通的犯罪构成基础上，由于具有某种加重事由而形成的犯罪构成。加重的犯罪构成，实际上是法定刑升格的条件。根据加重事由的不同，加重构成又可以分为地点加重、客体加重、数额较重、结果加重、方法加重等。减轻的犯罪构成，是指在普通的犯罪构成基础上，由于具有某种减轻事由而形成的犯罪构成。减轻的犯罪构成，实际上是法定刑减轻的条件。有些刑法分则条文只规定了普通的犯罪构成，如非法搜查罪、非法侵入住宅罪等；有些刑法分则条文则规定了普通的犯罪构成和加重的犯罪构成，如抢劫罪、强奸罪等；有些刑法分则条文规定了普通的犯罪构成和减轻的犯罪构成，如故意杀人罪；还有的犯罪除了规定了普通的犯罪构成之外，还同时规定了加重的犯罪构成和减轻的犯罪构成，如绑架罪。

不过，也有观点在区分量刑规则与加重或者减轻构成的前提下认为，分则条文单纯以情节（特别）严重、情节（特别）恶劣以及数额或数量（特别）巨大、首要分子、多次等作为升格条件时，只能视为量刑规则；分则条文因为行为、对象等构成要件要素的特殊性使行为类型发生变化，进而导致违法性增加，并加重法定刑时，才属于加重的构成要件。相应地，当分则条文因为行为、对象等构成要件要素的特殊性使行为类型发生变化，进而导致违法性减少，并减轻法定刑时，才属

---

① ［日］小野清一郎：《犯罪构成要件的理论》，有斐阁 1953 年版，第 85 页。

② 也有观点认为，“刑法理论以既遂为模式研究构成要件，并不意味着刑法规定的构成要件也以既遂为模式。与其使用基本的构成要件与修正的构成要件的概念，不如直接使用‘既遂犯的构成要件’‘未遂犯的构成要件’‘预备犯的构成要件’等概念”。张明楷：《刑法学》（第 4 版），法律出版社 2011 年版，第 120 页。

于减轻的犯罪构成。[①] 本书赞同对加重、减轻构成要件与单纯量刑规则的区分，在处理犯罪形态与法定刑的适用等问题上，这种区分具有直接的意义。比如，加重构成要件（如杀害被绑架人）可能存在未遂犯，而纯粹升格法定刑的量刑规则（如数额巨大适用升格的法定刑）则不存在未遂犯问题。不过，就区分加重、减轻构成要件与单纯量刑规则的标准来说，是否只限于"因为行为、对象等构成要件要素的特殊性使行为类型发生变化，进而导致违法性增加或者减少"的情形，是否也包括导致行为可谴责性（非难可能性）增加或者减少的情形，似乎值得进一步研究。

三、简单的犯罪构成与复杂的犯罪构成

简单的犯罪构成，又称单一的犯罪构成，是指刑法条文规定的犯罪构成要件均属于单一的犯罪构成，具体而言，是指出于一个罪过实施一个行为的犯罪构成。当刑法规定的犯罪构成中只包含单一行为、单一主体、单一对象、单一结果时，就是简单的犯罪构成。复杂的犯罪构成，是指刑法条文规定的犯罪构成各个要件具有选择或者复合的性质。复杂的犯罪构成包括选择的犯罪构成和复合的犯罪构成两种。[②] 选择的犯罪构成是指法律规定有可供选择的要件的犯罪构成，包括手段可供选择、客体可供选择、主体可供选择、目的可供选择、时间可供选择、地点可供选择等，比如《刑法》第125条规定，非法制造、买卖、运输、邮寄、储存枪支、弹药、爆炸物的，处3年以上10年以下有期徒刑；情节严重的，处10年以上有期徒刑、无期徒刑或者死刑。在此，就规定了5种可供选择的手段和3种可供选择的客体，故而属于选择的犯罪构成。复合犯罪构成，即法律规定有复合性质的要件的犯罪构成，包括行为复合、罪过复合等。比如强奸罪、抢劫罪都要求复合行为，即区分为手段行为和目的行为，在刑法理论上属于复行为犯，是复合的犯罪构成。而在结果加重犯的场合，如果行为人对基本犯罪持故意而对加重结果的发生持过失，就属于罪过复合形式的复合的犯罪构成。

四、完结的犯罪构成与开放的犯罪构成

完结的犯罪构成，又称封闭的犯罪构成、关闭的犯罪构成、闭合的犯罪构成，是指刑法对所有的构成要件要素都作出了完整表述的情形，此时法官无须另外加以补充而只要依照刑法条文的规定裁判即可。应该说，大多数的构成要件即是如此，比如故意杀人罪、故意伤害罪、强奸罪、抢劫罪等。

开放的犯罪构成，又称待填充的犯罪构成、敞开的犯罪构成，是指刑罚法规只描述了部分的构成要件要素，其他的要素则需要法官在适用时加以补充的情形。例如，过失犯以及不真正不作为犯的犯罪构成即是如此，过失犯中的注意义务内容以及不真正不作为犯中的作为义务内容等，都属于需要法官填充的开放的构成要件要素。[③] 又如，刑法分则关于"情节严重"等抽象性规定和关于"其他方法"等概括性规定，都需要法官在具体适用时加以填补，由此形成的犯罪构成就

---

① 张明楷：《刑法学》（第5版），法律出版社2016年版，第119页。

② 陈兴良：《规范刑法学（上册）》（第2版），中国人民大学出版社2008年版，第110页。

③ 过失犯中，刑罚法规一般只要求法益侵害的结果，而法律所要求的注意义务内容，则由法官确定。不真正不作为犯中，作为义务的来源、作为义务人的范围等，也要由法官加以判断。

属于开放的犯罪构成。刑法理论发展至今,对于开放的构成要件概念的理解经历了变化,现在,比较温和的观点认为,“由于开放的犯罪构成具有对于法官的授权性,为防止司法权的滥用,这种开放的犯罪构成在设置上应当采取慎重的态度”。[①] 而更多的人则倾向于否定开放的构成要件概念本身,并认为,“大体上可以说,只存在开放的刑罚法规,不存在开放的构成要件”。[②] 在本书看来,开放的构成要件要素与不成文的构成要件要素是何种关系、与罪刑法定原则的明确性要求之间是否契合,都值得研究。如果是在德、日的阶层式犯罪构成体系框架下讨论的话,基于构成要件本身的违法推定机能、构成要件的定型性等考虑,否定开放的构成要件概念可能是可行的;如果是在中国的四要件犯罪构成理论中讨论,既然刑罚法规不可能将犯罪的所有成立条件悉数规定,则开放的(待填充的)犯罪构成的概念就必须予以承认,只是,也确实有必要对此持慎重的态度。

---

① 陈兴良:《规范刑法学(上册)》(第 2 版),中国人民大学出版社 2008 年版,第 112 页。

② 张明楷:《刑法学》(第 4 版),法律出版社 2011 年版,第 121 页。

第五章　构成要件该当性

第一节　概　　述

一、构成要件要素

一种行为要成立犯罪,它首先必须符合刑法规定的构成要件。对于构成要件该当性(构成要件符合性)包括什么内容,有两种不同的理解。一种理解认为,构成要件的故意、构成要件的过失也是构成要件的内容,这样,构成要件就不全然是客观的。这种观点认为,构成要件故意是指对构成要件事实的认识,比如,杀人罪,对行为对象是"人"的认识。根据这种理解,构成要件要素就由客观构成要件要素与作为主观构成要件要素的构成要件故意、构成要件过失组成。另一些学者认为,故意应该在有责性阶段判断,而在构成要件阶段只需客观判断行为人所实施的行为是否符合刑法分则规定的构成要件中的客观方面。① 本书采纳后一种理解,认为构成要件要素总体上是客观的,不包括构成要件故意、构成要件过失,只有在间接目的犯等极个别场合,才包含一些主观构成要件要素。

构成要件包括的要素,最重要的是行为(广义的行为,主要包括但不限于危害行为)、行为主体(自然人和单位)、行为对象(人或物)、结果和因果关系。行为是犯罪必要的构成要件要素。其次是结果,即行为所造成的结果。如果肯定行为犯概念,则在行为犯场合就不需要结果。但是,本书持结果无价值论的立场,否认行为犯的概念,主张所有的犯罪都是结果犯(包括侵害犯和危险犯两种),因此,结果也是必要的构成要件要素。此外,还需要有行为与结果之间的因果关系。因果关系也是一种构成要件要素,因果关系的判断是一种客观判断。此外,时间、地点等通常虽然只是客观的附随情状,但在特殊的场合,也可能上升为构成要件要素。再者,在财产犯的场合,数额是认识的对象,也可谓是构成要件要素。

二、构成要件要素的分类

(一)客观构成要件要素与主观构成要件要素

行为、结果、因果关系等都是客观的构成要件要素,由这些要素组成的集合,就是客观的构成要件;与此相对,如果承认构成要件故意、构成要件过失,则其就是主观的构成要件要素。在本书所主张的法益侵害说和结果无价值论看来,构成要件原则上是客观的。仅在比如绑架罪中的"勒

---

① [日]井田良:《刑法总论的理论构造》,成文堂2005年版,第71页以下。

索财物目的”或者伪造货币罪中的“行使目的”这样的例外场合,才承认间接目的犯(将后行为作为目的的犯罪)中的目的属于主观的构成要件要素。

(二)记述的构成要件要素与规范的构成要件要素

记述的构成要件要素,是指立法者对构成要件的描述只需要法官进行事实判断的要素,比如“人”“财物”等;而所谓规范的构成要件要素,则是需要法官进行规范判断和价值评价的要素,比如“猥亵”“淫秽”等。德国学者罗克辛则认为,记述的要素要求一种感性的认识,相反,规范的要素要求一种精神上的理解。[①] 不过,这两者的区分是相对的。记述的构成要件要素与规范的构成要件要素的区分,有利于事实认识错误与法律认识错误的区分,从而也就有利于故意的认定。

(三)成文的构成要件要素与不成文的构成要件要素

成文的构成要件要素,是指在刑法分则或者总则之中明文规定的构成要件要素。比如强奸罪的构成要件就由《刑法》第236条以及第17条、第14条明文加以规定。应该强调,大多数的构成要件要素都是成文的构成要件要素。

但是,并非所有犯罪的构成要件要素都是成文的,立法者出于避免条文冗长的考虑,或者由于认识能力的局限性,总会存在一些成立犯罪必需但立法却并未明文规定的构成要件要素,这就是不成文的构成要件要素。比如,不真正不作为犯的作为义务、过失犯罪的结果预见可能性与结果回避可能性等,都属于不成文的构成要件要素。再如,成立伪造货币罪要求有“行使的目的”或者说“置于流通的目的”,这一主观目的的要求也并未规定于刑法条文之中,从而也就是不成文的。确定不成文的构成要件,需要法官在具体司法活动中加以填充,这就需要根据相应犯罪的本质与法益保护需要,同时考虑法条之间的关系、罪与非罪的区别等。

此外,还有学者提出在成文的构成要件要素与不成文的构成要件要素之间存在空白要素,即刑法分则条文明文指出需要援引其他法律、法规的规定,并由这些法律、法规来确定内容,如交通肇事罪中的“违反交通运输管理法规”。[②] 不过,由于这种犯罪成立条件属于刑法所明文要求的,因此其终究属于成文的构成要件要素,不过是其内容需要进一步补充而已。

(四)共同的构成要件要素与非共同的构成要件要素

共同的构成要件,指成立所有犯罪都需要的构成要件要素,比如行为主体、行为等;而有些构成要件要素只是某些犯罪成立所需要的,比如身份犯场合的特殊身份,就属于非共同的构成要件要素。

---

① [德]克劳斯·罗克辛:《德国刑法学总论》(第1卷),王世洲译,法律出版社2005年版,第201页。

② 张明楷:《刑法学》(第5版),法律出版社2016年版,第123页。

第二节 行 为 主 体

行为主体包括自然人和单位,在自然人场合并不一定要求达到刑事责任年龄具备刑事责任能力。这两个条件是承担刑事责任所必需的,而并不是实施某种行为的前提。

一、自然人主体

自然人主体主要讨论身份问题。这是因为,一些特殊犯罪要求必须具备某种特殊的身份才能构成。身份首先是成立某种犯罪时对于行为主体的自然或者社会属性的要求,这种身份是对单独实行犯的要求,在共同犯罪场合可能是一个有身份者与一个无身份者共同实施犯罪,并构成身份犯罪。比如,一个国家工作人员和一个非国家工作人员完全可以构成受贿罪的共同犯罪。

身份分为法定的身份和自然的身份,法定身份是指法律明确要求成立某种犯罪所要具备的身份,这种身份犯被称为违法身份犯或者真正的身份犯。与违法身份相对,责任身份中身份与行为的违法性本身并没有直接关系,是由于具备了这种身份刑法对其谴责会加重或者减轻,这种身份被称为加减的身份或者不真正的身份犯。如《刑法》第243条规定的诬告陷害罪的场合,国家机关工作人员则会加重刑罚,这就是加重的身份。身份并不是一旦具有则终身具有,比如在自然犯场合,可以通过变性转变性别。同样,身份可能有不同理解,比如一些以特定服务、特定职业为内容,如证人、鉴定人、记录人、翻译人等,有的是因为特定的法律地位,有的是因为持有某种物品,患有特定的疾病(如故意传播性病罪)等。此外,消极的身份则是指成立犯罪以不具有某种身份为前提,如非法行医罪。

二、单位主体

《刑法》第30条规定:“公司、企业、事业单位、机关、团体实施的危害社会的行为,法律规定为单位犯罪的,应当负刑事责任。”

(一)单位犯罪的特征

单位犯罪具有整体性、双重性、局限性的特征。

整体性,指需以单位的名义实施并为了单位的利益。以单位的名义,主要是以单位生效的决策规则、程序达成的决议,而不一定拘泥于单位规章明定的议事规则达成的决议。

双重性。《刑法》第31条规定:“单位犯罪的,对单位判处罚金,并对其直接负责的主管人员和其他直接责任人员判处刑罚。本法分则和其他法律另有规定的,依照规定。”该条对于单位犯罪主体的处罚,原则上规定了双罚制,即同时处罚单位本身和单位的两类责任人员。其中又可以具体细分为:(1)对单位判处罚金,对两类责任人员规定的法定刑与自然人犯罪的法定刑相同(参见《刑法》第150条);(2)对单位判处罚金,但对两类责任人员规定了较自然人犯罪更轻的法定刑(参见《刑法》第 386 条关于受贿罪的处罚规定与第 387 条关于单位受贿罪的处罚规定)。该条还特别规定“本法分则和其他法律另有规定的,依照规定”,即虽然法条表述的行为主体是单位,但分则规定只处罚其中的自然人,即实行单罚制。其中包括:(1)并非为本单位谋取利益,而是以单位名义实施的私分国有资产、私分罚没款物的行为;(2)将部分过失犯罪的行为主体表示为单位,但仅处罚直接责任人员;(3)将行为主体表述为单位(如《刑法》第 161 条),但如处罚单位会损害无辜者的利益,因而只处罚两类责任人员。不过,上述各种情况下,本质上并不符合单位犯罪的成立条件,因此原本就并非单位犯罪。这样来看,我国刑法对单位犯罪的处罚就是双罚制。

局限性,指单位犯罪具有法定性,即法律规定为犯罪的才能认定为犯罪,同时单位责任承担具有有限性的特点。如何判断单位犯罪“法律有明确规定”? 关于法律将某个犯罪类型规定为单位犯罪,立法中存在几种不同的规定方式。

第一种,法条本身的构成要件描述体现出对行为主体的要求。例如,《刑法》第 137 条工程重大安全事故罪规定,建设单位、设计单位、施工单位、工程监理单位违反国家规定,降低工程质量标准,造成重大安全事故的……此罪没有规定对单位本身判处刑罚,而采取单罚制作为双罚制的例外,规定对直接责任人员判处刑罚,而没有对单位本身加以处罚。因为,如果对单位本身判处刑罚可能存在殃及无辜的问题。这是法条本身的构成要件描述就包含着对行为主体的要求。

第二种,本条的其他款规定单位可构成本罪。表现为刑法分则的多个条文中第 1 款规定的是自然人犯罪的情形,第 2 款则规定“单位犯前款罪的”。诸如此类规定在第 2 章、第 3 章、第 6 章中较多。比如走私普通货物、物品罪的第 1 款规定自然人走私普通货物、物品的,而第 2 款则规定单位犯前款罪。

第三种,无论法条中对构成要件本身的规定,还是其他款中都没有规定可以构成单位犯罪,但是由于某些犯罪之间具有相似性,都被规定在刑法分则的同一章、同一节之中,是同一类型的犯罪。这些同一类型的不同犯罪既可以由自然人构成也可以由单位构成。这种情况下,从立法技术角度考虑,没有必要在每个具体犯罪中都设立一款规定“单位犯前款罪的”,而在这一节的最后单设一个条文规定“单位犯本节之罪的”。例如,《刑法》第 140 ~ 148 条规定了大量的产品质量犯罪,这些犯罪都可以由单位构成,但是如果在每条中都规定“单位犯前款罪的”则太过烦琐,所以立法直接在《刑法》第 150 条规定“单位犯本节第 140 条至第 148 条规定之罪的”。同样,在《刑法》第 200 条的金融诈骗罪的相关部分、第 211 条的危害税收征管的类罪、第 220 条的侵犯知识产权的类罪、第 231 条扰乱市场秩序罪的类罪、第 346 条破坏环境资源保护罪,第 366 条制作、贩卖、传播淫秽物品罪等犯罪之中,都是在相应节的末尾规定了“单位犯本节规定之罪的”。所以,在适用法律时,不应仅根据该条法律之中没有规定单位可以犯本条之罪就认为本条规定之罪只能由自然人构成,还应看这一节的末尾有没有兜底式规定,如果均没有的,才意味着法律没有规定为单位犯罪。

如果一种危害社会的行为法律没有规定为单位犯罪,是否可以认为“法无明文规定不为罪”？如单位集体研究偷电的行为，法律没有规定为单位犯罪，并不是说法无明文规定不为罪，而是应该按照自然人共同犯罪来处理。对此，立法解释予以了明确。根据2014年4月24日第十二届全国人民代表大会常务委员会第八次会议通过的《关于〈中华人民共和国刑法〉第三十条的解释》，公司、企业、事业单位、机关、团体等单位实施刑法规定的危害社会的行为，刑法分则和其他法律未规定追究单位的刑事责任的，对组织、策划、实施该危害社会行为的人依法追究刑事责任。

局限性的表现还在于单位犯罪承担刑事责任的方式是有限的，仅有“判处罚金”一种方式。增加单位犯罪的责任承担方式应该是刑法修改的一个方向。

（二）单位犯罪的主体要件

根据1999年6月25日发布的最高人民法院《关于审理单位犯罪案件具体应用法律有关问题的解释》第1条，《刑法》第30条规定的“公司、企业、事业单位”，既包括国有、集体所有的公司、企业、事业单位，也包括依法设立的合资经营、合作经营企业和具有法人资格的独资、私营等公司、企业、事业单位。该司法解释第2条还规定，个人为进行违法犯罪活动而设立的公司、企业、事业单位实施犯罪的，或者公司、企业、事业单位设立后，以实施犯罪为主要活动的，不以单位犯罪论处。第3条规定，盗用单位名义实施犯罪，违法所得由实施犯罪的个人私分的，依照刑法有关自然人犯罪的规定定罪处罚。

机关能否成为单位犯罪主体，理论上曾一度有争论。至今仍有论者认为，《刑法》第30条把“机关”规定为单位犯罪主体，第387条把“国家机关”规定为单位受贿罪主体，这样规定既不合适，也不便于执行。因对单位犯罪实行“双罚制”，对直接负责的主管人员和其他直接责任人员判处刑罚，对单位判处罚金；而国家机关的经费来自国库，罚金也是交国库，由国家出钱交罚金给国家，没有实际意义。同时，涉及政府、法院、检察院等国家机关构成单位受贿罪时，很难查处。建议修改“国家机关”作为单位犯罪的规定，取消现行的对国家机关判处罚金的规定，凡国家机关以单位名义收受贿赂的，对直接负责的主管人员追究刑事责任，依法没收单位收受的财物，不把政府、法院、检察院等国家机关作为受贿犯罪被告。① 但是，立法本身的态度是明确的，理论上也逐渐趋于共识。而且，这样的规定也并非虚置，司法实践之中已有多起机关被判构成犯罪的实例，②将文本中的法律变成了实践中的法律，具有重要的标本意义。

此外，根据2001年1月21日发布的最高人民法院《全国法院审理金融犯罪案件工作座谈会纪要》，以单位的分支机构或者内设机构、部门的名义实施犯罪，违法所得亦归分支机构或者内设机构、部门所有的，应认定为单位犯罪。不能因为单位的分支机构或者内设机构、部门没有可供执行罚金的财产，就不将其认定为单位犯罪，而按照个人犯罪处理。

---

① 戴玉忠：《我国贿赂犯罪刑法制度的演变与发展完善》，载《法学杂志》2016年第4期。

② 较近的一起是，黑龙江佳木斯市前进区原区委书记王恒勋、原区长刘维国为促成区政府与九阳集团的合作项目，经商议动用办公经费，向佳木斯原市委书记林秀山行贿1万欧元和3万元人民币。佳木斯市向阳区法院审理后认为，前进区政府和王恒勋、刘维国的行为构成单位行贿罪，判处前进区政府罚金5万元，王恒勋、刘维国免予刑事处罚。劳月：《区政府行贿市委书记被判具有标本意义》，载《新京报》2016年6月17日，第A03版。

(三)单位犯罪中的自然人

《刑法》第30条规定,在单位犯罪的场合,对直接负责的主管人员和直接责任人员加以处罚。根据2001年1月21日发布的最高人民法院《全国法院审理金融犯罪案件工作座谈会纪要》,直接负责的主管人员,是在单位实施的犯罪中起决定、批准、授意、纵容、指挥等作用的人员,一般是单位的主管负责人,包括法定代表人。其他直接责任人员,是在单位犯罪中具体实施犯罪并起较大作用的人员,既可以是单位的经营管理人员,也可以是单位的职工,包括聘任、雇佣的人员。应当注意的是,在单位犯罪中,对于受单位领导指派或奉命而参与实施了一定犯罪行为的人员,一般不宜作为直接责任人员追究刑事责任。对单位犯罪中的直接负责的主管人员和其他直接责任人员,应根据其在单位犯罪中的地位、作用和犯罪情节,分别处以相应的刑罚,主管人员与直接责任人员,在个案中,不是当然的主、从犯关系,有的案件,主管人员与直接责任人员在实施犯罪行为的主从关系不明显的,可不分主、从犯。但具体案件可以分清主、从犯,且不分清主、从犯,在同一法定刑档次、幅度内量刑无法做到罪刑相适应的,应当分清主、从犯,依法处罚。

三、人工智能的定位

关于行为主体,较为前卫的问题在于着眼未来的人工智能是否也能包括其中。现有研究者一般主张人工智能可分为弱人工智能和强人工智能两种类型。在人类设计和编制的程序范围内行动的弱人工智能不具有辨认能力和控制能力,产品的工具属性已决定无须将其作为刑法中的行为主体。分歧主要在于未来可能出现的具有独立意志的强人工智能是否可以作为刑法上的行为主体。但是,本书认为,这可能是一种未来性命题,现阶段来探讨刑法中强人工智能的定位并无多大意义,不仅缺乏实践基础,也与目前的刑事立法趋势不相符合。而且,强人工智能既不存在充分认识及严格遵守法规范的意识,刑法也难以对其设置合适有效的制裁方式。因此,现阶段人工智能不能作为刑事责任主体,也没有必要作为行为主体加以讨论。

第三节 行为对象

行为对象,是指行为所作用的,体现法律所保护的利益的人、物或者组织。如杀人的行为对象是人,盗窃的行为对象是被害人的财物。所以,人或物是最直接的、最明确的行为对象。就作为行为对象的"人"来说,除了包括人身之外,还包括体现于人身的自由与权利,如行动自由、名誉权利、民主权利等。学说上还认为"信息"属于物的一种,如侵犯公民个人信息的这类犯罪,公民个人信息虽然不是有体物,但也是一种值得保护的利益。所以,如果认为物可能包括无体物,就没有必要将信息单独列出,信息可归为物的一种。

研究行为对象最直接的意义,在于行为对象体现出的法律所保护的利益内容是不同的,人或者物只有被行为所作用,并且由于行为人的行为使得人或物存在样态发生改变、被作用,使得人或者物体现的利益发生改变,才可能被评价为利益遭受了侵害。例如,人被杀死了,物被转移占有了,就是一种作用的体现,体现了背后的生命权或者财产所有权遭受了侵害。

学说上还特别强调,行为对象不同于组成犯罪行为之物,像行贿受贿的场合不能认为贿赂本身(如钱)是行为对象。在行贿受贿对向犯的场合,可以认为行为对象是具体的国家工作人员的存在样态或者国家工作人员因为行贿人的行贿行为使得其被收买的样态,而不能认为贿赂本身是行为对象。同样在赌博的场合,不能认为赌资是行为对象。再如行为孳生之物,如制造伪劣产品中的伪劣产品、制造毒品中的毒品,都不能认定为行为对象。犯罪行为之报酬也不是行为对象,如雇凶杀人中给凶手的钱物显然不是行为对象,行为对象是被害人。行为对象也不同于供犯罪行为使用之物,如作为犯罪工具所使用的财物不是行为对象。

一个犯罪可能存在数个行为对象的场合,典型的,如一个行为侵犯数个法益的场合,根据法益所体现的形式不同,存在不同的行为对象。在抢劫的场合,既针对人身也针对财产,则行为对象既包括人也包括物。是否每个犯罪都有行为对象存在分歧,多数理解认为,如脱逃罪、偷越国边境罪、组织领导参加黑社会性质组织罪等都没有行为对象,在以上场合存在行为所侵害的法益,但并没有以行为对象的形式体现出来。最近的有力说认为,任何一种犯罪都有行为对象,行为对象和行为客体一样,有抽象和具体之分。如偷越国边境的场合,国边境的存在状态就是一种行为对象。

实际上,研究行为对象的意义主要体现于以下有限场合。

(1)特定的行为对象是大多数犯罪的构成要件要素。对于多数犯罪来说,需要有明确的行为对象,具备一定的行为对象才成立相应的犯罪。例如,强奸罪的场合需要"女性"这一行为对象的存在,如果客观上是男性,但行为人以为是女性,因根本不存在作为强奸罪行为对象的女性,则会影响强奸罪的认定。至于最终的结果是根本不构成犯罪或者构成其他犯罪如伤害罪,还是构成强奸罪的未遂,则属违法性的本质、犯罪既遂未遂等需要讨论的问题,结论上会有不同的理解。其中,一种观点认为是强奸的未遂,另外一种观点则认为不构成强奸罪,如果致人轻伤构成故意伤害罪,如果没有轻伤则不属于刑法的规制范围。再如,拐卖儿童罪中必须有未满 14 周岁的儿童存在,如果以为是未满 14 周岁的儿童但客观上是已满 14 周岁的男子,则不存在拐卖儿童罪的行为对象"儿童"。另外,已满 14 周岁的男子也无法评价为妇女,因此不可能成立拐卖妇女罪,存在非法拘禁的按非法拘禁罪处理,没有非法拘禁的可能就不构成犯罪。

(2)特定对象影响此罪彼罪的区分。如盗窃的场合,盗窃的对象不同就可能会影响此罪与彼罪的区分。盗窃的是普通的公共或私人的财物会构成盗窃罪;如果盗窃的是枪支或弹药则构成盗窃枪支、弹药罪。如果以为是普通财物但客观上是枪支或弹药的,则属于事实认识错误,由于行为人不知道是枪支,只构成普通盗窃罪;如果行为人知道是枪支而盗窃的,则构成盗窃枪支罪,不构成盗窃罪。再如,盗窃的是国家机关的公文,侵犯的是国家对公文的管理秩序,可能构成盗窃国家机关公文罪。

(3)行为对象不同,影响罪行的轻重。仍以盗窃罪为例,盗窃亿万富翁的10万元钱和盗窃筹钱治病者的10万元钱,行为对象虽都是10万元财物,但所体现的对被害人利益侵害的程度完全不同,因此对于罪行进而对刑罚的量定会产生重要影响。在前者的场合,量刑相对较轻,后者的量刑则会相对加重。再如,同样是故意伤害,伤害的是流氓、混混、无赖与伤害孕妇、老人、儿童等相比,危害性是不同的。在确定的法定刑幅度之内,按照行为对象不同以及不同行为对象背后体现的利益轻重来决定刑罚的轻重,以做到罪责刑相适应。

第四节　行　　为

一、构成要件行为与实行行为、危害行为

行为必须是有体的和有意的。(1)有体性,是指行为作为身体动静,必须以一定的方式呈现于外部,这是行为的客观要素。单纯的思想,无论多么邪恶都不可能成为刑法上评价的行为。语言一般来说不是行为,但在煽动型犯罪的场合,语言可能对于刑法所保护的相应利益造成危险,从而可能被评价为煽动行为。(2)有意性,是指行为必须是主体在意思支配之下的身体动作,这是行为的主观要素。欠缺意思支配的纯粹身体动静,比如梦游或者膝跳等条件反射,不属于刑法上的行为。这样说来,尽管学说史上关于刑法上行为的含义存在自然行为论、有意行为论、人格行为论、社会行为论、目的行为论等不同主张,本书则采纳了有意行为论的立场。

行为是否必须具备有害性,值得讨论。如果认为构成要件行为就是犯罪的实行行为,就会肯定构成要件行为的有害性,因为实行行为一定是可能导致法益侵害或者法益侵害危险的行为。在与实行行为对等的意义上谈构成要件行为,则其包含着否定评价和有害性的特征。但如果着眼于构成要件行为和违法行为的区分,认为构成要件行为的评价只是一个中性评价的话,则构成要件行为和实行行为以及危害行为是不同的。这个意义上的构成要件行为,也包含着正当防卫行为等正当行为在内,从而就会认为,有害性并非构成要件行为的必要属性。需要强调,要从构成要件行为、实行行为和危害行为等不同意义上来理解行为概念。我国传统刑法理论肯定危害行为,这时所说的危害行为和实行行为大致是对等的。而在提到构成要件行为时,除了包括危害行为,还包括在违法性阶层中阻却违法性的正当行为,如果在这种意义上讨论构成要件行为,就不必然具有危害性。

二、危害行为

(一)危害行为的表现形式

危害行为在客观上有两种表现形式:一种是积极的作为,另一种是消极的不作为。这里的作为通常表现为积极的身体动作,从法规范的对应关系来讲,它是违反了禁止规范,是不当为而为。作为是危害行为的典型方式,又可分为直接实行的行为与间接实行的行为两种类型。直接实行既包括亲手针对行为对象实施造成法益侵害结果的行为,也包括通过单纯的工具或者自然条件

实施的行为,如借助电脑转账盗窃的行为,还包括通过动物实行的行为。而间接实施的行为,是指通过他人实行的行为,既包括利用被害人自身行为的情形(此时要求被害人失去了意志自由而别无选择),也包括利用第三人的无故意、无认识的行为。而间接实施的行为通常称为间接正犯。

作为违反的是禁止性规范,是不该为而为,“做了不该做的事”;与此相对,不作为违反的是命令性规范,是当为而不为。不作为并不是一种纯自然意义上身体的静止,它可能在危害结果发生时虽有身体上的动作,但没有实施法律要求去做的事情,而是在做其他事情。比如,在锅炉需要添水时,锅炉工人却做着跟工作无关的事情(比如玩麻将),而导致未按时添水维护的锅炉爆炸,造成严重伤亡。这时,锅炉工人是有身体动作的,但在法律评价上说,他属于没有实施业务上要求的添水行为,法律因此对他没有完成这种作为义务的行为做否定评价。

(二)不作为犯的类型

作为犯罪是犯罪的典型情形,不作为犯罪则是一种例外情形。不作为犯罪具体包括两种类型。一种是纯正的不作为犯或称为典型的不作为犯,这是标准的不作为犯罪,其构成要件行为是刑法分则明确要求的,刑法典上要求有作为义务而行为人未履行作为义务并导致危害结果的发生。比如《刑法》第 129 条规定的丢失枪支不报罪,“依法配备公务用枪的人员,丢失枪支不及时报告”并造成严重后果的场合构成犯罪,就是纯正的不作为犯。再如,《刑法》第 313 条规定的拒不执行判决、裁定罪要求“对人民法院的判决、裁定有能力执行而拒不执行,情节严重”;《刑法》第 429 条的拒不救援友邻部队罪要求“在战场上明知友邻部队处境危急请求救援,能救援而不救援,致使友邻部队遭受重大损失”;以及《刑法修正案(九)》新增加的拒不履行信息网络安全管理义务罪,要求“网络服务提供者不履行法律、行政法规规定的信息网络安全管理义务,经监管部门责令采取改正措施而拒不改正”等,都属于此种纯正的不作为犯罪。这种犯罪只能以不作为的方式发生,法条上通常除了规定作为义务之外,还常明确规定了作为能力的要求。

除了纯正的、典型的不作为犯罪之外,另一种是不纯正的不作为犯罪,这种犯罪通常是通过作为方式实现的,而在案件中当事人是以不作为的方式导致了通常由作为引发的结果。就这些犯罪而言,刑法分则条文并没有明确将不作为作为谴责和否定评价的对象,其在规范评价上是和作为相同,差别仅在于是以不作为的形式违反了禁止性规范而已。比如,故意杀人罪通常需要以积极的动作实施杀人的行为,如果行为人以不作为的方式实现杀人的目的,如母亲饿死刚出生的婴儿,同样成立故意杀人罪。这就是不纯正的不作为犯。

不纯正不作为的场合是一种例外情况,其是否符合罪刑法定原则值得研究。现代各国的刑法理论几乎没有例外地认为,处罚这种非典型的不作为犯罪并不违反罪刑法定原则,因为刑法并没有明确规定某种犯罪必须以特定的方式完成,比如故意杀人罪的场合,并没有要求必须以积极作为的方式杀人。但是,从另外的角度讲,不纯正的不作为犯罪毕竟不像纯正的不作为犯罪那样有明确的刑法条文规定可以参考和依据。客观上,如果对于所有因为不作为而引发危害结果的行为都按照犯罪处理,可能使行为人不知所措,会妨碍其行为自由。所以对不纯正不作为犯罪的成立条件必须加以限定。对不纯正不作为犯来说,更根本、更关键的问题是,它在符合什么条件的情况下才能够按照不作为犯罪处理。

三、不纯正不作为犯的成立条件

（一）积极的作为义务

如果没有作为义务，不为的行为客观上就不能被规范地评价为刑法上的不作为。刑法意义上的不作为，不是事实上的不作为，而是法规范评价意义上的不作为。换言之，这种不作为必须以"当为"为前提。在什么情况下能够肯定作为义务呢？这可以从形式和实质两个方面加以理解。从形式上来说，通常把作为义务的来源分为四种，也就是所谓的形式四分说。一是法律规定，如依法纳税的义务，父母对未成年子女的抚养义务等。但是，值得讨论的是，夫妻之间相互扶养的义务是否等同于夫妻之间在危险时相互救助的义务？比如，夫妻吵架后，一方要自杀而另一方不加阻拦导致死亡后果的，未阻拦的一方是否构成杀人罪？① 这种情况在刑法理论中意见不一致，实践中也有不同的处理方式。我国的司法实务在解决配偶的作为义务问题上，大多过于形式地得出结论，认为只要存在配偶关系，就负有作为义务；也有少数刑事判决实质性地考虑到必须限制配偶作为义务的范围，对这种实务做法更需充分关注。在本书看来，一方意志自由范围内实施的自杀，属于自我决定权的实现，不能认定为不作为犯罪。② 与此相对，并非被害人自陷风险、自我决定，而是由于意志以外的原因处在危险之中时，则应该肯定未处在危险中的另一方具有帮助其配偶排除危险的义务。唯有如此，才能使婚姻家庭法上的义务落到实处。二是职务或者业务上的行为，比如消防人员的救火义务等。但是，比如出租车司机发现乘客神志恍惚或者已经喝了农药，这时是否有救助的义务？或者说，这时出租车司机的义务是一种什么性质的义务？出租车司机有把乘客安全送达目的地的义务，但是否存在乘客危险时的救助义务，对此存在争议。学说上通常对此做限定性解释，不认为他们在特定情况下有救助的义务，但这值得检讨，本书则对此初步持肯定回答。三是法律行为，如合同行为，当事人约定自愿的行为等。比如，一临时登山小组口头约定，当任一成员遇到危险时其他成员有积极救助的义务，这样的不违反任何公序良俗的约定是有效的，如果出现一成员有危险而其他人不救助的情况，其他人则可能因为违反了作为义务，而构成不作为的故意杀人罪或者是遗弃罪。四是行为人的先前行为，比如把邻居家的孩子领到河边嬉戏，孩子意外落水却没有救助而导致其死亡，可能成立不作为的犯罪。对于此处先前行为的范围存在争论。本书认为，先前行为可以包括违法行为甚至犯罪行为，也包括一般意义上的合法行为。但合法行为产生救助义务的，应该限于是合法行为造成了法益侵害危险的特定场合，如前面所说的将邻居家小孩领到河边的行为。正当行为能否成为此处的先前行为存在争论。比如，因并未过当的正当防卫行为而造成他人的伤害结果，是否具有救助义务？此时，

---

① 典型的案例，参见《宋福祥故意杀人案》，载中国高级法官培训中心、中国人民大学法学院编：《中国审判案例要览》（1996年刑事审判卷），中国人民大学出版社1997年版，第34～37页；《薛玉莲故意杀人案》，载国家法官学院、中国人民大学法学院编：《中国审判案例要览》（2001年刑事审判案例卷），中国人民大学出版社2002年版，第30～32页；《张述伟故意杀人案》《吴德成故意杀人案》《王春全故意杀人案》，可参见刘荣庆、孙永根：《警惕家庭内频发"不作为"杀人案》，载《人民日报》2002年7月3日，第11版。

② 对此问题的细致展开，参见冯军：《论配偶刑法上的作为义务》，载《政治与法律》2017年第5期。

如果肯定这种救助义务进而对不履行义务的行为予以刑法上的非难的话，无疑与将该行为评价为“正当行为”这一点产生不协调。在不法侵害人被防卫人的防卫行为（没有明显超出必要限度）造成伤害的场合，由于是不法侵害人的不法侵害在先，是其自身创设了不被法所允许的危险，则其健康法益的保护义务自然也就存在于其身，而不能委诸防卫人。因而，本书认为，正当行为不应该产生作为义务。当然，如果正当行为超出了必要限度也就不再“正当”，则仍会产生相应的作为义务。

中国传统刑法理论倾向于从形式上理解作为义务的来源。但是，近年来受到德日大陆法系刑法理论的影响，也开始逐渐从实质上对行为人有没有作为义务进行判断。如果要不纯正不作为犯与作为犯能够等价，就要找到能够填补不纯正不作为犯与作为犯在结构上的沟壑，从而使两者在价值方面等价的媒介。因此，等价性问题的核心就在于是否可以找到使两者在价值方面相等的媒介来填补不纯正不作为犯与作为犯在结构上的沟壑。①

大陆法系刑法理论认为，如果行为人处于保障人地位时，就有作为的义务；如果行为人不处于保障人地位时，就没有作为的义务。确实，这里的作为义务就是一种结果避免义务，为赋予这种义务奠定基础的，也就是保证人地位。“保障人地位是旨在使因不作为而引起构成要件结果能够和因作为引起构成要件结果在构成要件该当性上能同等看待的要件，因此，就有必要从‘能否与作为引起的结果等同看待’这一观点出发，来划定保障人地位的范围。”②这里所说的不作为引起的结果能够与作为引起的结果同等看待，也就是不作为与作为之间的等价性问题，正是这种“同一视可能性”才担保了用通常处罚作为犯的构成要件来处罚不作为不会违反罪刑法定原则。比如，在一个荒凉的乡村小路上交通肇事，之后未予救助而是选择了逃逸，这时被其他人救助的可能性很小，被害人法益的保护对行为人作为的依赖性很高，相应对这种不作为本身的可谴责性也就比较高，就可以说这时的不作为和作为之间是等价的。

保障人地位的具体判断是一个非常复杂的问题，其中，“对因果经过的排他性支配”标准较为有力，该说在不作为者基于自己的意思设定了“事实上的排他的支配”的场合，则肯定作为义务。③ 不过，正如有论者指出的那样，这一见解着眼于因果关系的支配、试图对保障人地位予以限定的理解，虽是值得肯定的，但其中的“排他性”要件却是多余的要求。这是因为，不仅在过失犯领域通常是承认同时犯的，而且故意犯也可以被认定为同时犯。由于同时犯不可能肯定对因果经过的排他支配，所以就不能把对因果经过的排他支配当成作为犯的特征。从而，排他的支配也就同样不能成为不作为犯的成立条件。本书对保证人地位的判断标准问题，采取对因果进程的“支配性说”。具体而言，这里的“支配”，既包括对脆弱法益的支配，也包括对危险源的支配，两者都可能产生保证人地位。前者比如，养育孩子的父母的场合；后者比如，在运用危险的装置或从事危险的业务的场合。④

---

① ［日］日高义博：《不真正不作为犯的理论》，庆应通信株式会社 1983 年版，第 109 页。
② ［日］山口厚：《刑法总论》（第 3 版），付立庆译，中国人民大学出版社 2018 年版，第 80 页。
③ ［日］西田典之：《刑法总论》（第 2 版），弘文堂 2010 年版，第 125 页以下。
④ ［日］山口厚：《刑法总论》（第 3 版），付立庆译，中国人民大学出版社 2018 年版，第 89～93 页。

(二)作为可能性

不作为犯罪成立的第二个条件是,行为人必须有作为可能性,即行为人必须有能力实施法律要求的作为义务。法不能强人所难,只有能为而不为的行为,法律才予以谴责。作为可能性需要具体判断,在以客观判断为基础的前提下,还需要适当考虑当时的各种限制条件。比如,将邻居孩子带到海边散步的行为人是否有救助该名小孩的作为可能性,原则上应以行为人是否具有在海中游泳并救助的客观能力为基础判断,同时要考虑当日的天气、行为人当日的身体状况等各种限制因素,综合加以判断。

(三)结果回避可能性

如果积极履行了作为义务,就可能避免危害结果发生时,就可以认为行为人存在结果回避可能性(或称结果避免可能性)。若是没有结果回避可能性,就欠缺追究不作为者法律责任的客观基础。比如,行为人因违章造成车祸,受害人遭受了濒临死亡的重伤,即使被及时救助也不能免于死亡,这时需要谴责的就是行为人先前违章而导致他人重伤以致死亡的行为,而不能对行为人的不予救助进行否定评价。之所以要求结果回避可能性这一要件,是因为其担保的是不作为与结果发生之间的因果关系,即正因为及时履行作为义务(可能)避免结果发生,才可以说,最终结果的发生是由于未履行作为义务这一不作为所致。

(四)结果的发生

这种结果是由于不作为所导致的。关于此,需要考虑因果关系可能中断的问题。如果因果关系中断,就不能评价不作为行为。同时,结果的发生应该是不作为犯罪成立的必备要件。这是因为,过失不作为的场合自不必说,在故意不作为的场合,如果最终并未发生危害结果,即便在理论上存在成立不作为犯罪未遂的可能性,实务上通常也不会按照犯罪处理。

(五)罪过

需要说明的是,以上仅是不作为犯罪成立的客观要件。要想成立不作为犯罪,还需要行为人具有罪过,即行为人是由于故意或者过失而不作为的。如果是因为意外事件或者不可抗力而未能作为或者无法作为,自然不能追究其刑事责任。同时,具体区分不作为的罪过类型也十分必要,在因过失而不作为的场合,只有法律有规定的才负刑事责任。比如《刑法》第133条规定了交通肇事罪,其中“因逃逸致人死亡的”定交通肇事罪,并处升格的法定刑。这时的“因逃逸致人死亡”即因为逃逸而未予救助这种不作为而导致被害人的死亡结果,就是一种不作为。这种场合,究竟是按照交通肇事罪处理,还是按照不作为的故意杀人罪处理,就要考虑行为人对于被害人死亡结果的主观心态。

四、持有

我国刑法中存在将持有某种物品本身规定为犯罪的所谓持有型犯罪。如非法持有枪支、弹药罪,非法持有毒品罪,非法持有国家绝密、机密文件、资料、物品罪,非法持有宣扬恐怖主义、极端主义物品罪,以及持有假币罪,持有伪造的发票罪等。对于这些持有型犯罪的行为方式,存在着作为犯说、不作为犯说以及第三行为方式说的基本对立。作为犯认为“不该持有而持有”就属于“不当为而为”;而不作为犯说则认为“该上交而不上交”就属于“当为而不为”,就是不作为。而所谓的第三行为方式,试图对以上二者予以调和而主张持有系与作为、不作为并列的独立的行为方式,但从规范的角度而言,作为与不作为这种分类是具有排他性的,不可能存在“灰色地带”、中间地带。本书认为,持有是对国家禁止公民私人持有物品的违法占有和控制状态,其本质是“不该持有、无权持有而非法持有”,即“不当为而为”,所以,持有是一种积极的作为。

第五节 结 果

一、关于行为犯与结果犯的分类

理论上存在所谓行为犯与结果犯的分类,认为行为犯是指只要有某种行为的完成犯罪即可既遂,而结果犯是指以某种结果的发生为犯罪既遂的条件。并且一般认为,非法侵入住宅罪、伪证罪等都不需要对行为对象造成现实的侵害结果,因此都属于行为犯。本书认为,如果是立足于行为无价值论,认为刑法上违法的本质是所谓规范的违反,则会肯定行为犯的概念。但是,行为本身受到否定评价并不等于行为即便不产生结果也可以成立犯罪。本书立足于法益侵害说和结果无价值论的立场,认为行为本身的否定评价并不应该成为判断犯罪成立与既遂的形式标准,而必须是在某种行为实际上已经具有了法益侵害或者法益侵害的危险性时才能成立犯罪。从这样的主张出发,就会认为所有的犯罪都是结果犯,不应该承认行为犯的概念①(同样,所谓举动犯的概念,更无存在的必要)。

而且,一般所理解的行为犯,要么可以理解为实害犯,要么可以理解为抽象危险犯。(1)可以理解为实害犯的情况,比如非法侵入住宅罪。非法侵入住宅的行为表面上看来是行为完成即可,不需要造成具体的损害结果,但这样的理解是建立在对结果概念的狭隘理解基础之上。实际上,结果并不限于对行为对象的物质性改变,也可能是一种功能性、评价性、规范性的改变。只要未经住宅权人许可进入了住宅,就已经侵害了别人的居住权,这种侵害本身就是一种结果。只不过这种被理解为行为犯的结果犯,和普通的结果犯有所不同。如在杀人的场合,杀人的行为和人被杀死的结果存在时间或空间上的间隔;而在非法侵入住宅的场合,只要进入了他人的住宅,他人的居住权就已经受到了侵犯,结果在行为完成之时就已经发生。(2)可以理解为抽象危险犯的情况,比如危险驾驶罪。在道路上醉酒驾驶机动车的行为一完成,就推定具有了危害公共安全的抽象危险。但在确实通过证据反证了危险并不存在时,应该允许出罪。这就是将其理解为抽象危险犯时,不同于将其理解为行为犯的实益所在。②

---

① 付立庆:《行为犯概念否定论》,载《政法论坛》2013 年第 6 期。

② 付立庆:《应否允许抽象危险犯反证问题研究》,载《法商研究》2013 年第 6 期。

二、结果加重犯

结果加重犯，又叫加重结果犯，是指故意实施刑法规定的一个基本犯罪行为，由于发生了更为严重的结果，刑法加重其法定刑的情况。由于结果加重犯只有一个犯罪行为，只是危害结果较为严重，故认定为一罪。结果加重犯虽受到是“旧时结果责任的残留”等众多非难，但基于科刑的平衡和补正价值，目前主要的着眼点在于其责任主义的强化。[①] 在国外，结果加重犯一般成立独立的罪名，比如《日本刑法典》在第236条规定了强盗罪的同时，还专门在第240条规定了强盗致死伤罪。根据中国的刑事立法与司法实践，结果加重犯的罪名与基本犯罪的罪名是一致的，结果加重犯并不成立独立的罪名。相较于日本刑法理论，我国对于结果加重犯的解释则会更加灵活。

1. 结果加重犯的特征与成立条件

（1）行为人实施了基本犯罪行为，但造成了结果加重。基本犯罪行为与加重犯结果之间具有因果关系，从而是基本犯内在的特别危险实现了加重结果。[②] 换言之，如果实施一定性质的基本行为，虽实际产生了加重的结果，但可以评价为是以基本犯的实现为目的所造成的，可以说是不折不扣地符合该犯罪类型的固有不法内容，即“直接性”能够肯定的情况，可以认为成立结果加重犯。[③] 如果加重结果不是由于基本行为造成的，则不成立结果加重犯。比如，行为人实施了故意伤害的行为，但在被他人送往医院救治的途中遭遇车祸身亡，由于被害人死亡结果是由第三人即造成车祸的司机所致，从而行为人只对伤害结果承担责任，而不属于伤害致死。还应该强调，基本行为造成的加重结果应该是指造成了基本行为被害人的加重结果，而不是指基本行为针对第三人造成了加重结果。比如，行为人在强奸过程中，暴力行为导致了被害妇女身旁的婴儿死亡的，不应该认为是强奸致人死亡，而应该认为是强奸罪与过失致人死亡罪的竞合。

（2）行为人对基本犯罪一般持故意态度，对加重结果至少有过失。首先，行为人对基本犯罪一般持故意态度，但也有少数情况是对基本犯罪持过失态度。[④] 其次，对加重结果至少有过失，如果对加重结果没有过失，则不成立结果加重犯。其中，大部分结果加重犯对结果只能是过失，如故意伤害致死，行为人对死亡只能是过失，如果对死亡结果持故意，则成立故意杀人罪。少部分结果加重犯对加重结果既可以是过失也可以是故意。如抢劫致人重伤、死亡的，属于结果加重犯，行为人对重伤、死亡结果既可能是过失也可能是故意。这需要根据犯罪的性质、法定刑以及犯罪之间的关系进行分析，从而得出正确结论。

要成立结果加重犯，行为人必须对加重结果有罪过。正是因为行为人对加重结果有罪过，从而成为追究行为人对加重结果承担刑事责任的主观基础。也就是说，因为对加重结果有罪过，至少是有过失，才可以要求行为人对加重结果负责，才有了主观上的可谴责性。同时，由于行为人

---

① ［日］香川达夫：《结果加重犯的本质》，庆应通信株式会社1978年版，第3页以下。

② ［日］小林宪太郎：《刑法总论》，新世社2014年版，第22页。

③ ［日］榎本桃也：《结果加重犯论的再检讨》，成文堂2011年版，第100页以下。

④ 例如，《刑法》第132条规定，铁路职工违反规章制度，致使发生铁路运营安全事故，造成严重后果的，处3年以下有期徒刑或者拘役；造成特别严重后果的，处3年以上7年以下有期徒刑。其基本犯即为过失犯。

的基本行为导致加重结果,从而为追究行为人对加重结果的责任奠定了客观基础。所以,如果只要求基本行为导致了加重结果,而不要求对加重结果的过失,会扩大结果加重犯的成立范围,违反责任主义原则,对于被告人来说,是有失公平的。只是目前有观点主张因“在基本犯中包含着引起加重结果的高度的危险性”,“就实行基本犯罪的人而言,对于加重结果的发生,也是能够充分认识、预见的,有关这个加重结果的发生,当然必须作出慎重回避的努力”。这样的“因违反注意义务而引起加重结果的人,其过失相较于一般的过失是更重的”。若根据如此的理解,对加重结果的过失而且是“重大的过失”大体上是被“自动”予以肯定的。只是强调形式的“基本犯内在特殊的类型危险”,其主张本身确实会是一种“危险”。①

对于基本犯,持故意或过失态度一般没有争议。但是,司法实践中存在一种倾向:只要行为人对基本犯持故意态度,同时由于基本行为导致了加重结果,刑法又对此规定了结果加重犯,那么,就不管对于加重结果是不是有过失,都直接认定为结果加重犯。比如,在强奸这种场合,实施了强奸的行为,被害人由此死亡。这种情况下,实践中,就可能不管行为人对加重结果即被害人的死亡有无过失,都直接根据强奸行为导致了被害人的死亡这一点而按照强奸致人死亡来处理,不再单独考虑对于被害人死亡这一加重结果,行为人是否有过失。这是一种比较危险的倾向,需要予以警惕。

(3)刑法就发生的加重结果加重了法定刑。所谓加重了法定刑,是相对于基本犯罪而言,即结果加重犯的法定刑高于基本犯罪的法定刑。如果刑法没有加重法定刑,结果再严重也不是结果加重犯。例如,强奸妇女致其重伤的,由于刑法加重了法定刑,属于结果加重犯;而强制猥亵、侮辱妇女致其重伤的,因为刑法没有加重法定刑,故不是结果加重犯。再如,《刑法》在第 260 条虐待罪的场合规定了“致使被害人重伤、死亡”时加重法定刑,而在第 261 条遗弃罪的场合则无此规定。因此,在遗弃致被害人死亡的场合,不应该拘泥于在遗弃罪的基本法定刑幅度内从重处罚(本书作者此前的观点),而应该认为这是遗弃罪与过失致人死亡罪的竞合,需要从一重处理,从而完全可能按照法定刑更重的后者定罪,这样也才能和虐待致死的场合保持均衡。至于遗弃致人重伤的,由于过失致人重伤的法定刑轻于遗弃罪,则直接按照遗弃罪基本犯酌情处理即可。

由于刑法对结果加重犯规定了加重的法定刑,故对结果加重犯只能认定为一罪,并且根据加重的法定刑量刑,既不能以数罪论处,也不能按基本犯罪的法定刑量刑。

2. 结果加重犯和转化犯的区分

结果加重犯,指行为人实施了基本行为,导致了加重结果,行为人对加重结果有罪过,并且,立法就此规定了结果加重犯,将该类犯罪依该罪定罪,不另定他罪,不成立数罪。比如,在故意伤害致人死亡的情况下,行为人明知自己实施了故意伤害的行为,对方流血过多,而行为人却以为被害人没事,结果导致被害人死亡。该情况下,按故意伤害罪定罪、量刑时,按伤害致人死亡的情节来量刑。

但是,如果立法有特别规定时,则成立转化犯。这时,并不是以结果加重犯定罪,而是以转化

① [日]内田浩:《结果加重犯的构造》,信山社 2005 年版,第 22 页以下。本段其他引文均出自该书。

之后的犯罪来定罪。比如,《刑法》第 247 条规定,司法工作人员对犯罪嫌疑人、被告人实行刑讯逼供或者使用暴力逼取证人证言的,处 3 年以下有期徒刑或者拘役;致人伤残、死亡的,依照本法第 232 条、第 234 条的规定定罪从重处罚。由此可知,司法工作人员对犯罪嫌疑人实施刑讯逼供或暴力取证时,如果使用暴力致人伤残,按照故意伤害罪定罪;致人死亡的,按照故意杀人罪来定罪。也就是说,这种情况下不会按照原罪的加重犯定罪,而是转化为新的犯罪。因此,结果加重犯的成立要有法律的明确规定,由于加重结果的出现,而在相同的基本犯的犯罪罪名之内,加重法定刑。如果立法规定,要按照其他犯罪定罪,也就不能被认定为结果加重犯,而是转化犯。①

三、即成犯、状态犯、继续犯

1. 即成犯。即成犯,是指随着法益侵害等犯罪结果的发生,犯罪即告成立而且终了,法益也同时消灭的犯罪。其典型例是故意杀人罪,一旦出现被害人死亡的结果,犯罪则既遂,被害人的生命这一法益也就同时消灭。此时,继续加入者不和前面的人成立共同犯罪。比如,前来帮助犯罪的人在动手之前,被害人已经死亡,即使他主观上想要杀人,但由于客观上法益已经消失,因此不构成故意杀人,最多可能成立《刑法》第 302 条的侮辱尸体罪等其他犯罪。

2. 状态犯。状态犯,是指侵害一定法益而成立犯罪,犯罪成立的同时犯罪也就终了了,但在其后侵害法益的状态依然存在。当这种存续的法益侵害状态还受构成要件评价时,不另成立他罪。比如盗窃罪,行为人犯盗窃罪窃取财物后,盗窃行为已经结束,但是非法占有他人财物的状态一直在持续,对所窃物品的占有意味着被害人的财产权利遭受侵害的不法状态存在。在状态犯中,犯罪完成后继续保持违法状态,只要该违法状态已依据状态犯的构成要件做出评价,即使其本身似乎符合其他构成要件,比如将所盗物品予以毁坏的,也不构成故意毁坏财物的犯罪,这属于不可罚的事后行为(共罚的事后行为)。

故意伤害罪是否为状态犯?由于构成要件结果是可以附加程度的概念,虽说在状态犯的场合一旦发生构成要件结果,犯罪就成立且终了,但结果恶化,其侵害程度更深时,外观上看起来像是犯罪仍在持续成立之中。既然是发生了人的健康状况的不良变化这一构成要件结果,本罪就成立并且终了,但此后只要是健康状态进一步恶化,就会导致针对更重的结果成立伤害罪,要是导致了最重的死亡结果的话,在该阶段则成立伤害致死罪。在此意义上,伤害罪并非继续犯,其终归还是个状态犯。② 不过,“由于即成犯与状态犯无论何者都是由于法益侵害的发生而导致犯罪的成立并且终了,在此之后不过是法益侵害状态在继续,在这些点上是共通的,所以对两者在概念上加以区分具有困难,并且,区分两者也并不具有实际上的意义”。③

3. 继续犯(持续犯)。继续犯也叫持续犯,是指由于发生了法益侵害的结果犯罪就成立了,而在法益侵害结果持续期间犯罪也持续成立着,并未终了。例如,《刑法》第 238 条规定的非法拘禁

---

① 对此处的“致人伤残、死亡”是否要有故意,取决于将此处规定理解为法律拟制还是注意规定。对此,如本书后文《刑法各论讲义》部分详述,本书采注意规定说。

② [日]山口厚:《刑法总论》(第 3 版),付立庆译,中国人民大学出版社 2018 年版,第 49 页。

③ [日]山口厚:《刑法总论》(第 3 版),付立庆译,中国人民大学出版社 2018 年版,第 47 页。

罪,从行为人非法把他人拘禁起来时开始,一直到恢复他人人身自由时为止,非法拘禁行为以及由此产生的侵害他人自由的结果处于持续状态之中,并未终了。在与犯罪终了时期的关系上,重要的是继续犯与状态犯的区分。

(1)继续犯的特点

继续犯的特点是不法行为和不法状态同时继续,而不仅仅是犯罪行为所造成的不法状态的继续。不法行为继续则不法状态必然继续,但某些犯罪,当不法行为终了以后,不法状态仍然可能继续。例如,前述的盗窃罪,犯罪分子非法占有赃物这一状态也可能维持相当长的时间,直到赃物起获为止,这就是单纯的不法状态的继续而不是不法行为的继续,因此不是继续犯。

(2)继续犯的意义

首先,在继续犯的情况下,即便是犯罪行为已经完成,犯罪已经既遂,但是仍然存在成立共同犯罪的可能。这也是继续犯区别于其他犯罪形态的独立价值。

其次,从犯罪个数角度看,继续犯是一个行为,因为主观上继续犯具有对于一个犯罪行为的故意,尽管具有长时间实行的性质,但都是为了达到其犯罪的目的。行为具有延续性,但不能由此认为是数行为。例如,非法拘禁,拘禁一天是一个行为,拘禁一年也是一个行为,只是行为延续时间的长短不同而已,并不涉及行为的单复数问题。具有一个行为是继续犯成立的前提条件,如果是数行为,就不可能是继续犯。

必须明确的是,在继续犯的危害行为处于一直持续的状态中,行为人为实现其犯罪意图,根据作案环境的变更而采用各种不同的作案手段和作案方式,只是其所实施的一个危害行为的组成部分或构成因素。也就是说,它们都属于一个危害行为的多种表现形式,不能因此而认定为数个危害行为,并进而否定一行为持续进行的属性。此外,应当注意的是,中国刑法所规定的多数继续犯通常由作为形式构成,少数继续犯(如遗弃罪)只能由不作为形式构成。在某些情况下,继续犯持续实施的一个危害行为,可以始于作为并在行为继续过程中转为不作为。

继续犯的犯罪行为必须持续一定时间或以一定时间的持续性为成立条件。这是继续犯最显著的特征之一,也是其区别于其他犯罪形态的重要标志之一。对于继续犯的时间持续性特征,可以从以下两方面加以理解:其一,继续犯的时间持续性,通常可以分解为属于成立继续犯必要要件的时间持续性和属于继续犯经常性特征的时间持续性。这两种时间持续性的性质和作用,截然不同。其二,继续犯的时间持续性,表现为基本构成时间和经常伴发其存在的从重处罚或加重构成时间的不间断性。这是继续犯的犯罪行为及其所引起的不法状态同时处于持续状态的重要时间条件。

最后,认定继续犯,对于确定追诉时效的起算点具有重要的意义。我国《刑法》第89条规定,追诉期限从犯罪之日起计算;犯罪行为有连续或继续状态的,从犯罪行为终了之日起计算。追诉时效是以犯罪行为终了开始计算的,什么时候犯罪行为实施终了,追诉时效就从什么时候开始计算。所以,认定某个犯罪是否是继续犯,对计算追诉时效大有意义。在继续犯的场合,直接从犯罪行为终了之日起计算追诉时效。在确定追诉时效的意义上,不应该认为继续犯仅是“行为效果”的继续,[1]而应该坚持认为是“行为本身”的持续,否则会得出不合理的结论。

第六节　因果关系

行为人实施了行为,客观上造成了危害结果,能否就该结果追究行为人的刑事责任,这是因果关系论所要讨论的问题。

首先必须明确的是,作为因果关系判断起点的“行为”是何种行为。比如,劝说他人乘飞机并为其购买机票,祈祷飞机失事,后来该人乘坐飞机,飞机果真失事;或者,劝他人下雨天去森林散步,祈祷他被雷电劈死,后来该人去散步果真被雷电劈死。这两个例子中,并不存在符合构成要件的行为,也不存在刑法上的实行行为,从而没有必要讨论因果关系问题。因此,因果关系讨论的起点是构成要件行为,终点是危害结果,讨论的是构成要件行为与危害结果之间是否存在引起与被引起的关系。能够说是构成要件行为引起了危害结果,就认为存在因果关系;否则就不存在因果关系。当一种身体动静不能被评价为刑法上的实行行为时,就无须讨论是否存在因果关系的问题。前述两个例子中,不存在能够被评价为杀人行为的构成要件行为——无论是劝说他人乘飞机的行为、为他人买机票的行为,还是劝说别人去森林散步的行为,都并非是杀人的构成要件行为,因此,不需要讨论是否存在因果关系。在此,不需要一方面扩大构成要件行为的范围而将上述行为认定为刑法上的行为,另一方面又通过因果关系的判断而排除犯罪的成立;更不需要先在客观上肯定因果关系的存在,再从主观上判断犯罪是否成立。特别是,先肯定因果关系,再从主观上肯定有想让他人死亡的心理状态,甚至会造成上述场合成立故意杀人罪这一荒谬的结论。

构成要件行为本身必须是具有法益侵害危险的行为,这样的危险不是间接的、抽象的(抽象危险犯的场合除外)、较远的危险,而必须是现实的危险。所以让他人乘坐飞机,飞机虽存在极小的失事概率,但这种危险不是现实的危险,理论上是极其稀薄、极其抽象的危险,因而就不是构成要件行为所要求的危险。只有一个行为具备现实的危险,比如明知飞机上有恐怖分子安装的炸弹,还劝说他人乘坐飞机,这时危险就不再是理论上的危险,而是能评价为现实行为的危险;明知天气预报报道今天傍晚有大到暴雨,并伴很强的落雷,还劝说他人到树木密集的森林中散步的情况,尽管劝说他人去时还没有下雨的征兆,但行为人已经知悉了接下来很有可能出现的天气状况,这时劝说行为的危险就不是抽象的危险,而是比较现实的危险。这样的行为也有可能被评价为是故意杀人的构成要件行为,从而就需要进一步判断行为与结果之间有无因果关系。

① ［日］山口厚:《刑法总论》(第3版),付立庆译,中国人民大学出版社2018年版,第48页。

一、刑法上因果关系的认定

(一)我国传统刑法理论的学说

关于刑法上因果关系的认定,中国传统刑法理论在20世纪80年代时更多的是从哲学上讨论问题,对此存在必然因果关系说与偶然因果关系说的争论。必然因果关系说认为,如果实行行为(危害行为)是危害结果发生的根据,并且合乎规律地产生了危害结果时,则行为与结果之间就是必然因果关系,只有这种必然因果关系,才是刑法上的因果关系。① 但是,判断行为中是否包含着产生结果的根据、判定行为导致结果发生是否合乎规律,是存在困难的。而且,这种学说还可能缩小处罚范围,得出不合理的结论。偶然因果关系说认为,危害行为本身虽不包含产生危害结果的根据,但在其发展过程中偶然介入其他因素,由介入因素合乎规律地引起危害结果时,则危害行为与危害结果之间就是偶然的因果关系,介入因素和危害结果之间就是必然因果关系;而必然因果关系与偶然因果关系都是刑法上的因果关系。② 以上是20世纪80年代从哲学角度(内因与外因)来探讨因果关系的思路,其中,偶然因果关系说是在对必然因果关系说加以批判的基础上发展起来的。

进入20世纪90年代之后,学说上逐渐发现因果关系不但是事实问题,还是能不能将结果归责于行为人的行为的规范判断问题,于是出现了事实因果关系和法律因果关系的区分。所谓事实因果关系就是单纯的引起与被引起的关系,如果能肯定这一点就具有事实因果关系;法律因果关系,是指在有事实因果关系的前提下,进一步判断结果能不能规范评价为行为所引起。这种分析框架本身虽然没有问题,但没有指明如何判断具有事实关联性的行为和结果之间的关系能否被评价为规范的引起与被引起的关系。因此这种分析框架固然不错,但不具有足够的操作性。

20世纪90年代开始,受到德日刑法学的影响,条件说和相当因果关系说在我国刑法学界逐渐占据主流地位。最近若干年来,受德国刑法学的影响,20世纪70年代开始在德国具有世界影响的客观归责理论也逐渐被我国一些学者引进,并且引起了广泛关注。虽然客观归责理论还没有在中国学界占据主流地位,但其影响力不容忽视。

(二)条件说

条件说建立在条件公式的基础上。所谓条件公式,是指在没有A行为就没有B结果时,就说A行为是B结果的条件。如果没有这个行为也发生这个结果,就很难说是该行为引起的这一结果。因此,就因果关系的判断来说,一般都认为首先符合“没有这个行为,就没有这个结果”的公式是必要的。在能肯定没有行为就没有结果的场合,行为就是结果的条件。比如,如果行为人不扣动扳机的话,这个人就不会死,这时这个行为就是这个结果的条件。正如前文所强调的,行为要求的是构成要件行为,而结果是指危害结果。不能说,就算我不杀他,人终有一死,那就不能说是我的行为导致他的死亡。这里的结果必须是“具体的”结果,即你要是不杀他,他就不会在

---

① 高铭暄主编:《刑法学》(第2版),法律出版社1984年版,第129页以下。

② 李光灿、张文、龚明礼:《刑法因果关系论》,北京大学出版社1986年版,第99页以下。

此时此地以此种方式死亡。如果对结果随意地抽象、扩散的话，就无法判断条件关系的存在。

因果关系论之中的条件说主张，只要存在条件关系，这种条件就是原因。有条件关系就有刑法上的因果关系，这是条件说的立场。因此，根据条件说，只要能肯定条件公式，就能肯定行为与结果之间存在条件关系，从而存在因果关系。

条件说为了避免一些不合理的结论，也会对条件公式做一些限定。在一些特定场合，条件公式会受到限定而中断，也就是需要借助一些辅助内容来判断是否存在条件。在存在代替的原因的场合，如果机械地适用条件公式的话，可能无法准确判断是否存在条件关系，这时需要对条件公式作出某种修正。比如说在假定的因果关系的场合，如果按照传统条件公式就会得出不合理结论，这时就需要对条件公式加以修正。关于假定的因果关系，典型的是执行死刑的场合。一个因故意杀人而被判处死刑的人，在其将要被执行死刑的一刹那，被害人父亲出于愤怒推开了执行死刑的法警，亲自扣动扳机，在预定执行死刑的时刻枪杀了囚犯。被害人父亲的行为是杀人的构成要件行为，有导致他人死亡的具体危险，而死刑囚死亡也确实是具体的结果。假如判断因果关系时机械地适用条件公式，就会得出不合理的结论。即根据条件公式，如果没有被害人父亲扣动扳机的行为，在同时同地也会有法警对死刑囚执行死刑，所以不存在没有 A 就没有 B 的情况，按照传统条件公式，会否定被害人父亲的行为与死刑囚死亡之间的条件关系，从而会得出否定因果关系这样的不合理结论。此时，条件说会不允许进行这样的假设，因为这种假设客观上是不存在的。换言之，实际上是代替的原因，行刑人员执行死刑的行为代替了被害人父亲的行为，但这样的代替行为是潜在的，并没有现实存在，所以不应该做这样的假定，这是条件说所做的修正。

在二重因果关系的场合，常举的例子是两人在没有共谋的情况下各自投毒，分别达到了致死量，最终导致被害人死亡。这时需要判断每个人的行为与结果之间是否具有因果关系。按照传统的条件公式，没有其中一个人的行为，另外一个人投毒的行为也可以导致被害人死亡，是否可以肯定两个人的行为都和死亡结果没有条件关系，从而否定因果关系？显然不能得出这样的结论。条件说认为，在二重因果关系（又称择一的竞合）的场合，任何一个行为都和结果之间具有条件关系，这时是代替原因的现实化（一个人的行为可以导致结果，没有这个人的行为其他的行为也可以导致结果，其他的行为在现实中也是存在的）。条件说对传统的条件公式进行了修正，即便是在二重因果关系的场合，也不允许做这样的代替。由于没有双方的行为，这个结果是不会发生的，因此需肯定双方行为和结果之间的关系都符合条件公式，都具有因果关系。

但是，无论是在假定的因果关系的场合还是在二重的因果关系的场合，为什么不允许进行“代替”，条件说无法进行合理解释。因此，这一学说就难免被批评为，条件说的修正无非是为了结果而做的修正，是结果导向的，并不存在逻辑上的合理性、必然性。同时，条件说主张在因果性判断的时候虽可以依据客观事实，只是“所有的条件对结果的判断都是等价的”。行为和结果间的事实联系均是犯罪成立的条件，各条件对于结果有平等的条件—结果的关系，其因果性均是十分紧密的。[①] 如此，将条件等同于刑法上的因果关系，还可能导致过于宽泛的肯定刑法上的因果关系，在许多场合会得出无法令人信服的结论。比如，一个人仅想伤害对方，在后面用木棒追打

---

① ［日］辰井聪子：《因果关系论》，有斐阁 2006 年版，第 38 页以下。

被害人,把被害人打瘸了,被害人在逃跑的过程中被一辆超速行驶的汽车撞死。如果按照条件说就会认为,如果不打被害人,被害人逃跑时身体就不会是这样一种状况,就不会被汽车撞死,因此,没有打人的行为他就不会被撞死,打人的行为就是他被撞死的原因,因此先前殴打的行为人要承担伤害致死的责任,这是根据传统条件公式得出的结论。很显然这样的结论是不合理的:归根结底,最终导致被害人死亡的并非先前的殴打行为,而是之后的交通肇事行为,这时机械地适用条件说无论进行何种假定,仍会得出不合理结论。尽管在日本和我国都有学者支持条件说,但这一学说在逻辑上不能解释清楚为何不允许代替原因的置换以及在结果上会导致过于宽泛地肯定因果关系,因而并不足取。

二、相当因果关系理论对条件说的修正

在我国,条件说仅仅是少数说,多数学者在条件公式的基础之上进一步限定,只有条件和结果之间不但具有"没有 A 就没有 B"的关系,而且 A 和 B 之间还具有相当性,即 A 通常会引起 B、A 引起 B 并不异常时,才说 A 这个条件是 B 的刑法上的原因。这种在条件说的基础之上,考虑条件和结果之间引起与被引起的关系是否具有相当性的观点,被称为相当因果关系说。它重在通过是否具有相当性这一标准,对根据条件公式所肯定的条件关系进一步予以限定。因此,在前述车祸致死的例子中,殴打行为这样的条件和结果之间因为第三人行为的介入,而导致条件和结果之间引起与被引起的关系欠缺相当性,从而不具备刑法上的因果关系。相当因果关系说在日本目前是通说的地位。我国受传统日本刑法学的影响,相当因果关系说的思考方法也得到了广泛认可。

(一)相当因果关系的判断基准

1. 以条件关系为前提

根据相当因果关系说,以条件说为前提,并且在条件关系存在的前提之下,进一步判断是否是先前行为所具备的导致结果发生的危险性现实化为结果,如果可以肯定,则具有相当性;如果不能肯定,则否认具有相当性。

2. 相当性的判断标准

至于如何判断相当性,存在主观说、客观说、折衷说的对立。主观说将行为人的认识作为是否具有相当性的标准。但是因果关系的判断终归是客观的判断,因此,客观说的立场是比较适当的。所谓客观的相当性判断,是指根据行为当时具有的各种客观条件,客观地判断实行行为具备的导致结果发生的危险性是否现实地造成结果的发生,从而判断是否具有相当性。能够得出肯定结论则认为是相当的,否则就认为欠缺相当性。

对相当因果关系的判断,从正面来说是构成要件行为具有的危险性合乎法则地造成危害结果的场合,就认为具备相当因果关系。反过来说,符合了条件公式,具备条件关系的场合,何时、何种场合能够否定相当性则是问题。通常在存在介入因素的场合,通过考虑介入因素是否会切断条件关系所具有的因果性,来判断其中具有的因果关系。因此,相当性的判断主要是在存在介入因素的场合,是否还可以肯定相当因果关系的问题。它和正面的危险现实化的判断实际上是

同样问题的不同角度。

（二）相当因果关系的具体判断

关于相当因果关系的具体判断，存在以下几种场合。

1. 被害人的特殊体质与因果关系的确定

实践中常常出现这样的情形，双方是小打小闹，一方推了对方一下，但对方患有心脏病，导致其急性心肌梗塞而死亡；或者是故意伤害对方，但对方有血友病，流血过多而死亡。不知对方有这种疾病而伤害对方，并且该伤害一般情况下不可能导致其死亡时，到底能不能肯定前行为与后结果之间的因果关系？能不能说行为所具有的危险性现实化为结果？反过来说，特殊体质对于结果的影响到底在哪里？

对此，主观说可能会认为：如果知道对方有心脏病、血友病还去推，推搡的行为就与死亡之间具有因果关系；要是不知道对方有这个疾病去推搡，就纯属意外，不具有因果关系。[①] 而折衷说亦是采取类似的主张：以行为人或一般人不知为理由否定归责，其受到的批判是强有力的。[②] 主观说或折衷说的观点是将行为人对被害人所具有的特异体质是否具有认识，作为判断因果关系是否存在的标准，但很显然，这和因果关系的客观性是相违背的，因为是否存在引起和被引起的关系，或者能否说行为人的行为和最终危害结果之间存在刑法上的因果关系，终归是客观的判断。能不能说行为所具有的危险性现实化为结果，是客观的"有"或者"无"的判断，不应以行为人的认识这一主观因素作为决定性因素。因此不管认识或者没认识到他人存在特异体质，事实上没有推搡或者伤害的行为，他人的心脏病或者血友病就不会发作，因此条件关系首先可以肯定。而且在这样的场合，介入因素——被害人的特异体质由于并非是被害人所能控制的，因此也不应该归因于被害人本人的行为。因此在学说上，少有争议地认为，这种情况下可以肯定行为人的行为引起了构成要件的结果，可以肯定具有因果关系。如果行为人不知对方具有相应疾病，仍将结果归因于行为人，并非是对行为人的过于苛刻的评价，因为肯定了存在因果关系，仅仅是肯定了客观的构成要件符合，最终是否认定为犯罪，还要进一步判断行为是否违法，以及行为人对于这样的行为是否具有可谴责性即责任。具体来说，是故意引起结果、过失引起结果，还是只是意外引起结果？就是说，在肯定了因果关系后，还需要进一步判断行为人的可谴责性，即是否存在罪过的问题，而并不是说，肯定因果关系就直接导致犯罪的成立。因此，客观上的因果关系在特异体质的场合通常是被肯定的；如果直接否定因果关系，可能会导致行为人在任何场合都不对这样的死亡结果承担责任，这样反而不合理。行为人如果对此有明确的认识仍实施这样的行为，他可能被评价为故意；如果没有故意但有预见的可能性，就可能成立过失。

2. 介入行为与因果进程的相当性判断

第一种情形，介入了被害人自己的行为。比如介入被害人自己的故意行为，强奸后被害人自

---

① 陈兴良主编：《刑法总论精释（上）》（第3版），人民法院出版社2016年版，第215页。

② 只是采用折衷说的藤木英雄则主张"对于看着健康，但因脏器或别的身体缺陷，较轻的打击就可能导致死亡等重大结果的诱因，在社会中并不少，此类情况是不能轻视的"。因此，"即便采取相当因果关系理论，否定因果关系则是错误的"，从而（行为和重大结果的）因果关系需予以肯定。［日］辰井聪子：《因果关系论》，有斐阁2006年版，第125页以下。

杀,没有强奸肯定不会自杀,因此条件关系成立没有问题,但能否认为被害人的死亡可以归责于行为人先前的强奸行为?这种情况下,被害人行为的介入对于结果的发生具有决定性,因此就否定先前行为与结果之间的相当因果关系。当然,介入被害人自己的行为并不必然导致先前行为的条件关系被切断,如被害人在行为人的追打之下,自己因为慌不择路跑上高速公路,被高速公路行驶的汽车撞死。再如,行为人的行为造成了被害人濒临死亡的重伤,然后被害人自杀,这种情况下否定行为人行为与结果之间的因果关系并不合适。因此不能因为被害人故意的自杀行为在所有场合都直接否定因果关系。如果介入被害人的过失行为,如妇女被强奸后逃跑过程中失足坠楼,这种情况下行为与结果之间是否存在相当因果关系值得讨论。①

第二种情形,介入了行为人的行为。行为人在实施故意行为之后,介入了行为人新的故意行为导致被害人死亡,则可以否定先前行为与结果之间的因果关系。比如肇事后导致被害人重伤,因担心对方的纠缠而倒车把对方撞死,此种情况下当然可以否定先前交通肇事的行为和最终被害人死亡结果之间的因果关系,因此就不成立交通肇事罪,只将倒车的行为评价为故意杀人罪。实际上是否定肇事的行为与死亡之间的相当因果关系,即虽然有条件关系,但欠缺相当性,因此没有相当因果关系。在介入了行为人的过失行为后,要具体考察过失行为对最终危害结果发生的原因力大小。过失行为不起作用是一种情况,但如果过失行为对结果的发生产生了实质性的作用,如失手把对方打死了,或者因为随手丢弃的烟头把对方烧死了等场合,更可能否定先前行为与结果的因果关系,而将结果归于行为人新的过失行为。

第三种情形,介入了第三者的行为。分为介入了第三者故意的行为与介入了第三者过失的行为两种情况。比如在追打被害人的过程中,遇到被害人的仇人,其仇人用刀将被害人砍死的场合,当然不能肯定先前行为与死亡之间的因果关系。如果是介入第三者的过失行为,比如交通肇事后,送入医院抢救,但由于医生的重大过失,导致被害人死亡。因交通事故本不足以致命,只要医生正常履行职责就完全可以保住性命,但由于医生上班时精神不集中,出现重大过失,没有按照手术规程操作导致被害人死亡,在这种情况下更可能将死亡归于医生的医疗过失行为,而否认先前行为与死亡结果的因果关系。但如果是第三者的轻微过失的场合,则更可能将结果归于先前的行为,即肯定先前行为与结果之间的因果关系。

第四种情形,介入了自然力。行为人故意伤害被害人,之后行为人或者其他人将被害人送入医院抢救,发生了地震、正常的交通事故(双方都没有责任,完全是意外)、医院发生火灾等情况下,也存在否定前行为与后结果之间因果关系的可能性。

总之,不能认为有介入因素,就能够肯定或否定前行为与后结果的因果关系,而是需要具体根据介入因素对结果发生作用力的大小,原来行为对结果发生作用力的大小,以及介入因素本身是否异常等情况,综合判断构成要件行为所具有的危险性是否现实化为结果。一般来说,行为的危险性越大,越容易将结果归因于行为;介入因素越正常,越容易将结果归于先前行为;介入因素对结果发生的作用力越小,越容易将结果归于先前行为。如果可以通过上述三个因素的判断得出"行为的危险性现实化为结果"的结论,则可以说具有相当因果关系;相反,如果通过对这三个

---

① 张明楷:《结果加重犯的认定——评北京市高级人民法院(2006)京高刑终字第451号判决》,载《中国法律评论》第1卷。

因素的综合分析，难以得出“行为所具有的危险性现实化为结果”的结论，则最终结果的发生就应当是由于介入因素的作用所致，前行为和后结果之间就欠缺相当性。概括来说，即便存在介入因素也完全可能肯定前行为与结果之间的因果关系，这主要是指行为人的构成要件行为本身导致结果发生的危险性很大，介入因素又很正常，介入因素对结果发生的作用又比较小的场合，此时当然可以肯定前行为与后结果发生之间的因果关系。比如，伤害的行为导致他人重伤，在送往医院的途中发生了严重的交通阻塞，事实上如果送到医院抢救有可能挽回生命，但并不能保证抢救一定可以成功，因为堵车而人在送往医院的路上就死亡了。这种情况下，死亡结果究竟是不是先前行为导致的？首先，行为人的先前行为导致结果的危险性比较大，重伤本身就具有导致死亡的较高危险性；其次，介入因素堵车比较正常；最后，堵车对死亡结果的发生作用不大。因此可以将结果归因于先前的行为。此时，如果行为人具有杀人故意则成立故意杀人罪，仅有伤害故意则成立故意伤害罪（故意伤害致人死亡）。

事实上，上述理解一定程度上已经得到了我国司法实践的认可。例如，被告人与被害人因琐事多次发生口角并相互谩骂，遂萌生投毒之念。某晚，被告人用一支一次性注射器从家中的甲胺磷农药瓶中抽取半针筒农药，至被害人家门前丝瓜棚处，将甲胺磷农药打入丝瓜藤上所结的多条丝瓜中。次日晚，被害人及其外孙女食用了被注射有农药的丝瓜后，均出现上吐下泻等中毒症状，被害人更是因甲胺磷农药中毒引发糖尿病高渗性昏迷低钾血症。被害人虽被及时送往医院，但因院方诊断不当，仅以糖尿病和高血压症进行救治，被害人经抢救无效于次日早晨死亡。后被害人的亲属邻里在为其办理丧事时，发现丧者家种植的丝瓜上有小黑斑，怀疑他人投毒，故向公安机关报案，后经排查被告人被抓获。本案辩护人提出，“被害人自身有病，医院又救治不当，被告人投放甲胺磷并不能必然导致被害人死亡结果的发生”，但法院审理后认为，“被害人系因有机磷中毒诱发高渗性昏迷，在两种因素共同作用下致亡，没有被告人的投毒行为在前，就不会有被害人死亡结果的发生”，进而肯定了投毒行为与被害人死亡结果之间的因果关系。① 本案中，人民法院肯定被告人的行为与被害人的死亡结果之间的因果关系，这一点值得肯定，不过其理由还需要根据本书前述几点进行细致补充。在本案中，有被告人的投毒行为、被害人的特殊体质以及医院的诊治失误三个因素需要分析。相关法官的分析指出：（1）被害人因被告人投毒行为所诱发的疾病较为罕见，通常都是基于某种外在诱因而引发，且一旦被诱发，就较难正确诊断。这说明，医院在抢救被害人的过程中出现诊治错误是较难避免的。（2）本案被告人共投放了半针筒甲胺磷农药，剂量不大，而且是向数条丝瓜中分别注射的，被害人食用后并未出现非常强烈的中毒症状，加大了医院准确诊治病因的难度。（3）本案中对被害人进行施救的是当地镇医院，其医疗条件和医疗水平有限，遇有此种罕见病症时出现诊治失误在一定意义上是可以理解的。“综上可见，本案被告人的投毒行为与被害人的死亡结果之间出现医院诊治失误这一介入情况并非异常，该介入情况对死亡结果发生的作用力较小，被告人本身的投毒行为具有导致被害人死亡的较大可能性，因此，仍然应当认定被告人的投毒行为与被害人的死亡结果之间存在刑法上的因果

---

① 《陈美娟投放危险物质案》，载最高人民法院刑事审判第一、二庭编：《刑事审判参考》（第36集），法律出版社2004年版，第1~3页。

关系。”①

据此来判断重叠的因果关系的场合，是否能肯定相当因果关系。两人在没有预谋的情况下分别投入致死量50%的毒药，最终导致被害人死亡。如果两个人是有共谋的，毫无疑问两个人都是故意杀人既遂。但在两人没有共谋的场合，能否认为两人的行为都与结果具有因果关系？这是重叠的因果关系问题。对此，有学者明确肯定重叠因果关系的场合，两个人的行为都和结果具有因果关系，因此两人都要承担故意杀人既遂的责任。② 但是这种观点很难得到赞同。结合上面的分析来看，对于每个人来说都是介入了需要独立判断的第三人新的行为而最终导致结果的发生。行为导致结果的危险性大小为50%，介入因素虽不算正常，但介入因素对结果发生的作用大小也是50%，在这种情况下，难以说行为所具有的危险现实化为结果。肯定每个人的行为分别和结果都有因果关系，两个人都成立杀人罪既遂，难以被人接受。此时，应该在否定相当因果关系的基础上，认定两人均成立杀人未遂。

三、客观归责理论

除此以外，在20世纪70年代，德国兴起了克劳斯·罗克辛(Claus Roxin)提出的客观归责理论：一种行为创设了法律所不允许的危险，这种危险最终实现了，并且是在构成要件的效力范围内实现的，就可以将最终结果归于先前的行为。近年来中国刑法学界开始关注客观归责理论，特别是一些年轻的留德学者受此理论的影响，用其来解决一些问题。而在日本，既有像山中敬一等少数老一辈学者坚持客观归责理论，③也有像小林宪太郎等少数少壮派学者支持客观归责理论，④但大多数日本学者仍然支持传统的相当因果关系理论。客观归责理论为因果关系的判断提供了可供操作的具体框架，在解释具体问题时具有一定的优越性，值得重视。不过，这一理论与相当因果关系理论是何关系，在采纳相当因果关系足以限定条件说的范围的前提下，是否仍有必要采纳这一理论，值得研究。

第七节　时间、地点等

除以上之外，客观的构成要件要素，在一些特定的场合还包括时间、地点等。在多数场合，时间、地点等属于一种客观的附随情状，并非客观的构成要件要素，充其量是量刑时的考虑对象。但在例外的场合，时间和地点等也可能从行为的附随情状这样一个因素上升为构成要件要素。所谓构成要件要素，是说如果不具备这样一个要素，构成要件即无法得到全面满足，就无法肯定构成要件符合性。例如，在军人违反职责罪或者是危害国防利益的犯罪中，有些是要求在战争的

---

① 《陈美娟投放危险物质案》，载最高人民法院刑事审判第一、二庭编：《刑事审判参考》(第36集)，法律出版社2004年版，第6~7页。

② 张明楷：《刑法学》(第5版)，法律出版社2016年版，第187页。

③ [日]山中敬一：《刑法中客观的归属理论》，成文堂1997年版，第789页。

④ [日]小林宪太郎：《刑法总论》，新世社2014年版，第28页以下。

时候（“战时”）、有些是要求“在战场上”实施相应的行为，同样的行为如果不是在战争的时候，或者不是在战场上，则是不构成犯罪的。此外，在非法捕捞水产品罪中，也是要求行为发生在“禁渔区”“禁渔期”等。在这些例外的场合，实际上是将时间、地点等上升为构成要件要素，这些要素对于犯罪成立与否具有重要影响。

在这些特定的场合之外，时间、地点等仅对量刑具有一定的影响。

第八节　主观的构成要件要素与客观的构成要件要素

一、作为例外的主观的构成要件要素

在例外的场合，构成要件阶段可能包含主观要素，或者说，离开一些主观要素，就无法准确地判断构成要件是否完整地得到满足。比如，在绑架罪等场合，如果不考虑主观的勒索财物的目的或者是其他的非法目的的话，就无法判断相应行为是否符合绑架罪的构成要件。在行为人实施了以实力控制他人的行为时，仅此尚不能判断是绑架的构成要件还是非法拘禁的构成要件，只有同时看相应行为的主观目的是什么，是单纯剥夺他人的人身自由，还是为了勒索财物等才能做进一步的认定。在这些例外场合，必须附加考察行为人的目的才能判断具体符合哪一个犯罪的构成要件。这种情况之下，主观目的等称为主观的构成要件要素，这是极其例外的情况，主要发生在间接目的犯的场合。概括来说，对于绝大多数的构成要件来说，只要客观的条件满足了，构成要件符合性的判断就算通过了；但是对一些特殊的犯罪来说，必须满足一定的犯罪目的才能符合相应的构成要件，这时，构成要件就不纯粹是客观的，也包含了主观的要素。

二、客观的构成要件要素的机能

构成要件要素原则上是客观的，只有在例外的情况下才承认主观的构成要件要素。那么，为什么要强调构成要件要素（原则上）的客观性？客观的构成要件要素又具有哪些机能？

客观主义刑法取代主观主义刑法是近代刑法理论发展的重要成果。客观主义刑法的一个重要方面，就是强调违法的客观性。在主张结果无价值（参见后文第6章第2节）的本书看来，在将违法的本质界定为对法律所保护的利益的侵害或者威胁的场合，会更为注重坚守违法的客观性这一命题。在此前提之下，只要是将构成要件理解为违法类型，则影响相应行为违法性内容的要素会被类型化在相应犯罪的构成要件之中，因此，构成要件的要素通常自然就是由客观要素所构成的了。那么，客观构成要件要素到底有何功能？本书对此主要强调如下三点。

（一）推定违法的机能

客观的构成要件首先具有推定违法的机能。符合了客观的构成要件，就可以推定相应行为是违法的。比如，行为人秘密把别人的财物拿到自己手里的行为，就可以推定这样一种行为是违法的。当然，可能会因为特殊因素的存在，导致推定被否定而归于无效。比如，甲虽然在乙不知

的情况下偷偷把乙兜里的手机拿走，但那手机原本就是乙买来给甲做生日礼物的，这种情况之下，虽然不能否认甲的行为符合盗窃罪的客观构成要件，但是乙原本就打算将手机送给甲，甲并没有现实地侵害乙的财产，所以就可以说甲的行为并不违法。只有在这些例外的情况之下，行为符合构成要件的违法推定才被否定，才能说它是一种不违法的行为；而在大多数的场合，只要是行为符合了客观的构成要件，这样一种行为通常就是违法行为。这就是客观构成要件的违法推定机能。

（二）规制故意的机能

所谓规制故意的机能，就是规定、限制故意的认识范围的机能。要成立一个故意犯罪，需要认识到哪些内容？比如，成立奸淫幼女型的强奸罪需不需要认识到对方是幼女？还是只要实施了奸淫的行为就够了？故意犯罪的行为人在主观上需要对哪些因素有认识，这就是故意规制的问题。客观的构成要件要素是奠定一个行为违法性基础的内容，因此，成立故意犯罪就需要对这些内容有正确的认识。所以，客观的构成要件要素具有规定、限制故意的认识范围的机能。

（三）犯罪个别化机能之否定

构成要件是否具有犯罪个别化机能是有争议的。如果认为构成要件是客观的，不包括主观的因素，也就是说不承认构成要件的故意、过失，即在构成要件阶段不考虑故意、过失等问题的话，客观的构成要件就没有犯罪的个别化机能。比如，《刑法》第232条规定的是故意杀人罪，第233条规定的是过失致人死亡罪，不管是故意杀人还是过失致人死亡，其客观的构成要件是一样的：就行为而言，过失致人死亡的实行行为也是存在具有导致他人死亡的危险性的行为；就结果以及行为与结果之间的因果关系而言，都是具有致死危险性的行为客观上导致他人死亡结果的发生。可见，不管是故意杀人还是过失致人死亡，在客观构成要件阶段内容是一样的。所以，客观的构成要件不足以体现犯罪个别化的机能。

有些学者通过强调犯罪的个别化机能，认为在构成要件阶段，应该加入构成要件的故意和构成要件的过失。但是，承认构成要件的故意、过失会带来一系列理论上的难题。比如，在假想防卫的分析上会很麻烦。我国学者认为，如果不承认构成要件的故意、过失的话，客观的构成要件无力承担犯罪的个别化机能。什么叫犯罪的个别化机能？就是通过构成要件将此罪与彼罪加以区别的机能。但在本书看来，这并不是由客观构成要件来承担的，而是由客观的构成要件加上责任阶层中的“责任形式”（加在一起可称为“犯罪类型”）来共同承担的。

第六章 违 法 性

第一节 违法性阻却的一般原理

一、违法性检验的消极性

根据构成要件的违法推定机能,一个行为符合了客观的构成要件(满足了客观构成要件的全部要素),即可推定该行为在刑法上是违法的。那么,这种推定是否成功呢?这就进入第二个阶段即违法性阶层的判断。行为是否符合构成要件要积极地、逐一地从正面加以检验。一个行为既然符合构成要件被推定为违法,而一般情况下这种推定又能够成立,只有在例外的场合才会被推翻,那么,从经济性的角度讲,第二阶段违法性阶层的检验就没有必要再从正面积极展开,只要通过一种消极性的检验来排除一些例外就足够了。

这种违法性检验或者说阻却违法的理由,既可以是法律明确规定的理由,也可以是超法规的违法阻却事由。法定的违法阻却事由,就是由于法律的明确规定而使得一个形式上符合了客观构成要件的行为阻却违法。我国《刑法》第 20 条正当防卫就是这样的违法阻却事由。此外,第 21 条规定的紧急避险,通常也被认为是违法阻却事由(如后文所述,紧急避险未必全都是阻却违法事由)。超法规的违法阻却事由,是指没有明确的法律规定或者说没有明确的法律依据,但是依据一定的违法阻却原理,在具备这些事由的情况之下,仍然不能肯定行为的违法性。通常认为,依照法令的行为、执行命令的行为、职务行为、被害人同意的行为、义务冲突的行为等,都属此种情况。既然是超法规的,就是一个开放的而不是有限的、封闭的体系。

二、违法阻却的一般原理

“违法阻却事由的本质,与违法性的本质(实质违法性)是相对立的范畴。”[①]归根结底,需要根据实质的原理来判断刑法上的违法性是否被阻却。这种实质原理无论是对于欠缺明文规定的超法规的违法性阻却事由的要件的明确而言,还是对于明文规定的违法性阻却事由的解释而言,都具有重要意义。关于违法阻却的原理,基于对违法与否判断的标准或者说对违法的本质为何的认识不同,有两种不同的主张,对于阻却违法的原理也有两种截然不同的理解。

一种理解认为,刑法上违法的本质是一种行为违反了刑法所设定的义务规范。这样既违反了法律规范又违反了刑法上的义务,就是刑法上的违法。如此理解,被称为规范违反说,着眼于

---

① 方鹏:《出罪事由的体系和理论》,中国人民公安大学出版社 2011 年版,第 183 页。

其具体评价的点是“行为”，又被称为行为无价值，即行为本身是受到否定评价的因素，是反价值的。[①] 行为无价值说立场的背后，存在社会相当性这一观念。根据这种理解，行为表面上看来违反了义务、违反了规范或者说符合了构成要件，但实质来说又具有社会相当性，即从整个社会来看，某种行为是社会观念上能够接受、允许、认可的行为，则该行为本身就不是反价值的而是有价值的。在行为无价值论看来，有没有脱离社会基准行为、是不是具有社会相当性，是判断一个行为是否违法的实质要点。比如，基于这种社会相当性的理解，正当防卫的行为把别人打死了，虽然形式上符合故意杀人罪的构成要件，违反了禁止杀人的义务或者说不得杀人的规范，但是这种行为对整个社会而言却是可以接受的，是能够认可和支持的，从而也就并不违法。

与上述立场相反，在结果无价值说看来，“社会相当性”这一观念具有不明确性，刑法上违法的本质也不是单纯的规范违反，而是法益侵害或者法益侵害的危险。该说认为，不管是实际的法益侵害还是法益侵害的危险，都是一种“结果”，这个“结果”本身是反价值的，要受到否定评价。根据这种理解，阻却违法的根据是法益性的欠缺和法益衡量。法益性的欠缺，是指在具体的场合由于案件的特殊性使得相应法益丧失要保护性。比如，为什么实质上不违背妇女意志的“强奸”不构成强奸罪？这种场合下，由于妇女本身对性行为是同意的（尽管行为人并不知道），从而就不存在一个值得保护的妇女性自主权，从而就不构成违法。如后所述，正当防卫的场合也大致可以用法益性的欠缺加以说明。法益衡量是指，尽管能够肯定法益保护的必要性进而肯定法益侵害的发生，但通过将行为所引起的法益侵害与回避的法益侵害（所保护的法益）加以比较、衡量，所保护的法益与所侵害的法益相比是同等的，甚至更为优越的一种衡量方式。紧急避险就属于此种场合。法益衡量之后，是否是负结果，是行为在刑法上违法与否的判断标准。不过，也可以认为，“法益性的欠缺，也可以在成为衡量对象的法益的评价中加以考虑，从而就可以不将其作为一个独立的违法性阻却的原理和基准”。[②] 这样来看，在坚持结果无价值论的场合，认为其阻却违法的实质原理是法益衡量，将特殊场合的法益性欠缺作为法益衡量的具体内容，也是可能的。

第二节 正当防卫

一、正当防卫概述

（一）概说

根据我国《刑法》第20条第1款、第2款的规定，正当防卫，是指为了使国家、公共利益、本人

① 关于“行为无价值”和“结果无价值”中“无价值”的提法并不是指单纯的没有价值的状态，其实可以认为“反价值”这样的用语是更为准确的，但“无价值”这样的表达已是约定俗成了，而且福田平教授曾指出，日文“反価値（はんかち）”的读音和常用的日文“ハンカチ”，即“手帕”的读音是一样的，从而“行为反价值”的提法读起来会比较奇怪。因此，本书仍沿用“行为无价值”和“结果无价值”的提法。具体参见付立庆：《主观违法要素理论——以目的犯为中心的展开》，中国人民大学出版社2008年版，第147页。

② ［日］山口厚：《刑法总论》（第3版），付立庆译，中国人民大学出版社2018年版，第109页。

或者他人的人身、财产和其他权利免受正在进行的不法侵害，对不法侵害人所实施的制止其不法侵害且没有明显超过必要限度造成重大损害的行为。

公民对合法权利的不法侵害，应该尽可能寻求国家公权力的救济，比如通过公安部门等对不法侵害行为予以制止，使自己受到的损害得到补偿，此为正常途径。这是以所有公民都尊重国家公权力，认可国家公权力的正当性为前提的：正是因为这样一种认可和尊重，国家机器才可能正常运转，一个社会才可能维持它基本的秩序；否则，如果允许任何情况之下都不经过公权力的救济、参与而可以直接动用私权的话，整个社会将会处于一种混乱和无序之中。但是，在特殊场合，没有时间、空间、能力等来寻求公权力的救济，或者即便是能够寻求公权力的救济也会带来显著的不利后果时，就应该作为例外允许公民可以不通过公权力救济的方式，通过自身的行为维护自己的利益，这就是私力救济，在符合特定的条件下，获得刑法上的正当性而不被认为是犯罪。这种私力救济的主要代表就是正当防卫。在我国，《刑法》第20条规定的正当防卫制度，是法定违法阻却事由的典型。

（二）正当防卫行为的正当化根据

讨论正当防卫阻却行为违法性的根据，旨在解决两个问题：一是已经符合构成要件的防卫行为何以在刑法上受到肯定评价即并不违法；二是与其他情形比如紧急避险行为相比，正当防卫阻却违法的特性何在。前一问题与关于违法性阻却一般原理的理解有关，后一问题则关系到对正当防卫成立条件的说明，比如为何正当防卫不需要补充性要件。

关于正当防卫行为阻却违法的依据，在德国，通说立足于行为无价值二元说，主张"个人保护原则和法确证原则"。而在日本，有力说偏向于结果无价值说，主张在法益侵害说的框架下进行说明。不过，即便是立足于结果无价值立场，论证正当防卫行为的正当化根据，也会有法益衡量说和法益性欠缺说两种不同主张。法益衡量说认为，正当防卫所维护的利益，除了遭受侵害的法益之外，还有法确证的利益，即通过宣告"急迫不法的侵害"是违法的、不被允许的，进而确认存在旨在保护个人生活利益的法律这一点。在这种主张看来，正是由于所维护的不限于遭受侵害之威胁的法益，而是也包括其他的利益，才能扩展违法阻却的范围，对正当防卫的要件作比紧急避险更为缓和的解释。在日本，内藤谦、大谷实、曾根威彦、山中敬一等学者都持此说。针对这一观点，有学者认为，不但"法确证的利益"具体在多大程度上能够附加到"自我保全的利益"之上，这样的附加实际上是否可能都有疑问，而且更重要的是，这样的"利益附加"能否说明正当防卫不需要补充性要件依旧存疑。对于不法侵害行为的事后处罚也同样能够确证法律的存在，通过"法确证的利益"并不能把握对被侵害法益的保护这一正当防卫的本质侧面，因此就难以很好说明正当防卫作为违法性阻却事由的特殊性。① 此外，还有观点针对早期学者将法确证利益作为正当防卫的正当化的唯一依据，提出"法确证的利益完全依附于防卫人的个人法益，并没有单独存在的余地，从中不能推导出正当防卫的各项成立要件，也不能将之与其他违法阻却事由相区

① ［日］山口厚：《刑法总论》（第3版），付立庆译，中国人民大学出版社2018年版，第114～115页。

分,故不应成为正当防卫的正当化依据”。①

与之相对,法益性的欠缺说则认为,在必要的防卫限度内,不法侵害人的法益失去了法益性。日本学者平野龙一等主张此说。包括补充性要件在内,这种主张能够解释正当防卫的要件较之紧急避险的要件更为缓和的原因。至于如何进一步论证不法侵害人失去了法益性,确实是个问题。对此,山口厚提出了遭受侵害者的利益具有“质的优位性”。即在肯定“正义无须向不法让步”的意义上,遭受侵害者没有回避、退避的义务,为了保护遭受侵害之威胁的法益,对不法侵害人的反击行为就一定是必要的。在这个意义上,就应该肯定被侵害者的正当利益是更为优越的,并且,这种优越地位不是量上的,而是质上的优位性。为了确保被侵害者利益的优势地位,就相当于不法侵害者的法益的保护价值在防卫所必要的限度内被彻底否定,从而形成了与紧急避险要件不同的一种违法阻却事由。②

实际上,上述观点是以正当防卫是“正对不正”“法对不法”这一构造为前提,通过肯定遭受不法侵害者在法益上的“质的优位性”,而肯定了一定程度内不法侵害者法益的欠缺,是在既有法益欠缺说的立场上的推进,即其进一步明确了法益欠缺的理由。立足于结果无价值论立场,本书也认为,正当防卫行为阻却违法的正当化根据在于,由于遭受不法侵害者法益的质的优位性,导致不法侵害者相应法益的丧失。而且,在将“法益的欠缺”理解为法益衡量的一种特殊类型的意义上,此种主张也可能在法益衡量说的总体框架下获得说明,只不过与传统的法益衡量说相比,本书强调法益“质的优位性”而不赞同“法确证的利益”观念而已。

二、正当防卫的成立条件

正当防卫的成立需要符合一定的条件,《刑法》第 20 条对此有明确的规定。结合本条第 1 款以及第 2 款的规定,理论上通常认为正当防卫的成立需要满足 5 个条件。首先,正当防卫必须具备起因条件(客观上存在不法侵害)、时间条件(不法侵害正在进行)和对象条件(必须针对不法侵害人本身)。起因条件、时间条件、对象条件,这些都是客观的条件。除此之外,成立正当防卫,刑法理论通说以及我国司法实践的做法认为,还必须要有防卫目的,即知道对方在实施不法侵害,并且是为了防卫自己或者他人的利益而做出的反击行为。这是正当防卫成立的主观条件。以上 4 个条件结合在一起,保证了正当防卫“正”的属性,由此,相应行为就是正确的、正规的。但要保证相应行为是正当的,除了“正”之外还得是“当”的,即正当、恰当、适当,也就是说,除了具备正规、正式、正确这个前提之外,还得是适当、恰当的,行为没有超出必要的限制。以上主客观条件共同构成了正当防卫的成立条件,其中,起因、时间、对象(以及主观)是正当防卫成立的定性条件,而限度条件可以称为正当防卫的定量条件。

(一)正当防卫的起因条件

正当防卫的起因条件,是客观上存在不法侵害。

① 魏超:《法确证利益说之否定与法益悬置说之提倡》,载《比较法研究》2018 年第 3 期。

② [日]山口厚:《刑法总论》(第 3 版),付立庆译,中国人民大学出版社 2018 年版,第 116 ~ 117 页。

1. 不法

这里的不法,不是指所有的犯罪行为,但又不限于犯罪行为,也就是说,对于一般的违法但没有达到犯罪程度的行为,也可能成立不法侵害;相反,并非对所有的犯罪行为都可以实施正当防卫。(1)必须强调的是,既然不法侵害是"不法"的,当然对于合法行为是不允许进行防卫的。由于正当防卫本身是合法行为,所以对于他人的正当防卫行为当然不允许再进行防卫。至于防卫过当,虽然过当与否的判断需由裁判者事后确定,但归根结底防卫过当是具有违法性的,因而不应该否定对这种行为进行防卫。对于紧急避险行为能否进行正当防卫,存在争议:如果认为紧急避险既可能是阻却违法的事由,也可能是阻却责任的事由,则在认为紧急避险违法而仅仅阻却责任的场合,可以肯定它是"不法"侵害。(2)并不是对所有的犯罪行为都允许进行正当防卫。当一些犯罪行为具有严重地侵害他人权利的属性时,比如杀人、放火、抢劫、强奸、绑架、伤害、非法拘禁等,允许通过反击进行防卫。但是,对于另外的一些犯罪行为,比如贪污、重婚等,则不允许进行正当防卫。因此,能够被评价为正当防卫起因条件的不法侵害中的"不法",在范围上并非包括所有的犯罪。(3)对于没有达到犯罪程度的不法,同样不是在所有场合都能进行防卫。例如,对于不履行债务这样一种欠债不还的行为,就不能直接将债务人手里的东西抢走,或者直接将其殴打一顿以抵销债务,这都是不允许的。这些情况下之所以不允许,是因为在贪污罪、受贿罪、重婚罪或者债务不履行等场合,不法侵害并不紧迫,可以寻求国家公权力的救济;既然如此,就不允许例外的私力救济。由此可见,判断是否属于正当防卫前提的"不法侵害",需要从实质上入手,考察该不法侵害中的"不法"在性质上是否具备紧迫性要件,只要是一种紧迫的不法就足够了,至于是否达到犯罪的程度,并不重要。

2. 侵害

侵害包括实害和危险。不法侵害既包括实际侵害,也包括导致侵害的危险。对方已经对受害人进行伤害并导致轻伤以上结果,这个时候就存在侵害;对方拿着刀向受害人砍却没有砍到,此时不能说有实际侵害,但是却有受到侵害的危险,对此同样可以进行防卫。从侵害的形式来说,既可以是故意的不法侵害,也可以是过失的不法侵害;既可以是作为的不法侵害,也可以是不作为的不法侵害。比如,理论上认为,非法侵入住宅既包括积极的非法侵入,也包括消极的不法侵入,在后者的场合,是不履行应该履行的作为义务,就是一种不作为。针对这种不作为的侵入住宅,把对方推出去造成轻伤的,可能成立正当防卫。[①] 至于是否最终成立正当防卫,还要结合正当防卫成立的其他条件来综合判断,如将对方摔成重伤时,就可能超过必要限度构成防卫过当。

对过失行为也可以进行防卫,这是没有问题的。在阶层体系中,如果三个阶层的检验都通过了就是犯罪,可能成立此处的不法侵害;同时,如果通过两个,即该当构成要件且违法但是阻却责任的行为,也完全可能属于这里的不法侵害。但同时,并不是说行为人一定得至少通过第一个阶

---

① 实务中有判决明确肯定居住权人有权针对积极实施的不法侵入住宅行为进行正当防卫,比如赵泉华案(参见《赵泉华故意伤害案》,陈兴良、张军、胡云腾主编:《人民法院刑事指导案例裁判要旨通纂》(上卷),北京大学出版社 2013 年版,第 450 ~ 451 页。)从与此种场合的均衡性角度考虑,没有理由否定针对不退去型的不作为的非法侵入住宅也可以进行正当防卫。

层的检验才能成为防卫对象。比如,过失造成他人身体法益处在危险之中的行为,就是未达到犯罪的程度、不符合任何一个犯罪的构成要件。例如,行为人为了炫耀自行车车技,骑自行车时不扶车把,两个手插在兜里蹬着自行车。这时,一个小孩在下坡还带拐弯的路上玩耍,行为人手插到兜里时没有看到这个小孩,在即将撞到小孩之际被他人推倒,导致自己摔伤。这种情况下他人是故意把行为人推倒并摔伤,单纯从形式上来看该行为完全符合故意伤害罪的成立要件,但是,这样一种行为主观上是为了保护小孩的健康,客观上也起到了保护小孩的效果,应该属于正当防卫。此时,之所以允许正当防卫,从起因上看行为人主观上是一种过于自信的过失,客观上只是危险行为而尚未造成实害结果,刑法并没有将它规定为犯罪,但这种过失的危险行为仍可以评价为不法侵害。概括来说,不法侵害也可以由过失构成,并且不以符合某一犯罪的构成为条件前提。

3. 不法侵害需要客观存在

就正当防卫的起因条件来说,特别要求它是客观上存在不法侵害;如果客观上不存在不法侵害,行为人以为存在不法侵害,就不符合成立正当防卫的起因条件。客观上不存在不法侵害,行为人以为存在不法侵害并进行所谓防卫的,在理论上称为假想防卫(在日本或者我国台湾地区称为“误想防卫”)。假想防卫在刑法上怎么评价?(1)由于正当防卫的成立以客观上存在不法侵害为前提,而在假想防卫的场合客观上并不存在不法侵害,所以假想防卫不可能成立正当防卫。① (2)假想防卫也不可能成立故意犯罪,因为《刑法》第 14 条的犯罪故意,是“明知自己的行为会发生危害社会的结果,并且希望或放任这种结果的发生”。而在假想防卫的场合,其主观上不是明知自己的行为会发生危害社会的结果,而是主观上以为自己是在防卫自己或者他人的正当权利,所以假想防卫人欠缺成立故意犯罪的前提,故假想防卫不成立故意犯罪。

假想防卫在刑法上的评价,有两种可能。第一,具有过失,根据结果可能成立过失犯罪。比如,一个十八九岁的小伙子,他父亲这天加夜班不在家,小伙子一个人在家里睡觉。当天正好赶上发工资,父亲就让同事把自己的工资捎给儿子。同事下班就比较晚了,又出去吃了点饭、喝了点酒,到小伙子家时已是晚上 10 点多了。开始他敲门没敲开,因为喝了酒就用了些力敲门。小伙子睡得迷迷糊糊,被惊醒了,由于外边敲门敲得很急,小伙子以为是有人来抢劫,于是就抄起一个棒子,开门之后等到对方刚走进来时,一棒子打下去,把对方打成了重伤,结果发现对方是他父亲的同事。在此,小伙子以为在晚上别人是想入户抢劫,也就是说他以为针对的是他家庭财产包括他的人身安全马上就要发生不法侵害,想要保护自己的利益,所以用棒子把别人打伤。但他不是正当防卫,同时他也不明知自己的行为会侵害到对方的健康权,所以不构成故意伤害。但是,他虽然没有伤害别人的故意,却有搞清楚真相的义务:他要搞清楚对方到底是不法侵害人,还是来串门的邻居或者是其他什么情况(比如是来收电费的),然后才能采取进一步的行动。这种情

① 这是我国刑法学界的通说,也是德日刑法理论的一般理解。不过,在英美刑法理论中,却有主张认为,当防卫行为是基于合理信念而为时,假想防卫人可以援引正当防卫条款对其行为进行正当化说明,即将基于合理信念的假想防卫视为正当防卫。近来,我国也有学者持这种主张。参见马乐:《论基于合理信念的假想防卫》,未刊稿。本文不赞同这样的主张。无论如何,正当防卫的成立以客观上存在不法侵害为前提;在基于合理信念的假想防卫的场合,完全可以通过意外事件排除犯罪的成立,援引正当防卫条款不但不符合对《刑法》第 20 条第 1 款本身的解释,而且也毫无必要。

况之下,他没有尽到注意义务,实际上存在过失。也就是,这时属于《刑法》第 15 条所讲的,“应当预见到自己的行为可能会发生危害社会的结果”,应当预见到自己打别人的行为可能会侵害一个正常人的正当权利,却没有尽到这样的注意义务,结果侵害到别人的权利。在这种情况之下,完全可能构成过失犯罪。在该例中若是一棒子把别人打成重伤,或者一棒子把对方打死了,就构成过失致人重伤罪或者过失致人死亡罪;若是过失致人轻伤,则只是承担民事上的赔偿责任,达不到犯罪的程度。在这个假想防卫的例子中,行为人具有谨慎的注意义务以避免危害结果的发生,但未能尽到这种义务,导致了危害结果的发生,所发生的结果是刑法所保护的,并且被明确规定为犯罪,这种情况下,行为人就完全可能承担刑事责任。

第二,意外事件。对假想防卫还可能存在另外一种评价。比如,某人晚上在家里睡觉,迷迷糊糊听到有人喊“抓贼、抓小偷”,这时就拎着一个棒子出来抓小偷,发现对面过来一个人,走得急匆匆的,以为对方是小偷,就把对方打伤了,但事实上对方也是听到了喊声而出来抓小偷的。在这种情况之下,双方都以为对方是小偷,在晚上,又是在这种紧急的状态之下,没有时间进行辨认(在这种一对一的场合,谁先下手谁就掌握主动权,此种情况之下,来不及仔细盘问对方是不是小偷,要是盘问清楚了,对方可能就先出手了),所以这种情况之下以为对方是不法行为,也是为了防卫他人的利益而实施了所谓的防卫行为,但是显然客观上不存在不法侵害。这个时候既不是正当防卫也不是故意犯罪,如果将对方打成了重伤,是不是过失犯罪取决于这时有没有可能认识到对方不是一个小偷,不是一个不法行为。根据当时的时间、场景,把对方当成一个小偷、当成一个不法侵害人是有正当理由的,因为情况很紧迫,从听到喊抓小偷到出来把对方打倒,发生在很短的时间之内,预见到、认识到对方也是来抓小偷的可能性是比较小的。这种情况之下,就不能简单说有搞清楚对方是不是小偷的义务,如此要求有些强人所难。所以,就应该认为把对方打成重伤属于意外事件,属于《刑法》第 16 条规定的,行为虽然造成了危害社会的结果,但由于是不能预见的原因导致的。意外事件不承担刑事责任,当然,这种情况之下,还是需要承担民事责任的。综上,假想防卫要么有过失,可能成立过失犯罪,要么是意外事件,不成立犯罪。

(二)正当防卫的时间条件

不法侵害正在进行,是正当防卫的时间条件。不法侵害正在进行,才能对合法利益造成现实威胁,才可以使防卫行为具有合法性。所谓的不法侵害正在进行,是指不法侵害已经开始、尚未结束。对于已经结束的不法侵害不允许再进行防卫,此时所进行的“防卫”行为属于事后防卫;对于尚未开始的不法侵害也不允许进行防卫,此时所进行的“防卫”行为属于事前防卫。不论事后防卫还是事前防卫,都不属于正当防卫,都可能承担刑事责任。因此,要想成立正当防卫,必须是针对一个已经开始且尚未结束,也就是正在进行的不法侵害。关键问题在于如何判断不法侵害是否已经开始,是否业已结束。

1. 不法侵害已经开始

关于不法侵害是否开始,理论上有几种不同标准,其中比较形式化地理解不法侵害开始和结束的标准认为,不法侵害人进入犯罪现场,就是不法侵害开始,这可称为“进入现场说”;相应地,不法侵害人离开犯罪现场,就是不法侵害结束。也有的形式理解认为,不法侵害人接触到不法侵害的对象就属于不法侵害已经开始,这可称为“接触说”;相应地,已经和不法侵害对象之间存在间隔就属于不法侵害结束。关于不法侵害开始和结束的判断,理论上还存在其他的判断标准,比如以是否着手实行为标准,但对“着手实行”还得作进一步的判断:什么情况下属于实行,什么情况下属于没有实行,实际上相当于同义反复,并没有说清楚。

对于不法侵害开始或者结束的判断,应该放弃前述那些形式性的标准,是否进入或者离开现场,是否接触到或者离开侵害对象,等等,都不应该成为判断标准。这些形式性的标准,往往会导致对危险的判断过于提前或者过于滞后,都不是合理的标准。对此,应该坚持实质的标准,以针对合法利益的危险是不是具体、现实来综合判断不法侵害是不是已经开始或者结束。从实质角度来理解,不法侵害的行为是一种具有法益侵害的行为,或者是具有法益侵害危险的行为。因此,什么情况下属于不法侵害开始、什么情况下属于不法侵害结束,就需要考察危险的具体状况:危险已经现实存在了,就可以说不法侵害已经开始;导致法益侵害的危险已经消除了,不法侵害就已结束。总之,在认定“不法侵害正在进行”时,应立足于现实个案,判断具体危险是否紧迫,是否有必要允许防卫人进行防卫。①

不法侵害还没有开始时也就是一种将来的侵害。对此,一个常举的例子是:一对老夫妇在一个比较偏僻的地方开个家庭旅馆,这个时候听到投宿的人说,今天晚上就把老夫妇给劫了。老太太和老头儿商量后,就在客人吃的饭里下了毒,结果毒死了客人,因为老太太想,等会儿他们来抢劫时,我们老两口肯定打不过那两个年轻人,我们不能等着他们来抢劫。这种情况下怎么评价这一对老夫妇的行为?是正当防卫,是纯粹的杀人,还是防卫过当?首先,客人的行为属于不法侵害,而且客观上是存在的:这两个客人确实准备来抢劫。但是这个不法侵害是现在就有了,还是将来才有?这是问题的关键。如果认为它现在就已经开始了,那么接下来就只需要判断采用把别人毒死的方式避免这样一种侵害有没有过当;如果认为这时不法侵害还没有开始从而不符合时间条件,就根本不符合防卫的客观条件,因而也就谈不上过当与否。判断不法侵害是否已经开始,需要结合双方的力量对比以及求助公权力救济的可能性,实质性判断两名客人针对老两口人身、财产的危险是不是已经客观地体现出来。比如,老头儿和老太太没有手机、没有电脑,也没有其他的通讯工具,周围也没有邻居,出去找警察也要跑半天的路,家庭旅馆在大山里面,几十里地内都没有人。这和在一个交通比较便利、通讯比较发达、可以有充分时间寻找其他办法来解决问题的场合相比,是完全不一样的。在前者的情况下,很可能就会认为这对老夫妇没有充分的时间和能力去寻求公权力的救济,如果这时不认为针对他们的侵害已经足够现实、危险、紧迫,从而不允许他们进行防卫的话,可能就是强人所难。如果能够得出这样的结论,就应该认为这时不法侵害已经开始,而不必等到两个客人实施现实的侵害。相反,如果有条件去寻求公权力的救济,就不能进行防卫。当然,符合了所说的那些条件,在承认不法侵害开始之后,接下来还需要判断正当防卫成立的其他条件,比如客人只是想抢劫并没有要图财害命,这时毒死他人是否过当的问题还仍然存在,那是下一步的问题,但至少这个时候有防卫的前提,这是通过实质危险的有无来判

① 王俊:《反抗家庭暴力中的紧急权认定》,载《清华法学》2018 年第 3 期。

断不法侵害是否开始。

如果不法侵害没有开始就进行所谓的防卫,属于事前防卫。因为这时不法侵害还没有开始,不符合正当防卫的时间条件,就不可能成立正当防卫。事前防卫完全可能成立故意犯罪,当然也可能仅仅是在惊慌错乱之中,以为不法侵害已经开始了,从而是一个过失的行为。此外,事前防卫也可能是一个纯粹的意外。就事前防卫的定性来说,最终存在上述不同的评价。

2. 预设防卫装置或者携带预防性工具

这里涉及一个问题,即如何看待预设防卫装置的行为。由于自己家里经常失窃,最近社会治安也不太好,所以预先在家的院墙上设置了电网,防止小偷采用翻墙入院的方式来入户盗窃,甚至入户抢劫。这种情况下的电网或其他一些装置称为防卫装置。对于预设防卫装置的行为如何处理,需要具体探讨。

(1)针对预想的不法侵害人发挥作用。在设置装置之后的某一天,果然有小偷采用翻墙入院的方式进来了,结果被电成重伤,甚至电死了。在小偷已经翻墙入院时,对被害人的财产等造成一定危险,此时不法侵害已经开始,防卫装置在此时发挥作用,就应该认为是针对正在进行的不法侵害所进行的一种防卫。接下来,就需要检视针对正当防卫的其他条件,比如说限度条件,是否得到了满足。将防卫装置放到自己家的保险柜里、旁边,或者放在自己家的贵重物体摆放的地方时,就更能够肯定,在设置的防卫装置发挥作用时,不法侵害已经具体开始。如果放在院墙上,院子非常宽阔,这时,单纯放在最外层的院墙上,翻墙入院的方式本身是否对被害人的人身或财产有紧迫侵害,换句话说,能否认定为不法侵害已经开始,还值得讨论。但是,如果这种防卫装置的设置和具体所保护的利益,如财产、人身等,接触得很紧密时,就更可能肯定在防卫装置发挥作用的时候,不法侵害已经开始。即如果针对的是不法侵害人,在防卫装置发挥作用时,若能评价为不法侵害已经开始,那就至少满足了不法侵害的时间和起因条件,接下来就是一个正当或过当的问题;如果得不出不法侵害已经开始的结论,就不存在正当防卫的时间条件,自然也无过当与否可言。

与预设防卫装置相类似的是携带防范性工具。实务中对此的态度是,为预防不法侵害而携带防范性工具并针对不法侵害人使用的,①或者是在人身安全受到威胁后准备适当的工具,在遭受不法侵害时利用该工具的,②都不影响正当防卫的成立(成为问题的仅是过当与否)。

(2)如果防卫装置发挥作用时,其作用对象并非原先预想的不法侵害人,而是其他人时,需要特别讨论。比如,有紧急的事告诉他人,电话打不通,敲门敲不开,于是想跳墙找人,这时候一跳墙就被电着了;再如,小孩踢足球,足球掉到院子里,这时大门锁着,急着把足球拿出来,跳墙时被电着了。这些情况下,跳墙的人进入到别人家的院墙有一定理由,不能说是实施不法侵害的人,此时防卫装置发挥作用把对方电成重伤,甚至电死,不是对正在实施不法侵害的不法侵害人发挥作用,不符合正当防卫成立的起因条件、时间条件。这种情况之下,实际上属于防卫第三人。

---

① 《李明故意伤害案》,载陈兴良、张军、胡云腾主编:《人民法院刑事指导案例裁判要旨通纂》(上卷),北京大学出版社2013年版,第428~429页。

② 《胡咏平故意伤害案》,载陈兴良、张军、胡云腾主编:《人民法院刑事指导案例裁判要旨通纂》(上卷),北京大学出版社2013年版,第458~459页。

由于行为人预设防卫装置本身是故意的，但是设置在墙头上而不是正常应该走人的地方，就不能笼统地认为行为人预设防卫装置是放任了别人的死亡。这种情况之下，有人跳进墙内导致死亡，行为人可能存在过失，应承担过失致人死亡的责任，即其已经预见到了自己的行为可能会导致其他人死亡，但是轻信能够避免，此时防卫第三人可能构成过失犯罪。

预设防卫装置的行为也不一定构成过失犯罪，在特定的场合，也可能成立故意犯罪。比如，担心自己家西瓜地里的西瓜被偷，于是把西瓜都涂上毒，这种情况之下，如果小偷偷吃了，偷西瓜对于行为人是一种侵害财产的行为，对于预设防卫装置并投毒的人来说，实际是在遭受不法侵害时针对自己财产所进行的防卫行为，但要保护自己的财产而牺牲别人的生命，显然是过当行为。如果是家人随手吃了一个，结果中毒死了。家人吃西瓜，不是不法侵害，就不存在正当防卫的起因条件、时间条件，所以不具备正当防卫的客观条件，当然不属于防卫过当的问题。这种情况之下，不应该轻易认为它是一个意外事件。既然是在公共场合，就可能有不特定的人从这里过，甚至可能吃，如果涂了毒药，在试图阻止偷瓜贼的同时，可能放任了其他人吃西瓜而死亡的结果，属于故意的行为。由于针对的对象不是特定的某个人，而是不特定的人，如果导致偷瓜贼之外的其他人的伤亡，可能按照以危险方法危害公共安全罪来处理。但是，如果在瓜地上涂了药之后立了牌子，写着“西瓜有毒，请勿采摘”，还是有人吃了，应该说为了避免结果的发生采取了一定的措施，只是这种措施实际上不充分，已经预见到了自己的行为可能会导致其他人的死亡，但是轻信通过设立牌子就可以阻止他人，这是一种过失。若最终针对的是一个无辜的人，则可能成立过失以危险方法危害公共安全罪。

总之，若是针对不法侵害人之外的其他特定的人，比如在自己家里安装电网，邻居小孩敲门被电死了，不能说是危害公共安全，而是涉及故意或过失导致特定人死亡的问题（这种情况之下，一般判断为过失致人死亡），如果过失只造成了轻伤还构不成犯罪。如果是针对不特定的人，则法益内容是公共安全，若采取了一定的措施，可能是过于自信的过失；若未采取任何措施，就是完全的放任结果的发生，就是故意。具体罪名涉及《刑法》第 114 条、第 115 条，即故意或是过失以危险方法危害公共安全罪。

3. 不法侵害尚未结束

在不法侵害的现实威胁十分明显、紧迫，且待其实施后将造成不可弥补的危害时，就可以认为侵害行为已经开始。同样，当合法权益不再处于紧迫、现实的侵害威胁时，就可以认为不法侵害已经结束。换言之，需要判断针对自己或者他人的人身、财产安全的不法侵害的危险是否已被消除：若能肯定，则不法侵害已经结束；反之未结束。不法侵害已经结束通常表现为：不法侵害人被制服，丧失了侵害能力；主动中止侵害；已经逃离现场；已经造成危害结果且不可能继续造成更严重的后果；等等。比如，被拐妇女杀人事件。某女子被拐卖后被迫与 40 多岁的男子同居，男子怕其逃跑，限制其出行，女子不情愿与其生活，逃跑后被找回来遭受了毒打，逃跑几次后，均未成功。之后趁男子和其母亲睡着时，用菜刀砍死两人后逃跑了。能否认为这个被拐卖妇女的行为构成正当防卫，或是防卫过当？首先，要承认这里的男子及其母亲对于这个妇女存在收买、非法拘禁、虐待等行为，问题是采用前述方法，能否被评价为防卫行为。在此，需要考虑的是，对方的不法侵害有没有正在进行？如果逃脱的可能性很小（逃脱时间长，交通工具、通讯工具不便利），被抓住后伤害升级，就会影响不法侵害结束的判断，非法拘禁的不法侵害还未结束。在存在非法拘禁的场合，趁对方睡觉时直接将其砍死，算一种过当的行为，虽然不法侵害正在进行，但超过了防卫限度。如果趁对方睡觉，可以选择报警、找村委会、邻居，或自己找到交通工具逃跑，这种情况下认为非法拘禁的不法侵害已经不存在，把对方杀掉，不存在防卫过当的问题，是直接的故意杀人罪。所以，不法侵害是否已经结束，决定了行为是属于防卫过当或还是属于单纯的故意犯罪。如果是防卫过当，虽然也被认定为故意杀人罪，但是《刑法》第 20 条明确规定，防卫过当的应当减轻或是免除处罚。

再如，面临强奸的妇女致人死亡的案件。冬天，一个屠夫匆忙从镇里沿着山路赶回老家为结婚的弟弟杀猪。天近黄昏，屠夫看见前面有一个妇女，就拿着刀要对其实施强奸，趁该男子脱衣服时，女子使尽全力将其踹进旁边略深的粪池中，当时粪池表面结了一层冰，屠夫抓着粪池沿儿往上爬，妇女用脚使劲踩了男子的手，最后这个屠夫被淹死了。[①] 怎样评价这个妇女的行为？是单纯的故意犯罪、正当防卫、防卫过当还是意外事件？对方是不法侵害人，存在不法侵害。能否认为随着不法侵害人掉进粪坑里，不法侵害已经结束，是问题的关键：若结束，再切断他唯一的逃生手段，就是一个故意杀人的行为；若未结束，则可能存在两种选择：过当或正当，这取决于是否超过限度条件。在本案中，四周无人，屠夫爬上来后，双方力量悬殊，而且手中还有刀，所以应该认为，即使该男子掉进粪坑，不法侵害尚未结束，而且强奸是严重危及人身安全的暴力犯罪。《刑法》第 20 条第 3 款明确规定，对正在进行行凶、杀人、抢劫、强奸、绑架以及其他严重危及人身安全的暴力犯罪，采取防卫行为，造成不法侵害人伤亡的，不属于防卫过当，不负刑事责任。在上述情况下，对方的行为是一种着手实施的强奸行为，按照《刑法》第 20 条第 3 款的规定，她的行为并不构成防卫过当，是单纯的正当防卫。当然，要认定为正当防卫还需要解决两个问题：其一，证明强奸的行为已经着手，而不是一个单纯的言语侮辱、调戏等强奸预备的行为，必须具有严重侵犯妇女的性自主权的行为。其二，在这种一对一的场合，证据怎么认定。有何证据证明男子已经着手强奸的行为？比如抓伤、衣服撕坏等，都是很重要的。

现实中，在被告人曾经被被害人（如被告人丈夫的父亲）强奸、此后又长期遭受其性骚扰的背景下，某日洗澡时，再次遭到被害人的突然袭击，被害人强行要与其发生性关系的场合，双方拉扯中被害人不慎摔倒在地，没有灯光的情况下，被告人摸黑抱起狗槽向被害人砸去，一连数下均砸在被害人的头部致其死亡。针对该案，法院判决认为被害人实施的是严重危及人身安全的暴力犯罪，并且这一不法侵害并未随着摔倒而终止，进而判决被告人无罪。[②] 这也可谓是对于不法侵害是否结束进行实质判断所得出的正确结论。

4. 不满足时间条件的情形

如果是对于将来的侵害，可能是事前防卫；如果是对于过去的侵害，则是事后防卫，可谓是单

---

① 类似的例子，可参见刘宪权：《刑法学名师讲演录（总论）》，上海人民出版社 2014 年版，第 222～223 页。

② 《杨坤属正当防卫造成不法侵害人死亡不负刑事责任案》，载最高人民法院中国应用法学研究所编：《人民法院案例选 刑事卷 1》，人民法院出版社 2017 年版，第 116～118 页。

纯的报复。不管是事前还是事后防卫，在造成了严重的危害结果时，法律的评价有三种，即故意犯罪、过失犯罪、意外事件。比如，被他人抢劫之后，为夺回被抢财物，驾车寻找已经离开现场的抢劫者，找到之后驾车撞击并致其死亡的，就属于事后防卫，应该按照故意伤害罪处理。[①]

（三）正当防卫的对象条件

成立正当防卫要求针对不法侵害人本人。由于侵害是由侵害人本人造成的，因此只有针对其本身进行防卫，才能保护合法权益。即使在共同犯罪的情况下，也只能对正在进行不法侵害的人进行防卫，而不能对没有实行侵害行为的同伙进行防卫，此时如针对第三人进行防卫，则既有可能构成故意犯罪或者假想防卫，也有可能成立紧急避险。

正当防卫的对象条件，我国刑法限制规定为不法侵害人本人，其他国家规定的可能是针对不法侵害，没有限定为不法侵害人本人。“不法侵害人本人”有三层含义：一是必须是不法侵害人“本人”；二是必须是不法侵害人本人的“人身与财产”；三是确实是受到了客观的不法侵害时。不法侵害不限于犯罪，不法侵害人也不限于犯罪人。

1. 针对无责任能力人的防卫

没有刑事责任能力的人能否成为不法侵害人？比如，刑法将故意杀人罪、抢劫罪、强奸罪等罪名的刑事责任年龄规定为已满 14 周岁，将盗窃罪、诈骗罪、绑架罪等罪名的刑事责任年龄规定为已满 16 周岁。对于一个 13 周岁的人杀人、抢劫或者强奸行为，或者一个 15 周岁的人盗窃、诈骗、绑架行为，能不能进行正当防卫？对此，我国刑法学界存在争议。（1）完全否定论认为，完全不能对无责任能力者实施正当防卫。张明楷教授早期曾坚持这一立场[②]而后放弃，冯军教授主张规范维护论，从刑法的任务是维护整体法规范的效力出发，主张全面否定说。[③]（2）有限肯定论认为，限定在一定的场合，即在防卫人不知道侵害者是无责任能力者的场合，可以对无责任能力者实施正当防卫；如果知道侵害者是无责任能力人，则不能实施正当防卫，而只能实行紧急避险。[④]（3）有限否定论认为，限定在一定的场合，即在采取回避措施并不存在特别负担的场合，不宜对无责任能力者实施正当防卫。这是张明楷教授目前的观点。其认为，“由于法益应当尽可能受到全面保护，在对未达到法定年龄、无责任能力的人的不法侵害采取回避措施并不存在特别负担的情况下，不宜进行正当防卫。换言之，面对未达法定年龄、无责任能力的人的不法侵害时，对防卫行为应当予以限制，虽然不要求只能在不得已的情况下才进行防卫，但应尽量限制在必要的场合”。[⑤]（4）完全肯定论认为，即使知道侵害者是无责任能力者，也完全可以对其实施正当防卫。这也是本书所采纳的立场。

上述观点中，第二种主张有限肯定论的问题在于，是否存在作为正当防卫起因的“不法侵

---

① 《黄中权故意伤害案》，载陈兴良、张军、胡云腾主编：《人民法院刑事指导案例裁判要旨通纂》（上卷），北京大学出版社 2013 年版，第 422～424 页。

② 张明楷：《犯罪论原理》，武汉大学出版社 1991 年版，第 352 页。

③ 冯军：《防卫过当：性质、成立要件与考察方法》，载《法学》2019 年第 1 期。

④ 高铭暄、马克昌主编：《刑法学》，法律出版社 1982 年版，第 164 页。

⑤ 张明楷：《刑法学》（第 5 版），法律出版社 2016 年版，第 199 页。

害”或者是作为防卫对象的“不法侵害人”,应该客观地加以判断,不能以遭受侵害者的主观认识为转移。而且,正当防卫与紧急避险两种制度互不兼容,从而就不能说对无责任能力者既可能实施正当防卫,也可能实施紧急避险。第三种主张有限否定论的问题在于,即便是在“采取回避措施并不存在特别负担”的场合,是否仍允许不采取回避措施而直接实施防卫。有限否定论实际上是针对无责任能力者这样的特殊群体,以所谓“法益应该尽可能全面受到保护”为由,在特定场合将回避义务强加给遭受不法侵害者。但基于“正没有必要向不正让步”的立场,很难从法益侵害说的角度为这种回避义务找到充分的依据。如此回避(退避)充其量是一种道义上的义务,若是贯彻法益侵害说的话,就应该否定这种回避义务,在法律上明确防卫的权利属性。在肯定可以直接针对不法侵害者进行防卫而无须采取回避措施的前提之下,通过对防卫限度条件的进一步考察乃至一定的限制,仍可实现对法益的全面保护,而在面临未达法定年龄、无责任能力者的不法侵害时,不能委婉地否定防卫行为本身。

主张全面否定说的观点认为,不法侵害不仅是对法益的侵害,而且是对法规范效力的侵害。不法侵害就是以不尊重法规范的态度,通过一种本来可避免的行为对法益进行侵害。在儿童、处于无责任能力状态中的精神病人(乃至严重醉酒者)损害法益的举动中完全没有表现出对法规范的不尊重态度,就不可能损害法规范的效力,他们损害法益的行为就不属于我国《刑法》第20条第1款中的“不法侵害”。① 这种所谓的规范维护论,在违法性的判断上实际上就是主观违法论。即其认为,只有理解法规范之含义的人,法规范才能对其发挥作用,行为人与法规范之间才能形成“沟通”,其行为才能被评价为不法。但本书所坚持的客观违法论认为,不法是客观的,无责任能力者拿刀砍人或者是未经别人允许而拿走别人东西,都是对他人的值得法律所保护的利益造成了侵害,而不论实施该行为的人是否对这一不法行为有认识。进一步说,设定正当防卫制度并非是为了处罚不法侵害人,所以其本身有没有罪过、有没有达到需要承担刑事责任的年龄或其他条件并不重要,重要的是要通过正当防卫制度来保障受到不法侵害的防卫行为人的权利,因此关键就是要看有没有对防卫人加以保护的必要。根本无法认识到不法与否的人,其做出的不法侵害,完全可能是非常具体、紧迫的,从而导致受到不法侵害的人的权利有加以保护的必要,这样,就有承认其具有正当防卫权利的充分理由。在实务之中,也肯定了对于不能辨认或者控制自己行为的精神病人实施的不法侵害,可以实施正当防卫的做法。② 这说明,司法实践也未接受所谓主观违法论的立场。

2. 对物的防卫

针对物本身,能否进行正当防卫?我国刑法规定的防卫对象是“不法侵害人”。传统理论认为:(1)只有在物被不法侵害人用来作为不法侵害的工具、物的侵害能评价为处在人的侵害的延长线上时,才可通过对物的防卫达到防卫不法侵害人的效果,才允许防卫。比如,不法侵害人A抓起一只花瓶砸向被害人B的头部,B顺手抄起凳子挡住该瓶子,造成瓶子破碎。此时,既然该

---

① 冯军:《防卫过当:性质、成立要件与考察方法》,载《法学》2019年第1期。

② 《范尚秀故意伤害案》,载陈兴良、张军、胡云腾主编:《人民法院刑事指导案例裁判要旨通纂》(上卷),北京大学出版社2013年版,第448~449页。

瓶子被A用作不法侵害的工具,那么,不论该瓶子是否为A所有,都可以直接认定B的行为属于针对不法侵害人A的防卫行为,其打破A或者第三人C所有的珍贵花瓶的行为,可以阻却故意毁坏财物罪的违法性。(2)如果物本身无法看出是否属于不法侵害人用来作为不法侵害的工具,按照传统理论,则只成立紧急避险,而不成立正当防卫。比如,邻居家的藏獒要咬人,如果可以确定是主人唆使的,或是主人过失没拴住,当它要咬人时,就可以对它进行正当防卫,打伤或打死都不负刑事责任;如果是藏獒兽性大发,因为自身原因挣断锁链而逃出来,不能说是人的不法侵害的延续,则不能对其进行正当防卫,而只能紧急避险。以上是传统理论的结论。

但是,本书认为,应该一概肯定对物进行防卫。不管物的侵害是人故意指使的、过失的还是自发产生的,只要客观上对人的利益造成侵害,就可对它进行正当防卫,这就是所谓的对物防卫肯定论。(1)在受到物的侵害时,被害人处在惊慌、恐惧之中,往往无法判断物的侵害是否是侵害工具。要求受到侵害的人先具体判断物的侵害是否是人的侵害的延长,从而决定自己有权防卫还是只能避险,属于强人所难。(2)传统理论认为对物不能进行正当防卫的根据,是物的侵害只能评价为《刑法》第21条的"正在发生的危险",而不能评价为《刑法》第20条的"不法侵害"。但是,并非只有人的行为才属于"不法侵害",物的侵害也属于不法侵害。否认对物防卫者认为,不法侵害只能是行为,狗咬人不能算是"行为"。但是,在法益侵害说论者看来,完全可以认为不法侵害是一种合法权利受到威胁的状态。换言之,不法侵害不仅包括不法侵害行为,也包括不法侵害的状态,即包括物的不法侵害。(3)怎样为对物防卫肯定论找到法律根据?对物防卫虽然不直接符合《刑法》第20条的规定(因为毕竟物不属于"不法侵害人"),但在和《刑法》第20条的关系上,可以作有利于行为人的类推适用,即准用第20条的规定,作为一种出罪的理由。物与人不能等同起来,也就是说,即便不能直接按照正当防卫来出罪,但只要承认超法规的违法阻却事由,在对物防卫的场合,就可以借助正当防卫的原理,准用正当防卫的规定。

在肯定对物防卫的场合,若是A对B进行不法侵害,而B顺手抄起C所有的花瓶砸向A予以反击,结果导致A的头被砸破,花瓶也同时破碎。对于B打破A头部的结果而言,其成立正当防卫;对于造成C的花瓶破碎的结果而言,如满足补充性要件,则其成立后述的紧急避险。在存在正当防卫和紧急避险行为竞合的场合,由于B只有一个行为,按照更有利于行为人的原则,以正当防卫处理即可。此种场合,在B除了抄起C的花瓶反击之外还有其他选择(比如还有B自己或者其他人的其他工具可以利用)的场合,并不符合紧急避险的补充性要件,此时,针对C的花瓶仍可能成立故意毁坏财物罪。

3. 防卫第三人

防卫不法侵害需要针对不法侵害人本人。若针对的是其他人,则称为防卫第三人,具体包括几种可能。(1)如果是错误地、过失地将第三人当作不法侵害人,则为假想防卫的一种,根据假想防卫的处理原则,按照过失犯罪或意外事件处理。(2)若为故意防卫第三者,如A对B实施不法侵害,B见打不过A,又看到A的小孩在附近玩耍,跑去将A的小孩掐死,这就是防卫第三人,此时成立故意犯罪。(3)在满足特殊条件的场合,可能成立紧急避险,即除了防卫第三人(比如掐住他的小孩来迫使A放弃不法侵害)的方式之外别无选择,这种极其有限的场合可以成立紧急避险。若有逃跑等其他途径时，仍选择对小孩进行侵害，则不符合紧急避险的条件，属于单纯的故意犯罪。(4)在反击不法侵害人的同时，损害了第三人的合法利益，如A对B实施不法侵害，B用刀反击A，同时击中了前来帮忙防卫的第三人C，此时，对不法侵害人A成立正当防卫，对第三人C成立紧急避险，属于两种行为性质的竞合。简单来说，正当防卫阻却违法的根据在于被侵害者的法益对于侵害者的法益的绝对优位性，损害侵害者以外的第三人的法益时，不能作为正当防卫而被允许，仅在符合紧急避险要件时，例外地阻却违法。①

(四)正当防卫的主观条件

1. 防卫意思必要说与不要说

我国传统的刑法理论认为，要成立正当防卫，除了要具备前述的起因、时间、对象条件之外，还必须是主观上为了国家、公共利益、本人或者他人的人身、财产或者其他权利而防卫，这被称为防卫的意识或意图。《刑法》第20条规定中的"为了"使这样的利益免受不法侵害，也被认为是在立法上表明了成立正当防卫必须要求行为人主观上具有这样的特定意图。传统理论进一步认为，正当防卫的主观方面由防卫认识和防卫意志组成：前者是指防卫人认识到不法侵害正在进行；后者是指防卫人出于保护合法权益的动机。防卫挑拨、相互斗殴、偶然防卫等都不具有防卫意图，因此都可能构成犯罪。

但近年来，一种有力的观点认为，只要客观上有防卫的效果即可，成立正当防卫不需要主观上有防卫的意图。② 本书亦支持这种防卫意思不要说的观点。宏观上讲，即便主观上没有防卫的意图，只要客观上起到防卫的效果，行为对社会是有利的，至少是无害的，就应该得到肯定，而不该认为是犯罪行为。微观上，或从实务上讲，在具体的案件之中，防卫人受到来自对方实施的紧迫的不法侵害，处于一种高度的紧张、惊恐之中，要求其明确认识到对方在实施不法侵害、自己是在为保护合法利益而实施反击，也是一种过多的要求，可能将一些同时具有防卫和反击双重心理的行为排除在正当防卫之外。也有学者在立足于后述结果无价值论立场的同时，又主张成立正当防卫要有防卫意识，不过这种防卫意识"只要理解为对行为时所存在的客观事实的认识就足够了，没有必要做更高的要求"。③ 但是，这里的"对行为时所存在的客观事实的认识"既然并不同于日本刑法理论中"防卫认识说"(对于对方正在进行不法侵害这一点存在认识)，则其究竟意欲何指不无疑问，而且，这样的结论和结果无价值论的立场之间是否具有一贯性，也值得探究。

2. 欠缺防卫意识的主要类型

因为欠缺防卫意思而被认为是犯罪的，主要包括三种情形，以下对其处理分别予以讨论。

(1)互殴

互殴，即相互斗殴，双方都有侵害对方身体的意图。这种情况下，传统理论认为，双方都没有防卫意识，只有加害对方的意识，因此不属于正当防卫，要么构成聚众斗殴、故意伤害等犯罪，要

---

① [日]山口厚：《从新判例看刑法》(第3版)，付立庆、刘隽、陈少青译，中国人民大学出版社2019年版，第44～47页。

② 张明楷：《刑法学》(第5版)，法律出版社2016年版，第205～209页。

③ 黎宏：《刑法学总论》(第2版)，法律出版社2016年版，第134页。

么属于行政违法。但是,在斗殴结束后,如果一方求饶或者逃走,另一方继续侵害,则有可能构成正当防卫。

但即便主张防卫意思不要说,也并不意味着这种互殴行为成立正当防卫。两人互殴时,其行为均属于不法侵害,而且这种侵害是“同时”发生的,因此,对任何一方而言,其行为之前均不存在不法侵害,即不存在正当防卫的起因条件。进一步说,不管是防卫意识必要说还是防卫意识不要说,在这样两点上达成了共识:第一,互殴本身不成立正当防卫,只是理由不同而已;第二,如果双方突然有一方暴力升级,比如原来两人是赤手空拳地打斗,突然有一方从地上捡起铁棒朝着对方挥舞起来,这时对方可以认为对自己来说是一种不法侵害,其人身权利受到威胁,可以实施正当防卫。实务中,在互殴停止后,为制止他方突然袭击而采取的防卫行为,也被认定为是正当防卫。① 这种灵活而非机械的态度值得肯定。

(2)防卫挑拨

一方原本没有不法侵害对方的意思,另一方通过言语刺激的方式来唆使对方对其进行不法侵害,然后自己假借正当防卫之名来剥夺对方的利益,这种俗称为“激将法”的方式,在理论上称为防卫挑拨。传统理论认为,此时挑拨的一方因主观上早已具有犯罪意识,故而其不可能实施正当防卫。

但是,尽管单纯的侮辱尚且不能称为不法侵害,但既然有言语侮辱等挑拨行为在先,则对方对其的反击行为其本人就在一定限度内有承受的义务,即在相应限度内,其人身权利不受保护,丧失了实施正当防卫的资格,除非行为超过需要牺牲的权利的范围。所以,针对防卫挑拨的行为,主张防卫意图不要说者可通过“原因上的不法行为”等法理,认为其不构成正当防卫。

可见,主张防卫意识不要说,并不是说对于刑法实务中的互殴、防卫挑拨这两种情况下也肯定成立正当防卫,在这个意义上来说,防卫意识不要说和传统理论的结论都是一样的,只是理由和路径不同而已。真正会产生分歧的,是在偶然防卫的场合。

(3)偶然防卫

所谓偶然防卫,是指客观上加害人正在或即将对被告人或他人的人身进行不法侵害,但被告人主观上没有认识到这一点,出于非法侵害的目的而对加害人使用了武力,客观上起到了人身防卫的效果。简言之,一方故意或过失侵害他人的行为,偶然符合了防卫的其他条件。客观上无不法侵害但行为人误以为存在不法侵害时,可能成立假想防卫;而客观上存在不法侵害但行为人误以为不存在不法侵害时,则可能是偶然防卫。就此而言,可以认为假想防卫和偶然防卫是互为表里的关系。

传统理论认为,偶然防卫不具有保护法益的主观意图,因此不构成正当防卫。对于这一点,英国、美国刑法规定,必须对使用武力防卫不法侵害具备合理相信。② 所谓合理相信,并不是行为人的纯主观臆测,而是有客观标准的,这个标准就是普通人的一般认识。③ 这意味着,如果个

① 《张建国故意伤害案》,载陈兴良、张军、胡云腾主编:《人民法院刑事指导案例裁判要旨通纂》(上卷),北京大学出版社2013年版,第463~429页。

② 郭自力:《英美刑法中的正当防卫》,载《法治研究》2015年第2期。

③ 参见储槐植、江溯:《美国刑法》(第4版),北京大学出版社2012年版,第78页。

体有充分的理由相信只能采取武力来对抗逼近的违法袭击，尽管这种推断被证明是错误的，该个体的行为也是正当的；如果这种推断虽属真实，但却不合理，则自卫行为仍是违法的。① 因此，在偶然防卫的场合，行为人对不法侵害不存在认识，那么对自己的武力行为自然不存在合理相信的基础，所以对防卫正当性的相关因素无认识的偶然防卫不能构成正当防卫。

偶然防卫分为两种类型。(1)保护他人利益的偶然防卫，即偶然防卫在客观上产生了保护他人利益的效果。例如，甲正准备枪杀乙时，丙在后面对甲先开了一枪，将其打死；而丙在开枪时并不知道甲正准备杀乙，纯粹是出于报复泄愤的目的杀甲，结果却起到了保护乙生命的作用。再如，A 驾车违反了交通管理法规，撞到停在路边的汽车，导致汽车中的 B 死亡。事后查明，当时 B 正要对 C 实施强奸行为。(2)保护本人利益的偶然防卫，也就是偶然防卫在客观上起到了保护本人利益的作用。这又包括两种情形，一种情形是误以为他人的非法行为是合法行为而进行抵抗，结果正好起到了保护本人利益的作用。例如，甲身穿警服带着电警棍，冒充警察去"抓赌"，甲抓住乙搜身时，乙将甲打伤后逃离。乙的行为正好起到了制止不法侵害、保护本人利益的作用，但他并不知甲是冒充警察进行抢劫的犯罪分子，也不是出于防卫意图进行反击的。另一种情形是不知他人正在对自己实行不法侵害而出于犯罪目的对对方实行侵害，但恰好制止了其不法侵害，保护了本人的利益。例如，甲与乙积怨很深，某日发生激烈冲突后，甲回家拿了手枪打算去杀乙，两人在路上正好碰上，甲先开枪杀死乙但开枪时不知乙的右手已抓住口袋中的扳机正准备对其射击。甲的偶然防卫行为正好保住了本人的生命。针对以上情形，传统理论认为，在刑事上，行为人出于犯罪的故意，实施了不法行为，应以故意犯罪追究其刑事责任。当然，由于这种行为在客观上起到了制止不法侵害的作用，在量刑上可以作为一个从轻处罚的情节，予以适当考虑。在民事上，偶然防卫行为人主观上具有不法侵害的故意，故应承担民事赔偿责任，只是考虑到受害人本身也有不法侵害的意图，因此可以适当减轻偶然防卫人的民事责任。

事实上，尽管偶然防卫的案件在实践中并不常见，但对于偶然防卫问题的处理，最能反映出在违法性本质问题上所持立场。大陆法系国家学者对行为违法性本质的争议，主要集中在行为无价值论和结果无价值论上。② (1)行为无价值论。将与结果切断的行为本身的样态所作的否定评价，称为行为无价值。行为无价值中的"行为"，不仅指人的客观行为(外部态度)，还包括人的内心意思(内部态度)。行为无价值论一般认为，违法性的根据在于行为本身的样态(反伦理性)以及行为人的主观恶性，即行为本身的恶是违法性的根据。(2)结果无价值论。结果无价值论主张，犯罪行为的刑事违法性的原因在于犯罪行为的危害结果，是对于行为现实引起法益侵害或威胁所作的否定评价。在此意义上说，结果无价值论认为，违法性的根据在于行为对法益的侵害或威胁这一结果，结果恶才是违法性的根据。近代刑法理论原本只有客观主义学说，认为违法性的本质在于对法益的侵害，即只承认结果无价值。但自德国学者韦尔策尔(Welzel)开始，许多学者开始提倡行为无价值。具体到偶然防卫问题上，采纳行为无价值一元论，强调结果无价值本

---

① ［美］约书亚·德雷斯勒：《美国刑法精解》(第 4 版)，王秀梅等译，北京大学出版社 2009 年版，第 203～204 页。

② 关于大陆法系关于违法性本质的争论，可参见［日］山口厚：《刑法学》(第 3 版)，付立庆译，中国人民大学出版社 2018 年版，第 103～104 页。

身没有独立的意义，其不过是评价行为无价值的一个素材而已，则会认为偶然防卫属于犯罪既遂；采纳行为无价值二元论，在将法益保护理解为刑法的任务的同时也强调行为无价值，即试图在结果无价值之外通过要求行为无价值而强调处罚的限定性，则可能认为在偶然防卫的场合行为无价而结果有价，从而成立犯罪未遂；①而采纳结果无价值时，则可能认为偶然防卫无罪，或者充其量是犯罪未遂。②

本书认为，形式违法性中的违法性，是指行为违反实定法规。就这一点来说，违反实定法规的行为当然属于违法，这样的观点并没有错误。但是，形式违法性不过是显示了行为为法律所不允许这样的形式，并没有说明违法性的实体为何。这样，就还需要探求实质违法性。形式违法性与实质违法性之间，是形式的、外在的观点与实质的、内容的观点之间的关系，想要探求违法性的本质，就必须将两者并列起来考虑。

就实质违法性的内容来说，可能考虑到的是两个要素：(1)法益的侵害及其危险；(2)社会伦理规范违反。就这一点来说，认为刑法的保护不能仅止于法益的保护，社会秩序的维持也应该予以重视，认为违法性的实质是违反社会伦理规范的法益侵害行为，这就是行为无价值二元论的见解。

但是，在价值观多样化的现代社会，应该最大限度地尊重个人的自我决定权，二元论的见解就有以刑罚来强制维持一定的社会伦理的意味，是不妥当的。实际上，尽管重视刑法的社会伦理机能的社会伦理维持说（实质也就是违法二元论）也不意味着否定刑法的法益保护机能，但是在那里，法益保护机能不过是作为刑法维持社会伦理之结果的次要派生机能。在强调刑法的社会伦理机能的时候，在社会存立之必要的限度内，不道德的行为是以且仅以其不道德为理由被作为犯罪予以处罚，这也就达成了肯定刑法的道德形成机能的立场。但是，正如平野龙一博士所说，作为近代法的一个部门的近代刑法“是为了保护个人的生活利益而存在，而不是为了教给人们‘礼仪端庄’而存在”。③ 曾根威彦教授也指出，刑法只有在针对法益的侵害或者危险发生的时候始得加以干涉，从而也正是为了使这样的侵害不发生才是刑法的任务。承认刑法的道德形成机能的立场，实际上是潜伏着这样的危险，也就是，国家基于其价值观将自己认为是正确的社会伦理（国家的道义）以刑罚的形式强加给它的国民。④

概括说来，刑法的任务应该仅止于对法益的保护，违法性的实质仅止于法益的侵害及其危险，这也就是结果无价值一元论的立场。⑤ 坚持结果无价值论立场时，判断行为是否具有实质违法性，要考察行为是否会对法律所保护的利益即法益造成侵害或者威胁。结果无价值理论认为，“单纯的对事实的认识，对于法益侵害或者危险以及作为其阻却要素的法益拥护性不产生影响，

① 立足于行为无价值二元论而主张偶然防卫成立未遂的中国学者的主张，可参见李世阳：《以偶然防卫检测不法理论》，载陈兴良主编：《刑事法评论》（第32卷），北京大学出版社2013年版。

② 张明楷：《行为无价值论与结果无价值论》，北京大学出版社2012年版，第176～186页。

③ [日]平野龙一：《刑法总论Ⅰ》，有斐阁1972年版，第51页。

④ 参见[日]曾根威彦：《刑法总论》（第4版），弘文堂2008年版，第7页。

⑤ 关于本书作者在违法性本质问题上的主张，可参见付立庆：《主观违法要素理论——以目的犯为中心的展开》，中国人民大学出版社2008年版，第150～154页；付立庆：《犯罪构成理论：比较研究与路径选择》，法律出版社2010年版，第280页以下。

从而也就不对行为违法性产生影响”。[①] 在偶然防卫的场合，由于并未对值得法律所保护的利益造成实际损害，原则上就不应该按照犯罪处理；[②]在确实可以肯定存在法益侵害之危险的场合，不排除偶然防卫按照犯罪未遂处理的可能。[③]

(五)正当防卫的限度条件

1. 防卫过当的概念与成立条件

根据《刑法》第20条第2款的规定，防卫行为明显超过必要限度，造成重大损害的，是防卫过当。按照反对解释的方法，防卫行为没有明显超过必要限度、造成重大损害的，就不属于防卫过当，而属于正当防卫。据此，防卫过当，是指防卫行为明显超过必要限度造成重大损害的行为。

成立正当防卫，前提是必须符合正当防卫成立的定性条件(起因、时间、对象，或者也包括主观条件)，而只是在“量”上过当；欠缺其中的一个或者几个定性条件的，自始不存在正当防卫的可能性，也就不可能成立防卫过当。此外，成立防卫过当还需符合刑法的专门规定。1979年《刑法》第17条中规定的防卫过当的条件是，“超过必要限度造成不应有的损害”，而1997年《刑法》则修改为“明显超过必要限度造成重大损害”，可见对于成立防卫过当的条件要求得更为严格，换言之，是放宽了正当防卫的成立条件。之所以这样修改，主要是1979年《刑法》适用的效果是，防卫行为人担心自己的行为被评价为防卫过当，从而畏首畏尾，不敢去和违法犯罪行为作斗争，可谓是限制了防卫行为人的权利，客观上纵容了不法侵害行为，也不利于见义勇为等为了他人利益的防卫行为的充分展开。根据1997年《刑法》的规定，即便在防卫过程中，防卫行为人超过了必要限度，但只要没有明显超过必要限度，即便防卫行为人造成了不应有的损害，但只要不是重大损害的，就认为是正当防卫，不需要对结果承担责任。

上述规定中所说的“必要限度”，是指为有效制止不法侵害所需的防卫的强度，“明显超过必要限度”是指一般人都能够认识到其防卫强度已经超过了正当防卫所必须的强度。“重大损害”，一般是指造成不法侵害人伤亡或者是不法侵害人财产的重大损失。在理论上存在争议的问题是，这里所说的“明显超过必要限度”与“造成重大损害”之间，究竟是成立防卫过当的两个独立条件，还是一个统一条件？一种观点可称为一体说，其认为，“只有防卫行为的强度超过了‘必需’的限度，才会造成重大的危害结果，而防卫行为造成重大的损害，则是由于防卫行为超过必需的强度所致，二者是相辅相成、缺一不可的。不可能存在所谓的‘行为过当而结果不过当’或‘结果过当而行为不过当’的情形”。[④] “防卫过当行为和其所造成的重大损害是统一的，两者不可分割。防卫过当行为是造成重大损害的原因，而重大损害是确定防卫过当的依据。”[⑤]

与此不同的另一种观点可称为二分说，其将正当防卫的限度条件细化为行为限度条件和结

---

① [日]山口厚：《刑法学》(第3版)，付立庆译，中国人民大学出版社2018年版，第130页。

② 中国学者立足于结果无价值的立场而主张偶然防卫应该按照无罪处理的，可参见张明楷：《论偶然防卫》，载《清华法学》2012年第1期；张明楷：《刑法学》(第5版)，法律出版社2016年版，第208页。

③ 中国学者立足于结果无价值的立场而主张偶然防卫应该按照未遂犯处理的，可参见黎宏：《刑法学总论》(第2版)，法律出版社2016年版，第138页。

④ 马克昌主编：《犯罪通论》，武汉大学出版社1999年版，第754～755页。

⑤ 陈兴良：《刑法适用总论》(上卷)，中国人民大学出版社2017年版，第310页。

果限度条件，主张只有在行为过当同时结果过当的场合，才属于防卫过当。[①] 本书认为，在行为已经符合了成立正当防卫所要求的起因、对象、时间（以及主观）等条件之后，为了使得正当防卫制度设立的宗旨能够实现，就应该尽可能肯定正当防卫的成立。“个案中，若防卫行为客观上确属制止不法侵害的必要措施，那么，即便其对不法侵害人造成了极为严重的损失，也不能认定其构成防卫过当。”[②]换言之，应该对限度条件把握得适当宽缓，对于防卫过当的条件严格加以检验。从1979年《刑法》到1997年《刑法》关于限度条件规定的变化也可以印证立法者的这一倾向。在这个意义上，不是笼统地将对防卫手段的要求和对防卫结果的要求糅杂在一起，而是区分为对防卫手段（防卫行为）的要求和对防卫结果的要求两个条件，这样既会使得限度条件的把握更容易操作，也会因为多一道程序的检验而使得防卫过当的标准更为严格。所以，本书支持二分说的立场。“明显超过必要限度”与“造成重大损害”是确定成立防卫过当的两个独立条件，表示不同的含义：“明显超过必要限度”是对防卫手段作出的限定，也可以认为是对防卫必要性的考察；而“造成重大损害”是对防卫结果的限定。因此，（1）防卫手段相当，结果也相当的，属于典型的正当防卫；（2）防卫手段相当，但结果不相当的，比如女性在地铁里受到醉汉针对自身身体的骚扰而用力推了对方一把，导致对方跌下月台被列车撞死的场合，虽然造成了不法侵害人死亡的“重大损害”，但防卫行为本身并未明显超过必要限度，仍属于正当防卫；[③]（3）防卫手段不当，但结果相当的，比如遇到偷西瓜的窃贼而开枪，但并未打中而只是将对方吓跑的，防卫手段虽“明显超过了必要限度”，但并未造成重大损害，自然也属于正当防卫；（4）防卫手段不当，结果也不当，属于《刑法》第20条第2款规定的防卫过当。实务上也有针对一些判决的分析认为，防卫行为虽然明显超过必要限度，但防卫结果并未造成重大损害的，或者防卫结果客观上虽造成重大损害但防卫措施并未明显超过必要限度的，不属于防卫过当，应认定为正当防卫，[④]也可谓是认可了“两个独立要件说”的观点。

2. 刑法上的正当防卫与民法上的正当防卫

需要注意，实际上在刑法学界以往的研究中并未引起足够重视的是，在民法中也存在正当防卫，其与刑法上的正当防卫既有相同之处，也有一定差别。1979年《刑法》第17条规定的正当防卫的限度条件是，“正当防卫行为超过必要限度造成不应有的危害的，应当负刑事责任；但是应当酌情减轻或者免除处罚”。而之后1986年的《民法通则》第128条亦规定：“因正当防卫造成损害的，不承担民事责任。正当防卫超过必要的限度，造成不应有的损害的，应当承担适当的民事责任。”其中民法上防卫过当的规定（民法上正当防卫的限度条件）与前述刑法上的规定完全相同。但1997年《刑法》第20条放宽了限度条件，将其规定为“明显超过必要限度造成重大损害”才属

---

① 支持这一主张的，比如周光权：《正当防卫的司法异化与纠偏思路》，载《法学评论》2017年第5期；劳东燕：《正当防卫的异化与刑法系统的功能》，载《法学家》2018年第5期。

② 王钢：《正当防卫的正当性依据及其限度》，载《中外法学》2018年第6期。

③ 这并不意味着，只有骚扰故意和事实的醉汉的生命权不受法律保护，而是可认为，其死亡本身属于意外事件；就行为来说，女性的行为仍是正当防卫行为，且并未过当。

④ 参见《赵泉华故意伤害案》，载陈兴良、张军、胡云腾主编：《人民法院刑事指导案例裁判要旨通纂》（上卷），北京大学出版社2013年版，第450～451页。2018年，最高人民检察院发布的第45号指导性案例“陈某正当防卫案”（检例第45号），更是直接将明显超过必要限度与造成重大损害作并列理解。

于防卫过当的情况下,《民法通则》的规定不但并未修改,反而为2010年起实施的《侵权责任法》第30条所接受。该条规定,“正当防卫超过必要的限度,造成不应有的损害的,正当防卫人应当承担适当的责任”。之后,《民法总则》第181条更是承袭了原有民法规范,完全未作调整。

这种刑法与民法规定上的差异,被研究者称为“‘刑民二元化’的正当防卫立法模式”,并认为,民法与刑法上的正当防卫有各自的规范要求和评判标准,在防卫动机、起因条件、时间条件和限度条件上均有不同;因而,不仅要从理论高度充分认识我国“刑民二元化”的正当防卫立法模式,而且在实务上要注意正当防卫在民法和刑法中的区别运用。[①] 据此,似乎也就意味着,某种防卫行为,如果是超过(但并未明显超过)必要限度因此造成了不应有的(但是尚不构成“重大”)损害的,在民法上违法(因此需要承担民事赔偿责任等),但在刑法上仍属合法。这样的结论可以从刑法与民法不同规定的条文解读中得出,并从“违法相对论”的角度得到理论支持。但是,这一结论是否会破坏法秩序的统一性,“刑法上的正当防卫在民法上仍可能违法因而需要赔偿”的观念是否会和正当防卫是“权利行为”“正当化行为”“刑法上值得鼓励的行为”等既有观念产生冲突,仍有很大的研究余地。而且,如果认为刑法上构成正当防卫的行为可能属于民法上的防卫过当,就会形成一个悖论:站在民法的立场上,这种被刑法视为合法行为的防卫行为属于民法上的“不法侵害”,“被侵害人”(刑法中的不法侵害者)完全可以对之进行“正当防卫”。在此种情形下,刑法中的正当防卫权就难以有效实现。[②] 对于这一问题,本书初步的观点是,正当防卫与后述的紧急避险并不完全相同,尽管在紧急避险的场合可能产生损害赔偿的问题从而在民法上违法,但在正当防卫的场合,需要坚持其“权利行为”“值得鼓励的行为”的基本定位,因此不认可“刑法上是正当防卫,民法上是防卫过当”(从而刑法上合法民法上违法)这一结论。就此看来,本书初步认为,在《民法总则》、《民法通则》以及《侵权责任法》相关规定未做修改之前,相应规定应该严格解释,使之与刑法的规定相吻合、相协调。

3. 防卫过当的定罪与处罚

防卫过当通常是一种轻微的犯罪行为,这是因为,从防卫过当的整个过程来看,防卫人虽然出于制止正在进行的不法侵害的目的,但在主观上对自己反击和制止不法侵害的行为和结果持放任态度或疏忽大意、过于自信的态度,客观上其行为明显超过了制止不法侵害所必需的限度,并且严重损害了不法侵害人被刑法所保护的部分利益。由此,防卫行为也就由最初的正当防卫转化为犯罪行为。

对于防卫过当的罪过形式,有学者认为,过失犯与防卫过当难以并存,在存在《刑法》第20条第3款的前提下,实务中真正成为问题而被讨论的防卫过当,只有一种情况,就是明知自己明显超过必要限度的防卫行为会造成他人死伤的重大损害,却放任这种结果发生的情形。[③] 这种主张认为,尽管在现实中可能会出现防卫行为因为过失而“明显超过必要限度造成重大损害”,但

---

① 参见王洪芳:《正当防卫在民、刑法上的构成条件比较》,载《乐山师范学院学报》2003年第9期;杨玉英:《正当防卫在民法和刑法中的区别运用》,载《前沿》2006年第9期;刘彦辉:《民事责任与刑事责任比较研究》,黑龙江大学2010年博士学位论文,第144～146页。

② 陈航:《“民刑法防卫过当二元论”质疑》,载《法学家》2016年第3期。

③ 黎宏:《论防卫过当的罪过形式》,载《法学》2019年第2期。

这种场合的过当可以按照第 20 条第 3 款的规定“不负刑事责任”处理，不认为其属于应该减免刑罚的防卫过当，从而实践中处理的防卫过当，只能是故意过当的场合。但从规范解释的角度讲，《刑法》第 20 条第 2 款规定的“明显超过必要限度造成重大损害”自然存在故意为之与过失所致两种情形；从第 20 条第 3 款的解释适用角度讲，将其适用于过失防卫过当的场合也缺乏依据，可谓是对该款规定的过度适用。无论是在实务经验还是从理论逻辑上，都不存在《刑法》第 20 条第 2 款中的防卫过当不可以由过失犯构成的过硬理由。

根据客观上造成的损害内容与主观罪过的形式，防卫过当构成的犯罪在实践中包括故意杀人罪、故意伤害罪（包括故意伤害致人死亡）、过失致人死亡罪、过失致人重伤罪 4 个罪名，暂时未发现定故意毁坏财物罪的案件。可见，尽管刑法理论上针对防卫过当的罪过形式存在故意说、过失说、故意与过失并存说等不同主张，①但并不存在将其罪过形式限定为一种的充分理由，故意与过失并存说是妥当的。还有学者提出，防卫过当还可能“对于所造成的结果既没有故意也没有过失，根本不成立犯罪”，②这种主张表面看来与刑法关于防卫过当“应当负刑事责任”的规定存在冲突，实则不然。正如前文所言，不法性和有责性属于不同阶层，行为人成立防卫过当，不能阻却违法，却不意味着其直接构成犯罪。此时，在故意、过失的罪过之外，确实存在意外事件的可能，此时因不完全满足有责性条件而不构成犯罪，不负刑事责任。因此，对防卫过当而言，实际上可以分为负刑事责任的防卫过当和不负刑事责任的防卫过当。我国《刑法》第 20 条第 2 款所说的“应当负刑事责任”，只是对前者的强调和确认，而后者则是在此基础之上的解释结论。实务中的问题是，防卫过当被普遍认定为故意犯罪，③此种状况应当引起重视，应该更重视区分“质的过当”与“量的过当”，前者虽通常可以肯定犯罪故意，但后者宜认定为过失犯罪。

《刑法》第 20 条第 2 款规定，防卫过当的，应当负刑事责任，但是应当减轻或者免除处罚。我国刑法对于防卫过当的处罚采取了必减主义的规定方式，主要是考虑到防卫行为人存在防卫前提、处于防卫人的地位（符合正当防卫的起因、时间和对象条件）因此违法程度降低，同时在面临不法侵害的紧迫状态之中由于惊恐、错愕等原因而导致过当因此可谴责性减少，正是这种违法性和责任的同时降低，形成了其“应当减轻或者免除处罚”的根据（违法・责任减少说）。实证研究表明，防卫过当免除处罚的适用范围较窄，④这一点应该引起重视，有必要充分考虑防卫人面临不法侵害时期待可能性降低的程度，扩大防卫过当免除处罚的适用。

（六）正当防卫所保护的利益

根据《刑法》第 20 条第 1 款规定，为了使国家、公共利益、本人或者他人的人身、财产和其他权利免受正在进行的不法侵害，而采取的制止不法侵害而又未明显超过必要限度造成重大损害的行为，都是正当防卫。

就此特别需要强调以下几点：第一，不但为了自己本人的利益，而且可以为了他人的利益进

---

① 黎宏：《刑法学总论》（第 2 版），法律出版社 2016 年版，第 141 页。
② 黎宏：《刑法学总论》（第 2 版），法律出版社 2016 年版，第 141 页。
③ 尹子文：《防卫过当的实务认定与反思——基于 722 份刑事判决的分析》，载《现代法学》2018 年第 1 期。
④ 尹子文：《防卫过当的实务认定与反思——基于 722 份刑事判决的分析》，载《现代法学》2018 年第 1 期。

行防卫，由此体现出对于见义勇为行为的鼓励态度。第二，不但是为了人身权利，而且为了财产权利或者其他权利也允许实行正当防卫。这里的"其他权利"，该怎样理解？比如，是否包括民主权利？对此没有理由直接否定，只是需要结合正当防卫成立的其他条件，更限定性地加以理解。第三，不但为了私权利（个人权利），为了国家利益、公共利益等也可以进行正当防卫。有观点认为，《刑法》第20条规定在国家利益、社会公共利益受到侵害时，都可以防卫，是否过分扩大了正当防卫制度所保护的法益范围，并非不可置疑；并认为，正当防卫具有私权性、自我保护性，正当防卫只适宜于保护个人法益，与个人法益无关联性的、单纯的国家法益、社会法益不应当属于正当防卫所要保护的范围。[①] 但是，这样的主张并不符合刑法的规定，并且也未必妥当。应该允许对于单纯的国家法益、社会法益进行正当防卫，只是对此需要进行限定性把握而已。比如，在重大的贪污犯（针对国家职能的犯罪）马上就要外逃等场合，在无暇寻求国家公权力的救济时，将对方打伤以防止对方外逃的，并不属于刑事诉讼法所规定的"扭送"，似乎应该肯定其通过正当防卫阻却故意伤害行为违法性的空间。

三、特殊防卫

为了鼓励公民见义勇为，惩罚犯罪，保护防卫人的利益，《刑法》第20条第3款规定："对正在进行行凶、杀人、抢劫、强奸、绑架以及其他严重危及人身安全的暴力犯罪，采取防卫行为，造成不法侵害人伤亡的，不属于防卫过当，不负刑事责任。"这是特殊防卫权的规定，是在1979年《刑法》规定的正当防卫制度的基础上，1997年《刑法》新增加的一种公民的权利。特殊防卫权的设置，对于遏制和预防犯罪以及保护公民的人身利益，具有十分重要的意义。

有学者认为，"在行为人面临严重危及人身安全的暴力犯罪，由于恐惧、惊愕、亢奋等情绪的影响，不可能期待其采取妥当、精准的反击措施时，即便造成不法侵害人伤亡的过当结果，也不承担刑事责任。这就是《刑法》第20条第3款所规定的对过当行为进行处罚的另一选项"。[②] 这实际上是将第20条第3款理解为第2款的一个例外了。但是，应该认为，特殊防卫权仅仅是对第2款含义的进一步补充而非例外。从这个意义上说，《刑法》第20条第3款称为"特殊防卫权"而非"无过当防卫权"是合适的："无过当防卫"的称谓，可能会给人一种其不受任何限制、是同条第2款规定的一个例外的错觉。但是，第3款的规定也必需严格限定，即必需要求"严重危及人身安全"，因此也就不是所谓的无限防卫权或者无过当防卫。其"特殊"仅仅在于，在符合了不法侵害是"严重危及人身安全的暴力犯罪"的场合，就认为其防卫行为没有"明显超过必要限度"。

可以认为，这是一条注意性规定。换言之，即便是没有《刑法》第20条第3款的规定，根据该条第2款的规定，也完全可能将人身安全面临重大危险的防卫人反击不法侵害致其伤亡的行为认定为正当防卫而非防卫过当，立法者之所以在《刑法》第20条第2款之外专门规定第3款，旨在提醒司法人员注意：不要只要是出现了不法侵害人伤亡的结果，就一概认定为是防卫过当，其

---

① 周光权：《刑法总论》（第3版），中国人民大学出版社2016年版，第202页。

② 黎宏：《论防卫过当的罪过形式》，载《法学》2019年第1期。

并非创设了一个关于防卫过当与否的独立判断标准，而仅仅是对于司法人员的一种提醒和强调。①

需要注意的是，特殊防卫权适用的前提是针对“正在进行”的“严重危及人身安全的暴力犯罪”，法条本身列举的“行凶、杀人、抢劫、强奸、绑架”都应该在“严重危及人身安全的暴力犯罪”的意义上理解。这里的“严重危及人身安全”应该理解为，“不法侵害人严重地使用暴力，至少可能造成他人的重伤”。② 因此，比如在投毒杀人、昏醉抢劫、趁女子昏睡而强奸等场合，原则上不允许实施特殊防卫；不属于规范的法言法语的“行凶”一词，也必需在“严重危及人身安全的暴力犯罪”的意义上加以理解。实务中，对于男子深夜闯入女性住所实施暴力及侮辱行为，在具有实施拘禁、强奸、伤害等数个故意犯罪可能性的情况下，虽未实施具体犯罪行为，也被认定为“行凶”；③对于持木棒、钢筋、菜刀等足以严重危及他人重大人身安全的凶器、器械伤人的，同样被认定为“行凶”。④ 不过，在加害人手持铁锹闯入被告人家中拍打被告人，致其受伤后继续追打，被告人抓起一竹扫把抵挡并打中加害人脸部致伤，加害人放下铁锹上前抢扫把时，被告人即捡起铁锹朝加害人头部连击数下的案件中，法院判决则并未认定加害人的行为属于“行凶”，因而也未适用特殊防卫权的规定，而是将其认定为防卫过当。⑤ 对于“行凶”的限定认定而言，虽然要求是“暴力行凶”，但却不应该严格到“限于使用凶器的暴力行凶”，⑥“凶器”并非“行凶”的构成要素，身强力壮者对羸弱不堪者，即使短时间赤手空拳地进行殴打，也可能属于此处的“行凶”。⑦

同时，只要是严重危及人身安全又无正当理由，则不应考虑侵害人是否已经达到刑事责任年龄，对于未满 14 周岁者所实施的严重危及人身安全的暴力行为，不应该额外强调其退避义务，而应该正面肯定遭受不法侵害者的特殊防卫权。

四、正当防卫制度的现实运作与顺畅表达

与在立法上的明文详尽规定相比，正当防卫司法适用的状况总体上令人担忧。实务中对于正当防卫的认定，一直存在限制过严的倾向，动辄认定为防卫过当，甚至完全否认行为的防卫性质，适用《刑法》第 20 条第 3 款特殊防卫权的案例较为少见。有研究者认为，我国司法人员对正当防卫制度存在种种错误观念，导致这一制度被束之高阁，几乎沦为“僵尸条款”。这些错误观念包括：(1) 只能对暴力行为才能防卫，对非暴力侵害不能防卫；(2) 只有暴力侵害发生的一刹

---

① 有学者认为，强调第 20 条第 3 款是注意规定，和特殊正当防卫的称呼之间存在矛盾。参见张明楷：《防卫过当：判断标准与过当类型》，载《法学》2019 年第 1 期。但问题只在于对“特殊”之处的具体理解，两者本身是完全可能并存的。

② 冯军：《防卫过当：性质、成立要件与考察方法》，载《法学》2019 年第 1 期。

③ 《吴金艳故意杀人案》，载陈兴良、张军、胡云腾主编：《人民法院刑事指导案例裁判要旨通纂》(上卷)，北京大学出版社 2013 年版，第 304 ~ 306 页。

④ 《李小龙等故意伤害案》，载陈兴良、张军、胡云腾主编：《人民法院刑事指导案例裁判要旨通纂》(上卷)，北京大学出版社 2013 年版，第 452 ~ 454 页。

⑤ 《许水香防卫过当故意伤害致人死亡案》，载最高人民法院中国应用法学研究所编：《人民法院案例选　刑事卷 1》，人民法院出版社 2017 年版，第 114 ~ 115 页。

⑥ 陈兴良：《论无过当之防卫》，载《法学》1998 年第 8 期。

⑦ 黎宏：《刑法学总论》(第 2 版)，法律出版社 2016 年版，第 143 页；冯军：《防卫过当：性质、成立要件与考察方法》，载《法学》2019 年第 1 期。

那，才能实行防卫；（3）只要双方打斗就是互殴，就不是防卫；（4）只要发生死伤结果，就是防卫过当；等等。论者认为，应该降低正当防卫包括防卫过当的认定标准，以提高不法侵害人的违法成本。[①] 还有论者跳出刑法体系的内部视角，从当下中国对于司法裁判功能的基本定位的角度出发，认为正当防卫在我国的司法异化，根本上是司法裁判功能的定位偏差所致。由于司法的功能被定位于纠纷解决，这使得对行为进行法与不法的评价，以及为未来设立规则的面向，都被置于次要的地位而受到忽视。对司法裁判功能定位的偏差，严重影响正当防卫领域相关案件的合理处理。[②] 就此而言，为了避免正当防卫成为"睡美人"，需要司法者摒弃认识上的上述误区，明确正当防卫制度的宗旨不是为了解决纠纷，而是为了在紧急状态之下实现对遭受不法侵害者的权利救济。因此，在是否认定正当防卫存在争议、对防卫人和不法侵害人的人权保护存在冲突时，"利益和价值的天平应该适当倾向于防卫人，这是一种必要的丧失"。[③] 只有真正做到这一点，遭受不法侵害者才会敢于奋勇反击，公民才会见义勇为与不法侵害作斗争，社会成员才会愿意遵纪守法不去侵害他人。只有这样，就正当防卫而言，才能实现制度正当和运作理性的顺畅表达。

第三节　紧急避险

一、紧急避险概述

在《刑法》第20条规定了正当防卫之后，紧接着在第21条规定了紧急避险。该条第1款规定："为了使国家、公共利益、本人或者他人的人身、财产和其他权利免受正在发生的危险，不得已采取的紧急避险行为，造成损害的，不负刑事责任。"这是关于紧急避险的一般立法规定。由于事实上多数普通公民未必能够准确区分正当防卫与紧急避险，以下通过一个案例，直观引入紧急避险这种法律现象。

某甲在街上闲逛，遭到了歹徒某乙的袭击。甲在前面逃，歹徒乙在后面追，眼看甲就要被乙追上，情况十分危急。这时候，甲发现街面上正好有一户人家的门虚掩着，于是，他果断闯进这户人家躲避，但想不到这个歹徒也迅速跟了进来，并直接威胁到了他的人身安全。在此情形之下，甲来不及多想，抓起五斗橱上的一个花瓶，对准歹徒的头砸了过去。此刻，花瓶的主人某丙在边上急了，因为他知道这个花瓶是"价值连城"的古董，突然冲进来一个人，拿起花瓶就砸人的头，丙心想这个人肯定不是好人，就顺手抄起一根棍子对准甲的头猛敲了一下。最后，歹徒的头"开花"了，花瓶"开花"了，拿花瓶砸歹徒头的甲的头也"开花"了。在本案中，甲抓起花瓶砸乙的头的行为导致了两种损害：在歹徒的头被敲破的同时，花瓶也碎了。就敲破歹徒的头的行为而言，甲的行为是正当防卫，反击行为对不法侵害人所造成的损害，不负刑事责任；打碎花瓶的行为，是

---

① 陈兴良：《正当防卫如何才能避免沦为僵尸条款：以于欢故意伤害案一审判决为例的刑法教义学分析》，载《法学家》2017年第5期。

② 劳东燕：《正当防卫的异化与刑法系统的功能》，载《法学家》2018年第5期。

③ 梁根林、付立庆：《寻觅制度正当和运作理性的顺畅表达——析王晓岚、姜海勇正当防卫致人死亡案》，载姜伟主编：《刑事司法指南》（第3卷），法律出版社2001年版，第208页。

甲以牺牲花瓶为代价来保全自己的人身安全,对无辜第三人的合法权利造成的损害,属于紧急避险,不负刑事责任。①

(一)紧急避险与正当防卫的不同之处

这里,首先需要从类型上把握正当防卫和紧急避险的区别。两者在起因、对象、时间、限度条件上都有不同的要求和规定。比如,(1)从对象来说,前者是针对不法侵害人的人身和财产,后者(通常)是针对第三人的人身和财产。(2)限度条件,对比第20条第2款和第21条第2款会发现,紧急避险在限度要求上比较严格,只要"超过"了必要限度造成了"不应有"的损害就属于过当;而正当防卫的条件很宽,只要没有"明显超过"必要限度造成"重大"损害就不属于过当。除此之外,更需要理解正当防卫和紧急避险的区别,是两者性质上的不同。虽然根据传统刑法理论,无论正当防卫还是紧急避险都被认为是排除社会危害性的行为、排斥犯罪成立的行为,也就是无论是正当防卫还是紧急避险都不构成犯罪,但是两者的性质本身还是存在明显不同。简单地说,正当防卫是由于面临着不法侵害而对不法侵害人采取的一种反击行为,是一种"正"对"不正"的关系:防卫人是"正"这一方,而不法侵害人是"不正"这一方。与此相反,紧急避险,比如说,当面临着来自其他人的追杀行为,在不得已的情况下跑到别人家里面,这样一种行为在形式上是不法侵入他人住宅的行为,侵害了他人住宅的安全与安宁,但却成立紧急避险,其所比较或评价的是他人的住宅安宁与自己的人身安全。所以,在紧急避险的场合,是自己所面临的人身、财产等权利受到威胁("危险"),这种权利和其他权利,比如说他人的人身安全、住宅安全或者是财产权利之间的比较,这是正当权利之间的比较,所以,这是"正"对"正"的比较。在面临他人的追杀时,不得已把别人停在路边的摩托车骑跑,因此成功躲避了追杀时,未经别人同意把别人摩托车骑走的行为是一种侵犯他人财产权的行为,在刑法上可能构成抢夺或盗窃等犯罪,这时刑法是在行为人的生命权和他人的财产权之间作比较——两者都是刑法所保护的正当权利,所以是一种"正"对"正"的关系。这是紧急避险在类型上和正当防卫的区别。之所以说这种情况下行为不构成犯罪,是因为在这两种权利的比较中,刑法应当优先保护避险人的人身权利或财产权利,不构成犯罪的理由,就是紧急避险。

正是因为是一种"正"对"正"的关系,所以要求紧急避险的成立条件较正当防卫严格。这种严格不仅体现在限度条件的规定上(《刑法》第21条第2款与第20条第2款的规定明显不同),还体现在其他两个条件上。第一,补充性要件的要求不同。正当防卫由于是"正"对"不正"的关系,根据"正"没有必要向"不正"让步这样的原则或信念,也就是正义不必向邪恶低头的道理,在面临着不法侵害时,即便是受害者有逃跑的可能性,也不要求其首先选择逃跑;换句话说,不要求受到不法侵害的人只有在不得已的情况下才能进行防卫,即便此时其可以通过其他方式来保护自己的合法权益,只要此时的不法侵害能够被评价为是紧迫的,就可以进行反击,以防卫的方式来保护自己的权益。与此相对,在紧急避险的场合,由于所侵害的利益也是合法利益,所以只有

① 此案例参见刘宪权:《刑法学名师讲演录(总论)》,上海人民出版社2014年版,第224~225页。至于丙用棍子将甲的头砸伤的行为,则属于假想防卫,此案中按照意外事件处理较为适宜。

在没有其他选择的时候，才允许以牺牲一个合法利益的方式来保护另一个合法利益。这就是“不得已”的要件，即退避的义务。这是两者的重要区别。第二，法益衡量的要求不同。在正当防卫的场合，由于是“正”对“不正”的关系，不法侵害者的权利已经在相应的限度之内丧失了要保护性，所以只要是在防卫行为所必需的限度之内，即便超出了不法侵害的强度，也完全可能成立正当防卫，而不要求被防卫的利益一定大于它所侵害的利益。比如，一个女性防卫自己性的自主权时，完全可能给对方生命的造成损害，而根据《刑法》第 20 条第 3 款的规定，此时不负刑事责任——如果成立正当防卫要求法益衡量的话，那么无论如何生命的利益要高于性自主权。因此，正当防卫是“正”对“不正”的关系，不要求法益之间严格的比较和衡量。而在紧急避险的场合，必需要求法益衡量。简单说，只有在保护利益大于或等于侵害利益的场合，才能说这种行为是没有法益侵害的，或者是不应该按照犯罪处理的。这时就需要通过法益衡量来判断是否过当，这是正当防卫和紧急避险的重要区别。

（二）紧急避险的性质

在传统刑法理论上，紧急避险是一个排除犯罪的事由，是欠缺社会危害性的行为。在三阶层的理论之中，关于紧急避险的法律性质则存在两种不同的理解。一种理解认为，紧急避险与正当防卫一样，都是一种正当化的行为，某种行为如果是紧急避险，就阻却违法。根据这种理解，紧急避险由于是正当化行为，则对其成立条件的要求就会比较严格，必需要求保护的利益大于侵害利益，如保护了本人的生命，侵害了对方的财产，或保护了本人的生命，侵害了对方的自由，等等。这种场合，必需承认生命比自由、财产更重要。从法益衡量的角度讲，由于不能说一个对社会有利的行为是违法的，在保护的利益大于侵害的利益从而对整个社会更有利时，就可以说它是正当的、不违法。这是对紧急避险的一种理解。

另一种理解则认为，紧急避险不可一概而论，它有两种情况：一种情况是保护利益大于侵害利益，应该受到社会肯定的评价，所以将其评价为正当行为；另一种情况是即保护利益与侵害的利益相等，保护了自己十份额的财产，同时侵犯了别人十份额的财产，这种情况下对社会是零受益，不负不正的评价。这种情况之下，法律能鼓励以牺牲别人利益的方式来保护自己同样的利益吗？这种行为是不值得鼓励的。所以，此时就不能说它是正当、合法的，需要承认这种情况是违法的。但是，在这种情况下，避险者处于紧迫之中，已经没有办法采取其他方式避免危险了。要让一个人哪怕去牺牲自己的利益也不去侵犯别人的利益，这样的要求是违背人性的。在这种利益冲突之下，每个人的本能就是要保护自己的利益，哪怕是侵犯别人同样的利益。这种情况之下，虽然保护利益和侵犯利益相等，但从整个社会来说，它又是不值得肯定的，是违法的。不过从责任的角度讲，对这样的一个人出于本能所实施的行为，又是欠缺可谴责性的。也就是说，虽然这种行为受到法律的否定评价，但该行为是可理解的，是能接受的，所以是免责的。综言之，这种理论认为紧急避险可分为两种，保护利益大于侵害利益的，是正当化的紧急避险，是合法行为；保护利益与侵害利益相等的场合，虽然不合法，但是欠缺主观上的可谴责性，是违法但免责的紧急避险。

本书持后一种理解，认为紧急避险完全有可能做出这种二元的区分。需要说明的是，只有在严格区分违法与有责的阶层体系（比如本书所采纳的三阶层体系）之下，这种正当化和免责的区分才是可能的；如果按照传统的四要件理论，则只能说紧急避险缺乏社会危害性，不构成犯罪，而没有办法再进一步细分。

二、紧急避险的成立条件

（一）客观上存在现实危险

成立紧急避险首先需要客观上存在危险。这些危险，(1)可以来自自然界，如洪水，洪水汹涌而来时，人身受到威胁，如果此时不把别人的摩托车开走就可能会被淹死，此时把别人的摩托车骑走就会阻却抢夺罪或盗窃罪的违法性。此外，像沉船、空难等都可能构成危险。(2)也可能是动物袭击所造成的危险。在否定对物防卫的场合，对来自动物的袭击只能选择紧急避险，只能将这种危险转嫁给无辜的第三方；而在肯定对物防卫的场合，针对危险源本身可能成立正当防卫，而将这种危险转嫁给第三方则构成紧急避险。当面临动物袭击时，把这只动物打死，成立正当防卫（按照对物防卫肯定说），而面临这种危险时跑到别人家里，把别人的门窗毁坏了，或者看到别人骑自行车，把自行车夺过来，将别人一把推倒了，即便使其摔伤，也可能成立紧急避险——当然，还必需满足没有别的方法可选择的条件。(3)还可能是疾病、饥饿造成的危险。由于重大疾病无钱医治而去偷别人的钱，这种情况下很难评价为正在发生的危险，但比如患者因失血过多而具有生命危险的场合，就可称为“危险”，此时由于需要输血的血型极其罕见且紧缺，结果发现某个来验血的人恰巧血型符合，此时通过强制要求该人献血的方式挽留患者之生命的场合，有成立紧急避险的空间；再如，由于严重饥饿面临生命危险，看到面包店正在烤面包而偷了面包，不构成盗窃，可以认为生命利益比财产利益更重要。也有人认为这种情况下不是紧急避险，而是犯罪没有达到数额，所以只当成违法行为来处理。但是按照紧急避险来处理连违法都不算，自然不需要承担治安处罚等其他一切违法评价。(4)危险源还包括人的危害行为所造成的危险，比如前面所说的因为遭受追杀而不得已动用他人的花瓶反击的场合，就属于将危险转嫁给别人，从而可能构成紧急避险。

从紧急避险类型上，可以分为攻击性紧急避险和防御性紧急避险。攻击性紧急避险是完全将这种危险转嫁给第三方。将危险完全转嫁给施害者但又不符合正当防卫时，可能成立防御性紧急避险。比如，精神病人烧车的例子。一个女精神病人有一个特点，就是月圆时会烧汽车，丈夫观察了她一年，发现十二个月每月如此。于是又到了一个阴历十五，这天月亮还没有升起来时他就将妻子绑起来，绑了一晚上，等月亮落下时再将她松开。这种情况不能说丈夫是正当防卫，因为他妻子还没有实施不法侵害，不法侵害还没有开始，所以不符合正当防卫成立的条件。但是这时应该认为妻子烧车是来自人的一种危险，将她绑起来这种方式可以说是不得已的，比如说他曾经反复劝过她等都没有用。这种情况下把她绑起来已经符合了补充性要件，即是“不得已而为之”。这时是针对危险源本身的，是一种防御性避险。它和攻击性的、针对无辜第三人的紧急避险在类型上有所区别。通常所说的紧急避险是第一种，也就是攻击性的紧急避险。

自己招致的针对本人的危险，能否成立紧急避险？比如，在甲向狗投掷石块而招致狗的袭击时，甲能否避险而逃入乙的住宅？学说上通常持否定态度，因为这种情况下是故意造成了一种法益冲突，在这种状态下甲的利益就不受保护。如果确实能够肯定故意制造了法益之间冲突的场合，等于法益主体放弃了法益，当然不允许避险；但当招致危险的行为不能被评价为故意制造法益冲突，同时所涉及的法益又较为重大时，仍应有允许避险的空间。至于自招的针对他人的危险，原则上应允许紧急避险。

危险必须是现实发生的，如果没有危险，行为人以为有危险，属于假想避险，与假想防卫的处理是一样的。

（二）正在发生的危险

正在发生的危险即是危险已经存在，尚未消失。如果危险尚未存在或者已经消失，那就是避险不适时的问题，和防卫不适时应做同样的处理。

（三）出于不得已而为之

《刑法》第 21 条第 1 款明确要求，成立紧急避险必需是“不得已”的。即紧急避险必需不得已而为之，这是补充性的要件，只有在不得已的状态下才允许采用损害合法利益的方式来躲避危险。比如，一个大夫由于晚上不上班，喝了酒，这时接到来自医院的电话，说一个急诊病人需要手术，其他大夫对这种病症没有把握，只有他去最合适。喝了两瓶啤酒的大夫因没打到出租车而醉酒驾驶，这时牺牲公共安全危险驾驶是为了去抢救一个人的生命，此时，抽象的公共安全要让位于特定病人的生命安全。但是如果有其他可能，比如能打到出租车或家人送去等，就不具备紧急避险的不得已要件。在其他方法都无法解决时，如果该医生不及时赶到医院病人就会死亡，这时就允许为保护病人生命安全而去暂时牺牲抽象的、并不那么紧迫的公共安全。这就是补充性要件的问题。

《刑法》第 21 条第 3 款还特别规定，关于避免本人危险的规定不适用职务上、业务上负有特定责任的人，这意味着职务上、业务上有特定责任的人，不能以避免本人利益受到伤害为由进行紧急避险。比如，消防人员在救火时不能说火灾是一种危险，而将该风险转嫁给第三人。但如果这种危险会导致特殊职责人重大利益受到损害的话，这时其仍有可能适用紧急避险。如火越烧越大，消防器材没有办法灭火，这时消防人员从火里面跳出来把别人的财物给踩坏了，这完全是可以的，不能说这时仍要履行业务要求，这属于强人所难。刑法肯定紧急避险是因为其总体上是对社会有价值的行为，而不是通过紧急避险使得一些人去完成他们不能完成的任务，或对人提出一些额外的要求。即便是职责上有特殊要求的人，如果危险已经触及他们的重大利益时，也完全存在适用紧急避险的可能，不过其成立的是违法而免责的紧急避险而已。

（四）关于避险意识

成立紧急避险，是否要求避险人要认识到有正在发生的危险并意识到自己是为了保护某种利益而侵害另外一种利益？对这一问题的理解和防卫意图的理解应当一致的。从结果无价值论的角度来讲，没有必要要求防卫人有避险意图，只要客观上所保护的利益大于所侵害的利益，就是一种社会应予以正面评价的行为；退一步来讲，即便不立足于结果无价值论，而主张行为无价值论，在这个前提之下需要考虑在主观方面加以限定，那么这种避险的主观要求也应该仅仅限于避险认识就足够了，也就是说，只要认识到针对自己或他人存在这种危险就足够了，而并不应该再去要求在这种紧迫状态之下是为了保护某种利益，这样只会导致成立紧急避险的条件过于苛刻，不利于避险人的权利保护。

（五）紧急避险成立的限度条件

避险行为必需没有超过必要限度，造成不应有的损害。紧急避险的限度条件要求得非常严格，只要超过了必要限度并造成不应有的损害，就属于避险过当。对此，通说认为所引起的损害小于所避免的损害时，就没有超过必要限度。而与之相对的有力理解认为，紧急避险的必要限度，是指在所造成的损害不超过所避免的损害的前提下，足以排除危险所需的限度。[①] 所以，只有在保全法益不小于侵害法益的前提之下，排除危险所需的限度，才算是必要的限度。也就是说，尽管保护法益仍然大于侵害法益，但是当所侵害的法益并不必要时，完全可能成立避险过当。比如，为了避免 100 公顷的森林被烧，不得已要砍伐一片森林作为隔离带。这时砍 1 公顷就可以了，但是砍了 10 公顷，虽说保护了 100 公顷森林仅烧了 10 公顷森林，但其中 9 公顷不是必需的，此时就会被认为是避险过当。同样，如果在必要的限度内，保护法益等于侵害法益的场合，也完全可能是适当的。

有争议的是，在生命对生命的场合，应如何对待，即能否以牺牲他人生命的方式来保护自己的生命。关于这个问题，需要在两个层次上加以展开。一个是牺牲一个人的生命去保护另一个生命，另一个是牺牲一个人的生命来保护两个以上的生命。比如，女青年李某在赶夜路的时候，误到一个抢劫犯家投宿。当她得知抢劫犯与其母亲密谋要将自己杀死时，在无法逃脱、躲避的情况下，将熟睡的抢劫犯的妹妹挪到自己的位置。抢劫犯进屋将其妹妹当成投宿的李某而杀死。[②] 就歹徒来说，虽然他想杀李某客观上却杀了自己妹妹，成立故意杀人罪是没有问题的，这是后文在对象认识错误场合坚持法定符合说的必然结论。而对李某的行为评价，则涉及能否以牺牲别人生命的方式来保护自己的生命问题，对此存在不同理解。就中国当下的司法实践而言，对李某的行为更可能是按照故意杀人罪来处理，同时在量刑上尽可能轻，即中国的司法实践不承认这种情况构成紧急避险。但是针对这种情况如果按故意杀人罪来处理的话，是有问题的：只有一个生命受到了侵害，歹徒已经承担了杀人既遂的责任，这个女青年也要承担杀人既遂的责任，那么人到底是谁杀的？恐怕难以说清。按照间接正犯来处理肯定不合适：歹徒的杀害行为出于杀人故意，不是一个被利用的工具。按照共同犯罪来处理同样有问题：歹徒和女青年不构成共同犯罪。

---

① 张明楷：《刑法学》（第 5 版），法律出版社 2016 年版，第 220 页。

② 较早的出处，参见高铭暄主编：《刑法学原理》（第 2 卷），中国人民大学出版社 1993 年版，第 247～248 页；稍详细的介绍，参见《案例Ⅰ李某牺牲他人生命保全本人生命案》，载陈兴良主编：《刑事法判解》（第 1 卷），法律出版社 1999 年版，第 313～314 页。

不是间接正犯也不是共同犯罪，女青年怎么就成了杀人犯？司法实践会这么做，但是为什么是故意杀人却恐怕无法说清。

按照本书的理解，李某的行为不构成犯罪，但这并非因为李某的行为与被害人的死亡结果之间不存在直接的因果关系，[①]而是因为，李某的行为成立违法但免责的紧急避险。首先，这种情况下保护的利益和侵害的利益表面上是完全对等的，但实际上任何人的生命都只是法律保护的目的而不是手段，不能用一个人的生命和另一个人的生命进行比较，这种情形下对生命进行绝对保护，牺牲别人的生命没有任何理由，就是一种违法行为。但是，在犯罪成立的第三阶段即有责性上，还要考虑她主观上有没有可谴责性。李某此时已经没有别的选择了：不能选择让她冲出去和这个歹徒搏斗，斗不过；也不可能让她偷偷溜出去逃跑，跑不掉；也更不能让她在那里等死。和歹徒的妹妹换位置是不得已的唯一出路——这种出路虽然是违法的，但在此种场景之下，她已经别无选择。在有可能选择合法行为时却选择了违法行为，这种有“他行为可能性”而不为就是谴责的对象；但是当欠缺“他行为可能性”即不可能选择合法行为时，法律就不应再去谴责。这种行为应理解为违法但是因为欠缺期待可能性而免责的紧急避险。[②] 这种紧急避险具有刑事违法性，所以其他人可以对这个免责的紧急避险进行正当防卫。

第二个层面的问题应该做同样的理解：即以牺牲一个人的生命保护几个人的生命，实际上和前面是同样一个结论。这种情况下别无选择，以牺牲一个人的生命保护几个人的生命，由于生命的价值在数量上不能相加，就不能简单说两个人的生命大于一个人的生命，所以即便牺牲一个人的生命去保护几个人的生命，仍然违法；但是如果符合了不得已的条件，那就仍然可以免责。之所以肯定这种情况不按照犯罪来处理，肯定它成立紧急避险，一方面是从规范责任的角度来讲，法律不能强人所难，另一方面也有紧急避险社会功利的考虑。也就是说，紧急避险是一种什么样的行为呢？为什么不做犯罪来处理？因为它对整个社会来说是有利的或者说是无害的：如果保护利益大于侵害利益，是有利的；如果保护利益等于侵害利益，对整个社会来说是无害的。从社会功利主义角度来讲，也能肯定针对生命成立阻却违法但免责的紧急避险。[③]

三、受强制的紧急避险

所谓受强制的紧急避险，就是由于人身受到强制，没有别的办法选择，只能依据对方的要求去实施违法行为时，其所实施的违法行为是以不得已而损害另一利益的方式所实施的，就可能成立紧急避险。比如，A 对 B 说，你要不去把 C 杀了我就把你全家杀了。在这种情况下，B 没有报警的条件，没有逃跑的余地，只能按照 A 的要求把 C 杀了。这种情况下，对 A 来说，他成立故意

---

① 持此种主张，认为造成被害人死亡的直接原因是抢劫犯的杀人行为的，参见高铭暄主编：《刑法学原理》（第 2 卷），中国人民大学出版社 1993 年版，第 247～248 页（该部分为高格教授的观点）；刘明祥：《紧急避险研究》，中国政法大学出版社 1998 年版，第 79 页。

② 主张本案中李某的行为因为欠缺期待可能性而成立紧急避险的，参见谢玉童：《紧急避险、期待可能性与意志自由》，载陈兴良主编：《刑事法判解》（第 1 卷），法律出版社 1999 年版，第 332～340 页；刘为波：《紧急避险限度条件的追问——兼论紧急避险限度理论根基的解构与重建》，载陈兴良主编：《刑事法判解》（第 1 卷），法律出版社 1999 年版，第 373～377 页。

③ 与本书的主张不尽相同，认为对生命的紧急避险也要区分不同情形进行判断，既有可能成立阻却违法事由，也有可能成立阻却责任事由的，参见张明楷：《刑法学》（第 5 版），法律出版社 2016 年版，第 221～222 页。

杀人(属于间接正犯),对B来说呢?《刑法》第28条有胁从犯的规定,指被胁迫参加犯罪,对胁从犯的处刑比从犯还要轻。但是,成立胁从犯要求有一定的意志自由而不是完全丧失了自由意志。比如,A如果对B说,你要是不把C杀了,我就打断你的腿,就强奸你女儿。这种情况下B是有选择的余地,有自由意志,此时B把C杀了就成立胁从犯。但如果A说你不把C杀了我就把你杀了,或者说把你全家给杀了,在这种情况之下,B已经没有选择的余地了:不可能要求B即便是牺牲自己或全家人的生命也不去实施杀人行为,这是强人所难,所以这种情况下B杀了C虽然是违法的,但是这种违法却也应是免责的。此时,在B没有选择余地的情况下拿刀砍C想把C杀掉,结果C更胜一筹,把刀夺过来砍死了B,如何处理?C成立正当防卫。因为B的行为是违法的,B的行为对C来说完全是不法侵害,所以C完全可以针对不法侵害人实施正当防卫。从这一点可以看出,将B的杀人行为定性为免责的紧急避险,这种区分是有实际意义的。如果按照四要件理论,这个问题可能就说不清楚。传统理论认为,B完全符合四个要件因而需要定罪,但这种情况之下定故意杀人就是强人所难。对B按照故意杀人罪处理实质就导致AB两者成立共同犯罪关系,B按照胁从犯处理。但是,B此时完全丧失自由意志,没有选择的余地,不符合胁从犯基于一定的自由意志的支配而实施行为的要求。

胁从犯与受强制的紧急避险的主要区别在于,是否因为强制而丧失了自由意志。如果还存在自由意志,强制只不过使得自由意志的强度受到影响,就按照胁从犯来处理;如果由于受强制而完全丧失了自由意志,只能按照受强制的紧急避险来处理。因此,在行为人被他人持刀威胁,要求其和某一女性性交,否则其自身以及该女性均会遭受紧迫生命危险的场合,在没有其他办法避险的情况下不得已侵犯了该女性的性权利,就可以认为是属于为了避免造成较大合法权益的损害而侵犯他人较小合法权益的行为,系紧急避险行为,不构成犯罪。①

四、避险过当

《刑法》第21条第2款规定:"紧急避险超过必要限度造成不应有的损害的,应当负刑事责任,但是应当减轻或免除处罚。"这是关于避险过当的规定。与防卫过当一样,避险过当也不是一个罪名,也要根据过当导致损害的类型具体确定相应罪名:如果导致了财产损失,又持故意态度,就成立故意毁坏财物罪;如果对过当是基于过失,就可能成立过失致人死亡罪、过失致人重伤罪。当然,也可能是故意伤害、故意杀人等。和《刑法》第20条第2款一样,第21条第2款也存在自相矛盾的问题。"紧急避险超过必要限度造成不应有的损害"同样是一个表达上的缺陷:既然成立紧急避险,就是满足了包括限度条件在内的所有要件,所以更准确的表达是,"避险行为"超过必要限度造成不应有的损害。

至于避险过当减轻或免除处罚的理由,同样是违法·责任减少说。在危险所损害的范围之内,相应的法益虽受到侵害,但由于避险行为保护了一定的合法利益,所以综合衡量的结果是该行为的违法性减少;同样,过当行为是在紧急状态之下所做出的,可谴责性降低。避险过当违法

① 《谭荣财等强奸、抢劫、盗窃案》,载陈兴良、张军、胡云腾主编:《人民法院刑事指导案例裁判要旨通纂》(上卷),北京大学出版社2013年版,第472~474页。

与责任都是减少的,因此应当减轻或免除处罚。

第四节 其他的违法阻却事由

除正当防卫以及通常情况下的紧急避险(紧急避险通常情况下是正当化事由即违法阻却事由,例外情况是违法但阻却责任事由)之外,在违法性阶段,根据实质违法原理,还可能有其他一些事由同样具有阻却违法性的效果。表面上看来,一种行为符合刑法分则规定的构成要件,但是能够根据实质违法性的判断而将这样的行为排除在刑法上的违法之外。亦即形式上看来具备犯罪构成要件,但实质上从社会整体角度来看,这样的行为应该受到肯定的评价。

一、法令行为

基于法律、法令或者法规的规定,以行使权利或者承担义务的方式所实施的行为。法令行为为法律本身所允许,因而是合法行为,不是犯罪。比如,发行彩票原本是赌博行为,但国家出于财政政策等考虑而通过专门法律允许特定机构以特定方式发行彩票,因此就不属于违法行为。除此之外,职务行为和权利行为也都属于法令行为。

1. 职务行为,也称职权行为,即公务人员根据法律行使职务或者履行职责的行为。如行刑官执行死刑,司法工作人员对犯罪嫌疑人实行逮捕等,均属于此。依上级命令的行为也可称为一种职务行为,在上级机关命令下属的公务员从事一定的职务行为时,只要是在双方的职务范围之内,下级公务员具有服从的义务,即便下级的行为侵犯法益,仍可构成阻却违法事由。但是,在明知上级发布的命令存在重大缺陷仍然予以执行的,则不应肯定其违法性阻却。

2. 权利行为,即在法律上规定为公民权利的行为。比如,《刑事诉讼法》第 84 条规定,对于有下列情形的人,任何公民都可以立即扭送公安机关、人民检察院或者人民法院处理:(1)正在实行犯罪或者在犯罪后即时被发觉的;(2)通缉在案的;(3)越狱逃跑的;(4)正在被追捕的。扭送是法律赋予公民在紧急情况下协助司法机关同犯罪作斗争的一种权利。公民抓住人犯后,立即送交司法机关处理的行为,不会被按照非法拘禁罪处理。但是,公民对上述几类人员不及时扭送,而是擅自拘禁的,仍有成立非法拘禁罪的空间。

超越法律权限或违反法定程序的行为,不得被认为是依据法律的行为。

二、正当业务行为

正当业务行为,是指在社会生活中被认为是正当的业务上的行为。首先,必需是基于社会生活中的地位而反复实施的行为,即业务行为。其次,这种行为必需是正当的。业务活动必需有一定的限度,仅仅在业务行为一般所确认的限度之内被正当化。比如拳击这样的体育竞技,相应条件下属于正当业务行为,在造成对方轻伤后果的场合,不能按照故意伤害罪处理;再如,一般记者的报道活动、律师的辩护活动等,也都属于正当的业务活动,在其正当活动之中暴露了相关人员隐私等而对他人名誉造成不利影响的,也会阻却违法性。

又如,医疗手术的行为,只要是在正当的范围之内,也不会按照故意伤害罪处理。这里,并非是作为医师的业务上的权利而允许了对患者身体的伤害,其之所以阻却了违法性,患者的同意、医学的适应性(医疗行为对于维持、增进患者的生命和健康是必要的)、医术的正当性(医疗行为依照医学上认可的医疗技术而实施)这三点构成了违法性阻却的要件,其中,患者的同意是核心的要素,从而违反了具备判断能力的患者明示意思的医疗行为,不会被正当化。[①]

三、被害人同意

(一)术语选择

一种行为虽然在形式上符合某个犯罪的构成要件,但可能由于其符合被害人的意愿而阻却违法。这种场合,被称为被害人同意。

需要说明,学说上有时会区分"被害人同意"与"被害人承诺",认为前者是阻却构成要件该当性的,后者则是阻却违法性的。[②] 此外,从用语习惯的角度还可能认为,凡是法益主体主动提出的可谓"承诺",被动接受的则是"同意"。确实,像非法侵入住宅罪、强奸罪、盗窃罪这样的场合,存在被害人同意就难以说成是"非法侵入"或者是"强奸""窃取",因此原本就不符合相应犯罪的构成要件,此时的被害人同意就是"构成要件不该当事由";而在像故意伤害罪的场合,即便得到被害人同意也仍然符合伤害罪的构成要件而仅可能在违法性判断时通过法益衡量原理阻却违法性,此时的被害人同意就是"违法性阻却事由"。将承诺(同意)理解为构成要件阻却事由的观点,实际上是将同意理解为对他人侵入自己利益的接受,通过同意,权利人将行为人的行为转化为自己的行为,行为人是在为权利人行事,是后者执行事务的工具。[③] 这样的理解,尤其体现在客观归属论者那里。由此,也可以看出将同意(承诺)理解为构成要件阻却事由还是违法性阻却事由(正当化事由)在诠释路径上的不同。

不过,正如有学者指出的那样:"某种事由是被定位于构成要件之中还是被定位于违法性之中,这样的处理,特别是有关故意和错误的处理,如果会导致实质差异的话,那么这个区分可谓具有重要意义。但既然否定犯罪成立的根据本身都是一样的(被害人同意),那么就其成立条件或有关故意和错误的不同处理就不能认为是妥当的。"[④]而且,"关于如何才是或者不是有效的承诺的这种争议问题,也是和承诺的犯罪论体系的地位没有关系的。在分析案例的时候,人们需要给承诺选择一个在犯罪论体系中的位置,但不需要进行进一步的论证"。[⑤] 因此,本书不严格区分"同意"与"承诺",而统一称为"被害人同意",[⑥]并且,基于对客观归属论慎重观望的态度,本书

① [日]山口厚:《刑法总论》(第3版),付立庆译,中国人民大学出版社2018年版,第111页。

② 林山田:《刑法通论(上册)》(增订10版),北京大学出版社2012年版,第237~238页;林钰雄:《新刑法总则》(第4版),元照出版有限公司2014年版,第283~284页。

③ [德]乌尔斯·金德霍伊泽尔:《刑法总论教科书》(第6版),蔡桂生译,北京大学出版社2015年版,第117页。

④ [日]山口厚:《刑法总论》(第3版),付立庆译,中国人民大学出版社2018年版,第162页。

⑤ [德]乌尔斯·金德霍伊泽尔:《刑法总论教科书》(第6版),蔡桂生译,北京大学出版社2015年版,第118页。

⑥ 严格说来,在同意有效的场合,作出同意的法益主体亦难称"被害人",这里只是在一般的约定俗成的意义上使用这一用语。

统一将其理解为违法性阻却事由。

(二)被害人同意阻却违法的根据

所谓被害人同意,"是指作为法益主体的被害人,许诺对自己法益的侵害、放弃对该法益的法律保护"。[①] 在个人法益的场合,被害人是相应法益的主体,具有对法益的处分权。因此,存在被害人的有效同意就意味着实现了自主的处分权,就可以认为法益主体放弃了对该法益的保护,相应法益失去了要保护性,相应的行为失去了法益侵害性。这就是被害人同意阻却行为违法性的根据所在(法益侵害欠缺说)。比如,经过某人同意而摔坏了其高档手机,虽然该行为形式上符合故意毁坏财物罪的构成要件,但在违法性阶段的评价上,该行为实质上并不违法。这是因为,违法的本质是法益侵害或其危险,而在经过法益主体的同意之后,相应财物的价值已经失去了要保护性,从而行为就没有法益侵害性。

对于被害人同意阻却违法的根据,还存在所谓法益衡量说的主张。比如,在得到被害人同意而毁坏其财物的场合,认为经过法益的比较衡量,整体上没有法益侵害从而不认为是犯罪:同意是法益主体自由意志的体现,此时从法秩序的整体上看,认为尊重其自由意志比对其财产权的保护更为重要;既然摔坏手机的行为是物主自由意志的体现,这种行为就没有侵害其个人利益,法律就认为此行为没有法益侵害,从而不违法。对自由也是一样。《刑法》第 238 条规定了非法拘禁罪,如果经过某人同意而将其关在屋子里面就不是非法拘禁的问题。其他的个人法益大多也是一样。比如在名誉的场合,如果未经他人同意,而到处散布其坏消息以败坏其名誉,可能会构成诽谤罪。但如果是为了出名,对别人说"我要编造你的绯闻然后去散布",对方说"那拜托了"的场合,行为虽然符合《刑法》第 246 条"捏造事实诽谤他人"的规定,但此时法律认为,对其自由意志的尊重比尊重其名誉更加重要,法律评价会认为,法益主体的名誉在其自由意志的范围内已经被放弃了,法律就不再保护该名誉了。这时形式上虽然符合诽谤罪的构成要件,但是由于存在同意,那么就不存在法益侵害。这里面涉及一个法益比较的问题。如果法益的内容是生命的话,则对生命采取绝对保护的态度,没有任何人可以放弃自己的生命,即使有被害人的同意,也不能阻却违法。对自由意志的尊重没有对生命的保护价值更高。可见,对于被害人同意阻却违法有"法益侵害欠缺说"和"法益衡量说"两种学说,但在涉及生命的场合,后者更具说服力,因此,本书暂且采取法益衡量说。

(三)被害人同意的有效条件

被害人同意只能针对个人的法益,如果针对的是超个人利益(社会法益或者国家法益),那么个人就没有权利做出同意。再者,即便是针对个人法益,也必需是真实的同意才能阻却违法,如果是基于有瑕疵的意思表示做出的同意(比如因受胁迫或者被欺骗),同意则通常是无效的。不过,在被欺骗的场合,如果法益主体对于所处分的法益本身并无认识错误而只是对即将获得的

---

① [日]山中敬一:《刑法总论》(第 3 版),成文堂 2015 年版,第 205 页。

报酬等存在误认时，则同意仍然是有效的。[①]

同意必需是有权同意者做出的同意，这里的“有权同意者”，通常是法益主体本人，也可能在例外的场合体现为代为同意者。同意必需是针对结果的同意，[②]在结果发生时存在。结果发生之后的事后同意，无法阻却行为的违法性。若采纳行为无价值论的观点，则会要求“承诺必需传达给行为人，行为人由此清楚地认识到被害人做出了承诺”。[③] 而根据本书所采纳的结果无价值论立场，同意只要客观存在即可，行为人是否认识到同意并不重要。

概言之，有权做出同意并且在自由意志支配之下做出的真实的意思表示，并且不涉及社会公共利益，不涉及个人的生命、重大健康等利益的场合，经过被害人同意的行为，即可能阻却违法。

四、自救行为

自救行为，是指权利受到违法侵害的人，在通过法定程序、依靠国家机关明显难以恢复权利的场合，依靠自身力量救济自己权利的行为。肯定在符合一定条件、具有相应理由的场合，自救行为阻却违法，有助于弥补公权力的空缺或者迟滞，通过对公民民事权利的保障与救济，体现法律的公平和正义。比如，乙将甲的摩托车盗窃，几天后甲碰见乙，发现其所骑摩托车正是自己的，于是一把将乙推下车，自己骑车离开。此时，甲的行为符合抢夺罪的构成要件，且不属于正当防卫行为。但甲是该摩托车的合法所有权人，其抢回自己的财物并未给他人造成额外的负担，并且如不及时抢回恐怕就不容易再碰到乙，存在恢复权利的现实紧迫性，这时甲的行为就是一种自救行为，不是犯罪。

围绕在民法、刑法等领域是否存在相关规定，自救行为在不同国家和地区的立法中大致存在如下几种情形：(1)在刑法总则中直接规定自救行为。这样的立法例较少，典型的如韩国，《韩国刑法典》第23条规定：“A. 依法定程序不能保全请求权的情况下，为避免其请求权的实行不能或者显著的实行困难而实施的行为，在有相当理由时，不罚。B. 前项行为过当的，依其情况可减轻或者免除处罚。”(2)在民法中规定自救行为，同时在刑法中规定“依法令行为”。如我国台湾地区“民法”第151条规定：“为保护自己权利，对他人之自由或财产施以拘束、押收或毁损者，不负损害赔偿之责。但以不及受法院或其他有关机关援助，并非于其时为之，则请求权不得实行或者实行显有困难者为限。”同时，台湾地区“刑法”第21条规定了属于违法性阻却事由之一的依法令之行为：“依法令之行为，不罚。”据此规定，民法上的自救行为间接地成为在刑法上具有实定法意义的违法阻却事由。(3)在民法上规定自救行为，但在刑法中并未规定“依法令行为”。如《德国民法典》第229条规定：“针对以自力救济之目的逮捕有夺取、破坏或毁损财物或者逃脱危险之义务者，或者为排除义务者对于其应忍受之行为的抵抗而实施的行为，当无法及时获得国家机关的救助且如果不采取措施请求权的实现就不可能或显著困难时，不违法。”而在德国刑法中

---

① 付立庆：《被害人因被骗而同意的法律效果》，载《法学研究》2016年第2期。

② 只对行为存在同意，对结果并不存在同意的，无法根据“被害人同意”法理阻却违法性，但是能否依据“危险的接受”阻却违法成为可以进一步讨论的问题。

③ 周光权：《刑法总论》(第3版)，中国人民大学出版社2016年版，第221页。

既未规定自救行为,也未规定依法令行为。此种情况下,自然也会在刑法上肯定这样的行为阻却违法。[①] (4)民法上和刑法上都没有规定。在我国,尽管《民法典侵权责任编草案》第954条之二有关于自助行为的规定,但其目前尚未生效实施,这种情形属于典型的超法规的违法阻却事由。

自救作为一种紧急状态之下的事后救济行为,为避免对公权力的行使造成妨害进而对其背后的法秩序构成威胁,其成立需要受到严格限制。结合各国刑法、民法等关于自救行为的规定,学说上一般认为,只有在法益受侵害的状态仍然存在、行为人具有需要实现的请求权、不能及时获得公权力的救济、自我救济所造成的损害与救济的法益具有相当性的场合,[②]自救行为才能够被正当化。超过相当性的自救行为,属于自救的过当,仍需要承担相应的责任,乃至刑事责任。

五、自损行为

自损行为,指自己损害自己法益的行为。通常,自损行为形式上符合刑法上的损害行为,具备法益侵害的外观。其特殊性在于,行为人与法益主体是重合的,正因如此,自损行为可视为是法益主体放弃了或自由处分了自己的合法利益,因法益的要保护性丧失从而不构成犯罪。比如,自己伤害自己身体的行为通常不成立犯罪。但是,自损行为在特殊场合下成立犯罪,比如放火烧坏自己的房屋又危害公共安全的行为,又如战时自伤的行为等,都可能构成犯罪。在未成年人或者精神病人自我损害时,处在保障人地位者不履行保护义务时,存在成立不作为犯罪的可能性。

自损行为与被害人承诺具有一定的相似性,二者都是法益主体放弃了自己的利益,不同的是,被害人承诺中的法益主体是对他人做出有效承诺放弃法律保护,而自损行为则是自己放弃了权益和法律保护。从规范意义上来看,无论是自杀还是毁损财物,对社会整体利益而言都不存在任何增益,这一点与正当防卫、紧急避险不同,因此不宜认为自损行为是一种合法行为,至多只能被认为是不违法的行为。

六、义务冲突

义务冲突,是指行为人有数个法律义务且这些义务不能同时履行而存在冲突,在行为人履行了部分义务而因未履行其余义务造成损害结果的场合。

比如,妻子和母亲同时掉进河里,救了其中一人而导致未获得救助者死亡,符合不作为犯罪的构成要件。这时不构成不作为犯罪的原因在于,存在冲突的义务,不可能同时满足,所以在违法性阶段就被评价为欠缺违法性。从同样是为保护一个利益而不得已牺牲其他合法利益的角度讲,义务冲突和紧急避险有相通之处,其与紧急避险的主要区别在于:在行为方式上,前者表现为不作为而后者则通常是作为;同时,在紧急避险的场合,避险行为人如愿意忍受针对本人的危险,也可以不实行避险行为,而在义务冲突的场合,负有义务者必需履行了其中的某项义务,否则可能构成犯罪。

---

① 问题仅是其属于法定的违法性阻却事由还是超法规的违法阻却事由而已。本书强调刑法判断的独立性和违法相对性的基本立场,主张法定违法阻却事由中的"法定"是指刑法上的明文规定,因此认为此种民法有规定刑法未有规定的场合仍需根据实质违法性的理论进行判断,从而其可能成为超法规的违法阻却事由。

② 张明楷:《刑法学》(第5版),法律出版社2016年版,第236页。

义务冲突的场合到底阻却违法还是阻却责任，值得讨论。应该看到，多种义务本身在重要程度和履行的先后顺序上可能是存在差别的。(1)在义务之间有轻重之分时，行为人优先履行价值较高的义务而放弃履行价值较低的义务的，根据法益衡量原理，应该认为是阻却违法的。(2)在义务之间有轻重之分时，若是优先履行了价值较低的义务而未能履行价值较高义务而致遭受损害的，应该肯定其违法性。有观点认为，在当时如不能期望行为人履行更重要的义务时，则可根据期待可能性理论阻却责任。[①] 本书进一步认为，即便可以期望行为人履行价值较高的义务但行为人却仅履行了价值较低义务的，在肯定其违法性的前提下，仍然应该肯定其由于存在相互冲突的义务而阻却责任。所以，在借住的他人房屋着火，行为人在抢救代为保管的他人贵重财物和救助自己的幼子的生命之中，慌乱之下选择了前者的，也应该允许以义务冲突为根据，否定不作为的故意杀人行为的有责性。(3)在两个等价值的作为义务发生冲突，行为人只能履行其中一个义务时(比如发生火灾时，分处不同房间的两个孩子需要父亲救助)，行为无价值论会认为，此时无论行为人如何选择都具有社会相当性从而阻却违法；而根据本书所采纳的结果无价值论，无法得出保全法益优于牺牲法益，所以行为是违法的，由于存在相互冲突的义务，因此"法律不强人所难"，阻却责任而已。[②] 不过，此种情形下的阻却责任的义务冲突行为，即使可以称为作为正当防卫之前提的"不法侵害"，由于针对"不法侵害人"进行防卫也不能取得制止不法侵害的防卫效果，因此不应允许防卫。对此问题还值得进一步研究。

七、其他的违法阻却事由

此外，学说上还将推定的同意、危险的接受等作为违法性阻却事由，还有的将行政许可、安乐死、器官移植等也作为违法阻却事由。[③] 确实，推定的同意、危险的接受等都值得认真研究。不过，器官移植问题似乎可以通过正当业务行为或者紧急避险而阻却违法性，未必有单独列出的必要性；而安乐死在中国的合法化还为时尚早。

---

① 周光权：《刑法总论》(第3版)，中国人民大学出版社2016年版，第223页。

② 与此相对，同样基于结果无价值论的立场，认为在两种义务具有等价性的场合，履行其中任何一种义务都阻却违法的观点，参见张明楷：《刑法学》(第5版)，法律出版社2016年版，第239页。

③ 张明楷：《刑法学》(第5版)，法律出版社2016年版，第236~238页；黎宏：《刑法学总论》(第2版)，法律出版社2016年版，第151~152页。

第七章　有　责　性

古老的日耳曼法有一基本原则:“行为可以杀死行为人。”意思是说,行为人无论故意、轻率、完全无罪责地实施行为,甚或不可避免地实施该行为,其处罚完全一样。它强调的是行为及其所造成的结果,而不论主观心态。这就是典型的结果责任。直至几个世纪之后,行为人对其行为所持的心理态度在刑法上的重要性才为人们所认识,并且发展成为针对行为人的一种谴责。人们逐渐认识到,犯罪必需是该当构成要件、违法且有责的行为。即便是该当构成要件且违法的行为,在做出该行为之时欠缺责任的场合,仍然不能肯定犯罪的成立。所以,有责性(责任)就成了犯罪成立的第 3 个要件。实际上,有责性是指针对该当构成要件的违法行为,可以谴责行为人。

第一节　有责性概述

一、责任主义

日本刑法学者西田典之教授指出,有责性的要件源于刑罚的目的。具体而言,刑法出于保护法益的视点禁止实施一定的行为,并通过预告、发动针对违法行为的刑罚制裁而让国民产生不实施犯罪的动机。为此,其前提条件必须是有可能产生这种不实施犯罪的动机,即行为人在实施犯罪之际,本有可能选择其他的合法行为,这称为他行为可能性。概言之,所谓有责性,是指原本可以实施其他合法行为,行为人却实施了违法行为,因而对此所进行的法律谴责。反之,如果并不存在行为人实施合法行为进行意思决定的前提条件,却对其行为予以处罚,其结果便是,行为人并不是因为应受谴责而被处罚,只是偶尔运气不好才受到了处罚。本不能进行责任谴责却仍予以处罚,这称为结果责任或严格责任,即便这种处罚能够暂时对国民产生威慑效果、一般预防效果,但最终反而只会降低国民的守法意识,因而并不妥当。①

确实,对于该当构成要件且违法的行为予以处罚,即便是能够产生将来的犯罪预防效果,这样的处罚也无从正当化。这是因为,刑罚的科处和单纯的治病不同,其富有“非难”这一特殊的含义。赋予这样的刑罚以非难的性格、将其予以正当化的要件就是责任,对于欠缺责任之行为的处罚,是无从正当化的处罚,自然是不当的。也就是说,刑罚是具有非难这样的性格、含义的特别的反作用,为了使这样的手段之使用正当化,所施行的该当构成要件且违法的行为就必须是值得非难的行为。这样,责任作为对于做出了该当构成要件并且违法行为的行为者的非难可能性,就

---

① ［日］西田典之:《日本刑法总论》,刘明祥、王昭武译,中国人民大学出版社 2007 年版,第 158 页。

使得具有非难这一属性的刑罚之科处变得正当了。[①] 这种无责任不处罚的原则，称为责任主义，作为刑法中保障国民自由的原理，责任主义得到了越来越广泛的承认。前文（第四章）有述，构成要件该当性—违法性—有责性的犯罪论体系，不但与刑法的罪刑法定主义、法益保护主义、责任主义三个基本原则密切联系在一起，而且，由构成要件该当的检验而违法性的检验最后有责性的检验，也就有助于层层递进地堵截刑法适用的危险。这其中，以可谴责性为内容的责任主义，具有重要的不可替代的意义。正如德国著名法学家阿图尔·考夫曼（Arthur Kaufmann）所说："责任主义的基本原则在今天得到普遍承认。"[②]

二、责任观念的演变：从结果责任论到心理责任论再到规范责任论

（一）结果责任论

作为最早的一种责任观念，结果责任重视行为所造成的危害结果，而不问行为人主观上的认识和意愿，更不问行为人是否值得谴责，一概追究行为人的刑事责任。17 世纪以前的法律中，广泛存在不要求主观罪过的"绝对责任"。"犯人的责任是经历过种种变化的。在最初，既不分行为的结果和偶然现象，也不问犯人对于犯罪事实有无认识，只知按行为及行为后继起的现象来衡量犯人的责任。并且不论精神正常与否和年龄的大小。因而形成了结果责任时代。"[③]而团体责任（连坐制度）、物体责任，则可谓是结果责任的两种变化形式。在我国学者看来，结果责任产生和存续的一个重要原因是，人类还处于愚昧时期，因为自己的无知，而将人当作物来对待。直到 18 世纪中叶，随着魔法统治的结束，才逐渐消除结果责任论。[④]

（二）心理责任论

结果责任论在衰落之后，心理责任论得以产生。心理责任论认为，不应在行为人的行为与危害结果之间仅仅存在因果关系这种客观联系时就追究行为人的刑事责任，只有在行为人与危害结果之间进而存在主观的心理联系时，才应追究行为人的心理责任。古典三阶层体系的奠基人贝林（Beling）即认为："责任存在于行为人对行为的心理联系之中。"在我国学者看来，将刑事责任与行为人的主观心理相联系这一观念的产生，具有多方面的原因：这既是古老刑法文化的遗产，也是工业革命后自然科学的发达带来的祛魅化。在 19 世纪末期实证主义哲学的直接影响下，李斯特等人对刑法中的责任问题进行了自然主义的考察。李斯特与贝林的古典犯罪论体系中，区分犯罪的外部方面（不法）和内部方面（责任），内部方面的故意和过失这两种心理因素就是责任。李斯特在教科书中努力从责任概念中驱除各种不精确的评价，使责任与故意和过失这些可以肯定判定的因素相联系。[⑤]

可见，在 19 世纪后半期以来，以对犯罪的自然主义的理解（所谓犯罪，是由于行为而引起了

---

① ［日］山口厚：《刑法总论》（第 3 版），付立庆译，中国人民大学出版社 2018 年版，第 193 页。

② 冯军：《刑事责任论》（修订版），社会科学文献出版社 2017 年版，第 343 页。

③ 蔡枢衡：《中国刑法史》，广西人民出版社 1983 年版，第 186 页。

④ 冯军：《刑事责任论》（修订版），社会科学文献出版社 2017 年版，第 345 ~ 347 页。

⑤ 冯军：《刑事责任论》（修订版），社会科学文献出版社 2017 年版，第 348 ~ 349 页。

结果)为基础,认为所谓责任就是针对行为所引起的结果的行为人的主观方面。故意和过失这样的心理状态是责任的两种表现形式(责任形式),是进行责任谴责的主观基础。这被称为心理责任论,这种观点至今仍有一定的支持者。评论者认为:"心理责任论具有刑法史上不可低估的意义,它使人只对与自己的主观相联系的东西负责,从而为现代意义上的责任原则奠定了基础。正是因为把刑罚与人的心理相联系,就使人不再对纯客观的行为后果负责,从而克服了人的物化,在刑罚中体现了人的尊严。"①而且,这种心理责任论的主张,也与在违法性与责任的区分上,坚持"违法是客观的,责任是主观的"这一命题有关:在坚持客观违法性论的基础上,把违法的判断标准甚至是判断对象予以客观化的同时,将责任问题作为纯粹的主观问题对待,以使得两者的区分更为明确。

(三)规范责任论

但是,心理责任论的缺陷也是明显的。"它在方法论上的错误,就在于过于重视对事实本身,而忽视了对事实的评价。心理责任论并未提出解决责任问题的实质标准,因此它不能说明为什么要从主观内容中选择出故意和过失作为责任要素,为什么不仅仅把故意作为责任要素呢?它也不能说明为什么存在故意和过失就一定存在责任。"②而且,即便是就故意和过失两种责任形式而言,心理责任论的说服力也有不足。正如有论者指出,这样的将行为人与所引起的结果相关的主观关系、要素作为责任的理解,即便就故意而言是妥当的,就另外的责任形式过失而言,由于欠缺对于结果的认识,恐怕也是不妥当的。③

在新康德主义的影响下,德国刑法学者弗朗克(Reinhard Frank,1860 ~ 1934)从对人的主观进行价值评价出发,提出了规范责任论,主张当某人实施了一个被禁止的行为,人们可以由此对他进行非难时,就因为责任而将该行为归属于他。这种观点认为,只有共通于故意、过失的作为其上位概念的规范性的谴责可能性、非难可能性才是责任的本质。规范责任论回答了心理责任论没有解决的问题:之所以不能对精神病人进行责任非难,不是因为他不具有心理意义上的故意,而是因为不可能要求他作出符合法律的意思形成;对无认识的过失进行责任非难,也不是因为行为人对结果的发生没有认识,而是因为行为人在履行其注意义务上显示出的不加关心,缺乏法律所要求的为履行其注意义务而形成相应的动机。④ 即尽管过失没有认识、预见到结果,但对结果无认识、无预见本身并不是责任的基础,只有本应认识到、预见到结果却没有认识、预见到结果这种规范性评价才是进行责任谴责的基础。这样,尽管是以存在故意、过失为前提,但并非是故意过失本身,而是对其的谴责可能性及其程度来奠定并决定责任。⑤

在规范责任论这里,除了属于行为人的主观方面的故意之外,过失以及此外的违法性认识的可能性、期待可能性的要素,也对于被规范化理解的责任具有重要意义,并在责任论中占据重要

① 冯军:《刑事责任论》(修订版),社会科学文献出版社 2017 年版,第 349 页。
② 冯军:《刑事责任论》(修订版),社会科学文献出版社 2017 年版,第 350 页。
③ [日]山口厚:《刑法总论》(第 3 版),付立庆译,中国人民大学出版社 2018 年版,第 195 页。
④ 冯军:《刑事责任论》(修订版),社会科学文献出版社 2017 年版,第 351 页。
⑤ [日]西田典之:《日本刑法总论》,刘明祥、王昭武译,中国人民大学出版社 2007 年版,第 161 ~ 162 页。

地位。这是因为,采取规范责任论,则会采取实质的责任论,认为在并无谴责可能性的场合,则并无责任,也就欠缺可罚性。这样,不但能够肯定法律明文规定的责任阻却事由,还可能肯定超法规的责任阻却事由,像欠缺违法性认识的可能性、欠缺期待可能性等,都可能因为不具备谴责可能性而欠缺予以非难的责任基础,从而阻却责任。

(四)关于所谓的"功能责任论"

规范责任论克服了心理责任论的缺陷,从而逐渐成为理论界的通说。本书也采规范责任论的立场,暂不接受之后发展起来的功能责任论。功能责任论主张,责任首先是行为人对法规范的忠诚问题,然后也是社会系统的自治能力问题。行为人是否具有责任,要根据行为人对法规范的忠诚和社会解决冲突的可能性来决定。功能责任论的核心,就是使责任概念更好地依附于它必需解决的问题。[①] 这种意义上的功能责任论将行为人对规范是否忠诚作为判断责任的重要要素,认为"刑罚的目的,就是证明法规范的有效性",这在违法性本质问题上采纳规范违反说时容易接受,坚持结果无价值论和法益侵害说的本书则难以认同;至于主张以社会解决冲突的可能性来确定责任,在社会具有更好的自治能力,即使不追究行为人的责任,也能解消行为人引起的冲突,也能维护法规范和社会的稳定时,行为人就无责任,则不但会因"社会具有更好的自治能力"这一点本身难有明确的操作标准而使责任认定充满不确定性,更重要的是,这也可能会背离"个人责任"的轨道,而导致团体责任以另一种形式被复活。

三、行为责任、性格责任与人格责任

责任是针对行为人所做出的相应该当构成要件的违法行为的责任。同时,作为谴责对象的行为必需有可能为行为人的意思所控制,条件反射或者梦游等非基于意思的行为不能成为谴责的对象。只有针对行为人有意做出的行为,才具有谴责可能性,这也就是基于意思的行为责任。行为责任论认为,应受处罚的不是行为人,而是行为;或者说,被追究责任的是行为本身。

与行为责任相对,性格责任论认为,责任非难的对象不是各个犯罪行为,而是行为人对社会的危险性格;而应受处罚的也不是行为,而是具有危险性格的行为人。但是,如果仅因具有危险性格就可以成为处罚的对象,显然不利于人权的保障。由于其理论根基的不当,性格责任论现在已经很少有人主张。

人格责任论认为,具有主体性的行为人的人格是责任的基础。这种观点认为,人格包括两部分,即由素质、环境宿命地形成的部分和由行为人有责地形成的部分,只能就后一部分对行为人进行非难。根据人格责任论的观点,犯罪行为是行为人人格的主体体现,责任的第一次基础是犯罪行为,但人格虽也受素质、环境制约,同时又是行为人主体性形成的,所以在行为责任的背后,存在第二次的责任基础,即对人格形成的责任。人格形成责任的主要倡导者是日本学者团藤重光博士。如今,人格责任论的主张在日本等还有一定的支持者,在我国,张文教授等学者所倡导

---

① 冯军:《刑事责任论》(修订版),社会科学文献出版社 2017 年版,第 352 ~ 356 页。

的人格刑法的观念,[1]也与以上人格责任的观念具有相通之处。人格形成责任论可以统一说明作为犯罪成立要件的责任、量刑责任、行刑责任,在这一点上可以说是一种卓越的理论,并且对战后的刑法理论产生了重大的影响。然而,生活决定责任、人格形成责任恐怕终究只是一种虚构。即便在理论上有可能存在,但要证明过去的何种行为、决断形成了现在的人格,这几乎没有可能。[2] 再者,现实上能否区分宿命地形成的人格与行为人有责地形成的人格,本身就是一个根本的疑问。即使能够进行区分,而提出有关犯罪人生活的全部经历的证据,不仅在诉讼程序上是不可能的,而且如此介入个人生活也是不妥当的。[3] 因此,本书不采人格责任论的主张,在采规范责任论的同时,认为非难的对象应该是具体的犯罪行为,即采纳所谓的行为责任。

第二节 责任形式之一:故意责任

一、犯罪故意与故意责任形式

(一)故意的本质

故意的本质涉及故意的认定标准,即故意与过失的区别。对此,刑法理论在发展过程中先后出现了三种学说:(1)认识主义(表象主义),主张故意的成立以行为人认识构成犯罪的客观事实为要件;(2)希望主义(意志主义),主张犯罪故意的成立不仅要求行为人对犯罪事实的发生有所认识,而且行为人具有希望犯罪事实发生的决意;(3)容认主义,主张在认识到危害行为和危害结果的基础上,凡危害结果的发生不违背行为人主观意志的,都属于故意。[4] 其中,在认识主义的内部,又有更细致的区别:①可能性说站在彻底的认识主义(表象主义)的立场上,认为只要对结果发生的可能性有具体的认识(预见)而仍然实施行为,就具有故意。根据本说,有认识的过失就没有存在的余地。②盖然性说认为,要成立故意,不仅需要认识到结果发生的可能性,还应当认识到其盖然性,即超过50%的可能性。③风险理论认为,如果行为人的某个决定与法秩序的风险原则不相容,就表明其有意地设置不被允许的风险,应当认定为故意。[5]

认识主义无视行为人心理活动中的意志因素,会导致刑法中的故意失之过宽;希望主义忽视了放任这种重要的意志形式,相反会导致缩小刑法中故意的范围。相对而言,容认主义"在理论上借助了心理学的研究成果,合理说明了犯罪故意的构成因素,而且在实践中注重行为人的主观恶性,适当地确定了犯罪故意的基本范围"。[6] 我国刑法规定即采取了容认主义的学说。

---

① 张文、刘艳红、甘怡群:《人格刑法导论》,法律出版社2005年版,第1页以下。
② [日]西田典之:《日本刑法总论》,刘明祥、王昭武译,中国人民大学出版社2007年版,第160~161页。
③ 张明楷:《刑法学》(第3版),法律出版社2007年版,第206页。
④ 姜伟:《犯罪故意与犯罪过失》,群众出版社1992年版,第90~97页。
⑤ 陈家林:《外国刑法理论的思潮与流变》,中国人民公安大学出版社、群众出版社2017年版,第210~212页。
⑥ 冯军、肖中华主编:《刑法总论》(第3版),中国人民大学出版社2016年版,第237页。

(二)我国刑法中故意犯罪的法律规定与故意责任形式

我国《刑法》第14条第1款规定:"明知自己的行为会发生危害社会的结果,并且希望或者放任这种结果发生,因而构成犯罪的,是故意犯罪。"根据这个规定可知,所谓故意犯罪,是指基于故意这种罪过而实施的犯罪。而作为一种责任形式的故意,则是指明知自己的行为会发生危害社会的结果,并且希望或者放任这种结果发生的心理态度。

根据上述的刑法明文规定,学说上一般将故意这一责任形式具体分解为认识因素和意志因素。其中的认识因素,是指明知自己的行为会发生危害社会的结果;而意志因素,则是希望或者放任危害结果的发生。认识因素与意志因素的有机结合,构成了故意这一责任形式的基本内容。也就是说,任何犯罪故意都必须同时具备认识因素和意志因素,并且意志因素以认识因素为前提。《刑法》第14条第2款规定:"故意犯罪,应当负刑事责任。"这表明,故意这种责任形式是基本的主观责任形式。其与后述的过失责任形式的差异首先表现在:故意责任是责任形式的基本和主要的表现方式,而过失责任形式则是补充的、次要的表现形式(故而《刑法》第15条规定"过失犯罪,法律有规定的才负刑事责任")。立法者之所以更加频繁或严厉地惩罚故意犯罪,至少有两个合法性理由。首先,故意犯罪行为人比过失犯罪行为人对事件进程有更好的支配,因此法益侵害应该完全归责于他;而过失犯罪行为人只不过是创设了结果发生的原因之一,因此虽对事件进程共同承担责任,但只是众多因素之一。其次,故意犯罪行为人决意违反法规范实施法益侵害,具有法益保护所不容忍的法敌对的意念,使得法规范一般预防的功能落空;而过失犯罪的行为人通常仅是疏忽而已,刑法禁令的效力对其并未完全展示出来。①

故意与过失这两种责任形式的具体界限,是在认识因素与意志因素上的不同:在认识因素上,要看行为人对自己的行为造成的危害结果有无现实的认识以及认识的具体程度如何;在意志因素上,则要看行为人对于危害结果持何种态度。

二、故意的种类

刑法理论对故意这一责任形式进行了不同的分类。比如,根据故意的认识内容的确定程度,可以将故意分为确定故意与不确定故意;根据故意形成的时间,可以将其划分为临时(或者突发)故意与预谋故意;根据故意是否附加条件,可以将其划分为附条件故意和无条件故意;根据认识和希望、放任的结果形态,可以将故意分为侵害故意与危险故意;根据犯罪形态,可以将故意区分为既遂犯的故意与未遂犯的故意。② 这些分类有助于深化对犯罪故意的认识。根据《刑法》第14条,一般将故意分为直接故意和间接故意,这可谓是犯罪故意的法定分类。对故意的这一分类加以研究,具有更为现实的意义。

(一)直接故意

直接故意,指明知自己的行为会发生危害社会的结果,并且希望这种结果发生的心理态度。

---

① 许乃曼:《故意与过失之界分》,王莹译,2015年12月7日在中国人民大学法学院的演讲稿。

② 张明楷:《刑法学》(第5版),法律出版社2016年版,第255~257页。

1. 认识因素

直接故意的认识因素，是行为人明知自己的行为会发生危害社会的结果。具体而言，明知的范围包括以下内容。

(1)对行为本身的内容等具有认识。行为人对于自己行为的认识，除了包括对于行为的物理性质、自然属性的认识之外，也包括对于行为的社会意义的认识。这实际上是对于刑法所欲禁止的实体的认识。在纯粹记叙性的构成要件要素的场合，只要认识到客观的事实即可；而在规范的评价性的构成要件要素的场合，不需要行为人了解规范概念的法律含义，只要行为人的认识内容与规范概念的实质相当即可。比如在贩卖淫秽物品时，只有认识到自己所贩卖物品的“淫秽性”，才属于对行为本身的内容具有认识。至于如何具体判断行为人对规范概念的实质是否具有认识，可以参照“外行人领域的平行评价”规则进行，以具有一般水平的外行人是否会对此有认识为基础，结合行为人与平均外行人的水平差异进行判断。

(2)明知自己的行为会发生危害社会的结果。这里的“危害结果”，既包括现实的侵害结果，也包括现实的危险(危险结果)。在具体危险犯的场合，当然要求要认识到行为会发生导致相应法益受侵害的具体危险这一点；而在抽象危险犯的场合，也同样要求认识到这种抽象危险，不过此时在诉讼程序中不需要控方的积极证明而已。在直接故意的认识因素中，对于危害结果的认识，包括认识到危害结果必然发生与认识到危害结果可能发生两种。比如，甲用手枪顶着乙的太阳穴开枪，应认为其对于自己的行为必然会造成乙的死亡具有认识；而如果甲是距离乙近百米处开枪又自知枪法一般，则应该认为其对于自己的行为可能会造成乙死亡的结果具有认识。无论以上何种情况，都应该认为甲明知自己的行为会发生危害社会的结果。

(3)除了要求行为人对于自己的行为与危害结果具有认识之外，行为与结果之间的因果关系是否也属于故意的认识内容，在刑法理论上尚有争论。在国外，有学者明确主张认识不要说。如日本学者前田雅英认为，“即使对现实发生的因果经过的重要部分没有预见，也不能说就不能进行故意非难。意图杀死他人而导致其负轻伤，在送往医院途中因为救护车发生事故而死亡的场合，行为人对‘事故死’这一因果的重要部分即使没有预见，也仍然具有杀意。在杀死对方的意图下，如果具有用刀砍属于杀人的行为这一点即对实行行为性的认识，即使对现实突发的因果经过没有认识，行为人也会面临规范问题”。“而且，如果要求行为时必须认识到因果关系的基本部分的话，那么在实际因果关系与其认识发生重大偏离的情况时，会因为重大的错误而否定故意，这会带来连未遂都不能成立的不当结果。”①在我国，也有学者明确指出，“没有必要将行为与危害结果之间的因果关系作为故意的独立认识内容”。②

但是，尽管因果经过的不一致在构成要件的评价上并不重要，但也不意味着不需要对因果关系进行认识。正如有学者指出的，认识不要说并不是真正认为故意的内容不包含对因果关系的预见，真要是那样的话，那么诸如念咒语杀人这样的迷信犯的心理状态也会被视为故意。认识不

① [日]前田雅英：《刑法总论讲义》(第6版)，东京大学出版会2015年版，第176页。

② 张明楷：《刑法学》(第5版)，法律出版社2016年版，第258页；同旨的主张，参见黎宏：《刑法学总论》(第2版)，法律出版社2016年版，第184～185页。

要说实际上是认为,行为人虽然必须认识到一定的因果经过,但它没有必要有外界的对应物存在;在讨论故意是否存在时,完全没有必要将因果经过的客观面与主观面加以对照而考察其差异的程度。[①] 而且,在类似于前田雅英所举例子那样的场合,虽然可能否定相当因果关系,但也并非故意就被否定,连未遂犯也不能成立。"根据行为人所预见之处而肯定故意的成立,再加上引起了客观的构成要件实现的具体危险,从而肯定未遂犯的成立,这没有任何问题。所谓既遂与未遂,既然是不同的构成要件该当事实,就可能独立地将各自故意的成立与否作为问题。"[②]

本书认为,因果关系作为行为、结果之外的独立的客观的构成要件要素,应该在故意的认识范围之内。这是从我国《刑法》第14条故意犯罪"明知自己的行为会发生危害社会的结果"这一定义中所能合理解读出的要求。而且,客观构成要件具有规制故意的机能,故意的认识对象应该属于客观构成要件要素的全体,没有理由仅将因果关系与其他的客观构成要件要素区别开来。行为人当然没有必要对因果进程完全正确地加以预见,不需要对细节问题存在正确的认识和预见,其他的构成要件要素在这一点上也是完全一样的。[③] 成立故意并不要求行为人认识到具体的因果流程,而只需要行为人能够认识到自己的行为通常会导致结果的发生,即认识到因果进程的基本部分即可。在对因果关系的非重要部分产生错误认识时,能肯定故意的存在,而在对因果关系的重要进程发生认识错误时,仍可能阻却故意(详见后文"事实的认识错误"部分)。

(4)此外,某些犯罪的成立要求行为人认识到刑法所规定的特定事实,如行为对象、特定的时间、地点、方法、特定的主体身份等。比如,成立贩卖毒品罪必需具有贩卖毒品的意思,即要求行为人必需认识到行为对象是毒品并加以贩卖。如果行为人以为自己贩卖的是其他物品(事实上是毒品)并以较低价格贩卖,应该认为行为人不具有贩卖毒品的故意;又如非法捕捞水产品罪,行为人必需明知是禁渔区、禁渔期或者明知使用的是禁用的工具或方法,否则即属于欠缺本罪的认识因素。

如果刑法分则条文对具体犯罪故意的认识范围和程度有特定要求的,自然应当按照规定具体把握。例如,《刑法》第214条规定的销售明知是假冒注册商标的商品,第258条规定的明知他人有配偶,第259条规定的明知是现役军人的配偶,第312条规定的明知是犯罪所得及其产生的收益,第360条规定的明知自己患有梅毒、淋病等严重性病,第363条规定的明知他人用于出版淫秽书刊,第399条规定的明知是无罪的人、明知是有罪的人,都要求主体对特定的事物有明确的认识。至于什么情况、何种程度属于明知,则需要根据各个条文规定的具体内容和审判实践经验来确定。特别需要强调的是,即便刑法分则条文没有明确规定对于某些事项要有认识,但对于该事项的认识涉及对于行为的社会内容以及行为的危害结果的认识时,也应该认为行为人必需对该客观事项具有认识。比如,《刑法》第236条规定,奸淫幼女的以强奸罪定罪处罚。奸淫幼女型强奸罪的成立,不要求行为人使用暴力、胁迫或者其他手段,也不问幼女是否同意(刑法推定幼女不具有性承诺能力),但是必须要求行为人认识到和自己发生性行为的对象是或者可能是幼

---

① [日]井田良:《刑法总论的理论构造》,成文堂2005年版,第66页。
② [日]山口厚:《问题探究 刑法总论》,有斐阁1998年版,第132页。
③ [日]井田良:《刑法总论的理论构造》,成文堂2005年版,第65~66页。

女。即在奸淫幼女成立强奸罪的场合,必须有与幼女发生性行为的认识。这种类型的强奸罪并非所谓的严格责任(并非只要是客观上与幼女发生性关系就构成该罪),必须要求对于行为对象的属性具有认识,否则就是对于行为人人权的侵害。

(5)对财产犯罪中数额的基本认识。财产犯的数额是否属于故意的认识因素,在刑法理论上存在争议,否定说也有重要影响。比如,有观点认为,盗窃罪中的"数额较大",不属于行为人主观认识的内容,与确定行为人的故意或者过失没有关系,而仅仅是表明行为对法益侵害程度的数量要件。[①] 并且认为,盗窃罪的故意,是"明知是秘密窃取行为而有意实施的主观心理状态"。[②] 但基于这种理解时,在客观上财物数额巨大甚至特别巨大而行为人又对此缺乏认识时,单纯认为这一因素属于"量刑规则"而对其按照实际数额追究责任,会造成明显的罪刑失衡。实践之中,对于卖淫女将他人客观上价值12万余元的手表顺手拿走但却仅以为其价值几百元的场合,法院判决认为,被告人主观上只有非法占有他人"数额较大"财物的故意,而无非法占有"数额特别巨大"财物的故意,进而对其判处盗窃罪,免予刑事处罚。[③] 本书认为,财产犯罪的数额对于行为的违法性产生实质影响,因而是需要认识的因素。[④]

(6)无违法性阻却事由的认识。构成要件是违法类型,对构成要件事实的认识就是对类型化的违法事实的认识。若行为人认为自己存在正当化事由,也就没有认识到类型化的为违法性奠定基础的事实。故而,在比如假想防卫这样的场合,就应作为事实错误阻却故意。

(7)有些客观事实,属于不需要认识的内容。这主要包括两种情况:第一,结果加重犯中的加重结果,属于不需要认识的内容,即不需要行为人已经认识到结果加重犯的加重结果,但需要对于加重结果的发生具有预见可能性(就加重结果而言,行为人对此持过失心态,如不具有预见可能性,则欠缺就加重结果追究行为人责任的主观基础)。第二,客观构成要件中,可能存在所谓的客观的超过要素,其属于不需要认识的内容。比如,《刑法》第129条规定:"依法配备公务用枪的人员,丢失枪支不及时报告,造成严重后果的,处……"丢失枪支不报罪以造成严重后果为客观要件,但这里的"造成严重后果"并不属于该罪故意的认识内容。行为人只要明知枪支丢失且故意隐瞒不报,就具备了本罪的故意,而不需要明知丢枪行为会造成严重后果。也就是说,造成严重后果虽是该罪的客观要素,却不需要存在与之相对应的故意内容,该客观要素超出了故意的认识因素范围,所以属于客观的超过要素。类似的情形比如成立盗窃罪时的多次盗窃,也不需要行为人具有认识。这些客观的超过要素是法律为缩小惩罚范围而设置的特别的客观要件,这样特殊的事实被置于构成要件故意的认识范围之外,属于客观的构成要件要素的故意规制机能的一个例外。[⑤]

---

① 陈兴良:《规范刑法学》(教学版),中国人民大学出版社2015年版,第97页。

② 陈兴良:《规范刑法学(下册)》(第4版),中国人民大学出版社2017年版,第879页。

③ 《沈某某盗窃案——对所盗物品的价值有重大认识错误的应如何处罚》,最高人民法院刑事审判第一、二、三、四、五庭主办:《中国刑事审判指导案例4 侵犯财产罪》,法律出版社2012年版,第318~321页。

④ 持同样观点的,比如黎宏:《刑法学总论》(第2版),法律出版社2016年版,第183~184页。

⑤ 客观的超过要素是张明楷教授在与主观的超过要素相对应的意义上提出的一个概念,旨在解决现行刑法中规定的若干犯罪的责任形式。具体内容参见张明楷:《"客观的超过要素"概念之提倡》,载《法学研究》1999年第3期。张明楷教授同时指出,不得随意扩大客观的超过要素的范围,否则会违反责任主义原则。

2. 意志因素

直接故意的意志因素，就是行为人希望危害结果得以发生。所谓希望危害结果发生，表现为行为人对这种结果的积极追求，采取积极的行动，为达到这个目的而努力。在通常的情况下，故意的意志都是由希望构成，希望是比较具体的、比较能动的、比较具有攻击性的，反映了人的主观能动性。只不过，希望虽然都是追求结果的发生，但也有程度上的差异，有强烈的、迫切的希望和不很强烈、不太迫切的希望，不能将不太强烈的希望等同于后述的放任。

（二）间接故意

间接故意，是指明知自己的行为会发生危害社会的结果，并且放任这种危害结果发生的心理态度。

1. 认识因素

间接故意的成立也要求行为人认识到自己行为的社会性质、行为会发生危害社会的结果、行为与结果之间具有因果关系以及刑法所规定的特定事实等。在这些认识的内容上，间接故意与直接故意并无不同。但是，在认识的程度上，间接故意与直接故意却存在差别。与直接故意是认识到危害结果必然或者可能发生不同，间接故意只能是认识到危害结果的可能发生。可见，在间接故意的场合，其认识的结果发生的概率要小于直接故意。如果行为人认识到危害结果必然发生而决意为之，则不能认为行为人对于结果持放任的态度，从而也就无从认定行为人对于结果持间接故意。比如，甲因为与乙有仇而决心杀乙。甲是爆破工作的合闸工，乙是爆破工作的安检员。这天，甲发现乙与丙要进山检查爆破线路，认为杀乙的机会已到，就到工作室准备合闸爆破。但甲产生思想斗争，因为他意识到，自己合闸后矿山爆破，不但是乙，同在山里的丙也必死无疑。虽然自己和乙"不共戴天"，但与丙"无怨无仇"，将丙炸死显然"于心不忍"。但转念一想，这是矿山最后一次爆破，如果放弃这次机会，以后杀乙的机会就没了。最后，甲还是下了狠心合上了爆破闸门，矿山爆炸，乙丙均被炸死。[①] 在此案例中，或许有人会从甲并不"希望"丙死亡的角度认为其对丙的死亡并非直接故意。但是，由于甲认识到自己的行为必然会导致丙的死亡结果，难以认为甲对丙的死亡持"放任"心态，因此，结合后述的意志因素，就应该认为，甲对两人的死亡均持直接故意。

只是，在行为人自认为危害结果可能发生并加以放任，而客观上这种危害结果必然发生时，由于能够认定放任心态，所以并不妨碍行为人仅成立间接故意。这也充分说明了认识因素与意志因素的对立统一关系：认识因素是意志因素的前提，同时意志因素又对认识因素的认定产生重要影响。

2. 意志因素

间接故意的意志因素，是指放任危害结果的发生。所谓放任，就是听其自然，听之任之，纵容危害结果的发生。换言之，就是对危害结果的发生虽然不积极追求，但也不设法避免。只要行为人并非希望结果不发生，而在心理上能够接受结果的发生，就属于放任。

---

① 此例可参见刘宪权：《刑法学名师讲演录（总论）》，上海人民出版社 2014 年版，第 191 页。

直接故意与间接故意作为故意责任形式的具体体现，二者既有联系，又有区别。就联系来说，两者都认识到了危害结果的发生，并且结果的发生都不违背行为人的本意。这也使得故意的这两种具体表现形式区别于过失。两者的主要区别在于：(1)从认识因素来说，虽然都是明知自己的行为会发生危害社会的结果，但是在直接故意的情况下，行为人认识到危害结果发生的可能性或者必然性，而在间接故意的情况下，行为人只认识到危害结果发生的可能性；(2)从意志因素上说，直接故意的意志因素，是希望这种危害社会结果的发生，间接故意则是放任这种危害社会结果的发生。就对危害结果的发生而言，可以说直接故意投了赞成票(持“肯定态度”)，间接故意投了弃权票(持“既不肯定也不否定”的态度)。

直接故意与间接故意的区别，虽然不影响定罪(比如无论是直接故意的杀人，还是间接故意的杀人，其罪名都是故意杀人罪)，但却可能影响量刑。这是因为，直接故意是希望并积极追求危害结果的发生，所以表现出了行为人更大的主观恶性，因而其非难可能性也就大于间接故意。在司法实践之中，出于间接故意的故意杀人罪通常不判处死刑，就表明了两种不同的故意责任形式对于量刑的直观影响。“直接故意与间接故意的区别不影响定罪”这一论断的意义还在于，其足以令人反思“结果发生与否对直接故意与间接故意影响不同，在前者的场合仍成立未遂，而在后者的场合不成立犯罪”的命题。

间接故意通常发生在以下场合：(1)为实现某个犯罪意图，而放任另一犯罪结果发生的特定场合。例如，甲在饮料中投毒欲杀害妻子乙，而对其儿子丙可能喝掉乙的饮料而死亡这种危害结果采取放任的态度，结果毒死了丙。这是为了追求某种危害结果而对可能给另一对象造成危害结果持放任态度，也可能是为了追求某种危害结果而对同一对象可能造成的另一危害结果持放任态度。如在抢劫过程中，为了劫取他人财物而使用暴力，对暴力致被害人死亡的结果持放任态度。(2)为了实现某个非犯罪的意图而放任危害结果的发生。比如，狩猎过程中为了击中目标，而对可能击中旁边割草的小孩持放任的态度，结果把小孩打死；再如，为保证自己所种葡萄的安全，对周围人致死致伤的结果持放任态度，在自家的围墙上拉电网的行为。(3)在突发的情绪冲动之下，不计后果实施危害行为、放任危害结果发生的情形。比如，在因偶然口角便拔刀乱捅的事例中，司法实践一般认定行为人对实际发生的结果具有间接故意，如果造成对方死亡，即属故意杀人；如果仅造成对方伤害(轻伤以上)，则构成故意伤害。其理由是：对这类案件，虽然不能断定行为人对死亡结果持希望的态度，但是可以断定行为人认识到自己的行为可能造成死亡(或伤害)结果，并且不考虑或者不顾及该行为的结果。

三、故意的认定

(一)推定与故意的认定

犯罪故意终归是犯罪人的主观心理状态，无论法官还是其他司法人员，不过是依据常理和客观事实来推断故意这一主观心态的有无。通过司法实践中的经验总结，逐渐形成依据一定的客观事实推定犯罪人的主观心理的规则，在认定犯罪故意的过程中具有重要的意义。这就是故意的推定问题，通过这种司法推定方式认定故意在实践中的例证逐渐增多，比如，根据最高人民法院、最高人民检察院、海关总署于2002年颁布的《关于办理走私刑事案件适用法律若干问题的意见》的规定，行为人明知自己的行为违反国家法律法规，逃避海关监管，偷逃进出境货物、物品的应缴税额，或者逃避国家有关进出境的禁止性管理，并且希望或者放任危害结果发生的，应认定为具有走私的主观故意。走私主观故意中的“明知”是指行为人知道或者应当知道所从事的行为是走私行为。具有下列情形之一的，可以认定为“明知”，但有证据证明确属被蒙骗的除外：(1)逃避海关监管，运输、携带、邮寄国家禁止进出境的货物、物品的；(2)用特制的设备或者运输工具走私货物、物品的；(3)未经海关同意，在非设关的码头、海(河)岸、陆路边境等地点，运输(驳载)、收购或者贩卖非法进出境货物、物品的；(4)提供虚假的合同、发票、证明等商业单证委托他人办理通关手续的；(5)以明显低于货物正常进(出)口的应缴税额委托他人代理进(出)口业务的；(6)曾因同一种走私行为受过刑事处罚或者行政处罚的；(7)其他有证据证明的情形。其他的大量司法解释在认定明知从而认定犯罪的故意时，也都采取了司法推定的方法，这为故意的认定提供了简便的方法。

只是，就司法推定来说，特别需要强调的是，司法推定并非是客观事实，其不过是从基础事实到待证事实的一种推断，这就要求从基础事实到待证事实的链条应该尽量牢固可靠。而且，既然是推定，就可能存在错误，所以，推定必须允许反驳。如果有相反的事实证据足以证明行为人确实欠缺相应的主观方面，则可推翻这种刑事推定，进而阻却故意成立。

(二)犯意转化与另起犯意

犯意转化包括两种情况：一是以此犯意实施犯罪的预备行为，却以彼犯意实施犯罪的实行行为。如在预备阶段具有抢劫的故意，为抢劫准备了工具，但进入现场后，发现财物的所有人、保管人等均不在场，于是实施了盗窃行为。在这种情况下，通常应以实行行为吸收预备行为。二是在实施犯罪的过程中犯意改变，导致此罪与彼罪的转化。如在伤害他人的过程中，改变犯意，意图杀死他人。对此，有观点认为应作如下处理：犯意升高者，从新意(变更后的意思)，犯意降低者，从旧意(变更前的意思)。[①] 但在本书看来，在犯意转化的情况之下，应该根据新的犯意确定行为人的刑事责任。

另起犯意不同于犯意转化。后者是由此罪转化为彼罪，因而仍然是一罪，而前者是在一个犯罪已经既遂、未遂或者中止后，另起犯意实施另一犯罪行为，因而成立数罪。比如入室盗窃得手后，发现女主人仍在熟睡中，遂产生了奸淫的故意，实施了强奸行为，这就是另起犯意。

四、刑法上的认识错误

(一)概说

刑法上的认识错误，是指行为人的主观认识与客观实际不相符合。产生这种认识错误时，还能否认定行为人对于自己的行为以及危害结果具有认识(进而具有故意责任)？比如，甲原本想

---

① 郑健才：《刑法总论》(修订版)，三民书局1982年版，第93页。

杀害乙,实际上却将丙当成了乙而杀害。甲对丙的死亡是否具备故意责任?进一步说,在发生主观认识与客观事实不一致的情形下,是否影响犯罪故意的成立?

犯罪故意的认识内容可以分为两部分:一是对自己行为及其结果的明知,即明知自己所实施的行为的社会内容并且会产生危害结果;二是对自己行为及其结果具有危害性(实质违法性)或被法律所禁止(形式违法性)有认识,也就是有违法性的意识。与此相对应,刑法上的认识错误可以具体区分为:(1)事实认识错误,即行为人对于自己的行为性质或者危害结果等事实内容发生了认识错误,或者说行为人主观上所认识到的内容和客观现实发生的事实产生了偏差。事实认识错误又可以具体细分为具体的事实认识错误和抽象的事实认识错误。(2)法律认识错误,即行为人对于自己的行为是否具有违法性发生了错误的认识。以下对这两大类认识错误分别予以阐释。

(二)事实认识错误之一:具体的事实认识错误

具体的事实认识错误,是指虽然行为人认识到的事实与客观上发生的事实并不一致,但并未超出同一犯罪构成的范围,亦即行为人不过是在某一个犯罪构成的范围内发生了错误认识,也被称为同一犯罪构成内的错误。具体的事实认识错误又可分为对象错误、打击错误和因果关系的错误。

对于事实认识错误场合行为人所具有的故意内容,即根据所认可的行为人认识、预见的构成要件该当事实,能否针对实际发生的构成要件该当事实肯定故意的存在。这里的问题在于,实际上所发生的构成要件该当事实与行为人所认识、预见的事实在何种限度内符合(重合)的话,就可以对实际上发生的构成要件事实肯定故意的存在。“也就是说,从故意的认识、预见对象的观点来看,在实际上发生的构成要件该当事实中,必须将本质的、不容舍弃的事实与不重要的、可以舍弃的事实予以明确区分。”①对此,学说上在判断是否属于重要事实而作为故意的认识、预见对象时,使用了构成要件概念作为判断基准,在行为人认识、预见的事实与现实中发生的事实在“构成要件的框架之内”符合(重合)的场合,则在重合的限度内肯定故意,此即法定符合说或构成要件符合说。根据对作为基准使用的构成要件的理解,可进一步区分为两种不同的理解。

其中,一种观点对于“只有该当特定构成要件这一点是重要的”这一法定符合说的理解没有附加任何限定,而是将特定的构成要件该当事实在所符合的构成要件要素的水准上,像“人”“物”这样抽象地予以把握,而全部舍弃该当于此的事实的个别性、具体性。这称为抽象的法定符合说。该种观点认为,比如作为故意杀人罪的构成要件要素的被害人来说,仅仅其是否属于“人”这一点是重要的,认识、预见到了客体是人的话就足够了,至于被害人具体是谁、年龄、性别如何,则并不重要。在日本,团藤重光、福田平、大塚仁、西原春夫、大谷实、川端博、前田雅英、高桥则夫等都采纳了此说。② 在我国,以张明楷教授为代表,这种观点在学说上处在通说的立场上,也得到了实务上的认可。与此相对,另一种观点虽说也和前说一样,将构成要件该当事实在

① [日]山口厚:《刑法总论》(第3版),付立庆译,中国人民大学出版社2018年版,第216页。
② [日]山口厚:《刑法总论》(第3版),付立庆译,中国人民大学出版社2018年版,第218页。

构成要件要素的水准上抽象把握，但又认为，唯有法益主体（被害人）的个别性、具体性不能被忽视和舍弃，这称为具体的法定符合说。这种观点强调法益主体的差别在构成要件该当事实中的重要地位，并认为抽象的法定符合说对构成要件的重要性和错误的重要性的判断基准作不同理解，“作为法定符合说来说是错误的”。在日本，平野龙一、内藤谦、铃木茂嗣、曾根威彦、中森喜彦、町野朔、浅田和茂、西田典之、山中敬一、山口厚、伊东研佑等学者都持此种学说。① 在我国，这种学说仅为刘明祥教授等少数学者主张。②

这里需要说明的是，在用语上，日本一些学者和我国学者习惯于将前文所说的“抽象的法定符合说”称为“法定符合说”，将前文的“具体的法定符合说”称为“具体符合说”。不过，正如山口厚教授所说，就这两种说法的论理来说，无论何者都是将“法定的符合”作为问题的。③ 因此，为了突出将“法定的符合”作为问题这一点，也为了避免让人产生有人主张（不依赖构成要件判断的）纯粹具体符合说的误解，本书采用抽象的法定符合说和具体的法定符合说这种完整表述，而不采用目前已经约定俗成的简称。

1. 具体事实认识错误中的对象错误

具体事实认识错误中的对象错误，是指行为人预想侵犯的对象与实际侵犯的对象不一致的场合，可简称为同类对象错误或者客体错误。例如，甲欲杀A，却误认B为A而杀死了B。按照抽象的法定符合说的观点，由于被害人具体是谁并不重要，A和B都是《刑法》第232条故意杀人罪中的“人”，在以为是A时就存在对“人”的认识，就能够肯定对属于“人”的B的认识，从而肯定成立故意杀人罪的既遂。

在对象认识错误的场合，若是按照纯粹具体符合说的主张的话，由于行为人主观上想杀的人（A）与客观上杀害的人（B）具体来看并不一致，所以就不能成立故意犯的既遂，而只能成立故意杀人的未遂（针对A）和过失致人死亡（针对B），由于一个杀人的行为不能成立数罪，所以若按照纯粹具体符合说，此时应该按照想象竞合犯来处理，即成立故意杀人未遂。可是，有杀人的故意，客观上也杀死了人，却要按照想象竞合犯作为故意杀人未遂处理，无疑是不合理的。但是按照过失致人死亡一罪处理同样不合适。这一结论明显检验出纯粹具体符合说的不合理性，而事实上也没有人主张这种意义上的“具体符合”。持具体符合说立场的学者也是在构成要件符合的层面上讨论问题，认为行为人存在杀害作为具体的法益主体即被害人的“那个人”（以为是A但实际是B）的意思，客观上杀害的也是“那个人”，就能够肯定对“那个人”即B的杀人故意。④ 更进一步的解释则是，在客体错误案件的场合，在实施实行行为的时点上，在行为人的意识中A与“那个人”重合，也就肯定了对于原本是A的“那个人”的故意。在此意义上，就对A具有故意的行为人来说，就能够肯定其对于“那个人”（实际上是B）具有故意。在这一场合，并不意味着区别于对“那个人”的故意，在那个时点上同时存在另外的对“A”的故意。根据这样的思考方式，就

① ［日］山口厚：《刑法总论》（第3版），付立庆译，中国人民大学出版社2018年版，第218～219页。
② 刘明祥：《论具体的打击错误》，载《中外法学》2014年第2期，第376～392页。
③ ［日］山口厚：《刑法总论》（第3版），付立庆译，中国人民大学出版社2018年版，第218～219页。
④ ［日］平野龙一：《刑法总论Ⅰ》，有斐阁1972年版，第175页。

"那个人"来说,主观与客观具体地符合了,从而能肯定故意。[1] 由此可见,抽象的法定符合说和具体的法定符合说对待对象错误的认定,虽然论证路径不同,但结论一致,都肯定了故意犯既遂的成立。

对象错误的场合,虽然常以故意杀人罪为例,但显然不止于此。比如,有个青年妇女回娘家,后因事耽搁,走到半路天已经黑了。由于当地很偏僻,附近没有旅馆,她就在一个村子的村口向一户人家借宿,这户人家只有一个老大爷。她和老大爷商量,是否可以麻烦借住一宿,老大爷心地善良,说自己的房子虽然很小,但让妇女放心住,自己到村里随便一户人家将就一晚就行了。老大爷安排好之后就去了村里另一户人家,这户人家里有一个青年农民,对老大爷深更半夜到自己家里感到很惊讶,老大爷就把青年妇女借宿的事情说了。说者无心,听者有意,青年农民决定晚上行动。青年妇女在老大爷的房间里睡了一个安稳觉,接近黎明时醒了,正迷迷糊糊的时候,听到外面有开门的声音,女人的第六感觉告诉她,黎明时来开门的肯定不是好人,情急之下,她看到老大爷的屋子里正好有一个空箩筐,只好将箩筐扣在自己身上,躲在里边。此时近来的是同村的一个中年妇女,她以为家里没人,想来捞点外快(由于老大爷前几天去女儿家了,一直都不在家),中年妇女正偷得起劲时,又有人开门,中年妇女以为是老头从女儿家回来了,惊慌中,她往老头房间的被窝里一钻,结果进来的是那个青年农民。青年农民本想强奸青年妇女,最后被窝里变成了中年妇女;中年妇女是来偷东西的,"哑巴吃黄连,有苦说不出";而这一切都被躲在箩筐底下的青年妇女看得清清楚楚。在本案中,显然对象的错误不影响强奸罪的成立和既遂。[2]

2. 具体事实认识错误中的打击错误

打击错误,是指行为人对对象的辨认无误,但是在实施侵害行为时,行为出现误差以致实际侵害的对象与预想侵害的对象不一致,但这种不一致并未超出同一犯罪构成的情形。例如,行为人本欲射杀 A 并且举枪向 A 射击,结果由于枪法不准击中了 A 旁边的 B。对象打击错误又称行为误差或者目标打击错误,其与对象认识错误的相同点是实际侵害的对象与预想侵害的对象不一致,而不同之处在于,前者产生于行为误差,后者产生于辨认误差。打击错误实际上是由行为本身的误差所致,行为人的主观认识并未出现差错(因此严格来说,打击错误并不属于"认识错误"之一种),但由于也涉及就已然发生的危害结果是否阻却犯罪故意的问题,通常也一并予以讨论。打击错误的场合,对于所产生的构成要件该当事实能否肯定存在故意,抽象的法定符合说和具体的法定符合说之间,在理解上产生了分歧。

具体的法定符合说站在将构成要件作为符合之标准的法定符合说立场上,认为只有法益主体(被害人)的具体性(谁是被害人)是重要的,在法益主体的同一性即同一被害人的限度内的"打击错误"不阻却故意。例如,出于伤害的故意朝对方的手腕扔石头,石头命中了头部而导致其重伤的场合,受伤部位的错误在认定伤害罪时并不重要,从而可以肯定故意伤害罪的成立。而与之不同,在本欲杀 A 却造成 A 旁边的 B 死亡的场合,由于发生构成要件事实的是另外的法益主体 B,客观事实与行为人的主观认识没有发生具体的符合,所以对 A 承担杀人未遂的责任、对 B 则属

---

① [日]山口厚:《刑法总论》(第 3 版),付立庆译,中国人民大学出版社 2018 年版,第 220 页。
② 本案例参见刘宪权:《刑法学名师讲演录(总论)》,上海人民出版社 2014 年版,第 210 页。

于过失致人死亡;由于只有一个行为,所以按照想象竞合犯的处理原则,按照故意杀人未遂处理。

对于此种具体的法定符合说,可以进行如下方面的批判:(1)其在客体的错误(对象的错误)和打击的错误上对于是否肯定故意得出了不同的结论,但是,却未必总能清晰明确地界分两者,尤其是在视觉上不能对客体进行特定的场合,区分两者是困难的。这是井田良的批判观点。比如,有杀害A的意图,深夜在A的汽车上设置了炸弹,次日早晨,A的妻子B坐上了汽车而被炸死(汽车爆炸杀人事例)的场合,从瞄准了A这个角度来说是打击的错误,而出于杀害坐上汽车上的人的计划,从认为该人是A但客观上却是B这一点来看的话,就成了对象的错误。在这一例子之中,从具体的法定符合说出发就是打击的错误,就不能肯定针对B的故意。这是不妥当的。针对这一批判,站在具体的法定符合说的立场上,会认为,在"坐车的人"的意义上,客观事实和主观认识是一致的,从而就会按照对象错误处理,仍能肯定对B的故意。① 但即便如此,至少从客体错误与打击错误的区分标准来说,确实存在不明确的问题,这是难以否认的,这就为两种场合不同处理的具体的法定符合说留下了隐患。(2)更重要的是,具体的法定符合说既然重视法益主体的不同,则在客体错误的场合,就应该也不能肯定故意。即以为是A而杀害"那个人",实际上不是A而杀害了B的场合,仅存在对A而言的构成要件该当事实的认识,对B而言不能肯定存在故意。(3)具体的法定符合说得出的结论可能是不合理的。在本欲杀A却造成A旁边的B死亡的场合,具有杀人故意、实施了杀人行为也导致了别人死亡,却最终认定为故意杀人未遂,恐怕有违社会的一般观念。此外,在比如扒窃的场合,意图盗窃A的财物但却客观上盗窃了B的财物的场合,可能会认为针对A成立盗窃未遂、针对B成立过失盗窃,最终无法处罚的不合理结论。

基于上述诸种原因,本书不采纳具体的法定符合说,而认为法益主体的不同同样应该在构成要件的评价上予以舍弃,从而采纳抽象的法定符合说,而且,这种打击错误适用法定符合说处理也得到了司法实务上的认同。② 按照抽象的法定符合说的观点,由于在认定故意时法益主体即被害人的不同并不重要,上述例子中,通过杀死作为"人"的A的意思,就能肯定杀死同样作为"人"的B的故意。进一步说,在其背后存在着这样的思考方法:要是存在杀A的意思的话,就可能形成针对杀人的反对动机,从而能够就杀死B而言追究故意责任。

打击错误的场合还有更为复杂的事案类型。在瞄准了A而开枪,杀害了A的子弹也命中了B的场合,按照抽象的法定符合说,就成了对A的故意杀人罪和对B的故意杀人罪两个犯罪,此时如何认定"故意的个数"便成为问题。对此,抽象的法定符合说内部有观点(大塚仁、佐久间修等人)主张一故意说,也有观点(团藤重光等)支持说故意说,日本的判例也持后者的立场。不过,由于在抽象的法定符合说的逻辑之中,并不存在从数个故意之中仅选出一个的标准,一故意说从根本上来说就是很牵强的。"如果立足于抽象的法定符合说的立场的话,就应该像判例一样采纳数故意说。"③

---

① [日]山口厚:《刑法总论》(第3版),付立庆译,中国人民大学出版社2018年版,第225页。

② 《吴振江杀人案》,载最高人民法院中国应用法学研究所编:《人民法院案例选》(刑事卷·上)(1992~1999年合订本),中国法制出版社2000年版,第360页。

③ [日]山口厚:《刑法总论》(第3版),付立庆译,中国人民大学出版社2018年版,第223页。

3. 因果关系的认识错误

因果关系的认识错误，是指针对侵害的对象虽然没有发生认识错误，最终也造成了损害结果，但是导致结果的实际过程与行为人所预想的进程不一致，以及侵害结果推后或者提早发生的情况。由此，因果关系的错误主要包括狭义的因果关系错误、结果的推迟发生（事前的故意）、结果的提前实现与能够阻却故意的因果关系错误四种情况。

（1）狭义的因果关系错误。它是指结果的发生不是按照行为人对因果关系的发展所预见的进程来实现的情况。换言之，最终事实上直接导致危害结果发生的原因，并不是行为人预先设想和支配的手段。例如，A 试图用刀将 B 刺杀，只造成了 B 的轻伤，但实际上 B 是血友病患者，因为大量出血而死亡的场合（血友病事例）；A 试图将 B 淹死而将其从桥上推下，B 在摔向水面的过程中头部撞上了桥墩而死的场合（桥墩事例）；A 试图将 B 射杀而朝 B 开枪，子弹并未命中，B 为了躲避子弹而赶忙后退，从身后的悬崖摔落而死的场合（悬崖事例），等等，都属于这种狭义因果关系错误的场合。[①] 既然行为人对自己的行为具有导致结果发生的高度危险这一点具有认识，现实的因果经过也处在相当因果关系的框架之内，就没有阻却故意的理由，也就不会否定故意的成立。也就是说，无论是前述的血友病事例、桥墩事例，还是悬崖事例的哪个场合，除去不能说是现实的因果经过处在相当因果关系的框架之内的场合之外，就能够肯定故意既遂犯的成立。[②] 狭义因果关系错误问题的最终处理结果与在因果关系问题本身采取何种学说也有关系，在像本书一样采纳相当因果关系说中的客观说的场合，对相当因果关系的范围会把握得较为宽泛，从而肯定此处具有故意的场合也就比较多。就此而言，与因果关系认识不要说的差别并没有想象得那么大，不过，坚持对因果关系基本部分的认识必要说仍是重要的。

（2）结果的推迟发生（或称事前的故意）。这是指行为人误认为第一个行为已经造成结果，出于另外的原因实施第二个行为，而实际上是第二个行为才导致预期的结果，学说上将其称为“韦伯的概括故意”。[③] 例如，甲试图杀害乙而对其施加暴行，以为倒地的乙已经死亡，为隐匿“尸体”将乙沉入河底，事后证明乙是被淹死的。[④] 又如，2004 年 10 月 22 日凌晨 2 时许，魏某翻墙进入刘某家意图盗窃。在被刘某发现后，魏某持事先准备好的农用三轮车半轴朝刘某的头部猛击，见刘某倒在床上不动，便误以为其已经死亡。魏某为毁灭罪证，遂用随身携带的打火机点燃一纤维编织袋扔在刘某盖的被子上，又将刘某家另一间屋内的被子和床单点燃，导致刘某颅脑损伤后吸入一氧化碳窒息死亡。[⑤] 在以上情况下，行为人所预见的因果经过处在相当因果关系的框架之中，现实的因果经过也处在相当因果关系的框架之中，两者在实际中的不符并不影响构成要件层面的评价，从而可以对发生的构成要件该当事实肯定故意。“在此意义上，在行为人预见的内容可能成立故意之时，问题就变成了单纯地根据相当因果关系的有无来处理了。”[⑥]因此，在上述

① 以上设例，参见［日］山口厚：《问题探究　刑法总论》，有斐阁 1998 年版，第 130 页。

② ［日］山口厚：《问题探究　刑法总论》，有斐阁 1998 年版，第 132 ~ 133 页。

③ ［日］山口厚：《刑法总论》（第 3 版），付立庆译，中国人民大学出版社 2018 年版，第 228 ~ 229 页。

④ 以上设例，参见［日］山口厚：《问题探究　刑法总论》，有斐阁 1998 年版，第 130 页。

⑤ 《魏建军抢劫、放火案》，载最高人民法院刑事审判第一、二、三、四、五庭主办：《刑事审判参考》（第 51 集），法律出版社 2006 年版，第 9 ~ 10 页。

⑥ ［日］山口厚：《问题探究　刑法总论》，有斐阁 1998 年版，第 138 ~ 139 页。

的案例中，行为人错误认为是第一行为导致的结果发生，为了防止犯罪行为被发觉而实施了第二个行为，由第二行为引起了结果发生的场合，根据相当因果关系的通常理解，由于不能说是显著异常的因果经过，从而也就不会否定相当因果关系。

也有观点认为，应该重视行为人介入的第二个行为，对两个行为分别予以评价，进而肯定故意未遂犯和过失犯的成立。但是，只要不认为行为人的新的行为会导致相当因果关系的中断，就不应该得出这样的结论来。“这是因为，只要认为第二行为引起的结果和第一行为之间存在因果关系，当然就不能不将第一行为引起结果的责任作为问题。这样，以行为人新行为之介入为理由，通过‘溯及禁止’（即不能溯及该行为之前而就引起结果来追究责任）而否认第一行为与结果之间的因果关系，至少是在所介入的系过失行为的场合，是存在困难的，除非是在相当因果关系问题的理解上进行大幅度的变更。”[①]在日本的学说中，像内藤谦、井田良等主张，原则上否定第一行为所引起的故意既遂犯，而在一开始就预定了第二行为的场合则例外地肯定故意既遂犯。但是，正如评论者所言，在事先预定了第二行为的场合，固然更容易肯定相当因果关系，但这并非是肯定故意既遂犯所必不可少的要件。[②]

（3）结果的提前实现。这与前述结果的推迟发生的场合正好相反，行为人原本希望通过第二个行为导致结果的发生，可事实上为第二行为做准备的第一行为已经导致了结果的发生。例如，甲准备使乙吃安眠药熟睡后用铁棍将其打死，但在甲用铁棍打乙之前，乙由于安眠药过量而死亡。又如，A 试图勒 B 的脖子造成其失去知觉、再将其吊起来造成自杀的假象而将其杀害，但由于勒脖子的时候用力过猛，已经导致其死亡的场合。再如，想把在美术馆中展览的花瓶搬到外面加以破坏，在搬花瓶时花瓶不慎落地，当场摔坏。这些都是“构成要件的提前实现”事例。

在这种场合，问题在于，在第一行为之时，行为人具有的认识、预见的内容能否形成故意。对此，从强烈推进避免引起结果发生这种法律要求的立场出发，在“第一行为是第二行为的密切关联行为”“第一行为开始的时点就能明确肯定导致结果的客观危险性”等场合，就应该肯定其故意。即“基于当初所预定的犯行计划，对于行为人自身所实施的具有密切关系的一连串的行为来说，只要这些行为在实质上能够作为一体的行为予以把握，则在开始这一连串的、一体的行为的阶段，就已经肯定了现实的故意。不管这一连串的、一体的行为中的哪个行为引起了构成要件的结果，都能肯定成立既遂犯”。“从而，在法律上就期待着其不实施其中的任何行为。在此意义上，可以理解为，对于指向引起结果发生的基于同一意思的作为一体化来把握的‘一连串的、一体的实行行为’，这些行为的全体也就被一体化地禁止了。”[③]

（4）能够阻却故意的因果关系错误。在对因果关系的重要进程发生认识错误时，一概否定以“主观的认识与客观的事实之间明显不符”为理由而阻却故意，这种观点的妥当性存在疑问。对此，有日本学者结合如下例子进行了分析。根据客观的相当因果关系说，①行为人试图用小刀刺杀被害人，在其手腕上仅仅划出了小口子，但意外地，由于被害人是血友病患者，血流不止而死

① ［日］山口厚：《问题探究　刑法总论》，有斐阁 1998 年版，第 139 页。
② ［日］山口厚：《问题探究　刑法总论》，有斐阁 1998 年版，第 139 页。
③ ［日］山口厚：《刑法总论》（第 3 版），付立庆译，中国人民大学出版社 2018 年版，第 231 ~ 232 页。

亡的场合,或者②行为人想用手枪射杀被害人,子弹并未命中被害人,但意外地,由于被害人是重度的心脏病患者,听到枪声感到害怕,心脏病发作而死亡的场合,也都能肯定因果关系。“但是,在这些事例之中,恐怕应该以存在认识错误为由而否定已经发生的结果具有故意。不能认为,这里存在着必然的论理,就必需坦然接受肯定故意既遂犯的结论。诚然,在采纳折中的相当因果关系说的场合,能够有很强的必要性让人感觉到必需要以认识错误为理由而阻却故意,这样的事例恐怕并不是那么多。但这一点不能成为‘成立故意不需要因果关系的认识’这一点的论据。若是采纳法定符合说,就不会因方法的错误而阻却故意,但凭这一点不能论证,成立故意不需要对客体的认识。在因果关系的场合也是一样的。”①

概括说来,作为故意的认识因素的内容,行为人需要对于行为与结果之间的因果关系有认识,但这应该限于对因果关系的基本部分具有认识。详言之,只要行为人对于行为本身的危险性以及行为具有导致结果发生的高度可能性具有认识,就应该认为行为人对于行为与结果之间的因果关系具有认识,而不应该要求行为人对于因果关系发展的具体进程有认识。行为人对于因果关系具体发展进程的认识错误,不能阻却故意责任,但若是对重要的因果进程存在认识错误时,仍存在阻却(既遂)故意的可能性,这一点是不能否认的。

(三)事实认识错误之二:抽象的事实认识错误

在事实认识错误中,除了同一构成要件之间的错误这种具体的事实认识错误之外,还存在一种抽象的事实认识错误:行为人主观上认识的事实和客观上发生的事实不但不一致,而且这种不一致跨越了不同的构成要件。这样的事实认识错误也被称为不同构成要件间的错误。抽象的事实认识错误具体包括对象错误和打击错误两种。

1. 抽象的事实认识错误中的对象错误

抽象的事实认识错误中的对象错误,即不同构成要件之间的对象错误,指行为人预想侵犯的对象与实际侵犯的对象不同,并且分属于不同的犯罪构成要件。与具体的事实认识错误中的对象错误可以称为同类对象错误相对应,抽象的事实认识错误中的对象错误可以简称为异类对象错误。例如,甲以拎包方式盗窃作案,目的在于窃取财物。甲窃取旅客一提包后匆匆回到住处,打开包后发现,里面并无财物,但有一支手枪。甲本欲窃取财物,但是包中的枪支属于《刑法》第127条盗窃枪支罪的对象。甲本无窃取枪支的故意,其盗窃时偶然窃得的枪支与其本欲偷盗的财物属于不同构成要件的对象。就意外地窃取了枪支而言,甲属于不同构成要件的对象认识错误。

2. 抽象的事实认识错误中的打击错误

抽象的事实认识错误中的打击错误,指由于行为本身的差误,导致行为人本来想要攻击的对象和实际受害的对象发生了偏差,并且这种不一致超出了同一犯罪构成。比如,甲本想射杀一价值万元以上的宠物,却由于没有瞄准,而将宠物旁边的乙打死,这也跨越了故意毁坏财物罪与故意杀人罪(抑或过失致人死亡罪)的构成要件,只是这并非由于行为人的认识错误所致,而是由于自身的打击出现了误差。

---

① [日]井田良:《刑法总论的理论构造》,成文堂2005年版,第66页。

按照抽象的法定符合说的观点,抽象的事实认识错误原则上阻却故意的成立或者仅成立故意犯罪未遂。例如,在上述抽象事实认识错误中打击错误的例子来看,行为人本想杀害宠物而事实上却导致他人死亡,按照抽象的法定符合说的观点,甲虽具有故意毁坏财物罪的故意,但对于人的死亡至多具有过失。故此种情况成立故意毁坏财物罪的未遂和过失致人死亡罪的想象竞合,应择一重处罚,由于实践中故意毁坏财物罪的未遂通常不处罚,所以一般按照过失致人死亡罪处理。但是,需要注意的是,这种打击错误的场合应该排除对于重结果持放任心态的场合。如果是明确看到宠物的旁边有人,又自知自己的枪法不准,这时基于杀死宠物的故意向宠物开枪却打死了宠物旁边的人时,应该认为对人的死亡持放任的心态,属于间接故意形式的故意杀人。上述适用抽象的法定符合说处理的抽象的事实错误中的打击错误的情形,应该排除这种情况。反之,如果是本欲杀人却只打中了人旁边的宠物,由于具有杀人的故意,客观上具有导致他人死亡的危险性,所以应该以故意杀人罪的未遂处罚(过失毁坏财物罪不处罚)。

以上按照抽象的法定符合说得出的结论,或者成立过失犯的既遂,或者仅成立故意犯罪的未遂,都否定了故意既遂犯的成立。但是,这都是在行为人主观上认识到的构成要件和客观上实际发生的构成要件之间无任何重合的情况下得出的结论。按照抽象的法定符合说的观点,即使构成要件不同,但如果不同的构成要件之间具有某种重合,那么可能在重合的限度内成立轻罪的既遂犯。比如,出于盗窃财物(轻罪)的故意实际上却盗窃了枪支(重罪)的场合,由于主观上没有盗窃枪支的故意,所以不能定盗窃枪支罪;但由于其具有盗窃的故意,实施了盗窃的行为,枪支本身也有价值,所以可以认为该行为同时符合了盗窃罪的主观方面与客观方面,应该在盗窃罪与盗窃枪支罪的重合范围内,认定为盗窃罪的既遂,即肯定了故意既遂犯的成立。

(四)关于事实认识错误的几点说明

(1)行为人误将非犯罪对象当作犯罪对象加以侵害(如本欲杀害甲,黑暗中误将一只有害野兽当作甲而杀死),或者行为人误将犯罪对象当作非犯罪对象加以侵害(如本欲杀死有害野兽,黑夜中误以为某人为野兽而开枪射击致其死亡),这些也都存在行为人的主观认识和客观存在的事实之间的不一致,某种意义上也可谓存在对象错误,但这主要应该作为未遂犯与不能犯的区分、过失与意外事件的区分的问题,在此不再详细展开。

(2)行为人在实施相应行为时,对自己所采取的手段或者使用的工具发生了认识错误,如在投毒杀人时,误把白糖当作砒霜;在实施爆炸时,误把食盐当作炸药等,均可谓行为人的主观认识与客观存在的事实之间出现了不一致,可以称为行为手段的认识错误。我国刑法理论一般是在未遂犯与不能犯的区分问题上对于行为手段的认识错误问题展开研究。和前面的情形类似,这主要涉及客观上不可能造成法益侵害的行为是否具有可罚性的问题:如果认为其具有可罚性,则属于犯罪未遂(某种意义上可能是行为无价值立场得出的结论);如认为其不具有可罚性,则属于不能犯(某种意义上可能是结果无价值立场得出的结论)。

(3)日常生活中的认识错误。本章中讨论的事实认识错误,是指在意图故意犯罪的过程中因为发生了主观认识与客观事实之间的不一致而需要判断是否阻却故意犯罪的问题。在原本不存在犯罪意图的情况下，则不需要讨论是否阻却犯罪故意，而只需要考虑是否成立过失犯罪，这涉及日常生活中的认识错误的处理。如路遇便衣警察盘查，误以为对方抢劫，从而奋起“自卫”。行为人自以为行为性质是正当防卫，实际是假想防卫。对这种认识错误，一般认为行为人只有防卫的意识没有犯罪的意识，不成立故意犯罪。如果行为人有过失，则成立过失犯罪，无过失则不负刑事责任。再如，医务人员因为打错针、发错药致患者死亡的情况，也是如此。概括说来，事实认识错误，通常只包括故意犯罪中发生的认识错误，而日常生活中发生的认识错误，由于不存在犯罪的故意，故只需判断行为人对于因该认识错误所造成的危害结果是否存在过失，如不存在过失，则属于意外事件；如存在过失，再考虑是否符合过失犯罪的条件。

（五）法律认识错误

法律认识错误，是指行为人对于自己的行为是否具有违法性发生了错误的认识，即行为人对自己行为的法律性质或意义发生了误解。通常认为，法律认识错误具体包括以下情况。

1. 假想有罪

假想有罪，即行为人将在法律上不属于犯罪的行为误认为是犯罪。例如，甲男和乙女通奸后被发现，以为自己的行为是刑法所禁止的犯罪行为，遂主动到公安机关自首。但事实上，通奸的行为在我国只是受到伦理道德谴责的行为，刑法并未将其规定为犯罪。这样的情况被称为幻觉犯。根据“法无明文规定不为罪”的罪刑法定原则要求，这种行为人误以为有罪而事实上刑法并无相应规定的行为，当然不能作为犯罪处理。因此，行为人假想犯罪并不改变其行为的法律性质，不成立犯罪。

2. 行为人对自己行为的罪名、罪数以及刑罚轻重等方面有误解

行为人已经知道自己的行为是被法律所禁止的，即已经意识到自己的行为具有违法性，只是对行为在刑法上具体属于何种犯罪以及应受多重的处罚，存在误解或者是缺乏了解。例如，甲盗割正在使用的电线自以为犯的是盗窃罪，而实际上依法构成破坏电力设备罪；甲自以为该罪没有死刑，而实际上其法定最高刑为死刑。又如，行为人误以为自己以造成被保险人伤残的方法骗取保险金的行为仅成立保险诈骗罪，而按照刑法的规定，这样的行为成立保险诈骗罪与故意伤害罪数罪。由于司法机关确定罪名、罪数以及具体刑罚时，只能根据案件事实与刑法规定，而不是根据行为人的认识，所以，这种误认既不影响罪过的有无大小，也不影响定罪量刑。

3. 假想无罪

对于司法实践之定罪量刑来说，以上两种情况（假想有罪和对于具体的罪名、罪数、量刑等的错误认识）没有实际的意义，有意义的是第 3 种情况，即行为人误认为自己的行为不是犯罪而实际上该行为却是刑法所规定的犯罪行为，此种情况该如何处理？这涉及违法性认识是否是故意的认识因素，更进一步，涉及违法性认识（及其可能性）在有责性（罪责）中的体系地位问题。比如在大义灭亲的场合，行为人以为自己的行为是为民除害，但实际上该行为却是典型的故意杀人，此时，按照我国的司法实践，会按照故意杀人罪处理，只是将这种认识错误以及大义灭亲的事实当作判定杀人行为属于“情节较轻”的一个情节而已。

第三节 责任形式之二:过失责任

一、过失责任形式概说

(一)过失的概念与构成特征

《刑法》第15条第1款规定:"应当预见自己的行为可能发生危害社会的结果,因为疏忽大意而没有预见,或者已经预见而轻信能够避免,以致发生这种结果的,是过失犯罪。"这是关于过失犯罪的法定表述,据此可以归纳出犯罪过失的定义。所谓犯罪过失,是指这样一种责任形式,它体现为行为人应当预见自己的行为可能发生危害社会的结果,因为疏忽大意而没有预见或者已经预见而轻信能够避免的心理态度以及针对于此的谴责。

一种心态符合犯罪过失的定义,至少需要具备以下特征:第一,作为一种责任形式,必须对于危害结果的发生具有预见可能性和回避可能性,否则构成无罪过事件(刑法中的不可抗力与意外事件)。第二,并不明知自己的行为会发生危害结果,同时对于危害结果的发生持一种反对、排斥的态度,这是犯罪过失这一责任形式与犯罪故意这一责任形式的区别所在。具体而言,行为人一方面是对于危害结果发生的可能性应当具有认识或者已然具有认识,并且是对危害结果的发生既不具有希望的态度也不具有放任的态度。如果具有犯罪故意,则成立故意犯罪,排斥成立过失犯罪。第三,过失的本质是注意义务的违反。犯罪过失的本质不在于造成了危害社会的结果,而在于行为人违反了注意义务。虽然造成了危害社会的结果,但该结果的发生并非因行为人未履行注意义务而引起的,就不能认为行为人具备了过失的责任形式,也不能借此追究行为人的过失责任。这里的注意义务,包括结果预见义务和结果回避义务。就我国刑法中的两类过失而言,疏忽大意的过失本质上是结果预见义务的违反,而过于自信的过失本质上是结果回避义务的违反。

(二)过失犯的构造①

阶层体系中对过失的传统理解认为,如同故意是责任要素、责任形式一样,过失也是责任形式、责任要素,从而,对过失犯的检讨被放在责任论的范畴之中。并且,过失被理解为对构成要件该当事实的认识与预见可能性,并常称为结果的预见可能性。这种传统的理解被后来出现的过失理论批评为旧过失论。与之相对,随着在20世纪50年代之后汽车的普及带来的交通事故的增加,一种观点认为,预见可能性带有程度概念,无法借此充分过失犯的处罚范围,应该以是否遵守了应当维护的行为(标准行为)这种客观标准来确定过失犯的范围。这种将"对基准行为的逾越"作为过失犯成立条件的观点称为新过失论。旧过失论将引起了法益侵害理解为过失犯的构成要件该当事实,可谓是以结果无价值论为基础的对过失的理解。不过,如果但凡行为人对发生的结果具有预见可能性就成立过失,会不当扩大过失犯的处罚范围。所以,立足于结果无价值论

① 本部分内容主要参考了[日]山口厚:《刑法总论》(第3版),付立庆译,中国人民大学出版社2018年版,第240~243页。

的学者对旧过失论进行了修正,在强调对于结果的预见可能性的同时,又同时强调过失犯的实行行为,主张只有具备发生构成要件结果的一定程度实质危险的行为,才是符合过失犯客观构成要件的行为。根据这种修正的旧过失论,是否存在过失犯的实行行为,是过失犯的构成要件符合性问题,而是否具有结果的预见可能性,属于过失犯的有责性问题。在我国,有学者明确赞成此种修正的旧过失论,[①]而本书立足于结果无价值论的立场,同样支持修正的旧过失论。

与此相对,新过失论在引起了法益侵害这种结果之外,要求把对基准行为的逾越作为过失犯的构成要件要素,在此意义上,是通过行为无价值来划定构成要件事实的范围,可以说是以行为无价值论为基础的对于过失的理解,并且,新过失论的基础是将结果无价值和行为无价值两者都理解为违法要素的折中型的行为无价值论。

新过失论的"基准行为"究竟何指,其根据并不明确,若是援用行政法规上的义务的话,则以引起所规定的结果为成立要件的过失犯,难免会转化为:本属基本犯的行政取缔法规违反行为由于引起了一定结果而被视作结果加重犯,即行政取缔法规违反 + 结果 = 过失犯。特别是在 20 世纪 60 年代之后,以公害问题的深刻化为背景,新过失论与之前的处罚限定论的主张背道而驰,摇身一变走向了处罚扩张论,这反而更加体现出了新过失论中的"基准行为"设定根据的不明确性。这种处罚扩张论导致最终的过失犯形态就是畏惧感说,即所谓新过失论,将引起结果这一结果无价值从违法要素之中放逐出去,认为不需要结果的预见可能性,只要没有采取措施去消除应该抱有的"不知会发生什么"的畏惧感就可成立过失。这可以说是立足于行为无价值一元论的过失犯论,在不要求结果的预见可能性这一点上,可谓是违反了责任主义原则。既然不能无视将引起结果作为违法要素,也就不能无视作为责任要素的结果预见可能性。而畏惧感说轻视责任非难,导致责任要件被空洞化了。

实务上一般将过失理解为注意义务的违反,其中的注意义务包括结果预见义务和结果回避义务两个方面。即应当预见到结果并且避免这一结果,却违反了这一义务,引起了结果的发生,这时就成立过失犯。旧过失论所理解的结果的预见可能性是违反结果预见义务的判断基准。在肯定具有结果预见可能性之后,新过失论将基准行为的准守义务即结果回避义务进一步作为问题,并将其作为判断过失犯成立与否的重要条件。不过即便是立足于旧过失论的立场,在结果预见义务之外,也有必要将结果回避义务作为一个独立的义务来对待。

(三)过失犯的处罚

犯罪过失作为一种责任形式,在一定条件之下需要承担相应的刑事责任。与故意这种"明知故犯"的责任形式相比,过失属于"不意误犯",两者在人身危险性和可谴责性上存在本质差别,因而过失责任与故意责任也存在明显不同。结合刑法的规定,过失责任与故意责任的区别主要体现在以下几个方面。

1. 过失犯罪,法律有规定的才负刑事责任。《刑法》第 15 条第 2 款明确规定:"过失犯罪,法律有规定的才负刑事责任。"这意味着刑法分则各条文只有明确规定某一犯罪可以由过失构成

---

① 张明楷:《刑法学》(第 5 版),法律出版社 2016 年版,第 287 页。

时,才构成过失犯罪,才负过失责任。刑法分则对于过失犯罪的规定:(1)罪名、条文通常直接出现“过失”这一语词(例如,《刑法》第233条关于过失致人死亡罪的规定,或者《刑法》第115条第2款场合的“过失犯前款罪”);(2)也可能是罪名、条文之中虽没有过失的直接叙述,但却可以通过分则对罪状的描述,解读出该罪只能由过失构成(比如出现了“肇事”“事故”等语词时,应为过失犯罪)。与此同时,刑法分则各条文所规定的犯罪,如没有特别的标志性语词,通常只能认为其责任形式为故意,不能理解为当然包括过失。刑法之所以明确要求“过失犯罪,法律有规定的才负刑事责任”,是为了体现过失责任与故意责任的区别,也是为了限制过失犯罪的成立范围。这一规定清楚地说明,刑法以惩罚过失犯罪为例外,以惩罚故意犯罪为原则。

2. 过失行为只有造成严重后果的,才可能承担刑事责任。根据《刑法》第15条关于过失犯罪的规定,可以合乎逻辑地认为,过失行为只有在“以致发生这种结果”即造成了危害结果时,才可能负刑事责任。并且,这种危害社会的结果必须是严重危害社会的结果,且这种严重危害结果必须经过刑法分则有关条文的确认,才能就此追究行为人的刑事责任。刑法理论上有观点认为过失危险犯的概念应该得到承认,主张将危险状态本身理解为一种结果,并且认为我国刑事立法中已经有过失危险犯的例证,在理论上肯定过失危险犯也不违反刑法谦抑原则。① 本书虽然认为“结果”可以有广义与狭义之分、广义的结果概念包含危险结果、危险状态,但认为在过失犯的场合,应该在狭义上理解“结果”概念。如果在广义上理解“结果”,将危险状态也理解为《刑法》第15条所要求的“结果”,有扩大过失犯罪的成立范围之嫌。本书初步认为,过失危险犯概念的主张与我国刑法所体现的限制过失犯罪的成立范围(比如,即便过失造成他人轻伤的,或者过失损坏了他人数额巨大的财物的,仍不构成犯罪)的初衷以及《刑法》第15条的文字表述之间,确实存在倾向上的矛盾。因此,本书暂且不承认过失危险犯的概念,主张成立过失犯罪、承担过失责任所要求的结果,是客观的现实损害结果,而不包括危险状态本身。

同时,行为人因为自己的过失行为虽然造成了危害结果,比如过失造成了他人轻伤的结果,但是这种危害结果并未达到严重的程度(因此也就未被刑法分则条文规定为构成要件的结果)时,就不能追究过失的刑事责任(当然,完全可能追究民事责任)。在所有的过失犯罪都明确规定了严重后果作为构成要件要素的情况下,刑法规定的过失犯罪只有既遂形态并且只处罚既遂形态。这也与刑法不仅处罚故意犯罪的既遂形态,也处罚其预备、未遂、中止等未完成形态明显不同。

3. 过失责任在程度上明显轻于故意责任。由于两种责任形式在主观恶性和可谴责性上存在明显不同,因此不仅两者的成立范围不同,而且过失责任在程度上也明显轻于故意责任,这表现在过失犯罪的法定刑明显轻于相应故意犯罪的法定刑。例如,同是致人死亡,《刑法》第232条规定的故意杀人罪的法定最高刑是死刑,而第233条规定的过失致人死亡罪的法定最高刑是7年有期徒刑。再如,同是造成火灾,《刑法》第115条规定的放火罪的法定刑是10年以上有期徒刑、无期徒刑或者死刑,而第115条第2款规定的失火罪的法定刑是3年以上7年以下有期徒刑;情

---

① 刘仁文:《过失危险犯研究》,载《法学研究》1998年第3期,第49页以下;储槐植、蒋建峰:《过失危险犯之存在性与可存在性思考》,载《政法论坛》2004年第1期。

节较轻的，处3年以下有期徒刑或者拘役。

二、过失的种类

在理论上，对于刑法上的过失可以有不同的分类。比如，根据是否违反业务上的注意义务，可以将过失分为普通过失与业务过失；根据疏忽或者轻率的程度，可以将过失分为轻过失与重过失，等等。而结合我国《刑法》第15条的规定，刑法理论一般将过失这一责任形式细分为疏忽大意的过失和过于自信的过失。这一分类是关于过失的最基础的分类，有较为明确的法律依据，可谓是过失的“法定分类”。以下论述围绕这一分类加以展开。

（一）疏忽大意的过失

疏忽大意的过失（或称无认识的过失），是指行为人应当预见自己的行为可能发生危害社会的结果，由于疏忽大意而没有预见，以致发生这种结果时，对于行为人的一种谴责与非难。构成疏忽大意的过失需要有几个要素。

1. 行为人应当预见自己的行为可能发生危害社会的结果。这里的应当预见，是预见义务和预见能力的结合。

首先，行为人必需有预见的义务。仅在应当认识的情况下，无认识才可能成为刑法的非难对象。判断某人是否存在疏忽大意的过失，首先要考察其是否存在注意义务（此处指预见的义务），如果行为人并不存在预见义务，则不论造成何种危害结果，都不能追究行为人的过失责任。预见义务既可能来自法律、法令，也可能来自职务、业务方面的各种规章制度，还可能来自约定俗成的生活习惯。一般而言，普通过失的注意义务来自社会生活中的一般注意义务，不是由法律明文规定，而是根据社会生活经验来判断；而业务过失是一种特别的注意义务，往往由法律或者职务、业务规范加以规定。

其次，行为人当时具有预见能力。这是因为，“法不强人所难”，刑法只是要求有能力履行义务的人履行义务，而不会强求不可能履行义务的人履行义务。因此，应当履行义务以能够履行义务为基础。预见能力是预见义务的前提。如果行为人虽然具有预见义务，但在当时的情况下根本不可能预见到危害结果的发生，也同样不存在成立过失的可能。行为人是否具有预见能力，要根据当时行为人的主客观条件综合判断，即根据行为人本人的身心状况、知识经验、水平和能力等主观条件和当时当地的气候、地理条件、环境等客观条件，综合作出判断。同时，对于有些行为人，按其本身的认知水平，能够预见到危险程度高的行为可能发生危害社会的结果，但不能预见到危险程度低的行为可能发生危害社会的结果，所以判断行为人是否具有预见能力还必须结合行为本身的危险程度。这里存在一个结果预见能力的判断基准问题。判断行为人是否有预见结果发生的能力，是采取行为人标准，还是采取一般人标准？这在刑法理论上存在争议。应该认为，过失作为责任形式的一种，是对行为人进行非难和谴责的基础，对行为人进行非难，不应超出其注意能力的范围。在一般人能够预见而行为人确实不能预见的时候，不应该追究行为人的过失责任。由此可见，纯粹的一般人标准是不可取的。相反，如果一般人不能预见，但行为人的认知水平高于一般人,则可能认定行为人具有预见的可能性。但问题是,在采取行为人标准判断预见能力时,还必须考虑,以什么作为资料来判断行为人本人是否具有预见的能力?这固然要考察行为人的各种主客观情况,但也不可能完全脱离一般人标准来判断。所以,要先考察像行为人那样的同业一般人(比如,都是农民、都是医生等)是否能够预见到危害结果的发生,再考察行为人的认识水平是等同于还是不同于(高于或者低于)一般人,从而判断行为人是否具有预见的可能性。概括来说,判断行为人是否具有预见的可能性,应该以客观说(一般人标准)为参考,以主观说(行为人标准)为标准。[①] 由以上可知,只有预见义务和预见能力两者同时具备,才能认定行为人"应当预见"。

最后,应当预见的内容是危害社会的结果,并且,由于过失犯罪只有法律有规定的才负刑事责任,所以,应当预见的内容实际上是法定的危害结果,即刑法分则对过失犯罪所规定的具体犯罪结果。比如,《刑法》第233条是关于过失致人死亡罪的规定,则在客观上造成了他人死亡的结果时,行为人所预见到的也必须是自己的行为可能导致他人死亡这一法定的具体结果;《刑法》第235条是关于过失致人重伤罪的规定,则在客观上造成了他人重伤的结果时,行为人所预见到的也必须是自己的行为可能导致他人重伤这一法定的具体结果。

2.行为人没有预见自己的行为可能发生危害结果。虽然从规范和应然的角度而言,行为人应该预见到危害结果的发生,但是从事实和实然的角度而言,行为人确实没有预见和认识到危害结果的发生,也正是在这一意义上,这种类型的过失也被称为无认识过失。

3.行为人没有预见到危害结果的原因是疏忽大意。行为人之所以没有预见到危害结果的发生,不是因为行为人没有能力认识到危害结果的发生,也不是因为任何其他原因,而是因为自身的疏忽大意。所谓疏忽大意,就是马马虎虎、粗心大意。它表明行为人违背了社会共同生活规则或者特定职责所要求的注意义务。例如,护士甲在给病人输液时,仅凭印象随手从床头拿起一瓶液体就给病人使用,她把针头扎进病人的静脉之后便离去。不久病人死亡,原因是护士甲错拿了盐水瓶旁边的煤油瓶,结果给病人实际输入的是煤油。又因为她当即离去,以致未能及时发现并补救失误。显然,甲应当预见到自己可能错拿药品而造成危害结果,但因为她疏忽大意而没有预见,以致造成严重后果。甲犯罪时的这种心理状态就是疏忽大意的过失。[②] 又如,行为人董某在山上欲猎杀野猪,但因疏忽大意,将被害人魏某当作动物射杀。法院认为董某"观察严重疏忽,主观过错明显",故以过失致人死亡罪定罪处罚。[③] 董某在度假村工程附近山上活动,应当认识到此地不是杳无人烟的荒山野岭,可能有人出现在山上,但其疏于观察,没有预见到这一事实,主观上成立疏忽大意的过失。

需要注意的是,诚如我国学者张明楷教授所指出的,判断行为人是否属于疏忽大意的过失,并非先判断行为人是否疏忽大意,而是先判断行为人是否应当预见自己的行为可能会发生危害社会的结果,如果应当预见而没有预见,就说明行为人疏忽大意了。在应当预见的前提下,行为

---

① 张明楷:《刑法学》(第3版),法律出版社2007年版,第238~239页。在该书2016年的第5版第289页中,作者主张认识能力"生理的方面应当采取主观的标准;规范心理的方面应当采用客观的标准。"

② 曲新久主编:《刑法学》,中国政法大学出版社2008年版,第118页。

③ 江苏省南京市江宁区人民法院(2017)苏0115刑初951号刑事判决书。

人并没有疏忽大意，但又确实没有预见的情况，应当是不存在的。[①] 这样看来，疏忽大意是无认识过失的一个表现特征，其本身在认定此种过失的过程之中并不具有独立的意义。认定无认识过失，关键还在于应当预见（预见义务和预见能力的统一）的前提和没有预见的事实，只要具备这两者，就足以认定为无认识过失即疏忽大意的过失了。[②]

正确认定无认识过失，要注意其与意外事件的区别。意外事件中的行为人在主观上没有故意或者过失，是一种无罪过的心理状态，损害结果是由于不能预见的原因引起的。区分无认识过失与意外事件的关键，主要在于行为人对于结果的发生是否有预见的能力（预见可能性）：前者是能够预见也应当预见（只是由于疏忽大意而没有预见，本质上是结果预见义务的违反）；而后者是不能够预见、不应当预见。比如，行为人陈某读书期间与同校三名学生一同租住在校外某处，某日中午，陈某在清理旅行袋时发现1包其于两月前注入灭鼠药液（内含氟乙酰胺毒素）准备用于灭鼠的美味牌即溶营养麦片，但因疏忽将该包麦片放置于租住宿舍的桌上。两日后的下午，与陈某同住的3人放学后返回住处，在其中一人的提议下，3人将仍放置于桌上的该包麦片冲泡饮用。饮完后，3人先后毒性发作，在送往卫生院后，其中一人经抢救无效死亡，另二人重伤。[③] 在本案中，被告人陈某完全应当而且能够预见到注入灭鼠药液的有毒麦片可能被食用并造成严重损害结果，因而不属于不能预见。据此，本案不属于意外事件，被告人的行为已经构成犯罪。与之相对，某司机在雨夜行车，从农民放在公路上的稻草上驶过，轧死了睡在稻草下的一瘦小精神病人。在当时的情境之下，司机不可能预见到有人雨夜睡在公路的稻草下，因而属于意外事件。

（二）过于自信的过失

过于自信的过失（或称有认识的过失），是指行为人已经预见到自己的行为可能发生危害社会的结果，但轻信能够避免，以致发生这种结果的心理态度。构成过于自信的过失需要具备以下两个要素。

（1）行为人已经预见到可能发生危害社会的结果。这是此种过失的认识因素，这种过失形式由此也被称为有认识过失。对危害结果的预见，包括两个方面，即预见到危害结果发生的可能性，以及预见到可能产生什么样的危害结果。这里，行为人对危害结果虽有一定的认识，但这种认识往往比较含糊，也就是说，行为人往往认为危害结果虽有发生的可能性，但不会现实化。易言之，此时行为人认为危害结果可能发生，但不至于真的发生。

（2）行为人轻信自己能够避免危害结果的发生。所谓轻信能够避免，是指行为人相信能够避免危害结果的发生，但是却没有确实可靠的根据。没有确实可靠的根据而轻率相信能够避免结果的发生，既可能是依据一定的客观条件作出此种相信，但其所依据的条件并不可靠，即过高

---

① 张明楷：《刑法学》（第3版），法律出版社2007年版，第237页。在第5版中，作者（似乎）放弃了相关表述。

② 关于疏忽大意的过失的具体裁判例，请参见《王凤过失致人重伤案》，载国家法官学院、中国人民大学法学院编：《中国审判案例要览》（2002年刑事审判案例卷），中国人民大学出版社2003年版，第46～50页。

③ 《陈金滴过失投毒案》，载国家法官学院、中国人民大学法学院编：《中国审判案例要览》（2001年刑事审判案例卷），中国人民大学出版社2002年版，第18～21页。

估计了现实存在的客观有利条件对结果发生的抑制作用;也可能是行为人过高估计了自己避免危害结果发生的主观能力。例如,在开春时节,司机甲开车载两名水文测量员行驶于松花江冰面上,其中一位提醒说:“听说江面开始化冻,前几日有车掉入江中。”甲闻言停车,下车对冰面的坚固程度查看了一番,然后说:“没有问题,我每年这个时候都要开车过来,从未出过事;我把车开慢一点,大家再给看着点。”说罢继续前进。结果没行驶多远,就遇上冰面塌陷,车掉入江中,致二水文测量员死亡。[①] 本案中甲某已经预见到车子可能掉入江中,但是以为根据自己的经验、判断和能力,不会发生,实际上恰恰发生了危害结果,说明甲过于自信或者草率。

过于自信的过失与疏忽大意的过失都是过失责任形式的具体体现,两者在客观上都造成了危害结果,主观上都反对结果的发生。两者的主要区别在于,疏忽大意的过失作为无认识过失,事先对危害结果的发生没有预见(虽然应当预见),所以这种过失的本质是结果预见义务的违反;而过于自信的过失作为有认识过失,事先对危害结果的发生有所预见(尽管认识的程度并不高),只是未能避免结果的发生,这种过失的本质是结果回避义务的违反。

相对于疏忽大意的过失与意外事件之间容易混淆,就过于自信的过失而言,其与间接故意之间的界限更难以把握。过于自信的过失与间接故意两者在认识因素上都预见到危害结果可能发生,在意志因素上都不希望危害结果的发生,因此,两者有一定的相似性。在理论上,一般将过于自信的过失与间接故意的区别归结为以下三点:①在认识因素上,两者虽都认识到危害结果可能发生,但对危害结果发生的认识程度不同。根据《刑法》第 15 条的规定,过于自信的过失是“已经预见”自己的行为“可能发生”危害社会的结果;而根据《刑法》第 14 条,间接故意则是“明知”自己的行为“会发生”危害社会的结果。虽然在间接故意的场合所“明知”的也仅仅是发生危害结果的可能性(如前所述,明知自己的行为必然发生危害社会的结果的,则无所谓放任,从而没有成立间接故意的余地),但是刑法用语上已然通过“已经预见”和“明知”区分出了两种主观罪过在认识程度上的差异:间接故意的认识程度高于有认识的过失。也就是说,在间接故意的场合,行为人往往认识到结果发生的可能性是较高的(由此才可称得上“明知”);而在有认识过失的场合,行为人认为危害结果虽然可能发生,但这种可能性不大,比较模糊,不能确定(由此才称不上“明知”而只是“已经预见”)。就此而言,如果可以肯定行为人认识到结果发生具有较大可能性而又未对此采取任何措施时,尽管可以肯定其反对结果的发生,也更容易肯定其对于结果不发生采取的是听之任之的放任心态——此时,反对结果发生却未采取任何措施防止,可谓“盲目自信”而非“过于自信”,更容易肯定间接故意的成立。比如,在年会射击表演时,未受过专门训练的甲与人打赌,射击女演员头部的酒杯而击中女演员,致其死亡。这一场合即属上述情形,肯定其成立间接故意杀人更为合理。②对危害结果所持的态度不同。过于自信的过失对危害结果的发生持否定态度,即危害结果的发生是违背行为人意愿的。可以说,就危害结果的发生而言,过于自信的过失无疑是投了反对票。而间接故意的行为人对危害结果的发生则持放任态度,即无论危害结果是否发生,都不在乎、无所谓,甚至纵容危害结果的发生,因此,行为人对危害结果的发生投了弃权票。这种对待危害结果的主观态度是过于自信的过失和间接故意的更为重要的区

---

① 曲新久主编:《刑法学》,中国政法大学出版社 2008 年版,第 119 页。

别。③由于危害结果的发生违背过于自信过失之行为人的本意,所以行为人往往对避免危害结果采取积极的态度,其或者具有避免危害结果的客观根据,或者直接为避免危害结果的发生采取一定的措施(但采取的措施未能奏效)。而间接故意的行为人由于对结果的发生采取听之任之的放任心态,所以不会采取避免危害结果的措施。可以这样说,如果行为人没有为避免结果发生采取任何措施的,既可能是间接故意,也可能是过于自信的过失;但如果行为人为避免结果的发生采取了一定的措施,这就说明结果的发生违背行为人的本意,这就只可能是过于自信的过失,而不可能是间接故意了。

这里特别值得强调的是,确实如学者所说,间接故意和有认识过失的分界问题,是刑法学上最困难也最有争议的问题之一,其难点在于意欲是一种原始的、内在的心理现象,无法从其他感性或者理性的心理流程中探索出来,人们只能尽量去描述它,而无法准确对其进行定义。① 以上概括的过于自信的过失(有认识过失)和间接故意的三点区别,更多是从理论上总结出来的,在实践中操作起来往往相当复杂,甚至相当困难。比如,虽说间接故意比有认识过失对于结果发生的认识程度高,但高到什么程度却难以有一个具体的标准;又如,认为对于结果的发生而言有认识过失持反对态度而间接故意持放任态度,这样的说法固然正确,但却属于对两者区别的一种事后描述,对于认定一种主观心态究竟属于过于自信的过失还是间接故意没有太多的实际作用。至于以上所述的两者的第三点区别,在行为人并未主动为防止结果发生采取任何措施的情况下,从外观上仍很难区分这两种主观心态。正因为间接故意和有认识过失在区分上的困难,英美法传统历来注重淡化两者的界限,而主张以轻率(recklessness)来涵盖间接故意与有认识过失,德国也有魏根特(Weigend)等学者主张以轻率来代替间接故意和有认识过失的“统一说”。应该承认,由于间接故意和有认识过失(过于自信的过失)的共同特征是“认识可能性”,将两者以“轻率”这一概念加以统摄,确实可以减少在司法实践中辨明行为人具体罪责形式的困难,在理论上或许可行。但是,采纳轻率的概念,将责任形式区分为直接故意、轻率、无认识过失(疏忽)无疑违背了我国《刑法》第 14 条和第 15 条的规定,因为这意味着要将《刑法》第 14 条的一部分和第 15 条的一部分分别抽出来合并为一个概念。或者说,在现行刑法的规定面前,没有承认轻率概念的空间;承认轻率的概念,需要对于刑法关于责任形式的具体规定进行重构。② 这样看来,现行的故意(直接故意 + 间接故意) + 过失(过于自信的过失 + 疏忽大意的过失)的责任形式结构还有其存在的正当性,过于自信的过失与间接故意的区别问题,还不能仰仗一个“轻率”的概念而一笔勾销。

在过于自信的过失与间接故意的区别上,一方面要始终围绕前述三点区别,另一方面又要结合案件的具体情况具体分析。比如,被告人李某、王某兵出于猎奇和敲诈财物的心理殴打被害人阎某某,致使被害人为摆脱殴打和纠缠而跳入湖水中,二人劝其上岸未果,又调转车头用车灯照射水面,见其仍蹚水前行不肯返回,王某兵让李某下水拉阎某某一把,李称其水性也不好,二人为

---

① 周光权:《刑法总论》(第 3 版),中国人民大学出版社 2016 年版,第 172 页。

② 将目前为止故意与过失的二分法通过“故意—轻率—疏忽”的三分法加以取代,不但涉及刑法总则关于罪过形式规定的修改,更涉及对于分论犯罪的重构:对于分论中的犯罪,需要如何规定其罪过形式? 因为一些犯罪(比如诈骗),可能由间接故意构成,却不可能以有认识过失的方式实现。

消除阎某某之顾虑促其上岸，遂开车离开湖堤。后阎某某的尸体在西湖后湖堤附近被发现，尸检报告证实，阎某某系溺水死亡，排除暴力致死。对于本案，一审法院判决二人构成（间接）故意杀人罪；二审法院则认为，二人行为构成过失致人死亡罪。[①] 本书认为，本案中，二被告人既不希望、也未放任被害人死亡结果的发生。二被告人不但采取了一定的措施试图避免结果发生，其离开现场的目的也是让被害人消除顾虑，尽快脱离危险之地，并非置被害人于水中而不顾。可以认为，二被告人对于被害人可能会出现的后果是有所预见的，但轻信被害人在其离开后会返回岸上。因此，二被告人对被害人可能出现的死亡后果是持一种过于自信的心态。二审纠正一审判决，判处两行为人过失致人死亡罪是恰当的。而且也需要强调，如果实在不能明确区分究竟属于间接故意还是过于自信的过失的场合，按照存疑时有利于被告的原则，只能按照过失处理。

三、过失的认定

（一）监督过失与管理过失

过失责任的本质是注意义务（结果预见义务或者结果回避义务）的违反。这里所说的注意义务的违反，一般情况下是指行为人本人对自己违反注意义务的行为承担责任。但是在特殊的场合，也并不排斥行为人对他人的行为承担注意义务的可能性，这就是监督过失和管理过失的场合。发生工厂事故、药品公害、集体医疗事故、火灾等事故时，除了要追究直接行为人的过失责任之外，是否也能够追究相应的管理者、监督者的过失责任？这是值得探讨的问题。这种责任分为两种形式：违反通过指挥、命令、训练、监督直接行为人而防止事故之义务的监督过失（间接防止型），以及违反处于管理者的地位为了防患事故于未然而应准备物质设备、人员体制之义务的管理过失（直接介入型）。[②] 我国的司法实践一直追究监督过失和管理过失的责任，许多玩忽职守型犯罪也都表现为监督过失或者管理过失。以下对于这两类过失分别予以简单介绍。

1. 监督过失

在被监督者的一般过失行为直接造成损害的场合，监督者由于对被监督者的行为负有监督义务，而应当承担监督责任。具体来说，所谓监督过失，是指在现场作业人员因失误而引发事故时，本应该为了不出现这种过错而加以指导、训练、监督，并且如果适当履行此监督义务，则本可以避免结果的发生或结果的扩大。需要注意的是，监督过失中的监督者的过失取决于监督者对于现场工作人员的过失是否具有预见可能性。同时，也必需充分考察通过履行监督义务是否具有避免结果的可能性。只有具备此预见可能性和结果回避可能性，才具备了过失责任的本质要素，才能够对监督者追究过失责任。比如，锅炉车间的工人因为未受到严格的上岗培训而操作失误引发锅炉爆炸，造成重大事故，则不但该锅炉工人本人，而且对该车间的上岗培训负有监督责任的人（如锅炉车间主任）也要对该损害结果承担过失责任，后者的过失即属于监督过失。

---

① 《李宁等过失致人死亡案》，载最高人民法院刑事审判庭编：《刑事审判参考》（第47集），法律出版社2006年版，第12页以下。

② ［日］西田典之：《日本刑法总论》，刘明祥、王昭武译，中国人民大学出版社2007年版，第225页。

2. 管理过失

管理过失，是指在对发生的事故具有预见可能性的场合，违反将事故的发生防患于未然，或者即便发生结果为防止受害程度扩大而准备物质设备与确定人员体制的义务。这属于违反了为防止事故而确立安全体制的义务，不确立此体制即属于过失，因而管理过失是过失不作为犯。①在此，注意义务属于作为义务，此义务存在于对安全体制的确立实质性地负有决定、命令之职责的权限人，对于并未向权限人进言确立此安全体制的部下并不能认定存在注意义务。

在监督过失和管理过失的场合，有两点需要特别强调：第一，在监督过失（管理过失）的场合，危害结果的发生是被监督者（被管理者）的一般过失和监督者（管理者）的监督过失（管理过失）共同造成的，但这并不意味着监督者与被监督者之间，或者管理者与被管理者之间成立共同犯罪。就现行中国刑法的解释而言，共同犯罪只能是二人以上的共同故意犯罪，在监督过失或者管理过失的场合，监督者（管理者）与被监督者（被管理者）之间形成过失的竞合，其分别按照自己的行为承担过失责任。第二，无论是监督过失还是管理过失，都并非是独立于疏忽大意过失与过于自信过失之外的单独的过失形式，而是具有刑法规定的过失的基本特征。换言之，监督过失与管理过失，要么是因为疏忽大意疏于监督或管理而形成的疏忽大意的过失，要么属于因过于高估自己能力等而形成的过于自信的过失。比如，任某经营的浴池违章用电，经公安机关等有关部门多次安全检查并督促整改，对事故隐患仍不采取有效改进措施，附近一居民前往该浴池沐浴时，因顶棚电线漏电，通过水管导入池中造成该居民触电身亡。本案中，并非是行为人在其装修浴池时乱接电线的行为导致的危害结果，而是在公安机关指出其经营的浴池因乱接电线存在安全隐患的情况下，被告人作为浴池的直接管理人在主观上已经预见到了乱接电线的行为客观上产生了使前来洗澡的人员伤亡的危险，却轻信能够避免，因而未对电线存在的安全隐患进行任何整改，没有采取有效措施避免结果的发生，属于结果回避义务的违反，具备过于自信的过失形式的罪过。同时，被告人任某作为浴池的直接管理人员，在预见到了结果发生的可能性的前提之下，未能及时确立安全体制，属于过失不作为犯类型的管理过失。这一方面可以说明管理过失并非独立于有认识过失和无认识过失之外的单独的过失类型，同时也回答了为什么被告人任某的丈夫马某某不负刑事及民事责任（经查被告人任某一手掌管浴池经营，并包揽了装修事宜，故本案只能由其自己承担责任。如果被告人与其丈夫共同管理、共同负责装修及设备维护，则应同样追究其丈夫的刑事及附带民事赔偿责任）。②

（二）信赖原则与过失犯的认定

作为过失犯实质性要件的注意义务违反，需要有助于过失犯的认定。而在判断行为人是否履行或违反了注意义务时，很多场合存在行为人与被害人之间的责任分配问题。对此，信赖原则标准的引入具有积极的意义。

---

① [日]西田典之：《日本刑法总论》，刘明祥、王昭武译，中国人民大学出版社 2007 年版，第 227 页。

② 《任静重大劳动安全事故案》，载国家法官学院、中国人民大学法学院编：《中国审判案例要览》（2000 年刑事审判案例卷），中国人民大学出版社 2002 年版，第 104～108 页。

所谓信赖原则，是指这样的一种原则，在存在足以信赖被害人或者第三人尤其是前者不会做出不适当行动之情况的场合，行为人以此为前提恰当行动即可，即使是被害人或者第三人违背了这种信赖原则、采取不适当行动最终导致了侵害结果的发生，也不能追究行为人的过失责任。信赖原则主要适用于交通事故类案件中，对于判断是否存在过失责任具有重要意义。除此之外，在医疗活动等场合，也存在信赖原则适用的空间。

信赖原则是对于结果回避义务的内容的限定原理，与过失犯的构成要件该当性相关。即客观上存在合理信赖他人实施适当行为的条件时，就限定了结果回避义务的内容。同时，信赖原则也与过失犯的结果预见可能性相关，在合理信赖被害人或第三人会采取适当行为时，行为人就可能缺乏对于结果发生的预见可能性，从而不具有过失责任。可以看出，信赖原则是从行为本身的危险性出发，对于危险在行为人（加害人）与被害人之间的一种分配原则，即将危险部分地分配给了被害人（或者其他人）。

四、过失向故意的转化

在过失的认定中，要注意过失向故意的转化。这可能包括两种情况：过失行为向故意行为的转化，过失责任（过失犯罪）向故意责任（故意犯罪）的转化。

第一种情况是指，行为人的过失行为导致对某种法益产生了危险，行为人本可以消除危险但故意不予以消除，希望或者放任结果发生。例如，行为人不慎将烟头扔在仓库里，具有发生火灾的危险，行为人原本可以及时消除危险，但想造成火灾陷害仓库保管员，因此，故意不消除危险，最终导致火灾发生。这属于一般过失转化为犯罪故意，应认定为放火罪而非失火罪。①

第二种情况是指，过失行为虽然已经造成了基本结果，从而已经构成了基本的过失犯，但在原本能够防止发生加重结果的情况下，行为人具有防止加重结果发生的义务却故意不防止的，则就加重结果而言，应该追究行为人的故意责任。例如，行为人因为酒后驾车，将三名被害人撞成重伤，由于地处偏僻，人烟稀少，行为人担心被追究责任而逃走，导致三名伤者因为得不到救治而死亡。这里，由于行为人的先前行为已经构成了交通肇事罪，其逃跑的行为实际上是对被害者的死亡持一种放任的态度，在行为人已经对于被害人的生命具有支配地位，同时被害人的生命又具有救治的可能性时，则行为人的行为在过失的交通肇事罪之外，另外单独成立不作为的故意杀人罪（而不构成《刑法》第 133 条交通肇事罪的“因逃逸致人死亡”），这就是过失责任向故意责任的转化。

第四节　责任形式的其他问题：犯罪目的与犯罪动机

一、犯罪目的与目的犯

犯罪目的，是指犯罪人希望通过实施某种犯罪行为实现某种犯罪结果的心理态度，也就是以

---

① 张明楷：《刑法学》（第 5 版），法律出版社 2016 年版，第 297 页。

观念形态预先存在于犯罪人头脑中的犯罪行为所预期的结果。有一些犯罪的成立除了要求故意之外,还要求特定犯罪目的,这类犯罪在刑法理论上称为目的犯。对目的犯加以研究,有助于我们对于相关问题的理解。

(一)直接目的犯与间接目的犯

1. 概说

一般认为,从目的与实行行为的关系来看,目的犯可以分为两类。一类是行为人实施了实行行为就可以实现的目的(如在盗窃罪中,只要将窃取公私财物的行为实行终了,就可以实现不法所有的目的);另一类是行为人实施实行行为后,还需要行为人或者第三人实施其他行为才能实现的目的(如在走私淫秽物品罪中,牟利或者传播的目的仅仅走私行为还不能实现,只有在走私之后继续加以贩卖或者传播,才能实现)。大陆法系刑法理论一般将前者称为直接目的犯(亦称断绝的结果犯),将后者称为间接目的犯(亦称短缩的二行为犯,或者不完全的二行为犯)。直接目的犯的特点表现为:行为人特定的犯罪目的,作为行为本身或作为附带现象,由自己来实现,不需要其他新的行为。而间接目的犯的基本特点是:"完整"的犯罪行为原本由两个行为组成,但刑法规定,只要行为人以实施第二个行为为目的实施了第一个行为(短缩的二行为犯的实行行为),就以犯罪既遂论处,而不要求行为人实施第二个行为;与此同时,如果行为人不以实施第二个行为为目的,即使客观上实施了第一个行为,也不成立犯罪或者仅成立其他犯罪。断绝的结果犯和短缩的二行为犯的提法,是德国学者的分类;日本学者大塚仁教授则将之分别称为直接目的犯和间接目的犯。相对而言,在日本的刑法文献中,在此类分类标准之下更为常见的目的犯的分类表述是"将结果作为目的的犯罪"与"将后行为作为目的的犯罪"。绝大多数的论著在展开分析时都是以这样一对概念范畴为分析框架,并且在"将结果作为目的的犯罪"相当于断绝的结果犯、直接目的犯,"将后行为作为目的的犯罪"相当于短缩的二行为犯、间接目的犯的对应关系上使用这样一组概念。

2. 列举与分析

(1)直接目的犯。在直接目的犯的场合,只要实施符合构成要件的行为就通常可以实现该目的,这种目的实际上相当于直接故意的意志因素,而并非独立于犯罪故意的单独的主观要素。比如,贷款诈骗罪,只要行为人实施了诈骗银行或者其他金融机构的贷款诈骗行为,就可以实现非法占有贷款的目的,而不需要再另外实施其他的新的行为。不但是贷款诈骗罪,而且刑法分则第三章第五节中规定的所有金融诈骗罪,以及其他的诈骗犯罪(比如,作为普通法条的诈骗罪以及合同诈骗罪等),包括刑法分则第五章中侵犯财产罪中的多数犯罪(除去故意毁坏财物罪和破坏生产经营罪之外)也都要求非法占有目的,并且这种非法占有目的也都可以理解为直接故意的意志因素,其实现不需要构成要件行为之外的其他的新的行为。除了非法占有目的之外,《刑法》第218条的销售侵权复制品罪(以营利为目的)和第228条的非法转让、倒卖土地使用权罪(以牟利为目的)也都属于直接目的犯。①《刑法》第217条规定,构成侵犯著作权罪须以营利为目的。本罪之中,侵犯他人著作权的行为是实现营利目的的手段,如果是出于教学、研究等非营利目的复制他人作品并向多人提供一定数量的复制品的,就不属于侵犯著作权的行为。本罪中的目的属于不同于故意的超过的主观要素,本罪属于间接目的犯。与第217条不同,构成第218条的销售侵权复制品罪虽然也要求以营利为目的,但是本罪中的以营利为目的是销售侵权复制品罪的结果,从而所谓的以营利为目的也没有超出本罪的故意的范围。换言之,只要明知是侵权复制品而销售的,就可以构成本罪,从而本罪属于直接目的犯。②《刑法》第228条非法转让、倒卖土地使用权罪要求以牟利为目的。这里,牟利目的也属于违反土地管理法规,非法转让、倒卖土地使用权的行为之结果,即只要是具备了这样的行为,并且这样的行为是出于故意,就等于具有了以牟利为目的,本罪也属于将结果作为目的的犯罪。

(2)间接目的犯。在间接目的犯的场合,除了实施构成要件的行为之外,还需要行为人或者第三人实施新的行为才能实现相应的目的,这种目的已经超出了直接故意的意志因素,而属于故意之外的独立的主观要素(主观的超过要素)。就刑法所明文规定的犯罪目的而言,间接目的犯除了前面所举的第152条的走私淫秽物品罪中的牟利或者传播目的之外,还包括第126条的违规制造、销售枪支罪(以非法销售为目的)、第175条的高利转贷罪(以转贷牟利为目的)、第217条的侵犯著作权罪(以营利为目的)、第239条的绑架罪(以勒索财物为目的或者为满足其他个人目的)、第240条的拐卖妇女、儿童罪(以出卖为目的)、第265条中的盗接他人通信线路、复制他人电信码号或者明知是盗接、复制的电信设备、设施而使用构成的盗窃罪(以牟利为目的)、第276条的破坏生产经营罪(由于泄愤报复或者其他个人目的)、第326条的倒卖文物罪(以牟利为目的)以及第363条第1款的制作、复制、出版、贩卖、传播淫秽物品牟利罪(以牟利为目的)等。

(3)特例。需要明确的是,虽然可以将目的犯分为断绝的结果犯和短缩的二行为犯,但是,完全可能出现这样的情况,即同一目的犯中既包括直接目的犯,又包括间接目的犯。换言之,由于一个犯罪可能包含多种行为,同一目的相对于此行为而言,属于直接目的犯;相对于彼行为而言,则属于间接目的犯。比如,赌博罪。赌博罪必需以营利为目的,其行为包括聚众赌博、开设赌场和以赌博为业的行为。虽然赌博行为可以直接营利,但聚众赌博与开设赌场的行为并不能够直接营利。所以,以营利为目的,相对于不同的行为而言,具有不同的意义:相对于以赌博为业的行为,是指直接通过赌博行为赢得他人财物的意图;而聚众赌博和开设赌场时的以营利为目的,是指以服务费、手续费等名义,在赌博场所从赌博者处获取作为赌博开张的代价的不法财产利益的意思,但又不需要行为人实际上取得了利益。因此,在赌博罪中,以赌博为业的行为属于断绝的结果犯,聚众赌博或者开设赌场的行为属于短缩的二行为犯。[①] 关于此等同一目的犯中两类目的犯并列存在的现象,在我们阅读的日本文献中未见有专门讨论,可以说,我国学者关于赌博罪的上述分析是立足于我国赌博罪的立法规定和司法现实,也符合两种目的犯的构成特征。当然,这个问题从立法论和解释论的角度来说,可能还有更进一步研究的余地。这里,需要稍作说明的是,2006年6月29日公布施行的《刑法修正案(六)》第18条对于赌博罪作了修正,将《刑法》第303条由原来的"以营利为目的,聚众赌博、开设赌场或者以赌博为业的,处三年以下有期徒刑、拘役或者管制,并处罚金"的规定,修改为:"以营利为目的,聚众赌博或者以赌博为业的,处三年

① 张明楷:《论短缩的二行为犯》,载《中国法学》2004年第3期。

以下有期徒刑、拘役或者管制,并处罚金。开设赌场的,处三年以下有期徒刑、拘役或者管制,并处罚金;情节严重的,处三年以上十年以下有期徒刑,并处罚金。”根据原刑法的表述,无论是聚众赌博、开设赌场还是以赌博为业,都明确要求以营利为目的,而按照修正案的表述,则只是在聚众赌博或者以赌博为业时,要求以营利为目的,而对于开设赌场的,则没有明文要求以营利为目的。那么,这是否意味着修正案在这一开设赌场罪的情况下,不再要求以营利为目的呢?答案应该是否定的。实际上,修正案对于赌博罪的修改,应该说只是将开设赌场的情况区别于聚众赌博或者以赌博为业的情况,为其设置了情节严重情况下的加重构成,从而指明了开设赌场行为的特殊性,体现了对于这一行为更加严厉的谴责态度。对于开设赌场的行为,应该理解为仍然要求其是出于以营利为目的(以服务费、手续费等名义,在赌博场所从赌博者处获取作为赌博开张的代价的不法财产利益的目的)。虽然开设赌场,但是并非为了通过赌场获利而是为了以赌场为阵地达到其他目的(比如,开设赌场是为了以此为阵地网罗一批社会闲散人员从事其他违法犯罪活动的,不应该以本罪论)。也就是说,修正案只是将赌博罪这一典型的法定目的犯在规定方式上加以分解及细化罗列,在聚众赌博和以赌博为业的场合(罪名仍为赌博罪)仍然维持了典型的法定目的犯的方式,而在开设赌场(罪名被确定为开设赌场罪)的情况下,则为了简洁改为了非法定目的犯。这一点,是需要明确说明的。

(二)法定目的犯与非法定目的犯

1. 概说

按照法律对于目的犯的特定目的是否有明文规定,可以将目的犯分为法定目的犯与非法定目的犯。法定目的犯要求刑事法律明文规定行为人主观上必须以具有某种特定目的作为构成要件要素,此类犯罪占目的犯的大多数。非法定目的犯,是指虽无刑事法律明文规定,但行为人主观上必须以具有某种特定目的作为构成要件的犯罪。此类犯罪因为没有明显外在法律用语形式标志,相对而言,难以发掘和认识。准确理解目的犯的此种分类方法,对于我们理解和认定目的犯,尤其是非法定目的犯,具有重要的价值。

2. 法定目的犯的细分

在法定目的犯中,除了刑法条文中明确规定了“以……为目的”的典型的法定目的犯之外,我国刑法中还有部分条文尽管没有明确地将相应目的规定为罪状表述的一部分,但却有类似的规定,比如“意图”、一些法条中的“为……”等。这样的罪状描述,由于没有明确地规定相应的特定目的故自然有别于典型的法定目的犯,但是在此类犯罪中,从罪状的表述上仍然可以直接读出立法者所要求的不直接等同于犯罪故意的主观要素。这样的主观要素,实际上也就是犯罪的相应的目的。从而,此种场合的犯罪不但属于目的犯,而且属于法定的目的犯,区分于法条上直接叙明要求特定目的的犯罪,可以称之为非典型的法定目的犯。这种非典型的法定目的犯主要包括以下几类情况。①

(1)意图犯。《刑法》第 243 条诬告陷害罪规定:“捏造事实诬告陷害他人,意图使他人受刑

---

① 付立庆:《主观违法要素理论——以目的犯为中心的展开》,中国人民大学出版社 2008 年版,第 207 ~ 213 页。

事追究,情节严重的,处三年以下有期徒刑、拘役或者管制;造成严重后果的,处三年以上十年以下有期徒刑。国家机关工作人员犯前款罪的,从重处罚。不是有意诬陷,而是错告,或者检举失实的,不适用前两款的规定。”第 305 条伪证罪规定:“在刑事诉讼中,证人、鉴定人、记录人、翻译人对与案件有重要关系的情节,故意作虚假证明、鉴定、记录、翻译,意图陷害他人或者隐匿罪证的,处三年以下有期徒刑或者拘役;情节严重的,处三年以上七年以下有期徒刑。”以上两罪的规定中都使用了意图的用语表述,可以称为意图犯,这里的意图属于犯罪故意之外的主观要素,其不要求存在客观上的相应要素与之对应,与间接目的犯的实质性质相同,比照法定目的犯的形式要求,称这里的意图犯为非典型的法定目的犯应属妥当。

(2)为他人谋取利益。《刑法》第 385 条第 1 款规定:“国家工作人员利用职务上的便利,索取他人财物的,或者非法收受他人财物,为他人谋取利益的,是受贿罪。”由于该条规定的索取他人财物后使用了“的”,这一表示罪状已经表述完结的标示,故索取他人财物构成受贿的,不要求为他人谋取利益。问题是,在非法收受他人财物的情况下,为他人谋取利益到底是犯罪构成的主观要件还是客观要件?这在刑法理论上存在争论。实际上,也正是刑法规定本身的不明确造成了刑法理论上对为他人谋取利益属性归类上的争论。由于受贿罪是权钱交易型犯罪,则受贿罪侵害的法益是国家工作人员职务行为的不可收买性。在实践中,某些人收了财物,不想为他人办事;或者收了财物,因各种原因,无法为他人办事;或者是搞感情投资,送财物前后一个时期内,不提及谋取利益之事,相信有所求时自然会受到“关照”。而“为他人谋取利益”的规定,不管将其理解为主观要件还是客观要件,都存在使收受财物“不为他人谋取利益”的人不能受到刑事追究的问题,[①]从而不利于对于某些同样侵害了国家工作人员职务行为不可收买性质行为的查处。可以说,从立法论的角度讲,取消受贿罪“为他人谋取利益”的构成要件、截短受贿罪的犯罪构成,具有相当程度上的合理性。另外,从解释论的角度讲,为他人谋取利益应该属于主观要件。从法益侵害的角度而言,只要是收受了他人的财物,并且意图为他人谋取利益的时候,本罪所保护的法益——国家工作人员职务行为的不可收买性(职务行为与财物的不可交换性)这一法益就已经受到了完整的侵犯,就应该构成本罪的既遂。所以,为他人谋取利益应当理解为“意图为他人谋取利益”,承诺、实施和实现都是这一意图的客观表现。对于构成受贿罪来说,只要具有为他人谋取利益的意图即可。因此,为他人谋取利益是受贿罪的主观要件,受贿罪应当理解为目的犯。[②] 并且,受贿罪属于目的犯中的短缩的二行为犯(间接目的犯)。这里的“二行为”,一是指受贿行为,二是指为他人谋取利益的行为。为他人谋取利益并不能由受贿行为本身实现,而有赖于将这一意图付诸实施。但为他人谋取利益这一行为又不是受贿罪本身的构成要件之行为,因而称为短缩的二行为犯。

(3)为谋取不正当利益。《刑法》第 164 条第 1 款、第 389 条、第 391 条、第 393 条各类行贿罪

---

① 戴玉忠:《我国贿赂犯罪刑法规范的演变与思考》,载《检察日报》2007 年 4 月 19 日,第 3 版。

② 陈兴良:《受贿罪研究》,载陈兴良主编:《刑事法判解》(第 3 卷),法律出版社 2001 年版,第 40 ~ 41 页。与此相对,学界主张受贿罪中的为他人谋取利益属于受贿罪的客观要件的也大有人在,其中有代表性的观点比如高铭暄、马克昌主编:《刑法学》(下篇),中国法制出版社 1999 年版,第 1141 页;最近的相应论断,可参见阎二鹏:《目的犯立法研究》,载《哈尔滨工业大学学报》(社会科学版)2005 年第 5 期。

中都有为谋取不正当利益的规定，这些规定究竟属于各罪的主观要素的规定还是客观要素的规定？对此，应该认为，这里的“为谋取不正当利益”，就是指意图谋取不正当利益，故属于主观的要素，并且当然是不同于犯罪故意的主观要素，从而相应各罪也就属于目的犯，并且是非典型的法定目的犯。

(4)“为……”此外，《刑法》第191条洗钱罪中的“为掩饰、隐瞒其来源和性质”、[①]第238条非法拘禁罪中的“为索取债务非法扣押、拘禁他人”、第269条转化型抢劫罪中的“为窝藏赃物、抗拒抓捕或者毁灭罪证”、第319条骗取出境证件罪中的“为组织他人偷越国(边)境使用”等也都属于各罪的主观要素，从而相应各罪也都属于非典型的法定目的犯。[②]

(5)其他情形。有些条文在罪名、条文中都没有采用前述表达方式，但仍可从罪状叙述中确定其为法定的目的犯。例如，《刑法》第417条规定的帮助犯罪分子逃避处罚罪，“帮助犯罪分子逃避处罚”是行为人的特定目的，其正是在该意志倾向的支配下实施了“向犯罪分子通风报信、提供便利”的行为。

3. 非法定目的犯的厘定

不论是法条上明文要求“以……为目的”的典型的法定目的犯，还是法条上明文要求特定的意图或者是一些场合中的“为……”(非典型的法定目的犯)，在其成立犯罪要求特定的主观目的有明确的法律依据这一点上，两者都是一样的。而非法定目的犯则不同，虽然其也属于目的犯，但是相应的犯罪目的并非是法律明文要求的，而是从刑法理论和司法实践中总结而来的。那么，认定某种犯罪的成立需要或者不需要某种特定目的的依据何在？这涉及非法定目的犯的厘定问题。下面以《刑法》第170条的伪造货币罪为例，简要阐明在此问题上的基本观点。

(1)伪造货币罪是否要求特定目的的辨析。日本《刑法》第148条第1项规定：“以行使为目的，伪造或者变造通用的货币、纸币或者银行券的，处无期惩役或者三年以上惩役。”据此伪造货币罪须以行使为目的不存在任何争议。此外，《德国刑法典》第146条中“以供流通或者可能流通为目的”、《瑞士刑法典》第240条“意图将其作为真币流通”等，也都要求成立伪造货币罪要具有相应的目的。但我国《刑法》第170条规定的伪造货币罪，并未规定以行使为目的而只是规定“伪造货币的，处……”在这样的立法规定下，伪造货币罪是否需要以行使为目的就是存有争议的。无疑，承认此罪为目的犯，则本罪即属于非法定目的犯；若不承认本罪为目的犯，则本罪只属于一般的故意犯罪。对于本罪是否属于(非法定)目的犯，在我国刑法学界主要存在否定说和肯定说两种观点之间的分歧。

这里，伪造货币罪是否以行使为目的，表面上看来是一个刑法解释论上的问题，实际上却涉及非法定目的犯的甄别问题。而这里的甄别标准，又首先与本罪所保护的法益相关。如果伪造货币罪侵犯的法益是货币制造或者发行权，则只要制作了假币就应构成伪造货币罪；而如果伪造货币罪侵犯的法益是货币的公共信用，则没有行使目的就难以认为侵犯了货币的公共信用，从而

---

① 支持洗钱罪属于目的犯的观点，可参见王作富主编：《刑法分则实务研究(上)》(第5版)，中国方正出版社2013年版，第493页。

② 自然，并非所有的法条中规定“为……”的，都属于该罪的主观要素，“为……”也有属于客观要素的情况，对此不能一概而论，而要仔细分别。对此，可参见张明楷：《刑法分则的解释原理》，中国人民大学出版社2004年版，第164页以下。

也就不应定罪处罚。伪造货币罪规定在1997年修订的《刑法》分则第3章第4节破坏金融管理秩序罪中,但是无论是旧刑法时代的教材,还是新刑法时代的教材,对于本罪的法益(犯罪侵害的客体)的理解主要包括国家的货币制度、国家的货币管理制度和国家货币的正常流通、国家的金融管理秩序等等,大都仍旧理解得含糊笼统,这样理解的法益内容也就丧失了对构成要件的解释机能。

对于本罪究竟是否目的犯的不同理解,不是单纯的学理上的探讨,它直接决定了没有行使目的的伪造行为能否处罚的问题。实际上,如果纠缠于本罪的法益究竟是公共信用还是货币发行权何者之一,就会因为判断标准的不确定化而变得混乱。所以,就本罪来说,我们认为:如果将不具有行使目的的伪造行为予以出罪的原因定位于依据刑事政策上收缩法网的考虑的话,可能会使问题变得简单和明晰。在这个意义上,我们赞同如下论断:刑法没有规定伪造货币罪须以行使为目的,但从刑事政策出发对此作出限制解释,将没有行使目的的伪造货币行为从犯罪中排除出去,在刑法解释上也是可以成立的。①

(2)非法定目的犯的甄别标准:法益标准说(原则)+刑事政策说(例外)。在对于非法定目的犯进行甄别的时候,法益侵害说是必需首先予以考虑的。根据法益侵害说的观念,某种目的、内心倾向等是否主观的超过要素,应取决于它是否说明行为对法益的侵犯及其程度。如果某种目的、内心倾向对决定法益的侵犯及其程度具有重要作用,即使在刑法没有明文规定的情况下,也可能将其解释为主观要件的内容;如果某种目的、内心倾向对决定法益的侵犯及其程度不具有重要作用,甚至没有任何作用,则不应该随意将其解释为主观要件的内容。②可以说,法益侵害说有理由作为甄别非法定目的犯的首要标准,这是必须首先考虑确定的原则。

就非法定目的犯的甄别而言,虽然法益侵害说是首要的标准,但是在立法上无法准确读出该当犯罪的法益,而理论上又无法对该罪的法益取得有效共识的情况下,无论进行理论研究时是否将某种犯罪确定为目的犯,还是在进行司法认定时对于相应不具目的的、形式上该当法条的行为的处理(比如不具行使目的的"伪造货币"),都应该作为例外考虑刑事政策的需要,亦可称为考虑实质上的处罚必要性。实际上,这里所说的刑事政策标准,也就是大陆法系学者广泛研究的与"需罚性"相对应的"可罚性"及"应罚性"的问题。从解释论的角度而言,一种犯罪被认为是目的犯(较之非目的犯而言,目的犯扩张了构成要件从而缩小了处罚范围)的条件是只有附加上此种目的的行为才是具有予以处罚的现实必要性和实质合理性的,才是符合刑事政策的目标的,而从文义解释的角度理解的单纯的法条本身的行为则不具有处罚的实质合理性,不符合刑事政策的理性预期。在这种情况下,应该将此种法条上没有明确要求"目的"的犯罪限制解释为目的犯,此种情况即属于非法定目的犯。而在此时,刑事政策的考量则作为在法益侵害说缺位的情况下甄别非法定目的犯的参酌标准。

---

① 陈兴良:《目的犯的法理探究》,载《法学研究》2004年第3期。

② 张明楷:《刑法分则的解释原理》,中国人民大学出版社2004年版,第191页。

二、犯罪动机

(一)犯罪动机对量刑的意义

犯罪动机,是指推动犯罪人实施犯罪行为的内心起因。同一犯罪行为可能出于各种不同的犯罪动机,比如,同样是杀人的行为,可能出于图财、仇恨、奸情、激愤等不同的动机。犯罪动机虽然一般不是犯罪构成的责任要素,但它对于征表犯罪人的人身危险性具有重要的意义,从而对量刑具有重要的意义。比如,甲乙二人共谋盗窃丙的1万元,如果甲的动机在于以此作为赌博的本金,而乙的动机在于为病重的母亲筹集医药费,则尽管两人都是故意实施盗窃,由于以上动机的差异,其可谴责的程度便不相同,这种差异就应该体现在量刑上。犯罪动机对于量刑的意义除了体现在可由法官自由裁量之外,还可能明确规定在立法之中。比如,《刑法》第397条第2款规定:“国家机关工作人员徇私舞弊,犯前款罪(指滥用职权、玩忽职守——作者注)的,处……”又如,《刑法》第168条第3款规定:“国有公司、企业、事业单位的工作人员,徇私舞弊,犯前两款罪(指国有公司、企业、事业单位人员失职罪和国有公司、企业、事业单位人员滥用职权罪——作者注)的,依照第一款的规定从重处罚。”这两处的“徇私舞弊”实际上都可以理解为犯罪动机,是否具有徇私舞弊的动机决定法定刑的选择或者在同一法定刑之内的量刑。这就属于立法对于动机影响量刑的明确规定。

(二)犯罪动机对定罪的意义

一般说来,犯罪动机只影响量刑,不影响定罪,但在特殊的情况下,犯罪动机也对于定罪具有重要的意义,此时,犯罪动机也成了主观的责任要素。比如,《刑法》第399条徇私枉法罪规定“司法工作人员徇私枉法、徇情枉法”,具备徇私、徇情动机显然是徇私枉法罪的要件,并且罪名中也通过“徇私”二字反映出来。其他法定以徇私作为要件的犯罪有:(1)《刑法》第169条徇私舞弊低价折股、出售国有资产罪;(2)第401条徇私舞弊予以减刑、假释、暂予监外执行罪;(3)第402条徇私舞弊不移交刑事案件罪;(4)第403条滥用管理公司、证券职权罪;(5)第404条徇私舞弊不征、少征税款罪;(6)第405条徇私舞弊发售发票、抵扣税款、出口退税罪和违法提供出口退税凭证罪;(7)第408条之一第2款食品监管渎职罪;(8)第410条非法批准征用、占用土地罪和非法低价出让国有土地使用权罪;(9)第411条放纵走私罪;(10)第412条商检徇私舞弊罪;(11)第413条动植物检疫徇私舞弊罪;(12)第414条放纵制售伪劣商品犯罪行为罪;(13)第418条招收公务员、学生徇私舞弊罪。①

---

① 就动机是否影响定罪的问题而言,值得讨论的是强制猥亵罪。就该罪而言,其属于故意犯罪自是当然,但其主观上是否要求刺激或者满足性欲的目的则需要讨论。自然,多数的强制猥亵案件主观上是为了满足、刺激自己的性欲,但是这并非是构成本罪所必需的主观的目的,本罪也不是所谓的目的犯。满足、刺激自己的性欲是促使行为人实施猥亵行为的内心起因,是本罪的动机。即便主观上不是为了满足、刺激自己的性欲而是出于其他动机(比如,为了报复而当众强行扒光被害人的衣裤),只要客观上实施了侵害被害人的性的羞耻心的行为,也应该认定为强制猥亵罪。本罪可以认为是动机不影响定罪的一个例证。日本最高裁判所亦支持这一立场。具体可参见[日]山口厚:《刑法总论》(第3版),付立庆译,中国人民大学出版社2018年版,第99~100页。

第五节 责任形式的欠缺:无罪过事件

一、无罪过事件的体系地位及其意义

《刑法》第16条规定:“行为在客观上虽然造成了损害结果,但是不是出于故意或者过失,而是由于不能抗拒或者不能预见的原因所引起的,不是犯罪。”这就是刑法上的无罪过事件。后述的责任阻却事由(责任无能力、欠缺违法性认识的可能性和期待不可能)是在行为已经具备故意或者过失之责任形式的前提之下,由于欠缺规范意义上的谴责可能性而“阻却”责任从而不构成犯罪;与此不同,无罪过事件是因为行为虽然在客观上造成了损害结果、行为与结果存在客观的联系,但是行为人主观上却不具备故意或者过失的责任形式,因此就损害结果而言根本不具备谴责行为人的主观基础。这是无罪过事件与责任阻却事由在性质上的根本差异。单就体系地位而言,无罪过事件不能称为责任阻却事由,而应该在故意和过失这两种责任形式(罪过)之后,作为责任形式(罪过)的例外而加以讨论。刑法规定,如果行为无罪过(故意和过失),即使造成损害也不认为是犯罪,这意味着我国刑法确定了罪过责任原则,摒弃了结果责任制度,禁止客观归罪。所谓结果责任,是指只要造成损害结果,无论行为人有无罪过都必须追究刑事责任。结果责任仅根据客观损害就能够定罪处罚,不考虑罪过的有无,往往会作出不合情理的处罚,已经被现代刑法发展的潮流所淘汰。从第16条的规定亦可看出我国刑法中并不存在所谓的严格责任。有观点认为中国刑法中的个别犯罪适用严格责任,这与第16条的明文规定和立法精神是矛盾的。

以往的刑法理论常常笼统地将《刑法》第16条的规定概括为意外事件,现在则一般将之细分为意外事件和不可抗力两种。

二、意外事件

意外事件,是指行为在客观上虽然造成了损害结果,但不是出于行为人的故意或者过失,而是由于不能预见的原因所引起的,该行为不是犯罪。意外事件由三个要素构成:(1)行为在客观上造成了损害结果;(2)对所造成的结果,行为人既无故意也无过失;(3)损害结果的发生是由于行为人不能预见的原因引起的。所谓不能预见,是指行为人不但没有预见,而且根据当时客观情况和行为人的主观认识能力,也不可能预见。意外事件与疏忽大意的过失对危害结果的发生都没有预见,两者的区别在于行为人对危害结果的发生是否有预见的可能性。在意外事件中,对损害结果的发生是不可能预见的。而在疏忽大意过失中,对危害结果的发生是应当预见,并且能够预见的;之所以事实上没有预见,只是由于行为人的疏忽大意。所以在疏忽大意的场合,具有对行为人予以非难的主观基础,疏忽大意造成损害结果的,可能要构成犯罪。考察行为人是否具有预见的能力,要结合行为人自身的主客观情况。例如,多年前在东北某地农村,电影放映员甲和车夫乙从县城取来电影胶片后,二人一同将胶片搬进屋内,顺手放在火炉边,把胶片当凳子坐着烤火。不久,二人都离去。后来,胶片被炉火烤燃,发生火灾。在本案中,电影放映员知道胶片具

有易燃性,因此应当认识到把胶片放在火炉边可能引起火灾,但是他却没有注意到这个问题,以致胶片被烤燃引起火灾,说明其具有过失。而车夫没有胶片易燃性方面的知识,因此不可能认识到把胶片放在炉边的危险性,也不应当要求他具有这种知识,车夫对发生火灾没有过失,对他而言,引起损害系意外事件,不构成犯罪。[①] 就意外事件和疏忽大意的过失的区分而言,应该特别注意,不能因为结果严重就一概断定行为人能够预见、应当预见。“只要结果严重就千方百计以犯罪论处的做法,是结果责任的残余,违反责任主义。”[②]

三、不可抗力

不可抗力,是指行为在客观上虽然造成了损害结果,但不是出于行为人的故意或者过失,而是由于不能抗拒的原因所引起的,不构成犯罪。不可抗力也由三个要素构成:(1)行为在客观上造成了损害结果;(2)对所造成的结果,行为人既无故意也无过失;(3)损害结果的发生是由于行为人不能抗拒的原因引起的。可见,不可抗力与意外事件的区别在于损害结果发生的原因不同,后者是由不能预见的原因所造成的,而前者虽认识到自己的行为会发生损害结果,但由于不能抗拒的原因而导致结果发生。所谓不能抗拒的原因,是指由于主客观条件的限制,行为人不可能排除或者防止结果的发生。不可抗力的来源是多方面的,可以来自大自然,如地震、火山爆发、洪水泛滥、江河决堤等;也可以来自他人,如遇到土匪袭击等;也可以来自牲畜,如惊马冲撞等;也可能来自行为人本人生理或心理障碍,如心脏病发作或幻听、幻觉出现精神失常等。司法实务中,对于因政策调整,紧缩银根、贷不到款等客观原因造成经济损失,行为人既无法预料也无力挽救的,法院判决认定责任不应由行为人个人来承担,其行为不构成玩忽职守罪。[③]

第六节 责任阻却事由之一:责任无能力

成立犯罪应当具备三个条件,即构成要件该当性、违法性和有责性。而在将某一行为认定为犯罪时,也需进行三次相应评价:构成要件该当性是事实评价,为犯罪提供行为事实的基础;违法性是法律评价,排除正当防卫等违法阻却事由;有责性则是考察能否就具体行为人加以谴责和非难。以上三个要件,形成一个过滤机制,各个成立要件之间具有递进关系,形成独特的定罪模式。构成要件该当性、违法性、有责性三者之间的关系是:构成要件该当性具有违法推定功能,只要行为该当构成要件,原则上可以推定行为的违法性。构成要件该当性和违法性考虑一般情况,其评价标准对所有人平等适用;违法阻却、责任阻却考虑特殊、例外情况,当存在例外情况时,递进式推理即中断。换言之,当递进式的犯罪成立条件遇到违法阻却或者责任阻却时,该行为不成立犯罪。具体而言,就有责性阶层的判断来说,实际上包含两个层面上的内容:责任形式即罪过形式

---

① 曲新久主编:《刑法学》,中国政法大学出版社 2008 年版,第 120 ~ 121 页。

② 张明楷:《刑法学》(第 5 版),法律出版社 2016 年版,第 290 页。

③ 《姜顺祥玩忽职守案》,载国家法官学院、中国人民大学法学院编:《中国审判案例要览》(2001 年刑事审判案例卷),中国人民大学出版社 2002 年版,第 22 ~ 30 页。

（故意或者过失）的判断是积极的判断，具备了责任形式原则上就具备了对于行为人予以谴责的主观基础，只要不具备相应例外，则可以就该当构成要件的违法行为追究行为人的刑事责任。而这里所说的例外，则是指存在责任阻却事由。

责任阻却事由的判断一定是在行为已经具备了故意或者过失的责任形式的前提之下才进行的，如果行为虽然表面上该当了构成要件且属于违法，但是根本不具备故意或者过失，比如，前文所述的无罪过事件的场合，则完全不需要讨论责任阻却事由的问题。与此同时，作为具备了责任形式之后的责任阻却事由的判断，则是一种作为例外存在的消极判断。也就是说，具备了责任形式的行为原则上推定具备了就此针对行为人予以谴责的基础，不需要再逐一判断是否不存在相应的责任阻却事由，只有在例外地存在特定的责任阻却事由时，才否定先前的推定，阻却责任，从而排除犯罪的成立。责任阻却事由主要包括责任无能力、欠缺违法性认识的可能性和期待不可能三种情形。

一、责任能力概说

责任能力，是指对自己实施的该当构成要件、违法的行为承担责任的能力。"在刑法上，要对符合构成要件并且违法的行为的实施者进行非难，就必须证实：在行为实施的当时，行为人能够理解法律的命令和禁止的内容，并且具有按照这种理解进行行为的能力，这就是责任能力的问题。"①责任能力的核心内容是辨认能力和控制能力。如果有辨认能力和控制能力，则有责任能力；反之，则没有责任能力。刑法意义上的辨认能力，是指行为人对自己的行为在刑法上的性质、意义、后果的认识与判断能力。当行为人能够正确认识自己的行为是否被刑法所禁止时，就具有刑法意义上的辨认能力。刑法意义上的控制能力，是指行为人决定自己是否以行为触犯刑法的能力。辨认能力是控制能力的基础和前提，没有辨认能力就谈不上有控制能力。控制能力则反映人的辨认能力，有控制能力就表明行为人具有辨认能力。但有辨认能力的人可能由于精神病等原因丧失控制能力，刑法认为这种情况不具有实施犯罪的能力。换言之，对于责任能力的成立而言，辨认能力与控制能力缺一不可，只具有其中一种能力的，属于没有责任能力。

责任能力属于有责性的考察内容。但是，责任能力到底是责任的前提还是责任的要素，理论界有不同的观点：责任前提说认为，责任能力是本身能够独立地进行判断的人格能力，是行为人的属性，旨在说明行为时行为人是否具有认识的可能性，与具体的犯罪行为无关，在判断责任时首先要对责任能力进行判断，如果无责任能力，则不进行故意或者过失的判断就可以认定不成立犯罪，责任能力是责任的前提而不是责任的要素。责任要素说认为，责任能力虽然主要是从生物学的一面给非难可能性奠定基础，但它并非一般性能力，而是针对具体行为的责任要素。虽然犯罪人在实施犯罪行为时是先具有刑事责任能力之后，才能在责任意思的支配下实施犯罪行为的，看起来责任能力是责任的前提，但刑法上讨论责任能力问题的目的在于确定行为人的行为是否构成犯罪，并进一步确定是否应该追究行为人的刑事责任。② 在我国通说主张的平面四要件体

---

① 周光权：《刑法总论》（第3版），中国人民大学出版社2016年版，第228页。

② 王政勋：《刑事责任能力比较研究》，载《宁夏社会科学》2004年第6期。

系中,责任能力是犯罪主体的重要内容,如果行为人不具有责任能力,则缺少犯罪构成中的犯罪主体要件,行为当然不构成犯罪。而在依据构成要件该当性、违法性和有责性判断犯罪是否成立的体系中,责任能力作为责任的要素,体现为一种消极的、推定的要素:当行为人的行为该当了构成要件和违法性之后,原则上就被推定具备责任能力,除非能被证明不具备责任能力。据此,认为责任能力是责任要素而非责任前提的主张,可能更为适当。

二、刑事责任能力的程度与责任无能力

(一)刑事责任能力的程度

一个人刑事责任能力的有无或者大小,取决于多个因素。一般而言,一定的年龄是责任能力形成的基础,达到一定的年龄便会具有一定的刑事责任能力,随着年龄的增长,辨认能力和控制能力会变得更为完全和强化。因此,年龄是影响刑事责任能力的重要因素。然而,达到一定年龄并不意味着行为人必然具有相应的辨认能力和控制能力。精神疾病、生理功能丧失或者其他因素也会影响辨认能力和控制能力的有无和大小,因此,刑法对精神病人、又聋又哑的人、盲人和醉酒的人的刑事责任能力作出了相应的专门规定。

根据年龄、精神状况等因素影响刑事责任能力有无和大小的实际情况,各国刑事立法对刑事责任能力采用三分法或四分法。三分法将刑事责任能力分为完全刑事责任能力、完全无刑事责任能力和限定(减轻)刑事责任能力三种情况。四分法是除上述三种情况外,还有相对无刑事责任能力的情况。我国刑法采用了四分法,将刑事责任能力分为以下四种情况。

(1)完全刑事责任能力。完全刑事责任能力,是指行为人对刑法规定的所有犯罪都具有辨认和控制能力。根据刑法规定,凡年满16周岁且精神正常的人,都是完全刑事责任能力人。[①] 完全刑事责任能力人实施了犯罪行为的,应当依法负全部的刑事责任,不能因其责任能力因素减免刑事责任。

(2)完全无刑事责任能力。完全无刑事责任能力,是指行为人完全没有刑法意义上的辨认或控制自己行为的能力。根据《刑法》第17条的规定,不满14周岁的人都是完全无刑事责任能力的人。第18条第1款规定:“精神病人在不能辨认或者不能控制自己行为的时候造成危害结果,经法定程序鉴定确认的,不负刑事责任,但是应当责令他的家属或者监护人严加看管和医疗;在必要的时候,由政府强制医疗。”此处所规定的“强制医疗”,以及第17条第4款规定的“收容教养”,都具有保安处分的性质,科处保安处分以实施了违反刑法的行为为前提。

(3)相对无刑事责任能力。相对无刑事责任能力,亦称相对有刑事责任能力,是指行为人仅对刑法明确限定的某些严重犯罪具有刑事责任能力,而对未明确限定的其他犯罪行为无刑事责任能力的情况。《刑法》第17条第2款规定:“已满十四周岁不满十六周岁的人,犯故意杀人、故意伤害致人重伤或者死亡、强奸、抢劫、贩卖毒品、放火、爆炸、投放危险物质罪的,应当负刑事责任。”

(4)减轻刑事责任能力。减轻刑事责任能力是完全刑事责任能力和完全无刑事责任能力的

---

① 虽然已满16周岁不满18周岁者根据《刑法》第17条第3款“应当从轻或者减轻处罚”,但此处所说的完全刑事责任能力是指其承担刑事责任的犯罪行为的范围,因此,与后文将已满16周岁不满18周岁的人归为“减轻刑事责任能力”并不矛盾。

中间状态，又称限定刑事责任能力、限制刑事责任能力、部分刑事责任能力，是指由于年龄、精神状况等原因，使行为人在实施刑法所禁止的危害行为时，虽然具有刑事责任能力，但其辨认或控制自己行为的能力较完全刑事责任能力有一定程度的减弱、降低的情况。结合2011年5月1日起施行的《刑法修正案（八）》，我国刑法明文规定的限制责任能力人有5种情况：①已满14周岁不满18周岁的未成年人不具备完全刑事责任能力；②已满75周岁的人（其故意犯罪的，可以从轻或者减轻处罚；过失犯罪的，应当从轻或者减轻处罚）；③又聋又哑的人可能不具备完全刑事责任能力；④盲人也可能不具备完全刑事责任能力；⑤尚不具备完全丧失辨认或者控制能力的精神病人不具备完全刑事责任能力。

（二）责任无能力

需要指出的是，作为责任阻却事由的责任无能力（更为准确的表述应为“无责任能力”），指的是欠缺辨认和控制能力。如果有辨认和控制能力，则有责任能力；反之，则没有责任能力。如上所述，在我国刑法中规定的责任无能力主要包括未成年和精神病两种情况。具体而言，我国刑法中的责任无能力包括以下情况。

（1）绝对未成年所实施的所有危害行为。不满14周岁的人属于绝对的责任无能力，我们将之称为绝对未成年。

（2）相对未成年实施的8种危害行为之外的行为。已满14周岁不满16周岁的行为人，在其实施的危害社会的行为超出了《刑法》第17条第2款所规定的8种行为之外时，属于责任无能力，阻却责任。由于这一阶段的行为人实施的8种特定行为需要承担刑事责任，所以，我们将这一阶段的未成年称为相对未成年。

（3）绝对精神病人实施的所有危害行为。精神病人在不能辨认或者不能控制自己行为的时候造成危害结果，经法定程序鉴定确认的，不负刑事责任。这时其由于欠缺辨认和控制能力，所以属于责任无能力。[①]

除此之外，在未成年与精神病中，不仅涉及责任能力的有无问题，而且涉及责任能力的强弱问题。我国刑法还规定了醉酒与生理功能丧失和刑事责任的关系问题。严格说来，生理性醉酒与生理功能的丧失都只是可能影响刑事责任的程度，而不影响刑事责任的有无，所以都不属于本节所说的作为阻却责任事由的责任无能力，但是为了叙述的方便，在本节中一并予以讨论。

三、刑事责任年龄

刑事责任年龄，是指法律规定的行为人对自己的犯罪行为负刑事责任所必须达到的年龄。

---

① 至于实施法定危害行为（比如杀人）时精神正常而事后（包括审判时）成为精神病的，根据责任主义原则以及行为与责任同时存在的原理，仍应该认定为犯罪，这是前提。但如果是在审理过程中仍未治愈，由于无法出庭等原因导致法庭调查等无法进行的，应该根据《刑事诉讼法》第206条的规定中止审理，待妨碍审理的原因消除之后再审理、宣判。如果是宣判之后患精神病或者审理中所患精神病并不影响查明真相的，对被判处有期徒刑或者拘役的罪犯，根据《刑事诉讼法》第265条第1项之规定，可以暂予监外执行；对于不符合监外执行条件的，比如被判处无期徒刑的犯罪分子，则仍应在监狱内执行原判刑罚。同时，对于符合条件的精神病人，必要的时候可以援引《刑法》第18条第1款，由政府强制医疗。就此来看，在精神病人的场合，刑事责任能力是犯罪能力而非受刑能力。

如果没有达到刑事责任年龄，对其实施的危害行为就不得追究刑事责任。任何成年人，如果没有精神病，就具有责任能力。但是，人的责任能力并非是与生俱来的，而是随着身心、智力的发育和社会知识的发展而逐渐增长的。因此，责任能力的有无受到行为人年龄的制约，刑事责任年龄是影响责任能力的一个重要因素。

我国刑法关于刑事责任年龄作出了如下规定。

（一）完全刑事责任年龄

《刑法》第 17 条第 1 款规定："已满十六周岁的人犯罪，应当负刑事责任。"意即已满 16 周岁的人对一切犯罪承担刑事责任，这是关于完全刑事责任年龄的规定。已满 16 周岁的人，已经接受较多的教育，身心发育比较成熟，具有一定的社会知识和分辨是非的能力，也能够控制自己是否实施危害行为，具备了刑法意义上的辨认和控制能力。因此，达到这一年龄的人应该对我国刑法规定的一切犯罪承担刑事责任。

（二）相对刑事责任年龄

《刑法》第 17 条第 2 款规定："已满十四周岁不满十六周岁的人，犯故意杀人、故意伤害致人重伤或者死亡、强奸、抢劫、贩卖毒品、放火、爆炸、投放危险物质罪的，应当负刑事责任。"按照上述规定，已满 14 周岁不满 16 周岁是相对负刑事责任年龄阶段。所谓"相对"，并非指在"负刑事责任"与"不负刑事责任"之间处在相对不确定的状态、需要由法院来决定，而是指相对于对自己的行为完全负刑事责任的成年人以及已满 16 周岁不满 18 周岁的未成年人而言，仅对部分犯罪承担刑事责任。达到这个年龄阶段的人，已经具备了一定的辨认和控制自己重大行为的能力，即对某些严重危害社会的行为具备一定的辨认和控制能力，法律要求他们对自己实施的严重危害社会的行为负刑事责任。2002 年 3 月 26 日施行的最高人民法院、最高人民检察院《关于执行〈中华人民共和国刑法〉确定罪名的补充规定》取消了奸淫幼女罪的罪名而将其纳入强奸罪，从而强奸罪中也自然包括了奸淫幼女的场合。此外，2001 年 12 月 29 日全国人大常委会通过的《刑法修正案（三）》将投毒罪修改为投放危险物质罪（"投放毒害性、放射性、传染病病原体等物质"），而《刑法》第 17 条第 2 款规定中的"投毒罪"并未随之修改。但不应就此认为，已满 14 周岁不满 16 周岁的人只对投放毒害性物质的行为承担责任。在《刑法》修改之前，应该将本款（以及《刑法》第 56 条）之中的"投毒"扩大解释为包括投放毒害性、放射性、传染病病原体等物质，[①]这也是一种补正解释的态度。

对于《刑法》第 17 条第 2 款的规定，有如下问题值得研究。

1. 8 种罪行而非 8 个罪名

在对本条款的理解与适用中首先产生的问题，是如何理解这里的"故意杀人、故意伤害致人重伤或者死亡、强奸、抢劫、贩卖毒品、放火、爆炸、投放危险物质罪"。在刑法修订颁行之初，大多数刑法学者都很自然地将其理解为对罪名的规定，从而形成"罪名说"。罪名说支持者认为《刑

---

① 张明楷：《刑法学》（第 5 版），法律出版社 2016 年版，第 314 页。

法》第17条第2款规定的是8种罪名而非8类犯罪行为，因此，处于相对负刑事责任年龄阶段的人应该对故意杀人罪、故意伤害罪、抢劫罪等8种犯罪承担刑事责任，而对此外的犯罪都不承担刑事责任。罪名说严格从刑法条款的文字表述出发，试图严格遵守罪刑法定原则。但是，按照“罪名说”处理司法实践中出现的一些问题，会出现重大缺陷。例如，已满14周岁不满16周岁的行为人绑架他人并杀害被绑架人的场合，按照罪名说，此种故意杀人行为包含在绑架罪中，而绑架罪未被规定在第17条第2款之中，因此，行为人不能承担刑事责任。与之相对的“罪行说”则意在弥补罪名说存在的重大缺陷，其认为：根据立法原意，《刑法》第17条第2款对相对刑事责任年龄人应负刑事责任的范围之规定，应该是指8种犯罪行为，而非8种罪名。因此，相对刑事责任年龄人应该对杀害被绑架人的绑架罪等犯罪承担刑事责任。

2002年7月24日全国人大法工委《关于已满十四周岁不满十六周岁的人承担刑事责任范围问题的答复意见》中指出：“刑法第十七条第二款规定的八种犯罪，是指具体犯罪行为而不是具体罪名，对于刑法第十七条中规定的‘犯故意杀人、故意伤害致人重伤或者死亡’，是指只要故意实施了杀人、伤害行为并且造成了致人重伤、死亡后果的，都应负刑事责任。而不是指只有犯故意杀人罪、故意伤害罪的，才负刑事责任，绑架撕票的，不负刑事责任。对司法实践中出现的已满十四周岁不满十六周岁的人绑架人质后杀害被绑架人，拐卖妇女、儿童而故意造成被拐卖妇女、儿童重伤或死亡的行为，依据刑法是应当追究其刑事责任的。”该意见的发布平息了学界关于罪名说和罪行说的争议。根据罪行说，在绑架撕票的场合，包括绑架的行为和杀人的行为，因此已满14周岁不满16周岁的人对绑架的行为可以不承担刑事责任，但对故意杀人的行为要承担刑事责任，即构成故意杀人罪。同样，一个15周岁的人抢劫枪支，由于抢劫枪支的行为当然是抢劫行为，则行为人也要对抢劫枪支的行为承担刑事责任，成立《刑法》第127条规定的抢劫枪支罪。

略有争议的问题是，已满14周岁不满16周岁的人能否成为第269条所规定的转化型抢劫罪的主体。对此，2006年1月11日最高人民法院发布的《关于审理未成年人刑事案件具体应用法律若干问题的解释》第10条第1款规定：“已满十四周岁不满十六周岁的人盗窃、诈骗、抢夺他人财物，为窝藏赃物、抗拒抓捕或者毁灭罪证，当场使用暴力，故意伤害致人重伤或者死亡，或者故意杀人的，应当分别以故意伤害罪或者故意杀人罪定罪处罚。”这一解释实际上是针对在盗窃、诈骗、抢夺过程中故意伤害致人重伤或者死亡或者故意杀人的情况的处理，但实际上，即便没有这一解释，对于上述情况当然也能够按照《刑法》第17条第2款的规定处理。与此同时，对于已满14周岁不满16周岁的人实施抢夺行为之后，为抗拒抓捕而使用暴力并且致人轻伤的情形，上述司法解释并未解决任何问题，采取了回避态度。并且，这种回避的背后，也被人认为实际上是采取了反对的立场，即“做出这种规定的理由可能是，已满14周岁不满16周岁的人不能犯盗窃、诈骗、抢夺罪，所以，也不能犯准抢劫罪”。[①] 但在此之前，2003年4月18日最高人民检察院法律政策研究室《关于相对刑事责任年龄的人承担刑事责任范围有关问题的答复》这一司法解释性文件曾指出：“相对刑事责任年龄的人实施了刑法第二百六十九条规定的行为的，应当依照刑法第二百六十三条的规定，以抢劫罪追究刑事责任。但对情节显著轻微，危害不大的，可根据刑法

---

① 张明楷：《刑法学》（第5版），法律出版社2016年版，第313页。

第十三条的规定,不予追究刑事责任。”本书在此问题上持肯定回答,即认同上述后一种理解,《刑法》第269条是对抢劫罪的规定,其中的“犯盗窃、诈骗、抢夺罪”则完全可以在“不法意义上的犯罪”的意义上加以理解。事实上,这样的理解也得到了一些实务判决的明确支持。[①] 同样的道理,对于已满14周岁不满16周岁的人携带凶器盗窃的,也应该依据第267条第2款之规定,以抢劫罪论处。

2. 立法规定相对刑事责任年龄时的考虑因素

立法在第17条第2款中规定了杀人、放火、强奸、抢劫等8种行为,但为什么其他比较相近的罪名没有规定在其中? 例如,《刑法》第114条、第115条中规定了放火、爆炸、决水、投放危险物质,第17条第2款规定了放火、爆炸、投毒,为什么却没有规定决水呢? 同样,立法规定了抢劫、强奸,却为什么没有规定绑架? 规定了贩卖毒品,为什么没有规定制造毒品? 还有,为什么不规定危害国家安全罪中的背叛国家、分裂国家、颠覆国家政权等犯罪? 立法者对危害国家安全的犯罪是非常重视的,将其规定为刑法分则的开篇首章,而且这章很多罪名是依据罪行严重性从高而低设置的,立法者对政权基础、统治秩序是极其看中的,但为什么却没有把这些犯罪规定在第17条第2款中? 这涉及立法者在规定相对负刑事责任年龄的行为人承担刑事责任范围的时候,要考虑哪些因素。首先要考虑的自然是犯罪本身的严重程度,像盗窃这样的犯罪行为人比较容易实施,但在立法者看来,实施这些犯罪的未成年人仍然需要以教育为主,以惩罚为辅,通过刑法之外的其他途径解决就可以了。正因如此,《刑法》第17条第2款中规定的8种行为都是严重的犯罪行为。

但除了犯罪本身的严重程度之外,立法者还需要考虑另外的因素,正是另外的因素使得像决水、背叛国家、贪污、绑架等犯罪都没有被规定在《刑法》第17条第2款中。这里所说的“另外的因素”,主要是指,这个年龄段的行为人有没有较大可能性去实施这些严重危害社会的行为? 或者说,立法者通过这样的规定预防已满14周岁不满16周岁的人实施这些行为有多大的必要性和针对性? 可以说,除了考虑犯罪的严重性之外,立法者在规定《刑法》第17条第2款时,还考虑了犯罪的常发性。在立法者看来,已满14周岁不满16周岁的人不可能实施贪污的行为,不太可能实施决水的行为,更不太可能实施分裂国家、颠覆国家政权的行为,因此没必要对这些行为加以规定。[②] 但即便如此,有什么理由认为已满14周岁不满16周岁的人容易实施抢劫却不容易实施绑架? 司法实践中已满14周岁不满16周岁的中学生绑架小学生的案件并不罕见,从犯罪的严重性和常发性角度看,学说上多年之前就提出,与抢劫、强奸相当的绑架行为应当纳入相对负刑事责任年龄的行为人承担刑事责任的范围中。不过立法者并没有响应这样一种呼吁,仍然坚持了1997年《刑法》的规定,时过20余年仍无修改的动向。这就造成了实践中对于犯罪时已满14周岁不满16周岁的人实施的绑架行为,因为法无明文规定而无法追究行为人的刑事责任的局面。

---

① 参见《姜金福抢劫案》,载最高人民法院刑事审判第一庭、第二庭编:《刑事审判参考》(第28集),法律出版社2003年版,第47~52页。

② 高铭暄:《中华人民共和国刑法的孕育诞生和发展完善》,北京大学出版社2012年版,第188~190页;张明楷:《刑法学》(第5版),法律出版社2016年版,第312~313页。

3. 规定方式

针对相对刑事责任年龄人承担刑事责任的范围，为了避免出现类似于绑架这样的严重且并不少见的罪行被遗漏，立法者可否做兜底式、开放式规定，在第 17 条第 2 款规定的 8 种行为之外，再增设“以及其他严重犯罪”的表述？事实上，1979 年《刑法》第 14 条第 2 款即规定：“已满十四岁不满十六岁的人，犯杀人、重伤、抢劫、放火、惯窃罪或者其他严重破坏社会秩序罪，应当负刑事责任。”而在 1979 年《刑法》修订的过程中，直到 1996 年 12 月 20 日全国人大常委会办公厅秘书局印发的常委会会议文件中的《中华人民共和国刑法（修订草案）》的第 17 条第 2 款中，规定的仍然是“已满十四岁不满十六岁的人，犯故意杀人罪、故意伤害致人重伤或者死亡、抢劫、放火罪或者其他严重破坏社会秩序的犯罪，应当负刑事责任。”[①]再者，现行《刑法》第 20 条第 3 款特殊防卫权的规定也采取的是开放式的规定——“以及其他严重危及人身安全的暴力犯罪”。不过，第 20 条是授权式规范，授予防卫人在面临针对人身安全的暴力侵害的场合，即便不属于法律明确规定的“行凶、杀人、抢劫、强奸、绑架”也允许实施特殊防卫，造成不法侵害人伤亡的不负刑事责任。这是赋予面临遭受不法侵害的防卫人以防卫权利，这种赋权式规范不需要也不应该通过一种功利的方式束缚住权利人的手脚。相反，已满 14 周岁不满 16 周岁的人原则上不需要对危害行为承担责任，在此前提下法律例外地规定了他需要对哪些严重且常发的危害行为承担刑事责任，这属于禁止性规范，剥夺已满 14 周岁不满 16 周岁的人的相应权利。从限制司法权恣意介入的角度看，需要防止司法者随意解释“以及其他”可能导致的对未成年人权利的侵犯、践踏和剥夺，防止未成年人是否构成犯罪处于任由司法恣意判断的不确定状态。所以，针对相对负刑事责任年龄的行为人承担刑事责任范围，采取封闭方式，而没有采取“等”“以及其他”或者 1979 年《刑法》采取的“或者其他”这样的规定方式。不过，仍然需要强调，即使这种规定方式本身是值得肯定的，但像绑架罪这样的犯罪是有理由、有资格被补充进来的。这就意味着，《刑法》第 17 条第 2 款的规定方式本身虽然应采封闭式规定，但这并不意味着这一款本身已然不存在补充或完善的空间。

4. 对不负刑事责任的未成年人实施的危害行为的处理

如未满 14 周岁的人故意杀人，或者 15 周岁的人盗窃如何处理？《刑法》第 17 条第 4 款规定：“因不满十六周岁不予刑事处罚的，责令他的家长或者监护人加以管教；在必要的时候，也可以由政府收容教养。”政府设置特定的收容教养机构集中地对这些实施了严重危害行为又不负刑事责任、不予刑事处罚的人进行管理。对于这部分人来说，原则上是由家长或者监护人管教的方式进行处理，而在必要的时候，作为一种例外，由政府收容教养。这种收容教养具有保安处分的属性，即对这些不构成犯罪不负刑事责任的人，从与刑罚相并列的角度对其予以惩戒，同时预防其再实施犯罪。除此之外，根据《未成年犯管教所管理规定》，由人民法院依法判处有期徒刑、无期徒刑未满 18 周岁的罪犯，应当在未成年犯管教所执行刑罚，接受教育改造。2012 年新刑事诉

---

① 高铭暄、赵秉志编：《新中国刑法立法文献资料总览》（第 2 版），中国人民公安大学出版社 2015 年版，第 564 页。而 1997 年 1 月 10 日的全国人大常委会法工委《中华人民共和国刑法（修订草案）》中取消了其中“或者其他”的表述，改成了封闭式的表述方式。

讼法还规定了未成年人刑事案件的诉讼程序，也体现了对未成年人的惩罚为辅、教育为主的基本政策。

(三)减轻刑事责任年龄

《刑法》第17条第3款规定，已满14周岁不满18周岁的人犯罪，应当从轻或者减轻处罚。另外，根据《刑法修正案(八)》新增的第17条之一，“已满七十五周岁的人故意犯罪的，可以从轻或者减轻处罚；过失犯罪的，应当从轻或者减轻处罚。”据此，已满75周岁的人无论故意还是过失犯罪，都得以(可以或者应当)从轻或减轻处罚，“已满75周岁”亦成为减轻刑事责任年龄。修正案之所以作出如此规定，一方面固然是因为已满75周岁的老年人辨认和控制自己行为的能力可能较一般人有所减弱，另一方面更主要的，是出于刑罚人道主义的考虑，体现宽严相济的基本刑事政策。此外，《刑法》第49条规定，犯罪的时候不满18周岁的人不适用死刑。这是我国刑法对未成年人犯罪从宽处罚原则的规定。这一原则基于未成年犯罪人刑事责任能力不完备的特点而确立，反映了罪责刑相适应的原则和对未成年人以教育为主、惩罚为辅的政策要求。未成年人犯罪从宽处罚原则是相对成年人犯罪而言的，即在犯罪性质和其他犯罪情节相同或者基本相同的情况下，对未成年人犯罪要比照对成年人犯罪的处罚予以从轻或者减轻处罚。再有，根据《刑法修正案(八)》新增的第49条第2款，“审判的时候已满七十五周岁的人，不适用死刑，但以特别残忍手段致人死亡的除外”。这样的规定不但和前述将已满75周岁作为减轻刑事责任年龄的规定相协调，而且也使得死刑的适用具有了年龄上限，充分体现了矜老恤幼的优良文化传统。

这里有一个问题稍作探讨：对于已满16周岁但是未满18周岁的未成年人能否适用无期徒刑？完全存在这样的情况，此年龄段的未成年人犯罪手段残忍，情节十分恶劣，后果极其严重，属“罪行极其严重”的犯罪分子，依法应予从严惩处；如果是成年人的话，对相同的行为依法应当适用死刑。由于死刑适用对象年龄下限的规定，对此一年龄段的未成年人只能在10年以上有期徒刑或者无期徒刑的量刑幅度内进行量刑。至于能否判处无期徒刑，实践中对此有不同认识。持否定论者认为，《刑法》第17条第3款同时规定：已满14周岁不满18周岁的人犯罪，应当从轻或减轻处罚。刑法在此规定的是“应当”，而不是“可以”，没有自由斟酌的余地。尽管行为人所犯的罪行极其严重，但由于属未成年人，在刑法又同时规定未成年人犯罪应当从轻的情况下，为体现从轻精神，就不能判处无期徒刑。这是因为无期徒刑本身是无法体现从轻的，要体现法定应当从轻的量刑情节，就只能在法定刑幅度内选择相对较轻的有期徒刑等；否则，如果对未成年犯罪人适用无期徒刑，实际上就等于否定了《刑法》第17条第3款对未成年犯罪人应当从宽处罚的原则。持肯定论者认为，刑法只是明确规定对未成年犯罪人不适用死刑，并未规定对其不能判处无期徒刑。对罪行极其严重的未成年犯罪人不适用死刑，已经体现了对他们予以从宽的刑事政策。如果在司法实践中，又进一步援引第17条第3款对未成年犯罪人应当从宽处罚的规定，确立对未成年犯罪人不能适用无期徒刑的一般规则，就会产生以下弊端：一是未成年这一事实在量刑情节上被重复适用；二是在无数罪并罚情况下对未成年犯罪人可适用的最高刑仅为有期徒刑15

年,有时难以做到罪刑相适应。①

对此,司法实务中的裁判解说作出了值得认可的如下分析:一般而言,对罪行极其严重的未成年被告人除另有法定或酌情从重情节外,不判处无期徒刑当然是可以的,也是较为适宜的。不过,对于罪行极其严重的未成年犯罪人也并不是一律不能判处无期徒刑。首先,从立法角度看,刑法仅规定对未成年人不适用死刑,也就是说对未成年人所处的刑罚最高刑为无期徒刑。如果依第一种意见,则等于对未成年人既不能适用死刑,也不能适用无期徒刑。这显然并不合乎立法原意,否则立法可以直接规定对未成年人不适用无期徒刑。其次,从司法实践来看,对于那些罪行极其严重,同时又具有一个或多个法定从重处罚情节的未成年犯罪人,法官仍可以根据案件的具体情况,酌情决定是否适用无期徒刑的刑罚。因为,在同时具有法定应当从重和法定应当从轻相反量刑情节的情况下,就有从轻情节与从重情节在量刑上的平衡问题。遇有此种情形时,决定如何适用刑罚,当然也不能简单地一概而论,一方面应当从有利于未成年被告人出发,另一方面也要考虑具体的犯罪事实,符合罪责刑相一致的原则。总之,对未成年犯罪人适用刑罚,既要注意将未成年人犯罪与成年人犯罪区别开来,又要注意统筹考虑,避免简单化。②

那么,已满 14 周岁不满 16 周岁的人犯故意杀人、故意伤害致人重伤或者死亡、强奸、抢劫、贩卖毒品、放火、爆炸、投放危险物质罪的,可否判处无期徒刑?对此仍会存在肯定与否定两种不同的观点。本书认为,对此一年龄段的未成年人完全排除无期徒刑的适用可能性,既会和前述允许对已满 16 周岁未满 18 周岁的未成年人适用无期徒刑之间的观点不相协调,同时也欠缺实质性的理由。因此,对这一年龄段的未成年人而言,仍应允许适用无期徒刑。不过,出于对未成年人重教育、轻惩罚的原则,应该将其限定在极其例外的场合。2006 年最高人民法院发布的《关于审理未成年人刑事案件具体应用法律若干问题的解释》第 13 条对于未成年犯的刑事责任作出明确规定:未成年人犯罪只有罪行极其严重的,才可以适用无期徒刑。对已满 14 周岁不满 16 周岁的人犯罪一般不判处无期徒刑。这一司法解释规定的是"一般不判处无期徒刑",也和本书的主张相吻合。

(四)完全无刑事责任年龄

按照《刑法》第 17 条第 4 款的规定,不满 14 周岁是完全不负刑事责任年龄的阶段。不满 14 周岁的人处于幼年时期,不具备辨认和控制自己行为的能力,故不具备刑事责任能力。因此,法律规定对不满 14 周岁的人实施的危害社会的行为,概不追究刑事责任。

我国刑法对刑事责任年龄的规定,体现了对于未成年人犯罪的特殊政策。不过,由于刑法中关于未成年人犯罪的规定比较概括、原则,2006 年 1 月 11 日最高人民法院《关于审理未成年人刑事案件具体应用法律若干问题的解释》(以下简称《解释》)为司法实践中审理未成年人案件提供了更多具体的标准。

---

① 《扎西达娃等抢劫案》,载最高人民法院刑事审判第一庭、第二庭编:《刑事审判参考》(第 26 集),法律出版社 2002 年版,第 61 ~ 62 页。

② 《扎西达娃等抢劫案》,载最高人民法院刑事审判第一庭、第二庭编:《刑事审判参考》(第 26 辑),法律出版社 2002 年版,第 62 ~ 63 页。

(1)年龄的认定。《解释》第2条规定:《刑法》第17条规定的周岁,按照公历的年、月、日计算,从周岁生日的第二天起算。第4条规定:对于没有充分证据证明被告人实施被指控的犯罪时已经达到法定刑事责任年龄且确实无法查明的,应当推定其没有达到相应法定刑事责任年龄。相关证据足以证明被告人实施被指控的犯罪时已经达到法定刑事责任年龄,但是无法准确查明被告人具体出生日期的,应当认定其达到相应法定刑事责任年龄。

(2)罪与非罪的区别。《解释》第6条规定:已满14周岁不满16周岁的人偶尔与幼女发生性行为,情节轻微、未造成严重后果的,不认为是犯罪。第7条则规定:已满14周岁不满16周岁的人使用轻微暴力或者威胁,强行索要其他未成年人随身携带的生活、学习用品或者钱财数量不大,且未造成被害人轻微伤以上或者不敢正常到校学习、生活等危害后果的,不认为是犯罪。已满16周岁不满18周岁的人具有前款规定情形的,一般也不认为是犯罪。第9条规定:已满16周岁不满18周岁的人实施盗窃行为未超过3次,盗窃数额虽已达到"数额较大"标准,但案发后能如实供述全部盗窃事实并积极退赃,且具有下列情形之一的,可以认定为情节显著轻微危害不大,不认为是犯罪:①系又聋又哑的人或者盲人;②在共同盗窃中起次要或者辅助作用,或者被胁迫;③具有其他轻微情节的。此外,已满16周岁不满18周岁的人盗窃未遂或者中止的,可不认为是犯罪。已满16周岁不满18周岁的人盗窃自己家庭或者近亲属财物,或者盗窃其他亲属财物但其他亲属要求不予追究的,可不按犯罪处理。

(3)此罪与彼罪的区别。《解释》第8条规定:已满16周岁不满18周岁的人出于以大欺小、以强凌弱或者寻求精神刺激,随意殴打其他未成年人、多次对其他未成年人强拿硬要或者任意损毁公私财物,扰乱学校及其他公共场所秩序,情节严重的,以寻衅滋事罪定罪处罚。

在此,有必要讨论一下我国关于刑事责任年龄设置的下限问题。在1979年《刑法》第14条将刑事责任的年龄下限规定为"14岁"之后,在刑法修订研拟的过程中,就有人基于犯罪低龄化等现实,主张将该年龄下调至13岁。立法机关也曾一度在1988年11月16日和12月25日的刑法修改稿本中,将最低刑事责任年龄修改成了13岁。[①] 但1997年《刑法》并未采纳这样的主张,仍将最低刑事责任年龄确定为14岁,且明确为14周岁。近年来,校园暴力事件和低龄未成年人实施严重危害社会行为的恶性案件屡见报端,社会上关于刑事责任年龄的争论十分激烈。鉴于我国儿童营养和教育状况大幅改善,生理发育提前,孩子智力水平和辨别能力较30多年前有所提高,难免会有观点认为,应当与民事行为能力年龄的调整同步,降低刑事责任年龄的起点,以应对未成年人犯罪低龄化的严峻形势。但是,应该认为,降低刑事责任年龄的主张缺乏实证数据支持。迄今为止,我们没有看到对14周岁以下未成年人实施危害行为情况的系统统计和研究,不能简单以媒体曝光的极端恶性事件以偏概全,得出14周岁以下未成年人实施犯罪行为的数量急剧增多的结论,并以此作为实证依据去修改具有普遍性的刑事法律,降低刑事责任年龄。同时,降低刑事责任年龄的主张会陷入"人类文明越进步,刑事责任年龄越应降低"的悖论。而且,降低刑事责任年龄,无法从根本上解决导致低龄未成年人实施危害行为的问题,更有转嫁责任之嫌,显失公平。涉罪未成年人多来源于残缺家庭或者留守、流动、闲散、流浪等失学失管无业的儿

---

① 高铭暄:《中华人民共和国刑法的孕育诞生和发展完善》,北京大学出版社2012年版,第186~187页。

童群体，深受缺乏有效监管的网吧、酒吧、歌厅等娱乐场所的负面影响。在转型时期，家庭监护、学校教育、社会治理出现了问题，教育保护没有做到位，实施危害社会行为的未成年人在某种程度上也是受害者。“多建一所学校，等于少建十所监狱。”因此，对于出现问题甚至实施危害社会行为的未成年人，不能放任不管，更不应简单采取刑罚的方式，而应当“对症下药”，运用蕴含人类智慧的教育方式进行专业化干预和矫正，解决根源问题。[①] 基于上述原因，维持目前的“已满十四周岁”“已满十六周岁”的最低刑事责任年龄的规定，较为合理。

四、精神障碍

有责性的基础，是具有辨认控制能力的人虽然具有接受法律规范的要求、实施合法行为的可能性，却不接受法律规范的要求，实施了该当构成要件的违法行为。通常情况下，达到刑事责任年龄的行为主体都被认为具有刑事责任能力。但不可否认的是，在特殊情况下，如存在精神障碍时，行为人虽实施了该当构成要件的违法行为，却不能辨认自己行为的内容、意义，或者不能控制自己的行为，影响其责任能力，使责任能力欠缺，从而使其实施危害行为时的刑事责任也受到影响。

（一）完全不负刑事责任的精神病人

《刑法》第 18 条第 1 款规定：“精神病人在不能辨认或者不能控制自己行为的时候造成危害结果，经法定程序鉴定确认的，不负刑事责任，但是应当责令他的家属或者监护人严加看管和医疗；在必要的时候，由政府强制医疗。”这是确认精神障碍人无刑事责任能力的法律依据。认定精神障碍人无刑事责任能力，必需同时满足两个标准。

（1）生物学标准，又称医学标准，是指从医学上看，行为人是基于精神病理的作用而实施特定危害社会行为的精神病人。其基本含义是：首先，行为人必需是精神病人；其次，精神病人必须实施了特定的危害社会的行为即实施了刑法所禁止的危害行为；最后，精神病人实施刑法所禁止的危害行为必需是基于精神病理的作用，这意味着行为人的精神病理与特定危害行为的实施之间具有直接的因果关系。需要明确的是，精神病在医学和司法精神病学上都有确定含义，是指由于各种原因引起的人的意识、思维、情感、意志等精神活动严重失调的疾病，主要表现在人的知觉、思维以及情感、智能活动障碍。非精神病性精神障碍俗称“神经病”，是指神经系统机能障碍，不应与精神病相混淆。

（2）心理学标准，又称法学标准，是指从心理学、法学的角度看，患有精神病的行为人的危害行为，不但是由精神病理机制直接引起的，而且由于精神病理的作用，使其行为时丧失了辨认或者控制自己行为的能力。这里法律明确规定的是“择一说”，只要丧失了其中的一种能力，即符合了此处的心理学标准。其中，所谓丧失辨认能力，是指行为人由于精神病理的作用，在行为当时不能正确了解自己行为危害社会的性质及其危害后果；而丧失控制能力，是指行为人由于精神病理的作用，不能根据自己的意志自由选择实施或者不实施危害行为。比如，精神病患者甲在幻

---

① 详细的阐述可参见宋英辉：《理性看待刑事责任年龄制度》，载《检察日报》2016 年 10 月 24 日，第 3 版。

觉中认为自己的孩子始终处于饥饿状态,因此,只要见到任何食物都要强行给孩子喂食。某日在家人未能注意时,甲强行喂食直至孩子被食物阻塞呼吸道窒息死亡,直到家人发现,甲仍然在对已经死亡的幼儿喂食物。① 此案中,甲可谓是既失去了对自己行为的辨认能力,更失去了对自己行为的控制能力。

关于精神障碍人无责任能力的认定标准,我国刑法采取生物学标准(医学标准)和心理学标准(法学标准)相结合的方法。医学标准确认是否是精神病患者,由精神病医学专家鉴定,在鉴定时,必需得出是否具有精神病以及精神病种类与程度轻重的结论;法学标准由司法人员判断,在精神病医学专家的鉴定基础上进一步判断行为人是否具有辨认和控制自己行为的能力。只有强调并坚持医学标准和法学标准的统一,才能正确判断行为人是否具有辨认、控制能力。现阶段,无论是在我国,还是其他医疗水平比较高的国家,精神病司法鉴定还不能保证绝对准确,精神疾病现象到现在为止还未能得到完全、真正的解释。正常人可能被作出有精神病的结论,有精神病的人可能被作出没有精神病的结论,这是实践中的常见情形。从司法实务部门总结的经验来看,即使辩护律师、行为人家属提出对行为人作精神病司法鉴定,但法官根据个案的具体情况,如犯罪动机、犯罪情节、实施犯罪后逃避法律制裁的态度等,认为行为人没有精神病问题的,就不能轻易同意进行精神病司法鉴定。因为一旦鉴定不准确,得出有精神病的结论,将使裁判陷入被动境地;另外,如果没有人提出精神病鉴定问题,但法官通过综合分析,认为被告人精神很可能不正常,也应当主动对行为人作精神病司法鉴定。②

(二)完全负刑事责任的精神障碍人

责任能力完备而应完全负刑事责任的精神障碍人包括以下两类。

(1)精神正常时期的间歇性精神病人。《刑法》第 18 条第 2 款规定:“间歇性的精神病人在精神正常的时候犯罪,应当负刑事责任。”刑法中所说的间歇性精神病,是指具有间歇发作特点的精神病,包括精神分裂症、躁狂症、抑郁症、癫痫性精神病、周期精神病、分裂情感性精神病等。所谓“间歇性精神病人的精神正常时期”,包括上述某些精神病的非发病期。间歇性精神病人在精神正常的时候实施刑法所禁止的危害行为的,完全具备辨认和控制自己行为的能力,不符合无责任能力和限制责任能力所要求的心理学(法学)标准,因而法律要求行为人对其危害行为依法负完全的刑事责任。

(2)大多数非精神病性的精神障碍人。按照我国司法精神病学,非精神病性精神障碍的主要类型有:①各种类型的神经官能症,包括癔症、神经衰弱、焦虑症、疑病症、强迫症等,但癔症性精神错乱除外;②各种人格障碍式变态人格;③性变态,包括同性恋、露阴癖、恋物癖等;④情绪反应;⑤未达到精神病程度的成瘾药物中毒和戒断反应;⑥轻躁狂与轻度抑郁症;⑦生理性醉酒和单纯慢性酒精中毒;⑧脑震荡后遗症、癫痫性心境恶劣以及其他未达到精神病程度的精神疾患;

---

① 此案例参见林亚刚:《刑法学教义(总论)》,北京大学出版社 2014 年版,第 344 页。

② 参见《李东越故意杀人案》,载最高人民法院中国应用法学研究所编:《人民法院案例选》(2005 年第 3 辑),人民法院出版社 2006 年版,第 76 页。

⑨轻微精神发育不全，等等。非精神病性的精神障碍人，大多数并不因精神障碍使其辨认或者控制自己行为的能力丧失或减弱，而是具有完全的刑事责任能力，因而原则上对其危害行为依法负完全的刑事责任。但是，在少数情况下，非精神病性的精神障碍人也可以成为限制刑事责任能力人甚至无刑事责任能力人，从而导致其刑事责任的减免。

（三）限制刑事责任的精神障碍人

限制刑事责任的精神障碍人，亦称减轻（部分）刑事责任的精神障碍人，是介于无刑事责任的精神病人与完全负刑事责任的精神障碍人两者中间状态的精神障碍人。《刑法》第 18 条第 3 款规定："尚未完全丧失辨认或者控制自己行为能力的精神病人犯罪的，应当负刑事责任，但是可以从轻或者减轻处罚。"这里所指的精神病人一般包括以下两种：一是处于早期或者部分缓解期的精神病患者，这些患者由于精神病理机制的作用导致其辨认和控制自己行为的能力有所减弱；二是某些非精神性精神障碍人，包括轻至中度的精神发育迟滞（不全）者、脑部器质性病变或者精神病后遗症所引起的人格变态者，等等。限制刑事责任的精神病人犯罪的，可以从轻或者减轻处罚，而不是必须从轻或者减轻处罚。需要强调的是，是否属于"尚未完全丧失辨认或控制能力"必需通过司法精神病鉴定确认，审判人员不可仅凭自己的审判经验妄下结论。

五、又聋又哑的人和盲人

一般来说，精神正常的人，其智力和知识随着年龄的增长而发展，达到一定的年龄就开始具有刑事责任能力，达到成年的年龄则标志着刑事责任能力的完备。但是，人也可能由于重要生理功能的丧失而影响其接受教育、影响其学习知识的能力，从而影响刑法意义上的辨认和控制能力。

《刑法》第 19 条规定："又聋又哑的人或者盲人犯罪，可以从轻、减轻或者免除处罚。"这是我国刑法对生理功能缺陷或者丧失者刑事责任的特殊规定。这一规定表明，又聋又哑的人或者盲人犯罪首先需要承担刑事责任，应受刑罚处罚，然后是"可以"（而非"应当"）从轻、减轻或者免除处罚。在确认聋哑人和盲人犯罪的刑事责任问题时，应该注意以下几点：第一，本条的适用对象有两类：一是又聋又哑的人，也就是同时完全丧失听力和语言功能者；二是盲人，即双目都丧失视力者。第二，对聋哑人、盲人犯罪坚持应当负刑事责任和可以适当从宽处罚相结合的原则。第三，正确适用对聋哑人、盲人犯罪可以从轻、减轻或者免除处罚的原则。对此需要讨论以下两个基本问题。

（1）盲人（或者又聋又哑的人）的认定标准。第 19 条虽然规定了盲人的刑事责任问题，但是并没有界定盲人的具体标准。对于盲人的认定应该参考通行的医学标准，进行司法判断。对于这个问题，有针对法院判决的解说认为，视力作为人的重要生理机能，并非仅有"有视力"或者"无视力"两种情形，而是同人的身高、体重一样，有着不同的评价数值，从最好的视力到完全没有视力之间存在一个序列空间。这就意味着医学上或者刑法上对盲人认定都应当有一定标准，而不会同生活意义上对盲人的理解完全一样。《残疾人实用评定标准》和《人体重伤标准》两者基本都以 0.05 的视力值作为判断盲的基准点，当双眼中最好眼的矫正视力低于 0.05 时，就认定被测评人为盲人或者盲目。可见，医学上的盲人并不是通常所说的双目失明或者失去视力，而可能拥有极为微弱的视力。①

(2)对盲人犯罪是否都适用第 19 条予以从宽处理。司法中是否适用《刑法》第 19 条对盲人被告人从宽处罚，应当依据视力残疾与犯罪之间的关系而定。具体而言，应该在全面分析犯罪性质、情节和危害程度的基础上，重点分析盲人身份对实施犯罪行为的具体影响。对于被告人实施犯罪行为与其盲人身份有直接联系的，应当依法从宽处罚。但是，盲人被告人也可能实施与盲人身份无关或者没有直接关系的犯罪，这主要指被告人的视力状况对其实施犯罪没有明显、具体影响的情形。在这种情况下，被告人虽然具有盲人身份，也不能作为对其从宽处罚的理由。②

综上所述，对于聋哑人、盲人犯罪，大多数情况下要予以从宽处罚，只是对于极少数知识和智力水平不低于正常人，犯罪时具备完全能力的犯罪聋哑人、盲人，才可以考虑不予以从宽处罚；对于不但责任能力完备，而且犯罪性质恶劣、情节和后果非常严重的聋哑人、盲人犯罪分子，应坚决不予从宽处理。

六、醉酒人

(一)醉酒人犯罪的刑事责任

《刑法》第 18 条第 4 款规定："醉酒的人犯罪，应当负刑事责任。"这是我国刑法关于醉酒人应当负完全刑事责任的规定。醉酒主要分为生理性醉酒和病理性醉酒两种情况。生理性醉酒，又称普通醉酒、单纯性醉酒，是指因饮酒过量而导致精神过度兴奋甚至神志不清、丧失辨认或控制能力的状况。病理性醉酒，是指过敏性急性酒精中毒，是少量饮酒后因身体异常反应急性发作的短暂性精神障碍疾病。该病目前病因不明，但国内外司法精神病学均认为其属于精神病的范畴。因此第 18 条规定的只限于生理醉酒者的责任能力及其实施危害行为的刑事责任问题。生理醉酒者具有责任能力，因此，应该对其实施的犯罪行为承担责任，而且是完全刑事责任，不能从轻、减轻或者免除处罚。至于病理性醉酒者，可以按照第 18 条关于精神病人的规定处理，符合条件的，对所实施的危害行为不负刑事责任。但是，如果行为人明知自己有病理性醉酒的历史，也明知饮酒后还可能再次发病进而实施危害行为，仍希望或放任自己处在这种无责任能力状态下危害社会，相当于是将自己当作工具加以利用，可以按照间接正犯承担刑事责任。

(二)同时存在原则

刑法理论认为，犯罪人实施犯罪行为时必须存在责任能力，这也就是所谓的责任能力与实行行为的同时存在原则。从而，若是在直接引起构成要件结果的实行行为的时点上欠缺责任能力

---

① 参见《苏同强、王男敲诈勒索案》，载最高人民法院刑事审判第一、二、三、四、五庭编：《刑事审判参考》(第 59 辑)，法律出版社 2008 年版，第 41～42 页。

② 参见《苏同强、王男敲诈勒索案》，载最高人民法院刑事审判第一、二、三、四、五庭编：《刑事审判参考》(第 59 辑)，法律出版社 2008 年版，第 42～44 页。

的话,就不能处罚;而行为人在实行行为前的精神状态则不能成为让行为人承担刑事责任的根据。不过,醉酒人在实施危害行为时,其辨认和控制行为的能力可能是完全丧失或者有所减弱的,若据此不让其承担刑事责任或者减轻其刑事责任,显然不利于维护社会治安秩序,也无法满足防卫社会的需求。刑法中关于"醉酒的人犯罪,应当负刑事责任"的规定对于防止和减少酒后犯罪、酗酒闹事、借酒撒疯等现象,从而维护社会秩序具有重要意义。问题是,怎样解释醉酒人犯罪承担刑事责任和上述同时存在原则之间的关系?换言之,需要探讨在醉酒的场合针对引起构成要件结果追究完全责任的法律构造,即如何对于醉酒者的刑事责任从理论上加以说明。

简单地说,对于犯罪人通过喝酒或者吸食毒品而使自己陷入无责任能力或者限制责任能力的状态之后再实施的犯罪行为,需要为其承担刑事责任、受到刑罚处罚找到理论根据。

(三)原因中自由的行为

对上述问题,一般的理解是,行为人在实施导致直接危害结果的行为(这称为结果行为)时虽欠缺辨认或控制能力(是"不自由"的),但在要追溯到导致丧失辨认或控制能力的行为(这称为原因行为)的话,由于此时行为人并不欠缺责任能力,是基于自由意志"自由"地实施了原因行为,就应该为由此带来的结果承担责任。这种为了追究醉酒犯罪完全责任的法律构造,称为"原因中自由的行为"理论。"原因中自由的行为",是拉丁语"actio libera in causa"(又被简写为 alic 或者 a. l. i. c)的中文译文,虽然也有"原因上的自由行为""原因上自由行为""原因自由行为"甚至"作为原因的自由行为"等其他译法,但冯军教授"原因中自由的行为"这一译法可能更为科学:正是由于行为人在实施原因行为时是自由的,才提出基于原因时的自由追究行为人完全的刑事责任的 alic 这一归责形态;"原因中自由的行为"这一中文译法能够正确地表明"自由"是与"原因"直接相关的;其他中文译法不能表明 alic 中存在的"自由"源自"原因"这一实质的归责联系。①

不过,"原因中自由的行为"这一理论究竟是同时存在原则的例外(认为此时不需要遵守同时存在原则)还是扩张(认为同时存在原则虽仍需坚守,但在醉酒的场合,原因行为即是实行行为),对此存在不同的理解。第一种理解是,在维持同时存在原则的同时,将构成要件事实,特别是实行行为溯及原因行为时,这称为"构成要件模式",团藤重光、大塚仁、西田典之等日本学者支持这种理解。第二种理解是,承认同时存在原则有"例外",在仍将结果行为理解为实行行为之时,将针对结果行为的责任追究溯及原因行为时,这称为责任模式,西原春夫、大谷实等日本学者采纳这种理解,不过这种模式也因承认同时存在原则的"例外"而饱受诟病。②

再进一步细致考察时,在过失结果犯的场合,德国联邦法院第四刑事大法庭在 1994 年的一个判例中指出,此时完全可以根据该种犯罪本身的特性得出解决的结论,无须适用有争议的原因中自由的行为之法理。该法庭在 1996 年的一个判例中进一步指出:无论如何,在道路交通危险

---

① 冯军:《刑事责任论》(修订版),社会科学文献出版社 2017 年版,第 286 ~ 287 页。

② [日]山口厚:《刑法总论》(第 3 版),付立庆译,中国人民大学出版社 2018 年版,第 272 ~ 273 页。

和无执照驾驶的犯罪中,原因中自由的行为之基本法理是不可适用的。[①] 在日本,也有学者坚持同样的立场。[②] 问题只在于故意犯的场合。在物理地引起了构成要件结果的行为之时对引起结果不能肯定故意的事例中,只要能够认定在该行为之前的原因行为的时点上具有故意,并且能够肯定该时点上的实行行为性,之后还能够肯定"实行行为的危险性介入行为人自身的非故意行为而现实化为结果"的话,就可以肯定对结果追究行为人的责任。此时,甚至"没有必要将其作为原因中自由的行为问题而予以特别研究"。重要的是,在对于物理地引起构成要件结果的行为,能够肯定行为具有引起结果之故意的情形。在这种场合,前述的构成要件模式为了肯定行为的可罚性,就必需在原因行为中肯定实行行为性。但是在结果行为以前的原因行为阶段,通常无法肯定法益侵害的现实危险性。同时,由于行为人无法从外部"支配"自己,认为这是利用无责任能力者的间接正犯,也存在逻辑上的疑问。而且,在间接正犯或者隔离犯的场合,强调法益侵害的结果无价值论也会将被利用者的着手当作整体犯罪着手的时点,这样来看,在结果行为是故意行为的场合,肯定原因行为的实行行为性,存在理论困难。这样的场合,应该将物理地引起构成要件结果的行为即结果行为本身当作实行行为把握,从而采纳前述的责任模式。也就是,行为人故意在无责任能力或者限制责任能力的状态实现特定的犯罪构成要件,并故意使自己陷入无责任能力或者限制责任能力的状态,结果在无责任能力或者限制责任能力的状态下实现了特定的犯罪构成要件时,就可以根据原因中自由的行为之法理,追究行为人故意犯罪的完全刑事责任。[③]

第七节 责任阻却事由之二:欠缺违法性认识的可能性

对于违法性的认识(亦称违法性的意识)在责任论中的体系地位问题,主要有三种不同的观点:(1)认为违法性意识或其可能性是故意的内容(故意说);(2)认为必须存在独立于故意这一责任形式之外的违法性意识或其可能性(责任说);(3)认为并不需要违法性认识或其可能性(不要说)。这里首先对于不要说和严格故意说的主张进行评述,继而表明本书的基本立场。

一、不要说的问题所在

传统观点认为,要成立故意犯,只要求行为人认识到犯罪事实即为已足,不需要其具有违法性认识或者违法性认识的可能性。我国刑法学的通说采纳这种观点。通说认为,故意并不包括对违法性的认识,因为按照法律规定,犯罪故意的认识因素表现为行为人"明知自己的行为会发生危害社会的结果",这显然是只要求行为人明知其行为及其结果的危害性,而没有要求行为人明知行为及其结果的刑事违法性。[④]

---

① 冯军:《刑事责任论》(修订版),社会科学文献出版社 2017 年版,第 288 页。

② [日]山口厚:《刑法总论》(第 3 版),付立庆译,中国人民大学出版社 2018 年版,第 273 页。

③ [日]山口厚:《刑法总论》(第 3 版),付立庆译,中国人民大学出版社 2018 年版,第 274 ~ 275 页;冯军:《刑事责任论》(修订版),社会科学文献出版社 2017 年版,第 340 页。

④ 高铭暄主编:《新编中国刑法学》,中国人民大学出版社 1999 年版,第 173 页。

但是,通说在否定违法性认识的同时也指出,有一种例外情况可以因行为人无违法性认识而否定其主观故意性。这就是某种行为一向不为刑法所禁止,后来在某个特殊时期或者某种特定情况下为刑法所禁止,如果行为人确实不知道法律已禁止而仍实施该行为的,就不能说他是故意违反刑法,而且此时他也往往缺乏对行为及其结果的社会危害性的认识,这种情况下难以认定行为人具有犯罪的故意。① 可见,通说一方面强调故意的成立不需要考虑违法性认识,违法性认识的有无并不重要;另一方面,又认为还是存在需要考虑违法性认识的特殊情况,如果行为人此时不具有违法性认识的,可能阻却犯罪故意。对此,有学者质疑道:"既然刑法对犯罪故意并不要求违法性认识,为什么行为人在确实没有违法性认识的情况下又不应认为具有犯罪故意?"②可见,这种违法性认识不要说前后矛盾,难以贯彻到底。正如有论者指出:"处罚没有违法性认识的行为,就是处罚没有非难可能性的行为,这必然会带来一些问题:一方面,行为人是在缺乏对规范及其效果的预见可能性的情况下,受到了刑罚的'意外'打击,惩罚难以令行为人本人信服,行为人会认为自己只是因为'不走运'而受到处罚,预防犯罪的效果难以实现。另一方面,国家在个人的规范意识欠缺的场合动用刑罚,这样的做法可能难以得到公众的认同。……所以,没有违法性认识可能性,就没有非难可能性,也就没有责任。"③在今天的许多国家,违法性认识不要说的影响力正在减小。在日本的判例上,过去一直采用不要说。实务上在很长时期内一直认为,具备犯罪意思,是指认识犯罪事实而实行,违法性认识通常不属于犯意的要素。不过,现在出现了不少违法性认识不要说向违法性认识可能性说修正的判例。

二、故意说及其问题

一种有力的观点主张,将违法性认识归入故意的认识要素。这样一来,违法性认识错误就和构成要件事实认识错误具有相同的意义。一旦行为人缺少违法性认识,即可阻却故意的成立;若行为人本来有能力避免违法性认识错误,则在刑法处罚相应过失行为的情况下,对其以过失犯定罪处罚。④

而且,相对于严格要求现实的违法性认识而言,强调违法性认识可能性的主张引人注目。其认为,行为人虽然欠缺违法性认识,但是根据行为人对于犯罪事实的认识程度、个人经历、一贯表现、受教育程度、性格、人格等情况综合判断,足以认定其具备违法性认识的可能性,就可以看出行为人反规范的态度,可以判断其具有故意责任。这种观点认为,违法性认识可能性是责任非难的限定要素。认识到犯罪事实,并产生了违法性认识的可能性,这样就可能形成反对动机并实施适法行为,但是竟然实施了违法行为,对这样的人,追究故意责任就是理所当然的。该说认为,现实的违法性认识可能性是故意的要素,包含于故意内容之中。没有违法性认识或其可能性,就没有故意。

---

① 王作富主编:《刑法》(第6版),中国人民大学出版社2016年版,第79页。

② 陈兴良:《违法性认识研究》,载《中国法学》2005年第4期。

③ 周光权:《刑法总论》(第3版),中国人民大学出版社2016年版,第234页。

④ 刘明祥:《刑法中违法性认识的内容及其判断》,载《法商研究》1995年第3期;贾宇:《论违法性认识应成为犯罪故意的必备要件》,载《法律科学》1997年第3期;田宏杰:《违法性认识研究》,中国政法大学出版社1998年版,第94页;冯军:《刑事责任论》(修订版),社会科学文献出版社2017年版,第218页。

违法性认识可能性说的目的在于谋求刑法适用上的具体妥当性。虽然没有实际的违法性认识,但是行为人处于稍做努力就能够认识它的状态,所以其不认识违法性也值得赋予责任非难。该说的理论根据在于,明明具有违法性的意识,却竟然实施了违法行为,因而有理由对故意犯施以更重的谴责。其将违法性认识的有无作为区分故意与过失的分水岭。也有观点将犯罪区分为自然犯和法定犯,认为法定犯必须存在违法性的认识,这一学说也是出于以上同样的考虑。由于故意说以违法性认识作为成立故意的必备要件,在发生违法性错误的场合,因其欠缺违法性认识,所以不成立故意犯。如果有处罚过失犯的规定,就属于是否成立过失犯的问题。最近有学者在摒弃"不知法不免责"观念的前提下,主张应将违法性认识确定为犯罪故意的组成部分。其理由在于:其一,以我国《刑法》第14条的规定为基点,从规范的故意概念出发,故意的认识对象不能脱离行为的违法性;其二,违法性认识错误的可谴责性并非自始高于事实认识错误;其三,责任说对责任原则所作的软化处理,难以经受合宪性解释的考验。①

不过,主张从规范的故意概念出发,故意的认识对象不能脱离行为的违法性,这一观点值得商榷。应该认为,犯罪故意的认识对象,不是概念的法律意义或者行为的违法性,而应该限于客观的构成要件要素,即罗克辛所说的"外在的事实及其社会意义"。既然行为法律所禁止的性质不属于客观构成要件要素,在认定故意时,自然也就不应要求行为人必需对行为的违法性有所认识。② 而且,从规范责任论的角度看,所谓规范的故意概念能否成立也存在疑问。规范责任论在从非难或非难可能性中寻求责任根据时,强调作为责任要素必须有违法性认识或者违法性认识可能性。但这里所谓的违法性认识或者其可能性并不是指单纯的心理事实,而同时是指作为抑制犯罪意思决定的规范意思,即应以在其形成过程中考虑到反对动机的形成。所以,违法性认识或违法性认识可能性是规范的责任要素。根据规范责任论,在进行责任判断时,确定责任能力、故意和过失,属于事实判断的内容,对违法性认识、期待可能性的分析,才是规范判断的内容。规范责任论是在心理责任论的基础上融入了规范分析,并不意味着对作为心理事实的故意、过失概念,要加入规范判断的内容。③

此外,故意犯的成立,要求违法性认识;过失犯的成立,也必须要有违法性认识,违法性认识可能性是故意犯和过失犯共同的责任要素。这是因为,违法性认识可能性实际上就意味着行为人具有藐视法律的意思。故意犯和过失犯比较起来看,前者往往具有现实的、具体的违法性认识,藐视法律的意思更为强烈,所以需要给予较为严厉的责任非难;过失犯大多只具有违法性认识可能性,行为人藐视法律的意思并不强烈,所以责任非难的程度较故意犯为轻。故意犯与过失犯在违法性认识的"程度"上有差异,乃是故意责任重于过失责任的理由之一。④ 而将违法性认识及其可能性作为故意要素来理解,就会混淆故意和过失的根本区别。

---

① 陈璇:《责任原则、预防政策与违法性认识》,载《清华法学》2018年第5期。

② 王钢:《非法持有枪支罪的司法认定》,载《中国法学》2017年第4期。

③ 周光权:《刑法总论》(第3版),中国人民大学出版社2016年版,第239页。

④ 周光权:《刑法总论》(第3版),中国人民大学出版社2016年版,第238页。

三、(限制)责任说的提倡

(一)违法性认识的可能性是责任要素

与故意说不同,责任说主张:从理论上看,违法性认识或者其可能性是一种规范性要素,它抑制实施违法行为的意思决定,如果故意包含对犯罪事实的认识,也包含违法性认识的可能性,故意概念就会存在逻辑上的矛盾,会造成概念的混乱。[①] 所以,故意,是指认识或者实现犯罪事实的意思,即存在"事实的故意"即为已足。违法性认识可能性是与故意有区别的其他的责任要素,也是故意行为、过失行为共同的责任要素。换言之,违法性认识可能性不是责任故意的要素,而是责任本身的要素。没有违法性认识,并不影响故意的成立。当然,如果误认为行为不违法而且有充分根据时,则没有非难可能性,阻却责任。[②] 在责任说中,强调现实的违法性认识本身是故意之外的责任要素的观点称为严格责任说,主张违法性认识的可能性是故意之外的责任要素的观点成为限制责任说。

限制责任说的主张值得赞同。故意犯的成立,要求有违法性认识,或者至少要有违法性认识的可能性,违法性认识或其可能性是故意、过失之外独立的责任要素。根据限制责任说,在故意的内容中,不应当包含违法性认识及其可能性,违法性认识及其可能性只是影响、阻却责任的要素,而非阻却故意的要素。近年来,这样的主张在我国已经成为一种有力的学说。[③] 而且,最近我国已有法院判决明确接受了限制责任说的立场。该判决指出:"杨某对其与中轻公司行为的违法性存在认识错误,不影响其犯罪故意的认定,亦不阻却其责任。违法性认识并非犯罪故意的一般认识内容,违法性认识错误并不能阻却犯罪故意的认定。违法性认识可能性是责任阻却事由,行为人对其行为违法性存在认识可能时,行为人的违法性认识错误并不能阻却责任;只有行为人对其行为违法性的认识错误不可避免时,行为人的违法性认识错误才能成为责任阻却事由。"[④] 这一判决明确站在严格责任说的立场,以欠缺违法性认识的可能性作为阻却责任事由,值得肯定。

(二)违法性认识可能性与不可避免的法律认识错误

违法性认识及其可能性是独立于故意、过失之外的单独的责任要素。故意的认识对象是法律明文规定或者非明文的客观的构成要件要素,而与此不同,违法性认识及其可能性的指向对象是法律规范本身。在对于客观构成要件要素存在认识的场合,即使对于相对应的法律规范本身毫无所知,也仍然存在故意,只是在考察能否对行为人予以谴责时,还需要进一步讨论行为人是否具有违法性认识的可能性。此时,需要结合具体案件具体判断行为人对法律的无知或者错误是否是不可避免的。如果得出对法律的认识错误是不可避免的,就可以说行为人缺乏违法性认

---

① [日]平野龙一:《刑法概说》,东京大学出版会 1977 年版,第 95 页。

② [日]平野龙一:《刑法总论Ⅱ》,有斐阁 1975 年版,第 263 页。

③ 吴学斌:《规范责任论视野下的违法性认识与违法性认识的可能性》,载《清华法学》2009 年第 2 期;张明楷:《刑法学》(第 5 版),法律出版社 2016 年版,第 322 页;孙国祥:《违法性认识错误的不可避免性及其认定》,载《中外法学》2016 年第 3 期。

④ 浙江省绍兴市柯桥区人民法院(2015)绍柯刑初字第 959 号刑事判决书。

识的可能性，进而也就缺乏对于行为人的非难可能性，可以阻却责任。

四、违法性认识可能性的具体判断

在对故意、过失作出判断之后，进一步分析是否存在违法性认识的可能性时，就需要考虑：对绝大多数犯罪而言，确认行为人对于犯罪事实有认识，就可以进一步推定其具有违法性认识。所以，违法性认识（或其可能性）的判断是一种消极的判断：在一般情况下，只要行为人具备了（需要积极判断的）故意或者过失的责任形式，就可以推定为其具有违法性认识的可能性，而在例外的、特殊的情况下，就可以否定上述的推定，认为违法性认识的可能性不存在。正是因为如此，本书将欠缺违法性认识的可能性作为超法规的责任阻却事由。

是否欠缺违法性认识的可能性，换言之，客观的法律认识错误是否能够避免，需要具体判断。问题是，判断的具体标准，即按照社会一般人标准加以客观判断，还是按照行为人的标准进行主观判断？本书认为，作为能否针对具体行为人本人加以谴责和非难的根据，应该是采主观标准，这和在过失犯认定场合的预见可能性的判断标准应该采主观说是同样的道理。为了防止国家的威权主义，就应当以行为人在具体情况下的个人能力为标准，考虑避免这样的错误对于这个特定的被告人来讲是否具有可能性，以此作为是否存在违法性认识可能性的判断基准。[①] 当下的刑法学界倾向于认为，唯有在满足以下三个条件的前提下，才认为行为人的违法认识错误可以避免：首先，行为人必需要具有反思自己行为合法与否的契机，其必须现实地认识到或者有可能认识到某种外在的、表征其行为违法性的情势，而且这种情势足以驱使有责任感的公民去了解自己的行为是否违反法律规定。其次，行为人在其个人的能力范围内，未采取措施或者仅付出了不充分的努力去查明法律、确认自己行为合法或违法的性质。最后，行为人客观上必需有认知法律规范、认识行为违法性的现实可能性。唯有在行为人若采取充分措施，就可以发现自己的行为违反法律时，才能肯定其违法性认识错误可以避免。[②]

法律的认识错误（禁止错误）不可避免，从而行为人欠缺违法性认识的可能性，只能是例外情形。一般来说，以下场合可能会导致否定违法性认识的可能性：（1）由于通信不发达、所处地区过于偏僻等原因，行为人不知法律的存在；（2）由于国家相关法律宣传、行政管理职能部门的懈怠，行为人对自己的行为是否违反特定领域的行政、经济法规，完全没有意识；（3）刑罚法规突然改变；（4）法律规范体系完全不同的外国人进入中国时间过短，对自己的行为可能违反法规范一无所知；（5）知道刑罚法规的存在，但由于法规之间有抵触，错误解释刑法，误以为自己的行为合法；（6）从值得信赖的权威机构（如司法机关）那里获得值得信赖的信息，或者阅读以前法院作出的判决，根据相关结论，认为自己的行为合法；（7）行为人知道，他人以前曾经实施类似行为，并没有得到刑罚的否定性评价，从而坚信自己的行为合法。行为人缺乏违法性认识的可能性，作为责任要素的故意（或者过失）仍然存在，但是由于具备了作为责任阻却事由的“欠缺违法性认识的

---

① 立足于主观说而对客观说以及所谓折中说的批判，详见周光权：《刑法总论》（第3版），中国人民大学出版社2016年版，第242页。

② 王钢：《非法持有枪支罪的司法认定》，载《中国法学》2017年第4期。

可能性”，责任要件要素不齐备，犯罪不能成立。① 具体的案例体现，可见赵春华非法持有枪支案。2016 年 8 月至 10 月，被告人赵春华在天津市河北区李公祠大街亲水平台附近，摆设射击摊位进行营利活动。2016 年 10 月 12 日 22 时许，公安机关在巡查过程中发现赵春华的上述行为后将其抓获归案，当场查获涉案枪形物 9 支及相关枪支配件、塑料弹。经天津市公安局物证鉴定中心鉴定，涉案 9 支枪形物中的 6 支为能正常发射以压缩气体为动力的枪支。即便从公安部当时的枪支认定标准出发，也应当肯定赵春华陷入了无法避免的违法性认识错误，从而欠缺违法性认识的可能性，不构成犯罪。② 两审法院坚持认定行为人的行为构成非法持有枪支罪，是令人遗憾的。

第八节　责任阻却事由之三：欠缺期待可能性

行为人具有责任能力，也具有故意或过失以及违法性认识的可能性，但是，考虑到具体案件中的一些特殊情况，难以期待行为人做出适法行为，此时，亦不能对行为人予以责任非难。在遇到具体情状时，期待行为人能够做出适法行为，就是所谓的期待可能性。此时若存在期待可能性，责任非难即属可能；期待可能性若不存在，责任非难即为不可能。在这个意义上，期待可能性可谓是责任非难的界限。

一、概念

期待可能性，是指从行为时的具体情况看，可以期待行为人不为违法行为，而实施适法行为的情形。法律不强人所难，只有当一个人具有期待可能性时，才有可能对行为人做出谴责。如果不具有这种期待可能性，那么也就不存在谴责可能性。

“期待可能性”的概念来自德国法院于 1897 年对癖马案所作的判决。行为人多年以来受雇驾驶双匹马车，其中一匹马具有以尾巴绕住缰绳并用力压低马车的癖性。行为人多次要求换一匹马，但是雇主没有答应他的要求。某日，这匹马劣性发作，车夫采取了所有紧急措施，但马仍然撞伤了他人。法院判决行为人无罪：因为很难期待被告人坚决违抗雇主的命令，不惜失去工作岗位而履行避免其已经预见的伤害结果发生的义务。法院根据被告人所处的社会关系、经济状况否定了期待可能性的存在，从而否定了在损害结果的发生上行为人的应受谴责性。③ 该判决发表之后，迈耶于 1901 年首先提到期待可能性问题；1907 年弗兰克将癖马案判例在其论文《论责任概念的构成》中予以采纳，成为期待可能性理论研究的开端。之后的施密特基本上完成了期待可能性理论。期待可能性理论的兴起，最终带动了以非难可能性为核心内容的规范责任论的发达。

---

① 周光权：《刑法总论》(第 3 版)，中国人民大学出版社 2016 年版，第 242 页。

② 表达了同样立场的，比如王钢：《非法持有枪支罪的司法认定》，载《中国法学》2017 年第 4 期。

③ 关于癖马案的判决，参见《德国帝国法院刑四庭关于“癖马案”的判决书(1897 年 3 月 23 日)》，载陈兴良主编：《刑事法判解》(第 10 卷)，北京大学出版社 2009 年版，第 382～384 页。

二、期待可能性的判断标准

期待可能性的判断标准,是指判断行为人在实施该当构成要件的违法行为时,是否能够期待其实施适法行为的标准。这是期待可能性理论中争议最大的问题。对此,主要存在以下学说:(1)行为人标准说。该说主张以行为当时具体状况下的行为人自身的能力为标准。如果在当时的具体状况下,不能期待该行为人实施适法行为,就表明缺乏期待可能性。(2)平均人标准说。平均人标准说认为,如果对处于行为人状态下的通常人、平均人,能够期待其实施适法行为,则该行为人也具有期待可能性;如果对处于行为人状态下的通常人、平均人,不能期待其实施适法行为,则该行为人也不具有期待可能性。(3)国家标准说(法规范标准说)。国家标准说主张以国家或者国家的法秩序的具体要求为标准,判断是否具有期待可能性。因为所谓期待,是指国家或者法秩序对行为人的期待,而不是行为人本身的期待,因此,是否具有期待可能性,只能以国家或者法秩序的要求为标准,而不是以被期待的行为人或者平均人为标准。

就以上三种判断标准而言,各自都存在一些不足。行为人标准说的不足在于如果行为人本人不能实施适法行为,就不期待其实施适法行为,那么就没有法秩序而言。平均人标准说则没有考虑到对平均人能够期待而对于具体行为人却不能期待的情况,这不符合期待可能性理论的本意。国家标准说的问题在于:期待可能性的理论本来是为了针对行为人的人性弱点而给予法的救济,所以,应该考虑那些不能适应国家期待的行为人,国家标准说没有考虑这一点;此外,国家或者法秩序到底在什么场合期待行为人做出适法行为,这一点是不明确的。换言之,国家标准说的最大问题就在于其并没有提出真正的标准。

相对而言,行为人标准较为妥当,也为本书所接受。一方面,期待可能性的宗旨是对在强有力的国家法规范面前喘息不已的个人给予救济;另一方面,责任是对该当构成要件而且违法行为的实施者给予非难。所以,应当站在行为人的立场上,具体考虑其作出意志选择的可能性,从而使得归责更加合乎情理。总之,只能在考虑行为人的能力的前提下,判断能否期待行为当时的行为人通过发挥其能力而不实施违法行为。

三、期待可能性在责任论中的地位

就期待可能性在犯罪论体系中的位置而言,在其属于责任论的问题这一点上,学说上几乎是一致的。可是,在期待可能性与故意、过失等其他的责任要素的关系上,学说又是各种各样。大致分来,主要包括如下三种见解:(1)将期待可能性视作与故意、过失不同的、与其相并列的第三个责任要素的见解;(2)认为期待可能性是故意、过失的构成要素(成立要件)的见解;(3)将期待可能性的不存在作为独立的责任阻却事由来考虑的见解。

(一)第三责任要素说

这一学说主张,作为客观的责任要素的适法行为的期待可能性,与属于主观的责任要素的故意、过失相区别，是与原来的责任要素相并列的积极的要素。[①] 也就是说，期待可能性是与责任能力、故意和过失并列的第三责任要素。期待可能性虽然指向行为人的主观，是对行为人主观选择的期待，但是与故意、过失不同，不是行为人主观的、心理的内容本身，而是从法规范的角度对处于具体状况下的行为人的主观选择的评价。因此，故意、过失是主观性的归责要素，而期待可能性是客观性的归责要素，期待可能性是独立于故意、过失之外的一类归责要素。

针对这一学说，前田雅英教授批判说："该说认为期待可能性也是应成为犯罪的事实的一部分这一旨趣，这么说来也是不妥当的。检察官一方必需要时常证明期待可能性之存在，这是不合理的。"[②]若采第三责任要素说，则在每个具体的案件中都要专门地、单独地判断期待可能性的有无和程度，这显然与刑事司法的经济性、可操作性要求背道而驰。

（二）故意与过失的构成要素说

将期待可能性理解为故意、过失的要素的论者，在日本刑法学中具有相当的影响，特别是在较早的老一辈的刑法学者之中，不少学者采纳此说。比如团藤重光教授认为，就故意犯而言，仅仅说行为者表象出犯罪事实且予以容忍并诉诸了行为时，尚不足以对行为者的人格态度予以充分的评价。为了对行为者作出非难可能性的判断，不是要看一般的人格态度，而是有必要看在具体事情的场合的人格态度。因此，即便存在犯罪事实的表象、容忍（根据学说来说明进一步的违法性的认识），假如置于具体的情形之下，做出这一行为完全没有什么不合理（不能被期待不作出该行为）的场合，由于已经不能对于行为者加诸非难，则期待可能性就必须作为故意的成立要件来考虑。[③] 再者就过失犯而言，既然过失也是非难可能性，则期待可能性的理论不仅在过失责任这里也是妥当的，而且较之故意责任而言，可谓是更为妥当的。不仅如此，团藤教授还指出："认为期待可能性作为与故意或者过失相并列的第三个责任要素的立场是存在的。限于将故意或者过失只看作是单纯心理的意义上，这一观点是正确的。但是，在将故意、过失看成责任形式的时候，则故意责任、过失责任，都必须是包含非难可能性的要素的。欠缺期待可能性的时候，故意责任、过失责任本身被阻却。"[④]由此，团藤积极地主张期待可能性是故意、过失的构成要素。

构成要素说受到了较为激烈的批判。比如，福田平教授明确指出，期待可能性与故意（事实的故意）在把握的方法上是不同的，从而，将期待可能性这一规范的要素视为作为心理活动形式的故意的要素是不妥当的。[⑤] 内藤谦教授更进一步指出，理论地看待责任之构造的话，故意、过失是以对于犯罪事实特别是结果惹起的心理状态为问题的，而与此相对，期待可能性，是以这样的故意、过失之存在为前提，期待作出相应违法行为之外的适法行为这一意思决定的可能性为问题的。这样，故意、过失与期待可能性，问题的所在与把握的方法皆不相同，与故意、过失是责任的原则的、心理的要素相对，期待可能性是责任的规范的要素。从而，将作为规范的要素的期待

---

① ［日］大塚仁：《刑法概说（总论）》（第3版），冯军译，中国人民大学出版社2003年版，第467页。

② ［日］前田雅英：《刑法总论讲义》（第4版），东京大学出版会2006年版，第371～372页。

③ ［日］团藤重光：《刑法纲要总论》（第3版），创文社1990年版，第323～324页。

④ ［日］团藤重光：《刑法纲要总论》（第3版），创文社1990年版，第324页。

⑤ ［日］福田平：《全订刑法总论》（第4版），有斐阁2004年版，第220页。

可能性理解为作为心理的要素的故意、过失的构成要素，想来是不适切的。①

(三)责任阻却事由说

本说将责任能力与故意、过失理解为责任的原则的要素，而将期待可能性的不存在(期待不可能性)理解为责任的例外要素。这一立场在日本刑法学界支持者众多，佐伯千仞、江家义男、平场安治、大野平吉、中山研一、吉川经夫、浅田和茂、齐藤信治、野村稔、香川达夫、庄子邦雄、大谷实、川端博、前田雅英等学者都持此说。福田平教授也赞成此说，他指出，是应该将期待可能性的存在视为责任的积极要素，还是应该将其不存在视为责任阻却事由，彼此的看法实质上也就可以说没有多大的差别。② 将责任能力和故意、过失予以整合，构成责任的原则型，责任能力以及故意或者过失若是存在的话，由于可能期待行为者作出适法行为，其作出了违法行为这一点就可能加以非难，这里就存在这样的大致的推定(原则型)，在具体的场合，存在打破这样的推定的事情，即不存在适法行为的期待可能性的场合是存在的(例外型)，在这一场合，由于不能使其承担刑事责任，则期待可能性的不存在，也就成了责任阻却事由。川端博教授也指出，期待可能性由于是在例外的事态中被作为问题，适合责任判断中的原则——例外的构造类型，所以应该支持将期待不可能性作为超法规的责任阻却事由来理解的学说。这样的理解方法，在思考经济上、诉讼程序上都是有益的，实际说来也可谓是妥当的。③ 内藤谦教授也认为，这一学说，将期待可能性的不存在的例外的性格予以明确，而且，在期待可能性的不存在的场合的诉讼法的操作上，基本上是妥当的。④

针对这一学说，采纳了独立的第三责任要素说的大塚仁教授提出了批判，他认为，期待可能性不仅涉及责任存否这一面，在决定责任之轻重的程度上也发挥着重要的作用，既然如此，将其作为单纯消极的责任要素来看待是不适当的。⑤ 对此，福田平教授反驳道：确实，在期待可能性作为决定责任的轻重之要素的意义上，其属于责任要素。可是，承认期待可能性具有作为决定责任之轻重的要素的意义，与将期待可能性作为同故意、过失相并列的积极的责任要素这一点，其间可以说没有论理上的必然性。⑥

(四)本书的选择

就上述三种学说而言，第三责任要素说和构成要素说直接对立：第三责任要素说将期待可能性看作是独立于故意与过失的责任要素，即具有故意和过失，但不存在期待可能性仍然不能归责。而构成要素说则将期待可能性视为故意与过失的构成要素，不存在期待可能性则不成立故意与过失。在本书看来，不管是将期待可能性作为责任的积极要素也好，还是将其不存在作为消

---

① ［日］内藤谦：《刑法讲义总论(下)Ⅰ》，有斐阁 1991 年版，第 1203 页。
② ［日］福田平：《全订刑法总论》(第 4 版)，有斐阁 2004 年版，第 220 页。
③ ［日］川端博：《刑法总论讲义》(第 2 版)，成文堂 2006 年版，第 443 页。
④ ［日］内藤谦：《刑法讲义总论(下)Ⅰ》，有斐阁 1991 年版，第 1204 页。
⑤ ［日］大塚仁：《刑法概说(总论)》(第 3 版)，冯军译，中国人民大学出版社 2003 年版，第 467 ~ 468 页。
⑥ ［日］福田平：《全订刑法总论》(第 4 版)，有斐阁 2004 年版，第 220 页。

极的责任要素，在欠缺期待可能性的场合，责任被阻却，这一点是没有争议的。不过，期待可能性虽然是责任要素，但是，行为人有无期待可能性，在绝大多数案件中，是不需要特别予以考虑的。刑法条文大多将缺乏期待可能性的行为排除在犯罪之外，在刑法明文规定之外，因为缺乏期待可能性而阻却责任的情况并不多见。可以说，具有责任能力的人，基于故意或者过失，实施某一行为，通常就存在期待可能性，这一点是被事先推定的。此外，期待可能性的概念本身比较模糊，如果把期待可能性作为一般性的责任阻却事由，会导致法的不安定性。因此只有在极其稀有的特殊案件中才能以缺乏期待可能性为由排除犯罪之成立，这是必须强调的。正是基于上述考虑，本书赞成责任阻却事由说。

四、期待可能性理论在我国立法中的体现和司法中的适用

（一）立法体现

我国刑法规定对于期待可能性理论是有所体现的。比如，《刑法》第 16 条规定的不可抗力，是指行为人虽然认识到自己的行为会发生损害结果，但由于受到当时客观条件的限制，不可能排除或者防止结果的发生。这就可谓是欠缺期待可能性的体现。第 20 条第 2 款、第 21 条第 2 款规定对防卫过当、避险过当减轻或者免除处罚，其重要依据也是期待可能性低。① 第 28 条规定的胁从犯减免处罚的根据，也部分是由于其因受胁迫而期待可能性低。《刑法》第 307 条第 2 款规定的帮助毁灭、伪造证据罪、第 310 条规定的窝藏罪、第 312 条规定的掩饰、隐瞒犯罪所得、犯罪所得收益罪，之所以通常将本犯排除在犯罪主体之外，也是因为本犯欠缺期待可能性。② 在此，期待可能性理论了对实定法中的具体规范提供解释根据的功能。

（二）司法适用

就期待可能性理论的适用来说，有学者认为，为了维护刑法的安定性和司法运行的有序性，有必要严格限定超法规的期待可能性事由的适用条件及范围，以避免刑法对人性弱点的同情泛滥成灾。实践中，在（1）牺牲他人生命保全自己生命的紧急避险；（2）安乐死；（3）执行上级违法命令；（4）受虐妇女不堪忍受长期家庭暴力而杀夫；（5）近亲属妨碍司法；（6）迫于生活困难而出卖子女；（7）妇女因受客观条件所迫而重婚；（8）原本无罪的人被司法机关错误关押后单纯脱逃等场合，可以考虑适用期待可能性而减免行为人的责任。③

确实，期待可能性理论不是书斋中的理论摆设，其生命力在于通过具体适用，缓和立法规定的僵化和司法现实的多样化之间的紧张关系，在国家强制力追究中为国民留下喘息的空间。在明确期待可能性不但存在有无的问题，还存在程度高低的问题之后，也就存在因欠缺期待可能性而阻却（免除）责任和因期待可能性的程度较低而减轻责任两种事案类型。通过期待可能性理

① 张明楷：《期待可能性理论的梳理》，载《法学研究》2009 年第 1 期；钱叶六：《期待可能性理论的引入及限定性适用》，载《法学研究》2015 年第 6 期。

② 钱叶六：《期待可能性理论的引入及限定性适用》，载《法学研究》2015 年第 6 期。

③ 钱叶六：《期待可能性理论的引入及限定性适用》，载《法学研究》2015 年第 6 期。

论，既可以使案件在实体上得到妥善解决，也可以增强判决书的说理程度而获得公众认同。事实上，在论者列举的上述几种事案类型中，已经多处出现了通过期待可能性理论减免刑罚的真实判决，这是值得肯定的。

五、期待可能性观念与犯罪论体系的变革

无论是作为独立于故意、过失和责任能力的第三责任要素，还是将其不存在作为超法规的阻却责任事由，期待可能性理论都在阶层式的犯罪论体系中得到了良好的栖息。与此相对，在我国平面耦合式的四要件犯罪论体系之中，并没有期待可能性的恰当位置；换言之，期待可能性在我国现行的主流犯罪论体系中处境尴尬，甚至难以栖身。只有放弃平面四要件的体系，改采区分违法与责任的阶层式犯罪论体系，才有期待可能性理论的作用空间。之所以得出如此结论，主要基于以下两点。①

第一，期待可能性理论是规范责任论的核心概念。而我国现存的犯罪论体系之中，并无规范责任论的位置。与期待可能性理论沾边的犯罪构成要件可能是犯罪主体和犯罪主观方面，但是犯罪主体主要涉及是否达到责任年龄、有无责任能力、是否属于特殊主体犯罪等，期待可能性的理论难以置身其中；而犯罪主观方面则主要研究故意、过失、违法性意识、认识错误等，由于期待可能性的规范属性，若是将其强行塞入其中，同样会破坏犯罪主观方面的统一特征。同时，更不能设想超出平面犯罪构成体系，在作为犯罪的本质特征的社会危害性范畴上讨论期待可能性问题——即便我们赋予社会危害性定性与定量相统一、主观与客观相统一等属性，也无法认可欠缺期待可能性的危害社会行为不具有社会危害性。况且，在规范刑法学的领域之中，社会危害性的概念本身已经饱受质疑。

第二，之所以说期待可能性在我国的平面犯罪论体系中无处栖身，主要还是因为这一体系中存在的结构性缺陷。这种缺陷最明显地体现于，其缺乏违法性与责任的二元区分，由此，不但在正当防卫的成否、共犯的从属性等问题上会存在解释上的障碍，而且，作为超法规的阻却责任事由的期待可能性理论也注定要受到排挤。因为在四要件理论之下，既然责任仅仅是成立犯罪之后的一种法律后果而并非犯罪成立的一个要件，就不能因为一种行为欠缺期待可能性而阻却责任从而不认定为犯罪。只要承认犯罪构成作为判断犯罪成立与否的唯一的终局的标准，只要看到四要件理论之中并无责任概念的容身之地，就只能承认四要件理论中没有阻却责任的存在可能。只有采纳阶层式犯罪论体系、明确违法与责任的二元区分，期待可能性观念及其理论主张才能得以确立发展。

---

① 详细的分析，请参见付立庆：《期待可能性的体系地位》，载《金陵法律评论》2008 年春季卷。

第八章　故意犯罪的停止形态

故意犯罪的停止形态，又称未完成罪，是指故意实施犯罪，但未能达到既遂而停顿下来的一种形态，具体对应的法律条文是《刑法》第 22 条犯罪预备、第 23 条犯罪未遂以及第 24 条犯罪中止。

一、故意犯的行为阶段

故意犯罪，除了临时形成故意犯罪意思即所谓临时起意的场合之外，通常体现为一个明显的犯罪过程。比如，妻子基于一定动机想毒杀丈夫，有此明确想法后就去找别人商量；商量之后认为此事可行，随后着手购买毒药，将犯罪对象约至指定的地点，或者是排除障碍，如将丈夫的弟弟支走。购买完毒药之后，妻子接近丈夫，并将毒药喂给他吃，丈夫吃时或许会有挣扎，妻子此时会压制其反抗。吃完毒药之后还会经历药效发作的过程，这时妻子会控制其不让其反抗呼救，或者妻子良心发现，将其送往医院进行救治。在这些过程之中，比如，妻子在购买毒药的阶段就被他人识破了杀夫的阴谋，被他人告发犯罪，妻子的计划因此无法继续进行，这时如何评价妻子的行为？或者，在妻子将毒药成功买到手，正走在回家的路上，当时天色已黑，寒风大作，妻子想到丈夫在如此寒冷的天气里卖烧饼养家糊口也不容易，故而打消了杀夫的念头。或者，妻子在给丈夫喂食了毒药之后，看到丈夫苦苦挣扎的样子实在于心不忍，幡然悔悟，呼叫隔壁的邻居帮忙一同将丈夫送至医院抢救，从而避免了丈夫的死亡结果。或者，在妻子买毒药的过程中，卖药者知道其买药的目的是毒死丈夫，而不是为了毒老鼠，于是将假的毒药卖给了买药者，妻子在毫不知情的情况下将假毒药给丈夫吃，丈夫仅有少许腹泻症状，在床上翻滚，但无性命之虞，之后丈夫对妻子起了疑心，将其告发。这时法律将会对妻子的行为如何判断？这一系列的案件发展进程中，犯罪行为可能会由于某些因素而停止下来，不再继续进展，在刑法上如何对这些行为进行评价，是需要讨论的问题。

二、故意犯的未完成形态是一种停止形态

一个有预谋、有计划的犯罪行为通常可以表现为：首先形成了犯罪的决意，进而进行了犯罪的谋划，之后着手准备，准备之后着手实施，实施之后发生了结果，或者是没有发生结果，等等。完整的犯罪通常会表现出一个行为进程，在这个进程中，行为可能会因为各种原因而停止下来，无法向前发展或进展，这在刑法上称为未完成罪。这里所讲的未完成形态指的是一种停止形态，并不是指今天妻子去买毒药碰上药店歇业，于是就回了家，打算第二天接着去买，它并不是一个中间的自然意义上的时点，而是说妻子在买毒药的过程中，由于对方拒绝而无法实现，或者是说

在买的过程中由于自己良心发现而主动放弃杀人的念头,等等。所谓"未完成形态",是指行为处于一种停止的状态。类似于马拉松比赛这样的,运动员在枪声响起之后开始比赛,在跑步的过程中,可以因为口渴而接过路人递过来的一瓶水喝稍作停顿,但是一旦完全停止下来,比如因违规而被罚下场,这时就不允许再次上场,这时就是一种终局的状态。未完成罪指的就是这样一种终局的、停止的状态,而不是一种过程性的状态。

三、未完成罪的主观要件

对于未完成罪,我国《刑法》第 22 条、第 23 条和第 24 条并没有明确将其限定为故意犯罪。如《刑法》第 22 条规定的是"为了犯罪,准备工具、制造条件的,是犯罪预备",而并未规定为"为了故意犯罪"而准备工具、制造条件。同样,第 23 条规定了"已经着手实行犯罪,由于犯罪分子意志以外的原因而未得逞的,是犯罪未遂",也并没有规定"故意犯罪,由于意志以外的原因而未得逞"。但是,无论是理论上还是实践中都毫无争议地认为,未完成罪必需是故意犯罪。如果不是故意犯罪,而是一个过失犯罪,无论是过于自信的过失还是疏忽大意的过失,行为人均不会为了过失犯罪而准备工具、制造条件。同时,即使行为人因为过失实施了一个危险行为,但是却没有造成危害结果的,根据《刑法》第 15 条规定中"以致发生这种结果"的要求,也不能成立过失犯罪,而仅是一种过失危险行为。可以说,尽管法条本身没有要求未完成罪必需是故意犯罪,但未完成罪只能存在于故意犯罪之中。有争议的是,在间接故意的场合是否存在未遂。对此,通说采取了否定的态度,即认为间接故意没有未遂。但是一种越来越有力的观点倾向于认为,间接故意场合对结果发生持放任心态,在结果没有发生的情况之下,也可能存在未遂问题。

总之,未完成罪是指故意犯罪的未完成形态,并且主要体现为直接故意的场合。正是由于在直接故意中,行为人希望结果发生,他才会为了实施犯罪准备工具、制造条件;在由于意志以外的原因而使结果没有发生的时候,才会认为其犯罪未得逞。

第一节　犯 罪 预 备

一、犯罪预备的特征

《刑法》第 22 条第 1 款规定:"为了犯罪,准备工具、制造条件的,是犯罪预备。"尽管从表面上看来这似乎是关于"犯罪预备"的规定,但是需要明确,作为一种未完成形态、停止形态的犯罪预备,是指为了犯罪准备工具、制造条件之后,由于意志以外的原因而未能着手实施犯罪,进而停止下来的形态。这才是犯罪预备的完整概念。可以说,第 22 条的前述表述,并非是对犯罪预备的严格定义,而是对犯罪预备的第一个条件即预备行为的规定。预备行为仅是犯罪预备的一个条件而非它的全部内容。犯罪预备具有如下特征。

(一)主观上是为了实行犯罪

首先,根据《刑法》第 22 条第 1 款的规定,行为人主观上是"为了犯罪",但要强调的是,行为人必需是为了实行犯罪。如果将行为人为了“预备实施犯罪”而准备工具、制造条件的行为也认定为犯罪预备,不但会导致犯罪预备的概念存在同义反复的问题,更重要的是,还会导致处罚范围过宽,乃至处罚一些不应处罚的行为。比如,行为人为了实施杀人而购买毒药,买药的行为可以评价为预备行为;但是若行为人没有足够的钱买药,于是外出打工挣钱,若是将打工赚钱的行为评价为为了购买毒药这一预备行为制造条件,进而也评价为杀人犯罪的预备行为,显然会导致处罚范围过宽,造成不合理的结果。所以,将犯罪预备的主观要件限定为“为了实行犯罪”,是适当的。

为了实行犯罪,既可以是为了自己实行犯罪,即“自己预备罪”;也可以是为了他人实行犯罪,即“他人预备罪”。所以,购买毒药的行为,既可以是行为人为杀人而买来毒药亲自实施的行为,也可以是为了帮助他人的杀人行为而购买毒药的行为,这两种情况都是预备行为。在他人预备罪的场合,其预备行为同时体现为一种帮助行为。

需要注意的是,这里的“为了犯罪”,不同于单纯的犯意表示。如果行为人仅仅扬言要将某人杀死,即使语气充满憎恶、面目极其狰狞,也不能将这种犯意的表示视为犯罪预备。行为人此时并不具有导致法益侵害的客观危险,必需是实施具体的行为,才能被评价为预备行为。

(二)客观上实施了犯罪预备行为

构成犯罪预备客观上需要实施了犯罪预备行为。对于预备行为,立法上规定的是“准备工具、制造条件”的行为。其中,制造条件是犯罪预备的实质,即创造了可以实行犯罪之条件的行为就是预备行为,因此,准备工具实际上也是制造条件的一种。由于准备工具是司法实践中最为常见的犯罪预备行为,因此立法专门将其列举出来,以示强调。不过,如果表述为“为了实施犯罪,准备工具或者其他制造条件的行为”或许更为严谨,立法在此采取了一种更为“简练”的表达。

制造条件,包括制造实行犯罪的客观条件和制造实行犯罪的主观条件。制造客观条件是常见的预备行为,例如,行为人欲实施抢劫就必需寻找犯罪对象,但是单纯寻找犯罪对象的行为尚不能被评价为犯罪预备行为。例如,行为人在大街上游荡时路遇一警察询问其为何满街转悠,该人回答“我正在寻找抢劫的对象”,即使行为人如此明确地表明其犯罪意图,该行为也不能被评价为抢劫的预备行为。犯罪预备必需是具有法益侵害危险的行为,只有当行为人找到了特定的、明确的犯罪对象,接着行为人尾随、接近该特定对象时,该行为才制造了抢劫犯罪的条件,才是具有导致他人的人身、财产法益遭受侵害危险的行为,才构成抢劫的预备行为。此时尾随、接近他人的行为人如果被警察截住,并且有足够证据可以证明其有抢劫的故意,如有他人可以证明该行为人已经尾随特定对象长达几天之久,这时就可以认定这是为了实行犯罪而制造条件的抢劫预备行为。同样还有行为人伺机等候的情况:如行为人知晓某人今天刚领取了工资,遂在其家门口等候,欲实施抢劫行为,当行为人接近行为对象时,这种等候的行为就可能被评价为预备行为。在犯罪对象没有出现时,将行为人单纯在其家门口守候的行为评价为犯罪预备仍为时尚早,成立犯罪预备要求行为人与犯罪对象之间有接触,这样的接触使得行为人具备了实施抢劫行为的可能性,从而才能被评价为制造了条件的行为。所以,无论行为人是尾随抑或守候犯罪对象,作为犯罪预备中“制造条件”的行为要进行一定程度的限定:必须是具有法益侵害危险的行为,而不是具有纯粹抽象危险的可能性的行为——这时的行为还不能评价为犯罪预备。在我国立法对预备犯进行普遍处罚的背景下,更应该限定对预备行为的解释,而不能任意扩大其范围。实践中,排除障碍也是一种制造犯罪客观条件的常见预备行为。例如,行为人知道犯罪对象家中有一条狗,遂将其毒死;知道犯罪对象家里有一保镖护卫,而将保镖调离或将其灌醉,等等,都是排除犯罪障碍的行为,可以评价为为了实行犯罪而制造条件的行为。

单纯的犯意表示,如行为人扬言要杀死或抢劫某人的行为,不构成犯罪预备行为。但是,行为人为了实施抢劫,制订了周密的犯罪计划,如其在日记本上详述了其遇到犯罪对象会采取何种行为,遇到警察会采取何种行为,发现对象有帮手时会作何反应,如此种种可能性都详细列举,对策也一一列出,在这种情况下,可以说行为人已经为实施犯罪做好了主观上的准备,此时已超出单纯的犯意表示,而是体现为一种行为,这实际上是制造了犯罪的主观条件。

(三)事实上未能着手实行犯罪

作为一种停止形态,犯罪预备是指未能着手实行犯罪。如果已经着手实行就进入了实行阶段,就不可能再成立犯罪预备,此时需要进一步探讨行为是否造成了危害结果及其原因,若造成结果则是既遂,若没有造成结果且是由于行为人意志以内的原因,属于犯罪中止;若结果未发生是由于行为人意志以外的原因,属于犯罪未遂。犯罪预备是事实上未能着手实行犯罪。这种未能实行犯罪表现为两种情况:一是预备行为没有终了,如计划杀夫的妻子在买毒药时即被当场发现、当场识破、当场抓获,没有买到药故没有完成杀人之"准备",但其已经开始准备工具了。此时属于行为人已经开始实施预备行为,但预备行为没有实行终了,当然就发展不到实行阶段。二是预备行为本身已经终了,但是没有发展到实行行为阶段。比如,药已经买回来了,但是出于某种原因(比如忘记了藏药的地点)该药并未给被害人服用,没有实行。两种情形最终的结果都是未能着手实行犯罪。

(四)未能着手实行犯罪是由于行为人意志以外的原因

在犯罪预备的场合,未能着手实行是由于行为人意志以外的原因。也就是说,并非行为人自己不想实行犯罪,行为人准备了工具、制造了条件,乃是出于实行犯罪的目的,但是由于意志以外的原因,行为人未能实行犯罪。例如,一种情况是,想要杀夫的妻子在买药过程中被识破、被抓获,或者买回药后由于时间长而将此事遗忘,或者是在妻子准备给丈夫服用的过程中,将毒药盛放在碗内,被人识破指出其并非白糖乃是毒药砒霜,无法继续进行,只能束手就擒。上述所列情况都是由于行为人意志以外的原因而没有着手实行。另一种情况是,妻子在买药途中,想起丈夫平日里对自己的种种好处,内心幡然悔悟、潸然泪下,随即将毒药扔进厕所抛弃之;或者将毒药丢弃在门口不欲给丈夫服用,此时行为人不是由于意志以外的原因,而是基于自己的主观意志而停止了,没有着手实行,这时,行为就不是犯罪预备,而是预备阶段的犯罪中止。①

---

① 行为人将毒药扔在后门口,他人误以为是白糖而食用最终死亡,这时对他人死亡的结果,应属意外事件还是疏忽大意的过失,关键在于其能否预见到有人会捡拾食用,这种预见可能性要结合丢弃的地点等具体讨论。

可见,以“是否着手实行犯罪”这个点为参照,可以将犯罪的过程分为预备阶段和实行阶段。在预备阶段可能存在两种未完成形态:典型的是由于行为人意志以外的原因而停止的形态,即犯罪预备;还有一种是在预备阶段由于自己的主观原因而放弃实行的,这属于《刑法》第 24 条所讲的“在犯罪过程中自动放弃犯罪”,属于犯罪中止,即预备阶段的犯罪中止。

综上,犯罪预备包含了(1)主观上为了实行犯罪;(2)客观上实施了准备工具、制造条件的行为但没有着手实行;(3)没有着手实行是由于意志以外的原因这几个方面。预备阶段可能会出现犯罪预备和预备阶段的中止这两种可能性。这里可以看到犯罪预备、预备阶段与预备行为这三个概念的区别。预备阶段是行为人开始了预备行为之后在整个犯罪行为链条中的一个阶段,在此预备阶段中,行为人所实施的准备工具、制造条件的行为是预备行为。预备阶段如果没有着手实行,可能是因为意志以外的原因,此时成立犯罪预备这样一种停止形态;也可能是由于行为人主观意愿的原因而没有着手实行,此时成立预备阶段的犯罪中止。

二、犯罪预备的处罚范围

(一)处罚预备犯罪的例外性

为什么法律要对一个没有着手实施的行为进行处罚?从法益侵害说的角度来看,只有着手实施刑法规定的构成要件行为时,即只有具备了实行行为时,才会对法益的保护产生现实的危险。这时,通过处罚对该行为进行惩治,同时也预防、威慑一般人,使其不敢实施犯罪行为。易言之,对于一个对法益具有现实危险的行为即着手之后的行为进行处罚,是客观主义刑法应当采取的姿态;甚至可以说,只有当行为进展到实行阶段才予以处罚,这应当是现代刑法的一个基本原则,是行为主义立场的体现。

与此相对,对一个尚未着手实施就停止下来的行为,由于其与法律所保护的利益距离较远,换言之,由于其造成法律所保护的利益受侵害的危险性仍较为抽象,因此通常对这种犯罪预备行为不应该加以处罚,这是刑法谦抑性的体现。预备行为并没有对法益产生实际损害,也没有造成现实威胁,如果大量处罚预备行为,会使得日常生活中的行为,如购买菜刀的行为,或者跟随一位漂亮女士的行为等,都被认为是犯罪预备而加以处罚,这将违背刑法的谦抑原则。而且,一概处罚这种预备犯也会适得其反,例如行为人的跟随行为可能会中途放弃,若对其处罚,行为人可能反而铤而走险选择进一步实施。所以,一概处罚预备犯会有一系列的问题,明确预备犯处罚的例外性特征十分重要。

(二)预备犯的处罚规定及其完善

预备犯是对犯罪预备的另一种表述,亦指具备了犯罪预备这种未完成形态的犯罪人。我国《刑法》第 22 条第 2 款规定:“对于预备犯,可以比照既遂犯从轻、减轻处罚或者免除处罚。”第一,“可以”不是应当,也就是说司法者既可以从轻、减轻、免除处罚,也可以不从轻、减轻、免除处罚,而是和既遂犯一样处罚。第二,无论是从轻、减轻还是免除处罚,都是以定罪为前提的。例如,行为人尾随在一个有钱人后面,有足够的证据证明行为人意欲实施抢劫,在其即将动手之际被警方抓获,行为人构成抢劫罪的预备犯。此时即使对行为人免除处罚,根据立法之规定,也要宣告行为人的行为构成抢劫罪,属于抢劫预备,即宣告行为人的行为符合第263条抢劫罪,同时适用第22条犯罪预备的规定。这是一种有罪宣告,表明行为已经触犯刑法,构成了犯罪。第三,免除处罚被放置于从轻和减轻之后,可见立法者认为司法者在量刑时应首先考虑从轻,其次是减轻,只有在减轻仍不足以体现从宽的时候,最后才能免除处罚。这样,立法者告诉司法者不但要定罪,而且通常要处刑。

在我国,预备犯处罚的立法规定与司法实务之间出现了重大脱节。与德国、日本刑法在分则各条中写明该罪处罚预备犯的立法例不同,我国刑法规定表明:对于一切故意犯罪,均可处罚预备犯。虽然立法的立场是对预备犯普遍处罚,可是司法实践中对预备犯的处罚却仅限于极其例外的场合。在一些轻的犯罪中,例如,为了实行盗窃而接近犯罪对象,这是制造条件的行为,但是这种行为在实践中不可能按照盗窃罪的预备犯加以处罚。实践中不仅对轻罪的预备犯不进行处罚,而且对重罪的预备犯也较少处罚。例如,行为人平素从不做饭,也不懂烹饪,某天在与他人激烈争吵之后,气冲冲地买了把菜刀回来,类似的场合行为人也很少会被当作故意杀人罪的预备犯加以处罚。再如,行为人为了实施放火行为购买了打火机,后被抓获,这在实务上也很少会被认定为放火罪的预备犯而受到处罚。有理由认为,司法实践的这种做法是违反《刑法》第3条规定的。该条规定:"法律明文规定为犯罪行为的,依照法律定罪处刑……"可实践中并未严格按照《刑法》第22条的规定处罚预备犯。但在这种情况下,批评司法者违反罪刑法定原则,要求其将符合预备犯构成特征的行为一概按照预备犯进行处罚,是不现实的,司法者也不会接受这样的批评。若极其严格地依据第22条处罚预备犯,这不仅违背刑事立法、司法的经济性考量,也会因其将大量的日常行为入罪处理而导致监狱人满为患,不利于人权保障。可以说,问题的症结不在于司法者违反罪刑法定,而在于立法的缺陷本身——立法对预备犯进行普遍处罚的规定本身是有问题的。

(三)预备犯立法的途径

刑法立法如果想在一些场合下体现对特殊法益的提前保护,对该犯罪的预备犯进行处罚,可以有如下两种方式。其一,可以借鉴日本和德国的做法,不是在总则中对预备犯规定普遍处罚,而是在刑法分则条文中对罪行重大的犯罪单独增设一款"本罪处罚预备犯",若无此规定则对预备犯当然不处罚。例如,日本刑法在杀人罪、抢劫罪、强盗罪中都有本罪处罚预备犯之规定,而对多数的犯罪则不处罚预备犯,这样一方面司法者可以遵循立法的指示,不对多数犯罪的预备犯进行处罚,而仅就达到未遂的犯罪进行处罚;另一方面,对部分犯罪规定处罚预备犯,可以保障刑法在重大法益遭受抽象危险时提前介入,以实现对法益的提前保护,而且并不违反罪刑法定原则。这是比较稳妥的做法。[①] 其二,当某一法益极其重要,仅在相关条文下规定本罪处罚预备犯,还

① 事实上,在新中国刑法立法史上,就曾经出现过这样的立法尝试。如在1956年的《中华人民共和国刑法草案》(草稿·第13次稿)的第21条即规定:"对于预备犯,有特别规定的才处罚。"而在1957年的草稿第21次稿中,即取消了"有特别规定的才处罚"的规定,而改为"可以比照既遂犯从轻或者减轻处罚"。可见,改变就是在这一年之间发生的。参见高铭暄、赵秉志编:《新中国刑法立法文献资料总览》(第2版),中国人民公安大学出版社2015年版,第97页、第110页。

不足以体现对该预备行为的鲜明惩处态度时，立法可以予以实行化处理，将这样的预备行为单独规定为犯罪，即不是将某一行为认定为某一犯罪的预备行为，而是将该预备行为本身规定为一种独立犯罪，符合该犯罪构成要件者，当然应定罪处罚。这种规定方式称为"实质预备犯"。在这一情况下，受保护之利益关系重大，故待其受侵害后才予以保护已为时过晚，这时就需立法鲜明表明对预备犯进行处罚，将其规定为预备犯。

事实上，我国刑法中已经存在一些实质预备犯的规定，非法持有毒品罪、持有假币罪等一些持有型犯罪即是如此。持有毒品是为了自己吸食或进行贩卖，故持有毒品的行为可能是贩卖毒品的预备行为；而持有假币也完全可能是贩卖假币的预备行为。所以，持有毒品、假币原本是某一犯罪的预备形态，但是立法者并未将其作为其他犯罪如贩卖毒品罪、出售假币罪的预备行为，而是将其独立规定为一个犯罪，以其独立的构成要件判断行为是否符合其要求，符合则成立新的犯罪，不符合则无须考虑是否构成其他犯罪的预备行为，以不构成犯罪处理。2015 年通过的《刑法修正案（九）》也体现了将预备行为实行行为化的动向。例如，在第 120 条之后增设一条准备实施恐怖活动罪作为第 120 条之二。准备实施恐怖活动的场合，显然还未实施恐怖活动，若无该条规定，准备实施恐怖活动的行为原本可以按照组织、领导、参加恐怖活动组织罪的预备犯加以处罚。立法为了体现对准备实施恐怖活动行为的重视以进行特别严厉的打击，将该种预备行为规定为实行行为，将其"实行行为化"为一个单独犯罪进行打击。概言之，在分则中挑选重要罪名增设处罚预备犯的规定，或者作出实质预备犯的规定，都可以解决当下立法对预备犯的规定在司法实践中无法实现的困境。

第二节 犯罪未遂

在故意犯罪的各种未完成形态之中，犯罪未遂是理论争议非常突出，同时实践中理解和适用难点最多的一种。

一、犯罪未遂的处罚根据

对于一个开始着手实施的犯罪行为，但是并未实际上造成损害结果的行为人，为什么要对其加以处罚？例如，行为人想杀死一人，但最终该人并没有死亡，为什么还要对行为人进行处罚？这涉及处罚犯罪未遂的根据问题。

（一）学说

关于犯罪未遂的处罚根据，存在主观未遂论与客观未遂论的学说区分。主观未遂论认为，虽然行为人的犯罪目的没有得逞，但是行为人实施了该行为，这本身就体现了行为人的人身危险性和反社会性。简言之，行为人基于犯罪故意实施的行为本身体现了行为人的犯罪性，法律就要对行为人所体现的这种主观上的危险，如想要杀人并且实施了杀人的行为进行处罚。在这种理论看来，未遂犯处罚的是行为人主观上的人身危险性，是其对抗法律、敌视刑法的主观想法。与之相对，客观未遂论认为，法律最终处罚的不是实施了行为的行为人，其处罚的是危险的行为本身，所以行为人主观上的恶性并不重要，重要的是行为有没有对法律保护的利益造成侵害或者威胁。行为人的行为已经开始着手实施，虽然没有对法律保护的利益造成实际损害，但是已经对法益造成了现实的危险，所以法律仍然要对行为人的行为加以处罚，以预防行为人再次实施这种行为，威慑想要效仿犯罪行为的其他人，从而保障法律所保护的利益不被现实损害。客观未遂论将处罚根据着眼于法益侵害及其可能性，体现了结果无价值的立场。

主观未遂论和客观未遂论的分歧具体表现为：主观未遂论处罚的是行为人，客观未遂论处罚的是行为人实施的行为。主观未遂论体现的是社会防卫、保护社会，只要行为人体现出了危险性格和危险倾向，就要对其进行处罚；而客观未遂论着眼于自由的保障，只有行为人的行为对法律所保障的利益造成危险，才允许对其按照犯罪加以处罚；如果行为人的行为没有对法益造成威胁，则无论其主观上如何邪恶，都不允许对其加以处罚，这体现了对自由的保障。对于未遂犯应采必罚主义还是谦抑主义，也体现了主观未遂论与客观未遂论的对立。主观未遂论认为是否造成了危害的结果并不重要，重要的是行为人的行为所体现的反社会性和法敌对的态度，因而无论是否造成了结果都要一律处罚，采必罚主义；而在客观未遂论看来，没有造成法益侵害的危险，则不处罚，其对于未遂的处罚采取了一种比较克制的态度。

（二）学说的直接影响

主观未遂论与客观未遂论在具体问题的判断上也存在差异。例如，在着手的判断上，客观未遂论认为只有行为具有了法益侵害的危险才能被评价为实行行为的着手；而主观未遂论认为，只要行为体现出法敌对的意思，体现出行为人的人身危险性，就属于着手。在未遂犯与不能犯的问题上，主观未遂论认为，未遂犯与不能犯之间没有必要进行区分，二者同样体现了行为人的反社会性和法敌对性；而客观未遂论认为，不能犯中行为人虽然有犯罪的意思，但若是根本没有法益侵害的危险，就属于不可罚的不能犯，只有具备法益侵害危险的行为才能构成未遂犯。按照主观未遂论，原则上对不能犯和未遂犯进行同一处罚；而客观未遂论着眼于客观的危险和实害，所以当行为被评价为未遂时，就仅仅是一种危险，需要比照造成实害的既遂犯减轻处罚。时至今日，虽然有少数的学者仍主张主观未遂论，但是占主流的观点是客观未遂论，客观未遂论也可谓大势所趋。

二、未遂犯的成立条件

（一）已经着手实行犯罪

成立犯罪未遂，首先要求行为人已经着手实行犯罪。这一条件使得犯罪未遂与其之前的犯罪预备以及预备阶段的中止区分开来；前者是已经实行，进入到实行阶段，已经着手实行犯罪。关键是行为人已经着手实行犯罪的具体判断标准，以下就此展开讨论。

1. 形式客观说

通说采取“形式客观说”的主张，认为已经开始实施刑法分则规定的构成要件的行为就是行为的着手。一方面,这是一种客观说,它没有把行为主观上体现出的犯罪的意思、法敌对的意思算作着手,没有从主观上考虑问题,而是主张当行为人客观上实施了某种行为的时候才算是着手,所以称之为客观说。另一方面,形式的客观说是指从形式的角度考察,将行为人已经开始实施刑法分则所规定的构成要件行为算作"着手"。比如,何时是杀人行为的着手?当行为人已经开始实施杀人行为的构成要件时就是杀人行为的着手;再如抢劫,当行为人已经实施暴力等足以危害被害人人身安全的行为就算是抢劫行为的着手;又如强奸,当行为人已经开始实施强奸的手段行为,即用暴力、胁迫或其他方法侵害妇女的性自由选择权的行为就算是强奸的着手。这种学说被称为形式的客观说,它更强调一种形式上的判断。不过,已经开始实施杀人的实行行为就是杀人行为的着手,这是一句完全正确但却无用的话,并未回答到底什么情况下才算是杀人行为的着手。从客观说的角度来讨论着手的标准,其方向是正确的,但是形式客观说并没有为着手的判断提供一个具有操作性的标准。

而且,形式客观说还可能导致着手的标准过于提前或者是过于靠后。例如,实施保险诈骗的场合,为了骗取保险金,行为人为某一被保险人投保而后杀害被保险人的,按照形式客观说可能会认为在杀害被保险人时就是保险诈骗的着手,若行为在此停止,此时已构成保险诈骗罪的未遂。但是很显然,杀害被保险人的行为仅是为保险诈骗制造条件的行为,本身并不是保险诈骗罪的着手。只有在被保险人死亡之后,行为人拿着死亡证明去找保险公司理赔时,才能算是保险诈骗罪的着手。但此时若采形式客观说——实施了符合保险诈骗罪构成要件的行为,那么杀害被保险人的行为完全可能被理解为着手行为,从而导致标准的提前。再者,用枪杀人的情况下,何时才算是故意杀人罪的着手?根据形式客观说,手摸进衣兜掏枪的时候、取出枪的时候、瞄准的时候都不算,必须是扣动扳机的时候才算。这时,如行为人在上述几种情形下被抓住,都只能算犯罪预备,只有在扣动扳机时被抓住才算是犯罪未遂。这种解释过于机械,也可能导致标准过于靠后,不利于法益的周延保护。所以,不应从形式上理解着手的标准,而应从实质上理解着手。

2. 实质客观说

依据实质客观说,开始具备相应犯罪的法益侵害危险的行为属于着手行为。比如,在保险诈骗中,其侵害的法益是保险金,对于保险金的骗取是保险诈骗的实质,所以,什么样的行为能够对保险金具有现实危险,什么样的行为就是保险诈骗罪的着手。本例的着手显然不是杀害被保险人的行为,而是杀害之后拿着死亡证明去找保险公司理赔的行为。因此,着手实行的点,就是相应刑法分则条文所保护的法益受到现实威胁的点,这时就是着手,如果没有到达这个点,没有现实的危险,而只是一种抽象的危险时,就不应认为是着手,而只能认为其制造了实现这种危险或现实化这种危险的条件,而其本身并不是这种危险。

关于犯罪的具体分类,本书提到过"具体危险犯"的概念,即对法律所保护的利益具有具体、现实、紧迫的危险,这种危险犯是具体危险犯。实质客观说认为,未遂犯就是具体危险犯,故意杀人罪的未遂是对该罪所保护的法益即人的生命权具有现实、具体、紧迫危险的行为,在没有发生死亡结果时,才成立未遂。所以,若行为人想要杀某人,见该人在玻璃门后躲藏,行为人将玻璃门打碎,在该人背后举刀欲砍,即使刀未接触被害人的身体,此时被害人的人身权利和生命权也已经处于一种现实危险之中，而并非只有刀接触到身体时才算是着手。同样，行为人想要放火，已将汽油泼至地面，只差点火这一环节，他手中握着火机，或火机在身边随时可以使用，此时行为人拿起火机点燃汽油只是一瞬间的事，故不能机械地认为行为人用火机将火点燃时才算是着手，而应该认为，在行为人泼洒汽油时，就产生了起火的危险，这时就应该认为行为已经着手，若行为人还未来得及用火机点火就被他人制服，应该认为其构成放火未遂。反之，行为人想要入室盗窃，把守门狗毒死了，该杀狗的行为并没有对主人的财产构成现实威胁，只是排除了犯罪的障碍，故而仅是犯罪预备的行为。在入户盗窃的场合，如某人家中有一大院，是否行为人仅在进入卧室后才算着手？财物不一定仅存在于卧室，院子里可能有摩托车与拖拉机等。行为人是冲着卧室内的金银首饰和现金这些特定财物去的，而没有打摩托车与拖拉机的主意，这时虽不要求行为人接触到财物，但要求其处于随时能获得该特定财物的场合，才能算是着手。也就是说，在入室盗窃特定财物的情况下，行为人进入院子的行为就只是一种制造条件的行为。但假如行为人没有特定的盗窃对象，什么值钱就偷什么，若行为人持这种故意，当其进入到院子以后，院子里有值钱的财物，就可能认为行为人已经着手。

3. 几种特殊类型犯罪的着手

（1）隔离犯的着手

隔离犯分为隔时犯和隔地犯。隔时犯，是指行为与结果存在时间间隔的犯罪；隔地犯，是指行为与结果存在场所上间隔的犯罪。

隔离犯中什么情况下算着手？以隔地犯的场合为例。假设行为人在北京工作，因心生妒意想要杀死苏州大学的一位老师，遂通过圆通快递寄给其一箱绿茶，行为人在每一瓶绿茶中都投放了毒药，对方只要喝其中一瓶就会必死无疑。假如在快递运输过程中，因货车倾覆而毁坏，或者由于被淋湿变质而抛弃，行为人是成立杀人未遂还是杀人预备？如果认为把毒药注入饮料中的行为已经是杀人的实行行为，则后面无论是灭失还是抛弃，至少从行为人的角度看，其已经着手实施，可能成立杀人未遂。如果采取形式客观说，很容易认为往饮料中注入毒药的行为就是为杀人制造条件，而将有毒饮料寄出的行为则是有明确行为对象的杀人行为。所以形式客观说可能会采"邮寄主义"，但凡行为人在邮寄单上签名并交付邮寄就可能被认为是已经着手实行。如果从实质客观说的角度看，未遂犯是具体危险犯，在行为人填写快递单并将饮料交付给快递员时，远在千里之外的苏州大学的那个人的生命并未处于一种具体、现实的危险之中。在运输过程中可能会发生任何事情，即使是服务再好的快递公司也无法避免一切意外。因此，在这种隔地犯的场合，采取主观违法论的人会认为：在饮料中投放毒药邮寄的行为中，行为人的反社会性已经充分体现出来，这时就算着手。采取着手标准问题上的形式客观说也更可能得出同样的结论。而在采取客观违法论并且将未遂犯理解为具体危险犯的场合，即采取实质客观说的场合，何时危险得以具体化，则何时行为着手。在饮料已签收，被害人随时可以饮用之时，就会认为被害人具有因为饮用毒饮料而导致死亡的危险，这时才应该认为行为人着手。所以，具体危险说或者实质客观说通常会采取"到达主义"的立场。可能会有批评者认为：着手完全局限于客观上、事实上的着手，认为其是身体动静的开始，所以上述的邮寄才是行为，或者注入毒物才是行为，而被害人签收的行为并不是行为人的行为,不能说是着手。但是从规范评价的角度讲,这种批评可能并没有道理。外观上、自然层面的行为的开始和规范上、法律层面的行为的着手可能存在分离。被害人签收饮料取回时,行为人可能什么都没有做,但是从规范的角度讲,在被害人签收的那个时间点上才能算作行为人的着手,这是一种规范评价上的着手,而不是一种自然意义上、身体动静上的着手。

隔时犯的场合也是一样。行为人知道某甲正在出差,要过几天才能回来,于是在其办公室内放置了一箱有毒绿茶,同时还给其发了短信告知。在这种情况下,若第二天保洁阿姨收拾垃圾时发现办公室门口有一箱绿茶,遂抱回家中自己饮用,并中毒死亡,行为人是杀人未遂,还是因为没有着手实施犯罪,而只是成立故意杀人预备以及过失致人死亡罪(或者死亡被认为是意外事件)?这取决于什么时候算是着手。和隔地犯场合应采到达主义一样,在隔时犯的场合也同样应该认为:什么时候被害人接触到这一物品,什么时候针对被害人的法益侵害危险达到具体、现实、紧迫的程度,什么时候才能被认定为着手。例如,行为人潜入他人家中,在他人常喝的酒中投入毒药的场合,如果该人没有回来,另一入户盗窃的小偷见酒饮毕后死亡,这时行为人完全可能是杀人预备。至于小偷死亡的结果,对行为人而言,小偷潜入他人家中喝毒酒的行为是其无法预见的,因而有可能是意外事件。这时对于小偷的死亡结果究竟是意外事件还是过失致人死亡,取决于行为人能否预见到除了该人外,还会不会有人能喝到这瓶毒酒。如果该人乃一光棍,长期独居,除了行为人偷偷入户外,一般不会有人进其家中,这种情况就可能认为行为人不能预见到其他人会进来,那么可能构成意外事件;如该人家中高墙大院,防守严密,行为人之所以能入户是由于其系主人的朋友,主人给其一把钥匙,在这种情况下行为更可能被认为是意外事件。总之,无论是隔时犯还是隔地犯的场合,都应该在法益侵害的危险具体存在的时候才认为是着手。

(2)间接正犯与原因中自由的行为之着手

间接正犯与原因中自由的行为的着手也是一样。间接正犯的概念,会在共同犯罪的场合详细讲述。在间接正犯的场合,例如,行为人让一个精神病人去偷东西,或者让一个完全没有规范意识的人去盗窃,只有被利用者拿东西时行为人才能被认定为幕后者的着手。在原因中自由的行为中,必需是结果行为的着手才是行为人的着手,而不能是原因行为的着手。

(二)犯罪未得逞

成立犯罪未遂的第二个条件是犯罪未得逞。"未得逞"是犯罪未遂与既遂的区分标志:如果已经得逞,是犯罪既遂;没有得逞,是犯罪未遂。如何判断犯罪是否"得逞"?对此,通行的观点是犯罪构成要件是否齐备。如果刑法分则规定的某一犯罪的构成要件全部齐备了,就是犯罪的得逞,欠缺其中某个要件则是犯罪未得逞。这种观点称为"构成要件齐备说"。总体来说,这种通说观点得到了广泛认同。

关于"得逞"的其他标准,还有犯罪目的实现说,其认为犯罪得逞就是犯罪目的的实现。这一观点似乎很有道理,但禁不起实际推敲。比如,《刑法》第 239 条规定,"以勒索财物为目的绑架他人的,或者绑架他人作为人质的",构成绑架罪。比如在以勒索财物为目的绑架他人的场合,绑架罪何时“得逞”？按照目的实现说，该罪的目的是勒索财物，所以只有当勒索财物的目的实现时才是绑架罪的得逞。如果行为人已将对方控制住，向其家人索财却遭到拒绝，或者其家里人的电话一直打不通，在这些场合下，目的实现说都会认为勒索财物的犯罪目的没有实现，故而犯罪没有得逞。显然，这和法律的规定是相矛盾的：法律规定“以勒索财物为目的绑架他人”，只要客观上实施了绑架他人作为人质的行为，主观上以勒索财物为目的，成立既遂即为已足。客观上行为人以实力控制住该人，以杀害或伤害相要挟，主观又是想勒索财物，绑架罪就得逞了。所以，总体上说，构成要件齐备说是合理的，它可以克服目的实现说的缺陷。

构成要件齐备说的问题在于，理解相应的犯罪具有哪些构成要件，特别是不成文的构成要件，这是需要讨论的。例如，伪造货币的场合，要不要求行为人有使用的目的？《刑法》第 170 条只是规定了“伪造货币的，处三年以上十年以下有期徒刑，并处罚金”。假设行为人并没有使用目的，只是听说了 2015 年新出了百元大钞，欲表现其高超的技艺而伪造，不是为了使用而是放在家中欣赏，这种情况下，行为人的伪造货币是“得逞”还是“未得逞”？这取决于对伪造货币罪构成要件的理解：是只要客观上伪造了货币，并且主观上有伪造货币的故意，就构成伪造货币罪，还是要求行为人以使用为目的？可见，构成伪造货币罪的“得逞”取决于对构成要件的理解。所以，构成要件齐备说尽管合理，但在一些场合下仍需进一步补充。正因如此，一些论者主张：“‘未得逞’本身就是一个消极要件。换言之，只要已经着手，既不是自动中止犯罪又没有既遂的，就属于犯罪未遂。在此意义上说，争论何谓‘未得逞’没有重要意义。讨论具体犯罪的既遂标准，才是意义所在。”①

（三）犯罪未得逞是由于意志以外的原因

犯罪未得逞是由于本人意志以外的原因，这是成立未遂的第三个条件，也是犯罪未遂与犯罪中止相区分的标志。如果犯罪未得逞是由于行为人主观意愿的原因，则是犯罪中止，而非犯罪未遂。意志以外的原因主要可以概括为三种情况：（1）行为人主观上认为自己不可能继续实施犯罪。例如，行为人在偷盗时听到警笛的声音而认为自己已经不能实施偷盗行为遂逃跑，不料该警笛竟是小孩玩具枪的声音，这时外界原因使得行为人认为自己已经不能继续实施偷盗行为，这是对其犯罪意志直接起反作用的原因。（2）由于客观因素的限制，使得行为人在客观上已经不可能继续实施犯罪行为。例如行为人被他人制服，或者由于其他原因导致行为不可能再继续实施，行为客观上不能进行下去。这是对犯罪行为起遏制作用的原因。（3）行为客观上能够继续进行下去或者已经完成，行为人主观上也认为结果会按预想发生，但结果却没有发生。这是单纯抑制犯罪结果的原因。例如，行为人用刀把他人砍倒在地后离开，结果对方命大死里逃生，行为人主观上想致他人死亡，客观上也可以继续进行重复的侵害行为，其以为结果已经发生而无必要继续实施，只是由于外力对结果的反作用而使结果没有发生。以上这些都是意志以外的原因，这些原因导致的犯罪结果未发生，对行为人而言都是意志以外的原因，因此都属犯罪未遂。

总体来说，成立犯罪未遂需要具备三个条件：第一，已经着手；第二，未得逞；第三，意志以外

---

① 张明楷：《刑法学》（第 5 版），法律出版社 2016 年版，第 344 ~ 345 页。

的原因。这三个条件分别与预备阶段的犯罪中止或者犯罪预备,犯罪既遂和犯罪中止(实行行为中的中止)相区别。符合以上三个条件的就是犯罪未遂。

(四)行为人有既遂的意思

已经着手,但未得逞,未得逞是由于意志以外的原因,这是《刑法》第23条第1款关于犯罪未遂的定义所描述的相应特征,是犯罪未遂的三个成立条件。不过,虽然刑法没有明文表述,但毋庸置疑的是,犯罪未遂还有一个必要的条件是:行为人必需有既遂的意思,即具有直接希望或者放任最终结果发生的心态。如果行为人根本没有希望或者放任结果发生的意愿,就不可能成立犯罪未遂。例如,行为人在不想导致某人死亡的意志下,朝其开枪,主观上只是想吓唬对方,客观上也没有瞄准的行为,结果也没打中,这时就不能认定为故意杀人罪的未遂,而充其量可能成立其他犯罪。假如不巧当日风大,风把偏离被害人的子弹刮向了被害人,导致了被害人的死亡,这种情况之下,若有足够证据证明枪口根本没有对准被害人,行为人没有希望或放任对方死亡结果的发生,就不能认定为故意杀人罪未遂,而有可能认定为过失致人死亡。所以,要想成立犯罪未遂,行为人必需有既遂的意思,对结果的发生有希望或放任的心态。

三、犯罪未遂的成立范围

(一)结果加重犯

在“行为”部分中,本书已经就结果与行为的关系论及结果加重犯的概念,并且以故意伤害致人死亡为例,论述了结果加重犯的成立条件。结果加重犯是否存在未遂情形,需要结合其类型具体展开判断。

1. 对加重结果持过失时无未遂

在典型的结果加重犯中,行为人对基本犯的结果持故意心态,对加重犯的结果持过失心态。在这种情况下,加重结果的发生是违背行为人的本意的。在加重结果没有发生的场合,对加重犯当然不存在未遂的问题。例如,在故意伤害致人死亡的场合,行为人对他人的死亡结果是出于过失心态,若被害人因其他原因而没有死亡时,对行为人不能按照故意伤害致人死亡的未遂——即先按结果加重犯的法定刑再适用未遂的规定加以处罚,而是应当按照故意伤害罪的基本犯进行处罚。可以说,在“故意加过失”类型的结果加重犯中,对没有发生的结果不成立结果加重犯的未遂。

2. 对加重结果持故意时有未遂

在“故意加故意”类型的结果加重犯场合中,行为人对基本犯结果与加重结果的发生均持故意心态。此时,若加重结果没有发生,则存在结果加重犯未遂的成立空间。以抢劫致人死亡为例,行为人意图劫取财物,为排除被害人反抗而使用杀人手段,这种情况应该按照《刑法》第263条中的“抢劫致人死亡”来处理。行为人用杀人手段实施抢劫,将被害人砍倒在血泊之中,认为被害人已经死亡,于是将其身上的贵重物品取走,这时立法规定只成立抢劫罪而不另外成立故意杀人罪;如果事后证实被害人已死亡,则行为人构成《刑法》第263条的抢劫罪(致人死亡),处10

年以上有期徒刑、无期徒刑或者死刑，并处罚金或者没收财产；如果被害人幸运地得到了他人的及时救助而保住了生命，结果没有发生是由于行为人意志以外的原因，即所谓“抑制犯罪结果的原因”，此时仍定抢劫罪，但在量刑时，是在抢劫罪基本犯的“三年以上十年以下有期徒刑”的范围内处罚，还是因为行为是一个致使被害人死亡的行为，从而适用“十年以上有期徒刑、无期徒刑或者死刑”的结果加重犯的法定刑，同时因结果未发生，结合适用第23条关于未遂犯的规定？对此存在两种不同的理解。

本书倾向于认为，此时行为人对加重结果的发生持故意心态，在加重结果未发生的场合，采取后一种方案，即首先认为行为人构成结果加重犯，然后又肯定结果未出现成立加重结果的未遂，援引犯罪未遂的处罚规定，这样的主张可能更为合理。或许会有疑问认为，上述两种观点最终都会导致对行为人在基本法定刑的范围内处刑，因而没有本质区别。但是，若首先引用结果加重犯的规定，再适用犯罪未遂的规定，“比照既遂犯从轻或者减轻处罚”，若为“从轻”则是在加重法定刑幅度之内判处较轻的刑罚，只有在减轻处罚的场合才会在基本法定刑的幅度内减轻处罚。换言之，此时认定为结果加重犯的未遂，其处罚通常比基本犯的从重处罚要重些。

关于结果加重犯的未遂还有两点需要特殊说明。第一，结果加重犯与基本犯适用相同罪名，这一点已在前述部分介绍。伤害致死仍成立故意伤害罪，我国的这一立法规定与大陆法系的国家不同，如日本、德国。大陆法系国家对结果加重犯设立了单独的罪名，如强盗致死罪、抢劫致死罪等。在这样的立法规定下，将行为认定为是一个独立的罪名（结果加重犯）的未遂，在逻辑上更为顺畅。结果加重犯的未遂中，常见的一种情况是行为人对加重结果持故意心态，若结果未出现，则是加重结果的未遂。例如，以杀人的故意实施抢劫，钱已到手，被害人幸免一死时，就是基本犯既遂而加重犯未遂的场合。

第二，在一些案例中可能还存在相反的场合，即基本犯未遂，而加重结果出现、加重犯既遂的场合。同样以抢劫罪为例，行为人将被害人勒死后欲实施抢劫行为，但此时有人路过，行为人恐事败露仓皇逃跑未能取财；或者此时没有人经过，行为人将被害人勒死后才发现，该人虽衣着光鲜但身上并无分文，行为人只能悻悻而归。此种情况下，行为人是出于抢劫故意而杀人，而非单纯的故意杀人，杀人在此是作为抢劫行为的手段，该行为应定抢劫罪而非故意杀人罪。但这时行为人没有抢到钱，而抢劫罪是一种侵犯财产的犯罪，在行为人没有得到钱的场合不能认为行为已既遂，而应该认定未遂。① 这一未遂与一般的未遂的不同之处在于，其造成了加重结果即致使被害人死亡的结果，因而该行为是基本犯未遂，同时因加重结果出现而加重犯既遂，全案未遂的场合。进一步的追问是，此种情况下将行为认定为抢劫罪应适用哪个法定刑？首先，行为造成了致使被害人死亡的加重结果，应适用抢劫罪的加重法定刑，“处十年以上有期徒刑、无期徒刑或死刑”，在这一前提之下，由于行为人没有取得财物，基本犯未遂，所以就全案而言行为人未遂，故在适用加重法定刑的前提下，再根据《刑法》第23条犯罪未遂的规定从轻或者减轻处罚。同样的理

---

① 这里要指出的是，2005年最高人民法院《关于审理抢劫、抢夺刑事案件适用法律若干问题的意见》第10条指出：抢劫罪侵犯的是复杂客体，既侵犯财产权利又侵犯人身权利，具备劫取财物或者造成他人轻伤以上后果两者之一的，均属抢劫既遂。但将造成被害人轻伤以上结果作为属于财产犯罪的抢劫罪的既遂标准，终究在情感上令人难以接受。

由，强奸本身没有得逞，但是导致被害妇女因为强奸的手段行为（如暴力行为）而重伤的场合，同样应适用结果加重犯的法定刑，但是由于基本犯未遂同时应适用犯罪未遂的规定。这些属于另一种类型的结果加重犯，即基本犯未遂而出现加重结果的场合，因此全案属于未遂。

（二）不作为犯的未遂

传统观点认为，不作为犯通常要求结果发生，结果不发生时，行为就不能按照犯罪处理，而不是依照未遂犯的规定处理。例如，母亲没有给婴儿喂奶，导致婴儿饿得奄奄一息，其他人见此情形，及时给婴儿喂奶而挽救了婴儿的生命。传统观点认为，这一情况下母亲的行为没有导致婴儿死亡的结果发生，因此不按照犯罪处理。但是着眼于未遂犯本身是具体危险犯的属性，未遂犯的实质是导致法益侵害的具体、现实的危险。在不作为的场合，作为义务的不履行导致法益处在一种紧迫危险之中时，犯罪就已经着手。这时，如果由于意志以外的原因没有得逞，从法益保护角度来讲，完全有按照犯罪未遂来处理的必要。所以，在产生作为义务的时间点就应肯定犯罪的着手，由于意志以外的原因没有得逞就可以肯定未遂。在前例之中，婴儿已经饿得奄奄一息时，无论是从刑法报应论的角度讲，还是从预防其他人犯相同之罪的角度，在行为人不履行其应履行的作为义务而侥幸没有发生结果的场合，将行为按照未遂犯来处理是合理的。所以，越来越多的学者接受了不作为犯存在未遂的观点。甚至不限于不真正的不作为犯，在刑法分则条文中明确规定了构成要件结果作为犯罪成立条件的场合，即所谓纯正不作为犯的场合，也存在通过肯定法益侵害的可能性而肯定犯罪未遂的空间。

（三）间接故意与未遂犯

正如在不作为犯中否定未遂成立的理由一样，传统理论同样否定间接故意存在未遂。传统理论认为：行为人对结果持放任的心态，结果不发生，也是行为人所能接受的，结果未发生没有违背犯罪人的本意，因而不能构成未遂。司法实践中也倾向于认为，在间接故意中，行为人对危害结果的发生与否是持一种放任态度，当法律上的危害结果发生时，则已成立犯罪既遂，如造成被害人死亡的，应以故意杀人罪定罪处罚；造成被害人受伤（轻伤以上）的，应以故意伤害罪定罪处罚；而没有造成人员伤亡，也是行为人这种放任心理所包含的，而不是什么意志以外的原因所致，无所谓“得逞”与否，犯罪未遂也就无从谈起了。①

时至今日，多数说以及司法实践中都认为在间接故意中不存在未遂，认为否定未遂更合适。但是，如果着眼于未遂犯的危险犯属性，在间接故意的场合，行为人明知自己的行为可能发生危害结果的场合，仍然实施相应行为，如果这个行为使法律所保护的利益处在一定危险之中时，仍然存在成立未遂的可能。行为人在山坡上狩猎打兔子，看见一小孩在兔子近旁玩耍，开枪瞄准兔子，兔子果然被打中，而孩子吓得哇哇大哭。这时，只要可以肯定这一行为可能具有导致孩子死亡的现实危险性，就存在肯定存在间接故意，进而肯定成立未遂的余地。只是，成立犯罪未遂要

---

① 《曹成金故意杀人案——间接故意犯罪是否存在未遂形态》，载最高人民法院刑事审判第一、二、三、四、五庭主办：《中国刑事审判指导案例3 侵犯公民人身权利、民主权利罪》，法律出版社2012年版，第49～50页。

有既遂意思，在此间接故意的场合需要说明行为人具有既遂的意思，这时结果的发生是在行为人的接受范围之内的，在将这种结果发生的可接受性作为既遂意思的前提下，着眼于未遂犯的危险犯属性，在间接故意的场合肯定未遂，无论是从报应的角度，还是从预防犯罪的角度，都更具有合理性。这是近些年来理论上的一种转向。①

四、未了未遂与终了未遂

在德日，未遂犯采取的是一种广义的概念，其将中止犯也规定在犯罪未遂的条款中，认为中止犯也没有造成结果，是未遂的一种类型（理论上称为“中止未遂”）。而在我国，刑法将中止犯和未遂犯并列在不同的条款中加以规定，两者并不相同。可见，我国刑法采取的是狭义的未遂概念，即普通的未遂，仅指由于意志以外的原因而没有得逞的未遂。

普通的未遂即狭义的未遂（或称“障碍未遂”），可以进一步分为实行终了的未遂和未实行终了的未遂。未实行终了，是指在中途就停止下来，还没有实行完毕，处于一种未终局的未遂状态，又称为“中绝的未遂”；而实行终了的未遂，是指已经实行完毕，但是由于抑制犯罪结果的原因的出现，而导致结果没有发生，缺乏犯罪结果，又称为“缺效的未遂”。这样区分的意义在于：实行终了距离危害结果的发生更近，因此法益侵害的危险就更大，违法性程度就更高，在量刑时就要处罚得更重。另外，实行行为是否终了与犯罪中止的对应关系也不同。如果实行行为还没有终了，这时由于意志以外的原因停止下来成立未了未遂（中绝未遂）的，要想成立犯罪中止仅需停止犯罪即可，因为这时导致结果发生的危险性较低，只要主动停止犯罪，结果就不会发生。而在实行行为已经终了的场合，距离结果发生很近，危险性很高，这时要避免结果的发生，就不再是停止犯罪的问题，因为行为人已经完成了犯罪，实行行为已经完成，消极地停止犯罪还不足以避免结果的发生，行为人必需自动地避免结果的发生。这是实行行为的终了与未了在未遂犯以及中止犯的成立上具有的效果。

至于何时为终了、何时为未了，主观论以行为人计划实施的犯罪行为是否全部实施完毕作为终了的判断标准，但这会导致对终了的判断过于依赖行为人的主观口供，并不合理。判断终了与否，不应以行为人主观上的计划，而应以行为在客观上引发的危险性的大小作为终了与未终了的判断标准。

五、能犯未遂与不能犯未遂

（一）不能犯与未遂犯的区分

不能犯与未遂犯的区分标准是一个重要问题。首先需要明确的是，在大陆法系国家，不能犯又被称为不可罚的不能犯，不成立犯罪，即这样一种犯罪行为是不可能产生犯罪的法益侵害的，故而不能成立犯罪。之所以称为不能犯，有“犯”这一字，是因为其外观也像犯罪，类似于犯罪未遂，所以在未遂犯这一概念下讨论两者的区别。在大陆法系国家，不能犯不是犯罪，不能对其定

① 明确肯定间接故意有未遂的，比如张明楷：《刑法学》（第5版），法律出版社2016年版，第345页。

罪处罚。

在我国,不能犯被认为是未遂犯的一种情形。我国的未遂犯分为两种类型,即能犯未遂与不能犯未遂。能犯未遂,是指行为人欲图实施的行为能够导致一定的结果,只是由于意志以外的原因,而没有发生这样的结果;不能犯未遂,是指行为人实施的行为根本不可能导致结果的发生,在具体的案件中,行为人也确实没有导致结果的发生。中国刑法理论从实行行为能否导致结果的发生这一角度将未遂犯区分为能犯未遂和不能犯未遂,其中不能犯是未遂犯的一种。但是后面的分析将表明,将不能犯作为未遂犯的一种,在行为无价值论看来虽是可接受的,但在将法益侵害及其危险作为违法本质的结果无价值论看来,不能犯在不能肯定法益侵害危险的场合,不具有作为犯罪加以处理的属性,没有资格按照犯罪未遂加以处理。

(二)不能犯未遂的进一步区分

首先,借用中国理论的表达方式,对不能犯未遂,进一步可以分为对象不能犯的未遂和手段不能犯的未遂,以及主体不能的问题。

1. 对象(客体)不能犯未遂

在对象不能或者说客体不能的场合,例如,深夜行为人(男)饮酒后在街上走着,看到前面一个身影非常妩媚,行为人走上前将其扑倒在地,在撕扯衣裤时发现对方是一男子,其习惯于装扮为女性但本质上是男性。这种情况下,是应当按照犯罪处理,还是行为根本不构成犯罪? 如果采取主观未遂论,这种情况下行为人不仅有强奸的故意,而且客观上也实施了暴力的行为,这一行为体现出行为人的主观恶性,所以要按照犯罪未遂来处理。从行为无价值的角度同样会得出这样的结论,行为人基于这样的认识和想法实施的这样一种行为,违反了《刑法》第236条强奸罪的禁止性规范,这样一种行为本身是反价值的,应该受到否定评价,此时由于意志以外的原因犯罪没有得逞的,当然要按照犯罪未遂处理。但是立足于结果无价值论,强奸罪的本质是违背妇女的性自主权,但此时并没有妇女存在,是否存在侵犯妇女性自主权的危险就是个问题。所以在结果无价值看来,在对象不能的场合,需要严格限定未遂犯的适用。同样,如果是出于杀害仇人的目的,在月色朦胧的夜晚,行为人躲藏至隐蔽处看到仇人家门口有一身影恰似仇人,于是在暗处向该身影开了一枪,后来发现是一只狗被打死了。这种场合能否成立杀人未遂? 采取主观未遂论或者一元行为无价值论的观点,会认为在此情况下行为人的法敌对意思、主观的危险性已经体现出来了,行为人规范违反的意思已经明确表达出来,因而有按照杀人罪处罚的理由。但是,结果无价值论会认为,杀人罪的法益是人的生命安全,在当时、当地客观上没有一个人存在的场合,不可能有人的生命受到现实的威胁,因此不应该按照未遂犯来处理。

同样,在公交车内扒窃,行为人看到某人西服革履,像是挺有钱的样子,于是把手伸进他的衣兜,行为人发现左边的衣兜没钱,正要把手伸进右边的衣兜时,被对方抓了个正着,后来证实该人身上确实没有钱,只有一张卡,其消费全部依靠这张卡。如果行为人将卡拿走,但不知卡的密码,卡本身因价值低不能算作财物,这时,行为是构成盗窃未遂,还是不成立盗窃? 再如,行为人闯进他人的卧室企图杀人,在没有开灯的情况下就直接朝床上开了枪,碰巧此时主人通宵在外娱乐,此时行为人的行为是未遂,还是由于没有犯罪对象存在而不成立犯罪?

如果采取行为无价值或者主观未遂论可以直接得出行为人此时成立未遂,但是如果采取客观未遂论或者结果无价值,此时就需要进一步追问是否存在法益侵害的现实危险,而不应直接认定该行为是未遂。

2. 手段(工具)不能犯未遂

手段不能犯的场合,例如,行为人意图毒死他人,但在去药店买砒霜的过程中,药店老板知道行为人不怀好意,于是将白糖充当砒霜卖给了他,行为人不知此事而将白糖给欲杀之人服用,此时行为人是未遂犯还是不能犯?日本有这样一个例子:行为人从自家地里挖出了埋藏很久的手榴弹,试图通过以手榴弹炸人的方式实施杀人行为,他拉了弦,将手榴弹抛出,但是由于手榴弹在地下埋藏的时间过久,火药已失效而根本不能爆炸。最后法院认为用一个失效的手榴弹是不可能导致被害人死亡的结果发生的,从而认为这一行为不构成故意杀人罪,也不构成故意杀人罪的未遂。

其他的手段不能犯的场合。例如,在大街上看到巡逻的警察,行为人狗急跳墙,将警察扑倒在地,抢过其手里的手枪,朝自己的仇人开枪,但是警察的手枪里根本没有子弹,因此无论行为人如何扣动扳机也无法打死面前的仇人。至于警察的枪里没装子弹则有多种原因,可能是一时大意忘了装,也可能是由于警队的纪律,要求警员不装子弹。在这些情况下是否有法益侵害的危险?能否成立杀人的未遂?同样是手段不能的例子,可见陈宝国版的《汉武大帝》中,皇后阿娇信奉巫蛊以及在地下埋藏人偶,和在实践之中部分地区仍然存在的“扎小人”,或者是在电视剧《武林外传》中收集他人的头发和指甲,认为这样能够导致他人死亡。再如妻子为了杀害丈夫实施了上述行为,在其每天洗澡后精心地捡丈夫的头发,认为捡齐一百根后用火烧就能导致丈夫的死亡。妻子果然这样行为,其内心非常希望丈夫死,所以做事一丝不苟。对此能否按照杀人的未遂处理?

传统理论没有争议地认为:在这种巫蛊、“扎小人”等场合,是迷信,不足以被评价为犯罪的手段,不认为是故意杀人的未遂。但是传统理论同时认为,在把白糖当成砒霜的场合可以肯定故意杀人未遂,其理由是:如果按照行为人的计划,若药店老板售出真砒霜,是完全可以导致人的死亡的,只是由于意志以外的原因,行为人将白糖当成了砒霜而没有导致结果的发生,这种情况完全有必要将该行为按照犯罪处理。但是仔细辨析之后会发现,在误将白糖当成砒霜的场合,立足于犯罪的本质是法益侵害及其危险这样一种结果无价值论的立场,在客观上把白糖给他人吃的场合,仅有严重糖尿病的患者且在服用了过量白糖的情况下会有危险,其他人在通常情况下食用白糖不会造成现实的危险,此时就不应肯定行为在客观上具有致人生命安全受损的危险存在,因此结果无价值会认为在拿白糖当砒霜的场合,同样不应该按照犯罪未遂处理。结果无价值认为,迷信犯不能按未遂犯处理,和绝对的不能犯不能按照犯罪未遂处理,其理由是一样的,即都没有法益侵害的客观危险。愚昧、无知等不是区别对待的理由,不能因为行为人愚昧就对其网开一面,行为人是认识错误就对其严厉打击。

如果立足于主观未遂论,立足于行为规范违反说,当然会认为在误把白糖当成砒霜的场合应按照未遂犯处理。在从空兜中掏钱的场合，扒窃时碰上没钱的人；或者是在空床的场合，开枪杀人结果该人不在床上。这些情况是否一概都不能肯定犯罪的未遂，一概都不认为是犯罪？比较一下，如果被偷的人每天身上都装有很多钱，只是当天匆忙身上忘了装钱；空床的主人通常都在家睡觉，只不过当天晚上因朋友盛情难却出去喝酒，喝了个通宵达旦；或者说主人当时就在家里只不过在凶手闯进卧室的刹那，他刚好去了卫生间。在这些场合是否都因为犯罪对象不存在而一概否定犯罪的未遂？这时应当看行为人实施的行为是否具有法益侵害的危险，这种危险如何进行判断？立足于未遂犯是危险犯的观点，关于未遂犯与不能犯的区分，存在着抽象危险说、具体危险说和客观危险说的对立。

(1)传统的观点：抽象危险说(主观危险说)

传统的观点是抽象危险说，即主观危险说的观点：行为人的行为本身就已经体现出行为人的人身危险性，并且按照计划实施就有导致结果发生的危险，只是由于认识错误而使得计划落空。如果立足于行为无价值论就会采取这种主观危险说、抽象危险说的观点。但这种观点会导致未遂犯的成立范围过宽，使得上述的多种情况都按照未遂犯处理。在我国刑法分则对罪名的法定刑配置较重的情况下，一概肯定未遂一律按照第23条处罚的话，会导致重刑主义的结果，所以基于行为无价值这样一种主观危险论的标准难以令人接受，这也是结果无价值对主观未遂论的批判——客观上完全不可能侵害法益的行为，按照主观未遂论也会成立犯罪未遂。例如，以保健食品当毒药杀人的，把动物当作人开枪的，也会被认为是杀人未遂，这在结果无价值论者看来完全无法接受。但是能否认为在手段不能、对象不能的场合下，结果无价值论一概认定为无罪？这需要讨论。以空兜事例或空床事例为例，到底如何判断危险是否存在，在结果无价值论内部存在具体危险说和客观危险说的对立。

(2)具体危险说及其评价

具体危险说和客观危险说都立足于结果无价值论，认为犯罪未遂的本质是一种法益侵害的危险，其区别在于对法益侵害的危险如何判断。具体危险说认为，对危险应该事前判断，以事前即行为当时一般人的危险感作为判断标准。如果一般人在事前都会认为某一行为给人以强烈的不安感的话，这种情况就会按照未遂来处理。所以行为人将手伸进他人的衣兜、跑到他人的卧室开枪，这些行为在事前看来会使一般人产生自己的财产、自己的人身受到威胁的不安感和恐惧，因此这种法益侵害的危险就会存在。具体危险说也受到了一些质疑，比如科学知识在危险判断中必不可少的场合，如以投毒方式，投放某种化学物质来杀人，这种化学物质能否造成人生命的危险？一般人可能无从判断。例如，以硫磺粉杀人，一般人会认为这是危险还是不危险？在此情况下一般人的危险感可能无法落实。如果一般人感到没有危险但确实发生了结果，例如，往一个人的静脉里注射空气，一般人认为可能跟扎针一样没有什么区别，并无特别危险，但是如果导致结果发生、导致人死亡的，这时候客观上的危险已经现实化为结果，不能以一般人没有感受到危险而否认客观危险的存在。另外，行为人对为危险奠定基础的事实具有认识的场合，也即一般人对于危险没有任何概念，但是行为人是医生，在他对为危险奠定基础的事实具有认识的场合，根据具体危险说也会肯定危险的存在，因为行为人有特别的认识。但是这样客观上的危险判断会被行为人认识的有无这样一种主观要素所左右,而这种主观要素往往取决于被告人的口供等不稳定、不确定的内容,使得危险有无的判断存在不确定性。所以,较之事前的一般人的认识可能性,危险的有无应该依据客观的标准本身,在客观层面加以把握,而不应该根据行为人对该事实有无认识来判断。

(3)客观危险说

客观危险说承认危险的判断应该与行为人的主观要素相剥离,但是客观危险说同时也承认如果采取纯粹客观判断基准的话,也会存在问题。在未遂的场合,结果没有发生总是存在理由,这时如果从纯粹客观的角度判断,认为结果没有发生是有理由的,因此结果的不发生在具体案件中总是必然的,就会认为法益侵害的危险是不存在的。例如,开枪杀人的行为没有导致被害人的死亡,其原因是瞄准的角度有偏差,如果从纯粹客观的角度看,瞄偏了的情况下是不可能打死人的,所以从纯客观的角度判断,在一个不可能打死人的事情面前,结果的不发生就是一种必然结果、必然现象。如果纯事后的判断就会认为,这时没有法益侵害的危险,就会否认危险的存在。所以,从纯客观的角度判断也会得出"所有未遂犯都没有法益侵害危险"这样的不合理结论。

需要指出的是,即使客观危险说认为法益侵害的危险应该加以客观判断,这种判断也并非纯粹的事实判断。客观危险说认为:①危险的判断应以行为时存在的客观事实作为判断材料,分析各种客观事实中隐藏的危险。例如,行为发生的场所、行为当时的各种情况。结合上面的案例,作为行为对象的人是临时有事出去,还是已经离开了半个月;行为对象从来不在身上带钱,还是偶尔不带钱;警察的手枪里从来都不装子弹,还是仅仅当天忘了装子弹,这些客观事实都要作为判断的材料。②根据客观的因果法则判断通常情况下行为是否具有法益侵害的危险。也即如果行为对象多数时候在家中,警察多数情况下手枪中有子弹,这种情况下行为人的行为只是因为碰巧而没有导致结果发生的危险,这时就可以肯定危险的客观存在,只是这种客观存在的危险在具体案件之中没有转化为现实的结果而已。③要考虑一般人事后的危险感,而非事前的危险感。在以白糖当砒霜的事例中,一般人会说吃点白糖肯定不会有危险,但是如果跑到他人家中开枪,别人正好不在家,一般人事后也会觉得很可怕,所以会认为这种危险是现实的、客观的。所以不是以一般人事前的危险感,而是以一般人事后的危险感来判断客观危险的存在,这是客观危险说的一个基本立场。一般人事后认为结果是有可能发生的,这种结果的不发生只是由于偶然原因而侥幸没有发生,那么无论在"空兜",还是"空床"或"空枪"的场合,都因为有危险的存在进而肯定未遂,这在结果无价值中仍然是成立的。也即,并非在结果无价值的场合一旦没有发生结果,就一概认为不存在法益侵害的危险。

在结果无价值中如何区分不能犯与未遂犯?对危险的判断,是采取具体危险说、以事前的一般人的危险感,还是采取客观危险说、以事后的一般人的危险感来判断?事前与事后的差别在于,事后判断者对当时的各种客观事实都有更加全面的把握。如事后知道行为人注射的药物是根本不能致死的,但行为对象感到虚惊一场,感到害怕,这时仍然会认为给他人注射未达到致死剂量的毒药的行为是未遂,仍可肯定未遂的成立。如果事后来说也不能肯定这种危险感,大家会认为根本不可能发生的,这种情况之下就认为其是纯粹的不能犯,是不可罚的行为。

(4)中国传统理论:绝对不能犯和相对不能犯

中国传统理论有一些可取之处,其提出了绝对不能犯和相对不能犯的概念。什么是绝对不能,什么是相对不能?白糖是吃不死人的,但是没有达到致死量的毒药是可能死人的;喝白开水是不会死人的,但是给别人的静脉中注入空气是可能死人的,只是说没有达到一定的量所以是相对不能的。区分绝对不能与相对不能的意义在于:在绝对不能的场合是无罪的,而相对不能则按照未遂犯处理。传统理论的这一分析框架在我们判断危险时具有一定的借鉴意义。未遂犯与不能犯在理论和实践中存在较大的争议,使得明确二者的界定标准异常困难。要指出的是,如果将某一行为人认定为未遂犯,实践中对这种未遂犯又不处罚,那将行为人认定为未遂犯就没有必要。如果认定行为人有处罚的必要,即无论是从报应还是预防的角度讲,对这种未遂犯有必要加以处罚,那么将其认定为未遂犯就是合理的。但切忌出现一方面将行为人认定为未遂犯,另一方面又不处罚的情形,这是一个尴尬又难以让人接受的结论。因而同样重要的是,对未遂犯的认定应当与其处罚联系在一起考虑。

3. 主体不能

主体不能主要是身份不能。例如,误以为自己是国家工作人员而收受财物的,不构成受贿罪;银行的清洁工误以为自己是银行工作人员,并以假币兑换真币的,不构成金融工作人员以假币换取货币罪(但可能构成其他犯罪)。

在对象不能的场合,在荒郊野外将稻草人当作活人而开枪射击的,应该认为这是一个绝对不能犯,没有导致人死亡的危险。但是如果行为人是在大街上朝人开枪,以为是一活人,但客观上是衣服模特,这一开枪行为完全可能伤及旁边的人,这种情况与上面的例子的不同之处在于:荒郊野外没有其他的人,而在大街上开枪的行为有可能导致他人死亡的危险。

在手段不能的场合,使用一个没有子弹的手枪向他人射击,需要结合具体的情况分析,如该手枪自始至终都是一把空枪,还是出于偶然的原因没有装子弹。像误将面粉当作毒品出售的,不能以贩卖毒品罪定罪。

对不能犯的判断,要进一步区分为主体不能犯、对象不能犯、手段不能犯,并结合具体情况进一步分析此时是否有导致法益受到侵害的具体危险的存在。当然这种判断未必容易,比如在把男人当成女人而实施强奸行为的情况下,以事后的一般人的安全感为判断标准,此时一般人感受到了危险,还是没有感到危险?有的人认为自己走在大街上被一个人扑倒在地是一件很危险的事情,但这是否就足以按照强奸的未遂处理?所以,这种事后的一般人的安全感归根结底只可作为判断的一个理由,而不是绝对的标准。这一标准中的"一般人"本身也是没有明确的答案的,而且"安全感"的标准也是因人而异。这一案例的前提是被害人是男性,没有女性的存在,它和杀人的场合——以为是对方是人而事实上是动物,但此时有人在旁边存在的场合是不一样的。因而要结合客观上的事实进一步加以判断,而不是从纯粹客观的角度判断。误将面粉当作毒品出售,这是一种绝对的不能。向被害人的食物中投放没有达到致死量的毒药,这是一种相对的不能,是一种事后能让一般人产生畏惧感的情形,要按照未遂来处理。

六、未遂犯的处罚

我国《刑法》第 23 条第 2 款规定:“对于未遂犯,可以比照既遂犯从轻或者减轻处罚。”未遂犯的处罚采取得减主义的原则,而没有采取必减主义。未遂犯虽然没有造成结果的发生,但是确有造成结果发生的危险,故而可以比照既遂犯从轻、减轻处罚,也可以不从轻、减轻处罚。换句话说,法律对未遂犯采取的是一种必罚主义即普遍处罚的原则,所以对未遂犯的认定要尽可能严格。因为一旦认定为未遂犯,根据法律规定就要进行处罚。因此要严格限定未遂犯的成立条件,尽可能对危险的判断实质化,而不是根据主观的犯罪意思表示,或者是根据客观的、偶然的因素判断,而要以行为时客观存在的因素为标准,综合地加以判断。

与预备犯的场合一样,在实践之中,对未遂犯的处罚也比较少见,刑事案件的判决书绝大多数处理既遂犯,这同样与法律规定的未遂犯普遍处罚的原则相矛盾。也有学者指出:“我国刑法对犯罪预备、未遂的此种规定方式,恰恰适应了现代社会的预防性法益保护要求。”①本书认为,即便是认定为未遂,实践中也一般不予处罚,而只是对一些严重犯罪的未遂才加以处罚。既然如此,同预备犯一样,在分则之中,在确实需要处罚未遂犯的场合,刑法分则条文单独予以规定,可能更为合理。② 像现在这样,在总则之中规定普遍处罚而实践之中又无法实现的做法,违背了罪刑法定原则,这是危险的。

第三节　犯 罪 中 止

一、犯罪中止的两种情形

在大陆法系国家,犯罪中止通常是未遂的一种情形,而在我国,犯罪中止则是独立于犯罪未遂的一种犯罪未完成形态。我国《刑法》第 24 条第 1 款规定:“在犯罪过程中,自动放弃犯罪或者自动有效地防止犯罪结果发生的,是犯罪中止。”根据这一规定,犯罪中止有两种类型:第一种类型是未实行终了的中止,包括尚未开始着手实行,在预备阶段就自动放弃犯罪的中止,和虽然已经着手实行,但是在未实行终了的场合,自动放弃犯罪的中止。第一种情况如行为人已买回毒药但尚未给对方喂药,此时主动放弃杀人念头,把药扔了,这是尚未着手实行即中止的场合。第二种情况,出于杀人的故意用刀砍杀对方,只是将对方砍伤而放弃进一步加害,这是实行尚未终了而中止的场合。第二种类型是实行终了的中止,实行行为已经完成,但结果尚未发生,这时因为行为已经完成,要成立中止,单纯放弃犯罪并不够,还需要自动有效地避免结果的发生。例如,行为人把毒药给被害人服下,被害人处于昏迷的状态,这时行为人良心发现将其送往医院救治得以

---

① 江溯:《犯罪参与体系研究——以单一正犯体系为视角》,中国人民公安大学出版社 2010 年版,第 291 页。

② 事实上,在新中国刑法立法史上,就曾经出现过这样的立法尝试。如在 1956 年的《中华人民共和国刑法草案》(草稿·第 13 次稿)的第 22 条之中,即规定:“对于未遂犯,有特别规定的才处罚。”而在 1957 年的草稿第 21 次稿中,即取消了“有特别规定的才处罚”的规定,而改为“可以比照既遂犯从轻或者减轻处罚”。可见,改变就是在这一年之间发生的。参见高铭暄、赵秉志编:《新中国刑法立法文献资料总览》(第 2 版),中国人民公安大学出版社 2015 年版,第 97 页、第 110 页。

保全性命,此时实行行为即投毒的行为已经终了,但结果没有发生,行为人自动有效地防止了结果的发生,同样成立中止。

二、中止犯减免刑罚的根据

关于犯罪中止,刑法规定的处罚相对较轻。第 24 条第 2 款规定:"对于中止犯,没有造成损害的,应当免除处罚;造成损害的,应当减轻处罚。"对中止犯减免刑罚的根据何在? 对此存在不同的理解,总体上体现出政策说和法律说两种不同的路径。

政策说认为,犯罪中止是基于刑事政策思想而设置的一种刑法制度,其内部又有进一步的不同主张。黄金桥理论主张,"立法者可以从刑事政策角度出发,在已经犯罪的行为人之间架设一座中止犯罪的黄金桥(eine goldene Bruecke)"。① 即有了中止犯规定,行为人就可以迷途知返,从而避免更为严重的损害。但批评者认为,人们未必知道刑法关于中止犯减轻、免除处罚的规定;实践中,行为人中止犯罪的动机可能是多种多样的,未必真的出于迷途知返;原本决意犯罪的行为人,真的考虑到刑法规定了中止犯就不再遂行其犯罪的情形,在实务中难有真实案例;如果对犯罪中止完全不予处罚,可以认为是一种奖励,但我国刑法不是不处罚中止犯,而仅仅是必要的减免,通过规定中止犯来使罪犯"回头是岸"的效果有限。② 刑罚目的说认为,中止行为人通过放弃犯罪表明其特殊预防必要性降低;公众从行为人放弃犯罪中也能够体会到规范效力,如果中止犯的处罚必要性被弱化,从一般预防的角度看进行预防性处刑的必要性也就降低,刑罚就应该减免。换言之,在中止的场合,动用刑罚去阻止行为人将来的犯罪行为,去威慑社会一般人,并重新建构被损害的法秩序的必要性降低或不存在。③

法律说着眼于从规范角度论证中止犯减免刑罚的根据。其中,违法性减少说或者主张相对于既遂犯,中止犯使"既遂的具体危险性消灭"因而违法性减少;或者认为故意是违法性要素,事后的中止意思会影响对违法性的评价,从而使得违法性降低。但是,对违法性减少说的批评观点认为:在放弃故意以前的行为所造成的违法结局已然形成,或者对该行为所引起的危险状态进行的违法评价作为一个事实始终存在,违法性并不会因为行为人中止而减少。④ 责任减少说通常站在规范责任论的立场,强调实施犯罪的决意属于责任要素,事后撤回其决意的,使得非难可能性降低。而违法责任减少说则认为,对中止犯减免刑罚的理由是因为其违法性和责任的同时减少:由于没有导致结果的发生,行为的违法性较之减少;由于自动地放弃犯罪,因此行为人的可谴责性减少。确实,单纯将违法或者责任的减少作为根据难以全面说明中止犯减免刑罚的根据,因为犯罪中止一方面区别于既遂,另一方面又区别于犯罪未遂。区别于既遂是其违法性的减少,区别于未遂则是其有责性的减少。所以犯罪中止作为一种未完成形态,在法律层面减免刑罚的根据是违法和责任的双重减少。

应该认为,法律说与政策说作为中止犯减免刑罚的根据并不具有排斥关系,而是从不同角度

① [德]李斯特:《德国刑法教科书》,徐久生译,法律出版社 2006 年版,第 346 页。
② 周光权:《论中止自动性判断的规范主观说》,载《法学家》2015 年第 5 期。
③ 马克昌:《比较刑法原理》,武汉大学出版社 2006 年版,第 532 页。
④ 周光权:《论中止自动性判断的规范主观说》,载《法学家》2015 年第 5 期。

说明为什么要对在犯罪过程中自动放弃犯罪、自动防止结果发生的行为人减轻或者免除处罚。一方面,从法律规范评价的角度看,由于结果未发生导致其违法程度降低,由于中止行为导致其可谴责性的减少;另一方面,从预防犯罪的刑罚目的角度讲,肯定了中止犯的成立对于预防行为人本人再次实施犯罪,对于预防社会一般人实施犯罪,都具有积极意义。现在的刑法理论对中止犯往往是结合法律说(中止犯减免刑罚的根据在于违法和责任的双重减少)以及刑罚目的说(预防犯罪)这两个角度来论证其减免刑罚的根据,这可称为综合说。

三、犯罪中止的成立条件

(一)中止的时间性

根据我国《刑法》第 24 条的规定,成立犯罪中止的第一个条件是"在犯罪过程中",即开始犯罪行为之后、犯罪呈现结局之前。单纯地放弃犯罪意思的,如果犯罪尚未开始,当然也没有必要认定为犯罪中止。

这里的开始犯罪行为,并不等于开始实行行为。在准备工具、制造条件的预备行为阶段中止的,也成立预备阶段的犯罪中止。前文已述,犯罪中止有尚未实行的预备阶段的中止,以及开始实行之后的实行阶段的中止,其中实行阶段的中止包括实行行为开始但是尚未终了的中止,也包括实行行为终了但结果尚未发生之前的中止。如果犯罪结果已经发生,就不存在犯罪中止的问题。比如在盗窃的场合,行为人已经将别人的东西拿回自己的住处,财物已经处于自己的控制之下,财物的所有人失去了对财物的控制,这时盗窃就已经既遂。即便后来良心发现或者害怕处罚而将财物返还给物主的,也不属于犯罪中止,因为这时犯罪已经既遂,犯罪已经整体终局、实现定型。

(二)中止的自动性

《刑法》第 24 条第 1 款规定:在犯罪过程中,自动放弃犯罪或者自动有效防止犯罪结果发生的,是犯罪中止。无论是在实行未了的场合自动放弃犯罪,还是在实行终了的场合自动有效地防止犯罪结果的发生,都要求必需具备中止的自动性(或称任意性)。即行为人基于自己的意愿,在具备可选择性、可以继续实施直至达到结果的行为的前提之下,选择了放弃犯罪,这是自动性的含义。中止自动性这一要件实质上保证的是中止犯减免处罚根据中责任的减少。正是因为基于自己的自由意志,在存在可选择性(继续抑或停止犯行)的前提之下,选择了自动放弃犯罪,自动避免结果的发生,才表明行为人可谴责性的减少和有责性的降低。问题在于如何具体判断中止的自动性。我国刑法理论通常认为,中止自动性具有以下两方面的含义:一是犯罪分子自认为能够完成犯罪,这是成立犯罪中止的自动性的前提条件;二是犯罪分子基于本人意愿而放弃犯罪,这是成立犯罪中止的自动性的实质条件。[①] 关于如何理解犯罪中止的"基于己意",学说上存在不同观点。

---

① 陈兴良主编:《刑法学》,复旦大学出版社 2003 年版,第 183 页。

1. 关于"自动"的判断标准

(1)客观说与主观说的对立

客观说认为,"在没有任何外部事实影响的情况下,可以根据'弗兰克公式'考虑'自动性'"。"但是,在外部事实障碍和行为人的中止行为同时存在的场合,就要以行为人本人的情况为基础,以一般人的立场为标准,判断该种程度的事实障碍是否会导致行为人放弃犯罪。如果得出肯定结论的话,就是犯罪未遂;如果得出否定结论的话,就是犯罪中止。"①尽管论者本人将这种主张命名为"修正的主观说",②但在存在外部事实障碍的场合,强调"以一般人的立场为标准",这分明属于典型的客观说,被归类为客观说③也就不足为怪。客观说不但会混淆主观与客观的界限,带来方法论上的问题,④而且由于"一般社会经验""一般人的立场"的含义并不清楚,得出的结论也可能因判断者的个体差异而有所不同。

主观说认为,犯罪中止的成立需要考虑:基于行为者本人的认识犯罪是否有可能达到既遂;行为者所认识到的事实,是否足以对犯罪停止动机的形成产生影响。如果在行为者看来,客观障碍完全不存在,要继续实施犯罪完全可行,但基于本人的意愿放弃犯罪的,就是中止;如果客观障碍实际上并不存在,但行为人误以为存在而停止犯罪的,是未遂;反之,障碍实际上存在,但行为人认为不存在而主动停止犯罪时,是中止。至于行为人停止犯罪是否基于伦理上的悔悟,以及是否绝对有抛弃犯罪的意思,都在所不问。行为人只要因为某种理由而自行决定停止犯罪时,就成立中止犯。⑤ 主观说在判断步骤上以行为人本人的主观判断为准。Frank 公式即"欲达目的而不能,是犯罪未遂;能达目的而不欲,是犯罪中止",就是对主观说的准确概括。其中能否达到目的,不是按照客观标准而是按照行为人主观的标准。在保证中止犯责任减少的意义上,主观说基本上是合理的,行为人在具体案件中认为他能够达到目的而放弃犯罪的,就表明了其可谴责性的减少,这种情况下其与单纯的未遂犯就存在区别。因为未遂犯虽然同样也没有造成结果,但是由于意志以外的原因,而中止犯是基于自己意愿主动地放弃,因此主观说与责任减少说密切相连,基本上是合理的。

根据主观说,如果客观障碍实际上并不存在,行为人误以为存在障碍而停止犯罪的,这时停止犯罪并非行为人主观上不想实施,而是他认为存在客观上的障碍,导致行为没有办法继续实施,这种行为人没有选择的余地,其放弃犯罪就不是自动地放弃犯罪,而是因为自身意志以外的原因而中断了犯罪,不具有自动性。例如,行为人去超市偷东西,在翻找东西时掏出一根烟点燃抽着,此时发现头顶有一个东西一闪一闪发着光,以为是报警器(实际上是烟雾探测器),自认为马上就会被别人发现于是匆匆逃走。这时行为人自认为自己无法继续进行下去,再继续偷就会马上被抓住。从主观说的角度看,不再是能达目的而不欲的情况,而是自认为不能达到目的,此时应当成立犯罪的未遂,而非犯罪中止。

---

① 黎宏:《刑法学总论》(第 2 版),法律出版社 2016 年版,第 249 页。
② 黎宏:《刑法学总论》(第 2 版),法律出版社 2016 年版,第 249 页注 54。
③ 周光权:《论中止自动性判断的规范主观说》,载《法学家》2015 年第 5 期。
④ 张明楷:《未遂犯论》,法律出版社、成文堂 1997 年版,第 371 页。
⑤ 阮齐林:《刑法学》(第 3 版),中国政法大学出版社 2011 年版,第 160 页。

(2)规范主观说(限定主观说)

关于犯罪中止,上述主观说的观点可谓是通说。但最近有学者对此提出反思:心理上的主观说完全以行为人主观上认为能否达成犯罪目的作为判断中止自动性的标准,一方面可能导致中止的成立范围过于扩大,另一方面也可能导致过于依赖行为人的口供,因此从责任减少的角度上看,这种主观说虽具有大体上的合理性,但同时需要一定程度上的限制。成立中止的自动性,不但要基于行为人自己的意愿,在行为人认为能够继续实施的前提下自动地放弃犯罪,而且还要求在此基础上规范判断。规范主观说认为,要肯定中止自动性,必需同时满足以下两个条件:一方面,行为人在内心作出放弃犯罪或防止结果发生的自由选择,其主观意思足以被评价为一定程度上的责任减少,这是中止自动性判断的心理学尺度;另一方面,将这种意思认定为"基于己意"有助于实现预防目的,这是中止自动性判断的规范维度。唯有上述两个条件同时具备,行为人停止犯罪才能被认定为"己意中止"。换言之,行为人的心理事实能够为自动性判断提供基础事实,但要得出自动性存在的结论,还必需在此前提下进行规范检验。规范主观说可以对责任有所减少,但明显不能满足预防目的或要求的停止犯罪行为、否定其中止自动性,而将其作为未遂犯处罚。[①]

(3)规范主观说的进一步论证

传统的主观说即通说的观点认为,中止犯减免刑罚的根据是法律说中的违法和责任的双重减少,而限定主观说或者规范主观说认为,中止犯减免刑法的根据,除了违法和责任的双重减少之外,还应该进一步限定于:只有有利于预防犯罪的刑罚目的实现的中止行为,才应该被认为是犯罪的中止。在本书看来,犯罪中止的自动性应当采取主观说,还是规范主观说,取决于犯罪中止的成立范围是宽一些好还是窄一些好。如果刑法对中止犯的从宽幅度很明显、很明确,那么中止犯的认定就不能过于宽泛;反过来,如果将行为认定为犯罪中止与犯罪未遂的区别相差无几,这时适当扩宽中止的范围就是合理的。在我国《刑法》第 24 条明确对中止犯减免刑罚的幅度规定得非常之宽的前提下,即"对于中止犯,没有造成损害的,应当免除处罚;造成损害的,应当减轻处罚",如果动辄就认定为犯罪中止,从而在没有造成损害的情况下免除处罚,难免会存在将行为人认为能够继续进行下去,但实际上是由于其他原因而导致结果不能发生的情况认定为犯罪中止,这样的认定可能导致无益于预防犯罪的结果,所以不应将其认定为犯罪中止。

在我国的司法实践中,也出现了对中止自动性进行规范判断的情形。例如,被告人李官荣抢走被害人的财物后,用绳子猛勒被害人脖子致其昏迷。被告人以为被害人已死,便将其扔到汽车后备箱中,在发现被害人没死后,先后用石头砸被害人头部,用小剪刀刺其喉部、手臂致其再次昏迷。被告人唯恐被害人没死,又购买了一把水果刀,捅刺被害人的腹部,因刀柄折断而未能得逞。被告人认为被害人"命大",才最终放弃了杀人的想法,送被害人去医院,被害人由此保住了性命。对于本案,法院的裁判理由是:"被告人在用绳子猛勒被害人脖子致其昏迷后,发现被害人没死,又先后多次重复实施杀害行为,已造成了伤害后果,其非完全自动放弃杀人的想法。因此,被

① 周光权:《论中止自动性判断的规范主观说》,载《法学家》2015 年第 5 期。

告人在实施故意杀人犯罪的过程中由于意志以外的原因而未得逞,应认定为犯罪未遂。”①对于本案,按照主观说,似乎可以认为李官荣反复折磨被害人之后,犯罪继续实施直至杀死被害人,在客观的“技术层面”应该不存在困难,行为人系基于己意停止犯罪,应该认定为犯罪中止。但是,在评论者看来,虽然行为人停止犯罪,法院也坚持认为“其非完全自动放弃杀人的想法”,这显然是在传统的主观说之外考虑了规范性限制——行为人穷尽了几乎他认为可以采取的手段仍然杀不死被害人,在发现被害人“命大”时停止犯罪的,其将犯罪停下来的动机不具有异常性、自律性;在这里,规范对被告人的提示没有发挥作用,行为人之所以停止犯罪,是因为其费尽功夫也无法达致既遂。如果刑法对此也给予奖励,会使得他人效仿类似行为,无助于一般预防,所以对被告人按照犯罪未遂处理。② 该案例体现出,司法实践虽总体上坚持主观说的判断标准,也会在一些情况下考量将行为认定为中止犯是否会增进预防犯罪的目的。鉴于我国对中止犯处罚的从宽幅度较大,本书赞成在中止犯减免刑罚的问题上,除了违法责任的双重减少之外,还应该进一步通过刑罚目的加以限定,只有既能反映出违法和责任的减少又能体现出预防犯罪的目的的行为,才能被认为是犯罪的中止,才能在没有造成损害时享受免除刑罚的优待。

2. 关于中止“自动性”的具体问题

目前学界存在共识:不能将引起行为人中止犯罪的原因作为意志以外的原因。例如,不能将因为同情被害人、为了争取宽大处理、因为惧怕惩罚等原因视为意志以外的原因;也不能因为存在客观障碍就一概否认中止的自动性,因为即使存在客观障碍但是行为人没有认识到障碍存在的场合,如盗窃时客观上有一报警器但行为人没有看到,或者认为该障碍不足以阻止犯罪行为,如行为人自信其身手敏捷故在警察到来之前能够安然离去,这时可以认为障碍不足以阻止犯罪,由此肯定中止的自动性。

规范主观说认为,讨论自动性不要求具有伦理上的动机,也即不要求行为人具有真诚悔悟的表现。只要行为人基于自己的意思,自动地在有可选择性的情况下放弃了犯罪,就可以认为法规范对行为人发挥了指引作用,行为人在类似情况下不会再次实施犯罪,就可以肯定行为的自动性。强调成立中止不要求具有真诚悔悟的动机,也有助于昭示其他犯罪人中止犯罪能够减轻或者免除处罚。也就是说,即便强调规范的指引作用和预防犯罪的需要,也不必要求行为人具有伦理上的动机。

在放弃犯罪的意思这一方面,只要求行为人放弃特定犯罪的意思,而不要求放弃一切犯罪的意思。例如,行为人发现一女子,原本想实施强奸行为,后来见其脖子上戴着一串金项链,转而实施了抢劫行为,这时就可能成立强奸中止和抢劫行为。放弃犯罪是指放弃行为人意欲实施的那一个犯罪,而不是指放弃一切犯罪。此外,杀人后看到流血不止而基于恐惧放弃继续侵害的,发现女方面容丑陋而放弃强奸意图的,发现对方是熟人而放弃犯罪的,这些场合从纯粹主观说的角度讲,恐惧、丑陋、熟人关系都不足以成为阻止行为人继续实施犯罪的原因,在这些情况下行为人仍然可以继续进行下去,按照中国当下司法实践所采纳的主观说立场,都可能认定为犯罪的中

---

① 福建省上杭县人民法院(2008)杭刑初字第238号刑事判决书。

② 周光权:《论中止自动性判断的规范主观说》,载《法学家》2015年第5期。

止。但是立足于规范主观说，会认为在相同的情况下，行为人仍然会实施相似的行为，这时将行为人认定为犯罪中止，无助于对行为人犯罪的预防，对于预防其他人犯罪也没有较大意义。从规范主观说的角度，将上述的场合认定为中止存在疑问。

在行为人担心被发现的场合，通说认为，如果行为人担心日后被告发、被逮捕，仍然成立中止的自动性；而担心被当场逮捕的场合，是自认为已经不能实现而不具有中止的自动性。但是根据规范主观说，从限定中止犯的成立范围角度而言，以上各个场合都无法肯定将行为人认定为中止犯的做法有助于预防犯罪，从而会否定中止的自动性。

概括说来，就中止自动性的判断标准而言，第一，不需要伦理性的动机；第二，至今的实践和司法中的做法立足于主观说，以行为人的主观判断为自动性的标准，只要是自己认为能达目的而不欲的，即使客观上无法造成结果也仍然肯定自动性；第三，如果将自动性的判断这一犯罪中止的成立条件与中止犯减免刑罚的根据联系在一起，若采取违法责任减少说，那么采取纯粹主观说的说法就是理所当然；如果在违法责任减少说的基础之上，进一步试图通过预防犯罪的刑罚目的来限定中止犯的成立范围，那么单纯的主观说就是不够的。鉴于我国中止犯的处罚从宽幅度较大的事实，规范主观说可能更有现实针对性。

（三）中止的有效性

《刑法》第 24 条第 1 款规定："在犯罪过程中，自动放弃犯罪或者自动有效地防止犯罪结果发生的，是犯罪中止。"这似乎意味着，只要是自动放弃犯罪的，就算没有防止结果的发生，也属于犯罪中止。但就犯罪中止而言，未发生结果是大前提，在发生结果的场合不可能存在犯罪中止而只能是犯罪既遂，这也是在处罚根据上违法责任减少的应有之义。所以，虽然第 24 条表面上规定自动放弃犯罪或者自动有效地防止犯罪结果发生的都是犯罪中止，但这两种场合的差别在于：自动放弃犯罪是由于实行未终了，导致法益侵害的危险还不足以导致结果的发生，这时只需自动放弃犯罪，犯罪结果就当然不会发生；而在实行行为已经终了、结果可能发生的场合，单纯放弃犯罪已经不足以避免结果的发生，这时就必需要求行为人通过进一步努力，采取有效措施来避免结果的发生，因而法律此时明确要求行为人必须有效地防止结果的发生。

问题在于，结果的未发生与行为人的中止行为之间是否应具有明确的因果关系，即必须由于中止的行为导致了结果的不发生？还是仅要求行为人是自动放弃犯罪同时结果也没有发生就已经足够，不需要结果的未发生与中止行为之间存在因果关系？在中止行为独立防止侵害结果发生的场合，当然可以肯定中止的有效性。如行为人朝被害人打了一枪，没有打着而放弃重复侵害，这时结果的未发生完全是行为人一人的行为所致。即便中止人的行为与其他人的行为共同防止了侵害结果发生的场合，也可以肯定中止行为的有效性。例如，行为人在用刀砍人之后，见其流血不止，于是自动停止了重复侵害行为，将对方送往医院，在医生的抢救之下最终被害人幸免于死。这时，显而易见，结果的未发生并非行为人一人的"功劳"，医生的抢救行为是结果不发生的重要原因，这种多因一果的情况下，仍然可以肯定中止的有效性。关键是，对于自动放弃犯罪与结果的未发生是由于行为偶然不能导致结果的场合，应当如何处理？甲枪击之后导致乙被吓晕了，因为离得比较远，未能看清，若是甲以为乙已经死亡未查看便离开了，而乙只是暂时昏了过去，事后渐渐恢复了意识，此时根本不存在中止的自动性问题，而应成立犯罪的未遂；但如果行为人打偏了之后，看到乙晕倒在地，觉得吓唬乙一下也好，于是走开了，这种情况下责任的减少是可以肯定的，从预防犯罪的角度也可以肯定法规范对行为人发挥了作用。所以当行为人知道自己没有打中时仍停止侵害的，就可以肯定中止的有效性，进而肯定其成立犯罪的中止。

四、中止犯的处罚

《刑法》第 24 条第 2 款规定："对于中止犯，没有造成损害的，应当免除处罚；造成损害的，应当减轻处罚。"这是关于中止犯的处罚规定。问题在于，什么是"造成损害"？

(1)如果行为造成了某个低程度犯罪的法益侵害，当然可以肯定该行为造成了损害。例如，行为人意图强奸，已经将被害女性控制住，并且已经实施了一定的触摸行为，在女方哀求之下，男方停止了侵害。此种场合下，行为人能够继续实施侵害的行为，属于"能达目的而不欲"，从纯粹主观说的角度讲具备中止的自动性是没有问题的。从限定主观说的角度，法规范的指引也对行为人发挥了作用，同时将这种行为肯定为犯罪中止也有利于预防犯罪的目的。问题是，这一行为是没有造成损害因而要免除处罚，还是造成了损害因而应当减轻处罚？会有观点认为，强奸罪保护的法益是女性的性自主权，而性自主权是狭义的（将性自主权理解为妇女与他人发生性行为的自主决定权），行为人并没有侵害女性的性自主权，因而没有造成损害。但是，这种观点同时可能认为：虽然就强奸罪而言没有造成性自主权的侵害，没有造成损害，因而是强奸中止里的"没有造成损害应当免除处罚"的行为；但是，行为人之前的强行控制被害人及触摸其身体的行为完全可以评价为强制猥亵的行为，所以，这种观点会按照强制猥亵罪来处理。另一种观点认为，这一情形属于造成了损害。强制猥亵罪作为强奸罪的低度犯罪，二者侵害的法益类型具有相似性，上述案例中，行为人已经造成了妇女性羞耻心的损害，构成一个特定犯罪（强制猥亵罪）的既遂，属于行为造成了损害，成立强制猥亵罪与强奸罪中止的竞合，此时应当按照造成损害的强奸罪的中止处理（毕竟行为人的目的是强奸），对行为人应当减轻处罚而非免除处罚。这种观点既考虑了行为人的主观目的，同时又从"利益是否为法律所保护"的立场出发判断损害结果的有无，因而较为合理。同时，在竞合的场合，要结合行为人的主观目的来判断是轻罪的既遂，还是重罪的中止，在行为人有犯重罪的目的时，成立重罪的中止更为合理。

(2)造成的损害必须是对法律所保护的利益的侵害，而不必要求必须要达到某一犯罪的成立条件。可能有不同观点认为，只有损害达到犯罪的成立条件，才能被评价为损害，反之则是没有损害，应当免除处罚。例如，行为人以胁迫方式强奸她人，威胁说女方不同意就毁坏其财物（笔记本、手机等），于是摔坏其手机，后来经女方哀求，男方停止了侵害行为。这时已经是强奸罪的着手，行为人已经实施了强奸的手段行为，[①]此时由于对方的恳求而放弃，可以肯定为强奸的中止，但是否造成了损害？强奸罪保护的法益是人身权利，此时财产利益是否能评价为"损害"？

---

① 以毁坏财物的方式威胁女方的行为必需足以压制对方的反抗，如果毁坏财物的要挟与妇女的反抗意志之间没有联系，该行为就难以评价为强奸的手段行为。

如认为没有造成损害,会导致什么样的结果?就强奸罪而言,没有造成损害只能免除处罚,而故意毁坏财物罪要求被毁坏财物的价值达到法定的数额(数额较大标准为5000元),手机的价值没有达到,不构成故意毁坏财物罪,仅承担民事赔偿责任。这样的结果显然不合理,因为这样的行为当然符合某个犯罪的类型,利益本身也是受到法律所保护的利益,只是由于法律的规定没有达到犯罪的标准,但并不等于这一利益受损不是法律上的损害。因此,应该认为上述行为是一种造成了损害的中止,成立造成了损害的强奸罪的中止从而减轻处罚比较合适。

(3)如果是侵犯了一个刑法所不保护的利益的,不属于这里的"造成损害"。行为人朝某人开了一枪后,看到没有打中,就不再继续开枪,这时能够肯定成立故意杀人罪的中止。但是由于行为人的枪击行为,导致对方日后生活于惶恐之中,经常精神恍惚,每晚都做噩梦,引起精神焦虑,这是否属于"造成损害"?这种精神损害与焦虑并不是刑法所保护的利益,行为人可以据此要求民事赔偿,但是就刑法而言,不应将其理解为刑法所要求的损害,而只能认为行为没有造成损害,因而免除处罚。此时,将行为认定为犯罪中止,有助于行为人停止犯罪,也有助于预防他人的犯罪行为。

第九章　共 同 犯 罪

第一节　共同犯罪的基础理论

一、共同犯罪概说

实践中，虽然发生的犯罪大多是一人实施的，但是同样常见的是一个犯罪由两人以上共同实施，其中，有的犯罪完全可以由一个人实施但却由两个人以上临时起意或者有预谋实施，有的则从犯罪本身属性上必须要有两个以上主体才能实施。这些都属于共同犯罪现象。为避免刑法分则过分庞大臃肿，这些现象不可能在涉及具体罪名时由刑法分则逐一规定，所以，就有必要在刑法总则中对共同犯罪的基本理论加以抽象、概括。我国《刑法》第25条对共同犯罪的内容加以规定，并在第26条、第27条、第28条、第29条中分别规定了主犯、从犯、胁从犯、教唆犯4种共同犯罪人。共犯理论所要研究的问题是，如何解决他们各自的刑事责任。

（一）共犯的几种含义

中国传统刑法理论没有正犯的概念而是使用主犯、从犯的概念。但是，主犯和从犯是根据在共同犯罪中为表明所起的作用而做的分类，意义在于指导量刑；而正犯和共犯的概念区分，意义主要在于指导定罪。最广义的共犯概念是二人以上共同犯罪，既有可能是二人以上共同故意犯罪也有可能是二人以上共同过失犯罪。中国刑法中的共犯，也可以认为是共同犯罪的简称，是二人以上共同故意犯罪。比较广义的共犯，或者是在德日刑法中比较通行的共犯概念，包括共同正犯即共同实行犯，以及教唆犯、帮助犯这两种典型的共犯；而狭义的共犯，则是指教唆犯和帮助犯这两种典型的共犯。本书在使用“共犯”这一概念时，通常是在最狭义共犯的意义上使用，特指教唆犯和帮助犯。

（二）共犯的处罚根据

对于并未直接引起法益侵害的教唆犯和帮助犯，何以需要处罚，这是共犯处罚根据的问题，对此存在不同的理论主张。

责任共犯论认为，致使正犯实施了（符合构成要件、违法且）有责的行为这一点是共犯处罚的根据，其着眼于使正犯堕落、致其陷入罪责与刑罚，即着眼于制造出了所谓犯罪人。但责任共犯论会导致成立共犯以正犯具备犯罪成立的全部条件为前提，就是采纳了后述的所谓极端从属性，从后述的共犯从属性的通说立场来看，这一主张不值得支持。

违法共犯论认为，致使正犯实施了（符合构成要件且）违法的行为这一点是共犯处罚的根据。根据通说即所谓的限制从属性说，作为狭义共犯的教唆犯、帮助犯的成立条件是，正犯的行为符合构成要件并且违法，违法共犯论正与此通说的立场一致。不过，这种见解会肯定违法的连带性，即会认为共犯的违法取决于正犯的违法，这在诸如委托他人将自己杀害而接受委托者杀人未果等场合，会得出“本是受害人的委托者也要成立嘱托杀人未遂的教唆”这种不妥当的结论。

因果共犯论认为，介入了正犯行为而自己引起（惹起）了法益侵害这一点是共犯处罚的根据，这种主张也被称为惹起说。“与单人犯罪的本质一样，共同犯罪的本质也是法益侵害。”[①]“责任共犯论和违法共犯论都不是从引起法益侵害上寻找处罚根据，而是从使正犯堕落、陷入罪责和刑罚，或者使正犯陷入实施违法行为的状态，即从制造了犯罪人或者违法者这一点上寻找理由……在共犯的实体上具有忽视共犯所具有的侵害、威胁法益的本质缺陷……因此，在德、日等大陆法系刑法学界几乎不再有真正的支持者。”[②]“因果共犯论（惹起说）在指向法益保护的刑法体系中明确了共犯所固有的犯罪性，因而是妥当的。”[③]据此，正犯是法益侵害的直接惹起，共犯（教唆犯、帮助犯）是介入了正犯行为的间接惹起，共同正犯则是法益侵害的共同惹起。

需要强调的是，共同犯罪人对于共同犯罪引起的犯罪结果要承担法律后果，这种承担是共同承担，但并不意味着平均承担，而是会区分出主犯、从犯等，根据各自所起的作用分配相应的刑罚。

二、任意的共犯与必要的共犯

（一）任意的共犯

关于共同犯罪，有一组比较重要的概念，即任意的共犯和必要的共犯。有的犯罪既可以由一个人实施也可以由多个人共同实施，这种情况下，两个人共同实施的就被称为任意的共犯。比如说，杀死武大郎，是由王婆出主意、西门庆买毒药、潘金莲投毒三人共同实施，这就是任意的共犯。由于任意的共犯是由二个以上行为主体实施了原本由一人可以实施的犯罪，原本这些行为就符合刑法总则的基本要件，所以这些犯罪没有必要在刑法分则中加以规定。关于任意共犯的内容在刑法总则中概括性规定就足够了。

（二）必要的共犯

与此相对，成立另一类犯罪要求行为主体必定是二人以上，一个人不可能实施这种犯罪。这就是必要的共犯。必要的共犯又可以进一步细分为对向犯、聚众共同犯罪和集团共同犯罪三种。

1. 对向犯

又称对合犯，是指一方的行为以另一方相对应的行为为必要，或者说，以存在二人以上相互对向的行为为要件的犯罪。这种对向犯根据双方是否都成立犯罪、双方所触犯的罪名和法定刑是否完全一致，可进一步分为 4 种情况。(1) 同罪同刑。比如，在重婚罪的场合，明知他人有配偶

---

① 张明楷：《刑法学（上）》（第 5 版），法律出版社 2016 年版，第 407 页。

② 张开骏：《共犯从属性研究》，法律出版社 2015 年版，第 188 页。

③ ［日］山口厚：《刑法总论》（第 3 版），付立庆译，中国人民大学出版社 2018 年版，第 309 页。

而与之结婚的人，和有配偶的人共同构成必要的共同犯罪，双方触犯的罪名和法定刑完全一致。非法买卖枪支罪亦是如此。(2)异罪同刑。如出售假币罪与购买假币罪的成立，都需要对向的行为，双方成立的罪名不同，但法定刑完全相同。(3)异罪异刑。比如，行贿和受贿，双方的罪名和法定刑都不同。而且，完全存在一方构成犯罪而另一方不构成犯罪的可能性：如果行为人为了谋取正当利益而行贿的，不构成行贿罪而受贿者构成受贿罪；相反，行贿者为了谋取不正当利益而向国家机关工作人员行贿构成行贿罪，而国家工作人员收到财物后及时上缴的，不构成受贿罪。这两种行为也存在对合关系，双方之间不是加害与被害的关系，都具有危害行为的属性。以上三种对向犯，通常也被称为双面的对向犯。对于双面的对向犯，能否适用刑法总则的规定区分主从？就对向的双方成立不同犯罪者(异罪同刑与异罪异刑两种)而言，应当排除刑法总则共犯规定的适用，而只根据行为人本身违法性与有责性的轻重定罪处罚(如购买假币的，不被认定为出售假币罪的共犯)；而同罪同刑的对向犯，属于典型的共犯，应当根据作用的大小区分主从犯(如在重婚罪中，相婚者本身无婚可重，一般应认定为从犯)。[①] (4)只处罚一方的行为，这在理论上称为片面的对向犯。比如，《刑法》第 363 条规定了制作、复制、出版、贩卖、传播淫秽物品牟利罪，在这种犯罪中，购买淫秽物品的人会不会构成贩卖淫秽物品牟利罪的帮助犯？刑法分则没有规定，因此不能根据刑法分则处罚这种行为；问题是，能否根据刑法总则中共同犯罪的帮助犯规定来处罚？对此，在刑法理论上有所谓立法者意思说与实质说的争论。[②] 根据立法者意思说，既然立法者已经明确规定了该罪的构成要件是制作、贩卖、传播等行为而没有规定购买行为，显然是有意限制处罚范围，如果购买者也作为犯罪处理会导致打击面过宽，与我国宽严相济的刑事政策不合，也会导致司法资源的浪费。但立法者意思说并未明确指出片面的对向一方不处罚的实质根据何在。换言之，不能因为立法上缺乏明文规定，就简单得出片面对向一方的行为当然不值得处罚的结论，而是应当从实质上进行具体判断。由于犯罪的实体是违法与责任，不处罚片面的对向一方，只能是要么因为其缺乏违法性(如嘱托自杀未遂的被害人)，要么因为缺乏期待可能性等有责性(如本犯让别人藏匿自己)，故而实质说总体上是妥当的。至于购买淫秽物品的人，虽然难言其为被害人，但由于单单购买淫秽物品供自己欣赏的行为，不具有值得科处刑罚的贩卖淫秽物品的危险性，即因不具有实质的违法性而不受处罚。

2. 聚众共同犯罪

聚众具有参与广泛性、行为多样性与公然性(公然是指在不特定的多数人面前)等特征。这里要区分聚众犯罪和聚众共同犯罪。聚众共同犯罪是聚众犯罪的一种，但是聚众犯罪除了聚众共同犯罪之外，还存在虽然是一种聚众型犯罪但并不构成共同犯罪的情况。聚众犯罪通常是聚众共同犯罪，属于共同犯罪的聚众犯罪有两大类情况：(1)由于某种聚众犯罪的社会危害性比较严重，因此立法者规定对参与这种犯罪的参加者，不管是组织、策划者还是一般参加者都一概加以处罚。这是一种典型的聚众共同犯罪。比如，《刑法》第 317 条第 2 款规定的聚众持械劫狱罪。(2)立法为了限制处罚范围，对于一般参加者不予处罚，但是对于首要分子和积极参加者要处

---

① 陈洪兵：《共犯论的分则思考——以贪污贿赂罪及渎职罪为例》，载《法学家》2015 年第 2 期。

② [日]山口厚：《刑法各论》(第 2 版)，有斐阁 2010 年版，第 169 页。

罚，比如，《刑法》第290条的聚众扰乱社会秩序罪、第292条的聚众斗殴罪。此时，首要分子与积极参加者之间构成共同犯罪。立法者虽然预想到了一般参加者，但是并没有在分则中将其规定为犯罪，就不能援引《刑法》第27条的从犯规定，对于一般参加者按照从犯来处罚。除此之外，还存在对于聚众犯罪只处罚首要分子，而对积极参加者和一般参加者不予处罚的情况，比如，《刑法》第291条的聚众扰乱公共场所秩序、交通秩序罪。在这种情况下，是否构成共同犯罪取决于首要分子的人数。首要分子不一定是一个人，而可能是二人以上，这时首要分子之间构成共同犯罪，属于聚众共同犯罪。但如果首要分子只有一人，其他人作用很小，无法和他构成共同犯罪，这时就是聚众犯罪而非聚众共同犯罪。就首要分子纠集的一批人来说，显然不是受害人，也属于必要的共同犯罪，只是出于立法的考虑而没有将其规定为犯罪处理。

3. 集团共同犯罪

它既可能是必要的共犯，如黑社会性质的组织，贩毒组织，也可能只是一个任意的共犯，如一个单纯的盗窃集团。犯罪集团人数比较多，比较固定，目标比较明确，危害比单纯的共同犯罪更为严重。国际性的犯罪集团、黑社会犯罪集团的增多是近些年来集团犯罪呈现出的新趋势。同时，犯罪集团是法律明文规定的概念，而犯罪团伙、团伙犯罪是犯罪学意义上的概念而非刑法意义上的概念。

三、共犯和正犯

从国外的立法例来看，区分正犯与共犯的，有《日本刑法》（第60～62条）、《法国刑法》（第121条、第124条）、《德国刑法》（第25条以下）、《瑞士刑法》（第24条以下）、《希腊刑法》（第45条以下）等，这在世界范围内是一般性的立场。这种区分正犯与教唆犯、帮助犯（后二者合称狭义共犯）的体系被称为二元论的参与体系，或称区分制体系。与之相对，无论犯罪的具体参与形式如何，犯罪的参与者全部属于正犯，这样的立法例也不少见，其并不重视在构成要件的层面对正犯与教唆犯、帮助犯等概念的区分，而重视在量刑的层面区分各正犯加功的程度和性质的不同。采用这种称为单一正犯体系、统一正犯体系或者包括的正犯人概念的立法例，有《澳大利亚刑法》（第12条）、《意大利刑法》（第110条）、《挪威刑法》（第58条）、《丹麦刑法》（第23条）、《巴西刑法》（第25条以下）等。[①] 本书重视罪刑法定机能，强调构成要件的定型性，从而关注正犯与教唆犯、帮助犯在构成要件层面上的差别，采纳二元制的犯罪参与体系。由此可以认为，正犯是该当基本的构成要件，而狭义共犯则是该当扩张的构成要件。由此，本书采用限缩的正犯概念，共犯则属于刑罚扩张事由。

这里就涉及正犯与作为共犯的教唆犯、帮助犯的具体区分问题。关于正犯和共犯的区分标准，本书将在间接正犯的部分详细展开。总体上看，应该以实质客观说为基础，以行为人对于构成要件结果是否具有支配性作为判断标准，采纳所谓的行为支配说。据此，正犯包括三种样态，直接正犯是行为人亲自实施了构成要件所规定之行为，因而具有行为支配；间接正犯是行为人虽未亲自实施构成要件行为，但利用自己的意志力量支配了犯罪的因果流程，因而具有意志支配，

① ［日］山中敬一：《刑法总论》（第3版），成文堂2015年版，第840页。

可能表现为通过强制、通过被利用人的错误和通过有组织的权力机构等；共同正犯则是行为人通过和其他犯罪人的分工合作，机能性地支配了犯罪，因而拥有机能的犯罪支配。[①] 总体来说，正犯（直接正犯、间接正犯、共同正犯）是一次责任类型，需要直接对结果承担责任；而教唆犯与帮助犯则是二次责任类型，需要通过正犯的行为而对结果承担责任。能否实质评价为一次责任类型，关系着正犯与共犯的区分。

四、犯罪共同说与行为共同说

就共同犯罪来说，有一个前提性问题需要解决，即共同犯罪中的"共同"，究竟是何种意义上的共同？共同犯罪是否以符合同一个犯罪构成为前提？对此，存在犯罪共同说和行为共同说的基本对立。犯罪共同说认为，共同犯罪是数人共同地实施了"特定的犯罪"，是"数人一罪"；而行为共同说认为，共同犯罪是数人通过共同的"行为"而实施各自的犯罪，是"数人数罪"。犯罪共同说又可进一步区分为完全犯罪共同说和部分犯罪共同说。通常，犯罪共同说会肯定共犯对正犯的罪名从属性，而行为共同说则否定这一点。至今，这几种学说在我国刑法学界各有主张者。

有必要指出，犯罪共同说与行为共同说的对立，并非是共同正犯特有的问题。犯罪共同说与行为共同说的对立，是在追问共犯因何原因而对他人之行为所造成的结果承担罪责的问题，是包含教唆犯、帮助犯在内的全体共同犯罪人，与处罚根据相关的问题。两种学说的对立，对于教唆犯、帮助犯的认定会产生重大影响。"在这样考虑的时候，严密地说来，在说共同犯罪是犯罪或者行为的'共同'时，所说的'共同'，不光是共同正犯中的'共同'，恐怕必需理解为也包含着（教唆犯、帮助犯场合的——引者注）'共动'或者'参与'。"[②]

（一）完全犯罪共同说

完全犯罪共同说认为，成立共同犯罪要求各个行为人实施共同的犯罪，二人以上的行为人只能就一个故意犯、就相同罪名成立共同犯罪。中国传统刑法理论曾长时间以完全犯罪共同说为通说。（1）甲以杀人的故意，乙以伤害的故意共同对丙实施暴力行为，导致丙死亡的，根据完全犯罪共同说，由于不能肯定两个不同犯罪之间的共同正犯，处理结果就是，甲乙二人都构成故意杀人罪，但是乙仅具有伤害的故意，对乙以伤害致人死亡来量刑。这样的处理在定罪和量刑两个环节都存在问题：在定罪上，对乙而言，没有杀人故意却被定性为故意杀人罪，违反了责任主义原则；在量刑上，定故意杀人罪却在故意伤害致死的范围内量刑，割裂了定罪和量刑的关系，和一般认可的罪刑关系相违背。[③] （2）教唆他人盗窃，但被教唆者实施了抢劫的场合，按照完全犯罪共同说，实行者自然构成抢劫罪，教唆者也只能属于抢劫罪的教唆犯，但需要在盗窃罪的法定刑幅

---

① ［德］克劳斯·罗克辛：《德国刑法学总论》（第2卷），法律出版社2013年版，第18～80页；何庆仁：《德国刑法学中的义务犯理论》，载陈兴良主编：《刑事法评论》（第24卷），北京大学出版社2009年版，第242页。

② ［日］内藤谦：《刑法讲义总论（下）Ⅱ》，有斐阁2002年版，第1358页。

③ 若是将以"共同的故意"为必要的完全犯罪共同说的论理一贯化的话，则在上述的设例之中，还有另一种可能性，即完全不承认两者成立共同正犯，甲乙二人各自均构成单独犯，甲构成故意杀人罪，乙构成伤害罪。但要是如此解决的话，不但会完全不考虑两者共同实行这一客观事实从而无法在量刑上区分主从，而且在不知由谁的行为导致被害人死亡结果的场合，还会因"存疑有利于被告"的原则导致无人对死亡结果承担责任的不当归结。

度内量刑，这同样存在定性不准以及定罪和量刑分离的问题。（3）在是否承认出于过失的共犯（基于过失责任形式的共同犯罪）、对于过失犯的共犯（对于过失犯的教唆与帮助）、片面的共同正犯、片面的帮助犯等概念的问题上，完全犯罪共同说都会得出否定的结论，显然不尽合理。（4）从共犯处罚根据的角度讲，完全犯罪共同说和责任共犯论之间存在论理的关联性，共犯的处罚根据在于共同犯罪人之间存在责任的共同，即共同犯罪人中的一个人的违法有责行为成立“犯罪”，其他的共同犯罪人共同地实施了这一“犯罪”。而且，在完全犯罪共同说认为共同犯罪是“特定的犯罪”的共同时，这恐怕也会和要求正犯具备完全的“犯罪”条件（构成要件符合性、违法性、有责性）的极端从属性说挂起钩来，但无论是责任共犯论还是极端从属性说，都是本书所无法认同的。总体上，完全犯罪共同说受到越来越多的批判，至今已经失去通说的地位。

（二）部分犯罪共同说

在犯罪共同说的内部，对其内容加以缓和，主张即便是不同的犯罪之间，如果两罪的构成要件存在重合关系，则在重合的限度内也能肯定共同犯罪。这就是所谓的部分犯罪共同说。

就前项1的场合而言，故意杀人与故意伤害（致人死亡）在故意伤害（致人死亡）的限度内构成要件存在重合，从而甲乙两人构成故意伤害罪的共同正犯，乙成立故意伤害罪，按照故意伤害致人死亡处理。由于甲基于杀人的故意实施了杀人行为，所以甲另外成立故意杀人罪，属于故意杀人与故意伤害（致人死亡）的想象竞合，按照故意杀人罪处理。最终，在肯定甲乙二人构成共同犯罪的前提下，对两者分别定罪，达到了定罪和量刑的协调。就前项2的场合而言，教唆他人去盗窃而他人却实施了抢劫，由于盗窃罪与抢劫罪在平和转移他人财物的意义上具有重合关系，所以甲乙在两罪的重合范围内成立盗窃罪的共同犯罪，教唆者只有教唆盗窃的故意，成立盗窃罪的教唆犯，被教唆者基于抢劫故意实施了抢劫行为，成立抢劫罪，属于抢劫的单独犯罪和盗窃的共同犯罪的想象竞合，按照抢劫罪定罪量刑。再如，甲邀请乙为自己的盗窃行为放风，乙如约放风，甲在盗窃时遇到反抗实施暴力行为进而转化为抢劫时，乙对屋内的情况并不清楚。按照部分犯罪共同说，甲乙两人在所重合的盗窃罪限度内构成共同犯罪，乙由于只对盗窃的行为放风，因此成立盗窃罪的帮助犯，而甲的行为转化为抢劫，所以甲属于抢劫的单独犯罪与盗窃的共同犯罪的想象竞合，按照抢劫罪处理。在前项3的场合，若不考虑实定法（中国《刑法》第25条）的限制，从纯粹理论的角度来看，部分犯罪共同说会得出肯定过失犯的共同正犯、片面帮助犯等结论。

部分犯罪共同说不仅能在具体实务处理上较好地克服完全犯罪共同说存在的不足，而且其在理论上从构成要件的定型性出发，以是否存在“构成要件的重合”为标准来框定“共同犯罪”的范围，这和在抽象事实认识错误场合采取法定符合说的立场，具有相通性。这样的主张总体上是合理的，获得了更多的支持者，故本书也采纳这种学说。在此说看来，共同犯罪是“部分犯罪”的共同，因此也就更倾向于在共犯处罚根据上采取因果共犯论（或者违法共犯论），在共犯从属性问题上采取限制从属性说，并不要求正犯具备犯罪成立的全部条件，而只要具备“部分”条件就够了。

贯彻部分犯罪共同说的关键是，如何判断两罪之间是否存在重合。（1）如果两罪之间存在法条竞合关系，就存在两罪的重合，如诈骗罪和合同诈骗罪之间存在重合。(2)如果两罪侵犯的法益相同，其中一罪重于另一罪，则从规范意义上来说，重罪包含着轻罪，如抢劫罪在规范的意义上包含着抢夺罪。(3)部分人的行为构成的犯罪发生转化而其他人并不知情的，则双方就转化前的犯罪成立共同犯罪。

(三)行为共同说

近年来，强调共同犯罪不是"犯罪"之共同而是"行为"之共同的行为共同说正在强势崛起。[①]行为共同犯罪说认为，只要数人实施了共同的行为，这些行为在客观上具有共同性，主观上具有意思联络，即可构成共同犯罪，同时，行为人之间完全可以根据各自不同的故意内容，分别构成不同的犯罪，其完全否定共犯对正犯罪名的从属性，是行为共同说的特色之一。

在前述的甲乙分别基于杀人、伤害的故意加害丙致其死亡的事例之中，按照行为共同说，甲的故意杀人和乙的故意伤害之间成立共同正犯，即甲构成故意杀人罪的共同正犯，乙构成故意伤害罪的共同正犯。这就和部分犯罪共同说的结论出现了不同，后者是认为甲乙二人构成故意伤害罪的共同正犯(所谓"犯罪的共同")，此外甲又单独构成故意杀人罪，并最终按照故意杀人罪的单独犯罪处理。在行为共同说看来，从甲是基于共同实行的事实而导致了杀害结果这一点来看，"将其作为杀人罪的单独犯来解决存在很大的疑问。倒不如说行为共同说是妥当的"。[②] 不过，如果考虑到甲在单独构成故意杀人罪之外还和乙构成故意伤害罪的共同正犯这一点，则在部分犯罪共同说看来，上述的疑问也未必是重要的问题。

在行为共同说看来，犯罪共同说可能造成不合理的结果。比如，行为人甲告诉同伙乙准备进入丙的办公室盗窃，乙答应帮忙在外望风，但甲实际上根本没有盗窃的打算，而是在明知丙在场的情况下进入丙的办公室，将丙杀害，之后清理现场逃匿，乙对所发生的一切并不知情。若是按照行为共同说，由于甲与乙在约定的盗窃行为上存在"共同"的行为，因此乙与甲构成共同犯罪，乙是盗窃罪的帮助犯，甲是故意杀人罪的实行犯。而按照犯罪共同说，完全犯罪共同说的场合自不必说，即使按照部分犯罪共同说，由于盗窃罪与故意杀人罪在构成要件上不存在重合，所以，甲构成故意杀人罪的单独犯罪，而乙则只能是无罪。在行为共同说看来，若是甲实施了双方约定的轻的盗窃行为，乙会构成盗窃罪的帮助犯；甲实施了更严重的故意杀人行为，且该杀人行为也和乙的望风之间客观上存在因果关系，反而无法按照犯罪处理，这明显不均衡。而行为共同说就可以解决这个问题。但是，乙终究只能在盗窃罪的意义上和甲产生关联，根据实行从属性的立场，由于甲并没有实施盗窃的实行行为，所以乙充其量仅属于盗窃预备的帮助而已，自然不可罚；尽管望风行为和故意杀人之间存在因果关系，但乙对此完全不知情，让其承担帮助犯的责任就会违反责任主义原则。这样看来，按照部分犯罪共同说得出的乙不构成犯罪的结论可能恰恰是合理的。

---

① 例如，张明楷：《刑法学》(第5版)，法律出版社2016年版，第393～394页；黎宏：《刑法学总论》(第2版)，法律出版社2016年版，第262～265页。

② [日]内藤谦：《刑法讲义总论(下)Ⅱ》，有斐阁2002年版，第1361页。

（四）本书的立场

本书认为，尽管行为共同说也有一定的可取之处，但在目前的立法规定、理论现状和司法环境下，还是采纳介于完全犯罪共同说与行为共同说之间的部分犯罪共同说更为妥当。这是因为，（1）行为共同说会导致共同犯罪的成立范围过宽，不但会导致客观上构成要件之间不存在重合、主观上故意内容完全不同的两个犯罪之间仅因为“行为”的共同而构成共同犯罪，甚至还会肯定故意犯与过失犯之间的共同犯罪。这样的共同犯罪成立范围和我国《刑法》第25条的规定无法兼容。（2）从理论上看，行为共同说不但可能会轻视“构成要件”概念，威胁构成要件的定型机能，还可能会导致和错误论场合的法定符合说之间难以进行整合。（3）行为共同说在强调不同行为人之间行为事实本身之共同的同时，会倾向于对这些人的行为性质进行独立判断。所以，如将行为共同说的论理彻底化的话，则会主张违法判断的相对性，否认“违法是连带的”，从而更容易在共犯从属性问题上采纳最小从属性的立场，这也是本书所无法接受的。（4）从司法实务的接受可能性上说，从此前长期占据通说地位的完全犯罪共同说直接跨越到行为共同说，也可能会引起混乱或者实务工作者的无所适从。

第二节　共同犯罪的成立条件

《刑法》第25条明确规定，共同犯罪是指“二人以上共同故意犯罪”。据此，共同犯罪的成立要具备三个条件：第一，二人以上；第二，共同故意；第三，共同行为。

一、二人以上

二人不限于自然人之间。单位之间，自然人与单位之间也可以成立共同犯罪。但如果在单位犯罪的场合，单位直接负责的主管人员和单位本身并不成立共同犯罪，而不同责任人员之间可能构成共同犯罪，并需要区分主从。

在多人参与犯罪的场合，是否构成共同犯罪、构成何种意义上的共同犯罪、按照单独犯罪处理是否妥当，考验犯罪构成理论的说服力，是检验理论是否合理的试金石。传统理论坚持认为，在自然人共同犯罪的场合，两个以上的自然人都必须达到刑事责任年龄、具有刑事责任能力，否则不成立共同犯罪。[①] 在此意义上的共同犯罪，是符合犯罪成立全部条件意义上的共同犯罪或“违法有责意义上的共同犯罪”，但这种理解实际上是“把适用于单独犯的犯罪构成理论简单借用到共犯论上，会带来思维判断简单化”[②]等一系列问题。在主张刑法上的违法是对法律所保护的利益即法益的侵害或威胁的前提下，就会认为未达到刑事责任年龄的人或者丧失辨认、控制能

---

① 高铭暄、马克昌主编：《刑法学》（第7版），北京大学出版社、高等教育出版社2016年版，第88页；王作富主编：《刑法》（第6版），中国人民大学出版社2016年版，第125页。

② 周光权：《犯罪构成四要件说的缺陷：实务考察》，载《现代法学》2009年第6期。

力的精神病人也可能侵害法益从而实施违法意义上的犯罪。这样看来，一个无刑事责任能力人与一个有刑事责任能力人完全可以共同实施符合刑法分则具体犯罪构成要件的行为并且实质性侵害法益，这样的两人完全可以构成“共同（的违法意义上的）犯罪”。在一个已满16周岁的人帮助一个已满13周岁的人杀人的场合，如果不肯定这两个人构成共同犯罪，对杀人行为提供帮助的达到刑事责任年龄的人进行处罚存在困难，因为单纯的帮助行为（比如帮助买刀的行为）很难被评价为犯罪行为，离开实行行为时，很难对帮助者进行评价。但是，用犯罪构成的三阶层理论可以很容易解决这个问题。违法是连带的，责任是个别的，帮助他人实施了犯罪行为，在违法性阶段符合共同犯罪，在有责性阶段，13周岁的人由于没有达到刑事责任年龄，不构成犯罪，而16周岁的人则可以成立故意杀人罪的帮助犯。事实上，传统四要件理论由于认为“犯罪”具有单一性、成立“犯罪”必须具备包括犯罪主体要件在内的全部条件，因而在对“二人以上”的理解上会要求两名自然人都需要达到犯罪主体条件，但中国当下的司法实践依然出现了对传统理论的突破，在一些案件中，明确肯定“二人以上”并不需要都达到犯罪主体的要求，这可认为是运用阶层理论的一种尝试。①

二、共同故意

（一）共同故意的内容与片面共犯

共同故意要求不同行为人有相同的故意，这种故意只要求在刑法规范的范围内相同，不要求故意的形式和内容完全相同，因此可能存在对犯罪结果一人持希望，一人持放任态度的情况。同时，共同故意还要求行为人之间有意思联络，即各共同犯罪人都认识到自己不是孤军奋战，而是有人和自己一起犯罪。

这里需要注意片面共犯的情形。片面共犯在理论上包括片面的共同实行、片面的帮助、片面的教唆等。片面的实行犯现在一般都不被认为是片面共犯。片面教唆，是指教唆者知道自己在教唆，而被教唆者并没有认识到自己被教唆，比如，某人知道女方和别的男人有特殊关系，就把照片和一把手枪放在她丈夫的桌子上，丈夫看到照片后拿起手枪把奸夫杀死了，这种情况下开枪杀人的人并不知道是谁在教唆他，甚至并不知道有人在教唆他。这种情况下教唆者是否能成立教唆犯？本案中，行为人放了一把枪，可能有教唆杀人的故意，但是如果只放了照片，则认定他有教唆杀人的故意就不合理。所以肯定片面的教唆犯需要极其慎重。

另外，认定片面的帮助犯则不存在障碍。比如，A知道自己的熟人B要去杀害自己的仇人C，还知道仇人家有一只凶猛且忠诚的看家狗，于是就事前毒杀了这条狗，为B杀害仇人消除了障碍，但是B对狗的存在完全不知情。A出于帮助杀死仇人的目的实施这样的行为，所以如果不考虑其对杀人行为的帮助而只看杀死狗的行为，甚至不构成犯罪。这时，B由于不知道A的帮助行为，因此单独构成故意杀人罪。就A而言，其是出于帮助的故意，和B之间存在单方的帮助意思，理论上把这种情况称为片面的帮助犯。也就是说，在确定A的刑事责任时，

---

① 付立庆：《违法意义上犯罪概念的实践展开》，载《清华法学》2017年第5期。

A 和 B 成立共同犯罪；但在确定 B 的刑事责任时，B 与 A 之间不存在意思关联，所以 B 和 A 不成立共同犯罪，只构成单独犯罪。片面帮助犯存在的意义在于，其能够有效地认定片面帮助者的责任。

（二）不成立共同犯罪的情形

由于不存在共同故意，因而不成立共同犯罪的情形，有如下几种。

（1）共同过失犯罪的不是共同犯罪。在实践当中，共同犯罪通常表现为共同谋划，都是故意犯罪，所以立法者理所当然地把共同犯罪限定为共同故意犯罪。但是，实践中共同过失导致危害结果发生的情形是存在的，有些情形如果不用共同犯罪处理也不恰当。比如，在滚石案中，两个年轻人在山上比试力气，向山下推石头，山下有一条很少有人走的路，二人在山上也不能很清楚地看到路上是否有人通过，在推石头前二人向山下喊话问“有没有人”，认为没人后开始向山下推石头，第二天发现有人被二人推下的石头砸死，石头上有两个人的指纹。这时有重大法益侵害的发生，而且二人对这种结果的发生是有罪过的，有可谴责性，不是意外事件，但是根据现在的刑法规定，很难追究二人的刑事责任。根据《刑法》第 25 条第 2 款，二人以上共同过失犯罪，不以共同犯罪论处；应当负刑事责任的，按照他们所犯的罪分别处罚。据此，按照二人的罪过应分别处以过失致人死亡罪。但问题是，无法判断结果具体和谁的行为有因果关系，如果对两个人都定为过失致人死亡罪的话，必有一人是被冤枉的，因此不能照此处理；但两人完全具有可罚性，两人的行为具有法益侵害的危险，并发生了法益侵害的结果，而且这两人有共同的罪过（共同违反了注意义务），完全具备了共同犯罪的成立要件。也就是说，这时不再判断是哪一个人的行为导致了死亡结果的发生，而足以认定是两个人共同的行为导致了结果的发生，两人组成的行为共同体基于共同注意义务的违反实施了造成他人死亡结果发生的行为，应该共同承担责任，这就是共同过失犯罪的法理依据。因此，二人应该按照过失致人死亡罪的共同犯罪来处理。但是这种结论是立法论意义上的而不是解释论意义上的。在现行《刑法》第 25 条第 1 款和第 2 款的规定下，应以无罪论处，虽然这种处理结果并不合适，但是在罪刑法定原则下，也只能如此。事实上，其他国家或地区的刑法并未明确将共同过失排除出共同犯罪的范畴，例如，我国台湾地区“刑法”规定，共同犯罪就是二人以上共同犯罪。所以立法上应考虑删除《刑法》第 25 条第 2 款，甚至即使将第 25 条全部删去，也不会增加麻烦，反而更利于一些问题的处理。也就是说，不去定义共同犯罪是什么，实践中只要能够肯定它有共同的危险、共同的罪过就够了。所以从立法角度来讲，修改乃至删除第 25 条也是一种呼声，但还比较微弱。这里说的共同过失犯罪和过失同时犯是不同的。假如说，在滚石案中，两人不是在同一个山头，不是相约往下滚石头，这种情况下是过失同时犯。这时由于两个人没有共同的注意义务，所以只能按照自己的行为来定罪，如不能确定是谁扔的石头导致死亡结果，就存疑有利于被告，两人都按无罪处理。

（2）同时犯不按照共同犯罪处理。故意的同时犯，比如，两个小偷不约而同在被害人家中碰面，相视一笑，完事之后各自离去，这两个人不构成共同犯罪，分别按照各自的盗窃数额处理。如果两个是商量好的来偷，或者在偷的过程中形成合意，则构成共同犯罪。司法实务上也认为，缺少犯意联络和协同行为,同时实施犯罪行为的,不构成共同犯罪。①

(3)先后实施犯罪,双方之间欠缺必要的意思联络,不能按照共同犯罪处理,只能根据各自实施的行为性质分别定罪。

(4)二人以上共同实施无重合内容的犯罪,如果按照行为共同说是可能构成共同犯罪的,但是按照部分犯罪共同说,两人行为没有重合,不构成共同犯罪。

(5)超出共同犯罪的行为属于实行过限的行为。对过限的行为,由实施过限行为的人单独承担过限的责任,未过限的人不承担。比如,两个人商量好共同盗窃,一个偷东屋一个偷西屋,结果偷东屋的人发现睡在床上的女主人非常漂亮,就实施了强奸行为,偷西屋的人后来才知道他的强奸行为。这时的强奸行为就是实行过限的行为,但是如果偷西屋的人听到女主人呼救后跑到东屋发现了强奸行为,呵斥女主人,则强奸不再是实行过限的行为,偷西屋的人成立帮助犯。就实行过限来说,重要的是概括教唆场合和共同实行场合过限与否的判断。实务中,几名被告人共同故意实施盗窃行为,在盗窃被发现后,其中一人为抗拒抓捕而对抓捕人当场使用暴力并致人死伤,因没有证据证明在对被害人使用暴力之前,被告人之间已存在被发现后立即使用暴力的共同故意,则利用其中部分被告人的暴力行为逃离现场的被告人,不需要对抢劫行为负责,对这部分被告人来说,抢劫行为属于超过共同故意而实施的过限行为。② 此外,实务中的下述立场值得肯定:判决认为,被教唆人实施的行为超出教唆范围的,教唆者对超出部分不负刑事责任;教唆内容较为概括的,只要被教唆人的行为未明显超过必要限度,教唆者均应负相应刑事责任;共同实施犯罪时,其他行为人对个别行为人超出共同故意实施的行为不知情的,不对此承担刑事责任,知情的,除存在有效的制止行为外,应当共同承担刑事责任。③

三、共同行为

各行为人都实施了同一犯罪构成或者具有重合内容的行为,并且各行为人之间相互配合、相互补充,各行为人的行为和结果之间都具有物理的或者心理上的因果关系。

共同犯罪既可以表现为共同的作为,也可以表现为共同的不作为(父母共同决定实施饿死婴儿的),还可以是作为与不作为的结合,以作为的方式教唆或者帮助他人不作为即是如此。实务裁判还认为,如果能够认定不作为的参与者与作为的实行犯之间存在明示或者默示的共谋,可以直接认定该不作为的参与者构成共同犯罪;如果无法认定双方存在共谋,则需要根据不真正不作为犯的成立条件判断行为人的行为是否构成不作为的共同犯罪。具有阻止正犯的犯罪行为、防止结果发生的法律义务的人,在违反该义务、使正犯的行为易于实施的时候,有义务有能力阻止

① 《刘正波、刘海平强奸案》,载陈兴良、张军、胡云腾主编:《人民法院刑事指导案例裁判要旨通纂》(上卷),北京大学出版社2013年版,第496~498页。

② 《王国清等抢劫、故意伤害、盗窃案》,载陈兴良、张军、胡云腾主编:《人民法院刑事指导案例裁判要旨通纂》(下卷),北京大学出版社2013年版,第656~659页。

③ 《王兴佰等故意伤害案》,载陈兴良、张军、胡云腾主编:《人民法院刑事指导案例裁判要旨通纂》(上卷),北京大学出版社2013年版,第444~445页。

却未加反对,应当认为是一种默示的共谋,可以肯定构成不作为的帮助犯。①

共同犯罪的分工分为实行行为、教唆行为、帮助行为。需要注意的是,共同犯罪行为未必同时实施,各共同犯罪人更是未必在同一场所。在时间和地点上共同犯罪呈现多样性的特点。

第三节　正　　犯

一、正犯概说

从定罪的角度讲,共同犯罪人可区分为正犯和共犯,其中正犯可以在实行犯的意义上来理解。正犯既可以是单独正犯也可以是共同正犯。其中,共谋共同正犯是指参与了共同犯罪的谋划,但并没有实际实施犯罪行为。承继的共同正犯是指,开始已经有一部分人实施犯罪,后来又有其他人加入,并实施了相同的犯罪行为。除此之外正犯概念还可能涉及间接正犯,从与其他概念相对应的角度,本书选择在此处讨论间接正犯,不过需要明确,间接正犯未必存在于共同犯罪当中——典型的间接正犯不存在于共同犯罪当中,虽然间接正犯本人成立犯罪,但被利用者不是犯罪。

二、共同正犯

就共同正犯来说,每个人都只参与了部分实行行为,其对构成要件结果是否要承担全部责任?比如,两行为人对被害人都予以殴打、伤害,最终导致了被害人死亡,其中一个人对死亡持希望态度,另一个则不希望打死被害人,后者要不要对被害人的死承担责任?这时,两个人是一个行为共同体,都需要对死亡的结果承担责任,这就是“部分实行全部责任”的理论。这一法理不违反责任主义的原则,在共同正犯的场合并不否认不同行为人所起的作用不同,起的作用大的可能成立主犯,作用小的成立从犯,而从犯则应当从轻、减轻处罚。

再如,在共谋共同正犯的场合,如二人以上对杀人进行了周密的谋划,结果第二天实际去杀人的只有一人,并杀死被害人,没去的人是否需要对死亡承担责任?共谋共同正犯概念的提出就是为了解决这个问题。“共谋共同正犯”的概念本身将谋划行为视为实行行为,所以即便没有直接去参加杀人行为,谋划行为对结果的发生也有直接的重要贡献,这种谋划行为是一种实行行为,从而准用“部分实行全部责任”的法理。之所以共同正犯概念提出后被接受,是因为没有参加到实际实行的谋划者起了实质性作用,它不是一种单纯的心理上的帮助,而是对犯罪发生起到了重要作用。

承继的共同正犯是这样的情形:先前的行为已经开始,后来者加入,一起导致损害结果的发生。此时,后加入者是否构成共同正犯?在持续犯场合可以比较自然地接受承继的共同正犯概念。比如,在非法拘禁罪中,后加入者要承担责任;在绑架罪中,先绑架了一个人,之后有人参与

---

① 《李晓勇等盗窃案》,载陈兴良、张军、胡云腾主编:《人民法院刑事指导案例裁判要旨通纂》(下卷),北京大学出版社2013年版,第728~773页。

进来帮助其控制被害人,后加入者就是承继的共同正犯。但是在即成犯和状态犯的场合,由于法益已经消灭,所以不再成立承继的共同正犯。比如,甲已经把乙杀死,被害人乙的仇人丙以为乙没死,上前砍了几刀,这种情况之下,后来加入的丙不成立承继的共同正犯。因为法益已经消灭,不存在杀人的问题。盗窃罪的场合也一样。

三、间接正犯

(一)间接正犯概念的必要性

间接正犯,是指行为人没有直接实施刑法分则规定的构成要件行为,而是借助其他人的行为实施了构成要件行为。间接正犯和教唆犯的区别在于,教唆犯是行为人因教唆者的教唆产生了犯意,并在犯意的支配下实施了犯罪行为;在间接正犯的场合,背后者不是使人产生犯罪的意思,而是利用对方没有犯罪的意识等特殊情形实现犯罪行为,并间接达到犯罪目的。

从间接正犯概念产生之后,否定该概念的学说就如影随形一直存在。比如,在德日等国,有学者从共犯独立性说的立场出发,主张利用他人实施犯罪的行为应全部包含于共犯之中,不需要间接正犯的概念。① 因为包括教唆行为在内,只要是犯罪人的危险性格通过某种外部行为征表出来,该行为就是犯罪的实行行为。如此,就没有必要区分教唆犯与间接正犯,一概按照教唆犯处理即可。在我国学界,尽管没有人明确主张这种犯罪征表说,但仍有少数学者持共犯独立性说的立场,由此也可能合乎逻辑地得出间接正犯否定说的结论。除此之外,中国学界否定间接正犯概念的主张主要是从如下两种立场上展开,并各自存在问题。

1. 立足于单一正犯体系的否定说及其问题点

我国有学者基于德日刑法中都有明确的"正犯"规定而中国刑法中并无相应规定等理由,主张单一正犯体系,否定将共同犯罪参与人区分为正犯与共犯,进而也就否定间接正犯概念,②对所有的犯罪参与者,在犯罪论的层次并不区分正犯与共犯,只要是与构成要件的实现或侵害法益的结果之间有因果关系,无论其行为贡献如何,一律视为正犯。因此,在有责任能力者为无责任能力者实施杀人提供工具的场合,有责任能力者不可能成立帮助犯,而只能是以自己的行为成立故意杀人罪的正犯。在量刑时,考虑到有责任能力者毕竟只提供了杀人用的刀,与直接用刀杀人存在较大差异,对其可酌情给予轻一点的处罚。③ 但这样的主张存在问题,本书难以赞同。

(1)单一正犯体系在理论上难以成立。在中国,虽说支持单一正犯体系的学者有增多趋势,但是实务上明确接受"间接正犯"理论的判决有很多,理论上主张区分制的也属于多数说。更重要的是,完全否认实行犯与教唆犯、帮助犯的区别,认为这些犯罪人类型仅在量刑上具有意义,实际是抹杀了所有参与人在行为类型上的差别。但是,只要肯定罪刑法定原则是对犯罪构成要件解释的指导原则,承认构成要件的定型性机能,则在诸参与人中,不区分分工而一概认定为正犯,就明显不够妥当。将参与人一概界定为正犯,不但可能导致在教唆或帮助的场合实行行为着手

---

① [日]大塚仁:《刑法概说(总论)》(第4版),有斐阁2008年版,第159页。

② 刘明祥:《间接正犯概念之否定——单一正犯体系的视角》,载《法学研究》2015年第6期。

③ 刘明祥:《不能用行为共同说解释我国刑法中的共同犯罪》,载《法律科学》2017年第1期。

标准的提前，扩大处罚范围，而且对于身份犯，也难以自圆其说。在身份犯的场合，正犯只有具备相应身份才能成立，而教唆犯、帮助犯则无须此种身份。

（2）"（间接）正犯"概念不必然依赖于实定法的规定。要肯定正犯与共犯的区分，进而承认间接正犯概念，是否必需以存在实定法依据为前提？在《德国刑法》第25条、《日本刑法》第60条中，皆明文规定了"正犯"现象，正犯与共犯的区分乃是一种立法选择。与此不同，中国刑法关于"共同犯罪"的规定中并未出现"正犯"字眼，这就为是采取区分共犯与正犯的"区分制"还是采取所有犯罪参与人都是正犯的单一制体系，预留了实定法上的讨论空间。不过，即使要求区分正犯与共犯的实定法依据，也完全可能认为：由于刑法分则所规定的都是正犯行为，因而刑法总则不需要再规定"正犯"概念；刑法总则规定的教唆犯、帮助犯，都是与正犯相对的概念。[①] 再者，《刑法》第382条第3款规定，伙同国家工作人员贪污的，"以共犯论处"，这也完全可能理解为是特别指明无特定身份者只能构成狭义共犯而不能以正犯论处。"在这个意义上，正犯、共犯概念的对立就是存在的。"[②]若是认为像这样的场合实际上是在立法上肯定了狭义"共犯"概念，则根据反对解释的规则，主张我国刑法在实定法上消极地承认了正犯、共犯的区分也无不可。

相反，如果要将单一正犯体系在实定法中一以贯之的话，可能会出现不自洽之处：主张所有犯罪参与人都是"正犯"，这岂非仍然借用了（在中国刑法规定中并不明确存在的）"正犯"概念，这是否表明了主张者的自相矛盾？这样看来，完全也可以说，正犯包括间接正犯，总体上是个理论概念，不以立法上的明确承认为前提。就像同样未在刑法典中规定却逐渐被中国刑法学界广为接受的"构成要件""不作为"等概念一样，不能以中国实定法上未规定"正犯"概念为由，而直接否定正犯或间接正犯概念。

（3）在定罪上，基于单一正犯体系而否定间接正犯概念，存在疑问。甲明知欠缺刑事责任能力的乙杀人，给乙提供一把刀，成立故意杀人罪（既遂），并且不是间接正犯而是单独正犯，这样的结论令人不解：甲是如何没有借助"工具"，仅凭借自身的行为"杀人"的？应该说，数个犯罪参与人之间能否构成共同犯罪，并非像单一正犯体系的主张者所宣称的那样，"是在量刑（或处罚）阶段才考虑的问题"，正犯与共犯的区分，对于能否认定行为构成犯罪，具有重要意义。这是维护构成要件行为即实行行为的定型性所必需的，而构成要件行为的定型性，归根结底是罪刑法定原则的要求。上述主张及其在相应场合得出的结论，会明显伤害构成要件的定型性进而伤害罪刑法定原则。

（4）在量刑上，上述单一正犯体系论者宣称"以共同参与人个人在整体犯罪中贡献的大小作为归责的基础"，主张对事实上仅实施了帮助行为的有责任能力者"酌情给予轻一点的处罚"。可是，这种纯粹基于学理而给出的从宽处罚理由，对于司法者的影响力度极为有限；而按照区分制，在限制从属性的意义上肯定有责任能力者与无责任能力者成立（不法意义上的）共同犯罪，其中有责任能力者仅属于帮助犯，则可以名正言顺地为其找到《刑法》第27条的从宽处罚依据，从对于司法实务的影响力度上来说，也更为直接。

---

① 周光权：《"被教唆的人没有犯被教唆的罪"之理解》，载《法学研究》2013年第4期。

② 周光权：《刑法总论》（第3版），中国人民大学出版社2016年版，第320页。

2. 立足于区分制立场的否定说及其问题点

在我国，还有学者在立足于正犯与共犯的区分制体系的同时，在行为共同说和限制从属性说的视角下，否定间接正犯的概念，主张传统上按照间接正犯处理的问题，可以分流到狭义共犯或者直接正犯、共同正犯之中，其中利用无刑事责任能力人（包括利用未达刑事责任年龄的人和利用精神病人）的场合，利用者一概成立教唆犯。① 本书对此同样不能认同。

（1）否定说的一个重要理由，来自中国《刑法》第 26 ~ 29 条中关于主犯、从犯、胁从犯与教唆犯的规定。这种规定主要是指向量刑，因而被一些学者解读为是"定罪上区分正犯与共犯，量刑上区分主犯与从犯"的双层次犯罪参与体系。以此为前提，就可能认为正是这种刑法规定的特色，使得"间接正犯"概念无用武之地。即既然中国刑法有主犯与从犯的规定，那么通过形式客观说界定的共犯（主要是教唆犯）所面临的刑罚后果上的不均衡，可以通过第二层次"主犯—从犯"的概念区分，来实现具体案件中的罪责刑相适应。

但是，区分制与单一制的争论，是就刑法分则所规定的犯罪类型是区别为正犯与共犯还是一概为正犯的争论，而中国刑法中的主犯、从犯的区分是就量刑而言的。正犯与共犯区分与否是定罪上的问题，是对行为类型、"参与类型"的区分；主犯、从犯的区分则关注在共同犯罪中所起的作用，是对"参与程度"的区分。两套区分标准指向完全不同层次的问题。中国学者所谓的双层次犯罪参与体系，实质上仍是大陆法系国家所说的区分制，并没有多少"中国特色"，其不过是将德、日在量刑环节由法官裁量所考虑的"参与程度"因素法定化而已。反过来说，基于区分制的立场否定间接正犯概念，实际上"没有区分处罚根据（能否处罚）与处罚程度（如何处罚）这两个层面的问题"，②在理论上存在缺陷。

（2）在区分制的前提之下，正犯不同于共犯的特征在于，前者属于一次责任，后者则是借助正犯的行为间接地引起了法益侵害，属于二次责任。实际上，主张双层次参与体系的学者也是认可这一点，并且承认间接正犯概念。③ 应该肯定的是，间接正犯虽然是间接的参与，但在单方面地利用"他人"这一点上，正好与自己使用道具、动物实施犯罪的直接正犯具有同样的意义和性质，在规范意义上，两者完全可以作统一评价，因而间接正犯不外乎是正犯的一种形态，是本来的正犯、固有的正犯。④ 间接正犯具有正犯性，属于一次责任类型，不能通过属于二次责任类型的教唆犯等概念而消解。

（3）立足于（部分）犯罪共同说和限制从属性说时自不必说，即便立足于行为共同说，也不必然否定间接正犯概念。行为共同说与间接正犯概念并非注定是互斥的。对此，我国学者黎宏教授在坚持行为共同说的同时，对于是否要肯定间接正犯概念表现出了耐人寻味的态度。虽然在与他人合作的论文中，黎宏认为间接正犯的概念不必存在，⑤但无论是在该文之前⑥还是之后的

① 黎宏、姚培培：《间接正犯概念不必存在》，载《中国刑事法杂志》2014 年第 4 期。

② 武晓雯：《间接正犯概念的必要性》，载《清华法学》2019 年第 3 期。

③ 钱叶六：《双层区分制下正犯与共犯的区分》，载《法学研究》2012 年第 1 期。

④ ［日］团藤重光：《刑法纲要总论》，创文社 1990 年版，第 154 页，第 388 页以下。

⑤ 黎宏、姚培培：《间接正犯概念不必存在》，载《中国刑事法杂志》2014 年第 4 期。

⑥ 黎宏：《刑法学》，法律出版社 2012 年版，第 271 ~ 276 页。

个人独著教科书中,其都对间接正犯的概念都从正面加以肯定。[①] 这足可说明问题的复杂,所谓行为共同说与间接正犯概念之间的互斥性,并非是一个不言自明的问题。

(4)主张间接正犯类型可以用直接正犯或共同正犯、教唆犯或帮助犯来处理,这种所谓的"分流说"需要说明理由和逻辑。就按照直接正犯或共同正犯处理而言,需要证明相应场合的正犯性,对此如在正犯与共犯的区分标准上采纳形式客观说会出现问题。所谓形式客观说,是以构成要件对行为的记述为基准,只有完全符合了构成要件中所记述的行为的人才是正犯;与此相对,其他仅仅是在因果性上存在贡献的人则是共犯。据此,从纯粹事实(而非规范评价)的角度看,未能通过自身的身体动静造成法益侵害者难以说是符合了构成要件,不能称为正犯。实质客观说是附加了行为参与的危险性程度的实质观点。即正犯者所参与的行为的危险性,比共犯者要大。但即便是采纳实质客观说从而扩张正犯的范围,也无法回避的一个问题是,既然肯定了正犯性,行为人是正犯,那么具体是直接正犯、共同正犯还是间接正犯,又有什么本质的区别?为什么非要坚持称为"直接"或"共同"正犯而非"间接"正犯?就按照教唆犯或帮助犯处理而言,简单来讲,是在对背后行为人的正犯性论证失败或者索性放弃论证之后,径直因其唆使、利用等行为而认定为教唆犯等共犯形态。可是,基于限制从属性的立场,一定场合下背后行为人按照教唆犯等处理固然有其合理性,但若认为"不构成直接正犯就一定构成教唆犯(或帮助犯)",实际上就是扩张了教唆犯等共犯的成立范围。这种未经充分论证的"扩张的共犯概念",同样需要警惕。

正如有学者所指出的那样,"不可能将所有的间接正犯均归入到其他类型的共犯人中,否定说只是列举了部分现象,而没有也不可能列举全部现象"。"仅举少数或者部分案例,说明间接正犯可以按教唆犯或者直接正犯、共同正犯论处,在方法论上就不能被接受。"[②]以下仅举两例说明上述分流说的问题所在。①在幕后者利用被害人自己行为的场合,例如,当强迫被害人自杀、自伤或者毁坏自己的财物时,由于被强迫者作为法益主体的自损行为本身并不违法甚至可能并不符合构成要件,主张幕后者成立教唆犯(或帮助犯),就会和共犯从属性的基本立场产生矛盾。同时,采纳形式客观说时自不必说,即便采纳实质客观说,认为上述场合成立直接正犯也会令人觉得别扭——既然已经肯定了正犯性,何不借助已被接受的"间接正犯"概念顺畅说明,反而非要"规范地""实质地"说成是"直接"?②像否定论者那样,采纳共犯限制从属性的同时又否定间接正犯概念,还会出现"教唆犯对教唆犯具有从属性"的荒唐结论。比如,在甲教唆乙去强迫没有责任能力的丙伤害丁的场合,就会认定乙是教唆犯,进而会得出"甲教唆犯从属于乙教唆犯"的结论,明显不符合各种从属性的基本含义——因为从属性终归是指教唆犯、帮助犯对正犯的从属性。[③]

(5)假如"间接正犯"概念是一个新鲜事物,则中国刑法理论和司法实务或许没有必要吸收进来,造成已有概念体系的混乱,但事实上恰恰相反。"一个概念广为流传之后,在整个学界是基

---

① 黎宏:《刑法学总论》(第2版),法律出版社2016年版,第268~272页。

② 武晓雯:《间接正犯概念的必要性》,载《清华法学》2019年第3期。

③ 武晓雯:《间接正犯概念的必要性》,载《清华法学》2019年第3期。

本上不可能被废除的。”①既然间接正犯概念已然在中国的刑事司法实务中被认可和接受，再大费周折地否定它就需要更充分的实质性理由。一些通常理解的间接正犯类型，与其被分解为直接正犯、共同正犯或者教唆犯、帮助犯，遭受破坏这些概念原本内涵、外延这样的诘问，不如坦然接受间接正犯的概念本身，进而明确间接正犯与教唆犯等共犯的区分标准。

3. 间接正犯概念的必要性

间接正犯这一概念的必要性，需要从积极、消极两个侧面奠定基础。在历史上，间接正犯首先是作为一个补充性的概念，从其消极根据上展开的。即立足于“自身实施实行行为者为正犯”这一限缩的正犯概念，只有在正犯符合了构成要件该当性、违法性和有责性这些犯罪成立全部条件的场合，背后者才成立共犯，这种所谓的极端从属性是以往的通说。这样的话，在利用无责任能力人窃取他人财物的场合，对于利用者就无法按照教唆犯处罚；同时，由于利用者也不是通过自己的手直接窃取他人财物，不能作为正犯加以处罚，这样就产生了处罚空隙。为了填补空隙，“间接正犯”作为补充性的概念被提了出来。间接正犯概念的成立，是由于在共犯从属性的理论前提下，对于无法成立共犯者不得不当作正犯对待，这样的消极理由占据重要意义。时至今日，尽管从“补救角色”出发的消极理由显得不那么重要，但间接正犯概念的存在还有其积极理由的。

从积极的根据而言，间接正犯这一概念之所以必要，“是因为当间接行为人在规范上应该与直接行为人同等看待的场合，将其作为正犯处理才符合该犯罪的本质。这是从犯罪本质论出发的一种认识”。② 确实，自 1975 年的西德刑法修改以来，《德国刑法典》第 25 条规定“自己实行犯罪行为，或利用他人实行犯罪行为者，皆为正犯”。在不具有这种规定的中国，只要肯定间接正犯的概念，其成立条件定然和直接正犯的场合是一样的，依据刑法分则的条文加以处罚。所以，间接正犯概念以及围绕其正犯性展开的各种学说，正是为了从正面论证和说明，间接正犯是如何能够在“规范的意义上”，和直接实施了实行行为的直接正犯等同视之。

（二）判断间接正犯正犯性的各种学说

在大陆法系国家，比如日本的学说史上，很长时间内间接正犯是在与共犯的要素从属性的关系上加以讨论的。虽说这种关联性不容否定，但间接正犯与共犯的要素从属性终归是两个不同的问题。间接正犯不应从共犯概念的边界开始讨论，而应该从正犯概念本身出发加以考虑，即间接正犯的正犯性问题。关于间接正犯的判断标准，刑法理论经历一系列的演变，并且至今也存有分歧。

1. 工具理论

就间接正犯的正犯性而言，早期的一种朴素见解和一般性立场是，将被利用者的法律性质直接理解为工具（Werkzeug），正像利用工具或自然力不妨碍其属于行为人自己的行为一样，从法律的角度来看，利用无责任能力者这种“具有灵魂的工具”与利用没有灵魂的工具并无差异，都

① 张明楷：《罪数论与竞合论探究》，载《法商研究》2016 年第 1 期。

② 陈家林：《外国刑法理论的思潮与流变》，中国人民公安大学出版社、群众出版社 2017 年版，第 528 页。

可称为单纯的工具。德国的克斯特林（Köstlin）、哥尔特达默（Goltdammer）、盖布（Geib），日本的泷川幸辰等都采这一理论。确实，只要论证了被利用者作为工具的法律性质，间接正犯就应该和使用了机械、器具场合的直接正犯同等对待，在此意义上，工具理论可谓站在了正确的出发点之上。工具理论"虽包含了比喻的要素，却具有妥当的内核"。[①] 工具理论直观易懂，"工具性，对于人民陪审员等来说，是尤其有用的概念"。[②] 而且，即便站在今天的角度来看，通过"存在故意的工具""有故意无目的的工具""有故意无身份的工具"等概念，也更容易对较为复杂的现象给出形象的说明。

不过令人遗憾的是，这种理论通常仅注重被利用者的工具性格，却未能对之进行积极的理论论证，其不过是为间接正犯的正犯性"奠定基础的消极尝试"而已。[③] 进一步说，在何种"法"的观点、法律角度之中，"有灵魂的工具"能够和"没有灵魂的工具"同样对待，因何种原因"动物"和"人"能作为工具等而视之，对这些问题，学者应该进行积极的说明，而不是作为当然的事情不加讨论。而且，工具理论之中还存在这样的倾向：被利用者与利用者的关系相剥离，仅仅是抽象地讨论前者的法律性质。但是否存在工具性，绝非仅根据被利用者的属性就能予以判断的，其应该通过利用者对被利用者的利用关系而加以认识。总体说来，工具理论虽不应完全被抛弃，但其对于间接正犯正犯性的说明仅具有辅助的意义，只有作为其他理论的补充时才能体现出所具有的价值。

2. 因果论立场

积极探讨间接正犯正犯性理由的，始自因果论的立场。因果论在广义上可分为条件说和原因说。条件说认为，所有对结果发挥作用的都是条件，其本身无法区分正犯与共犯，该说一般与主观共犯论相结合，主张只要是基于正犯意思实施了行为，则不问客观实行行为的有无而当然理解为正犯。这种极端的主观见解虽在形式上将间接正犯看作正犯，却并未展示出任何实质上的理论。原因说通常与客观共犯论结合，主张所谓正犯是对于犯罪结果赋予原因的人，共犯不过是对结果单纯赋予条件者而已。但间接正犯是否果真赋予了这样的"原因"，原因说未能进行更多的理论说明，因而同样不够彻底。这一理论中对于原因的理解存在分歧，比如，认为"最有力的条件是原因，该行为视为实行行为或构成要件行为"；或主张在因果关系的连锁环节之中，介入了第三人的故意行为等，在该行为进一步支配了因果关系的场合，能肯定因果关系的中断，由于间接正犯不存在这样的中断，所以属于正犯；或根据"溯及禁止"理论，"在自由且有意识地指向引起结果的条件之前的条件，不属于原因"，在间接正犯的场合，背后者通过"自由且无意识的"中介者而引起了犯罪结果的场合，不能适用溯及禁止理论，背后者也就成了"惹起者"即正犯。

总体说来，在论证间接正犯者的正犯性问题上，因果论的思考方法，相对于朴素的、直观的工具理论而言具有一定的意义。但是，"在因果关系中，区分原因与条件，这几乎是不可能的，因此，这一学说的前提就不得不说是欠妥当的"。[④] 而且，进一步讲，并非仅根据因果性的存否，即是否

① ［日］内藤谦：《刑法讲义总论（下）Ⅱ》，有斐阁2002年版，第1335页。

② ［日］前田雅英：《刑法总论讲义》（第6版），东京大学出版会2015年版，第84页。

③ ［日］大塚仁：《间接正犯研究》，有斐阁1958年版，第47～48页。

④ ［日］福田平：《全订刑法总论》（第4版），有斐阁2004年版，第247页。

属于最终结果的“原因”，就能直接断定正犯性的有无。比如，即便“溯及禁止”理论是正确的，也不能直接就论证出背后者的正犯性。所谓欠缺溯及禁止的场合，恐怕也只是推导出背后者正犯性的一个条件而已。[①] “正犯”归根结底是评价性的法律概念，学说的发展趋势是，必须要超越这样的因果论主张，发展到构成要件论的立场上去。

3. 构成要件理论：限缩正犯论与扩张正犯论的对立

构成要件理论登场之后，开始将有无构成要件行为即实行行为作为正犯与共犯的区分标准，作为正犯要素的实行行为概念不但被定型地把握，而且也逐渐超越早期自然主义的认识，开始规范性理解。这一转向对间接正犯理论产生了显著影响，其中引人注目的就是“限缩正犯论”与“扩张正犯论”的对立。

限缩正犯论认为，只有未借助他人而是通过自身之手直接实施的构成要件行为才是实行行为，实施该行为者是正犯，在其根底之中仍然明显具有自然主义、实证主义的行为观。首先有意识地用规范的方法对间接正犯进行理论说明的学者是黑格勒（Hegler）。他认为，单纯诱致他人、支援他人的人，虽没有直接实施客观的实行行为，但在与被诱致、被支援的人之间具有优越性的场合，就能补充其在客观行为上的欠缺，而被评价为正犯。不过，“优越性说”在采用规范性的评价方法，超越一直以来的限缩正犯论中的自然主义行为观的态度本身虽是正当的，但不直面实行行为概念，而是仅执着于间接正犯的内部构造，是难以成功的。规范的考察方法，应该坦率地指向这样一点，即表面上并未实施形式上的犯罪实行行为的间接正犯，如何能够被说成是与直接正犯者同样实施了实行行为。[②] 在界定间接正犯时，小野清一郎采用了“国民的道义观念”，泷川幸辰采用了“社会生活的一般观念”的标准，以直接实施者的行为在“国民的道义观念”或者“社会生活的一般观念”看来，能否和自然力、道具、动物等同样看待，作为是否属于间接正犯的判断标准。而且，与贝林等人基于自然主义的行为观而展开限缩说不同，小野、泷川的标准已经侧重于作为社会规范的法规范实体，从规范的构成要件的解释适用层面上展开。但是，试图仅以此来判断间接正犯的构成要件该当性，恐怕仍然难免抽象。因为，无论是“社会生活的一般观念”还是“国民的道义观念”，其所含的内容相当宽泛和含混。[③]

扩张正犯论作为限制正犯论的对立面而出现。该主张认为，对于构成要件结果的发生赋予某种条件者，都是原本的正犯，但在法律作为共犯（教唆犯、帮助犯）予以规定的场合，对原本的正犯的处罚可能性受到限制，在此意义上，刑法中的共犯规定是刑罚限制事由。从而，实定法上的正犯是指，除了教唆犯、帮助犯之外的，对于构成要件结果之发生赋予条件者。如施密特（E. Schmidt）提出，行为人是实施了与该当构成要件的犯罪所记述的行为在外观上一致的行为，还是劝诱他人实施了这样的行为，在其实施的违法且有责的举动实现了构成要件、引起了法益侵害的意义上，仅是细节的问题而已。间接正犯只是在法律外部来看与直接正犯有细微差别，而在法律本质上则完全一样。若根据扩张的正犯概念，则间接正犯无非是对于结果的发生有责地赋予了

① ［日］大塚仁：《间接正犯研究》，有斐阁1958年版，第47～48页。
② ［日］大塚仁：《间接正犯研究》，有斐阁1958年版，第58～68页。
③ ［日］大塚仁：《间接正犯研究》，有斐阁1958年版，第69～70页。

一定条件者而已，由于是不该当于现行法上的任何共犯规定，当然全部成立正犯，故对间接正犯的正犯性就不需要特别的理由。[①] 但是，针对扩张正犯概念存在如下疑问：(1)实定法上的“共犯”同时还属于一般性的或者原本的“正犯”，这是概念上的混淆；(2)其对于正犯的范围无限定地宽泛理解，轻视刑法的人权保障机能；[②](3)置于扩张正犯概念之基础地位的通常是条件说(等价说)，其认为所有的参与行为对于犯罪结果来说都具有同等的原因性，并不妥当；(4)由于采纳条件说，扩张正犯概念容易倾向于以行为人的意思内容来区别正犯与共犯的主观说，这种观点存在疑问。至今，扩张正犯概念本身几乎未获支持。可以说，扩张正犯论，形式上虽是从构成要件的观念出发的，但实质上却存在完全无视这一观念的倾向，恰恰和条件说的因果论如出一辙。只要立足于传统的构成要件论立场，就应该拒绝扩张的正犯论，同时也必须避免该种见地之下间接正犯的理论展开。

之后，作为对扩张正犯论的对立面，限缩正犯论再次登场。不过，虽然与之前的限缩论一样，依旧以自然主义的行为观为出发点，但与之明显不同的是，后期的限制正犯论放弃了为间接正犯从正犯的角度奠定基础，而是通过对共犯从属性的缓和理解，将一直以来作为间接正犯对待的诸场合，消解于共犯尤其是教唆犯之中。正因如此，泷川幸辰将其称为“扩张的共犯论”。但是，在评论者看来，限缩的正犯概念与扩张的正犯概念这一组相对概念，是有关正犯与共犯的先后关系或者是共犯规定与分则构成要件关系(是处罚扩张事由还是缩小事由)的问题，并没有涉及正犯的成立条件本身。而且，如是对实行行为进行“规范的理解”，就必定有必要对于实行行为从更为上位的指导理念出发，奠定“规范性”的根据。但是，该说却没有对这一点积极地加以展开。[③]

4. 支配理论

黑格勒在其1929年的论文中，展开了如下的思考。(1)直接正犯与间接正犯原本是异质的。直接正犯是因自己实施实行行为而成为正犯；间接正犯是作为规范性的评价，将他人所实施的实行行为归属为自己实施的，以此为由而成立正犯。(2)背后者在和行为媒介者的内部关系上具有优越性，行为媒介者欠缺一定的犯罪成立要件，而背后者却具备此要件。以上两点对于之后的行为支配说产生了巨大影响。

在德国，目的行为论者韦尔策尔(Welzel)展开了“目的行为支配”理论，行为支配说曾长期以目的行为论为基础，间接正犯的正犯性根据在于利用者对被利用者行为的目的性支配与统制。[④] 不过，更多的学者从反对目的行为论的角度主张行为支配说。如罗克辛(Roxin)以著作《正犯与行为支配》确立了行为支配说的理论。他认为，直接正犯的正犯性是由“构成要件该当行为的亲手实行”而奠定基础(实行行为支配)，而间接正犯“欠缺实行行为，行为支配仅是依据背后者对事象予以统治的意志力”(意思支配)，两者“从构造的观点来看，在本质上是异质的”，这和前述黑格勒主张的第一个要点相对应。而且，就利用了他人错误的间接正犯而言，罗克辛认为，作为肯定背后者正犯性所必需的行为媒介者的错误之内容是极为广泛的，甚至包括了可能回避的违

---

① [日]内藤谦：《刑法讲义总论(下)Ⅱ》，有斐阁2002年版，第1330页。

② [日]福田平：《全订刑法总论》(第4版)，有斐阁2004年版，第248~250页。

③ [日]岛田聪一郎：《共犯·正犯论的基础理论》，东京大学出版会2002年版，第119页。

④ [日]藤木英雄：《刑法讲义总论》，弘文堂1975年版，第276页。

法性错误(但是,限于与实质违法性有关的错误)、与行为媒介者的罪责本身全无关系的客体错误等,背后者不存在这样的错误是间接正犯的成立要件,这对应着前述黑格勒主张的第二个要点。在这些场合,比如,行为媒介者陷入了客体的错误,若背后者正确认识了客体,则背后者成立间接正犯,若背后者也陷入了认识错误,则背后者仅止于教唆犯。[①] 概括来说,根据罗克辛的主张,直接正犯是行为人亲自实施了构成要件行为,具有行为支配;间接正犯是利用自己的意志力量支配了犯罪的因果流程,具有意志支配;共同正犯是通过和其他犯罪人的分工合作,机能性地支配了犯罪,具有机能支配。[②] 在日本,平场安治教授等也采纳了行为支配说。

对行为支配说的主要质疑包括:(1)行为支配的概念不明确。"'行为支配'的观念过于漠然,无论如何也无法像论者所意图的那样成为正犯性的一般标志。""(行为支配的概念)同样会产生是以'事实的'行为支配为志向还是以'规范的'行为支配为志向的问题。"(2)行为支配说具有和工具理论同样的缺陷。"论者们经常认为由于被利用者欠缺'行为支配',所以背后者就是间接正犯。这实际上就是根据中介者的性格而直接决定背后者的正犯性,与曾经的工具理论一样具有独断性。"(3)行为支配说具有和实行行为性说一样的缺陷。"(此说)还残留有何种情况下具有'支配'的问题。结果就不得不同样展开利用者是否具有实行行为性的议论。"(4)行为支配论的具体结论不尽合理。"按照意思支配的观点,被利用者存在被强制、具有错误、存在故意等场合都会成为间接正犯,其具体的妥当性大有疑问。"[③]

5. 规范障碍说或规范意识说

规范障碍说认为,所谓规范障碍是指,"对于有违法性辨识能力的人,只要其对犯罪事实有认识,法秩序就能期待他避免实施该违法行为而实施合法行为(规范责任论)。从法秩序的角度看,这种期待可能的人对于实现犯罪而言,就是'规范的障碍'"。"从规范的角度讲,意图利用之他人(被利用者)不成为犯罪实现的障碍,在这一点上可以区分间接正犯与共犯。"[④]评论者认为,"规范的障碍说基准明确,具有分析可能性,下位基准也有体系化可能,是妥当的"。[⑤] 对规范障碍说的主要批评是:(1)即使存在规范障碍,但如果像帮助的工具那样只有单方的支配、利用关系,也不妨碍间接正犯的成立;(2)规范障碍说实际上是以极端从属性为前提,不过是将重点放在利用行为的非共犯性上而已;(3)所谓规范障碍的判断,其内容不明确,此见解虽希望以规范责任论来区分正犯与共犯,但作为区分准则只列举规范责任论,显然不充分。[⑥]

与此类似,也有学者从被利用者是否具有规范意识的角度来判断幕后行为人是否成立间接正犯。如日本学者大谷实指出:"只要是具有规范意识的人,即便是无责任能力人,也能成为被教唆人。但是,完全没有规范意识的人或被作为工具而加以利用的场合,就不是教唆犯而是间接正

---

① [日]岛田聪一郎:《共犯 · 正犯论的基础理论》,东京大学出版会 2002 年版,第 126 ~ 127 页。

② 不过,这并不意味着罗克辛将行为支配作为唯一的正犯原理。与行为支配所成立的"支配犯"(Herrschaftsdelikte)相对,还承认依据其他的正犯原理所成立的"义务犯"(Pflichtdelikte)。

③ 陈家林:《外国刑法理论的思潮与流变》,中国人民公安大学出版社、群众出版社 2017 年版,第 531 页。

④ [日]曾根威彦:《刑法总论》(第 4 版),有斐阁 2008 年版,第 236 页。

⑤ [日]山中敬一:《刑法总论》(第 3 版),成文堂 2015 年版,第 866 页。

⑥ 陈家林:《外国刑法理论的思潮与流变》,中国人民公安大学出版社、群众出版社 2017 年版,第 532 页。

犯。”[①]我国学者张明楷也认为,“如果采取限制从属性说,则教唆对象可以是无责任能力的人;但这里的无责任能力的人,也必须是具有一定规范意识的人”,即“虽然没有达到法定年龄,但事实上具有责任能力的人”。[②] 本书作者也曾主张,在唆使、引诱未达刑事责任年龄者实施犯罪行为的场合,应以被唆使、引诱者是否对相应行为具有规范意识为标准,区分教唆犯与间接正犯,而在对是否具有规范意识的存在有疑问时,则按照“有利于被告”的原则处理。[③] 虽然侧重点有所不同,但这种规范意识说在本质上和规范障碍说是相通的。

6. 自律的自我决定说

近年来,在日本,有见解通过检讨介入者是否存在“自律的自我决定”,在欠缺该要件的场合则追究背后者作为间接正犯的“一次的责任”,来区分正犯与共犯。例如,岛田聪一郎认为,被利用者对构成要件的结果存在自律的决定时,应否定背后者的间接正犯性。如果不存在自律的决定,则只要具备相当因果关系,背后者就是间接正犯。[④] 山口厚也认为,充分认识、预见并直接引起构成要件结果的人是正犯,而只是对于结果的发生给予间接原因性的背后行为人原则上不具有正犯性。这意味着不能追究故意行为之前的引起结果的正犯责任,因而可被称为溯及禁止论。不过,若是对直接引起结果的故意行为人具有强制时,也例外地有追溯承认故意行为背后的行为人正犯责任的余地。据此,在介入他人的行为引起结果的场合,应分析他人对结果的答责性(自律性),若介入者对结果的发生能够排除他人的支配,即具有答责性,则属于介入者自己引起的结果。[⑤] 在评论者看来,“过去的学说往往只着眼于背后者的行为性质,而此说则根据自我答责原理、溯及禁止论从结果出发进行考察,这是其特色所在”。[⑥]

有学者提出,这种自律的自我决定说“是一种值得倾听的见解,其解释论上的结论也几乎都值得肯定。不过,尚有疑问的是,为何只有被利用者的故意行为才能允许禁止溯及既往,而过失行为就不能说是自由的意思决定(自律的决定)。因而,出于溯及禁止论的正犯与共犯的区别,以及其能否和因果共犯论(共犯也基本要像正犯一样要求和结果之间的因果关系)加以调和,还值得进一步探讨”。[⑦] 也有学者质疑道:“不从背后者的‘行为’本身的性质检讨出发来决定各参与者的正犯性与共犯性,这作为解释论来说是可能的吗?”[⑧]此外,还有学者认为,它与行为支配说未必矛盾,行为支配说也可以提示出下位标准,如自我答责性的标准。因此,最终也只能是对个案进行个别判断,进而陷入了自己所批评的那种境地。[⑨]

(三)间接正犯的正犯性判断标准

间接正犯是正犯,但又不同于直接正犯,而是间接的正犯。所以,其既具有直接正犯、共同正

---

① [日]大谷实:《刑法总论》,黎宏译,法律出版社 2003 年版,第 326 页。
② 张明楷:《刑法学》(第 5 版),法律出版社 2016 年版,第 414 页。
③ 付立庆:《违法意义上的犯罪概念的实践展开》,载《清华法学》2017 年第 5 期。
④ [日]岛田聪一郎:《正犯・共犯论的基础理论》,东京大学出版会 2002 年版,第 117 页以下。
⑤ [日]山口厚:《刑法总论》(第 3 版),有斐阁 2016 年版,第 67~74 页。
⑥ 陈家林:《外国刑法理论的思潮与流变》,中国人民公安大学出版社、群众出版社 2017 年版,第 532 页。
⑦ [日]内藤谦:《刑法讲义总论(下)Ⅱ》,有斐阁 2002 年版,第 1336 页。
⑧ [日]照沼亮介:《体系的共犯论与刑事不法论》,弘文堂 2005 年版,第 75 页。
⑨ [日]高桥则夫:《刑法总论》(第 3 版),成文堂 2016 年版,第 424 页。

犯所具有的"正犯"性,又具有不同于该二者的"间接"性。因此,就间接正犯属性问题的研究,既需要对其进行正犯性、非共犯性的判断(两者是一个问题的两个问法,不能截然分开),又需要对其间接性予以说明。正犯性的判断,是指正犯与共犯的区分,即直接正犯、共同正犯、间接正犯三者作为正犯的共同之处,以及此三者与教唆犯、帮助犯作为狭义共犯的不同之处;[①]间接性的判断,则关系间接正犯与直接正犯、共同正犯的不同之处。就正犯性的判断而言,需要明确其与共犯的不同是一次责任与二次责任的不同。这种区别,即在法益侵害的立场看来,是和最终的法益侵害结果之间具有明确的、重要的、不可替代的原因力,还是仅起到促进作用。正犯性的判断是积极的判断而不是消极的判断,即不是因为"不成立教唆犯所以成立间接正犯",而是因为其符合了正犯的要求,具有正犯性。就间接性的判断而言,虽然间接正犯与其他正犯类型一样都是"一次责任",但要突出在介入了第三人或者被害人自身(统称"直接实施者")等场合,不能将责任归于直接实施者而应由背后者承担责任的形式特征。对于间接正犯的判断标准来说,尤其需要注意如下方面。

1. 客观判断

针对正犯性的判断,应根据哪些材料?这首先涉及,是根据行为人的主观方面判断,还是根据客观方面判断?若强调构成要件定型性,则会更倾向于限制正犯概念。与之相反,如果以扩张正犯概念为出发点,由于从纯粹因果性的视野来看,正犯和共犯都是平等的,无法纯客观地将两者加以区别;在学说史上,也确实存在所谓的主观说,以行为人是否具有"为自己实施"的意思或者"正犯意思"作为正犯成立与否的判断标准。但主观说所立足的条件说(等价说)本身是存在疑问的。而且,"仅以行为人的意思内容这一属于责任要素的不明确的内容为基准来区分正犯与共犯,这是不妥当的"。[②] 主观说在具体场合可能会得出不合理的结论。例如,妹妹为了给未婚产子的姐姐排除后顾之忧,将姐姐刚出生的小孩溺死在澡盆之中,按照主观说,会得出妹妹仅属于共犯(帮助犯)的结论,这显然不合理。在我国将帮助犯按照从犯采取必减主义的规定方式的场合,这种不合理性尤其明显。此外,主观说不但存在主观内容不明确、易变动、难证明等问题,而且容易导致主观正犯论,这都和客观主义刑法观之间无法调和。因此,纯粹的主观说目前几乎无人支持。

有论者认为,"在主观上来说,作为正犯者的'故意'也是必要的。在行为人的主观面也影响正犯性的意义上,主观说也不应该完全否定"。[③] 但是,如果强调正犯具有正犯的意思、共犯具有共犯的意思的话,就会在结局上导致"是正犯人的意思还是共犯人的意思"(animus - Formel)这种二者择一的公式,而这一公式却难说是能够合理检验的公式。这样的基准,会最终导致是为了谁的利益而行动的所谓"利益说"。但是,在犯罪类型之中,也存在为了他人的利益而行动者却属于正犯的情形,此时主观说是不起作用的。比如,在"存在故意的帮助的工具"的场合,根据主观说,由于其属于并非为了自己而行动的场合,就会得出不当的结论,即原本是通过自己的手实

① 共同正犯究竟是正犯还是共犯存在争议,本书重视其一次责任性,肯定其属于正犯。

② [日]内藤谦:《刑法讲义总论(下)Ⅱ》,有斐阁2002年版,第1332页。

③ [日]前田雅英:《刑法总论讲义》(第6版),东京大学出版会2015年版,第325页。

施，本应承担完全责任的人，却只成立帮助犯。这一点是主观说的决定性问题。① 由此，应该放弃所谓的主客观统一说，即不再承认行为人的主观方面对正犯的判断起辅助、补充作用，而依据客观材料、客观事实，对于行为人是否具有正犯性进行规范判断。

2. 实质判断

在着眼于行为的客观含义来区分共犯与正犯时，存在形式客观说与实质客观说的对立。形式客观说将实施了形式上的实行行为，即该当构成要件行为的行为人当作正犯，而将实施了实行行为之外的参与行为的行为人当作共犯。这种观点更容易和限缩正犯概念结合起来，而且，在能够明确单独正犯与狭义共犯的区别这一点上，是值得倾听的。但是，正如有论者所指出的那样，"仅凭'实行行为 = 构成要件该当行为'这一正犯性的形式基准，在解决包含共同正犯在内的具体问题时，是不充分的。比如，抢劫或盗窃的首谋者进行望风的场合，望风不能说是抢劫、盗窃的实行行为、构成要件该当行为，首谋者就不会构成共同正犯而仅仅成立帮助犯，享受刑罚的必要减轻，这是有疑问的"。② 所以，对正犯性的认定必须实质判断，不能单凭形式化的"实行行为"或"构成要件行为"的有无来判断，也不能像工具理论那样，单纯从外部描述间接正犯的"形式特征"。由此得出实质地考察"实行行为"之内容的实质客观说。

实质客观说原本是在因果关系问题上以原因和条件的区分为前提（原因说），对结果施加原因者界定为正犯，而仅施加条件者则界定为共犯，为了对抗主观说（条件说）而提出的一种学说。作为区分正犯与共犯的实质基准，其值得倾听之处在于，"着眼于对于构成要件实现所具有的行为的'危险性'程度这样的思考方法，以及着眼于行为人对于构成要件实现过程的'支配性'这样的思考方法。无论是考虑哪个思考方法，着眼于构成要件实现过程中'角色的重要性'，就会得出这样的结论：扮演了重要角色的人是正犯或者共同正犯（广义的共犯），实施了此外的参与行为的人是共犯（狭义共犯）"。③ 在这个意义上，对于正犯判断要实质进行这一点，应该形成共识。

在介入了他人的行为而需要判断背后者是否具有正犯性时，是从幕后者的视角考察，还是从直接实施者的视角考察？如果着眼于直接实施者即被利用者的视角，纯粹形式的判断会沦为工具理论，实质的判断则会归为规范障碍说或规范意识说。如果着眼于背后者即利用者的角度，形式的判断会归为实行行为说中的形式客观说，实质判断则会归为实行行为说中的实质客观说。本书认为，在涉及是否成立间接正犯的场合，有无正犯性的判断归根结底是对背后者的规范评价，在此意义上，着眼于背后者的角度总体上是妥当的。但与此同时，在立足于背后者的立场、以实质客观说为标准进行实质判断时，又不可回避对介入者（第三人或者行为人本人）行为的法律属性进行规范评价。在此意义上，结论的得出，必须实质性考虑背后者和介入者之间的相互关系，判断背后者行为的性质：法益侵害的结果是能够第一次地归属于背后者，直接实施者的行为在规范评价上缺乏意义；还是相反，应该将法益侵害结果第一次地归属于直接实施者，背后者仅应该第二次地承担共犯的责任。

---

① 耶塞克、魏根特教授的观点。转引自［日］山中敬一：《刑法总论》（第3版），成文堂2015年版，第866页。

② ［日］内藤谦：《刑法讲义总论（下）Ⅱ》，有斐阁2002年版，第1332～1333页。

③ ［日］内藤谦：《刑法讲义总论（下）Ⅱ》，有斐阁2002年版，第1333页。

3. 行为支配说与其他学说的关系

行为支配理论考虑了背后者和直接实施者之间的对应关系，其理论方向是正确的。若将背后者与直接实施者之间是否存在支配关系作为判断背后者是成立间接正犯还是狭义共犯（教唆犯或者帮助犯）的标准，则通常在直接实施者开始实施构成要件行为时才可能肯定这种支配关系的存在，进而确定间接正犯的着手。

不过，总体上接受行为支配说并不意味着其他理论全无合理成分。比如，行为支配和工具理论之间，不过是实质和形式，或者说判断标准和判断结论之间的关系。肯定了行为支配的场合，也就得出了直接实施者属于背后者的工具的结论。再如，由于"实行行为"的概念必须实质理解，"所以，也可能表现为，行为人本人需要在一定程度以上支配了结果的发生。在此意义上，这（实行行为说）和'支配了行为的人是正犯'这种行为支配说之间，也没什么实质性的差别"。[①] 又如，行为支配说和规范障碍说之间，也有密切关联。现在的通说认为，故意犯的实行行为与过失犯的实行行为在内容上有所差别。确实，就实行行为的概念来说，无论故意犯还是过失犯，都可能用客观的"危险"概念加以说明。但正如一些学者指出的那样，故意犯的实行行为，需要没有介入存在规范障碍的内容，而过失犯中的实行行为，在介入了规范障碍的场合也有可能肯定其实行行为性。所以，为了便于理解，可以说在故意犯的场合，为了表明其实行行为性即正犯性，而使用"行为支配"的概念，这和过失犯中的实行行为性是不同的。在此，使用"行为支配"这个概念是为了表明未导致介入规范障碍的故意犯的实行行为性，也就是说，为了肯定故意犯的行为支配，就必需明确在事前的危险判断之时，存在行为人的危险创出行为（实行行为），且并不存在称为规范障碍的他人的行为。[②] 可见，对于具体判断是否存在行为支配，"规范障碍"或者"规范意识"的概念具有重要的意义。

（四）间接正犯的类型

间接正犯通常包括以下几种类型。

（1）利用无责任能力人的行为。比如，利用一个没有责任能力，尤其是欠缺是非辨别能力者（如 4 岁幼童），或者是利用一个完全的精神病人，实施符合构成要件的杀人、盗窃等行为，被利用者相当于行为人自己行为的延长，此时利用者成立间接正犯。

需要注意的是，利用无责任能力人并非一律成立间接正犯。比如，自己想杀人，于是让 13 岁的儿子投毒杀仇人，若儿子毫不知情，则与其刑事责任年龄无关，父亲成立间接正犯；但若儿子明知是毒药而投毒，则无法认为儿子是一个单纯被利用的工具。这时，完全可以说是父亲教唆了儿子犯罪，成立教唆犯，与被教唆者（不处罚）构成共同犯罪。何时成立间接正犯、何时成立教唆犯，大致来说，应以直接实行者有无规范意识、对自己所实施行为的性质是否具有基本的认识为前提。13 岁的人肯定知道投毒的性质，这时就可以认为一个是教唆犯一个是实行犯，不过实行犯因未达到刑事责任年龄不予处罚。所以，一个人能否被认定为间接正犯，取决于被利用者有没

---

① ［日］前田雅英：《刑法总论讲义》（第 6 版），东京大学出版会 2015 年版，第 324 页，注 4。

② ［日］山中敬一：《刑法总论》（第 3 版），成文堂 2015 年版，第 847 页。

有规范意识,如果被利用者能被认定为是一个单纯的工具则成立间接正犯,否则成立教唆犯(参见后文)。一个自然的疑问是:无论是按照间接正犯处理,还是按照教唆犯处理,都是只处理背后者而不处理直接实施者,这种区分的实际意义何在?至少在量刑上,如果是间接正犯就是单独实行犯,就无所谓主犯、从犯;如果按照教唆犯处理就可能会有主犯、从犯的差异,教唆者可能被评价为从犯从而从轻或者减轻处罚。

(2)利用他人被强制的情形。被利用者具有规范意识,知道自己的行为是危害行为,但是由于被强制而丧失了自由意志,这时利用者成立间接正犯,被利用者属于紧急避险,不成立犯罪。比如,A 想把 C 干掉,就对 B 说,你如果不把 C 杀掉我就把你全家杀死,B 别无选择而只能杀了 C。这时 B 成立免责的紧急避险,不是犯罪,A 成立故意杀人罪的间接正犯。

(3)利用不知情的第三人。在利用完全不知情的第三人的场合,该第三人对于犯罪结果既没有认识也没有认识可能性,既没有故意也没有过失,利用者成立间接正犯。比如,事先打开他人的房门,利用搬家公司的职员而将他人房中的橱柜、家具等物品搬到行为人指定场所的,利用者构成间接正犯。

(4)利用所谓"有故意的工具"。比如,在国家工作人员利用自己的妻子实施收受贿赂的行为时,成立受贿罪的间接正犯,而妻子明知所收受的财物为他人送给丈夫的贿赂,构成受贿罪的帮助犯。这属于"利用有故意无身份的工具"的场合。这也证明,肯定间接正犯的成立不等于一概否定共同犯罪。此外,还存在"利用有故意无目的的工具"的场合。比如,成立伪造货币罪需要"行使的目的"或"置于流通的目的",具有行使目的的行为人隐瞒了这一目的,委托不具有此种目的的行为人(如仅对制造精巧的假币感兴趣的人)伪造精巧的假币,被利用者虽对伪造假币这一点具有认识和故意,但因欠缺行使的目的这一成立本罪所必要的主观要素,就不构成犯罪,利用者成立伪造货币罪的间接正犯。

(5)利用他人的过失行为。比如,医生发现诊治的病人是自己的仇人,想将其杀死,于是将护士给该病人注射的药换成毒药,导致病人死亡。这时医生是间接正犯,但护士可能因存在过失而构成过失犯罪。这就属于利用他人的过失行为成立间接正犯。①

(6)利用他人的合法行为。在利用了被利用者的合法行为的场合,只要采纳限制从属性说,就不可能成立共犯,但背后的利用者却可能成立间接正犯。比如,A 明知 C 总是将砍刀带在身上,想要利用这一点而杀掉 B,于是唆使 B 去"宰了"C,B 去攻击 C 时,C 对 B 实施正当防卫而砍死了 B。此时,A 就利用了 C 的正当防卫行为,成立对 B 的故意杀人罪的间接正犯。

(7)利用被害人自己的行为。在没有介入第三人而是直接面对和利用被害人的场合,由于没有处罚被害人自身的构成要件,没必要说被害人本身是直接正犯,所以通常将"利用被害人自己行为"作为直接正犯的一种,没有必要专门将其作为间接正犯事例的一种类型。

不过,行为人致使被害人陷入错误进而对结果缺乏认识并加以利用,或者是通过暴力、胁迫等压制被害人的自由意思并加以利用,仍可能构成间接正犯。前者比如,被害人是严重的精神病人,完全不知自杀为何物,且对行为人言听计从,行为人对此加以利用,教给被害人上吊的方法,

① 在本例之中,也存在医生成立故意杀人罪的教唆犯、护士成立过失致人死亡罪的主张,值得进一步讨论。

致使被害人上吊身亡。后者比如,行为人威胁被害人说,如果不自杀就要杀掉其全家,导致被害人别无选择而自杀身亡。这些场合,行为人没有直接的杀人行为,构成利用被害人自身行为的故意杀人罪的间接正犯。

第四节 狭义的共犯

一、狭义共犯概说

这里的狭义共犯,是指教唆犯和帮助犯。就共犯来讲,它和正犯的区别在于,正犯,无论是单独正犯还是共同正犯,也包括间接正犯,都是一次责任类型,它在事实上直接地,或者表面上虽是间接地,但规范评价上仍可谓是直接地引起了法益侵害。而与此相对,狭义共犯(教唆犯、帮助犯)并没有直接引起法益侵害,而是借助于他人的行为,间接地实现了法益侵害,是二次责任类型。

二、教唆犯

教唆犯是故意唆使他人产生犯罪的决意,进而使其基于此种决意而实行犯罪。需要说明,如后展开,这是以“被教唆者实行犯罪”为前提的教唆犯的定义,即只有在被教唆的人实行犯罪的前提之下,教唆者才作为犯罪来处罚。如果采取教唆犯独立性说,则对教唆犯就是另一种定义。

(一)共犯从属性说

关于共犯的成立范围,存在共犯从属性说和共犯独立性说的争议。从行为无价值论的角度出发,特别强调共犯的独立性,即便是被教唆人没有完成因受教唆而要实施的行为,但因为教唆行为已经完成,教唆的故意已经实现,就需要对教唆行为本身予以否定的评价,所以对教唆犯仍要按照既遂犯来处理。但是,从结果无价值论的立场出发,认为作为二次责任类型的共犯,其违法性并非其本身所直接具有,而是源于作为一次责任类型的实行犯的违法性;从而,就会认为共犯是依附于正犯即实行犯的,进而就主张共犯从属性。在德日,共犯独立性的主张较少,国内绝大多数学者也都支持共犯从属性说。本书认为,如果不采用从属性说而采用独立性说,会导致处罚范围的扩大。而且这种处罚在很大程度上是一种道德上的、伦理上的处罚,和法律意义上的处罚距离较远。在刑法上处罚一种行为,一定是因为这种行为造成了法益的侵害或者法益侵害的危险。二次责任类型是一个间接的责任类型,只有通过实行者的行为才能够对法益进行侵害,在正犯没有实行的前提下而承认其可罚性,实际上是对于一种和法益侵害相当远的行为予以处罚,这和刑法谦抑性相违背,和结果无价值立场相违背。所以只要不采取行为无价值的一元论,只要不认为一个人主观的危险是对其加以处罚的依据,就应当放弃共犯的独立性,肯定共犯的从属性。中国传统刑法理论所说的教唆犯的二重性,认为教唆犯既有从属性又有独立性的观点,在20世纪90年代时曾经一度很有市场,但是随后很快丧失市场。

共犯的从属性体现在三个方面，分别是实行从属性、要素从属性和罪名从属性。

1. 实行从属性，是指要想成立共犯，正犯必须已经开始实施犯罪。强调实行从属性还是实行独立性，对于“共犯的未遂的范围”会产生重大影响。在日本，属于主观主义刑法理论的新派学者牧野英一、宫本英修、木村龟二等主张共犯的实行独立性说，其认为，教唆行为、帮助行为也是实行行为，教唆、帮助的着手也是“实行的着手”，所以，教唆犯的未遂作为未遂犯也是可罚的。但随着主观主义的退潮，这样的主张已经少有支持者。在我国，强调实行从属性的也是绝对多数说。比如，在教唆犯场合，只有被教唆者已经开始实施被教唆的行为时，教唆犯才成立，如果正犯既遂，教唆犯也既遂；正犯未遂，教唆犯也未遂。在被教唆者欠缺实行行为时，比如，被教唆者虽然答应但是没有去实施，这时由于不存在正犯，没有一次责任类型之承担者，作为二次责任类型的教唆犯也就不能成立。

我国《刑法》第 29 条第 2 款规定：“如果被教唆的人没有犯被教唆的罪，对于教唆犯，可以从轻或者减轻处罚。”这里不应该理解为被教唆的人没有实施任何被教唆的罪，而应该理解为被教唆者虽已经开始实施被教唆的罪，但是尚未既遂。即被教唆的人已经开始实行被教唆之罪的构成要件行为，但并没有实现被教唆之罪的构成要件结果，属于教唆未遂，应该从轻或减轻处罚。在这个意义上说，只要接受了实行从属性的观念，《刑法》第 29 条第 2 款的规定就可能是多余的。比如，四川某年因为自然灾害，橘农歉收，一橘农因此到酒馆喝闷酒，酒馆老板宽慰他说：“这点损失算什么，可以到西南边儿贫苦的地方买几个女孩卖到南方发达地区，很赚钱。”橘农当时喝了点酒，一冲动就答应了，但事后并没有真的去拐卖妇女。这时，酒馆老板是否成立拐卖妇女罪的教唆犯？如果不坚持实行从属性的原则，不要求正犯至少要有实行行为，或者形式化地理解第 29 条第 2 款，就会把酒馆老板按照拐卖妇女罪的教唆犯处理，但这显然不恰当。①

2. 要素从属性，是指要想成立共犯，正犯至少需要具备三阶层中的部分要素。对此存在不同观点的对立。

第一种观点认为，要想成立教唆和帮助犯，只要实施者实施了构成要件该当的行为即可，而不需要是违法、有责的行为，这被称为最小从属性说。比如，日本学者平野龙一认为，违法虽然原则上是客观的、连带的，但例外地也可能是一身专属的，存在正犯行为合法但共犯行为违法的场合。他认为，尽管一般来说应采取后述的限制从属性说，但在例外的场合有必要采取最小从属性说。② 大谷实、前田雅英等学者也持此种主张。在我国，也有少数学者基于违法相对性的立场，主张最小从属性说。③ 根据最小从属性说，比如，行为人看到 A 在伤害 B，出于伤害 B 的故意给 A 提供了帮助，却并不知道 A 的行为符合正当防卫的条件。行为人成立故意伤害罪的帮助犯。但这种观点的不合理性较为明显：尽管主观上存在帮助他人犯罪的故意，但既然行为客观上帮助

---

① 罗克辛将处罚教唆未遂时，教唆者必须具有刑法意义上的、真实的教唆故意，称为教唆未遂的“认真性”。参见[德]克劳斯·罗克辛：《德国刑法学总论》(第 2 卷)，王世洲等译，法律出版社 2013 年版，第 221 页。按此理论，上述的酒馆老板也可能因为“不够认真”而被评价为“欠缺教唆故意”，从而不按照犯罪处理。但在本书看来，第一，是否“认真”不得不依赖于证据判断，而这在具体案件中有时是非常困难的；第二，即便是“认真”的教唆，如果被教唆者完全没有实施所教唆之罪的行为时，教唆导致法益侵害的危险仍是非常稀薄、抽象的，此时教唆者仍不足以作为犯罪处罚。就此来看，还是应该贯彻实行从属性原则。

② [日]平野龙一：《刑法总论Ⅱ》，有斐阁 1975 年版，第 358 页。

③ 王昭武：《论共犯的最小从属性说——日本共犯从属性理论的发展与借鉴》，载《法学》2007 年第 11 期。

了正当防卫行为,未对法益造成侵害甚至侵害危险,就不应该按照犯罪来处理。同样,比如,Y 通过正当治疗行为对 A 进行外科手术,X 出于伤害的意图参与了 Y 的行为,根据最小从属性说,X 要成立故意伤害罪的教唆犯或者帮助犯,但基于结果无价值论的立场,这是不合理的。

第二种观点与之正好相反,主张要想成立教唆犯或者帮助犯,需要正犯行为必须具备构成要件该当性、违法性和有责性三个要素,这被称为极端从属性说。如果正犯即实行者欠缺责任,比如,对一个 13 岁的人的杀人行为予以帮助,根据这种观点就不成立帮助犯。

在德国和日本,极端从属性说都是传统通说和旧判例的立场。我国传统刑法理论认为,共同犯罪必需是所有参与人均构成犯罪,教唆的对象限于具有刑事责任能力的人,这实际上采取的就是极端从属性说。受传统理论影响,我国司法实务也接受了极端从属性的观点,并且在教唆未达到刑事责任年龄者实施构成要件行为的场合,通过间接正犯的概念弥补处罚空隙。极端从属性的观点长期占据通说地位,这和对“犯罪”从而“共同犯罪”含义的理解有关,即认为其必须符合犯罪成立的全部条件,强调犯罪含义的单义性。然而,极端从属性说在实务上会得出明显不合理的结论。(1)在教唆未成年等无刑事责任能力人的场合,实务上会宽泛地认定为间接正犯,而且会将利用者行为的着手理解为间接正犯的着手,导致过早地划定未遂犯的成立范围。(2)在前述帮助 13 岁的人杀人这样的场合,帮助行为和最终的法益侵害结果之间具有因果关系,根据因果共犯论,具备了作为共犯处罚的根据,但按照极端从属性说,由于帮助者明显不构成间接正犯,就会得出帮助者无罪的结论,明显不合理。再者,在理论层面,极端从属性说也存在明显问题。“就成立共犯不仅要求正犯符合构成要件且违法,而且也要求正犯有责,这和近代刑法中的个人责任原则是相矛盾的。客观的法益侵害及其危险这种违法结果是就其与正犯行为和共犯行为各自的因果关系而共同地发挥作用的。与此不同,根据个人责任原则,责任(故意、过失、责任能力、期待可能性等)是对行为人个人个别发挥作用的,而不可能是对正犯与共犯共通地发挥作用……这样,‘违法是事实上共通地、责任则是个别地发挥作用’成为原则。从此原则出发,就责任而言也肯定其共通性的极端从属性说是有疑问的。”①

第三种观点介于最小从属性和极端从属性之间,其主张要想成立教唆犯或者帮助犯,正犯只要具备构成要件该当性和违法性即可,不需要具备有责性,这被称为限制从属性说,是德日刑法理论界的通说,在我国目前为止虽未必称得上通说,但正获得越来越多学者的支持。根据限制从属性说,基于犯罪故意对一个正当防卫行为提供帮助的,由于该“正犯”行为欠缺违法性,所以帮助者不构成犯罪。限制从属性说坚持了“违法是连带的,责任是个别的”这一原则。教唆 13 岁的人杀人,杀人的行为是违法的,该行为是基于教唆者的教唆而实施的,此时教唆者的行为也是违法的,这就是违法的连带性。相反,所谓的责任,是在实施了违法行为的前提下,针对行为人的一种谴责和非难。这样的责任非难要根据具体的个人有无罪过、有无责任能力、有无责任阻却事由来加以判断。就实行者来说,因欠缺责任能力,所以不值得谴责,不构成犯罪,但是,教唆者或帮助者完全可以因为具备责任能力而成立犯罪。本书也基于因果共犯论的立场,认同“违法是连带的,责任是个别的”这一原则,从而支持限制从属性说。据此,在唆使、利用无责任能力者的场合,

① [日]内藤谦:《刑法讲义总论(下)Ⅱ》,有斐阁 2002 年版,第 1352 页。

符合间接正犯成立条件的除外，可能会构成教唆犯。

不过，需要说明，限制从属性说意味着成立共犯需要正犯行为符合构成要件并且违法，但不能反过来推断，当正犯行为符合构成要件且违法时，就一定成立共犯。在此意义上，正犯行为符合构成要件并且违法，是共犯成立的必要条件，但并非充分条件。是否成立共犯，还要结合共犯自身的情形具体判断。

3. 罪名从属性，是指共犯的罪名需要和正犯的罪名一致。关于这一问题，尤其在共同正犯的场合，是采取犯罪共同说还是行为共同说，会得出不同的结论；而在涉及狭义共犯的场合，也同样值得讨论。

以下以教唆为例加以展开，相应结论也适用于帮助的场合。（1）教唆的是重罪，实行的是轻罪。比如，教唆他人入户抢劫，被教唆者入户后发现家中无人，盗窃了被害人财物，因为正犯的实行行为之中既欠缺就抢劫而言重要的“暴力、胁迫”行为，又无法确定导致抢劫结果的危险性，所以正犯只构成盗窃罪。此时，由于受实行从属性原则的限制，教唆者的违法性也仅止于盗窃罪的违法性；同时，抢劫教唆的故意规范性地包含盗窃教唆的故意，因此，教唆者也只成立盗窃罪的教唆犯，构成盗窃罪。可见，教唆的是重罪，实行的是轻罪的场合，如能肯定轻、重两罪在构成要件层面的重合，则教唆者和正犯一样构成轻罪。此时，教唆犯的罪名从属于正犯的罪名，罪名从属性发挥了作用。（2）教唆的是轻罪，实行的是重罪。比如，教唆他人入户盗窃，但被教唆者入户后发现家中有人，因而改为抢劫，正犯在抢劫故意支配下实施了抢劫行为，自然构成抢劫罪，而教唆者仅具有盗窃的教唆故意而欠缺抢劫的教唆故意，且前者无法包含后者，所以，教唆者在主客观相统一的意义上仍只成立盗窃罪，属于盗窃罪的教唆犯。此时共犯的罪名独立于而非从属于正犯，无所谓从属性可言。所以，从结论上讲，由于共犯和正犯只能在构成要件重合的轻罪范围内成立共同犯罪，故只有当正犯的罪名在规范评价的意义上轻于教唆者、帮助者意欲实现的罪名时，共犯的罪名才从属于正犯的罪名，这可以称为罪名的片面从属性。（3）教唆的是 A 罪，而被教唆者实施的是 B 罪，但 A、B 两罪在规范评价意义上不存在重合关系，则即便两罪之间存在事实上的单纯轻重关系，也不存在罪名从属性的问题。此时，根据前述实行从属性的原则，教唆者属于教唆的未遂，是不可罚的不能犯，不按照犯罪处理。比如，教唆他人去杀害被害人甲，但该人因为听错了而去毁坏了被害人甲的财物，此时就应该仅追究被唆使者故意毁坏财物罪的刑事责任，而不应该认可罪名从属性说，认定唆使者成立故意毁坏财物罪的教唆犯。

（二）教唆犯的成立条件

1. 教唆对象

教唆的对象必须是特定的。如果针对不特定对象实施所谓“教唆”，则是煽动。若刑法针对煽动行为存在专门规定，则可能成立相应犯罪，如煽动暴力抗拒法律实施罪、煽动颠覆国家政权罪、煽动分裂国家罪等；若无专门规定，也不成立教唆犯而只能按照无罪处理。

问题是“特定对象”应满足哪些具体要求。如果采取上述限制从属性的观点，则被教唆者只需要具备构成要件该当性和违法性即可，不要求其同时具备有责性。但是，被教唆者虽然可以不具备有责性,但也不能是一个对规范本身完全没有意识的人。唆使一个四五岁的小孩去盗窃,若机械地理解限制从属性说,则教唆者也会成立盗窃罪的教唆犯,但此时按间接正犯处理更为合适。间接正犯与教唆犯的区分,根据前述的行为支配说,关键在于背后者有无利用自己的意志力量支配犯罪的因果流程,是否具有意志支配,而这要从背后者和直接实施者的相互关系中得到答案。其中,被利用者是否存在基本的规范意识,是判断是否具有行为支配的重要考量因素。若直接实施者能认识到行为是违法行为、反规范行为,从而接受教唆去实施违法行为,则可以排除行为支配,直接实施者自由地决定自身行为,两者间就是教唆与被教唆的关系;反之,若直接实施者完全不具备规范意识,则可以认定背后者用自己的意志支配实施者的行为,应按间接正犯处理。

(1)非区分说的问题所在

我国传统的刑法理论不区分"教唆"与"利用",认为唆使未达刑事责任年龄者实施构成要件行为的,一律不成立共同犯罪而只构成单独犯罪。[①] 除了这样的形式化理解之外,还有持法规范维护说的论者认为,"不法是对法规范的否认,是用法规范共同体成员会认真对待的方式宣称法规范的无效力。未达到法定年龄、不具有责任能力的人的加害行为,不属于不法侵害,因为他们根本无能力认识法规范的意思,也无能力在意义沟通的层面上否定法规范的效力……"[②]言下之意,只有具备规范意识、明晰规范含义者的行为才是"违法"或"不法",未达刑事责任年龄的人在法律规范的意义上就无所谓违法,因此其不可能是被教唆的对象,而只能是被利用的工具。在存在唆使行为但被唆使者欠缺刑事责任能力的场合,这两种主张均会得出唆使者构成间接正犯而非教唆犯的结论,而不再进一步区分唆使者是否具有支配性,标准明确且容易把握,这是其共同的理论优势;而且,后者试图为唆使无责任能力者一概肯定规范意义上的"支配"提供实质性理由,较之前者纯粹的形式判断而言,说服力更强一些。但是,这种非区分说(从以有无"责任能力"作为区分标准的意义上,也可称为"责任能力区分说")主张的缺陷是明显的。

首先,非区分说并未重视未成年与精神病两者的区别。结合我国刑法的规定,无刑事责任能力包括未成年与精神病两种场合。尚未完全丧失辨认或者控制自己行为能力的精神病人自然可以成为被教唆的对象,这是没有争议的。而在精神病人不能辨认或者不能控制自己行为时,完全不清楚自己行为的意义和后果,具有刑事责任能力的人唆使其实施某种行为,该精神病人就单纯是个被利用的工具。此时,"不能辨认或者控制自己行为"是个实质标准,也是其不能成为被教唆者的决定性理由。而刑事立法划定的刑事责任年龄仅是出于保护未成年人的政策考量而推出的形式化标准,未达刑事责任年龄者的实际年龄跨度很大,实际辨认、控制能力也明显有别,因此,未达刑事责任年龄者未必仅是个被利用的工具,其和完全不具辨认或控制能力的精神病人存在差别,抹杀这种差别并非客观理性、实事求是的态度。

其次,非区分说的问题还在于,就算是在唆使的场合一概规范性肯定"支配"或"利用",进而肯定作为间接正犯的正犯性,但在有责任能力者为无责任能力者实施的构成要件行为提供帮助时,比如,在一个18周岁者为一个15周岁者的入室盗窃行为望风的场合,该当如何处理?此时,

① 例如,王作富主编:《刑法》(第6版),中国人民大学出版社2016年版,第125页。
② 冯军:《刑法教义学的立场与方法》,载《中外法学》2014年第1期。

采纳单一正犯体系的论者会直接将其认定为单独的盗窃犯罪。但是,一个主观上虽和他人有“一起盗窃”的合意但客观上仅仅实施了望风行为的人,没有直接接触被害财物,是如何“单独”构成盗窃罪的?这明显存在问题。与此相对,多数“责任能力区分说”论者并未采取单一正犯体系而是接受正犯与共犯的区分即采纳了区分制,此时,要么坚持“责任能力区别说”的立场,仍然肯定帮助者成立间接正犯(但这种场合肯定“支配”,即使是规范意义的支配,也存在困难),要么不得不承认此时帮助者要成立属于狭义共犯的帮助犯。可是,在教唆的场合是“间接正犯”而在帮助的场合却是“共犯”,也难言妥当。

最后,非区分说还可能造成实务上的难题。比如,按照这一主张,告诉13周岁的孩子是毒药,让其给他人服用,与欺骗13周岁的孩子说是白糖(实为毒药),让其给他人服用,两种场合都会肯定行为人构成故意杀人罪的间接正犯,即13周岁的孩子被无差别地评价为“被支配的对象”“被利用的工具”。可是,如果不将前一场合孩子的行为评价为“不法侵害”(实则是“不法意义上的犯罪”)而只评价为“工具”,则如何评价他人为保护被害人生命而对13周岁少年予以反击的行为?传统主张会认为这是针对属于间接正犯的行为人成立正当防卫。但《刑法》第20条规定的正当防卫的对象是“不法侵害人(的人身或财产)”,此时13周岁的少年是行为人的“人身”还是“财产”?无论如何理解恐怕都有问题。而若按照紧急避险处理的话,不说与将13周岁少年的行为评价为“犯罪工具”的既有主张是否自洽,还需要满足补充性的要件即要履行退避义务,这无疑也不合理。如果根据本书所主张的那样,以背后者是否存在行为支配为最终标准,以直接实施者是否具有基本的规范意识作为判断是否存在行为支配的重要考量因素,则在告诉13周岁的孩子是毒药,让其给他人服用的场合认定故意杀人罪的教唆犯,在欺骗13周岁的孩子说是白糖(实为毒药),让其给他人服用的场合认定故意杀人罪的间接正犯。这样,在前者的场合,会顺畅地将13周岁少年的行为评价为“不法意义上的犯罪”,对此进行正当防卫就顺理成章;在后者的场合,由于在规范上可以评价为利用者“手的延伸”,实际上仍是向不法侵害人(的人身)进行防卫。

(2)针对区分说主张的批判及其反驳

在犯罪参与人未达到刑事责任年龄的场合,以被利用者是否具有基本的规范意识作为判断其是否被幕后者支配的标准,区分间接正犯与教唆犯,是受到了阶层理论的影响所致。这种主张能够较好地解决传统学说的相应缺陷,但可能会面临两个方面的批判:一是会导致教唆犯和间接正犯的区分标准不明;二是在成立教唆犯的场合能够“从重”处罚而在成立间接正犯的场合则不能,会造成不均衡。但在本书看来,这两个批判都难以成立。

关于区分标准不明。从传统观点看来,以被唆使者是否具有基本的规范意识作为区分教唆犯和间接正犯的标准,由于是否存在“规范意识”本身并不明确,导致教唆犯与间接正犯的区分标准处在不确定之中。批判者会诘问道,要是说13周岁的人具有“杀人”的规范意识,那么12周岁、10周岁、8周岁、6周岁呢?要是说15周岁的人具有“盗窃”的规范意识,那么13周岁、11周岁、9周岁呢?到底多少周岁就有、多少周岁就没有这里所谓的“规范意识”?同时,基于单一正犯体系的间接正犯否定说也会批判道,按照区分间接正犯与教唆犯(以及帮助犯)的观点,共犯之中的教唆犯,还有部分帮助犯,也是将他人作为工具、利用他人的行为实施犯罪,以达到自己的目的,按行为支配理论,间接正犯达到了支配被利用者的程度,而教唆犯、帮助犯尚未达到支配的程度,这样一来,正犯与共犯的区分就变成了利用程度的区分,可是,按何种标准来区分或判断这种抽象的“利用程度”,无疑会成为更大的难题。[①] 在本书看来,行为支配理论以及作为其下位标准的“规范意识”标准(实际上是具体判断被利用者是否具有基本的辨认、控制能力)在明确性和操作性上确实存在欠缺,但其优点也是显而易见的,即其通过对是否存在实质性的“支配”而对“唆使”与“利用”予以区分,使得“正犯性”的概念明确树立,确保教唆犯这种二次责任类型和间接正犯这种一次责任类型的责任分配更为合理,在维持正犯与共犯的实质定型性区分的方面,有着“责任能力区别说”无法企及的优势。另外,对于“规范意识区分说”的欠缺之处,有必要明确两点:其一,要尽量追求“规范意识”标准的可操作性,结合该未成年人的实际年龄、具体的行为性质等方面加以展开;[②]其二,要承认任何的价值判断,比如,是否存在“辨认和控制能力”受到每个人不同价值判断的影响,判断结论因人而异,但不能就此否定价值判断本身。在确实无法明确区分背后者是否“实质支配”了被利用者时,应该本着“有利于被告”的原则,按照间接正犯处理。[③]

关于处罚出现不均衡。按照非区分说或曰“责任能力区别说”,无论是唆使还是利用13周岁者杀人的场合,都属间接正犯,直接按照故意杀人罪的单独犯罪量刑,两种场合保持统一;根据该观点,如果按照“规范意识区别说”,则教唆13周岁者杀人的需要根据《刑法》第29条第1款从重处罚,利用13周岁者犯罪则无法从重处罚,这会造成不均衡。但之所以对前者的场合从重处罚,是因为其制造出了一个违法意义上的犯罪人,并据此引起了法益侵害,从报应和预防的角度都有较之单独犯罪人从重处罚的必要;而在后者的场合,行为人仅仅是通过自己“手的延伸”实现法益侵害,被利用者在法律评价上完全是中性、无辜的,因此,无论从报应还是预防的角度讲,对行为人都只需要按照普通的单独犯罪人予以处罚。就此而言,两种场合的差别对待并非是造成了不均衡,其背后有充分的理论根据,因此是一种合理的、值得肯定的差别。

2. 教唆的故意

成立教唆犯以被教唆者不存在犯罪决意为前提,若他人原本已有犯意,行为人只是对其犯意进一步强化,则属于心理上的帮助,应按帮助犯处理。但如果是将来犯罪之决意,现时教唆去实施的,仍应按教唆犯处理。再有,必需引起他人实施故意犯罪,如果教唆他人实施过失犯罪,则不成立教唆犯。教唆的故意通常是直接故意,希望对方实施所教唆的行为,并导致构成要件的结果。但在例外场合,也存在对对方的行为导致构成要件结果听之任之的心态。如果故意唆使他人实施不可能既遂的行为,那么此时不应该被认为是犯罪。

3. 教唆行为

教唆方式多样,但不作为的教唆一般不予以承认。劝告、嘱托、哀求、指使、引诱、怂恿、威胁、

---

① 刘明祥:《间接正犯概念之否定——单一正犯体系的视角》,载《法学研究》2015年第6期。

② 对此稍微详细的阐述,参见付立庆:《犯罪概念的分层含义与阶层犯罪论体系的再宣扬》,载《法学评论》2015年第2期。

③ 如按教唆犯处理,会得出按照“教唆不满18周岁的人犯罪从重处罚”的结论,对被告人不利。同时,在利用无辨认和控制能力的精神病人的场合,则更容易肯定实质的支配,从而一般应该按照间接正犯处理。

强迫等，都可能属于教唆。教唆是唆使他人实施特定的犯罪行为。教唆犯的着手在被利用者实施犯罪行为之时。同时，教唆虽然在行为的类型上需要具有明确性，但并不要求在具体的地点、时间上有明确的指示。对行为类型的明确性也不能过于狭隘地理解，存在对于某一类型行为的概括教唆，比如，唆使他人去“教训”被害人的，可能包括侮辱、诽谤或者伤害等，但不应该包括“杀害”他人；唆使他人去某处、去找某人“想办法搞钱”“想办法弄点钱”的，包括抢劫、抢夺、诈骗、盗窃等各种取财手段。

（三）教唆犯的认定

教唆犯并不构成所谓教唆罪，而是依照教唆的罪来定罪。若被教唆者实施的犯罪与教唆之罪虽不一致，但有重合，按照罪名从属性的观点，只在重合限度内定罪。若刑法分则为其单独设置了罪名，则按分则规定处理。

教唆犯的认定，涉及间接教唆的问题。比如，A 怂恿 B，让 B 去教唆 C 去实施杀害 D 的犯罪行为，A 能否按教唆犯处理？由于教唆行为也是犯罪行为，因此间接教唆者 A 的行为仍属于是教唆他人去犯罪的行为，故 A 可以成立教唆犯。不过，这种行为链条不能无限制地随意延伸，从限制处罚范围的角度讲，对于间接教唆（以及间接帮助）的处罚似乎应以一次间接为宜。

三、帮助犯

帮助犯的成立要求具备帮助行为、帮助故意，同时也要求被帮助者实施犯罪。这种帮助行为从实质上使正犯的实行行为更为容易，促进了正犯的实行行为。帮助行为分为有形帮助、无形帮助，前者如提供工具、排除犯罪障碍，可称为物理上的帮助；后者如坚定他人的犯罪意思，可称为心理上的帮助。从行为方式上讲，不作为也可以成立帮助。至于帮助的时间，可以在预备阶段、实行阶段，亦可以是承继的帮助犯。在存在事前通谋前提下的事后帮助可以成立帮助犯，而若事前无通谋，则可能存在窝藏、包庇或者掩饰隐瞒犯罪所得及其收益罪等，就此而言，纯粹无通谋的事后帮助犯概念未被接受。

（一）帮助犯的认定

1. 帮助犯的因果关系

帮助犯的因果关系和教唆犯的因果关系有所不同。教唆犯的因果关系是由于教唆而使对方产生犯罪的决意，即如果没有教唆者的教唆行为，被教唆者就不会产生决意、不会去实行行为。而在帮助犯场合，不要求如果没有帮助行为就不产生构成要件结果。比如，A 入室盗窃，B 在门外望风，没有人过来，此时不能说没有 B 的望风盗窃就不能顺利进行。就帮助犯的因果关系而言，只要求帮助行为现实促进了正犯的实行行为。前例中，正是由于 B 的望风行为，A 受到巨大鼓励进而从容实施盗窃行为。这种心理上的促进作用即心理上的因果关系是能够被肯定的。因此，甲给乙提供犯罪工具，乙在具体实施犯罪过程中虽未使用此工具，但并不否定甲成立帮助犯，此时甲的行为促进了正犯的行为，使乙感觉受到支持。即在该场合，尽管欠缺物理上的帮助作用,却可肯定心理上的帮助作用。相应地,帮助者要想成立犯罪中止,就不但要切断物理的帮助,还要切断心理的帮助。

2. 中立行为与帮助犯

当中立行为客观上帮助了犯罪人时,是否成立帮助犯?比如,明知乘客去杀人,出租车司机依然带其到作案地点;售货员明知购买者买刀杀人而依旧卖刀。这种情况下能否认定为帮助犯?出租车载客和售货员卖刀都是日常的业务行为,将这些日常行为认定为帮助犯应该格外慎重,否则存在侵犯公民正常生活自由的危险。但不容否认,日常行为在例外场合仍可成立帮助犯。比如,售货员明知邻居夫妻二人刚刚吵架,男的平常并不做饭,且知道其脾气火爆,也听到刚才吵架时男的说要把妻子杀掉,此时男的来买菜刀,售货员出售菜刀,男子回家将妻子杀掉。此种情况下,售货员可能被认定为故意杀人罪的帮助犯。帮助犯的慎重认定体现在,中立行为人应明确意识到自己的行为与对方的犯罪之间的直接的因果关系,而非知道其可能去犯罪。

间接帮助的场合能否按帮助犯处理?间接帮助行为和直接法益侵害的距离比较远,成立犯罪要格外慎重,要明确知道对方是在帮助别人实施犯罪行为,而且这种帮助对于直接的帮助犯具有明显的促进作用。同样,间接帮助也应该以一次间接为限。

(二)帮助犯与共同正犯的区分

简单来说,区分帮助犯与共同正犯要看行为能不能被评价为实行行为。共同正犯是法益侵害的共同惹起类型,在共同正犯的场合,每个人的行为单独来说都有法益侵害的危险;而帮助犯是二次责任类型,不具有单独的法益侵害性,充其量是间接的责任类型。因此,像望风行为这样的仅是对直接的法益侵害行为起推动作用的,就只能认定为是帮助行为而非共同正犯行为。值得讨论的是,在所谓复行为犯的场合,参与其中的手段行为应认定为帮助行为还是共同正犯行为?比如,在强奸罪的场合,自己本身并无奸淫目的,但参与了其中的暴力行为,用暴力将被害妇女打晕、使得另一行为人的行为顺利得逞的,是成立帮助犯还是共同正犯?对此,存在两种理解。一种主张认为手段行为也是实行行为的一部分,参与了手段行为就是参与了实行行为,成立共同正犯,且这种主张还可从“妇女可以成为强奸罪的共同正犯”这一论断中获得支持;另一种主张认为,只有目的行为才是具有导致法益侵害直接危险的实行行为,因此,仅参与手段行为而没有参与目的行为者,就没有参与到实行行为中,仅成立帮助犯。对此有待进一步的深入分析。

四、共犯与身份

在共犯与身份的问题上,主要涉及以下几个问题。

(1)一般主体教唆、帮助具有特殊身份的人实施以特殊身份为构成要件要素的犯罪的,如何定罪?比如,国有保险公司工作人员甲和普通人乙约定,由乙投保之后虚构事实,甲来认定责任,二人共同骗取保金。此时甲、乙如何定罪?按行为共同说的话,可能会分别定罪,甲定贪污罪、乙定保险诈骗罪。按本书所采纳的部分共同犯罪说,由于两罪存在重合,在重合的范围内成立共同犯罪,问题是具体按何罪定罪。对此,主犯说主张以主犯触犯的罪名定罪,即按照起作用更大的一方的罪名定罪；正犯说主张以何者具备该罪的实行行为为标准定罪。主犯说不但存在“以在共同犯罪中所起作用这一量刑概念决定定罪”这一逻辑疑问，而且是否总能明确区分所起作用大小、存在两人都是主犯的情形，所以主犯说是欠缺合理性的。[①] 本书基本上赞同正犯说，这一学说既不存在定罪与量刑颠倒的问题，也有助于通过实行行为（构成要件行为）概念贯彻构成要件的定型性观念。当然，此说的贯彻可能还需要结合犯罪竞合理论等，对此值得进一步研究。

（2）在真正身份犯的场合，无身份者可否成为共同正犯？对此存在不同理解。肯定说认为，从因果共犯论的立场看，共同正犯本质上是以他人的行为为中介扩张自己行为的影响，这和教唆犯、帮助犯并无本质差别，而仅是在因果性的强弱上不同而已，从而无身份者也能通过有身份者的行为，参与对真正身份犯的法益侵害，成为真正身份犯的共同正犯。[②] 与此相对，从强调构成要件定型性的角度出发，本书认为，共同正犯也是正犯而非狭义共犯。在真正身份犯的场合，由于身份本身是构成要件要素，所以无身份者不但不能单独构成犯罪，而且也不能构成共同“正犯”。无身份者不能单独侵害身份犯罪的法益，但可以通过对有身份者行为的加功，间接产生法益侵害的效果，从而构成身份犯的狭义共犯。比如，在国家工作人员利用职务便利为他人谋取利益而由其妻子收受他人财物的场合，其妻子就能够成立受贿罪的帮助犯（而非共同正犯）。《刑法》第 382 条第 3 款规定的与国家工作人员或者国有单位委托管理、经营国有财产的人员勾结“伙同贪污的，以共犯论处”，也印证了这一点，而且在伙同者不具有相应身份时，其所成立的共犯也应限于狭义共犯。

（3）无身份者与有身份者共同实施不真正身份犯的场合，该如何处理？对此，有身份者应该按其身份加减刑罚，无身份者则按通常情形处理。比如，国家机关工作人员伙同他人诬告陷害的，按照《刑法》第 243 条对国家机关工作人员从重处罚，而对其他人则只能判处通常之刑；再如，书店老板出于牟利目的而开设贩卖淫秽书刊的书店，并和不具有牟利目的的雇员共同贩卖淫秽书刊的场合，书店老板应该成立《刑法》第 363 条规定的贩卖淫秽物品牟利罪，而欠缺牟利目的的雇员则不应成立该罪的共犯，而应成立与该罪处于加减身份犯关系的《刑法》第 364 条规定的传播淫秽物品罪。[③]

五、共同犯罪的特殊形态

只要共同犯罪中没有人成立犯罪中止，那么共同犯罪的形态与各个人的形态是一致的。一人既遂，则全部既遂。如果一个人已经着手，则其他人不可能被认为是预备。在构成要件结果没有发生时，则要具体分析构成要件结果对各个犯罪人的意义。在此，特别值得研究的是共同犯罪的中止问题。

在共同正犯场合，如果所有正犯都自动停止犯罪，则均成立中止；若只有一部分人中止犯罪，并且防止他人实施犯罪行为，阻止犯罪结果发生，则这一部分人成立中止，另一部分人成立未遂；

---

① 此外还存在所谓“核心角色说”，主张以核心角色为标准认定犯罪的性质。但主犯说存在的问题，核心角色说并未解决。

② 黎宏：《刑法学总论》（第 2 版），法律出版社 2016 年版，第 301 页。

③ 对此的分析，参见黎宏：《刑法学总论》（第 2 版），法律出版社 2016 年版，第 303 ~ 304 页。

若结果仍然发生,则全部既遂。在犯罪的实行、既遂具有很强个人体验性、不可替代性的场合,这类犯罪被称为亲手犯。本书初步认为,对于像强奸罪这样的亲手犯来讲,不能适用"一人既遂,全部既遂"原则,是否既遂应该逐一判断。所以,二人以上轮奸有人奸入有人未奸入的,对未奸入者就应认定为强奸未遂。刑法对轮奸的加重处罚规定是"严打"的产物,其根据存在疑问。而上述理解,也有助于实现罪刑均衡。事实上,肯定强奸罪是亲手犯,犯罪形态应该个别判断,未奸入者成立强奸未遂,此种立场既获得了实务上的部分支持,[①]也获得了理论上的一定赞同。[②]

在狭义共犯场合,若共犯自动中止,并且阻止正犯的行为及其结果的,比如,甲教唆乙去杀人,乙去实施,此时甲去阻止乙实施使得对方得救,对甲而言属于犯罪中止,对于乙而言则成立未遂。相反,若正犯自动中止,比如,甲教唆乙去强奸,乙去实施并在实施过程中中止,则乙成立犯罪中止,甲成立未遂。司法实务上也认为,共犯中止的成立,既需主观上切断犯意联络并告知其他犯罪人,还需客观地积极阻止其他共犯的行为以及有效地防止危害结果的发生。[③] 此外,共同犯罪的参与者中途主动退出但未采取任何措施阻止其他共犯继续犯罪的,仍应以犯罪既遂论处,但可依法从轻处罚。[④] 从因果共犯论的立场出发,这样的结论容易获得支持。

第五节　共犯人的处罚原则

共同犯罪人按分工可以分为实行犯、教唆犯、帮助犯和组织犯,按作用则分为主犯、从犯、胁从犯。一般认为,我国刑法是以作用分类法为主、分工分类法为辅的混合分类法。但也有观点认为,我国刑法是单纯的作用分类法,教唆犯并不是一种独立的共犯人种类,实践中按其作用大小可分解为主犯、从犯、胁从犯、教唆犯。

一、主犯及其处罚原则

《刑法》第 26 条规定,组织、领导犯罪集团进行犯罪活动的或者在共同犯罪中起主要作用的,是主犯。由此,主犯分为两类。一是组织、领导犯罪集团进行犯罪活动者,结合《刑法》第 97 条关于首要分子的规定可以看出,这样的主犯实际上就是犯罪集团的首要分子。二是其他在共同犯

---

① 在 1979 年旧刑法时代,肯定强奸罪是亲手犯的,比如姜涛参与轮奸妇女未遂案,参见《姜涛参与轮奸妇女案》,载最高人民法院中国应用法学研究所编:《人民法院案例选》(分类重排本·刑事卷 1),人民法院出版社 2017 年版,第 164 ~ 165 页;在现行刑法时代,肯定强奸罪是亲手犯的,比如玄某、刘某强奸案,参见《玄某、刘某强奸案》,载最高人民法院中国应用法学研究所编:《人民法院案例选》(分类重排本·刑事卷 4),人民法院出版社 2017 年版,第 1960 页。

② 在学术界,有论者主张"即使其中一人因意志以外的原因未得逞的,其性质仍属轮奸,但对未得逞者以强奸未遂论处",参见陈兴良:《规范刑法学》(第 4 版下册),中国人民大学出版社 2017 年版,第 803 页。也有学者主张,未奸入者成立强奸未遂,且不适用轮奸情节,如王作富教授主编的一本在实务界较有影响的著作《刑法分则实务研究》主张,"成立轮奸各行为人均需亲自实施奸淫既遂,如果一个人实施强奸既遂,另一行为人未既遂,则不能认定为轮奸"。王作富主编:《刑法分则实务研究》(第 5 版),中国方正出版社 2013 年版,第 768 页。

③ 《张玉红等抢劫案》,载陈兴良、张军、胡云腾主编:《人民法院刑事指导案例裁判要旨通纂》(下卷),北京大学出版社 2013 年版,第 572 ~ 573 页。

④ 《韩江维等抢劫、强奸案》,载陈兴良、张军、胡云腾主编:《人民法院刑事指导案例裁判要旨通纂》(下卷),北京大学出版社 2013 年版,第 686 ~ 689 页。

罪中起主要作用的，这既包括犯罪集团中首要分子之外的其他主犯，也包括其他的在共同犯罪中起主要作用的犯罪人。

这里涉及主犯和首要分子的关系。《刑法》第 97 条规定，本法所称首要分子，是指在犯罪集团或者聚众犯罪中起组织、策划、指挥作用的犯罪分子。在犯罪集团中起组织、策划、指挥作用的犯罪分子，根据《刑法》第 26 条的规定，一定属于主犯；但在聚众犯罪中起组织、策划、指挥作用的犯罪分子则未必是主犯，因为这种聚众犯罪包括不属于共同犯罪的聚众犯罪——某些聚众犯罪只处罚首要分子，若首要分子只有一人，则不构成共犯，也就无所谓主犯。因此，首要分子未必是主犯。同样，主犯也未必是首要分子：若在犯罪集团中未起组织、策划、指挥作用，只是起到低于组织、策划、指挥作用但又比较关键的作用，只能评价为主犯，却不能评价为首要分子；在集团犯罪和聚众犯罪之外的其他共同犯罪之中，主犯虽起主要作用，但并不属于首要分子。故首要分子与主犯是交叉关系。

《刑法》第 26 条第 3 款规定，对组织、领导犯罪集团的首要分子，按照集团所犯的全部罪行处罚。这里法律规定的是“按照集团所犯的全部罪行”处罚，而并不是按照“集团成员”所犯的全部罪行处罚，否则就意味着成员对于超出集团性质的犯罪也要承担责任。按照法律规定，只要是集团的犯罪行为，即使首要分子并不知情，也要处罚，因为集团所犯的全部罪行均在其概括故意之内。若集团成员造成加重结果，只要加重结果在概括故意之内，首要分子仍然要承担责任。《刑法》第 26 条第 4 款规定，对于首要分子之外的其他主犯，应当按照其所参与的或者组织、指挥的全部犯罪处罚，这样的规定有别于 1979 年《刑法》中主犯“从重处罚”的规定，更加体现了罪责自负的原则。

二、从犯及其处罚原则

《刑法》第 27 条规定，在共同犯罪中起次要或者辅助作用的，是从犯。一般认为，“起次要作用”的是次要实行犯，起“辅助作用”的，是帮助犯。不过，根据后述《刑法》第 29 条第 1 款的规定，教唆犯按照其在共同犯罪中所起的作用处罚，这意味着教唆犯有可能按从犯处罚。由此来看，“起次要作用”的，既可能是次要实行犯，也可能是部分的教唆犯。

一般来说，在共同犯罪中，可以二人以上都起主要作用，因此都属主犯，但却不能说二人以上都起次要或者辅助作用，从而就不能说各共犯人都是从犯。因此，在共同犯罪之中，可以无从犯，但不能无主犯。不过，在阶层体系中，主犯可能只构成违法意义上的犯罪而不构成违法有责意义上的犯罪。比如，在 15 周岁的人邀约成年人为其盗窃行为望风时，15 周岁的实行犯不构成违法有责意义上的犯罪，但成年人却构成犯罪，并且其和 15 周岁者构成共同犯罪（限制从属性说），其中，该成年人在共同犯罪中起辅助作用，是从犯，而 15 周岁者虽只构成违法意义上的犯罪，但却可能被评价为（违法意义上的）主犯。[1]

《刑法》第 27 条第 2 款规定，对于从犯，应当从轻、减轻处罚或者免除处罚。值得注意的是，立法对于从犯规定了“应当”从宽处罚这一必减主义处罚方式，这主要是因为从犯的违法性程度

---

① 江苏省苏州市金阊区人民法院（2012）金刑二初字第 0105 号刑事判决书。

相对较轻,同时也因为其可谴责性相对较小(违法与责任的双重减少)。另外,法律虽未规定“比照主犯”,但“从轻、减轻处罚”的参照依据,当然只能是相应共同犯罪中的主犯。

三、胁从犯及其处罚原则

被胁迫参加犯罪的,是胁从犯。能够成为胁从犯,必需是尚未完全丧失自由意志,即只是自由意志部分丧失。如果完全丧失自由意志而被他人强制实施危害社会的行为,可能构成受强制的紧急避险。

胁从犯在客观上起的作用比从犯更小,主观上因受到胁迫,意志不完全自由。因此,法律规定应当按照他的犯罪情节减轻处罚或者免除处罚。这里的“犯罪情节”,包括受胁迫的程度、在共同犯罪中实际起的作用大小等。实践中,存在胁从犯向从犯甚至向主犯转化的情况,比如,一开始虽是被胁迫参加犯罪的,但之后尝到了犯罪的甜头而积极主动参加,这时要按最终起的作用,将其认定为从犯或者主犯,并据之处罚。

四、教唆犯及其处罚原则

《刑法》第 29 条第 1 款规定,教唆他人犯罪的,应当按照他在共同犯罪中所起的作用处罚。如果在共同犯罪中起主要作用,即按照主犯处罚;如果起次要作用,即按照从犯处罚;如果是因为受到胁迫而教唆他人犯罪并且在整个共同犯罪中起到的作用很小,也可能按照胁从犯处罚。

《刑法》第 29 条第 1 款后段规定,教唆不满 18 周岁的人犯罪的,应当从重处罚。这种情况涉及对未成年人的教唆,其违法性更加严重,同时可谴责性更强,因此,法律规定“从重处罚”。需要明确的是,这里的“教唆不满十八周岁的人犯罪”,不但包括教唆已满 16 周岁不满 18 周岁的未成年人犯罪以及教唆已满 14 周岁不满 16 周岁的人实施《刑法》第 17 条第 2 款规定的 8 种行为的场合,根据限制从属性说,还应该包括教唆不满 14 周岁者实施刑法分则所规定的犯罪行为以及教唆已满 14 周岁不满 16 周岁者实施《刑法》第 17 条第 2 款规定的 8 种行为之外的其他犯罪行为,而又不应该评价为间接正犯的场合。①

《刑法》第 29 条第 2 款规定,如果被教唆的人没有犯被教唆的罪,对于教唆犯,可以从轻或者减轻处罚。根据前述的实行从属性观点,此种场合是指被教唆者实行犯罪但是没有既遂。刑法理论在概念上区分“教唆的未遂”和“未遂(犯)的教唆”。其中,教唆的未遂,是指教唆者唆使他人犯罪,但被教唆的人没有去实行被教唆的罪。以故意杀人的教唆为例,这里的“没有去实行被教唆的罪”,又可具体区分为两种情形:(1)教唆他人去杀人,但对方并未因此产生杀人的意思(比如直接予以拒绝等),这称为失败的教唆;(2)教唆他人去杀人,对方产生了杀人的意思,但并未去实行,这称为无效的教唆。按照共犯的实行从属性原则,这两种情形统称“教唆的未遂”,教

---

① 付立庆:《犯罪概念的分层含义与阶层式犯罪论体系的再宣扬》,载《法学评论》2015 年第 3 期;付立庆:《违法意义上犯罪概念的实践展开》,载《清华法学》2017 年第 5 期。

唆者属于不可罚的不能犯,不按照犯罪处理。[①] 与之相对,未遂(犯)的教唆[②]是指第三种情形,即教唆他人去实施犯罪,他人实施了所教唆的行为但未能造成构成要件结果。此时按照共犯的实行从属性,教唆者成立犯罪,属于未遂犯的教唆犯,由于法律的特别规定,直接按照《刑法》第 29 条第 2 款处罚。

---

① [日]内藤谦:《刑法讲义总论(下)Ⅱ》,有斐阁 2002 年版,第 1346 页。

② 刑法理论还在另一种意义上使用"未遂的教唆"这一概念,认为其是指教唆者故意教唆他人去实施不能既遂的犯罪,如教唆别人拿着一把空枪去"杀人"。本书立足于结果无价值论的思考方法,认为这种意义上的"未遂的教唆"属于不可罚的不能犯,并非犯罪。

第十章 罪 数 论

第一节 概 述

一、犯罪的个数与罪数论

罪数论，顾名思义，主要讨论犯罪的个数问题。从研究犯罪现象的角度看，犯罪的个数问题，是犯罪论各论部分的内容；如果着眼于研究罪数问题是为了处罚（一罪则按其法定刑量刑，数罪则数罪并罚），则罪数论又和刑罚论存在密切关系。可以说，罪数论是密切连接犯罪论和刑罚论的重要内容。

除了典型一罪和典型数罪之外，还存在貌似一罪实为数罪，或者相反，貌似数罪实为一罪的情况。典型一罪和典型数罪都不是罪数论要研究的内容，罪数论是要将貌似一罪实为数罪和貌似数罪实为一罪的情况加以研究，从而决定如何对它们量定刑罚。

貌似数罪实为一罪的情况可称为非典型的一罪，根据其被认定为一罪的具体理由，又可进一步分为实质的一罪、法定的一罪和处断的一罪。根据这种分类，所谓的实质一罪，是由于行为本身只有一个，所以尽管它呈现出貌似数罪的外观特征，实质上还是一个犯罪。法定一罪和处断一罪则以存在数个行为为前提，本质上是数罪，只是由于法律的规定或者裁判的需要，而作为一罪予以规定或者处理。

二、同种数罪和异种数罪

典型的数罪，可以分为同种数罪和异种数罪。同种数罪多数情况下是不需要并罚的，只是按照一个犯罪处理，比如，实施多个盗窃，这时在数额犯的场合就直接将盗窃的数额累计，按照一个盗窃罪处理。如果杀害了不同的犯罪对象，构成数个故意杀人罪，这种同种数罪也只认定为一个犯罪，而将杀害不同的对象作为量刑情节。

不过，在例外的场合，如果同种数罪不并罚可能导致量刑不均衡的话，也可能对同种数罪并罚。比如，几个故意伤害行为分别造成了不同被害人的轻伤，如不进行并罚，又无法按照 3 年以上 10 年以下的法定刑处理，就只能通过数罪并罚以达到罪责刑相适应。所以，在不并罚会出现明显的罪责刑不相适应的场合，同种数罪会例外地并罚。

三、区分罪数的标志

根据什么区分犯罪的个数？对此存在行为说、结果说、法益说以及犯罪构成说等不同主张。行为说以行为数量为标准，实施一个行为的是一罪，实施数个行为的是数罪；结果说以行为造成的结果数量为标准，造成一个结果的是一罪，造成数个结果的是数罪；法益说以行为侵害的法益数量为标准，侵害一个法益的是一罪，侵害数个法益的是数罪；犯罪构成说以行为符合的构成要件数量为标准，符合一个犯罪构成要件的是一罪，符合数个犯罪构成要件的是数罪。至今，犯罪构成说可以称为通说，但是这种通说也存在问题，如果按照符合几个犯罪的构成就认定为几个犯罪，可能导致将一些犯罪错误地按照数罪处理。可以说，从法益侵害的角度来讲，根据实质侵害的法益个数区分罪数，法益说可能有相应的合理性。不过，法益说也存在相应的瑕疵，如可能会导致抢劫罪被认定为数罪。总体上，各种区分罪数的标准各有利弊，立足于法益侵害说的本书暂且采取法益说，并且后文在具体罪数问题上会稍稍展开。

第二节 实质一罪

实质一罪主要是想象竞合犯和法条竞合犯。除此之外，结果加重犯、继续犯（持续犯）的场合，也是实质一罪。

一、想象竞合犯

所谓想象竞合，又称为观念竞合，是指实施了一个行为，同时触犯了数个罪名的情形，其中的“竞合”，是指争相符合、同时符合。比如，一枪打过去，打死一个人的同时，还打伤另外一个人。这种情况下，实际上行为人只实施了一个行为，但是这一个行为同时触犯了故意杀人罪和故意伤害罪两个罪名。想象竞合虽然在观念和想象上同时符合多个罪名，但由于仅存在一个行为，而一个行为不可能构成两个犯罪，因此想象竞合是实质的一罪。行为的个数在区分犯罪个数中具有非常重要的意义，但也不能仅依靠行为个数来区分犯罪的个数。想象竞合犯通常采用“从一重处罚”原则，即在数个罪名中以最重的犯罪论处。在上述例子中，当然按照故意杀人罪从重处罚。

在例外的场合，想象竞合犯也可能由于立法的明文规定，而作为数罪进行并罚。例如，根据《刑法》第204条第2款的规定，纳税人缴纳税款后，采取假报出口或者其他欺骗手段，骗取所缴纳的税款的，依照逃税罪的规定定罪处罚；骗取税款超过所缴纳的税款部分，依照骗取出口退税罪处罚。亦即，如果所骗退税款正好等于缴纳的税款的，应定为逃税罪；如果所骗退税款超过缴纳税款的，则应分别定为两罪，逃税罪和骗取出口退税罪，予以并罚。在后者的场合，只有一个采取欺骗方法骗取税款的行为却触犯了两个罪名，属于想象竞合犯，法律规定需要数罪并罚。

二、法条竞合犯

（一）法条竞合及其类型

法条竞合，是指一个行为符合数个法条所规定的构成要件，这些构成要件之间存在逻辑上的从属或交叉关系。比如在盗窃枪支的场合，行为除了符合盗窃枪支罪的法条所规定的构成要件之外，同时也符合盗窃罪的法条所规定的构成要件：盗窃枪支罪的行为对象是枪支，盗窃罪的行为对象是财物，而枪支属于财物，所以盗窃枪支的场合也符合盗窃罪的构成要件。这实际上是一个普通法和特别法发生竞合的场合。法条竞合可以分为如下两类。

第一类是数个法条之间存在从属关系，这可称为包容竞合。比如，诈骗罪和其他的合同诈骗罪、信用卡诈骗罪等具体诈骗罪之间，就存在普通法和特别法之间的关系。生产销售伪劣产品和生产销售其他的假药、劣药、不符合安全标准的食品、有毒有害产品等其他犯罪之间，也存在普通法和特别法之间的关系，其中生产销售伪劣产品是普通法。在包容竞合中，数个法条中的某一法条（普通法条）与其余的法条（特别法条）之间存在从属关系，如符合一些具体诈骗犯罪一定以符合普通诈骗罪为前提，生产销售有毒有害产品罪等一定以生产销售伪劣产品罪为前提。

第二类是数个法条之间存在交叉关系，在交叉地带，行为同时符合数个犯罪构成，这可称为交叉竞合。比如，诈骗罪和招摇撞骗罪就存在交叉关系：诈骗罪中，如果没有冒充国家机关工作人员的，不符合招摇撞骗罪的构成要件；招摇撞骗罪也可能骗取的是财物之外的其他东西，从而不符合诈骗罪的构成要件。如果冒充国家机关工作人员骗取了大量财物，就是一个行为同时符合了诈骗罪和招摇撞骗罪两个罪名，此时按照诈骗罪而不是按招摇撞骗罪处理。除此之外，本书认为，像寻衅滋事罪与抢劫罪、职务侵占罪与盗窃罪之间，也都存在交叉竞合关系。①

（二）法条竞合和想象竞合的区别

两者都是一个行为，都是实质一罪。想象竞合是触犯了数个罪名，而法条竞合是触犯了数个法条，两者在某种程度上有相似之处。一般认为，法条竞合是由于法条本身错综复杂的关系而出现的竞合，想象竞合并不以法条本身的错综复杂关系为前提，而是在具体案件之中，由于事实原因而产生一个行为同时符合数个罪名。例如，在逃税的同时还妨碍了公务，这是在具体场合由于具体事实的特殊性而使得一个行为同时触犯了数个罪名、侵犯了数个法益。但在法条竞合场合，可以不依赖于具体的犯罪事实，只要是从相应的两个法条来看，就一定存在竞合。在一个开枪行为造成一死一伤的场合，就故意杀人罪和故意伤害罪而言，很难说两个法条之间存在典型的竞合关系，不属于法条竞合，而是在具体的案件之中出现一个行为同时符合上述两个罪名，属于想象竞合。

以上对于想象竞合和法条竞合之区别的理解是形式上的，还需要进一步引申。一方面，虽然想象竞合与法条竞合都是一行为触犯数法条，但正如学者指出的，想象竞合是基于充分评价提出的，而法条竞合是禁止重复评价的产物。具体而言，在想象竞合的场合，适用参与竞合的任一法条均无法实现对行为违法性的充分评价，所以，基于想象竞合犯的明示功能，法官应在判决书中全面陈述行为的违法性，列出一行为所触犯的数法条（异种类想象竞合），或者载明一行为数次

---

① 付立庆：《论抢劫罪与强拿硬要型寻衅滋事罪之间的关系——以孙某寻衅滋事案为切入点》，载《法学》2015 年第 4 期；付立庆：《交叉式法条竞合关系下的职务侵占罪与盗窃罪——基于刑事实体法与程序法一体化视角的思考》，载《政治与法律》2016 年第 2 期。需要说明的是，交叉关系是否属于法条竞合，学界存在较大争议。张明楷教授认为，只有在一个法条能够对不法内容进行充分、全面评价的场合，才成立法条竞合，前文提到招摇撞骗罪和诈骗罪的关系，应该成立想象竞合。参见张明楷：《刑法学》（第 5 版），法律出版社 2016 年版，第 485 页以下。该观点是在将问题固定在某种特定情形下，基于充分评价的考虑，判断竞合的类型；而本书的宗旨是，综合判断不同法条之间的逻辑关系，行为在法条重合的范围内，按照相应的犯罪类型进行处理。当然，对此问题还需要进一步研究。

触犯了同一法条(同种类想象竞合)。[①] 基于此,对于想象竞合犯不仅要从一重罪处断,而且应在此基础上从重(甚至加重)处罚。否则,在法律后果的承担上,想象竞合犯与单纯触犯一(重)罪的情形便没有了任何区别。但与想象竞合不同,在法条竞合中,适用参与竞合的某一法条即可实现对行为违法性的充分评价,从而"被排除的法律必需完全不予考虑",[②]也不应出现在判决书中。可见,法条竞合与想象竞合是排斥关系,二者的基本区别是,适用一个法条可否对行为的违法性做出完整评价。[③]

(三)法条竞合处罚原则

对于法条竞合,原则上遵循"特别法优于普通法"的原则。同时,如果法律上有特别规定,则按照"重法优于轻法"的原则处理。例如,《刑法》第149条就规定了重法优于轻法的原则。

问题是,存在"本法另有规定的,依照规定"之法律条文,但是当具体案件事实不符合特别法的规定时,还能否回转适用一般法(普通法)的规定。比如,《刑法》第266条关于诈骗罪的规定中即有"本法另有规定的,依照规定",那么,行为符合特殊诈骗,比如,以合同诈骗的形式进行诈骗,如果未达到合同诈骗罪的数额要求,但是达到了(普通)诈骗罪的数额要求,则能否按照(普通)诈骗罪处理?对此,多数说持否定立场。[④] 也有少数主张持肯定态度。[⑤] 本书为追求实质处罚的合理性,原则上持肯定立场,既然行为本身完全符合基本犯罪的规定,则没有不按照该罪处理的理由。至于刑法条文中的"本法另有规定的,依照规定",应理解为在符合特别法的全部规定(包括数额要求)时依照其规定,在不符合其全部规定但符合基本犯罪规定时,就不属于"本法另有规定"。

第三节 法定一罪

法定一罪,是指数个行为原本构成数个犯罪,由于法律规定而按照一个犯罪处理的情形。典型的法定一罪是结合犯和集合犯。

一、结合犯

原本是两个独立的犯罪(A罪、B罪),立法将其规定为一个新的犯罪,这就是结合犯。这种新结合成的犯罪有三种情况:AB罪,A罪或B罪,(A+B=)C罪。

---

① [德]汉斯·海因里希·耶赛克、托马斯·魏根特:《德国刑法教科书》(下),徐久生译,中国法制出版社2017年版,第987~989页。

② [德]汉斯·海因里希·耶赛克、托马斯·魏根特:《德国刑法教科书》(下),徐久生译,中国法制出版社2017年版,第1007页。

③ [德]冈特·施特拉腾韦特、洛塔尔·库伦:《刑法总论Ⅰ——犯罪论》,杨萌译,法律出版社2006年版,第445页。

④ 例如,蔡道通:《特别法条优于普通法条适用——以金融诈骗罪行为类型的意义为分析视角》,载《法学家》2015年第5期。

⑤ 张明楷:《刑法学》(第5版),法律出版社2016年版,第469~474页。

AB 罪。如强奸罪和抢劫罪被规定为抢劫强奸罪。在中国刑法中没有这种规定,但在日本刑法中,规定抢劫罪是强盗罪,强奸罪和抢劫罪就被结合成强盗强奸罪。

A 罪或 B 罪,C 罪。A 罪和 B 罪在一起,只按照 A 罪或只按照 B 罪处理,也可能是定义为一种新的罪名 C 罪。中国刑法中没有典型的结合犯规定。但在绑架罪的场合,根据《刑法》第 239 条的规定,绑架撕票即绑架后故意杀人的,按照绑架罪处罚,即绑架和故意杀人两个构成犯罪的行为,按照绑架罪处理,这时的绑架罪就可以理解为结合犯。

二、集合犯

集合犯指数个行为之间存在集合关系。可进一步分为常习犯、常业犯和营业犯。

常习犯,是指具有实施某种危害行为的习气。中国刑法中没有此种犯罪的规定。

常业犯,或称职业犯,是指以某种危害行为为职业,如非法行医罪。

营业犯,指以营利为目的的特殊类型犯罪,如《刑法》第 303 条规定的赌博罪。

这些犯罪的共同点是,多个行为反复实施,行为之间具有可重复性,各个行为独立来看完全可能单独构成犯罪,法律规定按照一个犯罪处理。

第四节 处断一罪

处断一罪,又称裁量的一罪,是指数个行为实质上构成数罪,不是因为法律的明确规定,而是实践中出于司法便利性的考虑而在裁量上按照一罪处理。处断的一罪包括连续犯、吸收犯和牵连犯等。

一、连续犯

连续犯,是指基于一个犯罪故意,针对同种类型的犯罪对象,在较短时间内实施相同的行为,造成不同的法益侵害。如基于杀人的故意,朝不同对象开枪射击,导致不同的人死亡。连续犯可能是同种数“罪”,即数次行为分别独立成罪,连续故意杀人的场合即是如此。但是,连续犯场合不限于同种数“罪”,如数次贪污,每次的行为性质都是贪污行为,但每次的数额不一定都构成贪污犯罪,这种情况法律规定按照累计的贪污数额计算,此时虽不是同种数罪,但也具有连续犯的性质。对于连续犯的处理,司法实务没有必要按照数罪并罚,只要按照一罪处罚,并且将连续犯的事实作为情节,由此直接导致法定刑升格(如多次抢劫),或者是在基本法定刑的幅度之内从重处罚(如短时间内的多次杀人)即可。

二、吸收犯

吸收犯,是指数个行为之间,存在一个行为被另一个行为吸收的关系,最终只按照吸收后的行为处理,如实行行为吸收预备行为,重行为吸收轻行为等。

在此,存在一个“事后行为”如何判断的问题。如盗窃枪支后非法持有枪支,按照重行为吸收轻行为,盗窃枪支是重行为,非法持有枪支是轻行为,此时应该按照盗窃枪支罪处罚,后面的非法持有枪支罪被称为是共罚的事后行为。此前学术界习惯于使用“不可罚的事后行为”概念。但是,事后行为不是不可罚,而是为先前行为所吸收,或者说事后行为和先前行为一起被处罚了,所以称为共罚的事后行为更为妥当。单独评价事后行为是完全具有可罚性的,如果对先前的行为没有参与,但对事后行为提供帮助或教唆而参与事后行为的,完全可以和事后行为直接成立共同犯罪。例如,A 偷了一台笔记本电脑,后来将其毁坏,单独评价 A 后来的毁坏行为完全可以构成故意毁坏财物罪,由于之前盗窃笔记本电脑已构成对他人财产的侵犯,后面故意毁坏财物的行为不再单独评价,而是和盗窃行为一起进行处罚。但如果是 B 帮助 A 故意毁坏 A 盗窃来的财物,B 的这种事后行为就是可罚的,B 就可以构成故意毁坏财物罪的共犯。日本刑法理论中将原先的“不可罚的事后行为”概念现在改称“共罚的事后行为”,现在国内学术界也接受了后一概念。

三、牵连犯

(一)牵连犯的概念与类型

牵连犯,是指出于一个犯罪目的,实施数个行为,数行为之间具有手段与目的或原因与结果之间的密切牵连关系的情形。

手段与目的之间的牵连关系较为常见。如入户盗窃的场合,手段行为是非法入户,目的行为是盗窃,这种犯罪包含两个行为,即手段行为与目的行为,实质是数罪,但只按照一个罪名处理即可,属于处断的一罪。

原因与结果之间的牵连关系比较少见。如绑架之后勒索到财物的,原因行为构成绑架罪,结果行为构成敲诈勒索罪。原因和结果之间的牵连关系与吸收关系比较相似,如盗窃枪支和非法持有枪支,此时二者之间的吸收关系实际上也存在原因与结果之间的密切关联。对于原因与结果的牵连关系,也可以按照吸收关系,或共罚行为加以解决。正因如此,所以存在否定牵连犯概念的见解。

(二)牵连犯概念的必要性

牵连犯是理论上为了研究方便而提出的概念,并非立法上的概念。越来越多的观点认为,放弃牵连犯的概念也不会影响对相应问题的理解。不过,本书暂且认为,牵连犯概念有存在的必要。基于一个犯罪目的,手段或原因行为与目的或结果行为触犯不同罪名,并且手段行为与目的行为之间,或者原因行为与结果行为之间有紧密的牵连关系,都应该认定为牵连犯。

问题是,什么情况下可认定为有牵连关系,什么情况下要认定为没有牵连关系?这种划分不可能有一个明确的标准。就手段和目的的牵连关系而言,采用某种手段通常会实现某种目的,或要想实现某种目的通常会采用某种手段,在这样的场合,通常就可认为是牵连关系。如入户盗窃,非法入户和盗窃就存在密切的关联,就可以称为牵连关系。但是,如果是为了进入某一单位盗窃而伪造了某个证件，采用这种不常见的手段的，就难说手段行为和目的行为之间具有牵连关系。从而，手段是否常用被作为判断是否具有牵连关系的一个重要标准。

（三）牵连犯的处罚原则

原则上，牵连犯作为处断的一罪，应该从一重处罚。如《刑法》第 399 条规定，司法工作人员收受贿赂，同时又有徇私枉法、徇情枉法、滥用职权等行为，构成犯罪的，依照较重的犯罪处罚。收受贿赂又构成徇私枉法等犯罪的，原因是收受贿赂，结果是徇私枉法、滥用职权，这种情况立法规定从一重处罚。收受贿赂通常情况下会徇私枉法、滥用职权，原因和结果之间存在密切关系，从司法便利性角度来讲，一般不按照数罪并罚处理。

《刑法》第 253 条第 2 款规定，邮政工作人员私自开拆或者隐匿、毁弃邮件、电报而窃取财物的，按照盗窃罪的规定从一重罪从重处罚，这是牵连犯的另一种处罚方式。这种场合，手段是私自开拆或者隐匿、毁弃邮件、电报，目的是窃取财物，手段行为与目的行为之间存在牵连。

牵连犯在某些情况下被法律明文规定为数罪，进行并罚。比如，在保险诈骗的场合，为了骗取保险金而将被保险人杀害的，立法规定按照故意杀人罪和保险诈骗罪数罪并罚；为了骗取保险金而放火，立法也规定按照放火罪和保险诈骗罪数罪并罚。这种场合下，杀人和放火是手段行为，骗取保险金是目的行为，都存在牵连关系，立法规定数罪并罚。

同样是牵连犯，有的并不从重处罚，而是直接变成法定刑升格条件，即牵连关系直接被认定为法定刑加重的理由。如抢劫罪中的入户抢劫，以非法侵入住宅的方式实施的抢劫行为，也是手段和目的之间的关系，这种情况下，并不是从一重处罚，而是立法直接规定为抢劫罪的加重情形，按照加重法定刑处罚。

总体而言，在肯定牵连犯存在的情况之下，牵连犯的处罚原则是多样的，若是放弃牵连犯的概念，这些场合则可以按照其他的犯罪类型分别处理。

第三编

刑罚论

第十一章　刑罚概说

第一节　刑事责任的承担方式

一、刑事责任、刑事法律后果与刑事制裁

一个法律规范通常都由行为模式和法律后果组成。就刑事法规范而言,行为模式是行为是否符合犯罪构成,法律后果则是行为人是否承担刑事责任。如果行为符合了刑法分则所规定的某一犯罪的构成要件(且存在违法性与有责性),即构成犯罪。在行为一旦被认定为犯罪后,行为人就要承担相应的法律后果。犯罪的法律后果,即刑事法律后果,就是刑事责任,因此,刑事责任可谓是刑事法律后果的另一种称呼。概括而言,刑事责任,是指行为人因其犯罪行为所应该承受的,由代表国家的司法机关根据刑事法律对该行为确定的否定性法律后果及对行为人进行的谴责。刑事责任和有责性中的"责任",是两个完全不同的概念,后者是指犯罪成立的第三个阶层,系犯罪成立的一个条件,具体是指针对实施了违法行为的行为人能否进行非难;而刑事责任则是指,在行为已经符合成立犯罪所应具备的全部条件从而构成犯罪时,对行为以及行为人进行的谴责和否定评价。

刑事责任(刑事法律后果)表现为刑事制裁,即限制或剥夺犯罪人相应权益的制裁措施,或是在名誉上对犯罪人产生一定的不利结果。罪刑法定原则包括罪之法定和刑之法定,后者要求对刑事制裁方式,必需具有刑法的明文规定。刑事制裁具有最为严厉的属性,轻则在法律上否定评价一个人的名誉、政治权利,重则剥夺一个人的自由乃至生命,所以其严厉程度远非行政制裁和民事制裁所能比拟。因此,对行为人施加刑事制裁必须以其成立犯罪为前提,同时必需由人民法院依照相应程序予以适用。

二、刑事责任的具体承担方式

根据刑法的规定,作为犯罪的法律后果,刑事责任的具体承担方式表现为以下三种。

(一)刑罚处罚

刑罚是刑事责任最基本、最主要的承担方式,体现了对犯罪人最严厉的谴责,表现为最严重的剥夺性痛苦。

(二)非刑罚处罚方法

《刑法》第37条规定:"对于犯罪情节轻微不需要判处刑罚的,可以免予刑事处罚,但是可以

根据案件的不同情况，予以训诫或者责令具结悔过、赔礼道歉、赔偿损失，或者由主管部门予以行政处罚或者行政处分。"以上各种非刑罚处罚方法均以行为构成犯罪为前提，只是由于"犯罪情节轻微不需要判处刑罚"，但仍需承受一定的行政制裁与民事制裁。此外，2015 年 8 月通过并于同年 11 月 1 日起施行的《刑法修正案（九）》新增加规定了《刑法》第 37 条之一的从业禁止制度："因利用职业便利实施犯罪，或者实施违背职业要求的特定义务的犯罪被判处刑罚的，人民法院可以根据犯罪情况和预防再犯罪的需要，禁止其自刑罚执行完毕之日或者假释之日起从事相关职业，期限为三年至五年。"这一规定也是一种非刑罚的处罚方法，旨在预防犯罪、保卫社会，具有保安处分的性质。① 此外，在我国的其他法律条文中，也相应地存在一些非刑罚处罚方法。比如，根据《慈善法》第 16 条的规定，因故意犯罪被判处刑罚，自刑罚执行完毕之日起未逾 5 年的，不得担任慈善组织的负责人。这就是一种非刑罚处罚方法。又如，由于行为人利用担任被害人的任课及家教老师为其辅导功课之机，多次以强行亲吻、抚摸、让被害人为其手淫等手段强制猥亵被害人，并多次强行与被害人发生性关系。对此，法院在以强奸罪和强制猥亵罪对被告人数罪并罚的同时，禁止被告人自刑罚执行完毕或者假释之日起 5 年内从事与未成年人相关的教育工作。因此，可以预见的是，这种从业禁止的规定，将会起到较好的预防犯罪的效果。②

（三）单纯的有罪宣告

我国刑法规定的许多量刑情节中包含了"免除处罚"的功能，比如，犯罪中止、防卫过当、从犯等条款，就都包含了"应当"或者"可以"免除处罚的规定。但是，这里的"免除处罚"与《刑法》第 37 条规定的"免予刑事处罚"，并不完全相同：免予刑事处罚是仅仅不被判处刑罚，但可能被判处非刑罚处罚方法；而"免除处罚"不单是免予刑事处罚，而且也一并免除了非刑罚处罚方法，从而只是单纯的有罪宣告。有罪宣告表明国家将某一行为认定为犯罪、将相应的行为人认定为犯罪人，这本身即体现了国家对该行为的否定评价和对相应的行为人的谴责，这与"情节显著轻微危害不大的，不认为是犯罪"的场合完全不同。

刑事责任的常态表现方式是刑罚处罚，而不论是非刑罚处罚方法，还是定罪免刑、单纯进行有罪宣告等，都属于非刑罚的法律后果，都是非典型的刑事责任表现方式。但后两者对于调节刑罚的适用、保持一国刑罚适用总量的平衡等，会起到积极的作用。

---

① 据此，我国刑法中实际上规定了两种类型的保安处分措施：《刑法》第 17 条规定的收容教养和第 18 条规定的强制医疗的对象是不需要承担刑事责任者（违法而非违法有责意义上的犯罪人）；而《刑法》第 37 条之一从业禁止的对象则是刑罚执行完毕或者假释之后的犯罪人，是刑事责任的一种承担方式。

② 黄洁：《"一级骨干"教师多次猥亵、强奸未成年女生被"从业禁止"，领刑 12 年 6 个月》，载《法制日报》2017 年 12 月 26 日，第 7 版。

第二节　刑罚的本质与正当化根据

一、刑罚的概念与本质

刑罚作为刑事责任的常态表现方式，是指由审判机关根据刑事立法对犯罪人适用的建立在剥夺性痛苦之上的最严厉的刑事制裁措施。

在上述概念中，除了表明适用刑罚的主体为审判机关即法院、适用根据是刑事立法、适用对象是犯罪人之外，还表明了刑罚的本质属性，即一种剥夺性痛苦。刑罚的这种剥夺性痛苦是所有法律制裁中最为严厉的，包括剥夺财产、名誉、政治权利、自由乃至生命，这使得刑罚与其他法律制裁之间存在明显差别。行政制裁中的行政拘留和刑事诉讼上的强制措施（比如逮捕），虽也都涉及人身自由，但与刑罚相比，其持续时间短、制裁强度轻，与刑罚明显有别。

不过，有的学者对于将刑罚的本质归纳为一种剥夺性痛苦，进而把刑罚的概念定义成对犯罪人适用的痛苦性制裁措施的观点提出了质疑。其认为，法律概念所指称的对象不是纯粹的客观存在物，而是人为制造出来的一种社会存在，是价值事实，而刑罚作为法律概念，自然也就不是一种客观存在物；对于客观存在物，多采取给普通概念下定义的方法，追求的是对事物真假性的认识，围绕"是什么"来展开，但是如果采取这样的方式对刑罚概念下定义的话，会导致将对于价值事实而言至关重要的多元价值选择剥离于概念的事实本质之外，进而将一个纷繁复杂的价值事实统摄在一个高度模糊而抽象的事实本质之中；因此，恰当的方法是，对于价值事实，应从其对主体的意义方面进行定义，将刑罚的本质解读为痛苦，只不过是描述思维下的产物，丝毫不具有任何主体性与价值选择的痕迹；由此，所谓刑罚，其本质是国家依法制定并用以管理国家的工具。①

对于上述见解，本书认为，刑罚作为国家应对犯罪的制裁措施，自然是经过价值选择的且具有工具化的色彩，刑罚的演变史即印证了这一点，但是，将刑罚的本质归结为纯粹的国家统治工具，则忽略了在当代刑罚制度下其所蕴含的人权保障价值。详言之，"所谓刑罚的本质，应当是刑罚本身所固有的、决定其性质和发展的根本属性。成为刑罚本质的东西必须能够决定刑罚的特征和刑罚的功能……惩罚性和痛苦性是刑法的本质"。② 即便是在国家治理犯罪之政治措施的层面理解刑罚，其也处于一定的限度之内——刑罚是以国家暴力为后盾的，而就规范国家司法机关合理、合法适用刑罚与切实保障人权而言，在将刑罚本质定位于一种剥夺性的痛苦的前提下，才能进一步要求国家必须严格基于法律，谨慎且克制地适用刑罚，从而回答了为什么需要刑罚与为何限制适用刑罚的问题。如此一来，认为刑罚的本质系属剥夺性之痛苦的观点非但没有忽略其对于主体的意义，而且也进一步深化了对刑罚的认识，即为何刑罚是正当的。

---

① 王牧：《论刑罚概念：从"本质"到"意义"》，载《当代法学》2018 年第 2 期。

② 徐久生：《刑罚目的及其实现》，中国方正出版社 2011 年版，第 17 页。

二、刑罚权的含义与内容

刑罚权是一国主权的重要组成部分,它既是针对犯罪人的否定性的国家评价,同时也体现了国家和犯罪人之间的刑事法律关系。犯罪是对社会的否定,而刑罚则是对犯罪的否定评价,是否定之否定,国家通过适用刑罚来恢复由犯罪所侵害的社会关系、社会利益。

刑罚权由制刑权、求刑权、量刑权和行刑权 4 部分组成。制刑权,是国家在刑事立法中配置刑罚的权力,包括刑罚体系的构建、刑罚类型的设定、具体犯罪中刑罚幅度的设定即法定刑的配置等。在我国,制刑权这一刑事立法权由全国人民代表大会及其常委会行使。求刑权,通常体现于检察机关的公诉权之中,即对一个公诉案件,由检察机关公诉至人民法院,请求国家审判机关对犯罪人予以刑罚制裁的权力。求刑权虽在绝大多数场合由检察机关行使,但例外的,在自诉案件(包括但不限于“亲告罪”的场合)中,则由原告(包括刑事被害人或被害人的近亲属等)行使。量刑权,是人民法院独有的权力,系决定对犯罪人是否科处以及科处何种刑罚的权力。刑事审判权由定罪权和量刑权两部分组成。即便是定罪免刑,也同样是量刑的一种体现。行刑权,是对已被量定刑罚的犯罪分子实际执行刑罚的权力。我国的人民法院、公安机关和监狱管理机关是不同刑罚的执行机关。行刑是特指刑罚的执行,非刑罚处罚方法的执行,如赔礼道歉等,并非行刑权的实现。

三、刑罚的正当化根据

为什么国家可以对一个犯罪人适用刑罚,从而剥夺一个人的财产、自由乃至生命?比如在死刑的场合,国家何以以多数人的名义剥夺一个具体个人的生命?刑罚的正当性即正当化的根据何在?对此,存在绝对主义和相对主义的基本对立。① 绝对主义认为,刑罚的存在是为了报应,因为犯罪人实施了犯罪行为,国家作为对其的报应而适用刑罚,这是刑法理论发展史上前期旧派的观点,可概括为“因为报应的需要而动用刑罚”。前期旧派是资本主义上升时期反映资产阶级刑法思想和刑事政策的刑法学派,以贝卡利亚、边沁、费尔巴哈、康德、黑格尔等人为代表,产生于18 世纪中后期,形成于 18 世纪末到 19 世纪初,以社会契约论、自然法理论为思想基础。前期旧派认为,报应具有面对犯罪时的正当性和正义性,基于报应的原理,对恶劣的犯罪应以痛苦的刑罚进行报应。此外,前期旧派关于报应还存在等量报应、等害报应等见解,甚至更极端的主张是以牙还牙等同态复仇,但这种纯粹的报应方式现在很少有人支持。而现今绝对主义主张的基本立场认为,刑罚归根结底是一种法律报应,这种法的报应论观点主张“因为有犯罪而处以刑罚”。绝对主义立场下的刑罚是回顾性的,是对已然之罪的报应,科处的刑罚应与行为人的责任相适应。

随着 19 世纪末期犯罪率的激增,人们发现单纯的报应并不足以遏制犯罪。在此背景之下,

---

① 除此之外,马克思主义的观点认为,统治阶级为维护自己的阶级统治而适用刑罚,将其作为与犯罪作斗争的必要措施,这是刑罚权的政治学根据;而人具有相对的意志自由,能够认识并控制自己的行为,因此需要对自己的行为承担法律责任,这是刑罚权的哲学基础。

新派于 19 世纪末兴起，其用科学实证的方法分析犯罪原因，制定预防犯罪发生的刑事政策。因为新派都是以实证的方法进行研究，故又被称为实证学派。新派可分为刑事人类学派和刑事社会学派，前者以龙勃罗梭和加罗法洛为代表，重视犯罪的生物学原因；后者在前期以菲利、后期以李斯特为代表，重视犯罪的社会原因。新派提出刑罚的正当化根据不在于对犯罪的报应，而在于预防犯罪，即主张"为了没有犯罪而处以刑罚"才是正当的，此即预防刑论或者目的刑论的基本立场。在此，刑罚是展望性的，科处的刑罚应与预防犯罪的必要性相适应。

不论是前期旧派主张的报应刑论，还是新派主张的目的刑论，都既揭示了一定的真理，又存在各自的缺陷。所以，后期旧派（也于 19 世纪末形成，以宾丁、贝林、毕克迈耶、M. E. 迈耶、麦兹格、小野清一郎等人为代表）在将前期旧派和新派加以折中的基础上，提出了相对报应刑论，即"因为有犯罪，并为了没有犯罪而适用刑罚"，认为报应和预防并非相互排斥的关系，两者应该可以被统和，并且在统和时应该以报应为主、以预防为辅。这是因为，如果裁量刑罚以预防为主，则在一个人所实施的行为之危害本身并不大但其再犯罪的可能性很高时，就可能对行为人动用重刑，但这是违反罪刑均衡原则的；对一个人适用刑罚，终归应首先考虑其行为的客观危害，然后才考虑其主观恶性，从而使首先所考虑的行为之法益侵害程度奠定了报应的基础，决定了报应的限度。对于犯罪人决定刑罚应该在报应的基础上考虑功利即预防犯罪的需要，而不能脱离报应的范围，单纯强调功利。这种相对的报应刑论，因为克服了绝对主义和相对主义的各自缺陷，因而更为合理，成为目前关于刑罚正当性根据问题的通说。

需要强调的是，刑罚之所以被正当化，是因为有报应的需要，并且同时也是为了预防犯罪。但刑罚的目的本身并非是报应，报应只是使得国家对犯罪人所科处的刑罚得以正当，其本身并非目的而仅仅是手段而已。刑罚正当化的根据与刑罚的目的有一定联系，但又存在区别。

第三节　刑罚的目的与功能

一、刑罚目的概说

刑罚的本质是一种剥夺性痛苦，但报应本身仅仅是手段，而非适用刑罚的目的。归根结底，国家需要通过对犯罪人的处罚，来达到预防犯罪的目的。因此，预防犯罪是刑罚的目的，这一主张已经获得了广泛认同。之所以有预防犯罪的必要性，是因为不论是故意犯罪还是过失犯罪，都表明行为人对法益敌视或漠视的危险倾向，都表现了再次犯罪的可能。预防犯罪包括预防犯罪人本身再次犯罪和预防其他人实施犯罪，预防犯罪人本身再次犯罪通常被称为特殊预防，预防其他人实施犯罪通常被称为一般预防。

二、特殊预防与一般预防

（一）特殊预防

特殊预防，是指通过对其行为被确定为犯罪的犯罪人适用刑罚，预防其本人再次犯罪。特殊预防的目的通过两个途径实现:(1)对于极端的犯罪分子,通过永远剥夺其再次犯罪的可能性来达到特殊预防的目的,即在肉体上消灭犯罪人;(2)对于其他尚有改造可能性的犯罪人,则通过适用除死刑外的其余刑罚,进而实现使其不能再次犯罪、不敢再次犯罪、不愿再次犯罪的目的。“不能再犯”是强制性的,“不敢再犯”是威慑性的,“不愿再犯”则是主动性的,三者共同构成一种积极的预防。

(二)一般预防

一般预防,是指通过对其行为被确定为犯罪的犯罪人适用刑罚,预防除犯罪人之外的其他人实施犯罪。根据针对的具体对象和实现的具体途径之不同,可将一般预防分为消极的一般预防和积极的一般预防。

消极的一般预防,也被称为威慑预防,其理论根源是德国刑法学家费尔巴哈提出的心理强制说。费尔巴哈认为,人本身都是趋利避害的,通过对犯罪人适用刑罚,使其感到剥夺性的痛苦,并产生心理强制。这种心理强制也能够威慑到社会一般人,使其不敢实施犯罪。消极的一般预防受到了一定的批判,主要包括其可能导致重刑泛滥、威慑效果难以证明、将人作为预防犯罪的工具等。但是,尽管威慑效果很难通过实证被清楚地证明,但毕竟难以否定刑罚的威慑作用:如果刑罚本身较轻,这种威慑效果会受到遏制;如果刑罚较为严厉,这种威慑效果就会比较明显。这样一种正相关的倾向是客观存在的,不容抹杀。

积极的一般预防,也被称为规范预防,是指通过宣传教育使得一般人能正确感受到法律的权威,自愿地遵守法律而不去实施犯罪。一般预防目的的实现需要唤醒国民对法律的尊重和法律意识。例如,雅科布斯教授即认为:“在积极的一般预防里,刑罚——与在消极的一般预防那里不同——不是指向被认为是必须被威吓的作为潜在的未来的犯罪人的生产源的群体,刑罚更多地以忠诚于法的市民为对象;这样来理解的刑罚的内容,不是行为人将来不再犯罪,更不是没有人在将来犯罪,而是对规范有效性的信赖是正确的。为此,刑罚使破坏规范的行动承担代价,并且因此提高了把这种行为视为不值一提的行动选择来学习的机会。在这种程度上刑罚造就了学会对法律的忠诚。这里所言的作用,即第一是对规范有效性的信赖,第二是对不符合规范的行动模式的拒绝,第三是对破坏规范后果的学习,可以归纳为学会对规范的承认。”①

威慑预防和规范预防两者各自针对的对象不同:针对潜在的犯罪对象,刑罚表现出来的是威慑的属性;针对守法的公民,刑罚表现出来的则是宣传教育的特征。换言之,对于意欲犯罪的人,通过威慑使其不敢犯罪;对于一般人,通过规范预防或对法律正当性的宣传促使一般公民奉公守法,从而使其不愿犯罪。无论是威慑预防还是规范预防,一般预防的实现有赖于刑罚的公正、确定与及时。

(三)特殊预防与一般预防的关系

特殊预防与一般预防两者是对立统一的,既共同组成刑罚的目的,又各有侧重。在立法上,

---

① [德]雅科布斯:《行为责任刑法——机能性描述》,冯军译,中国政法大学出版社1997年版,第37~39页。

要侧重于一般预防,如刑罚体系的构建,刑罚种类的配置,具体犯罪之法定刑的设置等,都要体现一般预防的需要。对某种犯罪是否配置无期徒刑、死刑等,都是出于威慑的一般预防的考虑。而在量刑与行刑上,则要侧重特殊预防:如对是否判处缓刑,主要考虑行为人本身再次犯罪的可能性的大小,即特殊预防必要性的大小;如果行为人是累犯,表明其再犯的可能性较大,在量刑时就应该从重以预防其再次犯罪。在量刑与行刑环节需要因人而异、因罪而异,对于一些严重的犯罪,特别是对一些严重威胁人身安全的犯罪,处罚应该较重,而对于一些情节较轻的犯罪,处罚应该轻一些;如果社会治安形势比较严峻,在量刑时应该稍重,反之,如果社会治安状况总体较好,人民安居乐业,则量刑就应该较轻一些。这些都是出于威慑的一般预防的考虑。

三、刑罚的功能

刑罚预防犯罪的目的并不能自发实现,而是有赖于刑罚功能的发挥。

刑罚目的是一种主观上的愿望,与此相对,刑罚的功能是指通过适用刑罚在客观上所体现出来的效果。刑罚的功能服务于刑罚的目的。根据预防犯罪对象的不同,刑罚功能也有所不同,但概括说来,可将其分为实现特殊预防目的的功能和实现一般预防目的的功能。

实现特殊预防目的的功能,首先是限制、消除再犯条件的功能,限制再犯条件,如剥夺自由,消除再犯条件,如剥夺生命。其次,刑罚还有个别威慑的功能,即通过适用刑罚使犯罪人感受到剥夺性痛苦,以威慑其不再实施犯罪。最后,宣告、执行刑罚还存在教育感化的功能,使犯罪人能够感受到法律的公正与权威,从而产生对法律的尊重与信仰。限制与消除再犯条件实际上是使犯罪人不能再犯,个别威慑是使犯罪人不敢再犯,教育感化是使犯罪人不愿再犯,以上功能各自独立又层层递进,共同服务于特殊预防的目的。

实现一般预防的功能,又可以结合对象的不同而做进一步的区分。针对随时可能犯罪的危险分子,主要是通过刑罚的确定、及时的宣告,实现对其威慑;对法律观念淡薄、法律意识缺乏的不稳定分子,主要是法制教育的功能;对于被害人及其家属,主要是精神上安抚、物质上补偿的功能;对于守法公民,则主要是强化其规范意识的功能。对危险分子和不稳定分子,适用刑罚的威慑使他们不敢犯罪;对被害人及其家属,由于受到犯罪侵害,犯罪被害人或其亲属可能会通过违法乃至犯罪的行为报复犯罪人,所以要通过积极的适用刑罚平复他们受到侵害的心灵,从而积极地预防犯罪;对于守法公民而言,则是通过规范的宣示、适用达到预防犯罪的目的。

第十二章　刑罚的体系

第一节　刑罚体系概说

一、刑罚权

一个国家刑事实体法上的立法权，包括两大方面：一方面是划定犯罪圈、确定总体上以及具体个罪的成立条件，这可被称为立法上的定罪权；另一方面则是作为国家刑罚权中的制刑权，包括刑罚的总量及其配置，以及在个罪中具体法定刑的配置。

二、刑罚种类与刑罚体系

（一）刑罚种类

任何一个国家都不可能只拥有一种刑罚方法，而是至少由两种以上的刑罚种类搭配而成。基于罪刑法定原则的要求，刑罚的种类必然由刑法明文加以规定。我国《刑法》总则中就明文规定了5种主刑和3种附加刑，此外，只适用于外国人的驱逐出境，通常也被认为是一种附加刑。

除主刑与附加刑的分类外，各种刑罚方法还可以根据其具体刑罚内容的不同，被细分为生命刑、自由刑、财产刑与资格刑4类。其中，死刑属于生命刑，无期徒刑、有期徒刑、拘役、管制属于自由刑，罚金、没收财产属于财产刑，剥夺政治权利、驱逐出境属于资格刑。

（二）刑罚体系

各种刑罚根据何种顺序排列，这些刑罚种类之间具有怎样的逻辑关系，这是刑罚体系的问题。刑罚体系与刑罚种类关系密切又有所不同。可以说，刑罚种类关注的是一国刑罚的“成分”问题，刑罚体系则体现的是一国刑罚的“结构”问题。对某一事物的性质确定来说，尽管成分本身具有重要作用，但同一成分者可能因为不同的结构而具有不同的性质（化学上即存在所谓同分异构体）。因此，对于刑罚体系的研究，具有独立的意义。

我国1997年《刑法》及其修正案所确定的刑罚体系，具有两个突出特点：第一，已经抛弃了古代五刑中的肉刑、身体刑、耻辱刑等刑罚种类，体现出刑罚文明、人道的现代追求；第二，尽管有所改变，但总体上说来，现行的刑罚体系仍是以死刑和自由刑为中心的刑罚体系、刑罚结构，与西方法治发达国家以自由刑和财产刑为中心的刑罚结构相比，重刑主义特征明显。

第二节 主 刑

一、主刑与附加刑

我国《刑法》第 32 条规定，刑罚分为主刑和附加刑。主刑，顾名思义，是主要的刑罚方法。根据《刑法》第 33 条的明文规定，我国的主刑包括管制、拘役、有期徒刑、无期徒刑和死刑 5 种。主刑的特点是，对一个犯罪只能适用一种主刑。比如，对一个盗窃罪，不可能既判处有期徒刑又判处无期徒刑。这意味着，就一个犯罪而言，主刑只能被独立适用，不能被叠加适用。

附加刑，指附加于主刑而适用的刑罚方法。在实践中，附加刑既可能表现为对较轻犯罪的独立适用，也可能表现为对较重犯罪在适用主刑的同时附加适用。此外，由于各附加刑之间不具有排斥关系，几个附加刑之间还可以被叠加适用。

二、管制

（一）管制刑的内容

管制，是对罪犯不予关押，仅限制一定自由，依法进行社区矫正的一种刑罚方法。管制是一种特有的轻刑。

（1）限制自由刑。和其他自由刑相比，管制是一种限制自由刑而非剥夺自由刑。对于管制犯来说，不予关押，不剥夺犯罪人的人身自由，因此是一种非监禁刑，从而可以避免后述的短期自由刑所导致的弊端。尤其是关押执行可能使得被关押人员与社会相隔离，不利于其社会化；而管制刑则不需要关押执行，从而有利于罪犯的社会化。

（2）禁止令。《刑法》第 38 条第 2 款规定："判处管制，可以根据犯罪情况，同时禁止犯罪分子在执行期间从事特定活动，进入特定区域、场所，接触特定的人。"这就是禁止令，为《刑法修正案（八）》新增的内容。比如，对一个被判处管制的介绍卖淫罪的犯罪分子，可以禁止其在管制执行期间进入 KTV、浴室、酒吧、宾馆等特定场所。《刑法》第 38 条第 4 款还规定，违反禁止令的，由公安机关依照《治安管理处罚法》的规定处罚。

（3）社区矫正。《刑法》第 38 条第 3 款规定："对判处管制的犯罪分子，依法实行社区矫正。"这里的"依法"，指的是依据 2019 年 12 月通过、2020 年 7 月 1 日起施行的《社区矫正法》。该法对社区矫正的机构、人员和职责、决定和接受、监督管理、教育帮扶、解除和终止、未成年人社区矫正、法律责任等都作了明确规定。

（4）管制犯的义务。《刑法》第 39 条规定："被判处管制的犯罪分子，在执刑期间，应当遵守下列规定：（一）遵守法律、行政法规，服从监督；（二）未经执行机关批准，不得行使言论、出版、集会、结社、游行、示威自由的权利；（三）按照执行机关规定报告自己的活动情况；（四）遵守执行机关关于会客的规定；（五）离开所居住的市、县或者迁居，应当报经执行机关批准。"同时，第 39 条第 2 款还规定，"对于判处管制的犯罪分子，在劳动中应当同工同酬"。

（二）管制的期限、解除与刑期计算

管制具有一定期限。《刑法》第 38 条第 1 款规定，管制的期限，为 3 个月以上，2 年以下。根据《刑法》第 69 条的规定，在数罪并罚时，管制最高不能超过 3 年。

《刑法》第 41 条规定，管制的刑期，从判决执行之日起计算；判决执行之前先行羁押的，羁押一日折抵刑期两日。由于先前的羁押为剥夺自由，而管制仅为限制自由，因此，立法规定了 1∶2 的折抵比例；反过来，也正是因为立法规定了 1∶2 的折抵比例，应该将先前的羁押理解为仅包括剥夺自由的羁押。不过，对于限制自由性质的取保候审、监视居住，能否按照 1∶1 的比例折抵管制的刑期，似乎仍是一个问题。本书初步认为，由于管制的期限本身较短，如允许这种折抵，在我国监视居住、取保候审盛行的当下，可能会使得管制刑的适用被架空，因此主张不应该允许这样的折抵。

（三）管制的适用状况及其前景

管制刑是一种最为轻缓的主刑，有其固有的优越性，同时也符合世界范围内刑罚轻缓化的趋势。但是，实践中管制的适用率却比较低。这既是因为我国现阶段人员的流动性仍然很大，同时也是因为整个公民的信用体系并未得以有效建立。在 1997 年《刑法》的原初规定中，被判处管制的犯罪分子，由公安机关执行。但因公安机关精力有限，使得对管制犯的监督形同虚设，同时也使得法官轻易不敢判处管制。因此，《刑法修正案（八）》取消管制犯由公安机关执行的规定，同时规定对管制犯实行社区矫正。根据《社区矫正法》规定，县级以上地方人民政府根据需要设置社区矫正机构，负责社区矫正工作的具体实施，而司法所根据社区矫正机构的委托，承担社区矫正相关工作。这样，执行主体更加明确，实际上是试图通过专门部门和社区力量来解决监督不力等问题。但社区矫正的效果如何，仍有待实践和时间的检验。尽管也有学者主张“无论是在规范世界里，还是制度实践之现实中，都具备了让管制作为刑罚消失的可能性和可行性”，①但作为限制自由刑的管制，仍有其优越性，从而仍有保留的必要。不过，如何恰当发挥其作用、尽可能遏制其弊端，仍是值得进一步研究的课题。

三、拘役

（一）拘役的内容

拘役是短期剥夺犯罪人的自由，就近实行劳动改造的刑罚方法。

（1）拘役作为一种剥夺自由的刑罚方法，与刑事拘留、行政拘留、司法拘留等在法律属性、适用对象、适用机关、适用程序、期限等方面，都有明确的不同。

（2）拘役是一种短期剥夺自由刑，期限是 1 个月以上 6 个月以下，数罪并罚时不得超过 1 年。刑期的计算，是从判决执行之日起计算。由于先前的羁押是剥夺自由，之后的拘役也是剥夺自

① 谭光定：《变革、完善我国刑罚体系的思考》，载《探索》2002 年第 2 期。

由，故《刑法》第44条明确规定，“判决执行以前先行羁押的，羁押一日折抵刑期一日”，即按照1∶1的比例折抵。至于“先行羁押”的范围，除了包括同一犯罪行为被刑事拘留、逮捕而羁押外，也包括因同一行为而被行政拘留、劳动教养、海关扣留等剥夺人身自由的措施。但是《刑事诉讼法》规定的监视居住、取保候审等情况，因为没有剥夺人身自由，所以不属于这里的羁押。

(3)被判处拘役的犯罪分子，由公安机关就近执行。在执行期间，每月可以回家一至两天；参加劳动的，可以酌量发给报酬。实践中的做法则是，因拘役时间原本不长，除非有特殊情况，一般会将回家的时间从刑期中减除，予以提前释放。

(二)短期自由刑的优缺点

短期自由刑的优点是显而易见的。相对于罚金而言，短期自由刑毕竟更能体现剥夺性痛苦的刑罚本质；同时，若判处短期自由刑，由于犯罪分子需要被关押改造，对于犯罪分子的威慑作用也会更强一些。对于预防犯罪而言，无论是一般预防还是特殊预防，较之罚金等财产刑更为有效。

不过，对短期自由刑也存在不少批判，且这些批判历经上百年时间。这些批判主要包括：短期自由刑没有足够的时间教育改造服刑人员，缺乏威慑力；给受刑人家庭带来困难，且罪犯被释放后难以重返社会；交叉感染以及深度感染现象严重，增大了人身危险性；[①]受刑人大多是社会底层，容易导致刑罚的不公；[②]拘役毕竟是一种监禁刑，占用了国家的监禁资源，给司法实务造成负担。这些都是短期自由刑受到的批判。但即便如此，也没有哪个国家取消短期自由刑，我国也从来没有打算放弃短期自由刑。因为在总体上可以认为，短期自由刑是利大于弊的。如何使得短期自由刑能最大限度地扬长避短，是这一刑种发展完善的重要课题。

四、有期徒刑

(一)概说

一些西方国家的刑罚体系总体上是以自由刑和财产刑为中心的轻刑主义刑罚结构。而在中国的刑罚体系中，基本上是以自由刑和生命刑为中心的重刑主义的刑罚结构。前文已有述及，刑罚结构和刑罚体系有密切关系又不完全相同，刑罚结构是指刑罚方法之间除了先后顺序之外，各自所占的比例与份额，而刑罚体系则是先后顺序问题。无论中西，都会认为有期徒刑是整个刑罚体系中承上启下的重要一环。在中国，有期徒刑可谓是主刑之中的主刑，在《刑法修正案(八)》之前，《刑法》分则每个规定了罪刑罚则的“本条”都包括有期徒刑的规定，[③]这充分表明，所有的犯罪都可能被判处有期徒刑，足以说明有期徒刑在刑罚体系中的重要地位。

---

① 交叉感染，即实施了不同类型犯罪的犯罪人之间相互影响、借鉴犯罪经验等，比如一个盗窃犯和一个诈骗犯关在一起，于是盗窃的学会了诈骗，诈骗的学会了盗窃；深度感染，则是同一类型犯罪的犯罪人之间深度沟通、交流，彼此加深影响。短期自由刑的服刑者由于服刑较短，出去后掌握了新的技能，更加如鱼得水。

② 如果是有一定身份的人，犯同样的罪可能只判罚金；正是由于犯罪人交不起罚金，才被判处拘役。

③ 《刑法修正案(八)》之后有所改变，《刑法修正案(八)》规定了危险驾驶罪(第133条之一)，“处拘役，并处罚金”；《刑法修正案(九)》规定了代替考试罪(第284条之一第4款)，“处拘役或者管制，并处或者单处罚金”。

(二)有期徒刑的基本内容

有期徒刑是剥夺犯罪人一定期限的自由并对其实行强迫劳动改造的一种刑罚。

(1)剥夺一定期限的自由。这一点使其区别于生命刑、财产刑、资格刑以及属于限制自由刑的管制。就剥夺自由而言,与拘役剥夺自由的内容并无实质不同。1997 年《刑法》原初规定的有期徒刑的期限为 6 个月以上 15 年以下,数罪并罚时,不超过 20 年。与国外其他一些国家相比,我国《刑法》规定的有期徒刑的上限(包括数罪并罚的场合)总体偏低,再经过减刑等,实际执行的刑期更短,使得有期徒刑的威慑力不足,且无法与无期徒刑形成有效衔接。对此,《刑法修正案(八)》做了一定程度的修正,规定如果数罪并罚时数罪的总和刑期在 35 年以上的,有期徒刑最高不能超过 25 年。比如犯了强奸、抢劫、绑架三个罪,对强奸罪判 12 年、抢劫罪判 12 年、绑架罪判 13 年,总和刑期为 37 年,则最高可执行 25 年。在如果只犯一罪的场合,最高只能判处 15 年有期徒刑。这是有期徒刑受到批判的一个重要原因。在立法修改的过程中,提高有期徒刑上限是一个值得肯定的方向,而《刑法修正案(八)》的做法仍不够彻底。十余年的时间一晃而过,对很多犯罪来说,起不到足够的威慑作用。如果能进一步提高有期徒刑的上限,比如在单一犯罪的场合将上限提高到 20 年、数罪并罚时提高到 30 年,则有利于增强有期徒刑的威慑力、弥合其与无期徒刑之间界限的效果,可能更为理想。

当然,这里对有期徒刑上限的进一步提高并非是盲目的刑期长期化,否则,一方面,会导致过剩收容的问题,此种困境虽可以通过在必要的范围内增设监狱的办法解决,但却会支出包括增加职员在内的庞大成本;另一方面,在监狱等设施内实施处遇,不仅会带来受刑人与其他受刑人的交叉感染风险,而且,由于与家庭、职场、学校等社会活动隔离开,会导致受刑人复归社会变得困难。或许,通过刑事制裁或处遇方式的多样化,在一定程度上,以自由刑之外的刑罚或处遇方式来有效代替自由刑是值得努力的方向。①

(2)对犯罪人实行劳动改造。《刑法》第 46 条规定,被判处有期徒刑的犯罪分子,凡有劳动能力的,都应当参加劳动,接受教育和改造。既参加劳动,又接受教育和改造,通常被简称为“劳改”,这也是我国有期徒刑区别于西方国家的监禁刑的一个特征。西方国家只实行单纯的监禁,而并不强制服刑人进行劳动。与拘役的场合可以酌量给予报酬不同,有期徒刑场合的劳动没有任何报酬,是一种强制的、无偿的劳动,并认为劳动本身是对罪犯教育的一种手段。实际上,在这种教育过程中,服刑人员为国家、为监狱管理部门创造了大量财富,而这些财富很少回流到服刑人员本身,更多地被用于监禁设施的改造等其他用途。

(三)有期徒刑的执行场所与刑期计算

《刑法》第 46 条还规定,被判处有期徒刑的犯罪分子,在监狱或者其他执行场所执行。其他执行场所,是指比如少年犯管教所或看守所。管教所关押少年犯即未成年犯罪人,而根据《刑事诉讼法》第 264 条第 2 款的规定:被判处有期徒刑的罪犯,在被交付执行刑罚前,剩余刑期在 3 个

---

① [日]佐伯仁志:《制裁论》,有斐阁 2009 年版,第 56 页。

月以下的，由看守所代为执行。《刑法》第 47 条还规定，有期徒刑的刑期，从判决执行之日起计算；判决执行以前先行羁押的，羁押一日折抵刑期一日。

五、无期徒刑

（一）无期徒刑的规定方式

无期徒刑在性质上属于终身自由刑。《刑法》如果规定了死刑的，除极个别场合规定了绝对确定的死刑外，其他都把无期徒刑作为选择刑（如《刑法》第 239 条，以勒索财物为目的绑架他人的，或者绑架他人作为人质，杀害被绑架人的，或者故意伤害被绑架人，致人重伤、死亡的，处无期徒刑或者死刑）；如果没有规定死刑的，通常将长期自由刑作为无期徒刑的选择刑（比如《刑法》第 266 条，诈骗数额特别巨大，处 10 年以上有期徒刑或无期徒刑）；至于将无期徒刑作为死刑与长期自由刑的过度刑种（如《刑法》第 263 条，入户抢劫的，处 10 年以上有期徒刑、无期徒刑或者死刑）的，则更为常见。

无期徒刑判决执行以前的羁押时间不得折抵刑期，也不计算在作为减刑、假释前提的实际执行刑期之内。

（二）无期徒刑的基本内容

无期徒刑是剥夺犯罪人的终身自由，对其实行强迫劳动改造的一种刑罚。同时《刑法》还明确规定，对于被判处无期徒刑的犯罪分子，要剥夺政治权利终身。剥夺政治权利终身本身也说明了无期徒刑的严厉性。当然，随着无期徒刑减为有期徒刑，剥夺政治权利的期限也会相应减少。

（三）对无期徒刑这一刑种的评价

我国的无期徒刑对替代死刑的适用起了一定的积极作用，对有一些可判处死刑也可不判处死刑的案件，基本被判处了无期徒刑。但是，总体而言，现有的无期徒刑，难以起到死刑替代措施的功能。事实上，由于减刑、假释等原因，被判处无期徒刑的犯罪人很少有终身服刑的，因此，中国的无期徒刑可谓名不副实，无期徒刑有期化的倾向十分明显。在《刑法修正案（八）》颁行之前，无期徒刑通常只实际执行 14.5～14.9 年。现有的无期徒刑严厉性不够的现状，导致对死刑的挤压，司法机关往往会“就高”判处死刑。如果无期徒刑真正名实相符，则很多案件就不会被判处死缓或者死刑。所以，对于无期徒刑的改造非常有必要。理论上有人主张增设不得减刑、不得假释的无期徒刑，使得无期徒刑名实相符，以便和死刑制度的衔接更为紧密。尽管此种主张可能有些超前，但若立足于立法最终要废除死刑的大背景下，这种主张还是具有一定积极意义的。

六、死刑

（一）死刑的本质

死刑以死亡为内容。单就死本身来说，死刑中的死与自杀、病死、事故死、事件死、战争死等并无不同；但就本质来说，则完全不同。自杀者虽有导致死亡的各种原因，如失恋、失业等，但毕竟是自己本人形成了死之决意,亲手结束了自己的生命。在病死的场合,本人没有死的意思,周围人也竭力抢救,但是未能战胜疾病这一自然法则,遗憾死去。在事故死的场合,本人既无死的意思也无死的预感,在和平常一样生活的过程中,因为不走运而招致违背本意的死亡。事件死也是本人没有死的想法,想好好活着的时候被犯罪者夺去了生命。战争死,对于本人来说,也是违背本意的。与这些死在本质上不同,死刑的死是由法院这一国家机关通过宣判使人强制性死亡。它不是由生病、背运、犯罪、战争状态这些眼前的、当下的事由导致,而毋宁说是由犯下的罪行这种过去的、已经停止的事实而导致的死亡。就死刑中的死而言,并不存在马上必须死这样的紧迫状态,为了选择是否导致死亡、何时导致死亡,具有时间上的余裕,可以事先决定死期甚至导致死亡的方式。总之,死刑是经过国家预先设定的程序,出于公共的目的,并且以公共的名义强制他人死亡,是一种地地道道的法律制度。①

(二)废除死刑的世界趋势与中国的选择

1. 废除死刑的趋势

自从有了国家和刑法,死刑就自然被统治者利用来作为维护统治、镇压暴力的有力工具,不但西方各国的死刑执行方式林林总总,中国奴隶制五刑中的“大辟”和封建制五刑中的“死”的实施方式也有各种花样。死刑在世界历史上顽强存在了数千年,死在死刑之下的生命无从统计。但实际上,在中国死刑史上,始终存在两种路线:一是“以刑去刑”“杀一儆百”;二是“德主刑辅”“慎刑”“慎杀”。厉行后者的不乏其人,典型的如唐太宗李世民本着“仁本刑末”的治国理念,约法省刑,实行诸多举措:他主导制定的《贞观律》比隋律减少死刑 92 条;提出了死刑五覆奏制度;贞观四年(公元 630 年),“天下断死罪二十九人”,即全国判死刑合计 29 人;贞观十六年(公元 642 年),“诏在京及诸州死罪囚徒,配西州为户”,即下令把全国所有死囚流放到边疆,在事实上停止死刑执行。② 唐高宗执政之初,曾问大理寺狱系囚之数,回答说:“见囚五十余人,惟二人合死。”每年断死罪,也不过几十人,还经常对已判死刑的囚犯不执行,迁徙边疆(如西州)实边,甚至取消了死刑的执行。唐玄宗李隆基试图逐步废除死刑,开元二十五年(公元 737 年),“天下死罪惟有五十八人”,玄宗为此颁诏:“敕以为庶狱既简,且无死刑,自今以后,有犯死刑,除十恶死罪,造伪头首,劫杀、故杀、谋杀外,宜令中书门下与法官等详所犯轻重,具状闻奏。”实际上这是肯定了一般的刑事犯罪已经没有死刑了。③ 接着在天宝六年(公元 747 年)玄宗下诏:“大赦天下,除绞、斩刑,但决重杖。”从而有人主张天宝六年被称为“中国废除死刑元年”。④ 此后,宋太祖赵匡胤曾用“决杖、流放、刺面”三刑合一作为死刑的替用刑。“中国人曾以特有的方式尝试废止死刑,虽然没有最终取得成功,但是其具有原生性和中国特色的理念和举措,值得我们认真体悟,弘

---

① 王云海:《死刑罪名等的比较研究:中国和美国》,载《一桥法学》2 卷 1 号(2003 年)。

② 此举的主要动因在于,贞观十四年,侯君集平定高昌(今吐鲁番),唐在此设置西州都护府,从而以死囚及其家属实边。以后各朝,凡大赦,都将死罪降为流,流徒以下免除刑罚。

③ 王宏治:《中国刑法史讲义:先秦至清代》,商务印书馆 2019 年版,第 472 页。

④ 倪方六:《中国古代刑法中“减死”有哪些尝试》,载《北京晚报》2014 年 11 月 14 日,第 38 版。

扬其精华,为当今世界废止死刑运动做出更大贡献。”①

在世界范围内,自意大利人贝卡利亚于1764年提出废除死刑的论断以来,关于死刑的存废之争始终没有停止。废除论者和保留论者围绕着死刑是否违宪、是否文明和人道、是否有威慑力、是否误判易纠等多个问题展开了旷日持久的争论,最终却是各执一词,谁也无法说服谁。然而,随着整个人类社会逐渐的开化、文明,时至今日,在世界范围之内废除死刑渐成趋势。废除死刑,包括完全废除,也包括在法律上废除,还包括在事实上废除。据国际特赦组织统计,截至2019年,废除死刑的国家有142个(106个完全废除,8个普通犯罪废除,28个事实上废除)。保留死刑的国家共有55个(亚洲25个,非洲16个,拉美12个,北美1个,欧洲1个),超过全球2/3的国家废除了死刑。在保留死刑的国家中,也都认为死刑应当被限制。很多国家仅对几种极其有限的罪行保留死刑。即便是在保留死刑的一些大国之中,执行死刑的数量也极少。大多数保留死刑国对死刑立法和司法持慎重态度。据国际特赦组织统计,2019年在全球55个保留死刑的国家中只有20个执行了死刑;亚洲25个保留死刑的国家只有12个执行了死刑。② 目前,除中国外,世界上存在死刑的主要国家和地区包括美国、日本、印度、印度尼西亚、朝鲜、古巴、伊朗、伊拉克、白俄罗斯和中国台湾等。而在印度,9年间仅有1例死刑得到执行,这无疑宣告了“虽然大多数国家废除死刑,但世界上有大多数人口均支持死刑的存在”这一结论的荒谬性。③

2. 中国的选择

(1)中国的基本死刑政策

关于死刑之存废,除了极少数较为激进的学者在立法论上主张“立即或在不久的将来全面废止死刑”之外,④中国的理论界和实务部门至今有一种底线的共识:中国不能盲目照搬国外的经验或者追赶所谓的世界潮流,中国有自己的国情,因此在中国当下有保留死刑的必要性和合理性;与此同时,鉴于生命本身的至高价值以及死刑的残酷性,对死刑的过度适用绝对是不正当的。简而言之,这种共识就是,在中国当下虽要保留死刑但要严格加以限制,同时,在将来全面建成小康社会时应该废除死刑。理由在于:第一,中国现在之所以保留死刑,是由于现实中还存在极其严重的犯罪,同时死刑制度的存在既有利于预防犯罪目的的实现,也符合我国现阶段的社会价值观念,能够为广大群众所接受和支持,具有满足社会大众安全心理需要的功能。第二,严格限制死刑的适用,是指坚持少杀、防止错杀。严格限制包括从观念上控制死刑的适用,要始终清醒地认识到死刑的非常性、慎重性,只有在其他刑罚方法不足以遏制犯罪时才极其例外地允许动用死刑;也包括在实体上的控制,即必需符合死刑适用的条件,且并不意味着符合死刑适用条件就一律适用死刑,而是只有符合死刑适用条件时才可能动用死刑。同时,在死刑适用对象上通过一系列除外性规定来加以限制。

---

① 张文:《论我国应实行逐步废除死刑政策》,载《东南法学》2016年第2期。

② 国际特赦组织:《全球死刑报告2019》,国际特赦组织文件索引号:ACT 50/1847/2020。

③ 蔡桂生:《死刑在印度》,载陈兴良主编:《刑事法评论》(第23卷),北京大学出版社2008年版,第262页以下。

④ 在立法论上,主张“立即或在不久的将来全面废止死刑”的学者以邱兴隆、曲新久、贺卫方教授为代表,具体可参见邱兴隆:《死刑断想:从死刑问题国际研讨会谈起》,载《法学评论》2004年第5期;曲新久:《推动废除死刑:刑法学者的责任》,载《法学》2003年第4期;关卫东:《北大教授贺卫方:废除死刑是刑罚上文明的体现》,载《周末》2006年12月7日,第4~5版。

(2)现行《刑法》对于死刑的态度和中国废除死刑的路程

1979年《刑法》中有15个条文共规定了28个死刑的罪名,其中包括反革命罪中长期存而不用的15个罪名,以及普通刑事犯罪中的13个罪名。在13个罪名中,包括一个非暴力犯罪即贪污罪。在改革开放以后,为了应付日益严重的经济犯罪和严重危害社会治安的犯罪,出台了很多特别刑法来补充刑法典。到1997年制定现行《刑法》之前,死刑罪名已达到70余个。1997年《刑法》对死刑采取了"原则上不增不减"的方式,只对一些死刑罪名加以合并,最终在1997年《刑法》中规定了68个死刑罪名。这68个死刑罪名不但数量众多,而且分布广泛,其中非暴力犯罪的死刑数量有44个,占了将近2/3。并且在绑架罪等7种犯罪中规定了绝对确定的死刑。同时,在《刑法》分则中规定了非常笼统概括的条件,给法官适用死刑以极大的裁量权。死刑的立法粗疏状况造成了司法实践中死刑的滥用。

不过,我国事实上已经踏上了限制并最终废止死刑的艰难路程:我国于1998年签署加入联合国1966年通过的《公民权利和政治权利国际公约》;于2004年将"国家尊重和保障人权"条款载入宪法;2007年最高人民法院将下放20余年的死刑案件核准权收回,大幅度减少死刑执行人数;2011年全国人大常委会在《刑法修正案(八)》中减少13个死刑适用罪名;2013年中共十八届三中全会在《关于全面深化改革若干重大问题的决定》中,正式提出"我国将逐步减少适用死刑罪名",把死刑制度作为全面改革的一项重要任务;2014年中共十八届四中全会在《中共中央关于全面推进依法治国若干重大问题的决定》中,重申"逐步减少适用死刑罪名";2015年全国人大常委会在《刑法修正案(九)》中又减少9个死刑适用罪名。

在立法上废除死刑,不可能一蹴而就,需要分步进行。第一步,对于经济类犯罪、没有危及人身安全的财产犯罪和职务犯罪可以率先废除死刑。《刑法修正案(八)》对此迈出了第一步,废除了经济类犯罪和一些非暴力犯罪共13个犯罪的死刑配置。不过,这些犯罪都是在实践中较少适用的罪名,《刑法修正案(八)》削减的这13个犯罪的死刑配置,对限制死刑适用的实际效果较为有限,更多的是向外界宣示,立法者已经为逐步废除死刑在努力。在起草《刑法修正案(八)》的过程中,也有人主张,既然对盗窃等犯罪要废除死刑,对贪污、受贿罪为什么不一并废除死刑?但立法者对此有所考虑,认为职务犯罪与经济犯罪以及没有危及人身安全的财产犯罪还是有所不同:职务犯罪除了对财产的侵犯之外,更多的是对职务行为本身的侵犯,如果骤然对贪官污吏废除死刑,公众接受起来会有难度。但是,在本书看来,从剥夺法益和保护法益的对等性角度讲,在职务犯罪中设置死刑的正当性本身存在疑问。因此,即便是第二步,职务犯罪的死刑肯定会被逐步废除。第三步,对国事犯罪以及杀人罪以外的暴力犯罪逐步废除死刑,将故意杀人罪作为保留死刑的最后堡垒。第四步,取消故意杀人罪的死刑,在立法上彻底废除死刑。

(3)《刑法修正案(八)》与《刑法修正案(九)》调整刑罚结构的总体思路与具体内容

《刑法修正案(八)》与《刑法修正案(九)》在刑罚结构上的调整,基于在中国的刑罚结构之中,死刑过重、生刑过轻这样的问题意识。死刑过重,一是指立法中配置的死刑太多,二是指实践中执行的死刑太多,三是指死刑和生刑之间的天壤之别。生刑过轻,是指无论有期徒刑还是无期徒刑都难以和死刑之间形成有效衔接,难以承担起死刑替代措施的重任,其间存在巨大鸿沟。死缓原本是死刑的一种执行方式,但现在通过减刑等方式,使得死缓往往只是比无期徒刑多执行2年左右而已。所以,死刑立即执行和包括死缓在内的生刑之间缺乏有效衔接,导致对许多严重的犯罪考虑到判处死缓可能威慑力不足而从重,故就高判处了死刑立即执行,而这又加剧了死刑过重的现象。要解决刑罚结构间的失衡问题,《刑法修正案(八)》与《刑法修正案(九)》在减少死刑和提高生刑两个方面做了努力。其中的减少死刑,主要是指《刑法修正案(八)》减少了13个经济类非暴力犯罪的死刑,对一些金融诈骗、走私类犯罪、包括盗窃罪等,都废除了死刑;而《刑法修正案(九)》则进一步减少了9个死刑罪名,包括走私武器、弹药罪、走私核材料罪、走私假币罪、伪造货币罪、集资诈骗罪、组织卖淫罪、强迫卖淫罪、阻碍执行军事职务罪、战时造谣惑众罪。特别值得指出的是,与《刑法修正案(八)》所废除的13个死刑罪名是经济类、非暴力犯罪不尽相同,在《刑法修正案(九)》中废除的9个死刑罪名则包括了像强迫卖淫罪、阻碍执行军事职务罪这样的暴力性犯罪,以及集资诈骗罪这样的适用死刑并不鲜见的罪名,走私武器、弹药罪、走私核材料罪这样的严重危害群体安全的犯罪。[①] 可以说,这样的立法动向符合联合国《公民权利和政治权利国际公约》第6条第2款规定的"在未废除死刑的国家,死刑只能是作为对最严重罪行的惩罚"的宗旨,有助于推进我国的刑事立法与司法标准的现代化与轻缓化,表明我国的死刑废除道路在原有仅处于宣示阶段的基础上,又迈上了一个新台阶。

而所谓的提高生刑的上限,包括对有期徒刑数罪并罚的上限、无期徒刑减刑、假释后实际执行的期限、死缓有重大立功表现减为有期徒刑的期限等,都做到了提升。在提升之后,使得死缓和无期徒刑的实际执行期限比修正之前有较大幅度的提高,其威慑力也能够愈发体现出来,而且和死刑的差距更是逐步缩短。

(三)死刑的适用

1. 死刑适用的基本原则

首先,死刑的适用必须遵守罪刑法定原则。如果刑法分则关于具体犯罪的法定刑配置中不包括死刑,则无论相应行为如何恶劣、后果如何严重,都绝不允许对犯罪分子适用死刑。罪刑法定包括刑之法定,刑之法定既包括刑罚种类必须在刑法的总则中加以明确,也包括对具体罪名的法定刑配置要由刑法明确规定,而且就具体犯罪的量刑来说,也必须在法定的刑罚种类、刑罚幅度的限制之内进行。

其次,应当慎用死刑。并非对触犯了死刑条款的人都判处死刑,死刑必须与极其严重的犯罪的最严重情节相联系。比如就故意杀人罪而言,尽管《刑法》第232条为故意杀人罪配置了死刑,甚至将死刑作为首选的刑罚,但也绝不意味着只要是犯故意杀人罪的就一概判处死刑。只有对故意杀人罪中情节极其严重的,才允许判处死刑。死刑通常与无期徒刑等共同构成一个量刑幅度,所以,即使对是极其严重的犯罪的最严重情节,也可能适用无期徒刑而非判处死刑。

---

① 刑法中非法制造、买卖、运输、邮寄、储存枪支、弹药、爆炸物罪保留死刑,非法制造、买卖、运输、储存危险物质罪保留有死刑,走私武器弹药罪、走私核材料罪与前述罪名是法条竞合关系;组织卖淫罪、强迫卖淫罪常伴随强奸、抢劫、杀人、绑架等行为,而后面这些犯罪都规定有死刑。在废除了相关犯罪的死刑之后,通过法条竞合、数罪并罚等的处理原则,可以解决死刑适用的问题。《刑法修正案(九)》表明,立法机关已经学会用立法技术解释为什么废除死刑罪名。

2. 死刑适用条件:主客观统一说的坚持

关于死刑的适用条件,1979年《刑法》第43条第1款规定,“死刑只适用于罪大恶极的犯罪分子”;而1997年《刑法》第48条第1款规定,“死刑只适用于罪行极其严重的犯罪分子”。如何理解这两种规定之间的关系?存在两种基本观点的对立。

有一种观点认为,以上两种不同的规定方式的含义完全不同。1979年《刑法》中的“罪大恶极”既包括客观上犯罪行为极其恶劣、后果极其严重,也包括犯罪的主观恶性极其重大,是一种主客观相统一的理解。例如,储槐植教授认为,“‘罪大恶极’由两个异质的子项即‘罪大’与‘恶极’合成。罪大指客观罪行很严重,恶极指主观恶性很深重”。[①] 而1997年《刑法》强调“罪行极其严重”,是指只要是犯罪的客观危害、行为本身的危害极其严重、性质极其恶劣就足够了,并不要求对主观方面的责任形式或者是责任程度等的限制。即,“1997年《刑法》将1979年《刑法》的‘罪大恶极’两个子项修改为一个客观子项‘罪大’即‘罪行极其严重’(为适合法律用语习惯)。将‘恶极’留给司法实践作为裁量死刑执行方式选择的依据”。“‘罪行极其严重’为死刑适用的一般化标准,即不能因人而异,属行为刑法,体现形式理性,同等情况同等对待”。[②] 黎宏教授也认为,从刑法的相关规定来看,我国有关死刑(包括死缓)适用的必要条件,已经不再像过去那样要求罪责兼备即“罪大恶极”,而只要客观上具有严重犯罪即“罪大”就够了。如《刑法》第121条明确规定,劫持航空器,“致人重伤、死亡或者使航空器遭受严重破坏的,处死刑”。在这里,适用死刑的唯一标准就是客观上引起了“致人重伤、死亡或者使航空器遭受严重破坏”的后果。另外,将死刑适用条件仍然理解为“罪大恶极”,虽然能够说明死刑立即执行的情况,却难以对同属死刑的死缓进行说明。因为,死缓的适用条件是“罪该处死,但不是必须立即执行”,即“罪大恶不极”。[③] 对以上观点,本书称为客观说。

与之完全相反的理解认为,“罪大恶极”与“罪行极其严重”两者实际上没有本质区别,不过换了一个表述方式而已:“罪大恶极”是日常生活、社会生活中的表述,不是那么规范,不是那么讲求法言法语,而1997年《刑法》只是将其置换成一种更为严谨、更为书面化的表述,仅仅是表述上的改变而已,内容本身并没有变化。[④] 对这种理解,本书称为主客观统一说。

客观说与主客观统一说的分歧还体现在对于死缓适用条件的理解。客观说之所以认为“罪行极其严重”只应是一种客观上的理解,是基于死刑当然只可能适用于故意犯罪而不可能适用于过失犯罪这样一种前提性认识。所以,在客观说看来,即使将犯罪人“罪行极其严重”的理解限于客观上的性质特别恶劣、后果特别严重,但当然它也一定是故意犯罪。既然是故意的,并且客观上又如此严重,对之适用死刑就没有什么障碍了。客观说还认为,主观上主观恶性和人身危险性的程度问题,实际上不是判断是否“罪行极其严重”(从而也就不是判断是否适用死刑)的标准,而是区分死刑立即执行和死缓的标准。在故意犯罪的大前提下,客观上性质恶劣同时后果严重,只要符合这个条件的,就可以适用死刑。至于主观恶性,同样是故意犯罪,其主观恶性程度不

---

① 储槐植:《死刑司法控制:完整解读刑法第四十八条》,载《中外法学》2012年第5期。

② 储槐植:《死刑司法控制:完整解读刑法第四十八条》,载《中外法学》2012年第5期。

③ 黎宏:《死缓限制减刑及其适用——以最高人民法院发布的两个指导案例为切入点》,载《法学研究》2013年第5期。

④ 高铭暄:《中华人民共和国刑法的孕育诞生和发展完善》,北京大学出版社2012年版,第225~226页。

同,这可能涉及犯罪动机问题。是为了除害而把被害人杀死,还是为了仇杀、情杀等其他目的而将被害人杀死,两者在主观恶性和可谴责性程度上完全不同。对此,客观说认为,主观恶性和人身危险性程度的问题,不是“罪行极其严重”所能评价的,而只能是在决定是否立即执行时加以考虑。“具体‘犯罪分子’为死刑执行方式裁量的个别化依据,即需因人而异,属行为人刑法,体现实质理性,不同情况不同对待。”[①]而在主客观统一说看来,“罪行极其严重”要从主客观两个方面考虑,既包括客观上的行为性质恶劣、后果严重,也包括主观上的主观恶性深、可谴责性强和人身危险性大。只有同时具备了这两个要件,才能说是罪行极其严重。如果客观上性质恶劣、后果严重,但是主观恶性不深、可谴责性不强,就已然不属于“罪行极其严重”,所以不能判处死刑,包括不能判处死缓。可见,主观恶性与可谴责性的问题,在主客观统一说与客观说那里的地位不同:在客观说那里,是区分立即执行和缓期两年执行的标准,因此该说主张者认为死缓适用于“罪大但不恶极”者;[②]而在主客观统一说那里,是和客观危害一起判断行为是否属于罪行极其严重,从而成为是否能够适用死刑的标准。

学界通说对“罪行极其严重”的理解持主客观统一说。[③] 本书亦支持此种理解。这是因为,一方面,客观说会导致1997年《刑法》的法定死刑圈(包括死缓犯)范围大于1979年《刑法》的范围,这虽是客观解释可能得出的结论,却并不容易被解释得令人信服,在严格控制死刑(包括死缓)的政策背景下尤其如此;另一方面,在诸如贪污、贿赂等职务犯罪以及一些法定犯的场合,除了犯罪数额这一客观危害的要素区分度较高之外,其主观恶性的差别并不太大,在这种情况下,即使是死刑立即执行与死刑缓期执行的区分也在很大程度上取决于犯罪数额的要素。就此而言,客观说所具有的为死刑不同执行方式提供尽可能明确标准的好处,也就大打折扣了。

根据主客观统一说的理解,即使1997年《刑法》将死刑的适用条件概括为“罪行极其严重”,也并不意味着其仅仅是在客观上对罪行本身以及后果本身的要求,而完全不考虑主观恶性和人身危险性。死刑的适用对象包括客观上行为本身的恶劣与后果的严重,以及主观恶性深、可谴责性重大,两方面都特别恶劣才允许判处死刑。这里所谓的主观恶性和可谴责性,既包括行为人实施此次危害行为时的动机等因素,这是主观恶性的问题,也包括人身危险性本身,即再犯可能性问题。但主观恶性与人身危险性两者并不是相同的概念,主观恶性主要是就本次犯罪来说,即本次犯罪体现出的主观上的可谴责性;而人身危险性是行为人再次实施犯罪的可能性大小,如果是惯犯,或者由于受某种影响,再次实施这种犯罪的可能性很大。借助具体实例,可以更清晰地说明客观说与主客观统一说的区别。基于为民除害的动机杀了两个为害乡里者,比如经过村民委员会的集体讨论,将两个为害乡里的村民乱棍打死了,客观上乱棍打死的行为性质很恶劣,造成两人死亡的后果也可谓很严重。根据客观说,这种情况就属于“罪行极其严重”,就可以适用死刑。客观说同时会认为,既然主观上有为民除害的动机,主观恶性和人身危险性程度比较低,那

---

① 储槐植:《死刑司法控制:完整解读刑法第四十八条》,载《中外法学》2012年第5期。

② 储槐植:《遵从立法多判死缓:罪大但不恶极》,载赵秉志主编:《刑法评论》(2012年第1卷),法律出版社2012年版,第237页。

③ 马克昌主编:《刑罚通论》,武汉大学出版社2002年版,第430页;李希慧:《论死刑适用的两个问题》,载刘家琛主编:《当代刑罚价值研究》,法律出版社2003年版,第603页;赵秉志主编:《刑法总则问题探索》,法律出版社2003年版,第153页;等等。

就属于“不是必须立即执行”而应判处死缓。不同的是，根据主客观统一说，行为人的行为尽管客观罪行严重但主观恶性和可谴责性不大，因此并不属于主客观相统一意义上的“罪行极其严重”，因此，就不能判处死刑（包括死缓），而只能判处其他刑罚种类。

3. 对死刑适用的严格限制

在保留死刑的同时，严格限制死刑的适用，是我国当下基本的死刑政策。立法上对死刑适用的限制，包括如下方面。

（1）死刑适用对象上的限制

《刑法》第49条第1款规定：“犯罪的时候不满十八周岁的人和审判的时候怀孕的妇女，不适用死刑。”第2款规定：“审判的时候已满七十五周岁的人，不适用死刑，但以特别残忍手段致人死亡的除外。”

首先，“犯罪的时候”不满18周岁的人，不适用死刑。犯罪人因为逃跑或者羁押等原因，在审判时可能早已过了18周岁（审理期限包括逃跑期限，时间可能比较长），但只要是在犯罪时不满18周岁，就不能对其判处死刑。“不适用死刑”，就是不能判处死刑，包括不能判处死缓，因为死缓是死刑的一种执行方式。[①] 为什么对犯罪的时候不满18周岁的人不能适用死刑？从犯罪学的角度来讲，未满18周岁的人，由于其涉世不深，人生观、世界观等并未发育成熟，所以认识、控制能力和成人相比都有所局限。尽管其实施了严重犯罪，在客观危害上和成年人犯罪一样，但由于其辨认、控制能力存在局限，导致其有责性的程度和成人之间有所差别。这是从犯罪学角度论述对未成年人犯罪不适用死刑的理由，也是从规范意义上考虑的。另外一个理由，即规范之外的刑事政策上的理由同样重要。未成年人是国家的希望，是一个社会正常发展运转的最有希望的群体，对这些人应该以宽容、教育、感化为主，以惩罚、谴责为辅，所以我国历来强调对未成年人犯罪“以教育为主，以惩罚为辅”的刑事政策。在这一政策的前提之下，立法作出了上述规定。此外，对未成年人犯罪不适用死刑还有一个刑罚文明、刑罚人道的考虑：对十六七岁的孩子动用死刑，也是非常不文明、不人道的做法。

其次，对审判的时候怀孕的妇女，不适用死刑。法律如此规定很难说有规范上的根据。审判的时候怀孕的妇女通常已满18周岁，也不会由于怀孕而导致辨认和控制能力减弱，立法如此规定主要是出于刑事政策上的理由。并且，这种刑事政策上的理由主要也不是对怀孕妇女要以教育为主，以惩罚为辅，而是出于刑罚文明、刑罚人道方面的考虑。即如果对一个怀孕的妇女适用死刑，特别是适用死刑立即执行的话，等于是一尸两命，和文明适用刑罚、人道适用刑罚的刑事政策背道而驰。“对审判时怀孕的妇女不适用死刑，主要是出于人道主义考虑。未出生的胎儿是无辜的，不能因其母亲犯罪而剥夺其生命。”[②]这里，有如下两点特别需要强调。

其一，关于“审判的时候”的理解。司法解释性文件特别规定，这里所讲的“审判的时候怀孕的妇女”，不限于在审判阶段仍在怀孕的妇女，也包括在公安机关侦查阶段或者是检察机关起诉

---

① 与此形成对照的是，1979年《刑法》第44条规定：“不满十八岁的人不适用死刑。已满十六岁不满十八岁的，如果所犯罪行特别严重，可以判处死刑缓期两年执行。”

② 全国人大常委会法制工作委员会刑法室编：《中华人民共和国刑法条文说明、立法理由及相关规定》，北京大学出版社2009年版，第62页。

阶段，由于自然流产或者人工流产等原因而在审判阶段已经不再怀孕的情形。① 司法解释之所以认为这种情况也属于“审判的时候”怀孕的妇女，是因为从刑罚人道的角度讲，由于自然的或者人工的原因刚刚流产，失去了做母亲的权利，又要对她适用死刑，仍然不文明、不人道，所以，即使是在审判阶段已经不再怀孕的场合，也不能对其适用死刑。从某种意义上说，将诉讼过程中的侦查阶段或者是起诉阶段解释为“审判阶段”，从而将当时怀孕的妇女解释为“审判的时候”怀孕的妇女，不是扩大解释，而是一种类推适用。但是，罪刑法定原则禁止不利于被告人的类推，却不禁止有利于被告人的类推。禁止类推实际上是限制在法无明文规定的情况下入罪，而不限制出罪。所以，司法解释的这种类推适用是有利于被告人的，并不违反罪刑法定原则，值得肯定。至于公安机关已经掌握相应证据、将某人列为犯罪嫌疑人但是待犯罪嫌疑人分娩后再采取强制措施的，能否视为审判时怀孕的妇女，审判实务上也采取了有利于被告人的立场，得出了肯定的结论。②

其二，只要是审判的时候怀孕的妇女，怀孕的原因不在考虑之列。比如，是违反计划生育政策的，还是第三胎或者根本就是非婚姻的怀孕、婚姻外的怀孕的，都不影响将其认定为“审判的时候怀孕的妇女”，甚至在实践中，在押期间的女性为了避免对自己适用死刑，而故意勾引看守所警察致使自己怀孕从而避免死刑适用。不管怎么说，既然怀孕了，就属于“审判的时候怀孕的妇女”——怀孕原因的违法性并不否认可以规范地将其解释为“审判的时候怀孕的妇女”，即使强制人工流产，对其适用死刑仍然是不人道的。在这种情况之下，对相应警察该怎么处理怎么处理——如果是警察强迫女犯人使她怀孕的，不但对女犯人不能适用死刑，看守所的警察还可能构成强奸罪；如果是女犯人主动的，则警察不构成强奸，但是可能构成其他犯罪，如果达不到犯罪的程度，可能会按照违纪处理。

审判的时候怀孕的妇女不适用死刑的规定已然有了，而且通过有利于被告人的类推适用而扩大了其成立范围。不过，还有另一女性群体实际上也值得关注，即哺乳期的妇女。对处在哺乳期的女性判处死刑、执行死刑也仍然是不人道、不文明的。但是，无论如何类推，也不能允许哺乳期的女性准用《刑法》第 49 条的规定而不适用死刑。类推适用要求两个事物之间要具有相似性，在审判阶段怀孕和在起诉阶段怀孕、在侦查阶段怀孕毕竟在“怀孕”这样一个大前提上具有共通性，而“哺乳”和“怀孕”是两件虽有关联性，但是毕竟在性质上完全不同的事情。所以，从规范解释的角度讲，无论如何不能说对哺乳期的女性也不能判处死刑。换言之，对哺乳期的女性判处死刑完全符合法律的规定。但是，若要彻底贯彻刑罚文明、刑罚人道原则的话，则可以说对哺乳期

---

① 根据 1991 年 3 月 18 日最高人民法院研究室《关于如何理解“审判的时候怀孕的妇女不适用死刑”问题的电话答复》，在羁押期间已是孕妇的被告人，无论其怀孕是否属于违反国家计划生育政策，也不论其是否自然流产或者经人工流产以及流产后移送起诉或审判期间的长短，仍应执行我院(83)法研字第 18 号《关于人民法院审判严重刑事犯罪案件中具体应用法律的若干问题的答复》中对第三个问题的答复：人民法院对“审判的时候怀孕的妇女，不适用死刑”。如果人民法院在审判时发现，在羁押受审时已是孕妇的，仍应依照上述法律规定，不适用死刑。根据 1998 年 8 月 7 日最高人民法院《关于对怀孕妇女在羁押期间自然流产审判时是否可以适用死刑问题的批复》(自 1998 年 8 月 13 日起施行)，怀孕妇女因涉嫌犯罪在羁押期间自然流产后，又因同一事实被起诉、交付审判的，应当视为“审判的时候怀孕的妇女”，依法不适用死刑。

② 《张怡懿、杨珺故意杀人案——公安机关待犯罪嫌疑人分娩后再采取强制措施的，能否视为审判时怀孕的妇女》，载最高人民法院刑事审判第一、二、三、四、五庭主办：《中国刑事审判指导案例 3　侵犯公民人身权利、民主权利罪》，法律出版社 2012 年版，第 81 ~ 83 页。

女性不适用死刑同样有合理性,更能体现社会和谐。如果对哺乳期的女性适用死刑,“留其子而杀其母”,可谓残忍至极。所以,从立法论的角度讲,将哺乳期的女性也排除在适用死刑的对象之外,是一种更为合适的选择。①

最后,对老年人不适用死刑的问题。对犯罪的时候不满18周岁的人不适用死刑,这是为死刑适用设置了年龄的下限。1997年制定《刑法》之后,学术界一直呼吁,死刑的适用不但要有一个年龄的下限,而且也要有一个年龄的上限:达到多少岁了就不应该再被适用死刑。这种呼吁有几方面的理由,比如国外有类似的规定,再如老年人犯罪很少,更主要的理由是对老年人适用死刑也同样是不文明、不人道的。此外,还有人提出老年人的辨认、控制能力逐渐减弱,等等。在这些理由中,有些理由能够成立,有些理由未必能够成立。比如,国外有死刑适用年龄上限的规定,不一定证明我国也应该设立这样的年龄限制。国外有很多国家没有死刑,也并不意味着我国就需要在立法上马上废除死刑。再如,认为老年人的辨认和控制能力减弱,这个命题可能也未必成立:有些老年人随着年龄的增长,不但身体很好,而且辨认、控制能力没有任何减退,和年轻人没什么差别,甚至更强。实际上,要想强调对老年人不适用死刑的正当性,也只能从刑罚文明、刑罚人道的角度寻找根据:对于一个白发苍苍的老人适用死刑,让人觉得非常残忍。正是基于这种刑罚文明、人道的考虑,《刑法修正案(八)》增加设置了死刑适用的年龄上限。

在《刑法修正案(八)》的草案征求意见过程中,有不少争论,比如上限到底设置到多少岁为宜。对此,有人认为应该高点,设置到80岁;有人认为应该低点,按照退休年龄设置到65岁就行了。立法者采取了比较折中的主张,结合中国人的平均年龄以及达到高龄之后的犯罪情况等,最终确定为75周岁。在本书看来,这个数字有点保守,根据《中国统计年鉴2019》,刑法修正之前的2010年,中国人的平均预期寿命是74.83岁,其中男性72.38岁,女性77.37岁;到了2015年,平均预期寿命则达到76.34岁,其中男性73.64岁,女性79.43岁。在这样的现实面前,75周岁接近一般人的生命终点,这种情况下再规定行为人犯罪了不适用死刑,主要是一个宣示性功能,对于限制死刑的实际作用不大。

经《刑法修正案(八)》修正的现行《刑法》第49条第2款规定:“审判的时候已满七十五周岁的人,不适用死刑,但以特别残忍手段致人死亡的除外。”根据修正后的《刑法》第49条第2款,“审判的时候”已满75周岁的人不适用死刑,而没有规定为“犯罪的时候”已满75周岁。这是因为,从严格的老年人免死的规定来说,不管犯罪时多么年轻,只要审判时已满75周岁,在法律上就是一个不折不扣的老年人,对他适用死刑就不够文明和人道。这样来说,犯罪的时候不满18周岁和审判的时候已满75周岁,这两种规定都是有利于被告人的,也有文明、人道的根据。相反,如果规定为“审判的时候未满18周岁”以及“犯罪的时候已满75周岁”,显然都是对被告人不利的,也有违刑罚人道主义。

关于死刑适用的年龄限制问题,《刑法修正案(八)》采取“原则+例外”的规定方式本身也值得进一步讨论。立法规定并非对所有审判时已满75周岁的人都不适用死刑,而是说在一般情况

① 有学者主张,我国应贯彻联合国相关文件的要求,并参照其他一些国家的立法经验,将新生儿母亲、弱智人、精神障碍人等特殊群体纳入不得适用死刑的范围。参见赵秉志:《死刑改革新思考》,载《环球法律评论》2014年第1期。

下不适用死刑,但如果是“以特别残忍的手段致人死亡的”,在这种情况下还保留适用死刑的可能性。这时并不意味着以特别残忍的手段致人死亡的,就一定适用死刑,而是说对此种情况需要从主客观两个方面来判断,只有符合了“罪行极其严重条件”条件的,才可能适用死刑。对这个例外设置如何评价?立法如此规定的理由大致是,设置例外既保证了在多数情况下对老年人不适用死刑,又可以保证在极端的场合对老年人适用死刑,从而做到罪刑均衡,保证实质公平;相反,如果不设置例外的话,只要是审判时已满75周岁就一概不适用死刑,一方面可能刺激老年人实施严重犯罪,另一方面也可能会有其他人利用这一点而实施严重危害社会的行为。但本书并不赞同这一例外设置。① 原因在于,已满75周岁的老年人所剩“时间”已不是很多,对其实施的严重犯罪判处长期自由刑乃至无期徒刑,让其余生在监狱里度过,同样可以起到报应和特殊预防的效果,没有必要再担心恶意利用。至于说其他人利用老年人达到实施严重危害社会之行为的目的的,这种担心更是多余的。如果其他人本身在审判时并未达到75周岁,则其不管是作为间接正犯,还是与老年人构成共同犯罪时作为共同正犯还者是教唆犯,利用老年人实施特别严重的犯罪的,对利用者完全可以判处死刑,从而达到罪刑均衡。所以,相应的担心可能是多余的。这种担心还有一个理由是,行为人一方面实施了特别严重的危害社会行为,另一方面又通过东躲西藏而在审判的时候熬到已满75周岁,这样就可以避免死刑,如果不设置例外,可能会导致罪刑的不均衡。比如说,行为人在65岁时以特别残忍的手段杀了若干个人,然后潜逃了11年,到76岁时才被抓住或者自首了,因审判的时候已满75周岁,对行为人就不能适用死刑。对于这个问题应该怎么理解?在本书看来,设置任何一个规则都是有代价的。比如,规定犯罪的时候不满18周岁的人不适用死刑,就没有例外,一个17周岁的少年无论杀了多少人,也不会被判死刑;而一个13周岁的人,无论杀了多少人,都不会按照犯罪处理。所以,如果真有能力杀了这么多人,或者是说实施了严重危害他人生命财产安全的恶性犯罪,又能够潜逃那么多年,直到已满75周岁才被抓的话,不适用死刑也是有道理的,这时这个后果应该由司法机关承担,从而本书认为,既然设置了这样的标准以力图体现刑罚人道、刑罚文明,就没必要设置例外。② 不过,立法既要保证被告的权利也要保护社会安全,因此必定采取一种妥协与折中的方式。从这个角度讲,设置上述例外规定,也是可以理解的。

不过,即使承认在死刑适用的年龄上限问题上需要设置一个出口和例外,现有的这一例外规定方式本身也可能不够科学。《刑法》第49条第2款的规定是,“以特别残忍手段致人死亡的除外”。比如,张老头和李老头争一个老太太,结果把李老头砍了十几刀而将其折磨致死,属于“以特别残忍手段致人死亡”,根据立法规定,仍然可能对其适用死刑。但假如这个张老头的情敌不止一个,4个老头同时争一个老太太,其中张老头是最没有希望的,结果他以投毒的方式将另外三个老头全部杀害了,最后如愿得到了老太太。在这种情况下,以投毒方式杀害三人,对方喝了

---

① 付立庆:《论刑法用语的明确性与概括性》,载《法律科学》2013年第2期。

② 在《刑法修正案(八)》之后,仍有学者一方面认为上述“审判时已满75周岁”的规定标准过高,另一方面“原则+例外”的规定方式值得反思,从而明确主张“要将《刑法修正案(八)》所设立的审判时已满75周岁老年人原则上不适用死刑的制度,进一步修正为审判时已满70周岁的老年人一律不适用死刑的更加人道的制度”。参见赵秉志:《死刑改革新思考》,载《环球法律评论》2014年第1期。

毒药之后没有什么痛苦感，很安逸地死去了，恐怕不能说“以特别残忍手段致人死亡”，但是其后果特别严重，造成了多人死亡。根据现行《刑法》第 49 条第 2 款的例外规定，在后一种场合，对张老头就不能适用但书的例外规定，从而难以适用死刑。对以投毒方式杀了三个老头的情况不能适用死刑，对用刀砍了十数刀导致一个老头死亡的情况却可以适用死刑，无疑导致了不均衡的结果。这种不均衡现象在现有的立法规定之下，只能通过对“特别残忍手段”作比较宽泛的理解加以解决，即认为投毒也是一种特别残忍的手段。但这样一种不利于被告人的扩大解释，尽管并不违反罪刑法定原则，但是应该受到严格的限制，特别是在涉及死刑适用的场合。所以，在本书看来，要是对《刑法》第 49 条第 2 款必须设置一个例外规定的话，可以规定为：“但是以特别残忍的手段致人死亡或者造成多人死亡等其他特别严重后果的除外。”

（2）死刑适用的程序及其执行

根据《刑事诉讼法》第 21 条的规定，可能判处无期徒刑或者死刑的案件由中级人民法院一审。同时，根据《刑法》第 48 条第 2 款，死刑除依法由最高人民法院判决的以外，都应报请最高人民法院核准。死缓的可以由高级人民法院判决或者核准。在 2007 年 1 月 1 日之前，有部分犯罪是由最高人民法院下放给各省、自治区、直辖市高级人民法院复核死刑的。最高人民法院不行使死刑复核权而将这一权力下放给各高级人民法院行使，造成了两个非常明显的问题：其一，在一个主权国家中，其死刑适用标准应该是统一的，但由各地复核死刑，就难免出现死刑适用标准不统一的问题。比如，对行为人残忍杀害一人且有自首情节的情况，A 省高院核准了死刑，而 B 省高院就没有核准死刑，这种情况在实践中经常发生。其二，从程序角度来讲，下放死刑复核权会导致死刑复核形同虚设。我国实行两审终审制，就死刑案件来说，中院一审，高院二审，在高院同时承担二审和死刑复核功能时，就会使得两个功能合二为一。尽管案件本身的二审与死刑复核是高院的两个相互独立的合议庭操作的，但都会由高院审委会最终决定，这就使得死刑复核程序难以起到应有的审核和纠偏的功能。正因如此，最高人民法院从 2007 年 1 月 1 日起，断然收回了死刑复核权，从而使得全国所有死刑立即执行的案件都要由最高人民法院复核，既保证了死刑适用标准的统一，也为死刑的适用设置了另外一档障碍，从而推动了死刑适用数量的减少。

《刑事诉讼法》第 263 条第 2 款规定：“死刑采用枪决或者注射等方法执行。”这个“等”是什么意思？“等”有两种情况：一种是表示省略，意味着在明确列举的情况之外，还可以有其他方法；另一种就是前面列举结束的一个语气助词，没有实际意义，并不表示还可以有其他内容。那么，既然《刑法》规定，死刑采用枪决或注射“等”方式执行，能不能采用像日本的绞首方式执行？应该认为在现阶段，这个“等”指的是等内等，不是等外等，指的是语气煞尾，而不是省略。但如果确实是有一种执行方法比现有的枪决或注射更文明、更人道且更经济的话，认为它可以包括在“等”的范围之内，则也符合法律的规定。但是，必须由有权机关比如最高人民法院通过规范性文件予以明确落实，在没有明确的规范性文件的前提下，各个具体的死刑执行者不能私自扩张“等”字，进而采用枪决和注射之外的死刑执行方式。在实践中，通常是有条件的部门采用注射执行死刑的方式，而对绝大部分死刑犯至今仍然采用枪决的方式执行。死刑执行具体由中级人民法院的法官负责。在死刑执行之前，如果发现判决可能有错误的，或者在执行前罪犯揭发重大犯罪事实或者有其他重大立功表现，可能需要改判的，或者发现罪犯正在怀孕的，应当停止执行，并且立即报告最高人民法院，由最高人民法院作出裁定。

（四）死缓

1. 死缓制度概述

《刑法》第 48 条规定，“对于应当判处死刑的犯罪分子，如果不是必须立即执行的，可以判处死刑同时宣告缓期二年执行”。这是具有中国特色的死刑缓期执行制度，简称死缓制度。[①] 这种死缓制度和我们古代的斩监候有一定的相似性，但并不完全相同。在世界范围内来说，死缓制度都是具有深厚中国特色的制度，在其他保留死刑的国家，都没有死刑缓期执行的制度，要么是判处死刑，要么是判处无期徒刑等。不过在其他国家，比如日本，判处死刑之后并不意味着马上或者几天之内就会执行死刑。在日本，死刑执行有一个前提，必须要法务大臣签署死刑执行令。所以，即使裁判所判处了死刑，如果法务大臣拒绝签字（比如法务大臣本人是死刑废除论者），那就无法执行，从而使得在实践中死刑的宣告数量和死刑的执行数量其实并不一致。[②] 至今，在日本还有不少已被判死刑但法务大臣拒绝签字从而无法执行死刑的例子。[③] 由此可见，中国的死缓制度具有中国特色，值得研究和总结。

2. 死缓的适用条件

根据《刑法》第 48 条的规定，死缓的适用需要满足一定的条件。

（1）适用的对象是“应当判处死刑的犯罪分子”，这是适用死缓的前提条件。也就是说，犯罪分子必需罪行极其严重，才能满足死刑适用的前提条件，如果没有达到“罪行极其严重”的程度，就不应该被判处死刑，当然也包括不应该被判处死缓。如前所述，是否“罪行极其严重”，应该从客观危害和主观恶性两方面加以判断。

（2）“不是必须立即执行”，这是适用死缓的实质条件。对于何谓“不是必须立即执行”，学界存在不同看法。社会危害性标准说认为，“罪行极其严重”的社会危害性是一个区间，在此区间内，程度较低的适用死缓，较高的适用死刑立即执行。功利说认为，在不立即执行死刑就无法制止该犯罪人对社会造成新的危害，或可能引起社会震荡时，应当判处死刑立即执行，反之则应当适用死缓。情节说认为，罪犯在罪行极其严重且应当判处死刑的前提下，还具有一定的从宽处罚情节，包括刑法规定的、司法解释规定的、国家刑事政策要求的，以及司法实践和刑法理论公认的各种从宽处罚情节，就是“不是必须立即执行”。宽恕说认为，对罪当处死刑的犯罪人是否适用死刑，取决于人们对其犯罪行为的宽恕与否；在同时具备以下两个条件，即罪恶深重但尚未达到令人无法容忍的程度，犯罪人有认罪、悔罪或者其他值得人们宽恕的情节时，才能对罪该处死刑

---

① 在和“死缓”相对应的意义上，尽管不常用，但死刑立即执行偶尔也被简称为“死即”。

② ［日］佐伯仁志：《制裁论》，有斐阁 2009 年版，第 52 页。

③ 在我国，死刑执行也要最高人民法院院长签字，但这个签字很大程度上是形式上的。换言之，尽管是必经的，也是一个必定的程序，虽然关于有没有拒绝的权力法律没有规定，但最高人民法院拒绝在死刑执行令上签字的现象在实践中没有发生过。死刑立即执行经最高人民法院院长签字后，在 7 日之内就需执行。

者适用死缓。① 以上标准各有不足:宽恕说所谓的“令人无法容忍的程度”本身难以把握;情节说会导致死缓范围的不当扩大,且可能导致罪刑失衡;功利说提出的是否“可能引起社会震荡”,同样可能难以把握;而社会危害性标准说的结论虽然可以成立,但社会危害性程度的高与低仍然是一个操作性很模糊的概念。前文所述的客观说认为,对“罪行极其严重”的判断要坚持客观标准(当然以故意犯罪为前提),只要故意实施了一个客观危害极其严重的犯罪,就达到了罪行极其严重的标准,就可以适用死刑。至于主观恶性的大小,则是区分立即执行与缓期两年执行的标准。这种主张的优点是使得死刑立即执行和死缓的区分变得相对明确,即以主观恶性和人身危险性是否足够重大来区分死刑立即执行和死缓。但问题在于,它会使得那些虽然故意犯罪造成严重后果,但是本身主观恶性不大的行为也可能会被判处死缓。这仍然可以说是死刑适用的一种扩张,故其主张是有问题的。

最高人民法院在近年的一系列规范性文件中都反复提到,死刑适用于罪行极其严重的犯罪分子,而死刑立即执行适用于极少数罪行极其严重的犯罪分子。这实际上设定了死刑立即执行和死缓相区分的一个观念性标准:无论是立即执行还是死缓,都属于死刑,都要求行为人的罪行极其严重,但是在此类犯罪之中,立即执行又是其中的极少数,而死缓犯虽然也是罪行极其严重的,但却是罪行极其严重的犯罪中比较常见的情形。也就是说,在死刑的执行方式之中,应该将死缓作为一种常态,将立即执行作为一种例外。对此理解,不仅是处于法条的文义可能性范围之内,亦是条文表述内在逻辑的当然结果。同时,还有其他依据可作参考。其一,有助于合理界定“罪行极其严重”与“不是必须立即执行”各自所应考虑的因素;其二,有助于协调其与第 50 条第 2 款(死缓限制减刑)之间的关系,亦可避免判决时思考逻辑上的迂回反复;其三,在刑事政策上有助于真正贯彻削减死刑适用的理念,也有利于合理分配举证责任。②

此外需要考虑的是,什么情况下属于是常见的、常态的“罪行极其严重”,什么情况下属于极少数?这只能由具体的司法者在刑罚裁量过程中结合案件的具体情况,结合行为人的客观危害和主观恶性的程度加以判断,难以有一个明确的标准。任何试图将这两者的区分予以明确化、操作化的努力,③动机虽然善良,但在结局上一定是收效甚微。不过,在实践中,对是否属于“不是必需立即执行”可以总结一些经验。比如,在具有自首、立功等法定从轻处罚情节或者是被害人有严重过错的场合,一般都可能认为属于“不是必须立即执行”的情形。但要注意,并不是说只要存在法定从轻处罚情节就一定会被认为“不是必须立即执行”,它只是在判断是否必须立即执行时一个重要的判断资料而已,法官需要综合考虑案件本身的各种情况综合加以判断。

实践中,比较湖北的佘祥林、河南的赵作海、云南的杜培武案件等,被告人当初都被判了死

① 黎宏:《死缓限制减刑及其适用——以最高人民法院发布的两个指导案例为切入点》,载《法学研究》2013 年第 5 期。

② 劳东燕:《死刑适用标准的体系化构造》,载《法学研究》2015 年第 1 期。

③ 结合《刑法》第 50 条关于死缓考验期间何种情况下可以执行死刑,有一种理解认为,如果行为人只实施了一个犯罪,这个犯罪尽管罪行极其严重,应当被判处死刑,但是也只能判处死缓;只有行为人除了这个犯罪之外,还有其他的故意犯罪(比如在实施了一个故意杀人罪之外,还对同一被害人或者其他被害人实施了盗窃、强奸、抢劫等其他故意犯罪)的情况下,才允许判处死刑立即执行。理由是,其他的故意犯罪如果发生在死缓考验期间,根据《刑法》第 50 条的规定,要报最高人民法院核准执行死刑,既然如此,那么,直接判处死刑立即执行的,就需要在一个罪行极其严重的犯罪之外,另有一个故意犯罪。参见冯军:《死刑适用的规范论标准》,载《中国法学》2018 年第 2 期。

缓，其共同特点是证据上有问题，关键性证据没有找到，所以做了留有余地的判决。[①] 判决书上常写，被告人以极其恶劣的手段造成严重后果，应当属于罪行极其严重，判处死刑，但是“鉴于本案的特殊情况”，不是必须立即执行。所谓的“鉴于本案的特殊情况”，实际上是一个具有中国特色的、符合中国国情的表述，其潜台词即包括在案件的证据上并不是那么确凿、充分。正是因为这样的留有余地的判决，使得上述三个案件由于新的证据的出现被告人最终被平反昭雪。这一现实状况一方面表明死缓在限制死刑立即执行之适用上确实起到了一定的作用，又表明，“疑罪从无”的原则在我国还远远未得到落实。同时，亦从侧面反映出我国的司法实践中死刑裁量仍未能进入理性运行的轨道，在面临着诸多牵绊时，缺乏担当。这不仅需要通过一系列的制度性措施，才会尽可能扭转这种有害倾向，实现死刑裁量的理性与公正；而在制度之外，法律人的担当意识也显得尤为重要。[②]

（3）“可以判处死刑同时宣告缓期两年执行”的理解

对于应当判处死刑而又不是必须立即执行的，《刑法》第 48 条规定，“可以判处死刑同时宣告缓期二年执行”。这里的“可以”，与刑法典其他地方使用的“可以”含义不同，其并不是一种劝导性规范，而是必须被理解为一种命令性规范，即与“应当”同义。[③] 换言之，对于应当判处死刑而又不是必须立即执行的犯罪分子，司法者并不存在既可以判处死缓也可以不判处死缓而仍判处死刑立即执行的裁量权，而只能选择判处死缓；否则，立法上规定“不是必须立即执行”而司法上在肯定了这一前提之后又判处“立即执行”，明显是一种自相矛盾，而且也与限制死刑（特别是限制死刑立即执行）之适用的宗旨相背离。由此看来，此处的“可以”，原本就应该规定为“应当”，若担心与前面的“应当判处死刑的犯罪分子”中的“应当”重复而显得累赘，则直接删除亦可。因此，在现有的法律规定下，只能将此处的“可以”解释为“应当”，除此别无选择。

3. 死缓犯的法律后果

《刑法》第 50 条第 1 款规定：“判处死刑缓期执行的，在死刑缓期执行期间，如果没有故意犯罪，二年期满以后，减为无期徒刑；如果确有重大立功表现，二年期满以后，减为二十五年有期徒刑；如果故意犯罪，情节恶劣的，报请最高人民法院核准后执行死刑；对于故意犯罪未执行死刑的，死刑缓期执行的期间重新计算，并报最高人民法院备案。”这是经过《刑法修正案（八）》和《刑法修正案（九）》两次修正后，现行《刑法》关于死缓犯法律后果的一般规定。

（1）没有故意犯罪的场合

死缓犯在两年考验期间没有故意犯罪，即顺利通过了考验期，期满之后，减为无期徒刑。《刑法修正案（八）》对本条的修正并未涉及此处，但实际上，由于无期徒刑实际执行的期限也因《刑法修正案（八）》的修正而延长，从而，延长死缓犯之实际执行期限的刑法修正初衷，自然也会体现于死缓考验期内没有故意犯罪的场合。

---

① 关于以上案件的详细介绍与分析，可参见何家弘主编：《迟到的正义影响中国司法的十大冤案》，中国法制出版社 2014 年版。

② 具体主张可参见付立庆：《死刑案件裁判过程中的司法软骨病及其祛除》，载《法学》2013 年第 10 期。

③ 在本书看来，同样该如此理解的，还包括《刑法》第 37 条中的“可以免予刑事处罚”中的“可以”。

(2)有重大立功表现的场合

在死缓考验期满后,如有重大立功表现的,会减为有期徒刑;即便只是没有故意犯罪,也会一概减为无期徒刑,而无期徒刑又经过减刑而减为有期徒刑。这就造成"死缓制度活刑化"的趋向非常明显,加上无期徒刑有期化的问题严重,使得死缓的威慑力严重不足,这是学界在刑罚结构问题上猛烈批判的"生刑过轻"问题的重要体现。1997 年《刑法》第 50 条原本规定,在死刑缓期执行期间,如果确有重大立功表现,二年期满以后,"减为十五年以上二十年以下有期徒刑"。在减少死刑、提高生刑期限的大背景下,《刑法修正案(八)》将上述规定修改为,"如果确有重大立功表现,二年期满以后,减为二十五年有期徒刑",以此带动死缓犯实际执行期限的拉升,以提高死缓的威慑力,尽可能弥补死缓与死刑立即执行之间的距离。

(3)故意犯罪的场合

1997 年《刑法》第 50 条原本规定,判处死刑缓期执行的,在死刑缓期执行期间,如果故意犯罪,查证属实的,由最高人民法院核准,执行死刑。之所以如此规定,是为了使得死刑缓期执行的规定尽可能与作为死刑执行方式的属性更为吻合。因为极其严重的罪行已经被判处死缓,在考验期间之内又故意犯罪,通常证明其人身危险性极大,"不是必须立即执行"的条件已经消失,因此有必要执行死刑。不过,立法也为死缓考验期间故意犯罪执行死刑设定了比较严格的要求,不但要"查证属实",更重要的是要"由最高人民法院核准"。

不过,将"故意犯罪"作为死缓转为死刑立即执行的条件,标准过低。有学者从限制死刑适用的立场出发,认为这里的"故意犯罪"应该被限制解释为抗拒改造、情节恶劣的故意犯罪。[①] 比如,死缓期间认为没有出头之日,整天自暴自弃,经常跟同监人员吵闹斗殴,有一天控制不住自己,把别人打成轻伤。这种情况属于抗拒改造、情节恶劣的故意犯罪,核准执行死刑是合适的。同样,死缓期间试图越狱或者教唆别人犯罪的,完全可能被认定为抗拒改造型的故意犯罪。还可能更进一步提出的是,这里的故意犯罪是抗拒改造、情节恶劣的类型,实施的是侵犯公民人身重要权益(像侮辱、诽谤等都不应该算是侵犯重要权益的犯罪)、应当判处 5 年以上有期徒刑的犯罪。在这种情况下才可以认定为 1997 年《刑法》第 50 条中的"故意犯罪"。[②] 做这些限定之后,死缓最终被实际执行死刑的可能性是较为有限的。本书也认为,严格限定"故意犯罪"之范围确有可取之处。《刑法修正案(九)》充分回应了学界的呼声,将原规定修改为"故意犯罪,情节恶劣的",值得肯定。这里的"情节恶劣",应该以"抗拒改造"为前提,至于所侵害的法益类型、应当判处刑罚的下限等,在解释上也应该有所限定。

故意犯罪情节恶劣的,报请最高人民法院核准之后,执行死刑。这是经《刑法修正案(九)》修正的刑法规定。在 1997 年《刑法》中,存在"故意犯罪查证属实"之后,何时执行死刑的问题:是核准之后随时执行,还是也必须等到两年考验期满才执行?《刑法》第 50 条在没有故意犯罪和有重大立功表现的情况之下,都明确规定"二年期满以后"再减刑,而在"故意犯罪"的场合,则无此规定,根据反对解释的规则,似乎意味着只要是故意犯罪查证属实、最高人民法院核准以后,就

---

① 张明楷:《刑法学》(第 4 版),法律出版社 2011 年版,第 479 ~ 480 页。

② 赵秉志主编:《死刑改革研究报告》,法律出版社 2007 年版,第 60 页。

可以随时执行死刑,而不必等到两年期满以后。实践中也是如此执行的。但是,理论上存在“既然是设定两年考验期,就要完整观察两年期间的整体表现,没等两年期满就执行死刑,不符合考验期的设置宗旨”的疑问。同时,罪犯出于求生的本能或者良心发现,可能在故意犯罪之后表现得越来越好,甚至有重大立功表现等,从而主张此种场合也要等两年期满之后再执行死刑。在本书看来,死缓犯故意犯罪经最高人民法院核准后,等两年期满再执行死刑,由于重大立功毕竟较难,使死缓犯很难看到生的希望,也是对其的一种摧残和煎熬(所谓“等待死亡比死亡本身更可怕”),而不是不等两年期满就直接执行死刑,一杀百了。考虑到中国监禁资源的有限性,这确实是一个两难的选择。本书坚持认为,留有生的希望是大善,忍受死的煎熬是小恶,应该取大善而舍小恶,而且,这可能也更符合《刑法》第 48 条规定的“判处死刑同时宣告缓期二年执行”这一死缓考验期的本意。不过,经过《刑法修正案(九)》修正后的刑法表述是,“报请最高人民法院核准后执行死刑”。在明确将死缓变更为死刑立即执行的条件修正为“故意犯罪情节恶劣”并且在解释上对“情节恶劣”严格限定的前提下,在报请最高人民法院核准之后即时执行死刑,也是可以接受的。

(4)其他情形

如果在考验期内有轻微违法行为,或者是过失犯罪的,或者是有故意犯罪但不属于情节恶劣的,当然不能核准执行死刑,而要区别处理。其一,对于故意犯罪未执行死刑的,修正后的《刑法》明确规定,“死刑缓期执行的期间重新计算,并报最高人民法院备案”。其二,如果仅是轻微的违法行为,则期满之后仍应减为无期徒刑,对此并无争议。其三,如果是在死缓考验期内过失犯罪的,该如何处理?存在直接减为无期徒刑、重新计算死缓考验期以及对所犯的过失新罪定罪量刑后与死缓数罪并罚三种见解,实际上则相当于延长死缓的考验期三个备选方案。《刑法修正案(九)》只是在故意犯罪但不属于情节恶劣的场合规定了“死刑缓期执行的期间重新计算”,死缓考验期内过失犯罪的处理必须要与此保持均衡。在本书看来,对过失犯定罪与死缓犯罪并罚之后,重新确定死缓的考验期的方案,可能较为合理。

(5)死缓犯的限制减刑

《刑法修正案(八)》增加了关于死缓犯限制减刑的规定,列为《刑法》第 50 条第 2 款。该款规定:“对被判处死刑缓期执行的累犯以及因故意杀人、强奸、抢劫、绑架、放火、爆炸、投放危险物质或者有组织的暴力性犯罪被判处死刑缓期执行的犯罪分子,人民法院根据犯罪情节等情况可以同时决定对其限制减刑。”对此规定,有如下几点值得强调。

首先,这里的“同时”,是指判处死刑缓期执行的同时,而不是指死缓 2 年期满以后减刑的同时。

其次,“限制减刑”,是指对法条中规定的犯罪分子虽然可以适用减刑,但其实际执行的刑期要长于其他死缓犯减刑后实际执行的刑期。根据《刑法》第 78 条的规定,限制减刑的死刑缓期执行的犯罪分子,缓期执行期满后依法减为无期徒刑的,实际执行的刑期不能少于 25 年,缓期执行期满后依法减为 25 年有期徒刑的,实际执行的刑期不能少于 20 年。死缓限制减刑规定的初衷是,对于累犯及严重威胁人身安全的犯罪分子进一步提高实际执行期限,以便进一步强化死缓的威慑力。

再次，作为限制减刑对象，法条规定为"被判处死刑缓期执行的累犯以及因故意杀人、强奸、抢劫、绑架、放火、爆炸、投放危险物质或者有组织的暴力性犯罪被判处死刑缓期执行的犯罪分子"。其中的"故意杀人、强奸、抢劫、绑架、放火、爆炸、投放危险物质"应该被理解为是犯罪行为而非具体罪名，因此以决水的方法杀人而被判死缓的，也在此列。其中的"有组织的暴力性犯罪"，是指黑社会性质组织、恐怖活动组织和邪教组织的成员实施的除故意杀人、强奸、抢劫、绑架、放火、爆炸、投放危险物质之外的其他暴力性犯罪，如故意伤害致人死亡、以暴力手段劫持航空器、非法拐卖妇女等。①

最后，这里的限制减刑是要"根据犯罪情节等情况"。按照最高人民法院《关于死刑缓期执行限制减刑案件审理程序若干问题的规定》第1条，是指"根据犯罪情节、人身危险性等情况"决定是否限制减刑。

4. 死缓犯的期限计算

《刑法》第51条规定："死刑缓期执行的期间，从判决确定之日起计算。死刑缓期执行减为有期徒刑的刑期，从死刑缓期执行期满之日起计算。"死缓执行期满之日和裁定减为有期徒刑之日未必是同一天，这时法律明确规定从死缓考验期满之日，而非裁定减为有期徒刑之日，开始计算有期徒刑的期限。

毫无疑问，死缓判决确定之前的羁押期间不计算在缓期两年的考验期限之内。无期徒刑至少从名义上是一种终身刑，先前的羁押不能折抵；死缓更是如此，就是要综合考验在两年期间之内的表现，如允许先前羁押的期限折抵考验期，则会使考验期的设置效果大打折扣。

5. 如何使死缓在限制死刑适用的道路上发挥更大作用

作为一项具有中国特色的死刑执行方式，死缓在限制死刑适用上具有一定意义。一些罪行极其严重但不是必需被立即执行的犯罪分子，通过死缓的渠道生存了下来。在这个意义上说，死缓对限制死刑的适用起到了一定的积极作用。但是，现行死缓制度确实又存在一些问题，如由于死缓的存在，一些原本不属于罪行极其严重的犯罪分子被错误地判处死缓，客观上增加了死刑犯的数量。

现行死缓制度存在的更大问题在于，其与死刑立即执行虽然在名义上是死刑的两种方式，但在实际上却天壤之别，生死两重天，死缓制度活刑化的现象严重，使得死缓无法起到死刑立即执行替代措施的作用。《刑法修正案（八）》对此已经做出了有益的探索。为进一步拉近死缓和死刑立即执行之间的距离，有学者主张，应该将死缓设为死刑执行的必经程序并针对不同性质的罪犯规定2～5年不等的考验期，②提高有期徒刑的上限、增设不得减刑不得假释的无期徒刑。如果这三者都做到了，那么，中国对于绝大多数的犯罪废除死刑立即执行也就不再是遥不可及的了。

---

① 姜涛：《诠释与完善刑法修正案（八）的限制减刑规定》，载《人民司法》2012年第11期。

② 此为烟台大学教授黄伟明博士的观点。参见张文等：《十问死刑——以中国死刑文化为背景》，北京大学出版社2006年版，第137～150页。张文教授本人亦在多个场合对此种观点表示认同。

第三节 附 加 刑

附加刑与主刑相对，是一种附加于主刑、补充主刑适用的刑罚方法。附加刑既可以在轻罪的场合独立适用，又可以在重罪的场合附加主刑适用，且附加适用时，几种附加刑之间可以叠加。根据《刑法》第 34 条的规定，附加刑包括罚金、剥夺政治权利与没收财产。此外，《刑法》第 35 条规定的适用于外国人的驱逐出境，一般也被认为是一种附加刑。

一、罚金

（一）概说

罚金是一种刑罚方法，而非单纯的经济制裁，不能被归属于民事处罚或行政处罚。当今世界各国的刑罚体系一般均包括生命刑、自由刑、财产刑和资格刑 4 大类。其中，罚金刑属于财产刑的范畴，以强制犯罪的自然人及单位缴纳金钱为内容。罚金是刑罚的一种，只能由作为国家审判机关的人民法院依法判决，其他任何机关与个人均无权适用。

由于罚金刑以剥夺犯罪人的金钱为内容，故而更多地被适用于经济犯罪和以营利贪财为目的的犯罪。此外，对少数妨碍社会管理秩序的犯罪、侵犯公民人身权利、民主权利的犯罪也可以适用罚金。根据《刑法》第 52 条的规定，判处罚金，应当根据犯罪情节决定罚金数额。罚金数额应当与犯罪情节相适应，犯罪情节严重的，罚金数额应当多些；犯罪情节轻的，罚金数额应当少些。这是罪刑均衡原则在罚金裁量上的具体体现。在裁量罚金数额时，应否考虑犯罪人的经济情况，《刑法》本身没有明确规定，但司法解释却有所涉及。如 2000 年 11 月 15 日通过的最高人民法院《关于适用财产刑若干问题的规定》（自 2000 年 12 月 19 日起施行）第 2 条规定，人民法院应当根据犯罪情节，如违法所得数额、造成损失的大小等，并综合考虑犯罪分子缴纳罚金的能力，依法判处罚金。《刑法》没有明确规定罚金数额标准的，罚金的最低数额不能少于 1000 元。司法解释如此规定，是考虑了有利于判决执行和对被判刑人的惩治与教育。但要强调的是，由于被告人经济状况较差，可以尽量少适用甚至不适用罚金；但其逆命题不成立，不能本末倒置，因为被告人有钱就多判罚金，首要的是必须结合犯罪情节判处罚金。

（二）罚金刑的优缺点

罚金刑也是一种优点明显的附加刑。它可以避免交叉感染，有利于犯罪人的改造；不需要占用国家司法资源，还可增加国库收入；误判易纠；对于营利性犯罪具有重要的遏制效果；能够适用于单位犯罪。正因为罚金刑的这些优点，所以从 1979 年制定《刑法》之后，就一直有把罚金刑提升为主刑的主张。但是 1997 年《刑法》仍然把罚金刑设为一种附加刑。事实上，一种刑罚被规定为主刑还是附加刑，并不表明立法者对其重视或者不重视。将某种刑罚方法规定为主刑还是附加刑，不是看其重不重要，而主要是根据其适用上的特点，即是否方便附加适用。作为附加刑，罚金既可以独立适用也可以附加于主刑适用，这使得其适用范围更加广泛。因此，完全没有必要把罚金刑上升为主刑。

当然，罚金刑的缺陷也很明显。(1)它可能带来刑罚适用的不平等，同样是判处罚金1万元，对于富翁来说只是一顿早茶，对于穷人来说则是一生积蓄；而在自由刑、生命刑的场合，都不会出现这种不平等。(2)罚金刑还可能违反刑罚的人身专属性原则，每个人都是因为自己的犯罪而被判处刑罚，即反对株连，倡导罪责自负；但在罚金的场合，可能存在其他人代为缴纳罚金从而由他人承担不利后果的弊端。(3)在经济犯罪(比如制造伪劣产品的犯罪)等场合，可能会把罚金作为一种必要开支和成本，从而导致行为人在犯罪时变本加厉，以获得更多的不法利益。但总体来说，罚金刑作为一种财产刑，是轻缓化刑罚的代表，其积极作用更为主要。至于罚金刑具有的弊端，是实践中判处罚金时需要关注和尽力解决的问题。

(三)罚金的适用对象与适用方式

(1)从犯罪性质来看，我国《刑法》中的罚金，主要适用于经济犯罪、财产犯罪和其他一些故意犯罪，总共大约有150个条文，适用范围还是非常广泛的。

(2)罚金的适用方式。包括：①单科制，主要适用于单位犯罪的场合；②选科制，将罚金与其他刑种并列以供选择，比如《刑法》第270条侵占罪的基本法定刑是“处二年以下有期徒刑、拘役或者罚金”；③必并制，明确规定判处主刑时必需同时并处罚金，比如《刑法》第133条之一危险驾驶罪的法定刑是“处拘役，并处罚金”；④得并制，规定在判处主刑的同时可以并处罚金，比如《刑法》第293条第2款规定的纠集他人多次寻衅滋事、严重破坏社会秩序的，“处五年以上十年以下有期徒刑，可以并处罚金”；⑤混合制，即规定并处或者单处罚金，比如《刑法》第165条规定的非法经营同类营业罪的基本法定刑就是“处三年以下有期徒刑或者拘役，并处或者单处罚金”。

(3)无限额罚金制的规定。关于罚金的数额，除了存在限额罚金制(具体又可以被分为比例罚金、倍数罚金和倍比罚金制)之外，还存在大量的无限额罚金制的规定，即不规定罚金的下限，亦不规定其上限。尽管《刑法》第52条对裁量罚金的一般原则有概括性规定，但“根据犯罪情节决定罚金数额”的规定仍然过于笼统。根据前述2000年最高人民法院的司法解释第2条的规定，罚金的最低数额不能少于1000元，对未成年人犯罪应当从轻或者减轻判处罚金，但罚金的最低数额不能少于500元。对罚金的上限，规范性文件却没有明确的限制。罪刑法定原则的一个派生原则是禁止绝对不定期刑(不定刑)。一种刑罚没有上限，司法者可以随意判罚(实践中，判处上亿甚至几亿元罚金的都不罕见)，①与罪刑法定原则中“刑之法定”②的要求之间存在距离，存在利用罚金合法剥夺他人财产的问题。③

---

① 例如，北京市第二中级人民法院2010年5月18日作出(2010)二中刑初字第689号刑事判决，以被告人黄光裕犯非法经营罪、内幕交易罪、单位行贿罪，判处有期徒刑14年，并处罚金人民币6亿元，没收个人部分财产人民币2亿元。二审北京市高级人民法院于2010年8月27日作出(2010)高刑终字第363号刑事判决，维持原判。

② 刑之法定既包括刑罚种类法律有规定，也包括刑罚限度刑法有明确规定：前者为对刑罚的质的规定，后者为对刑罚的量的规定。

③ 付立庆：《论刑法用语的明确性与概括性》，载《法律科学》2013年第2期。

(4)罚金的缴纳。罚金分为限期一次缴纳和限期分次缴纳两种,期满不缴纳的,强制缴纳。对于不能全部缴纳罚金的,人民法院在任何时候发现被执行人有可以执行的财产,应当随时追缴。根据经过《刑法修正案(九)》修正的第 53 条第 2 款规定,如果由于遭遇不能抗拒的灾祸等原因缴纳确实有困难的,经人民法院裁定,可以延期缴纳、酌情减少或者免除罚金的缴纳。

二、剥夺政治权利

(一)内容与适用对象

作为一种资格刑,剥夺政治权利是指剥夺犯罪人参加国家管理和政治活动之权利的一种刑罚方法。根据《刑法》第 54 条的规定,剥夺政治权利是剥夺下列权利:(1)选举权和被选举权;(2)言论、出版、集会、结社、游行、示威自由的权利;(3)担任国家机关职务的权利;(4)担任国有公司、企业、事业单位和人民团体领导职务的权利。①

剥夺政治权利的对象。如果是附加剥夺政治权利的,是作为一种比较严厉的刑罚方法,适用于重罪犯。根据《刑法》第 56 条、第 57 条的规定,附加剥夺政治权利的对象主要是以下三种犯罪分子:(1)危害国家安全的犯罪分子应当附加剥夺政治权利;(2)被判处死刑、无期徒刑的犯罪分子,应当剥夺政治权利终身;(3)故意杀人、强奸、放火、爆炸、投毒(根据现行《刑法》的规定,应该改为“投放危险物质”)、抢劫等严重破坏社会秩序的犯罪分子,可以附加剥夺政治权利。如果不是附加适用,而是独立剥夺政治权利时,是作为一种不剥夺罪犯人身自由的轻刑,适用于罪行较轻不需要判处主刑的罪犯,需要依据《刑法》分则的具体规定判处。此外,根据 2006 年 1 月 11 日最高人民法院《关于审理未成年人刑事案件具体应用法律若干问题的解释》第 14 条,除《刑法》规定“应当”附加剥夺政治权利外,对未成年罪犯一般不判处附加剥夺政治权利。如果对未成年罪犯判处附加剥夺政治权利的,应当依法从轻判处。对实施被指控犯罪时未成年、审判时已成年的罪犯判处附加剥夺政治权利,也应当依法从轻判处。

(二)剥夺政治权利的期限及其计算

除独立适用以外,依所附加的主刑不同,剥夺政治权利的期限有所不同。

依据《刑法》第 55 ~ 57 条的规定,剥夺政治权利的期限有定期与终身之分。具体包括:(1)判处管制附加剥夺政治权利的,剥夺政治权利的期限与管制的期限相等(均为 3 个月以上 2 年以下,数罪并罚时不超过 3 年),同时执行。(2)判处拘役、有期徒刑附加剥夺政治权利或者单独剥夺政治权利的,期限为 1 年以上 5 年以下。(3)判处死刑、无期徒刑的犯罪分子,应当剥夺政治权利终身。(4)在死缓减为有期徒刑或者无期徒刑减为有期徒刑时,剥夺政治权利的期限应改为 3 年以上 10 年以下。

剥夺政治权利的刑期计算。独立适用剥夺政治权利的刑期,从判决确定之日起计算并执行。判处管制附加剥夺政治权利的期限与管制期限相同,同时起算同时执行,管制期满同时政治权利

---

① 对于中国公民来说,剥夺政治权利是指同时剥夺上述 4 项政治权利;但对外国人或者无国籍人来说,因为在我国不享有选举权和被选举权,所以,剥夺政治权利是指剥夺其他几项依法享有的权利。

恢复。判处有期徒刑、拘役附加剥夺政治权利的刑期,从有期徒刑、拘役执行完毕之日或假释之日起计算。同时,《刑法》第 58 条第 1 款明确规定,剥夺政治权利的效力当然施用于主刑执行期间。这就意味着被附加剥夺政治权利的,在主刑执行期间也不享有政治权利。比如,判处有期徒刑 3 年附加剥夺政治权利 2 年,是指在有期徒刑执行完毕之日起开始计算剥夺政治权利的 2 年期限,犯罪分子实际上总共有 5 年时间不享有政治权利。根据剥夺政治权利的含义,如果一个犯罪分子被判处有期徒刑或拘役等而未被附加剥夺政治权利,意味着在服刑期间仍然享有政治权利。也就是说,对于犯罪分子而言,政治权利不经明文剥夺即为享有。

(三)剥夺政治权利的执行

根据《刑事诉讼法》第 270 条的规定,对被判处剥夺政治权利的罪犯,由公安机关执行。剥夺政治权利执行期满,应由执行机关书面通知本人及其所在单位、居住地基层组织。恢复政治权利的人重新享有法律赋予公民的政治权利。

《刑法》第 58 条第 2 款规定,被剥夺政治权利的犯罪分子,在执行期间,应当遵守法律、行政法规和国务院公安部门有关监督管理的规定,服从监督;不得行使《刑法》第 54 条规定的各项权利。除剥夺政治权利终身的以外,期限到时应恢复政治权利,但有些政治权利会因法律的特别规定而不可能再享有,比如对担任司法职务等一些特定职务的,可能会明确要求"不得受过刑事处罚"。

三、没收财产

(一)概说

在附加刑里面,除了属于财产刑的罚金、属于资格刑的剥夺政治权利之外,还有属于财产刑的没收财产。

没收财产,是指将犯罪分子个人所有财产的一部分或者全部强制无偿地收归国有的一种刑罚方法。与罚金相比,没收财产是一种更为严厉的财产刑。罚金通常适用于贪利性犯罪,没收财产的适用范围更为广泛。根据《刑法》第 113 条第 2 款的规定,对所有危害国家安全的犯罪,都可以并处没收财产;根据《刑法》第 140 条的规定,像生产、销售伪劣产品罪等产品质量犯罪,属于严重危害经济安全的犯罪,可以没收财产。此外,在严重的财产犯罪(比如抢劫、盗窃等)场合,也可以没收财产;像贪污罪等职务犯罪,也规定了没收财产刑。就执行方法而言,罚金由人民法院执行,可以分期缴纳,如果由于犯罪人遭遇不能抗拒的灾祸等原因,可以延期缴纳、酌情减少或者免除缴纳;而没收财产无论是附加适用还是单独适用,都由人民法院执行,在人民法院执行遇到困难时,可以会同公安机关执行;同时,没收财产具有一次性的特点,一旦公告,即一次性地没收犯罪人财产的一部分或者全部,不存在减免问题。

(二)没收财产的范围、方式与执行

《刑法》第 59 条第 1 款规定,"没收财产是没收犯罪分子个人所有财产的一部或者全部"。

所谓犯罪分子个人所有的财产，是指属于犯罪分子本人实际所有的财产以及犯罪分子与他人共有财产中依法应由犯罪分子所得的份额。该款还规定："没收全部财产的，应该对犯罪分子个人及其抚养的家属保留必需的生活费用。"同条第 2 款规定："在判处没收财产的时候，不得没收属于犯罪分子家属所有或者应有的财产。"根据 2014 年 10 月 30 日发布的最高人民法院《关于刑事裁判涉财产部分执行的若干规定》第 6 条第 2 款，判处没收部分财产的，应当明确没收的具体财物或者金额。

此外，根据《刑法》第 64 条的规定，犯罪分子违法所得的一切财物，应该予以追缴或者责令退赔；对被害人的合法财产，应当及时返还；违禁品（比如假币、管制刀具、毒品、枪支等）和供犯罪所用的本人财物（比如用来行贿的贿赂），应当予以没收。此处的"应当予以没收"，是说这些财产本身就是和犯罪有关的，直接予以没收，不属于没收财产。换言之，没收财产事实上是没收犯罪分子合法所有并且没有用于犯罪的财产，以体现刑罚的惩罚性。

没收财产的方式包括选科与并科两种。选科，比如《刑法》分则对某种犯罪或者某种犯罪的特定情节，规定"并处罚金或者没收财产"，在这种情况下，没收财产与罚金相并列，此时从同类解释（体系解释）的角度看应解释为只没收部分财产，若认为也包括没收全部财产则和与之并列的"处罚金"显失均衡。并科，是指在对犯罪人科处生命刑或者自由刑的同时，判处没收财产，又分为必并制和得并制两种不同类型。前者比如，在判处其他刑罚的同时，必须并处没收财产，如组织、领导恐怖活动组织的情况；后者是指在判处其他刑罚的同时，可以并处没收财产，如数额巨大的职务侵占罪。

根据《刑事诉讼法》第 272 条的规定，没收财产的判决，无论是附加适用还是独立适用，都由人民法院执行；必要时可以会同公安机关执行。

（三）正当债务的偿还

《刑法》第 60 条规定："没收财产以前犯罪分子所负的正当债务，需要以没收的财产偿还的，经债权人请求，应当偿还。"这里体现了国家不与人民争利的基本思路。即需要根据行为性质、危害后果等判处没收财产，强制收归国有；同时，如犯罪分子还负有正当债务，除了所没收的财产这样的合法财产之外，犯罪分子没有其他财产可供偿还此正当债务的，在此种情况下，经债权人申请，要优先偿还债务，偿还之后的财产再予以没收。如果犯罪分子个人的合法财产不足以偿还债务或者偿还之后已经没有剩余的，就不再判处没收财产。

四、驱逐出境

（一）驱逐出境的适用与执行

《刑法》第 35 条规定："对于犯罪的外国人，可以独立适用或者附加适用驱逐出境。"这里的驱逐出境，是指强迫犯罪的外国人离开中国国境或者边境的刑罚方法。驱逐出境作为一种刑罚方法，只适用于犯罪的具有外国国籍或者无国籍的人（两者统称为外国人），而不适用于犯罪的本国人，因此不具有普遍适用的性质。驱逐出境既可以独立适用，也可以附加适用，在此意义上，具有附加刑的特征。具体适用驱逐出境时,要考虑犯罪的性质、情节和犯罪分子本人的情况以及外交情势的需要等因素。如果罪行较轻,不宜判处有期徒刑等,又需要驱逐出境的,可以单独判处驱逐出境;如果罪行严重,应该判处自由刑的,必要时也可以在判处有期徒刑等的同时附加判处驱逐出境。

问题是,在附加判处驱逐出境时,是否意味着在中国境内首先执行完有期徒刑等主刑,然后再适用驱逐出境。对此可能有不同理解。在本书看来,既然是一种附加判处,当然应该在主刑执行完毕之后再执行附加刑。即附加判处驱逐出境的,从主刑执行完毕之日起执行。单独判处驱逐出境的,则从判决确定之日起执行:判决什么时候确定,就什么时候开始驱逐出境。驱逐出境由中国的公安机关具体执行。

需要特别注意的是,《刑法》第 35 条规定的是,对于犯罪的外国人"可以"独立适用或者附加适用驱逐出境,也就是说,并不意味着对只要是在中国犯罪的外国人就一概适用驱逐出境,驱逐出境只适用于那些留在中国境内有继续犯罪的可能性,会有害于中国的国家、社会或者公民利益的犯罪人,这种情况下出于保障国家利益、社会利益和公民个人的考虑,就不允许犯罪人再留在中国境内。对于犯罪的外国人,如果人身危险性较低、留在中国境内再犯罪的危险性也较小的,也可以不适用驱逐出境。

(二)驱逐出境是否存在期限

驱逐出境是否有期限?比如,对于一个在中国犯了故意伤害罪的外国人,在判处其 3 年有期徒刑的前提下同时判处了驱逐出境,在中国执行了 3 年有期徒刑之后,将其驱逐出境。这时,是意味着此人永远不能再到中国,还是经过一定的时间后还可以再次入境中国?对此,《刑法》没有明文规定,司法解释也没有相应说法。本书认为,驱逐出境并不意味着就永远限制入境,两者要区分开。根据罪刑均衡原则,同时也是出于比例性的考虑,驱逐出境这种刑罚方法应该和犯罪行为的危害程度及其应该承担的刑事责任相适应、成比例,在这个意义上说,就不应该认为驱逐出境是完全没有期限的。那么,什么时候确定驱逐出境的期限已过?对此很难有一个明确的标准,但是,主刑在很大程度上反映了犯罪外国人的行为的法益侵害程度和人身危险程度,所以,应该参照主刑的轻重,结合犯罪之外国人的认罪悔罪态度和改造的情况,进行实质性的判断:该犯罪的外国人如果再进入中国的,是否还有再次犯罪的可能性,如果得出了肯定的结论,就仍应禁止其入境;如果觉得已经有所改善,就可以考虑有条件地允许入境。我国的《出入境管理法》也有类似规定,因此,需要结合该法的规定,理解驱逐出境的含义与期限。

第十三章　刑罚的裁量

第一节　量 刑 概 说

一、刑罚裁量的意义

从权力构成的角度来讲,国家刑罚权包括以下4个方面:(1)制刑权,即刑事立法权;(2)求刑权,即检察机关(或者是亲告罪场合的被害人本人及其特定条件下的法定代理人、近亲属)①将案件诉诸人民法院请求刑事裁判的权力;(3)量刑权,即人民法院量定刑罚的权力;(4)行刑权,即刑罚适用机关具体适用刑罚的权力。前文所述的刑罚体系,是静态地对刑罚的研究;而刑罚裁量,属于刑罚适用的范畴,是动态地对刑罚适用过程的研究。

刑罚裁量,简称量刑,是指人民法院对犯罪分子依法裁量并决定刑罚的一种审判活动。刑事审判包括定罪和量刑两个环节,两者之间存在逻辑上的先后顺序:首先需要确定行为人是否有罪,如果认定为有罪,则需要进一步裁量刑罚,并将所裁量的刑罚诉诸执行。刑罚裁量以相对确定的法定刑为前提,但如果立法规定的法定刑十分确定,毫无选择的余地,也就不需要裁量,在定罪的同时,刑罚即随之产生。这种情况下,就不需要一个单独的刑罚裁量过程。比如,假若刑法典中规定犯故意杀人罪的处死刑,犯故意伤害罪的处10年有期徒刑,犯盗窃罪的处1年有期徒刑,那么在这种情况下就完全没有必要再专门设置一个刑罚裁量的环节,定罪的同时一并宣告刑罚结果即可。但绝对确定的法定刑不能充分体现同一犯罪所反映的行为人的法益侵害和人身危险性的差别,要适应这种违法性、有责性乃至预防必要性程度上的差别,就必须对同一犯罪设置不同的量刑幅度,即设置相对确定的法定刑。在此前提之下,针对行为人所实施的危害行为,就必须在法定刑的幅度之内,最终确定一个宣告刑,予以执行。在相对确定的法定刑之时代,刑罚裁量才具有独立的意义。

二、刑罚裁量的内容

具体而言,刑罚裁量主要包括以下内容。

首先,在定罪的前提之下,需要决定是否有必要判处刑罚。刑事责任的承担方式,除了判处刑罚这一主要方式之外,还包括免除刑罚而单纯进行有罪宣告,或者是根据《刑法》第37条的规定,适用非刑罚的处罚方法,后两者也都是刑事责任的承担方式。因此,量刑的第一步就是考虑

① 《刑事诉讼法》第114条规定:"对于自诉案件,被害人有权向人民法院直接起诉。被害人死亡或者丧失行为能力的,被害人的法定代理人、近亲属有权向人民法院起诉。人民法院应当依法受理。"

是否需要实际判处刑罚。如果根据犯罪情节等因素，认为行为人虽然构成了某罪（比如故意伤害罪），但是属于防卫过当，应当免除处罚的，这时判处其构成故意伤害罪并宣告免除处罚就是一种量刑，刑罚裁量到此即告结束。

其次，如果认为犯罪分子所犯罪行应当被实际判处刑罚，在立法者对该罪配置了多个刑罚种类的场合，就需要进一步选择具体的刑罚种类。比如故意杀人罪包括死刑、无期徒刑和有期徒刑三个不同的刑罚种类，在肯定对行为人判处刑罚的前提下，就需要根据其犯罪情节裁量究竟是判处死刑，还是判处无期徒刑或者是只判处有期徒刑。这是刑罚裁量的第二步，确定判处何种刑罚，即刑罚种类的选择。

最后，在确定了某种刑罚的基础上，如果这种刑罚具有可分性，就需要进一步确定刑罚的程度，也就是刑度的选择。比如，当决定对犯罪分子适用死刑时，还存在究竟是立即执行还是缓期执行的问题；如果决定对犯故意杀人罪的犯罪人判处有期徒刑，则从 3 年有期徒刑到 15 年有期徒刑之间，甚至在 3 年有期徒刑的场合，还存在是否适用缓刑的问题，对这些都需要做进一步的裁量。当然，如果前一步骤所确定的某种刑罚不具有可分性（比如无期徒刑），就谈不上进一步选择刑度的问题了。

三、刑罚裁量的问题

在量刑环节，目前我国最突出的问题有两大类。① 一是量刑不均衡的问题。比如，对同样一个犯罪，情节也很相似，而量刑差别极大。对同样是具有自首情节又明显不属于“情节较轻”的故意杀人罪，有的地方判处死刑立即执行，较多的地方判处死刑缓期执行，也有地方判处无期徒刑，甚至极少的地方还判处 10～15 年的有期徒刑；再如，同样是安乐死案件，不同的地方分别对此做出不同的处理，有的就判处缓刑，有的则判处实刑，还有的甚至判处较高的刑期。可见，针对具有同样情节的类似案件，各地的量刑标准不一致，量刑不均衡的现象十分突出。

二是对于人民法院的量刑结果，社会公众很不满意，或者说，量刑的公信力较低。比如，对于云南的李昌奎案，大多数人认为，像这种强奸后把被害人杀死，同时又摔死另一无辜小孩的行为，怎么能仅被判处死缓呢？再如，广州的许霆案明明属于“盗窃金融机构数额特别巨大”，法官一审（依法）判处其无期徒刑，公众却难以接受该判决结果。

正是为了解决上述问题，在刑事审判活动中正在尝试将定罪和量刑两个环节明确区分开来。在以往的刑事裁判中，是囫囵地把定罪和量刑混在一起，刑事辩护更多关注的是有罪还是无罪，对量刑辩护往往不太重视，法官也未有意识地引导律师展开这种量刑辩护。在庭审过程中，控辩双方往往只是就行为是否构成犯罪等进行争论。即使在构成犯罪的前提下，律师做罪轻辩护时，往往也只是主张行为人构成伤害致死而不构成故意杀人，构成猥亵而不构成强奸，构成盗窃而不构成抢劫等，这样的轻罪辩护往往忽视了量刑本身。律师常常不太关注到底判被告人多少年有期徒刑，不太主张就具体量刑与公诉人进行公开的辩论。如果在刑事审判领域，能够明确地将定

---

①　对于量刑领域的突出问题，可以参见周长军：《量刑治理的模式之争——兼评量刑的两个指导“意见”》，载《中国法学》2011 年第 1 期。

罪环节和量刑环节加以分离，控辩双方首先就行为是否构成犯罪进行辩论，若辩论后辩护方也接受被告人构成犯罪的结果，则接下来再进入到下一个环节，就被告人应被判处多重的刑罚展开辩论。比如，公诉人主张判处死刑，辩护人主张判处无期徒刑的，在这种情况下再对量刑进行辩护则更有利于被告人。在现实中，量刑辩护的分量很轻，往往难以对法院最终裁量刑罚产生实质影响。可以说，将定罪程序和量刑程序适当分离，引导律师做有效的量刑辩护，应该是下一阶段刑事审判改革的重要环节。通过这样的量刑辩护，可以较大程度地限制法官在量刑上的自由裁量权。相反，如果控辩双方只是围绕着行为是否构成犯罪进行讨论，对构成犯罪之后究竟应如何量刑缺乏充分的观点交锋，那么将不可能有效地限制法官的自由裁量权。

四、刑罚裁量的原则

《刑法》第61条规定，对于犯罪分子决定刑罚的时候，应当根据犯罪的事实、犯罪的性质、情节和对于社会的危害程度，依照本法的有关规定判处。理论上一般将《刑法》的这一规定概括为“以事实为依据、以法律为准绳”的量刑原则。更准确地说，应该是“以犯罪事实为依据，以刑事法律为准绳”。

(一)以犯罪事实为依据

犯罪事实除包括狭义的犯罪事实之外，还包括犯罪的性质、犯罪的情节以及对社会的危害程度等，这些都是《刑法》第61条的规定内容。

(1)狭义的犯罪事实，即与行为是否构成犯罪有关的事实。比如在故意杀人的场合，对方是人还是动物，是尸体还是胎儿，这些均对行为构成故意杀人罪还是构成其他犯罪甚至无罪产生影响，此即为定罪事实。以为对方还活着，但客观上对方已经死了，这就是一个定罪事实：既然对方已经死了，就不可能再成为故意杀人罪的行为对象。这些和成立犯罪，具体来说和行为所符合的犯罪构成要件以及行为的违法性、有责性有关的事实，比如年龄问题(是否已满14周岁)，或者在行为当时有无辨认和控制能力等，就属于定罪事实。

(2)犯罪的性质。比如，究竟是有预谋的犯罪还是临时起意的犯罪，是激情犯罪还是恶性很强的暴力犯罪等，不同的犯罪性质体现了行为人不同的可谴责性程度，进而对其量刑产生重要影响。

(3)犯罪的情节。这里所谓的犯罪情节是量刑情节，而不是定罪情节。比如，就盗窃罪而言，行为人偷了1万元人民币，其中有2000元要用来认定“数额较大”而予以定罪，因为如果不到2000元，就不满足盗窃罪的定罪标准(对小偷小摸只能进行治安管理处罚)，而其他8000元则是量刑情节。再如，《刑法》第246条规定的诽谤罪，是指“捏造事实诽谤他人，情节严重”的行为。这里的“情节严重”就是定罪情节，如果捏造事实诽谤他人但情节不严重的，就根本不构成诽谤罪，也即不能将定罪情节错误地当成量刑情节来对待。举例来说，由于诽谤而导致他人不堪凌辱自杀的(自杀被认为是后果严重，可以说与情节严重相当)，对方自杀这一情节就被认定为“情节严重”，或者说是构成犯罪的条件。在此前提下，就不能再将被害人自杀作为量刑情节处理。如果此时还考虑被害人自杀，实际上就是将其同时作为定罪情节和量刑情节，属于一种双重评价，是不被允许的。当然，在量刑时应该考虑"被害人自杀"之外的其他情节，如诽谤次数、诽谤手段本身是否足够恶劣等因素。所以，在量刑时一定要将定罪情节和量刑情节区分开，一个情节如果在定罪时已经被评价过，则在量刑时就不能被再考虑。

（二）以刑事法律为准绳

量刑要以刑事法律为准绳，包括以刑法总则中关于刑法原则、制度、方法及适用条件的一般规定为依据，以刑法分则中有关具体犯罪的法定刑及量刑幅度的具体规定为准则。量刑时不能突破刑法总则中关于量刑的一般规定，比如，对从犯就要从轻、减轻或者免除处罚，对防卫过当、避险过当则应减轻或者免除处罚，不能忽视乃至违反这些法律规定。同样，在量刑时也必须在刑法分则设定的法定刑幅度之内进行裁量，除非具有减轻处罚的法律依据或者实质根据，否则就不能脱离刑罚幅度予以量刑。

第二节 量刑情节

情节可被分为定罪情节和量刑情节两个方面，对量刑情节的具体内容予以考察，具有重要意义。所谓量刑情节，就是对于犯罪人的刑罚裁量具有重要意义的事实情节。

一、量刑情节的分类

根据是否有法律的明文规定，可以将量刑情节分为法定量刑情节和酌定量刑情节。其中，法定量刑情节，是指具有法律的明文规定，并且对量刑功能作出明确指引的情节；酌定量刑情节，是指没有法律的明文规定，由司法者在裁量刑罚时酌情予以考虑的情节。

根据量刑情节的法律效果，可以将量刑情节分为从重处罚的情节、从轻处罚的情节、减轻处罚的情节和免除处罚的情节。我国《刑法》虽有情节加重犯的规定，但没有关于加重处罚情节的规定。在情节加重犯、结果加重犯的场合，并非有了该情节即导致法定刑的加重，而是说在出现这个情节时，立法已经为其规定了升格的法定刑。比如在入户抢劫的场合，立法并没有一般性地规定对其加重处罚，而是规定，一般抢劫的，处 3 年以上 10 年以下有期徒刑，入户抢劫的，处 10 年以上有期徒刑、无期徒刑或者死刑。亦即，直接将这种情节作为法定刑升格的条件，并为其明确配置了相应的法定刑。

二、量刑情节的内容

（一）从重处罚

根据《刑法》第 62 条的规定，犯罪分子具有本法规定的从重处罚情节的，应当在法定刑的限度以内判处刑罚。此条款本身并没有清楚地阐述"从重处罚"究竟应如何"从重"。比如，某个犯罪分子实施故意伤害致人重伤的行为,同时他又是累犯,在这种情况下应对其从重处罚,但从重处罚当如何从重? 前述行为触犯的法定刑幅度是3年以上10年以下有期徒刑,且因累犯应对其从重处罚,但这并不意味着是在法定刑的中间线以上判处刑罚,如法定刑3~10年有期徒刑的中间线是6年半,并不表明从重处罚就是在6年半到10年这个幅度之内来量刑。从重处罚意味着与不具有此种从重处罚的情节相比,判处较重的刑罚。例如,若不具有累犯情节的话,根据其危害结果以及其他情节,只需要判处4年有期徒刑,这时,由于其属于累犯应从重处罚,判处比不具有这一情节更重的刑罚,如判处5年有期徒刑,此时该结果虽然是在法定刑的中间线以下,但已然体现了从重处罚。

(二)从轻处罚

从轻处罚也是如此。根据《刑法》第62条的规定,并结合前文的分析,具有从轻处罚情节的,就是在法定刑的幅度以内判处相对较轻的刑罚。相对较轻的刑罚,是较之于不具有此种从轻处罚的情节而言的。例如,符合3~10年有期徒刑的幅度,同时属于从犯的,应当从轻处罚。这时,并不意味着一定要在6年半以下的法定刑幅度内量刑,而是说相对于不具有从犯情节的情况应判处较轻的刑罚。比如,如果不是从犯而是主犯的话,需判处9年有期徒刑,这时,由于是从犯就判7年或者8年有期徒刑,7年、8年实际上都是考虑到从犯这一从轻处罚的情节,而被判处的相应较轻的刑罚。但无论是7年还是8年,均在法定刑中间线以上。所以,从重处罚并不意味着最终裁量结果一定是在法定刑中间线以上,从轻处罚也不意味着最终裁量结果一定是在中间线以下。

根据《刑法》第99条的规定,“本法所称……以内,包括本数”。据此,从重处罚的完全可以判处法定最高刑,从轻处罚的也完全可以判处法定最低刑。在实践当中,顶格判最高刑或者最低刑的情况较为少见,但其本身并不违反法律规定。

(三)减轻处罚

1. 法定的减轻处罚

《刑法》第63条第1款前段规定,“犯罪分子具有本法规定的减轻处罚情节的,应当在法定刑以下判处刑罚”。比如,《刑法》第232条规定,故意杀人的,处死刑、无期徒刑或者是10年以上有期徒刑;情节较轻的,处3年以上10年以下有期徒刑。面对一个触犯故意杀人罪的犯罪分子,首先要判断他是否属于情节较轻,如果此故意杀人行为没有可被宽恕的动机,如不属于大义灭亲,不是安乐死,被害人也没有重大过错等,在这种情况下就不属于情节较轻,需要在基本法定刑幅度之内量刑。此外,比如他本人是和别人共同犯罪,在共同犯罪中属于从犯。此时,从犯并不意味着一定属于“情节较轻”,如两人一起将被害人打死,其完全可能成为次要实行犯,但就整个共同犯罪而言却又可能不属于情节较轻,这时就需要适用基本法定刑。从犯应当从轻、减轻或者免除处罚,若司法者认为单纯从轻处罚还不够,需要减轻处罚的,则“应当在法定刑以下判处刑罚”。在这种情况下,无论是判处死缓、无期徒刑还是判处11年有期徒刑,均在“法定刑幅度之内”而非在“法定刑以下”,仍然是一种从轻处罚。此时能否判处法定最低刑比如10年有期徒刑呢?根据《刑法》第99条的规定,“本法所称……以下……包括本数”,这似乎意味着即便判处法定最低刑亦符合减轻处罚的定义。但如此一来,就会造成判处法定最低刑既属于从轻处罚又属于减轻处罚的结论,而这一结论显然是不能被接受的。因此,应当将减轻处罚场合的“在法定刑以下判处刑罚”解释为“低于法定最低刑判处刑罚”。[①]

接下来的问题是,假如故意杀人案件本身就属于“情节较轻”,比如大义灭亲型的故意杀人,且有自首情节,由于对自首可以从轻或者减轻处罚,这时法院认为,自首体现了行为人的人身危险性较轻,可以减轻处罚,故在法定刑“三年以上十年以下有期徒刑”的幅度内,对减轻处罚具体如何量刑?能否判处拘役或者管制?对此,司法解释没有专门规定。在这种情况下,如果同一刑罚种类中还有刑罚幅度可供选择的,减轻处罚就不应该改变刑种,理论上就此已基本达成共识,[②]实践中一般也是如此执行的。在上述场合,既然有期徒刑还有从6个月到3年的幅度可供选择,那么宣告低于3年的有期判刑,比如两年半、2年、一年半、1年乃至6个月等,都属于减轻处罚,这时原则上就不应改变刑种。但是,比如《刑法》为第144条生产、销售有毒、有害食品罪配置的基本法定刑是“五年以下有期徒刑,并处罚金”,这时减轻处罚应该怎么判?即便只判6个月有期徒刑仍是从轻处罚,这时,减轻处罚就需要改变刑种,即只能在1~6月拘役的范畴之内裁量刑罚。进一步地,如果法定刑是“三年以下有期徒刑或者拘役”,减轻处罚就只能减到管制。需要注意的是,因减轻处罚而需要改变刑种时,只能减为下一低度刑种,而不能任意改变刑种。比如,法定刑是“三年以下有期徒刑”的,减轻处罚就可能减到拘役,而不可能直接减到管制。问题是,如果法定刑是“3年以下有期徒刑、拘役或者管制”,怎么减轻处罚呢?有人主张,这种情况下只能宣告免予处罚。[③] 如果是防卫过当、从犯等场合,相应情节在功能上包括了“免除处罚”,这种情况下,若所涉及的法定刑本身就是“三年以下有期徒刑、拘役或者管制”,免除处罚是没有问题的。但如果相应情节的功能就是“从轻或者减轻处罚”而不包括免除处罚,比如对犯罪未遂或者自首但犯罪又不属“较轻”的,不允许免除处罚。这时只能继续向下减轻处罚,怎么减轻呢?只能是减为附加刑。[④] 比如判处罚金,最少判处罚金1000元即可。当然,在相应法定刑中并未规定罚金刑的场合,能否减为罚金仍值得讨论,不过,本书认为,虽有违反罪刑法定原则之嫌,但终归是一种有利于被告人的解释,因此应该被允许。

关于减轻处罚,还有这样一个问题:一个犯罪有数个量刑幅度的,这时应该如何减轻?比如,1997年《刑法》第264条规定的盗窃罪有4个量刑幅度,2007年发生的许霆案,被认为构成了“盗窃金融机构,数额特别巨大”,法定刑是第4档,即“处无期徒刑或者死刑”。但是,普遍认为对该案如果按照第4档法定刑从轻处罚也只能判处无期徒刑,还是太重,在这种情况下,应该对他减轻处罚。不过应如何减轻?可不可以直接判3年有期徒刑、拘役甚至管制?最终,许霆案经过重

---

① 张明楷:《刑法学》(第5版),法律出版社2016年版,第581页。

② 张明楷:《刑法学》(第5版),法律出版社2016年版,第581页;黎宏:《刑法学总论》(第2版),法律出版社2016年版,第365页。

③ 黎宏:《刑法学总论》(第2版),法律出版社2016年版,第365页。

④ 也有学者持类似观点,参见张明楷:《刑法学》(第5版),法律出版社2016年版,第581页。

审，由广州市中级人民法院启动《刑法》第63条第2款的特别减轻处罚程序，从无期徒刑改判为5年有期徒刑，并且报请最高人民法院核准。然而，这里的5年有期徒刑是从盗窃罪的第4档法定刑绕过第3档法定刑而直接在第2档法定刑的幅度之内减轻处罚。这样减轻处罚的做法受到普通公众的赞扬，但几乎遭到学术界的一致批评，[①]认为减轻处罚不能是毫无限制的随意减轻：本来有4个量刑幅度，符合第4个量刑幅度的，减轻处罚时只能减到第3档法定刑，如果认为还是过重，最低可以减到第3档的法定最低刑，但是不能继续下减。这是学术界广泛一致的意见。正因为如此，最终立法者通过《刑法修正案（八）》对《刑法》第63条增加了一个规定作为该条第1款的后段："本法规定有数个量刑幅度的，应当在法定量刑幅度的下一个量刑幅度内判处刑罚。"

2. 酌定的减轻处罚

除了前述法定的减轻处罚外，还有酌定的减轻处罚，也可谓特别的减轻处罚。《刑法》第63条第2款规定："犯罪分子虽然不具有本法规定的减轻处罚情节，但是根据案件的特殊情况，经最高人民法院核准，也可以在法定刑以下判处刑罚。"亦即，犯罪分子不具有法定的减轻处罚情节时，根据案件的特殊情况，判处法定最低刑仍然过重的，从罪刑均衡的实质正义角度出发，也允许低于法定最低刑判处刑罚。在这种情况下，为了限制法官任意行使此项权力，对其在程序上加以严格的限定，规定必须"经最高人民法院核准"。[②] 这就是酌定的减轻处罚，或者说特别的减轻处罚。但是，由于立法规定的适用条件不够清晰，适用程序限制严格，该制度的适用率极低，几乎处于搁置状态。[③] 有学者经实证分析，进一步揭示了酌定减轻制度在实践运行中陷入了沉睡的困境，不但案例较少被适用，而且即便被适用也呈现出恣意性，其功能并未得到有效发挥。[④] 对于酌定的减轻处罚，其核心问题即在于何种场合属于法律所规定的"特殊情况"？一般认为，这里所谓的"特殊情况"指的是政治需要或者外交需要等。如果外国的官员在中国犯罪，没有减轻处罚情节，但判处法定最低刑仍然不利于两国关系的改善，基于这种特殊情况，报最高人民法院核准，可以在法定刑以下判处刑罚。此即为政治和外交的需要。许霆案的出现打破了"特殊情况"只限于政治、外交的通常理解，将这一特别程序适用于普通案件中。

（四）免除处罚

免除处罚作为刑事责任的承担方式之一，是指定罪免刑，单纯地进行有罪宣告。像防卫过当、从犯等场合，即可能免除处罚。免除处罚与《刑法》第37条规定的"免予刑事处罚"并不完全相同，后者可能在免予刑事处罚的同时，适用各种非刑罚处罚方法，前者则是指免予一切处罚。

---

① 张明楷：《许霆案减轻处罚的思考》，载《法律适用》2008年第9期；陈瑞华：《脱缰的野马 从许霆案看法院的自由裁量权》，载《中外法学》2009年第1期；徐立、胡剑波：《"许霆案"减轻处罚的根据与幅度分析》，载《法商研究》2009年第5期。

② 也有学者认为，"从立法论上来说，对酌定减轻处罚规定如此严格的程序条件，有不妥之处"。张明楷：《刑法学》（第4版），法律出版社2011年版，第496页注8。

③ 冯卫国：《论酌定减轻处罚制度及其完善》，载《政治与法律》2009年第2期。

④ 刘凌梅：《特殊减轻制度的司法适用及规范改进》，载《法律适用》2016年第7期。

三、量刑情节的适用

(一)应当型情节与可以型情节

在法定情节中,存在应当型情节和可以型情节的区分。比如,从犯是一个应当型情节,而未遂则是可以型情节。对于这些应当型情节和可以型情节,要区分其不同的指向。虽然可以型情节也表明了立法者的倾向性,如"对于未遂犯,可以比照既遂犯从轻或者减轻处罚"等,但这毕竟不具有强制性,司法者不遵照立法者的此种指引也不违反法律规定。而在应当型情节之中,就必需强制性地接受立法的约束,不允许超越法律规定。

(二)多功能情节

在多功能情节的场合,要恰当运用这种量刑功能的可选择性。比如,对防卫过当"应当减轻或者免除处罚",具有减轻或者免除处罚两个功能可供选择。这时,究竟应选择减轻处罚还是选择免除处罚?立法把"减轻"放在前面,否则意味着立法者的倾向是首先考虑减轻,如果减轻处罚还不足以评价相应行为的违法性和责任的减少程度,免除处罚也是被允许的。这时应该按照立法所设定的先后顺序予以考虑。

(三)酌定情节

在法定情节之外,还有酌定情节。酌定情节是一种裁判情节,在实践中主要包括以下几种。(1)犯罪的动机。犯罪的动机是善良、可宽恕的,还是恶劣的,对于量刑而言具有重要的评判价值。(2)犯罪的手段。手段是比较轻微的,还是比较暴力的,对量刑同样具有重要影响。(3)犯罪的时间、地点。比如,是入室盗窃还是在公众场合盗窃,对其量刑肯定有所不同;在临近春节时盗窃,肯定要比在平时盗窃处罚更重一些。(4)犯罪的后果。这是指在结果犯之外的场合,比如在危险犯的情况下出现了实害结果,当然对量刑有影响。(5)犯罪的对象。同样是盗窃,偷有钱人还是穷人的钱,或同样是杀人,杀恶人还是好人,自然也会对量刑产生一定影响。(6)犯罪人的一贯表现。比如,是一贯为非作恶,还是一贯表现良好,其预防必要性不同所以量刑也会不同。(7)犯罪后的态度。犯罪之后是积极认错还是假装不知,其态度的不同虽然不会影响到行为人的违法程度和可谴责性程度,但会影响到对再犯可能性的判断。如果认罪悔罪态度很好,再犯罪的可能性就比较低,在量刑时会有所考虑。以往,坦白作为犯罪后的态度,通常也会作为一种酌定的量刑情节。但正如后文所述,《刑法修正案(八)》已经将坦白上升为法定量刑情节。

实践中往往轻视酌定量刑情节的作用,更为重视法定量刑情节。但是,有时酌定量刑情节对于行为的违法性高低、有责性程度等也会产生一定影响,所以不应完全忽视。可以说,是否重视以及在多大程度上重视酌定量刑情节在量刑上的作用,影响着一个国家的刑事司法水准。

(四)量刑情节的竞合

量刑情节的竞合可以分为同向竞合与逆向竞合。所谓量刑情节的同向竞合,是指同时具有几个同向情节的场合，比如在防卫过当的前提下，既是从犯，又有自首情节，对这种情况如何量刑？几个从轻处罚情节能不能转换为一个减轻处罚情节？在一般情况下当然不允许如此操作。但实际上，由于上述情节是多功能的，比如单看自首情节，有时从轻处罚即可，同样地，单看从犯情节，其作用小于主犯却可能比较积极，对结果的发生起着重要作用，此时也应从轻处罚。但如果这些情节发生在同一个案件中，将其综合起来进行评价，对自首、从犯均仅仅从轻处罚时还不足以体现对被告人的从宽幅度，那么对此减轻处罚也是可以的。因为无论是自首还是从犯情节，都包含着减轻处罚的功能，所以在情节竞合的情况下，不可简单地认为多个从轻情节不能折抵为减轻情节。

而量刑情节的逆向竞合，则是指在同时具有几个逆向情节的场合，比如既有从犯的从宽情节，又有累犯的从严情节，这时当如何裁量？对于这种从犯，可以认为不足以减轻或免除处罚，因为其本身就是累犯，从轻处罚足矣。这种情况下，从犯的从轻处罚和累犯的从重处罚，两者之间在量刑时该怎么处理？以抢劫罪的基本犯为例，法定刑幅度是 3～10 年，这时如何量刑？对此有两种选择，要么先从重，再从轻，要么先从轻，再从重。这时应该做出有利于被告人的理解，因为两种情节都是被告人具备的，如果一种刑罚裁量的结果最终不利于被告人，就可能既违背了我国刑罚轻缓化的整体宗旨，也和立法上的一些规定（比如从轻规定）不相协调。因此，如果我们能够接受这样一个前提，即在量刑情节逆向竞合的场合，总体上要做出一种有利于被告人的理解，那么就应该思考在上述场合哪一种选择对被告人而言更为有利。最终的结论是，先从重再从轻对被告人是有利的。先从重是为被告人设置一个刑罚的上限，已经到达上限后再从轻，剩下的都是对其有利的。相反地，如果先从轻，则对后面的从重没有上限的限制，这种情况下从轻的效果完全可能被湮没而只体现为从重。亦即，先从重后从轻，很可能经由从轻而将从重的效果予以抵消，所以最后的结果可能对被告人更为有利。

第三节　累　　犯

一、累犯概说

《刑法》第 65 条及第 66 条规定了累犯。累犯既是一种量刑情节，也可以被理解为一种量刑制度。作为量刑情节，累犯，是指已经受过刑罚处罚，在刑罚执行完毕或者赦免以后特定的时间内又犯一定之罪，从而需要予以从重处罚的情节。在理解累犯时，需要将其与再犯概念加以区分。所谓再犯，是指以前有过犯罪记录，再次或者至少第二次实施犯罪。累犯和再犯之间存在从属关系。作为再犯的一种，累犯的成立具有一些特别的要求。累犯除了指量刑情节，还可以被用来指称相应的犯罪人，即具备累犯情节的犯罪人，也被称为累犯。“这个人是初犯，那个人是累犯”，在这种语境下，累犯指的就是一种犯罪人，此时也可以认为它是累犯人的简称。概括起来，“累犯”一词具有不同的含义，既可以是一种犯罪情节，也可以是一种量刑制度，还可以指具备累犯情节的犯罪人。

二、一般累犯

《刑法》第 65 条规定,被判处有期徒刑以上刑罚的犯罪分子,刑罚执行完毕或者赦免以后,在 5 年以内再犯应当判处有期徒刑以上刑罚之罪的,是累犯。这是成立累犯的积极要件。此外,同条还规定了累犯成立的消极要件。据此,一般累犯的成立需要具备以下条件。

(一)罪过条件

根据《刑法》第 65 条的规定,"过失犯罪的除外",即过失犯罪的不可能构成累犯。所以,就犯罪类型而言,成立累犯要求前罪和后罪都必须是故意犯罪。从司法实践来看,过失犯罪之后也存在再次过失犯罪的情况。立法之所以将累犯的成立限定在前罪和后罪都是故意犯罪的场合,主要是因为过失犯罪后再次犯罪的可能性比较低,相应地,可谴责性也较小。而在故意犯罪的场合,由于行为人是积极地追求危害结果的发生,或者至少是放任危害结果的发生,对法律所保护的利益持明显的否定态度。因此,行为人再次犯罪的可能性较高,可谴责性也较大,所以立法将累犯成立限定在故意犯罪的范围之内。

(二)刑度条件

《刑法》第 65 条明确规定,前罪是"被判处有期徒刑以上刑罚",后罪是"应当被判处有期徒刑以上刑罚"。之所以在成立累犯的问题上作如此要求,主要是因为如果前罪是较轻的故意犯罪,只被判处拘役、管制或者附加刑,又假若后罪很轻,完全可以被判处拘役以下刑罚的,二者之中只要有一个罪应当被裁量的刑罚很轻,则证明其法益侵害程度比较低。在这种情况下,就没有必要再将行为人认定为累犯,对其从重处罚。详言之,如果是很轻的犯罪,就证明其违法性程度较低,或者对法秩序的敌对态度较弱,可谴责性较低,就没有必要作为累犯处罚;只有对那些危害很严重同时主观恶性和可谴责性也很严重的行为,才有必要作为累犯从重处罚。

前罪的"被判处有期徒刑以上刑罚"指的是宣告刑,即根据前罪的各种情节最终宣告了有期徒刑以上刑罚,包括宣告有期徒刑、无期徒刑或者死缓。这里的问题是,前罪判处的刑罚是否包括 3 年以下有期徒刑同时宣告缓刑的场合?通说对此持否定态度。① 但这并非对"刑度条件"的法律规定进行形式解读所得出的结论(从文理解释的角度讲,被判处 3 年以下有期徒刑同时宣告缓刑的,当然属于"被判处有期徒刑以上刑罚"),而是从成立累犯的时间条件要求("刑罚执行完毕……五年之内")上予以反推得出的结论,即既然缓刑考验期满的后果是"原判刑罚不再执行"而不是"刑罚执行完毕",②那么前罪被判处有期徒刑并宣告缓刑的就不成立累犯。在本书看来,这样的反推实际上是将成立累犯的两个条件混为一谈,并不足取。既然是被判处有期徒刑,就证明在司法者看来行为人的法益侵害性和主观恶性较重(重于被判处拘役、管制或者单处附加

---

① 高铭暄、马克昌主编:《刑法学》(第 9 版),北京大学出版社、高等教育出版社 2019 年版,第 257 页;王作富主编:《刑法》(第 6 版),中国人民大学出版社 2016 年版,第 204 页;张明楷:《刑法学》(第 5 版),法律出版社 2016 年版,第 559 页;周光权:《刑法总论》(第 3 版),中国人民大学出版社 2016 年版,第 434 页。

② 高铭暄、马克昌主编:《刑法学》(第 9 版),北京大学出版社、高等教育出版社 2019 年版,第 257 页。

刑)，而缓刑只是刑罚具体执行方式上的变更，[①]即“原判刑罚不再执行”仅意味着刑罚权的消灭，即免除原判刑罚的执行，但定罪与判刑的客观事实依然存在，[②]所以应该认为，此时符合累犯的前罪在刑度上的要求。

如何理解后罪是否属于“应当判处有期徒刑以上刑罚之罪”？对此，需要明确以下几点：第一，并不是说只要后罪的法定刑中包含有期徒刑即可，因为单纯按照法定刑并不足以判断后罪是否应当被判处有期徒刑以上刑罚。第二，在判断后罪是否应当被判处有期徒刑以上刑罚时，不应考虑行为人此前曾经犯过已被判处有期徒刑以上刑罚之罪这一前科劣迹，否则就是将前罪做了不利于被告人的双重评价。第三，同样不应考虑被告人再次犯罪(因而可能构成累犯)这一事实，一方面考虑其可能构成累犯而对其判处有期徒刑以上刑罚，另一方面又因为后罪被判处有期徒刑以上刑罚而认定其符合累犯成立的刑度条件，这实际上既是一种循环论证，也是就再次犯罪这一点做了不利于被告人的双重评价。第四，学界的多数观点认为，“首先，在犯罪实施过程中的所有事实情节都构成了对行为人社会危害和主观恶性程度的评判基础，是评判现行犯罪所不可或缺的部分；其次，所谓犯后情节诸如自首、立功等法定情节与现行犯罪的关系是相当紧密的，尤其自首内容直接指向构成后罪的基本事实”，“至于行为人对被害人的赔偿、行为人与被害人的关系等虽然都属于酌定情节，它们与行为人后一次犯罪的关联性明显比自首立功等情节的附着犯罪程度更大，因此在运用这些情节完成对后罪的整体评价后，累犯情节才可能进入确认阶段”。[③] 即认为在判断后罪是否应当被判处有期徒刑以上刑罚时，要考虑除曾犯前罪之外的所有情节，而在实际量刑时，则不再考虑其他情节。但本书反对这样的主张。正如前文所言，这种理解会导致先考虑从轻情节再考虑累犯这一从重情节，从而出现不利于被告人的结果。这是因为，先考虑从轻的实质是为被告人划定一个刑罚的下限，在确定成立累犯之后，既然所有的从轻情节都已经评价过，那么就只剩下累犯“从重处罚”这个情节，如此就对“从重”幅度欠缺足够的约束和控制，这实际上对被告人不利，可能导致刑罚适用的过度。此外，这种主张还会导致行为人是否因为犯后罪而构成累犯，并不是在后罪完成之时即能判定，而是始终处在不确定之中，由于行为人存在诸如自首、立功、赔偿等法定、酌定的从宽情节或者是各种酌定的从重情节，所以只有到法庭审理乃至宣判之时，是否成立累犯才能“揭开面纱”，使累犯情节完全变成法官裁判时的一种规范判断。但在本书看来，累犯的成立与否虽然离不开规范判断，但其首先是一个事实问题，在行为人再次犯罪之后、依据后罪的犯罪事实即已能确定是否构成。致使一个量刑情节存在与否在刑罚量定之前始终处于不确定状态，无论如何是不合理的。

本书认为，判断后罪是否属于“应当判处有期徒刑以上刑罚之罪”，需要尽可能排除法官的恣意判断，这就应该只考虑与案件本身有关的情节，而不考虑其他事实。换言之，除了不考虑行为人曾犯前罪这一事实之外，其他的案前情节(比如行为人的一贯表现)、案后情节(比如赔偿、

---

① 《刑法修正案(八)》之后，对于缓刑犯要予以社区矫正，对有些犯罪人还可以适用禁止令。这都表明，缓刑犯仍然在某种意义上被执行刑罚。社区矫正与禁止令虽非独立的刑罚种类，但却具有剥夺性痛苦，能在一定程度上体现刑罚的本质。

② 马克昌主编：《刑罚通论》，武汉大学出版社 2002 年版，第 589 页。

③ 王利荣：《普通累犯制度的法律解析》，载《中国刑事法杂志》2005 年第 6 期。相同的主张，可以参见陈兴良主编：《刑法总论精释》(第 2 版)，人民法院出版社 2011 年版，第 820 页，该部分为柏浪涛博士所撰。

自首等)也都一概不予考虑,而只考虑罪中情节。这里的罪中情节,主要包括:(1)行为方式,即行为本身的实施方式,比如是积极的作为还是消极的不作为,是暴力的手段还是胁迫的手段,暴力的程度如何,等等。(2)行为样态,即行为的完成程度。犯罪预备、犯罪中止与犯罪未遂等,是关于实行行为存在样态的情节,现实地决定行为的违法性大小。(3)行为对象。不同的行为对象,既可能减轻行为的违法性,也可能加重行为的违法性。前者比如,在被害人存在严重过错的情况下,就可能导致其法益的要保护性部分地丧失;后者比如,强奸幼女、故意伤害孕妇或者盗窃孤寡老人,就比强奸普通女性、伤害或者盗窃一般人的违法性更重。(4)行为性质。防卫过当、避险过当等属于行为的性质,也是和行为本身密切相关的、影响行为之违法性大小的情节,因此属于案中情节;主犯、从犯等是依据其在共同犯罪中所起作用的分类,这种分类不但关系到可谴责性,而且也对行为的违法性产生影响,因此,也是案中情节。(5)行为后果。直接的行为后果是案中情节的重要构成部分,这一点显而易见。(6)行为动机。这属于案中的主观事实,与行为的法益侵害性无关而只表明行为人可谴责性的大小——为了吃喝玩乐而盗窃的可谴责性自然大于为了给母亲治病而盗窃;为了迎娶新欢而杀妻自然要比为了身患重病的妻子脱离苦海而杀妻更值得非难。①

(三)时间条件

《刑法》第65条规定,成立累犯要求后罪发生在前罪的刑罚被执行完毕或者被赦免以后5年之内。之所以要有时间上的要求,是因为如果后罪发生在前罪的刑罚被执行完毕很长时间之后,比如说前一次犯罪的刑罚都已经被执行完毕10年了,这个时候再次犯罪,前次犯罪的威慑效果已过,就只能单就后罪来论,而不应该再将两者过多地关联起来。反过来说,如果是在前罪刑罚执行完毕的较短时间之内再次犯罪,既说明政府对其的教育改造还没有起到很好的效果,有必要进一步加以教育改造,同时,在刑罚结束之后的短时间内又犯了比较严重的犯罪,更是说明行为人主观恶性比较重,人身危险性比较大,有必要通过从重处罚加以威慑与矫治。因此,《刑法》对成立累犯附加了时间上的要求。

时间上的要求是前罪的刑罚被执行完毕或者被赦免以后5年之内。对赦免的问题,后文会有专门的介绍,而所谓的"刑罚执行完毕",通常的理解是指刑期届满释放,或者顺利通过假释考验期(假释考验期满"就认为原判刑罚已经执行完毕"),而不包括缓刑考验期满(缓刑考验期满"原判的刑罚就不再执行")。但本书认为,在有期徒刑的缓刑考验期满后5年之内,再犯应当被判处有期徒刑以上刑罚之罪的,仍应构成累犯。立法者在此处区分"刑罚执行完毕"与"原判刑罚不再执行",意在强调缓刑执行上的特殊性,即顺利通过考验期的,原判刑罚并未实际执行,而并不意味着在实质效果上,缓刑考验期满与假释考验期满有何不同。因此,缓刑考验期满应视为

① 付立庆:《累犯情节前置论》,载《法学》2014年第7期。根据本书的主张,依照案中事实判断后罪应该判处有期徒刑以上刑罚,进而认定行为人构成累犯之后,因为其完全可能存在诸如自首、赔偿、获得谅解、一贯表现良好等各种有利于自己的案后、案前情节,所以即便是构成累犯,仍有因上述情节而从轻、减轻处罚从而判处拘役甚至管制等低于有期徒刑之刑罚的可能性。

原判刑罚已经执行完毕,而不是原判刑罚没有执行。[①] 对此,本书在后文缓刑的场合(第十四章第一节),会有进一步的说明。

之所以规定为5年之内,是基于司法实践的需要。1979年《刑法》关于累犯的成立条件,是要求后罪发生在前罪的刑罚被执行完毕或者被赦免以后3年之内。在1997年《刑法》的制定过程中,司法统计部门发现在前罪刑罚被执行完毕或者被赦免以后3~5年之内的再犯率很高,也就是说,从刑罚执行机构出来1年之后,遵纪守法,第2年之内还比较老实,第3年内开始松动,到第4年、第5年就已经要大胆地犯罪了。根据这样的调查统计结果,立法者觉得成立累犯的时间限制在3年之内,对这些容易再次犯罪的行为人威慑不足,所以1997年《刑法》就将"3年之内"拉长到"5年之内"。从3~5年,实际上是放宽了累犯的成立条件,使得3年之后5年之内的行为人也可以成立累犯,对这一部分人通过构成累犯而从重处罚以达到刑罚威慑的目的。

(四)年龄条件

除了以上三点,2011年通过的《刑法修正案(八)》还增加了一个累犯成立条件,即将"过失犯罪的除外"改为"过失犯罪和不满十八周岁的人犯罪的除外"。据此,一般累犯的成立还有第四个条件,即犯罪的时候必须已满18周岁。

针对以上成立累犯的年龄要求,可能有两种不同理解。一种理解认为,只要犯前罪时不满18周岁,即便犯后罪时已满18周岁也不构成累犯;[②]另一种理解则认为,"不满18周岁"应被理解为实施后罪时不满18周岁,即只有犯前罪和犯后罪时都不满18周岁才不构成累犯。[③] 法条本身的规定是,"但是……不满十八周岁的人犯罪的除外"。应该认为,"不满18周岁的人犯罪"是指只要犯前罪时不满18周岁,就不能构成累犯。一方面,这是一种更有利于被告人的理解;另一方面,立法之所以规定未成年人不构成累犯,是着眼于保护未成年人的刑事政策,强调不要轻易地把未成年人按照累犯从重处罚。所以,只有在犯前罪时已满18周岁的场合,才可能构成累犯。

三、特殊累犯

《刑法》第66条规定了特殊累犯,又可称为特别累犯。1997年《刑法》规定,犯危害国家安全犯罪的犯罪分子,在刑罚执行完毕或者赦免以后,在任何时候再犯危害国家安全罪的,以累犯论处。《刑法修正案(八)》对此作出修正,扩大了特殊累犯的成立范围。

(一)罪质条件

1997年《刑法》要求,成立特殊累犯要求前罪和后罪都是危害国家安全的犯罪。刑法理论与司法实践都认为,需要从严打击的,除了危害国家安全的犯罪之外,还应包括严重冲击社会管理

---

① 黎宏:《刑法学总论》(第2版),法律出版社2016年版,第375页。关于这一问题的详细论述,可以参见黄京平、陈鹏展:《缓刑执行说之论证——以"原判的刑罚就不再执行"为切入点》,载《法学评论》2006年第4期。

② 高铭暄、马克昌主编:《刑法学》(第9版),北京大学出版社、高等教育出版社2019年版,第257页;张明楷:《刑法学》(第5版),法律出版社2016年版,第558页;黎宏:《刑法学总论》(第2版),法律出版社2016年版,第373页。

③ 刘宪权、周舟:《特殊群体从宽处罚规定司法适用分析》,载《华东政法大学学报》2011年第6期。

秩序的其他犯罪。对此,《刑法修正案(八)》放宽了特殊累犯的成立条件,规定对实施危害国家安全犯罪、恐怖活动犯罪、黑社会性质的组织犯罪的犯罪分子,在刑罚被执行完毕或者被赦免以后任何时候再犯上述任一类犯罪的,以累犯论处。这里需要强调的是,只要前罪是“危害国家安全犯罪、恐怖活动犯罪、黑社会性质的组织犯罪”,后罪是上述三大类犯罪之中的任何一种具体犯罪(立法特别强调“上述任一类罪”),即便前后两罪的类型不一致(比如前罪是危害国家安全犯罪,后罪是恐怖活动犯罪),仍能构成特殊累犯。立法上之所以作如此强调,一方面是因为这三类犯罪均对国家安全或者社会管理秩序造成严重冲击,有必要予以严打;另一方面,在《刑法修正案(八)》的草案之中,原本是规定“危害国家安全犯罪、恐怖活动犯罪、黑社会性质的组织犯罪的犯罪分子,在刑罚执行完毕或者赦免以后,在任何时候再犯罪的……”对此,可能会有人认为,前罪和后罪必需是性质、类型相同的犯罪(比如前罪、后罪均是危害国家安全的犯罪)。但如此一来,不利于从严打击这些特殊犯罪,还可能会导致处罚上的不均衡。因此,《刑法修正案(八)》最终采纳了“上述任一类罪”的表述。以上,即是特别累犯在罪质方面的要求。

(二)其他条件

特别累犯和一般累犯相比,其成立条件更为宽松。只要前罪和后罪是上述三类犯罪中的任何一个即可,在其他方面要求很低,如罪过形式、刑度条件、前后罪间隔时间等,均没有严格限制。因此,只要是触犯前述三类犯罪,出于维护国家安全,打击恐怖活动犯罪、黑社会性质的组织犯罪的需要,都一概以累犯论处,从重处罚。

四、累犯的处罚

《刑法》第 65 条规定,对累犯应当从重处罚。之所以规定“应当”从重处罚,而没有规定“可以”从重处罚,是因为在立法者看来,累犯这种量刑情节,既体现了行为违法性的增强,更反映了人身危险性的提高,有必要通过重罚予以惩戒和预防。因此,只要是累犯的,就应当予以从重处罚,司法者在此没有自由裁量的余地。当然,如前文已述,这里的从重处罚不等于适用法定最高刑,只是相对于不具有累犯情节者判处较重的刑罚。

同样,对于累犯,《刑法》第 74 条还规定了不适用缓刑,第 81 条则规定了不得假释。这些规定与第 65 条对累犯应当从重处罚的条文,共同组成了从严惩治累犯的规范体系。

第四节 自首、坦白与立功

一、自首

(一)自首概说

在日常生活或者各种各样的信息来源中,人们常常听到“自首”这样一个术语。根据我国《刑法》第 67 条第 1 款的规定,所谓自首,是指犯罪以后自动投案,如实供述自己的罪行的行为。

这是典型的自首,又被称为一般自首。除此之外,《刑法》第 67 条第 2 款还规定了一种“以自首论”的情形,此为特殊自首,或准自首。这两款规定共同构成了中国的自首制度。

设立自首制度的目的,与设立中止犯的目的有某些相通之处。一方面,犯罪分子的自首体现了其人身危险性的降低和再犯可能性的减少,这意味着行为人具有较低的预防必要性,在刑罚方面可有所折减;另一方面,从刑事政策的角度来讲,设置自首制度,有助于鼓励犯罪分子主动投案,将自己置于司法机关的控制之下,从而节约国家的司法资源。正基于此,各国刑法大多明文规定了自首制度,对自首犯从宽处理。

(二)一般自首的成立条件

《刑法》第 67 条第 1 款规定,“犯罪以后自动投案,如实供述自己的罪行的,是自首”。此即为一般自首。据此,一般自首的成立需要同时具备犯罪以后自动投案、如实供述自己的罪行两个条件(二者可被简称为“自动投案”和“如实供述”)。

1. 犯罪以后自动投案

首先,投案的时间发生在犯罪之后、归案之前。以故意杀人为例,行为人在将他人杀害后,直到其案发被抓可能存在不同情况:(1)犯罪事实和犯罪人均未被发现。比如,在荒郊野外将他人杀死,被害人的家属以为其常年在外旅游,对被杀事实和犯罪人尚未知悉。在这种情况下去投案的,当然属于犯罪之后、归案之前。(2)犯罪事实虽然被发现,但是犯罪人未被发现。比如,司法机关已经发现某人被害,但是还没有查出犯罪人是谁,这时去投案的,自然也属于犯罪之后、归案之前。(3)犯罪事实和犯罪人均被发现,但犯罪人尚未处在司法机关的控制之下。比如,杀人的犯罪事实被发现之后,经侦查分析已经指向特定的犯罪嫌疑人,但在展开抓捕之前犯罪人自动投案的,符合犯罪之后、归案之前的时间要求。当然,在抓捕嫌疑人的路上碰到自动投案的嫌疑人,也属于犯罪之后、归案之前。再有,实践中发生过的情况是,在公安机关的围追堵截之下,绑匪无处可逃、负隅顽抗时,公安机关派出谈判专家,承诺只要保证人质安全就认定犯罪人自首。在这种情况下,如果最终犯罪人听从规劝,放下武器投降,就应该被认定为自动投案。因为在此种情况下,犯罪人还有选择鱼死网破的余地,但其放下武器选择接受司法机关的审查裁判,所以认定其属于自动投案是合适的。从更深的层次来讲,一方面,如果不将其认定为自动投案,进而不认定为自首,可能反而会使得那些实施严重危及人身安全的暴力犯罪的犯罪分子铤而走险,负隅顽抗,最终导致两败俱伤的结局;另一方面,犯罪人属于被动投降,即使认定为自首,也还存在是否从轻以及从轻幅度的问题,对此可通过量刑调控而实现罪刑均衡,而不会出现量刑失衡的结果。以上,即是自动投案中的投案时间问题。

其次,投案时必须是基于犯罪分子本人的自动性,即主动投案而非被动捕获。是否自动,强调的是主动投案的客观事实,而非认罪认罚的主观心态,所以基于何种动机投案并不影响对自动投案的认定。在司法实践中,犯罪人可能因真诚悔罪而前来投案,也可能因亲友规劝而良心发现,还可能因在外难以生存而回到看守机关,凡此种种,均不影响对投案自动性的认定。实践中存在“送首”“代首”“陪首”等情况。所谓送首,是指家属主动将嫌疑人送去投案,至于具体情况,有捆着去的，有灌醉抬着去的，等等。无论犯罪人本身是否自愿，均宜将其认定为自动投案；否则，会严重限制自首的成立范围，可能导致自首制度在实践中难以发挥应有的作用。当然，如果是不相干的他人将犯罪人捆绑投案的，自然不属于自动投案。代首是指父母控制住犯罪人之后，代替他自首。其实际效果是，犯罪人没有直接到投案机关，而是将投案机关的工作人员请来，对此也应认定为自动归案。陪首就是陪同犯罪人去投案，当然应认定为自动投案。

最后，投案是自动投于有关机关或者个人的控制之下，有关机关不限于公安机关。比如，有些犯罪人可能觉得检察机关比较可信，也有些犯罪人更愿意相信法院，向这两个部门投案的，同样属于自动投案，所以有关机关不限于公安机关；再如，有些犯罪人向党组织投案，或者，在深山生活的犯罪人觉得直接向公安机关投案太过麻烦，而找到村委会，让村干部将警察叫来。在这些情况下，只要犯罪人不逃跑，就应认定其为自动投案，所以有关机关也不限于司法机关。如果先去村委会投案又逃跑的，当然不是自动投案，但后来不愿跑了又重新去村委会投案的，仍属自动投案。如果只是向他人（包括村委会干部）吐露自己犯罪的事实而无投案的想法，最终被他人告发而抓获的，就不属于自动投案。总之，只要犯罪人表达出投案的自动性，并主动要求司法机关抓获自己的，实际上就达到了节约国家资源和司法成本的效果，宜被认定为自动投案。当然，也只有犯罪人表达出主动将自己置于司法机关进行审查、裁判的用意，向有关机关或者个人投案时才能认定为自动投案。

2. 如实供述自己的罪行

（1）如实供述的基本要求

投案人供述的必须是犯罪事实。这里的犯罪事实，是指客观存在的犯罪实际发生情况的总和，即一种客观的犯罪事实。换言之，在三阶层的犯罪论体系中，只要如实供述了构成要件符合性阶段的各种相关要素即可。比如，向司法机关供述是自己的行为导致他人死亡，但同时认为自己只是出于过失，不承认具有犯罪故意；再如，承认自己杀死他人，但认为自己的行为是正当的，属于为民除害，不应受罚，这种为自己辩护而否认犯罪的行为，并不否定其如实供述的性质。总之，如实供述的对象是构成要件符合性阶段的客观事实，至于为自己违法阻却或者责任阻却所作的辩解，并不否定供述的如实性。同时，就构成要件该当事实来说，也只是需要对影响定罪的基础事实、主要事实进行供述，而不需要供述全部的事实细节。比如，只承认被害人是自己所杀，但未说明作案工具是刀还是绳索、尸体藏于何处等，也不否认供述的如实性。需要强调的是，行为人供述的必需是自己实施或支配他人实施并且由自己承担责任的罪行，原本不是自己实施，为了替人顶罪而大包大揽的，当然不属于如实供述。

（2）共同犯罪中的如实供述

共同犯罪人自首时应如实供述的罪行范围，需要讨论。在共同犯罪中，完全可能有人成立自首但有人不成立自首，其认定方法与单独犯罪中的自首不完全一样。如果是在共同犯罪中起次要或者辅助作用的从犯，要成立自首，除了要供述自己的犯罪事实外，比如在犯罪过程中自己的分工、作用、实际贡献等，司法解释还要求其供述“所知的同案犯”。比如，既然为他人提供帮助，那么就需要供述是给谁提供帮助？是否知晓实行犯罪的人？等等。之所以如此要求，是因为在共同犯罪中各行为之间具有一定的共通性，供述同案犯是认定“如实供述自己的罪行”的组成部分。当然，这时不构成揭发他人的犯罪行为，不属于立功。总之，对从犯而言，由于其在共同犯罪中所起的作用比较次要，只需供述所知的同案犯即可，自己不知道的同案犯自然不在供述范围之内。

如果是组织、领导犯罪集团进行犯罪活动或者在共同犯罪中起主要作用的主犯，那么就不仅要供述自己的罪行，还要供述其组织、领导或者指挥的犯罪事实。主犯有两种，一种是犯罪集团的首要分子，另一种是在共同犯罪中起主要作用的其他主犯。如果是首要分子，还要如实供述其组织、领导、指挥、策划的整个犯罪事实以及其他人的主要犯罪事实；如果是其他主犯，也要供述其组织、指挥的全部犯罪事实或者其他共同犯罪人的主要犯罪事实。总之，由于主犯在共同犯罪中的作用更大，所以其成立自首的条件更为严格，必需如实供述更多的犯罪内容。

（3）数罪场合的如实供述

在数罪的场合，如实供述了哪些犯罪，就对哪些犯罪成立自首。比如，实施了盗窃、强奸、杀人三个犯罪行为，自动投案之后只如实供述了盗窃行为，但拒不承认强奸、杀人行为的，在这种情况下，就只对盗窃罪成立自首，而另外两个罪名虽然满足自动投案的条件，却不符合如实供述的要求，自然不能成立自首。

关于数罪的自首，特别要强调的是，如果是正在服刑的罪犯如实供述宣告判决前所发生的、判决所确定的罪行以外的司法机关还未掌握的同种罪行或者异种罪行的，都以自首论。比如因盗窃罪被判处 3 年有期徒刑，在服刑期间向司法机关如实供述还有其他几次盗窃行为，司法机关对此重新量刑时，对这些新的犯罪按照自首处理。因为尽管是同种数罪，但这种情况下先前的盗窃事实已经被认定为犯罪，对司法机关而言，这些遗漏的盗窃行为即为新的犯罪事实，对新的犯罪事实如实供述的，就应该认为是自首。

（4）翻供与如实供述的认定

自动投案交代罪行后又翻供的，在自动投案这一点上不应该被否认，与此相关的是如实供述的认定问题。对此，司法解释明确规定，自动投案之后如实供述而后又翻供的，不成立自首，但是在一审判决前又如实供述的，仍然认定为自首。据此，若杀人之后自动投案，在公安机关如实供述自己的罪行，但到了检察机关后又否定之前的供述，说是因公安机关要刑讯逼供，自己才如此说。如果这个翻供一直持续到庭审结束之后，那就不能被认定为如实供述，也就不能被认定为自首。当然，如果只是在第一次开庭时翻供，但经过法官的开导或者律师的耐心工作而在一审判决之前又如实供述的，仍然可以被认定为自首。有争议的是，如果犯罪人的翻供持续到一审之后，但在终审之前又如实供述的，是否成立自首？根据司法解释的基本规定，既然说是在“一审判决”之前，而非“终审判决”或者“生效判决”之前，那么在二审阶段又如实供述，似乎就不应该认定为自首。但本书认为，在二审判决之前，能够如实供述的，仍应认定为自首，因为其符合“自动投案，如实供述”的条件。当然，即便认定为自首，也要综合考虑这种情况下自首者有责性减轻的程度以及对司法资源节约的程度。比如，由于之前翻供导致司法机关花费大量的人力、物力去寻找其他证据，到二审时所有证据都已经固定并达到确实、充分的程度，这时再如实供述并不会节约司法资源,也不能表明其人身危险性得以大幅度降低。因此,虽然被认定为自首,但其从宽处罚的作用可能十分微小,并不会导致量刑失衡。最后,需要注意的是,如果犯罪人仅有不接受司法机关审查裁判的意思表示,但在司法机关审查裁判时仍然能够配合的,或者只是对以前的供述加以修正,以及提出辩解进行上诉等,并不能被认定为翻供,更不能由此被否定如实供述的效果。

(三)特别自首的成立条件

《刑法》第 67 条第 2 款规定:“被采取强制措施的犯罪嫌疑人、被告人和正在服刑的罪犯,如实供述司法机关还未掌握的本人其他罪行的,以自首论。”这就是特殊自首。之所以“特殊”,是因为在某些情况下行为人不具备自动投案的属性,但是能如实供述的,立法也赋予其自首的法律效果。

1. 适用对象

被采取强制措施的犯罪嫌疑人、被告人和正在服刑的罪犯,是法律规定的特殊自首的适用对象。概括起来,特别自首适用于两类人。第一类是未决犯,包括被采取强制措施的犯罪嫌疑人和被告人。犯罪人在公安机关立案侦查和检察机关审查起诉、提起公诉阶段叫犯罪嫌疑人,进入审判阶段则称为被告人。采取的强制措施包括拘留、逮捕等。监视居住和取保候审不应该被认为是特别自首所要求的强制措施。[①] 第二类是已决犯,即正在服刑的罪犯。已经判刑并且正在服刑的罪犯,通常是关在监狱里面,如果是刑期较短的[②]也可能是在看守所里服刑。这些人由于人身自由已经受到剥夺,无法“自动投案”,如果他们如实供述司法机关还未掌握的本人其他罪行,即符合特殊自首的规定。

2. 适用条件

成立特殊自首,要求上述对象“如实供述司法机关还未掌握的本人其他罪行”。如实供述司法机关尚未掌握的本人其他(不同于作为被采取强制措施或者正在服刑之事由)异种罪行的,比如因涉嫌抢劫罪被逮捕,在审前羁押期间如实供述了自己的强奸罪行,这时对强奸罪就完全可以成立自首。虽然就全案而言行为人是被动归案而非自动投案,但是司法机关并不是因为强奸事实而剥夺其自由的,所以对于强奸犯罪来说,仍可以被看作是自动投案。正因如此,立法上才会认为这种情况下如实供述司法机关还未掌握的本人其他罪行,仍然应该认定为自首。

问题在于,被采取强制措施的犯罪嫌疑人、被告人或者是正在服刑的罪犯,如果如实供述的罪行与司法机关已经掌握的罪行性质相同的,比如因盗窃被刑事拘留,在这个过程中又向公安机关如实供述自己还有过其他盗窃行为的,这时能否成立特殊自首?立法本身要求如实供述司法机关还未掌握的本人“其他罪行”,但并未明确指出这里的“其他罪行”是指异种罪行还是也包括同种罪行。从立法用语上来说,“其他罪行”当然既包括其他异种罪行,也包括其他同种罪

---

① 在监视居住和取保候审的情况下,只是单纯的限制自由,即行为人仍有一定的人身自由,不成立这里的特别自首。如果被监视居住者、取保候审者自动地让自己接受审查裁判,符合一般自首的成立条件的,完全可能成立一般自首。

② 《刑事诉讼法》第 264 条第 2 款规定:“对被判处死刑缓期二年执行、无期徒刑、有期徒刑的罪犯,由公安机关依法将该罪犯送交监狱执行刑罚。对被判处有期徒刑的罪犯,在被交付执行刑罚前,剩余刑期在三个月以下的,由看守所代为执行。对被判处拘役的罪犯,由公安机关执行。”

行。在这个意义上,将如实供述司法机关尚未掌握的本人其他同种罪行的行为认定为特别自首似乎并不存在法律上的障碍。对此,值得注意的是,最高人民法院于1998年4月17日发布、至今有效的《关于处理自首和立功具体应用法律若干问题的解释》第4条规定,被采取强制措施的犯罪嫌疑人、被告人和已宣判的罪犯,如果是如实供述司法机关尚未掌握的本人同种罪行的,可以酌情从轻处罚,如实供述的同种罪行较重的,一般应当从轻处罚。在此,司法解释并未表明在被动归案的场合如实供述同种罪行的是否成立自首,而是只规定了能否以及如何从宽处罚的问题。本书认为,在"被采取强制措施的犯罪嫌疑人和被告人"如实供述同种犯罪的场合,可以将其认定为坦白而不必认定为自首。比如因为盗窃被抓时又供述了其他盗窃事实的,显然属于坦白。而对于坦白,《刑法修正案(八)》也规定了可以从轻处罚,因此在这种情况下就没有必要将上述情形认定为自首。至于对正在服刑的罪犯,正如前文所述,则可以包括其他同种罪行。

(四)自首犯的处罚

《刑法》第67条第1款规定,对于自首的犯罪分子,可以从轻或者减轻处罚,犯罪较轻的,可以免除处罚。由此可见,自首是可以型情节而非应当型情节。换言之,是相对从宽处罚而不是绝对从宽处罚,是得减主义而非必减主义。之所以在自首的场合规定得减主义而非必减主义,首先是因为自首的动机多种多样,并非只要是自首就一定表明其人身危险性的减少,可能有些人自首就是为了获取从宽处罚,利用自首制度规避刑事法律的制裁。在这种情况下,如果一概规定对自首应当从轻或者减轻处罚,就可能会带来不合理的处理结果:比如,如果规定对自首应当从轻或者减轻处罚,若行为人杀害多人后自首的,就意味着无论如何不能被判处死刑立即执行。由此可见,一概规定对自首者应当从轻或者减轻处罚,将难以根据案件的具体情况做到罪刑均衡,反而可能会被犯罪分子恶意利用来规避法律制裁,造成一些不合理的结果。所以,立法者规定得减主义,将最终是否从轻、减轻甚至免除处罚的权力交给司法者,由其依照实际情况进行自由裁量。不过,另一方面的问题同样值得予以重视:在一些死刑案件中,对于自首犯不从宽处罚的情况也比较典型,尤其是在被害人家属闹得特别厉害的场合,虽自首仍不予以从轻处罚的,实际上使得自首情节的价值被架空。这种情况在实践中是存在的。[①] 但立法上毕竟规定了"可以从轻或者减轻处罚,情节较轻的可以免除处罚",体现了其从宽处罚的主观倾向。因此,除存在恶意利用自首制度等极个别的场合之外,在其他情况下都需要对自首犯从轻、减轻处罚,情节较轻的免除处罚。

对于自首犯,应该根据其主观恶性的大小和自首的具体情节,决定从轻还是减轻处罚。如果投案较早,出于真诚悔罪的动机,同时又对罪行交代得较为彻底的,通常可以考虑对其减轻处罚;如果投案很晚,且并非出于良好的投案动机,同时交代罪行也不是很彻底的,即使被认定为自首,通常也只能考虑对其从轻处罚。此外,《刑法》第67条还规定了自首者犯罪较轻的,可以免除处罚。详言之,如果犯罪本身的违法性比较轻,主观恶性比较小,悔改表现突出,人身危险性也降低

① 付立庆:《死刑案件裁量过程中的司法软骨病及其祛除》,载《法学》2013年第10期。

的，可以考虑免除处罚。对于犯有数罪的人，投案后仅供述其中一罪的，只对其供述的罪按自首从轻处罚或者减轻处罚。也有观点认为，如果供述数罪中的主要罪行，可以对全案按自首处理。但这种说法并不妥当。比如，在抢劫的同时还有盗窃行为，如果对抢劫如实供述而对盗窃加以隐瞒，依此观点可以对全案按自首处理。但实际上，既然异种数罪要数罪并罚，当然如实供述哪个罪，则对哪个罪成立自首；没有如实供述的，就不能按照自首处理。

二、坦白

（一）坦白概说

所谓坦白，是指犯罪分子被动归案之后，如实交代所指控的犯罪事实，接受国家审查和裁判的行为。我国始终有“坦白从宽、抗拒从严”的刑事司法政策，不过多年来这一政策始终未能被贯彻到底，以致在实践中出现了“坦白从宽，牢底坐穿；抗拒从严，回家过年”的怪象。比如，在同种数罪的场合，司法机关以为行为人只偷了 1 万元（数额较大），但事实上行为人却偷了 30 万元（数额特别巨大），如果行为人虽然坦白却因同种数罪而不被认定为自首，同时也未因坦白得到从宽处罚，那么至少被判处 10 年有期徒刑，这就是“牢底坐穿”。反之，如果是抗拒调查，本人不供述，司法机关没有证据，在检察阶段只能存疑不起诉，在审判阶段就是证据不足、无罪处理，最后“回家过年”。由此可见，坦白原本作为一种酌定从宽处罚情节，但在实践中并未得到足够的重视。正因为如此，理论上反复呼吁要提高坦白情节的地位。《刑法修正案（八）》采纳了这种意见，在《刑法》第 67 条第 2 款之后，另增设一款作为第 3 款，规定：“犯罪嫌疑人虽不具有前两款规定的自首情节，但是如实供述自己罪行的，可以从轻处罚；因如实供述自己罪行，避免特别严重后果发生的，可以减轻处罚。”比如，行为人因受贿而将桥梁工程承包给一个不具有建筑资质的建筑商，后被抓获时如实供述自己的受贿行为，有关单位由此及时发现桥梁问题，并对其进行监理、修固从而防止了桥梁倒塌。如果这之间的因果关系非常明显，就可能会被认定为“避免特别严重的后果发生”，进而得以减轻处罚。

在《刑法修正案（八）》之前，坦白只是酌定的从宽处罚情节，自首则是法定的从宽处罚情节；经过修正，坦白已经从酌定从宽处罚情节上升为法定从宽处罚情节，这无疑更有利于发挥坦白的功能与作用。但相对于一般自首而言，坦白是被动归案，一般自首则是主动归案；相对于特别自首而言，两者都是被动归案，但坦白是如实供述司法机关已经掌握的本人罪行，特别自首则是如实供述司法机关尚未掌握的本人的其他不同种罪行。这是坦白和自首的主要区别。

（二）一个必要的说明和一个误解的澄清

1. 必要的说明

《刑法》第 67 条第 3 款规定成立坦白的主体是“犯罪嫌疑人”，这是否意味着只有在侦查阶段或起诉阶段才可能成立坦白，而在进入审判阶段，行为人的身份从“犯罪嫌疑人”变为“被告人”之后，即便是如实供述的，也不成立坦白？有学者即持该种观点，认为如果在犯罪嫌疑人侦查、审查起诉阶段都不如实坦白自己的罪行，进入审判阶段在法庭上才如实坦白的，实际意义已经不大，①不能被认定为坦白。但本书不赞同这种结论。无论是在刑事诉讼的何种阶段，只要能肯定“如实供述自己罪行”，就有成立坦白的空间。因此，对这里的“犯罪嫌疑人”应作广义理解，其并非是与“被告人”相并列的概念而是已将被告人包含在内。换言之，只要是在进入刑事追诉程序之后、在有罪或者无罪的确定性结论出来之前，均属于此处的“犯罪嫌疑人”。

2. 误解的澄清

对坦白情节的具体从宽幅度，可能会存在这样的疑问：为何避免特别严重后果发生的，就可以“减轻”处罚，而在自首的场合，也只能是可以“从轻或者减轻”处罚？坦白毕竟是被动归案，允许其减轻处罚，其从宽幅度甚至高于自首，是否合适？其实，这个问题基本上是一个假问题：既然坦白充其量是一个可以型情节，所以在避免特别严重后果发生的场合，从社会功利主义的角度来看，赋予其更大的从宽幅度是可以被理解的；由于自首“可以从轻或者减轻处罚”，因自首而避免特别严重后果发生的，自然也应选择“减轻处罚”，因而与坦白之间并不存在量刑不均衡的问题，何况，虽都是减轻处罚，但二者的具体从宽幅度却未必相同，对此可以根据个案情况作进一步调整。

（三）实践状况

在《刑法修正案（八）》将坦白从酌定量刑情节提升为法定量刑情节之后，“坦白从宽，牢底坐穿”的畸形现象是否得以被全面扭转？对此，有学者以 2014～2017 年的 6876 份故意伤害罪一审判决文书为样本，通过回归分析得出结论：对于法定的坦白犯，从整体来看量刑并不从宽，但执行时倾向于缓刑。论者认为，这一现象根源于“如实供述的义务”之存在导致坦白在量刑中“可交易性”的降低，也与坦白制度的结果主义倾向，以及坦白作为自首制度的逻辑延伸而弱化了其自身价值有关。② 就此看来，如何进一步激发坦白制度的活力、释放坦白制度的适用空间，值得予以进一步关注。

三、立功

（一）立功制度

《刑法》第 68 条规定：“犯罪分子有揭发他人犯罪行为，查证属实的，或者提供重要线索，从而得以侦破其他案件等立功表现的，可以从轻或者减轻处罚；有重大立功表现的，可以减轻或者免除处罚。”这就是立功制度。之所以将立功作为法定从宽处罚情节，是因为在这种情况下，犯罪人与政府合作、控诉犯罪的立场，表明了其痛恨、憎恶犯罪的态度，证明了再犯罪的可能性很小，特殊预防的必要性得以降低，从而可以在刑罚裁量上给予其相应的从宽待遇。同时，与自首一样，立功制度在很大程度上也是出于功利主义的考虑：正是由于犯罪人检举揭发他人的犯罪行

---

① 董书关、刘操：《〈刑法修正案（八）〉坦白制度的理解与适用》，载《华东政法大学学报》2013 年第 2 期。

② 王芳、郭亮、徐梦洁：《坦白是否从宽——基于故意伤害罪的实证研究》，未刊稿。

为,或者为司法机关提供重要的犯罪线索,使得司法机关在侦破其他犯罪案件时可以不用耗费巨大的人力、物力,从而节约了司法资源,降低了司法成本,所以也可以为行为人提供相应的刑罚折减。

(二)一般立功的成立条件

1. 时间条件

立功的成立时间要求是在犯罪之后,但并不要求是在到案之后。(1)犯罪分子在犯罪之前的任何对社会有益的表现,都不能被认为是立功。如果认为对国家和社会有突出贡献,从而肯定其有立功表现,进而从轻或者减轻处罚的话,那么很多贪官在犯罪之前可能都对社会有所贡献,从而构成立功,这是不合理的。(2)不要求必须是到案之后。比如行为人在杀人之后,马上给公安机关打电话,在如实供述自己罪行的同时还检举揭发了他人的犯罪行为(如强奸行为)的,那么这样的做法不但成立自首,完全还可以构成立功。

2. 行为条件

立功必需具有法定的行为表现,其具体情形包括以下几种。

(1)揭发他人的犯罪行为,查证属实的。这里的"揭发他人的犯罪行为",既包括揭发他人的与自己无关的犯罪行为,也包括揭发他人对自己的犯罪行为。前者比如,偶然听说或者看到的他人的贪污行为,揭发后查证属实的;后者比如,一个妇女在因为盗窃被羁押期间,检举揭发自己曾受过邻居王某某的侮辱(之前不愿意说是担心名誉受损),虽不清楚这属于猥亵还是强奸,但自己是完全不同意这种行为的,并提供了相关证据。经查证,王某某行为成立猥亵罪。此时,该妇女完全可能构成立功。需要注意的是,在共同犯罪中,要正确地区分自首和立功。如果是主犯,揭发从犯在共同犯罪中的行为,是其成立如实供述的必要条件,这种情况构成自首,不构成立功。同样地,从犯供述了其所知道的同案犯,以及同案犯所实施的罪行,也仅仅成立自首而不成立立功。在共同犯罪中若要成立立功,必须是检举揭发他人的在共同犯罪之外的新的犯罪事实,并且查证属实。

(2)提供重要线索,从而得以侦破其他案件的。比如,某个人杀了另外一个人,公安机关已经掌握了犯罪事实,但是该人仍然在逃,公安机关虽然在网上通缉,却尚未获得有价值的线索。如果行为人知道其确切的或者可能的藏身之地而提供给公安机关,并成功将其抓获。这就属于提供重要线索,得以侦破其他案件。在实践中,并不要求线索是确凿无误的,只要具有一定的可能性并在落实时可以侦破其他案件即可。此外,在侦破其他案件时,也不要求立功者本人必需亲自赶到现场,只要线索对公安机关侦破案件起到重要作用就足够了。

这里有一个问题,即是否要求线索的来源必须完全合法?比如,行为人因交通肇事被逮捕,其家庭非常富裕,于是公开在社会上悬赏征集他人的犯罪线索,最后确实获得了某某人交通肇事逃逸致人死亡的重要证据。这时其家属疏通关系,将这一线索提供给行为人并由其向公安机关举报。在这一过程中,行为人及其亲属违反了监管规定,其获取线索的行为并不合法。类似于这种情况,通过不合法的途径甚至是通过犯罪途径得到的线索,能不能成为立功所要求的"提供重要线索”？这取决于对立功制度设置根据的理解。若认为犯罪分子的人身危险性的降低是设置立功制度最重要的甚至是唯一的根据，那么通过不合法途径乃至犯罪途径得到的线索就不应该被认定为立功所要求的犯罪线索。因为很明显，行为人提供犯罪线索只是为了恶意利用立功制度获取从宽处理，这一动机非但没有反映出其人身危险性的减少，相反却有可能表明其人身危险性很大。

但本书认为，就像自首并不要求一定基于认罪伏法的动机一样，立功也不要求必须是出于行为人人身危险性的降低。只要是将功利主义作为立功制度的设置宗旨之一，那就应该认为，这些通过各种各样的途径（包括非法途径）得到的犯罪线索，经查证属实，从而得以侦破其他案件的，就是起到了节约国家司法资源的作用，应被认定为立功。但可能会有人担心，这样是否会导致通过非法手段获取线索的行为变得泛滥？姑且不说是否可能导致泛滥，即便真泛滥了，或许也不是一件坏事。毕竟从国家的角度来讲，这是对国家有利的一种行为。而且，这也未必就会导致对犯罪分子的放纵。一方面，如果非法获取的确实是非常重要的线索，由此避免了一起严重的刑事犯罪，这对于国家乃至公民具有相当大的好处，认为此种情况成立立功也就完全符合社会功利主义的考虑；另一方面，立功制度采取的是得减主义的从宽处理方式，是否从宽以及从宽的幅度，可由法官综合考虑线索的重要程度、线索的来源等进行裁量，可以做到罪刑均衡而不会产生放纵犯罪分子的问题。

（3）阻止他人的犯罪活动。比如在羁押期间，发现共同羁押的其他人准备越狱，及时阻止了他的逃跑行为；再如，有狱霸要故意伤害他人，行为人发现并阻止了这一行为。这些都属于阻止他人的犯罪活动，完全可以成立立功。

（4）协助司法机关抓获其他犯罪嫌疑人。比如，在共同犯罪中，已落网者给在逃者打电话，诱使其进入警察事先布控的场所并将其抓获。这种情况即是协助公安机关抓获犯罪嫌疑人，当然属于立功表现。在实际适用时，既包括协助司法机关抓获对自己实施犯罪的行为人，也包括协助司法机关抓获与自己一起实施犯罪的人，即共同犯罪人。在共同犯罪中，行为人如果仅仅如实供述了其他人的犯罪，则只可能成立自首；如果还主动协助公安机关联系其他人并将其抓获，那么就可能同时成立自首和立功。同样地，这种场合协助司法机关抓获其他犯罪嫌疑人时，并不要求犯罪分子一定要赶到抓捕现场，只要在抓捕过程中起到不可或缺的作用就足够了。这里的协助抓获和前面的提供重要线索的差别在于，提供重要线索一定是司法机关尚未掌握的线索，而协助抓捕则可以是司法机关已经掌握相应线索，只是在这个过程中行为人起到了一定的辅助作用。

（5）具有其他有利于国家和社会的突出表现的。比如，在抗御自然灾害或者排除事故中有积极表现并且达到立功标准的。

（三）重大立功的成立条件

除了上述的一般立功外，《刑法》第68条还规定，如果有重大立功表现的，可以减轻或者免除处罚。成立重大立功，同样要满足时间条件和行为条件，前者与一般立功并无二致，但对于后者，即何谓重大立功表现,第68条并未作出规定,但《刑法》第78条在减刑的场合却规定了重大立功表现的基本内容。据此,有下列情形之一的,就属于重大立功的行为表现:一是阻止他人重大犯罪活动(不是一般的犯罪活动);二是检举监狱内外重大犯罪活动,经查证属实的;三是有发明创造或者重大技术革新的;四是在日常生产、生活中舍己救人的;五是在抗拒自然灾害或者排除重大事故中,有突出表现的;六是对国家和社会有其他重大贡献的。这些都属于重大立功表现。值得注意的是,这里面的"重大犯罪活动",一般是指能够被判处无期徒刑以上刑罚或者在本省、自治区、直辖市乃至全国具有较大影响的犯罪,[①]所以如果检举他人的重大杀人行为,完全可能成立重大立功,而不是一般立功。

(四)立功犯的处罚

根据《刑法》第68条的规定,如果有一般立功表现的,可以从轻或者减轻处罚;如果有重大立功表现的,可以减轻或者免除处罚。但在1997年修订刑法典时,本条曾有第2款规定:"自首后又有重大立功表现的,应当减轻或者免除处罚。"之所以如此规定,是考虑到与重大立功场合的均衡问题:有重大立功表现的,可以减轻或者免除处罚;那么自首之后又有重大立功表现的,立法者认为应该比单纯具有重大立功表现得更轻一些,因此规定了"应当减轻或者免除处罚"。但是这一规定在理论上广受批判,执行起来也不尽合理。比如,在无差别杀人的恶性案件中,行为人连续杀害几十个人,然后大摇大摆走进公安局投案自首,同时检举揭发了另一个连环杀人案的凶手,经查证属实并将其捉拿归案。在这种情况下,行为人同时成立自首和重大立功,根据前述规定,"应当减轻或者免除处罚"。这意味着,在对同种数罪不并罚的场合(如无论杀害多少个人,只按照一个故意杀人罪处理),法定刑即使高至"死刑、无期徒刑或者十年以上有期徒刑",但囿于应当减轻或者免除处罚的规定,只能在10年以下判处刑罚,显然难以做到罪刑均衡。正是因为实践中的抵触和理论上的批判,《刑法修正案(八)》取消了第2款的上述规定。由此,自首之后又有重大立功表现的,就属于同时具有自首和重大立功两个独立的可以型从宽情节,这个时候交给法官自由裁量。不过,既有自首又有重大立功的,理应判得相对更轻一些,可以先考虑减轻;如果减轻不能做到罪刑均衡的,那就从轻;如果减轻仍然不足以评价行为人人身危险性的降低程度,还可以考虑免除处罚。总之,取消第68条第2款的规定,将裁量权交给法官行使,更容易做到罪刑均衡。

在死刑缓期执行的场合,立功特别是重大立功还是具有重要意义的。如果在死缓考验期限内,有重大立功表现的,两年期满以后,减为25年有期徒刑,这是《刑法修正案(八)》作出的规定;如果在死缓考验期限之内,没有重大立功表现,但是有一般立功表现的,两年期满以后,还是只能减为无期徒刑。如此,一般立功不就没有发挥作用的空间了吗?根据《刑法》第50条的规定,在考验期内有重大立功表现的减为25年,有一般立功表现确实只能是减为无期徒刑。为了避免一般立功未得到合理评价,可以在无期徒刑减刑为有期徒刑的过程中,考虑将其纳入其中。但不管怎么说,对立功如何从宽处罚并不是一个犯罪人或者被告人与国家之间进行讨价还价的

---

① 高铭暄、马克昌主编:《刑法学》(第9版),北京大学出版社、高等教育出版社2019年版,第270页。

过程，而是国家给予立功行为的一种奖励，至于是否实际给予奖励以及奖励的程度，则最终还是由国家决定。

第五节 数 罪 并 罚

一、数罪并罚概说

我国《刑法》在第67条规定了自首和坦白、第68条规定了立功制度之后，又在第69条、第70条和第71条规定了数罪并罚制度。

(1)数罪并罚的前提必须是一人犯有数罪。如果貌似数罪实为一罪的，不管是实质的一罪、法定的一罪，还是处断的一罪，在刑法上都被认为是一罪——既然是一罪，当然谈不上并罚。但问题在于，这里的数罪是仅限于异种数罪，还是包括同种数罪。《刑法》第69条数罪并罚的一般原则并未将“判决宣告以前一人犯数罪”中的“数罪”明文限定为“不同种数罪”，而刑法理论上对于同种数罪是否并罚则有一罚说、并罚说与折中说的对立，[①]且折中说还有“以一罚为基本、并罚为补充”与“以并罚为原则”的细分，并非均持一概否定并罚的一罚说。本书认为，在法益具有一身专属性的场合，按照法益侵害说，同种数罪原则上就应该并罚，这既是行为刑法尤其是行为责任论的当然要求，[②]同时也更能做到罪刑均衡。如故意伤害致多人轻伤时，就有必要通过并罚提升宣告刑，以求罪刑均衡。只有在像“强奸多人”等法律明文规定升格法定刑的场合时，才应该按照一罪处理，否则，不应该以“司法便利”或者“法定刑幅度广泛，不并罚也能实现罪刑均衡”等为理由，而囫囵吞枣地不并罚。在非一身专属法益的场合，通常立法上已有所考虑，比如多次贪污，立法明确规定“未经处理的，按照累计贪污数额计算”；再如多次盗窃，一方面作为独立的入罪条件，另一方面又有“数额巨大”“数额特别巨大”的加重法定刑。因此，在侵犯的是非专属法益、不并罚又能做到罪刑均衡时，出于司法便利性的考虑则是可以接受的。

(2)数罪要发生在法定期间之内。典型的情况是判决宣告以前一人犯数罪。除此之外，如果是判决宣告以后，刑罚执行完毕前又发现了漏罪，即发现还有其他犯罪没有经过生效判决；或者是判决宣告以后，刑罚执行完毕以前，又犯新罪的；或者是被宣告缓刑或者假释的犯罪人在考验期限内又犯新罪或者是发现漏罪的，都属于一人犯数罪。如果是刑罚执行完毕之后又犯新罪的，前罪既然已经执行完毕，国家对前罪的刑罚权已然消灭，就不能再评价了。这时对又犯的新罪，如果符合累犯条件而构成累犯的，就对后面的犯罪按照累犯从重处罚。如果是刑罚执行完毕之后发现漏罪的，若对漏罪没过追诉时效，则对漏罪重新予以追诉，重新定罪量刑；如果漏罪已过追诉时效，国家同样对漏罪丧失了追诉权。

---

① 高铭暄主编：《刑法专论》(第2版)，高等教育出版社2006年版，第604～605页。

② 张明楷：《刑法学》(第5版)，法律出版社2016年版，第493～494页。

二、数罪并罚的基本方法

(一)数罪并罚的基本原则

在一人犯数罪并且数罪发生在法定期限之内的场合,除了要实行数罪并罚外,还要在对数罪分别定罪量刑之后,根据法定的原则和方法决定执行的刑罚。纵观世界各国的规定,数罪并罚通常有以下几种原则。

(1)吸收原则。在数个犯罪之中,哪个犯罪的刑罚最重,就以重罪之宣告刑吸收轻罪之宣告刑,只执行重罪的宣告刑。吸收原则实际上是在做减法。

(2)并科原则。与吸收原则相反,并科原则是在做简单的加法,即将所有犯罪的宣告刑直接加在一起,不设上限。一些西方国家就实行这种并科原则,甚至同种数罪也一律并罚。基于这种简单相加的并科原则,有时会出现判处几百年有期徒刑的情况,这种结果看似荒唐:对一个人判处几百年有期徒刑有何意义?但实际上,一方面,判处600年和判处300年相比,其否定评价的严厉程度始终是不一样的;另一方面,也可以鼓励犯罪分子尽力改造,通过立功等获取减刑。彻底的并科原则,并不限于主刑之间的并科,也包括附加刑之间的并科。

(3)限制加重原则。该原则既非并科,也非吸收,而是原则上相加,但又设置一个上限。换言之,以并科原则为主,以吸收原则为辅,有限制地对刑罚予以加重。

(4)混合原则,就是并不只是采用某一个数罪并罚的原则,而是根据不同的刑罚种类,采用不同的数罪并罚原则。我国《刑法》第69条规定的数罪并罚的基本原则,即为混合原则。

(二)我国刑法规定的混合原则

根据《刑法》第69条的规定,我国的数罪并罚兼采吸收、并科和限制加重原则,对于不同的刑罚种类分别适用不同的并罚原则,总体上是一种混合原则。

(1)对判处死刑和无期徒刑的,采取吸收原则。比如,行为人分别犯了故意杀人罪和故意伤害罪,要并罚,其中因故意杀人罪被判处死刑立即执行,因故意伤害罪被判处10年有期徒刑。此时,不可能在被关了10年之后再执行死刑,这既无必要,也浪费了司法资源,所以就不再执行10年有期徒刑,而是直接执行死刑。如果由于故意杀人罪被判处死刑缓期两年执行,由于故意伤害罪被判处10年有期徒刑,这时也只执行死缓,有期徒刑被吸收。同样,死刑还可以吸收无期徒刑,而无期徒刑也要吸收有期徒刑。需要强调的是,即便具有多个无期徒刑,最终也只能执行一个无期徒刑,而不能将多个无期徒刑升格为死刑;此外,即便数罪都判了死刑,也只能执行一个死刑,这也可谓是一种吸收。

(2)对判处有期徒刑、拘役和管制的,采取限制加重原则。这里面的“限制”,表现在两个方面。一是要受到总和刑期的限制。比如,由于A罪被判处有期徒刑10年,由于B罪被判处有期徒刑8年,这时总和刑期是18年,最后数罪并罚时要在总和刑期以下、数刑中最高刑期以上即10年以上18年以下判处刑罚。原则上讲,这是一个闭区间,既可以判10年,也可以判18年。但如果最终宣告18年就是并科原则,如果宣告10年就是吸收原则。由于采取的是限制加重原则,所以尽管是闭区间，但实践中通常都按照开区间来操作，即通常都是在高于数刑中最高刑期而低于总和刑期的幅度内量刑。二是要受到各刑种数罪并罚的最高刑期的限制。比如，因C罪被判处10年有期徒刑，因D罪被判处12年有期徒刑，总和刑期是22年，这时限制加重的另一重限制就体现出来了，即有期徒刑并罚之后，总和刑期不满35年的，最高刑期不能超过20年。因此，并罚C、D两罪的结果，最高刑期不能超过20年而非22年。在这种情况下，就只能在12～20年的幅度之内，选择数罪并罚之后最终决定执行的期限，比如19年。可见，限制加重的“限制”，既体现为总和刑期的限制，也体现为数罪并罚时各刑种的最高刑期的限制。

根据1997年《刑法》的最初规定，有期徒刑并罚之后最高不能超过20年，拘役并罚之后最高不能超过1年，管制并罚之后最高不能超过3年。但在实际操作的过程中，这一规定存在过于绝对和僵化的弊端，特别是在有期徒刑并罚的场合，最高不能超过20年的限制既无法充分实现有期徒刑与无期徒刑之间的“无缝对接”，而且在某些场合得出的结论也可能不够合理。比如，因入户抢劫、强奸多人、绑架且不属于“情节较轻”而同时成立抢劫罪、强奸罪和绑架罪，而需并罚，分别被判处12年、15年、10年有期徒刑。这时，按照1997年《刑法》的最初规定，并罚之后最终决定执行的刑期最高只有20年，而上述任何两个罪的并罚都完全可以执行20年，那么第三个罪在量刑时基本就是多余的，确实显著不均衡。因此，《刑法修正案（八）》对有期徒刑数罪并罚的上限做了调整，规定有期徒刑数罪并罚的最高刑期原则上还是20年，但如果数罪的总和刑期在35年以上的，最高期限就提高为25年。① 在上述例子中，可以在15年以上25年以下裁量最终决定执行的刑期，比如23年或24年。

限制加重的原则，适用于管制、拘役和有期徒刑。在同种刑罚并罚的场合较为容易把握，问题主要在于数罪被判不同种刑罚时当如何处理。比如犯E罪判处3年有期徒刑，犯F罪判处6个月的拘役，犯G罪判处1年管制，该如何并罚？对此，1997年《刑法》没有规定，理论上的认识不一，实践中的做法也不一致。因此，《刑法修正案（九）》新增加了第69条第2款，明确规定：“数罪中有判处有期徒刑和拘役的，执行有期徒刑。数罪中有判处有期徒刑和管制，或者拘役和管制的，有期徒刑、拘役执行完毕后，管制仍须执行。”主流的理解认为，此修正意味着：在有期徒刑与拘役的场合，“执行有期徒刑”即采取了吸收原则；而在有期徒刑和管制，或者拘役和管制的场合，则采取了并科原则。② 对此，本书强调如下两点：第一，不应该认为在有期徒刑与拘役的场合是吸收原则，而应该将其理解为限制加重原则，即在原有的有期徒刑的基础上，将拘役按照适当比例（本书主张按照1∶1的比例）换算之后按照限制加重原则并罚；③若理解为吸收原则，会和

---

① 在《刑法修正案（八）》的起草和审议过程中，曾有建议删去“有期徒刑总和刑期在三十五年以上”的限制，直接将有期徒刑数罪并罚的上限提高到25年，还有的建议进一步提高到30年、35年甚至更长。但来自立法机关的意见认为，“如果统一将有期徒刑数罪并罚的期限延长至二十五年，涉及面会很广，将会有很大一部分根据原规定执行二十年以下有期徒刑的犯罪分子的执行期限延长至二十年以上，在执行较短期限有期徒刑足以实现刑罚目的的情况下，延长刑罚期限将会产生适用刑罚过度的问题，不利于犯罪人回归社会，也会加大监管机构的执行压力和行刑成本。”基于上述考虑，《刑法修正案（八）》的最终做法，“既能更好地体现罪责刑相适应的原则，也防止了大面积延长刑期的情况发生”。参见雷建斌主编、全国人大常委会法制工作委员会刑法室编著：《〈中华人民共和国刑法修正案（九）〉释解与适用》，人民法院出版社2015年版，第14页。

② 参见高铭暄、马克昌主编：《刑法学》（第9版），北京大学出版社、高等教育出版社2019年版，第274页；张明楷：《刑法学》（第5版），法律出版社2016年版，第601～602页；黎宏：《刑法学总论》（第2版），法律出版社2016年版，第391页。

③ 不过，这种不利于被告人的解释是否违反罪刑法定原则，不无疑问。

有期徒刑与管制并罚场合的立法规定产生不均衡。第二,在有期徒刑与管制或者拘役与管制并罚的场合,立法规定的“有期徒刑、拘役执行完毕后,管制仍须执行”,意味着确实是并科原则。之所以如此规定,主要是因为管制的非监禁刑的属性,其着眼于防卫社会的需要,又期待着社区矫正作用的发挥。虽然在《刑法修正案(九)》的研究过程中,也有意见主张,在有期徒刑与管制、拘役与管制数罪并罚时,也应该采取吸收原则,由有期徒刑或者拘役吸收管制。但是,“经反复研究认为,管制是限制人身自由同时又设置了有针对性的教育改造措施的刑罚,与有期徒刑、拘役在性质上有根本差异,其特殊的教育改造效果也难以通过其他途径实现,如果采取吸收原则不再执行管制,不利于对罪犯的教育改造”。同时,由于管制刑期较长,有期徒刑的起刑点仅为6个月,拘役的期限也很短,“如果采取吸收原则,在一些案件中就要由刑期几个月的有期徒刑或者拘役吸收最高刑期可达三年(并罚的场合)的管制,在理论和逻辑上很难说得通”。[①] 本书认为,如此规定之后,主刑与附加刑之间的界限应该被重新界定:在此规定之前,两者的界限主要是一个犯罪只能判处一个主刑,一个犯罪人只能执行一个主刑,而附加刑均不受此限;在此修正之后,“一个犯罪只能判处一个主刑”得以维持,而“一个犯罪人只能执行一个主刑”的认识则需要被放弃。

(3)对于附加刑,采取并科原则。即数罪中有判处附加刑的,附加刑仍需被执行,并且多个附加刑之间不得吸收。比如,因为H罪被判处3年有期徒刑,同时被判处罚金;因为I罪被判处5年有期徒刑,同时被判处剥夺政治权利;因为J罪被判处10年有期徒刑,同时被判处没收财产1万元。对此,在并罚时,主刑之间按照限制加重原则,在10年以上18年以下决定一个实际执行的有期徒刑的期限;同时,罚金、剥夺政治权利和没收财产不能被主刑吸收,同样要予以执行。根据《刑法修正案(八)》的规定,“附加刑种类相同的,合并执行,种类不同的,分别执行”。这意味着,附加刑之间在并罚时也是采用并科原则,即不同种类的附加刑加在一起,分别执行,种类相同的附加刑则直接“合并执行”。然而,附加刑在并科时有没有限制加重的问题还值得讨论。本书认为,附加刑的并罚,如果是异种附加刑,直接并科(“分别执行”),不存在限制加重的问题;如果是同种附加刑,仍存在限制加重的可能,否则就难以解释为什么主刑都是限制加重,而比主刑更轻的附加刑反而是完全的相加?在实践中,这种情况通常也是类比限制加重原则,采取两者之间的一个中间值。比如,因K罪被判处罚金1万元,因L罪被判处罚金1万元,两个罪加在一起未必被判处罚金2万元,而是允许判处罚金1.5万元、1.8万元等。此外,虽然对罚金和没收财产没有上限的规定,但根据《刑法》第55条,剥夺政治权利有上限(5年)的要求(除《刑法》第57条的规定外),所以在剥夺政治权利的场合,仍应有最高期限的限制而不能予以简单相加。比如,因为M罪被判处剥夺政治权利3年,因为N罪也被判处剥夺政治权利3年,并科时不应直接剥夺政治权利6年,而是执行不超过5年的剥夺政治权利的期限。

(三)发现漏罪的并罚

我国《刑法》除了在第69条规定了典型的数罪并罚外,还在第70条规定了对发现漏罪的并

---

① 雷建斌主编、全国人大常委会法制工作委员会刑法室编著:《〈中华人民共和国刑法修正案(九)〉释解与适用》,人民法院出版社2015年版,第17~18页。

罚，“判决宣告以后，刑罚执行完毕以前，发现被判刑的犯罪分子在判决宣告以前还有其他罪没有判决的，应当对新发现的罪作出判决，把前后两个判决所判处的刑罚，依照本法第六十九条的规定，决定执行的刑罚。已经执行的刑期，应当计算在新判决决定的刑期以内”。漏罪并罚的特点是：(1)所犯数罪均发生在原判决宣告之前；(2)原判决仅对其中的部分犯罪作出了判决；(3)即使漏罪与前罪的性质相同，亦需并罚；(4)对新发现的漏罪定罪量刑，依照第 69 条的规定并罚；(5)已执行的刑期计算在新判决决定的刑期之内。比如，行为人张三触犯甲乙两罪，但是司法机关只发现了甲罪，法院以此对其判处 6 年有期徒刑，在执行了 2 年以后，又发现行为人在甲罪判决之前所犯下的乙罪，遂对该罪判处 7 年有期徒刑。此时，先根据《刑法》第 69 条确定的数罪并罚原则，在总和刑期(13 年)以下，数刑中最高刑期(7 年)以上决定应当执行的刑罚，比如决定执行 10 年，已经执行的刑期(2 年)计算在新判决决定的刑期(10 年)之内，意味着从新判决决定的刑期之内将已经执行的刑期减去，只要再执行 8 年即可。概言之，在发现漏罪的场合，先根据数罪并罚原则决定执行的刑期(“先并”)，然后将原来已经执行的刑期减去(“后减”)，以最终确定仍需执行的刑期。这种先数罪并罚再减去已经执行的刑期的计算方法，通常被简称为“先并后减”。

(四)再犯新罪的并罚

除了发现漏罪的情形，还存在再犯新罪的情况。《刑法》第 71 条规定：“判决宣告以后，刑罚执行完毕以前，被判刑的犯罪分子又犯罪的，应当对新犯的罪作出判决，把前罪没有执行的刑罚和后罪所判处的刑罚，依照本法第六十九条的规定，决定执行的刑罚。”仍以前文(三)中的张三之案为例，其所犯的乙罪并非漏罪而是在甲罪的刑罚被执行 2 年之后所犯的新罪。此时，对前罪没有执行的刑罚 4 年与后罪乙罪所判处的刑罚(仍判处 7 年有期徒刑)进行并罚，即在 7 ~ 11 年的刑罚幅度之内决定刑罚，比如决定执行 10 年有期徒刑。概言之，在新罪的场合，先将前罪所判处的刑罚减去前罪已经执行的刑罚(“先减”)，然后将该未执行的刑罚与后罪判处的刑罚并罚(“后并”)，这通常被简称为“先减后并”。

对比漏罪和新罪的场合，虽然并罚后的刑期是一样的(均为 10 年)，但实际上犯新罪的张三需要执行 10 + 2 = 12 年(不考虑减刑等因素)，而在发现漏罪的场合则一共执行了 10 年。由此可见，在其他条件一样的情况下，犯新罪的场合一定比发现漏罪的场合对被告人更为不利。亦即，“先并后减”通常比“先减后并”要轻一些。除了前述计算上的区别，先减后并的行为人实际被执行的刑期还可能超出数罪并罚针对具体刑种所设定的上限。比如，因犯丙罪被判处 15 年有期徒刑，执行 10 年之后又犯新罪被判处 8 年，“先减后并”意味着要在 8 ~ 13 年的幅度之内量刑，若决定执行 11 年，加上已经执行的 10 年，实际上总共执行 21 年，超出了数罪并罚时通常情况下有期徒刑的上限(20 年)。因此，新犯罪场合的“先减后并”的严厉性就体现出来了。试想一下，在不是新罪而是漏罪的场合，其结果如何？按照“先并后减”的方法，上述例子只能在 15 ~ 20 年的期限内量刑，最多执行期限不会超过 20 年，少于犯新罪的场合。之所以漏罪并罚通常要轻于新罪并罚，主要是因为行为人没有自证其罪的义务，漏罪的责任在于司法机关，所以并罚的结果要对被告人或服刑人更有利些;新罪则不同,在法院作出有罪判决后,行为人于服刑改造期间还实施犯罪行为,说明其再犯可能性更大,应当做出更严厉的评价,最后的结论自然对被告人或服刑人更为不利。

第十四章　刑罚的执行

国家刑罚权包括制刑权、求刑权、量刑权和行刑权4个部分。人民法院对犯罪分子量定刑罚之后，就需要由具体的行刑机关负责刑罚的执行，即将对犯罪分子的否定评价付诸实施。刑罚执行是一个广义的概念，与行刑一词具有密切关系。行刑有广义和狭义两种含义，广义的行刑概念和制刑、求刑、量刑的概念相对，指的就是刑罚的执行，包括各种刑罚的执行；狭义的行刑概念特指有期徒刑的执行。一般谈到行刑时，通常是在广义上使用。

刑罚执行的主体根据所执行的刑罚种类的不同而有所不同。死刑立即执行由人民法院执行；死刑缓期执行、无期徒刑、有期徒刑一般由监狱执行；余刑在3个月以下的有期徒刑由看守所代为执行；拘役由公安机关执行；管制原是由公安机关执行，但现在是由司法行政机关的社区矫正部门负责考察；罚金和没收财产由人民法院执行；剥夺政治权利，则由公安机关执行。刑罚执行的对象当然是受刑人。执行刑罚以存在合法的刑罚权，特别是存在合法的量刑为前提。在执行过程中，要贯彻劳动和教育相结合、惩罚和改造相结合等基本原则，同时要贯彻人道主义原则。此外，在行刑过程中，还需要特别强调行刑个别化，即在刑罚执行过程中，结合服刑人员的人身危险性之降低而根据特殊预防的需要减轻刑罚、适用假释等。缓刑、减刑、和假释等具体行刑制度，都是行刑个别化原则的体现。

第一节　缓　　刑

一、缓刑概说

（一）缓刑的概念与性质

1. 缓刑的概念

法官在裁量刑罚时，除了要考虑对被告人有利的或者不利的、法定的或者酌定的量刑情节之外，还要结合法律规定的量刑制度对被告人具体量定刑罚。具体而言，缓刑是指对罪行较为轻缓的犯罪分子，在确定有罪的前提下，并不判处实刑，即并不收监执行，而是在监外通过社区矫正的方式予以处罚的一种方式。缓刑可以说是有条件地不执行所判处的刑罚，如果条件被破坏，就撤销缓刑，仍然执行原判刑罚。

缓刑是首先认定为犯罪，并且判处一定刑罚，即以定罪量刑为前提，因此完全不同于定罪免刑。但是，又不立即执行所判刑罚，而是在一定的考验期间之内保留执行的可能性。在此期间内，如果缓刑犯顺利通过了考验期，就不再执行所判处的刑罚；相反，如果没能顺利通过考验期，就要执行所判处的刑罚,甚至是数罪并罚。

缓刑不同于死刑缓期执行。两者在适用对象上具有明显有别:死刑缓期执行适用于罪行极其严重的犯罪分子,只是不必立即执行;而缓刑适用于罪行轻微的犯罪分子。二者在执行方法、考验期限、法律后果等方面也相差甚巨。

缓刑也不同于暂予监外执行。暂予监外执行既是一种行刑方式,也是一个与刑事诉讼密切相关的概念,具体是指由于服刑人员存在个人的特殊原因,比如怀孕或者是生病等,不适合在监狱中服刑,而暂时地予以监外执行,如果不适合收监执行的条件已经消失,比如病情已经好转并且具备了在监狱内服刑的条件,就撤销暂予监外执行的决定,收监执行。它是刑罚执行过程中的一种变通措施。而缓刑不是由于被告人的特殊身体状况等方面的原因,而是由于其犯罪行为本身轻微导致没有必要在监狱中执行其所承受的刑罚,故在量刑的同时就要宣布是缓刑还是实刑。

这里的缓刑也不同于对军人的战时缓刑。《刑法》第 449 条规定:"在战时,对被判处三年以下有期徒刑没有现实危险宣告缓刑的犯罪军人,允许其戴罪立功,确有立功表现的,可以撤销原判刑罚,不以犯罪论处。"这是刑法规定的战时缓刑,其适用条件、适用对象等和此处所讲的缓刑完全不同,特别是在最终的法律后果上迥然有别。缓刑犯在顺利通过缓刑的考验期之后,就不再执行原判刑罚,"不再执行"仅仅是刑罚的消灭,但仍然构成犯罪。比如,为他人实施安乐死而犯了故意杀人罪,判处有期徒刑 3 年缓刑 5 年,如果顺利通过 5 年考验期,则不再执行 3 年有期徒刑,但是犯了故意杀人罪这一点本身不会被改变。因此,其仍然属于被判过有期徒刑以上刑罚的犯罪分子,若符合其他条件的话,完全可能成立累犯。而战时缓刑,如果确有立功表现,则可以"撤销原判刑罚,不以犯罪论处"。"不以犯罪论处",就不单是刑罚的消灭,而是犯罪的消灭,即认为先前的行为根本不按照犯罪处理。这是战时缓刑和普通缓刑在法律效果上的重大差别。

2. 缓刑的性质

缓刑的性质是什么?对此,通常的理解着眼于缓刑是法官在定罪后具体裁量刑罚时所宣告的内容,而将其定性为刑罚裁量制度。① 比较我国《刑法》关于缓刑与假释在顺利通过考验期后的法律后果的规定会发现,缓刑的场合是"原判的刑罚就不再执行",而假释的场合是"就认为原判刑罚已经执行完毕"。根据通常的理解,由于缓刑犯没有被收监执行刑罚而是在监外通过社区矫正等方式执行,顺利通过考验期,则意味着原判刑罚根本就没有执行也"不再执行";而假释必需以实际执行一定期限的刑罚为前提(有期徒刑的场合要实际执行 1/2 以上,无期徒刑的场合要实际执行 13 年以上),顺利通过假释的考验期,"就认为原判刑罚已经执行完毕"。这样理解时,既然缓刑犯的考验期满意味着"原判的刑法"没有执行,也不存在执行完毕的问题,就会得出缓刑犯不可能成立累犯的结论。

但是,本书认为,缓刑考验期满后,"原判刑罚不再执行"并非指没有执行刑罚,而仅意味着刑罚权的消灭,即免除原判刑罚的执行,而定罪与判刑的客观事实依然存在。② 从性质上而言,固然不能否定缓刑是宣告刑的一部分,具有刑罚裁量制度的一定特征,但同样不能否定的是,缓

① 高铭暄、马克昌主编:《刑法学》(第 9 版),北京大学出版社、高等教育出版社 2019 年版,第 278 ~ 285 页。

② 马克昌主编:《刑罚通论》,武汉大学出版社 2002 年版,第 589 页。

刑也是拘役和3年以下有期徒刑的一种具体执行方式，将缓刑同时理解为具有刑罚执行制度的属性较为合理。其理由在于：(1)从立法规定的内容看。我国《刑法》第72～77条分别规定了缓刑的适用条件、执行机关、执行期限、执行地点、执行方式、执行变更以及执行的法律后果等内容，从中可见我国的缓刑制度主要是着眼于刑罚执行而非刑罚裁量。这与累犯、自首、立功、数罪并罚等公认的量刑制度不同。[①] (2)从具体的执行看。我国《刑法修正案(八)》通过相应修改，明确规定对于被判处管制、宣告缓刑和决定假释的犯罪分子，依法实行社区矫正。而社区矫正是与监禁矫正相对的刑罚执行方式。从实际后果来看，缓刑(及作为其后果的社区矫正)就是一种刑罚执行方式。[②] (3)从和成立累犯的关系上，否定缓刑是刑罚执行制度进而否定缓刑犯可以成立累犯，和本书作者所坚持的“严而不厉”的刑事政策并不吻合，可能也“与刑法设立累犯制度的宗旨不协调”。[③] 基于上述理由，本书强调缓刑所具有的“刑罚执行制度”的性质，故将其放在“刑罚的执行”一章中展开。

(二)缓刑制度的宗旨及其适用现状

为什么各现代国家在刑事司法系统中都规定缓刑制度呢？一方面，对于一些轻缓的犯罪，收监执行是对一个国家有限的监禁资源的过度占用，不利于司法资源的合理分配；另一方面，更重要的理由是，对于这些罪行比较轻微的犯罪分子，如果在监狱中执行反而可能会带来各种交叉感染的问题等，同时也不利于犯罪人的再社会化。试想一下，犯罪较为轻微的行为人被判处3年有期徒刑，如果没有判缓刑而是判了3年实刑，于日新月异的当下社会，在刑罚执行完毕之后将很难适应外面社会的形势，这时再回归社会可能会有一定难度。从这个角度而言，设置缓刑制度，不收监执行而将其放到社会上加以监管改造，更有利于犯罪分子的再社会化。所以，无论是基于功利主义即节约司法资源的角度，还是基于刑罚目的即对犯罪分子进行教育改造的考虑，缓刑制度都有它的优越性，这一点和管制刑有相通之处。

同样需要说明的是，和管制刑一样，缓刑在实践中也面临着适用率过低的问题。有学者通过对裁判文书的实证研究，得出实践中往往坚持“尽量不缓”的原则，即法官们更倾向于“可缓可不缓的不缓”。[④] 其原因之一在于，如果判处缓刑，特别是在《刑法修正案(八)》之前，由公安机关负责缓刑的执行，但公安机关并没有足够的警力专门考察监督缓刑犯的实际服刑情况。由于缓刑并不剥夺人身自由，所以在人员流动的大趋势之下，很容易就找不到被执行人。在这种情况下，判处缓刑的法官可能就要承担相应责任。为了避免让自己陷入不利局面，法官往往对判处缓刑有些抵触心理，而法院也通常会为法官判处缓刑设置一定障碍或者实行一定的保护。由此，法官基于各种考量很少判处缓刑，导致这项具有诸多优点的刑罚裁量制度在实践中的适用率较低。正因为如此，《刑法修正案(八)》试图通过设置社区矫正来变通缓刑(或管制)的执行途径，加强对缓刑犯(包括对管制犯)的监督力度，进而弥补缓刑制度之前存在的缺陷，至于其具体效果如

---

① 黎宏：《刑法学总论》(第2版)，法律出版社2016年版，第399页。

② 周光权：《刑法总论》(第3版)，中国人民大学出版社2016年版，第454页。

③ 黎宏：《刑法学总论》(第2版)，法律出版社2016年版，第399页。

④ 赵兴洪：《缓刑适用的中国图景——基于裁判文书大数据的实证研究》，载《当代法学》2017年第2期。

何,尚待时间的检验。

二、缓刑的适用条件

(一)前提条件

《刑法》第72条明确规定,缓刑只适用于被判处拘役或3年以下有期徒刑的犯罪分子,这是适用的前提条件。这里的拘役或者3年以下有期徒刑,指的是宣告刑,即法院最终决定并实际宣告的刑罚。虽然某些犯罪的法定刑很高,比如绑架罪,但如果犯罪分子本身的行为属于情节较轻,同时又具有自首和立功的表现,那么减轻处罚被判处3年有期徒刑的,同样符合缓刑适用的前提条件。3年以下有期徒刑当然包括3年,所以诸如故意杀人的,法定最低刑是3年有期徒刑,完全可能被判处缓刑。在实践中,就存在这样的例子:医生帮助病人实施安乐死,成立故意杀人罪,最终被判处有期徒刑并适用缓刑。

只有被判处拘役或者3年以下有期徒刑的犯罪分子,才有对其判处缓刑的必要。即使是数罪,若并罚的结果即最终决定执行的刑罚是拘役或者3年以下有期徒刑的,仍可能对其适用缓刑。之所以规定缓刑必须有一个刑罚种类或者是刑罚轻重的限制,主要是出于两方面考虑:其一,对重罪适用缓刑难以体现刑罚的严厉性。如果行为人罪行严重,对其适用缓刑而不收监执行的话,往往很难反映出刑罚的剥夺性痛苦的本质。其二,对重罪适用缓刑也不足以预防犯罪。刑罚的目的是预防犯罪,犯罪人本身实施了严重的犯罪行为,如果将其放到社会上进行社区矫正,其完全可能再次实施犯罪,危害社会;只有剥夺其自由,使其在一定期限内不具有再犯罪的能力,才能达到预防犯罪的目的。

管制本身并非剥夺自由而是单纯地限制自由,和缓刑在性质上具有一定的相通之处,即都不收监执行,不剥夺自由,并进行社区矫正。所以,对管制犯没有必要再判处缓刑。如果是单处附加刑的,虽然也可能是一些轻罪,但既然是附加刑,就不存在缓刑问题。至于单处罚金的场合,可能暂缓缴纳,但不属于这里所说的缓刑。

(二)实质条件

除了上述前提条件之外,适用缓刑还需要具备实质条件。对此,1997年《刑法》最初的规定是,“根据犯罪分子的犯罪情节和悔罪表现,适用缓刑确实不致再危害社会的”。但是,这一规定太过笼统、模糊,不便于操作。什么叫“适用缓刑确实不致再危害社会”?甲法官认为犯罪分子不致再危害社会,乙法官则认为这种情况完全可能再次危害社会,即不同的判断主体会有不同理解。正因为如此,《刑法修正案(八)》对缓刑适用的实质条件做了修改,规定被判处拘役或者3年以下有期徒刑的犯罪分子,同时符合下列条件的,可以宣告缓刑:一是犯罪情节较轻(实际上是将1997年《刑法》规定的“根据犯罪分子的犯罪情节”明确化为“犯罪情节较轻”),二是有悔罪表现(1997年《刑法》的最初规定的是“根据犯罪分子的悔罪表现”),三是没有再犯罪的危险,四是宣告缓刑对所居住社区没有重大不良影响。三、四两项均为新增,是对1997年《刑法》中“适用缓刑确实不致再危害社会”的明确细化。由此可见,通过将犯罪情节较轻和有悔罪表现明确作为缓刑适用的条件,同时将“适用缓刑不致再危害社会”具体细化为“没有再犯罪的危险”和“宣告缓刑对所居住社区没有重大不良影响”,从而使得适用缓刑的实质条件变得相对更有操作性。需要注意的是,上述四项条件必须同时具备,缺一不可。

此外,针对以上三、四两项的修改,有以下内容需要明确。在《刑法修正案(八)》的起草和审议过程中,有意见认为,第三项规定的“没有再犯罪的危险”的条件,主观判断的色彩太浓,容易导致法官裁量的随意性。但立法机关经研究认为,社会危险性标准是世界各国适用缓刑的基本判断标准,对于犯罪人是否具有社会危险性,并没有绝对客观的、确定性的判断标准,而只能交由法官根据个案情况判断,从而保留了此规定。同时,还有意见认为,将“宣告缓刑对所居住社区没有重大不良影响”作为缓刑条件之一,可能使法官的缓刑决定在很大程度上受制于社区意见,从而影响缓刑的适用。但立法机关经研究认为,这一缓刑条件是为了加强对犯罪分子的监管和改造,本着有利于社区广大居民能够安居乐业的目的作出的。因此,在适用缓刑制度时,既要考虑被告人的个人情况,还要考虑适用缓刑对社区的影响,否则就不能达到适用缓刑的目的和社会效果。① 当然,可能对社区造成的不良影响必须达到“重大”的程度,才能成为不适用缓刑的条件,如果只是一般的影响则不影响缓刑的适用。

(三)消极条件

根据《刑法》第 74 条的规定,“对于累犯和犯罪集团的首要分子,不适用缓刑”。亦即,缓刑的适用对象不能是累犯以及犯罪集团的首要分子,此之谓缓刑适用的消极条件。

(1)1997 年《刑法》规定,累犯不适用缓刑。既然先前已经被判处一个有期徒刑以上的刑罚,在较短的时间内再次犯的新罪又应当被判处有期徒刑以上刑罚,证明犯罪分子的人身危险性比较大,再次犯罪的可能性比较高,这时立法者就认为不能对其适用缓刑,放到社会上进行社区矫正,而是必须将其收监执行,剥夺其再犯罪的能力。需要指出的是,由于《刑法修正案(八)》扩大了特殊累犯的对象范围,由“危害国家安全的犯罪分子”扩大到“危害国家安全犯罪、恐怖活动犯罪、黑社会性质的组织犯罪的犯罪分子”,从而不适用缓刑的范围实际上也就相应扩大了。

(2)《刑法修正案(八》)还增加了对于犯罪集团的首要分子不适用缓刑的规定。在立法者看来,犯罪集团的首要分子这一身份就代表着很高的人身危险性,即使因从轻或减轻处罚情节最终被判处 3 年以下有期徒刑或者拘役,但实际上却并不具备前述 4 个实质条件,尤其是欠缺“没有再犯罪的危险”,所以要对其判处实刑,采用剥夺性痛苦以预防其再次实施犯罪。

只要具备了上述前提条件和实质条件,且不属于刑法所规定的禁止对象,就可以适用缓刑。需要明确的是,这里规定的是“可以”,即法官仍有选择是否适用缓刑的裁量权。此外,《刑法修正案(八)》还规定,如果是不满 18 周岁的人、怀孕的妇女和已满 75 周岁的人,被判的是 3 年以下有期徒刑或者拘役,同时具备 4 项条件,又不属于累犯和犯罪集团的首要分子的,就“应当”对其宣告缓刑。这是立法者基于刑罚人道主义考虑所作的选择。至于“不满 18 周岁的人、怀孕的妇

---

① 高铭暄:《中华人民共和国刑法的孕育诞生和发展完善》,北京大学出版社 2012 年版,第 263 ~ 264 页。

女和已满75周岁的人”，应该是指“审判时”而非犯罪时，[1]这既是基于该条立法的人道主义宗旨所作的有利于被告人的解释，也是从缓刑这一刑罚裁量制度本身所得出的当然结论。

三、缓刑的考验期和考察

(一)缓刑的考验期

适用缓刑需要设定一定的考验期。《刑法》第73条规定，拘役的缓刑考验期限为原判刑期以上1年以下，但是不能少于2个月。[2] 比如，如果被判处4个月拘役，则其考验期是4个月以上1年以下；如果被判处1个月拘役，则其考验期就是2个月以上1年以下(“不能少于2个月”)。考验期并非一个期间，而是需要法官具体裁量一个明确的期限，在这一具体期限(比如8个月)之内，综合考察服刑人的表现，如果表现良好，顺利通过考验期，就不再执行原判刑罚，国家的刑罚权就归于消灭。

有期徒刑的考验期限为原判刑期以上5年以下，但不能少于1年。可能适用缓刑的有期徒刑是6个月到3年，也就是针对6个月到3年的有期徒刑，根据刑罚裁量的实际情况决定相应的考验期，但是最长不能超过5年，最短不能少于1年。有期徒刑的缓刑考验期过短的话，达不到考验的效果。在实践中，通常在考验期限和实际的量刑期限之间存在一定的比例关系：量刑越长，考验期也越长，比如，判处1年有期徒刑，缓刑2年；判处2年有期徒刑，缓刑3年；判处3年有期徒刑，缓刑4年或5年。虽然这种比例关系并不是绝对的，但也不能被完全无视。否则，判处1年有期徒刑缓刑5年，判处2年有期徒刑缓刑3年，虽然在表面上均不违反法律规定，但是明显不均衡，不符合法律的实质正义要求。所以，缓刑考验期限的确定必须要结合实际被判处的刑罚期限来决定，并且要注意保持一定的比例关系，不能过于失衡。

缓刑考验期限，从判决确定之日起计算。何谓“判决确定之日”？对此有不同的理解。一种理解是“判决生效之日”，也就是一审判决经过上诉期、抗诉期而未出现上诉、抗诉等情况从而生效，或者是二审法院作出判决之日。[3] 这是一种常见的理解，也可谓是对“确定”一词的字面理解。另一种理解则是，判决书的文书日期(判决书签章的日期)，或者是，在判决书上明确写明的日期，才属于“判决确定之日”。比如，判处被告人有期徒刑1年缓刑2年，缓刑考验期从2013年1月1日起计算。这里的判决书的文书日期，或者是另行规定的日期，在一审判决的场合，会因尚未经过上诉期等原因，而早于判决书的生效日期，因而是一种有利于被告人的解释。目前，在司法实践中，是根据判决书的“生效日期”，还是根据“文书日期”确定缓刑考验期限之起算日，司法解释并无规定，各地的执行情况也不一致，故需要予以明确。本书认为，“判决确定之日”应该被理解为“判决生效之日”。因为缓刑考验期的起算意味着缓刑考验的正式开始，这应该以判决具

---

① 此处对“不满18周岁的人”的理解与《刑法》第65条一般累犯场合的“不满18周岁的人”的理解不同，这进一步凸显了“刑法用语的相对性”解释的必要性。

② 1979年《刑法》第68条规定，拘役的缓刑考验期限不能少于1个月。但1个月的考验期限太短，为维护刑罚适用的严肃性，1997年《刑法》作出修改。

③ 高铭暄、马克昌主编：《刑法学》(第9版)，北京大学出版社、高等教育出版社2019年版，第283页；黎宏：《刑法学总论》(第2版)，法律出版社2016年版，第401页；周光权：《刑法总论》(第3版)，中国人民大学出版社2016年版，第456页。

有“确定性”、既判力为前提,只有具备了确定性才具有了执行力。①

需要强调的是,先前的羁押日期不能计算在缓刑的考验期限之内,即不存在折抵问题。之所以设置缓刑的考验期,就是要考察行为人在考验期内的整体表现,最终决定是否执行原判刑罚。如果允许以先前的羁押日期折抵,就会使得考验期的考验意义大打折扣。而且,由于缓刑并非剥夺自由,所以不允许折抵也不会对被告人造成显著的不利后果。从犯罪人的角度而言,原本可以判处实刑并且执行实际刑罚,这时对其判处缓刑,已经是宽大处理,也就不应该再要求折抵。

(二)缓刑的考察

1997 年《刑法》第 76 条原本规定:“被宣告缓刑的犯罪分子,在缓刑考验期限内,由公安机关考察,所在单位或者基层组织予以配合。”但是,由于公安机关警力有限,且有限的警力要集中在重大案件的侦破方面,所以由公安机关考察缓刑犯(也包括考察管制犯)就会出现监管不力的现象。至于“所在单位或者基层组织”的配合,由于中国是熟人社会等诸多原因,更是形同虚设。正因为如此,《刑法修正案(八)》删除了“被宣告缓刑的犯罪分子在缓刑考验期限内由公安机关考察,所在单位或者基层组织予以配合”的规定,改为“对宣告缓刑的犯罪分子,在缓刑考验期限内,依法实行社区矫正”。社区矫正由司法行政机关负责,总牵头部门是司法部的社区矫正局,由此,公安机关不再负责缓刑的执行,而改为司法行政部门跟进考察。

《刑法》第 75 条明确规定,被宣告缓刑的犯罪分子,应当遵守下列规定:(1)遵守法律、行政法规,服从监督;(2)按照考察机关的规定报告自己的活动情况;(3)遵守考察机关关于会客的规定;(4)离开所居住的市县或者迁居,应当报经考察机关批准。同时,《刑法修正案(八)》还增加了关于缓刑犯的禁止令的规定,置于《刑法》第 72 条第 2 款:“宣告缓刑,可以根据犯罪情况,同时禁止犯罪分子在缓刑考验期限内从事特定活动、进入特定区域、场所,接触特定的人。”所谓“特定活动”,一般是指与原犯罪行为相关联的活动,如与操纵证券、期货市场罪相关的炒股活动,与贪污罪、挪用公款罪相关的财物会计活动等;所谓“特定区域、场所”,一般指原犯罪的区域、场所或者类似的区域、场所,如与寻衅滋事罪、强制猥亵、侮辱罪有关的娱乐场所等;“特定的人”一般是指被害人及其近亲属、证人等。禁止令应当具有正当理由或者基于合理推断作出,有针对性地禁止一项或者几项。禁止令的内容体现在判决书中,具有强制性的法律效力。若违反了禁止令规定,就可能撤销缓刑执行原判刑罚。

(三)缓刑考验期满与缓刑的撤销

1. 考验期满

如果顺利地通过了考验期,即缓刑考验期满,就不再执行原判刑罚。顺利通过缓刑考验期,要求没有犯新罪,没有被发现漏罪,同时也没有违反《刑法》第 75 条的规定,如果被判处禁止令的,还包括没有违反禁止令的规定。缓刑考验期满,考验合格的,其法律后果是不再执行原判刑罚,并公开予以宣告。需要注意的是,《刑法》第 72 条第 3 款规定,被宣告缓刑的犯罪分子,如果

---

① 高铭暄:《中华人民共和国刑法的孕育诞生和发展完善》,北京大学出版社 2012 年版,第 265 页。

被判处附加刑,附加刑仍须执行。也就是说,缓刑的效力及其考验期满的法律后果均不及于附加刑。

2. 缓刑的撤销

如果在考验期限内,出现了法律规定的违反事由的,就撤销缓刑。具体来讲,根据《刑法》第77条的规定,被宣告缓刑的犯罪分子,在缓刑考验期限内,出现下述三种情况之一的,就需要撤销缓刑。

(1)犯新罪。比如判处3年有期徒刑缓刑5年,已经执行社区矫正4年零9个月,在第10个月时将他人打伤,构成故意伤害罪,这就是又犯新罪。根据法律规定,此时需要撤销缓刑,对新犯的罪作出判决——比如故意伤害只造成轻伤,判处有期徒刑1年,与前罪判处的有期徒刑3年,按照《刑法》第69条的规定进行数罪并罚。

(2)发现漏罪。如果不是犯新罪,而是在缓刑考验期限内发现了判决宣告之前还有漏罪的,也要撤销缓刑,将发现的漏罪与原本判缓刑的前罪,按照《刑法》第69条的规定实行数罪并罚。

这里存在一个问题,在考验期限内,发现漏罪或者再犯新罪的,并罚的结果如果是3年以下有期徒刑或者拘役的,是否还可以再判缓刑?对此不可一概而论。对于漏罪,其责任应由司法机关承担,既然犯罪分子本人没有供述自己犯罪的义务,而侦查机关因自身能力问题没有事先查出来的,那么在并罚后如果犯罪分子本身认罪悔罪态度较好,不致再危害社会,符合适用缓刑的实质条件的,完全可以再判处缓刑。但如果是在缓刑考验期限内又犯新罪的,证明其人身危险性比较强,就不太可能符合“没有再犯罪的危险”这一条件,因为再犯罪的危险已经现实化为实施新罪,这时就不应再对其判处缓刑,而应撤销缓刑,按照数罪并罚的原则判处实刑。

还有一个问题,如果经过缓刑考验期后发现漏罪的,该如何处理呢?比如判处3年有期徒刑缓刑5年,在5年过去之后的第二天发现在此罪被判决之前还有另外一罪没有被发现,因而没有被审判,这时该怎么办?既然缓刑考验期满,在考验期内没有犯新罪,没有被发现漏罪,没有违反禁止令,也没有违反缓刑的监督管理规定,那么对犯罪分子而言,就是顺利通过了考验期,其结果就是不再执行原判刑罚。对国家而言,前罪的刑罚权已经消灭。因而,就只存在对于漏罪是否超过追诉时效的问题:若已超过追诉时效,则对漏罪也丧失了追诉权;若尚未超过追诉时效,则只能对漏罪重新进行追诉,单独定罪量刑。之所以如此,同样是因为漏罪的责任在于司法机关而不在于犯罪分子本人,其不利后果应由代表国家的司法机关予以承担。此外,如果在考验期满后,又发现在考验期内所犯新罪的,当如何处理?比如判处3年有期徒刑缓刑5年,在缓刑考验期的第4年又犯了一个故意伤害罪,但这个故意伤害行为直到5年考验期满之后才被发现,这时该怎么办?此种情况看似漏罪实则新罪,与在考验期之前也就是判决之前犯的漏罪不同:对国家而言,不但要对这个新罪定罪量刑,而且由于其发生在考验期内,实则违反了缓刑考验的规定,所以虽然行为人在形式上来看顺利通过了考验期,但实质上并未通过。因此,对即使是在考验期满之后所发现的新罪,也应当据此撤销缓刑,将前罪所判处的刑罚与考验期内所犯的新罪进行数罪并罚。

(3)在考验期限内违反法律、行政法规或者国务院有关部门关于缓刑的监督管理规定,或者违反人民法院判决中的禁止令,情节严重的。这是《刑法》第77条第2款的明文规定。需要注意的是,这种场合有“情节严重”的要求。如果只是轻微违反,比如被禁止去歌厅,违反规定进去却因为没钱很快就被轰出来的,不能认为是情节严重。撤销缓刑的,需要执行原判刑罚,此时应从撤销缓刑、收监执行之日起计算原判刑罚的期限,当然这就又存在先前被羁押的期限可以折抵刑期的问题。至于其具体操作方法,可以参见本书第十二章的相关内容。

第二节 减 刑

一、减刑概说

我国《刑法》在第一编“总则”第4章“刑罚的具体运用”第5节“缓刑”之后,紧接着在第6节规定了“减刑”。前面所讲的缓刑、数罪并罚、累犯、自首、立功等,都是刑罚裁量制度,是法院在对犯罪分子具体量定刑罚时需要考虑的制度;而减刑以及下一节的假释则是刑罚执行制度,是对犯罪分子确定刑罚后,在刑罚的具体执行过程中对执行期限或者执行方式的变更。就执行期限的变更而言,理论上应包括减刑和加刑两种方式,但是我国《刑法》只规定了减刑,而没有规定加刑。① 减刑制度,是在刑罚执行过程中,根据犯罪分子人身危险性的降低情况而相应减轻需要执行之刑罚的一种刑罚执行制度。减刑的实际效果既包括刑种的变更,也包括刑期的减少。比如判处犯罪人10年有期徒刑,通过减刑可能将其刑期减为8年、7年等,这是刑期的减少。但无期徒刑减为有期徒刑,或者有期徒刑减为拘役等,就是刑种的变更。此外,根据《刑法》第78条的规定,减刑具体还被分为可以减刑和应当减刑两种类型。

减刑不同于改判。改判既可能是在刑罚没有确定之前的改判,比如二审对于一审的定罪予以认可,但对量刑予以改判(如一审认为成立故意杀人罪,判处死刑立即执行,二审认为定罪准确,但量刑过重,判处死刑缓刑两年执行);也可能发生在刑罚的执行过程中,在原判刑罚存在错误的情况下(如将一个无罪者错误地定罪量刑),依法改判。而这里的减刑,是在承认原判决的正确性和既判力的前提下,由于服刑人员认罪悔罪的态度较好,决定缩短其服刑期限的刑罚执行制度。

减刑显然也不同于减轻处罚。减轻处罚是根据法定或者酌定的量刑情节,在具体裁量刑罚的过程中,由人民法院判处“低于法定最低刑的刑罚”;而减刑则是在具体执行刑罚的过程中,对需要继续执行之刑罚的一种缩减。减刑要结合犯罪人的人身危险性的情况,如果人身危险性降低得很明显,减刑的幅度要相应大一些;如果人身危险性降低得不太明显,减刑的幅度就要相对少一些;如果人身危险性没有减少,就应该不适用减刑。

减刑并非必经途径,它实际上是行刑机关在监管改造过程中对服刑人员或者犯罪分子的一

---

① 在监狱服刑时又犯新罪,就要对新罪量刑并进行数罪并罚,而不是单纯的加刑。

种奖励措施：通过减刑制度，来约束并同时鼓励服刑人员接受监管，认罪悔罪。所以减刑不是行刑机关的义务。在实践中，相对于前面涉及的缓刑、管制包括后文的假释而言，减刑被适用较多，在通常情况下，每个服刑人员都或多或少地会获得一些减刑，实际被执行的刑罚都要比当初被判处的刑罚要短一些。这既是节约司法资源的体现，也是行刑机关在监管改造过程中一种行之有效的管理方式、管理途径。如果没有减刑制度，监管机关要想顺利监督改造犯罪分子就会遇到很大困难，特别是对那些人身危险性较高、顽固不化的犯罪分子，改造的难度会更加巨大。

二、减刑的条件

(一)对象条件

根据《刑法》第 78 条的规定，减刑适用于被判处管制、拘役、有期徒刑、无期徒刑的犯罪分子，这是适用减刑的对象条件，也可谓前提条件。就上述犯罪分子而言，只有刑种的限制，没有刑期或者是罪质的限制。换言之，并不是对某类严重危及人身安全的暴力犯罪就不得减刑，不存在这样的限制。至于对死缓的减刑，《刑法》第 50 条有明确规定，但其不属于第 78 条规定的传统意义上的减刑，可谓是特殊减刑。因此，第 78 条规定的典型的减刑对象限于被判处管制、拘役、有期徒刑、无期徒刑的犯罪分子。附加刑的减轻，比如罚金的减免，也不属于这里的减刑。缓刑犯当然也允许减刑，比如判处 3 年有期徒刑同时宣告缓刑 5 年，如果在 5 年考验期限内，认罪悔罪态度好，也可以适用减刑。这时的减刑并不是直接缩短考验期，而是通过对原判刑罚的减少同时将考验期相应缩短。

(二)实质条件

《刑法》第 78 条规定，服刑人员在执行期间认真遵守监规，接受教育改造，确有悔改表现的，或者有立功表现的，可以减刑；如果有重大立功表现的，应当减刑。据此，减刑分为可以型减刑和应当型减刑，其实质条件亦有所不同。

1. 可以型减刑

可以型减刑的条件是认真遵守监规，接受教育改造，确有悔改表现的，或者有立功表现的。在这里，认真遵守监规，接受教育改造，确有悔改表现是可以减刑的一种事由，此时要求同时具备上述三个条件。可以型减刑的第二种事由是有立功表现，有立功表现的不以认真遵守监规，接受教育改造，确有悔改表现为前提。换言之，只要存在立功表现，即使没有认真遵守监规，接受教育改造，确有悔改表现，也可以获得减刑。

2. 应当型减刑

《刑法》第 78 条规定，如果在刑罚执行期间有重大立功表现的，应当减刑。对重大立功的范围，该条有明确规定，包括：(1)阻止他人重大犯罪活动的；(2)检举监狱内外重大犯罪活动，经查证属实的；(3)有重大发明创造或者重大技术革新的；(4)在日常生产、生活中舍己救人的(这里日常生产、生活中，既包括在监狱服刑期间的生产、生活，也包括在缓刑等期间的生产、生活)；(5)在抗御自然灾害或者排除重大事故中，有突出表现的；(6)对国家和社会有其他重大贡献的。

存在重大立功表现时,就必须依法减刑。

三、减刑的限制

减刑制度在刑罚执行中具有重要意义,它对于鼓励服刑人员改造的积极性,缩短服刑人员回归社会的时间,以及节约国家有限的司法资源等,都起着明显作用。有效地利用减刑也一直是中国刑事司法实践中一项非常宝贵的经验。但是,也要防止减刑制度的滥用,无节制地减刑可能既有损判决本身的权威性,也会滋生刑罚执行领域的种种野蛮甚至是违法的现象。通过各种各样的非法手段获得减刑,这些行为在司法实践中大量存在,所以必须要对减刑制度加以严格而合理的限制。当前,主要体现在减刑的起始时间、实际执行期限、间隔、幅度乃至次数等几个方面。

1. 减刑的起始时间

减刑的起始时间,是指至少执行多长时间的刑罚之后才允许减刑。之所以要求以实际执行一定期限的刑罚为前提,而不允许刚判刑就马上减刑,是因为必须要维持原判决的权威性与既判力。否则,就有朝令夕改的嫌疑,不利于司法权威的树立。而且,从实质条件的角度来讲,如果实际执行的期限过短,将无法看出犯罪分子在执行期间是否认真遵守监规,接受教育改造,确有悔改表现,至于立功表现,短时间内一般也无法具备。所以,司法解释要求必须经过一定期限后才允许减刑。通常而言,无期徒刑经过 2 年之后才允许减刑,5 年以上有期徒刑要执行 1 年 6 个月以上方可减刑,不满 5 年有期徒刑的,则可以适当缩短起始时间。

2. 减刑以后实际执行的期限

根据《刑法》第 78 条第 2 款的规定,减刑以后实际执行的刑期不能少于下列期限:判处管制、拘役、有期徒刑的,不能少于原判刑期的 1/2;判处无期徒刑的,不能少于 13 年。首先,这里强调的是减刑以后“实际执行”的刑期,即以相应刑罚的名义在判决确定之后实际执行的刑期。实际执行的刑期不包括先前羁押的刑期。虽然在管制、拘役、有期徒刑的场合,先前羁押的期限可以折抵刑期,但是这只能计算在总的服刑期限之内,而不能计算在实际执行的刑期之内。之所以在减刑问题上要求实际执行的刑期不能少于一定时间,是为了保证刑罚本身的严肃性,保证判决本身的权威性,如果由于各种各样的减刑以及折抵,实际执行的刑期过短的话,可能会导致刑罚本身的剥夺性痛苦的本质无法充分地体现出来,也无法展示刑罚的严肃性与权威性,这对于国家刑罚权本身将是一种伤害。正因如此,《刑法》要求对减刑以后实际执行的刑期必须有一定的限制。

1997 年《刑法》原本规定,减刑以后实际执行的刑期,判处无期徒刑的,不能少于 10 年,《刑法修正案(八)》将其调整为不能少于 13 年。之所以如此调整,是因为,由于减刑、假释等刑罚执行制度的存在,无期徒刑有期化的倾向非常明显,使得无期徒刑名不副实,实践中犯罪人平均被执行十四五年就因减刑、假释等原因被释放;在个别的场合,甚至只被执行 10 年左右即可出狱。这使无期徒刑实际执行的期限偏短,严重背离了无期徒刑这种刑罚的本质与初衷。无期徒刑作为一种非常严厉的、仅次于死刑的刑罚,若实际执行 10 年左右就释放的话,无从体现这种严厉性。鉴于无期徒刑有期化的倾向明显,《刑法修正案(八)》在提高生刑的大背景下,规定无期徒刑实际执行的刑期至少要达到13年,以此来提高无期徒刑的威慑力,使得其与死刑之间的距离能够尽量缩短。为什么这里是13年,有什么特殊含义呢?司法解释规定,无期徒刑通常在实际服刑2年之后,才允许减为有期徒刑。这样,无期徒刑以无期徒刑的名义经过2年才允许减刑,“减刑以后实际执行的刑期”,就不包括前面以无期徒刑名义服刑的2年。最终根据《刑法修正案(八)》的修正与拉升,无期徒刑最终实际执行的刑期不少于15年,它包括以无期徒刑名义执行的2年,以及2年后减刑为有期徒刑后,以有期徒刑的名义实际执行不得少于13年。

此外,《刑法修正案(八)》还专门增加了一个规定:“人民法院依照本法第五十条第二款规定限制减刑的死刑缓期执行的犯罪分子,缓期执行期满后依法减为无期徒刑的,不能少于二十五年。”对于这里的25年,可能也有两种不同理解。一种理解是整个死缓的实际执行不能少于25年,另一种理解是这25年不包括死缓的2年考验期。本书持后一种理解,认为这25年不包括死缓的2年考验期限。亦即,这种限制减刑的死缓犯,实际执行的最少刑期应该是死缓的2年考验期,加上减刑之后的25年刑期的限制,实际就是最少的执行期限应该是27年。本书认为,这样的理解既符合法律的规定本身,也符合刑法修正的背景与宗旨。事实上,我国关于减刑、假释的相关司法解释中也明确采用了这种理解,认为对于死缓犯的实际执行期限而言,不包括死刑缓期执行期间在内,那么对于限制减刑的死缓犯自然更是如此。需要说明的是,在这个25年里面,已经考虑了无期徒刑要执行2年才能减刑这个因素,即其起始时间从死缓减为无期徒刑之日计算,这也和无期徒刑的相关规定保持一致。

修正之后的《刑法》第78条还规定,如果是限制减刑的死缓犯,有重大立功表现的,在缓期执行期满后依法减为25年有期徒刑,也就是说,两年考验期满,因为有重大立功表现直接减为25年有期徒刑,这时,实际执行的刑期不能少于20年。因此,对这种限制减刑的死缓犯,有重大立功表现时,实际执行的刑期应该是不能少于2年死缓考验期加上减为有期徒刑之后最少实际执行的20年,亦即,不能少于22年。

3. 减刑的幅度与次数

除了减刑的起始时间、实际执行刑期的限制之外,对每次减刑的幅度也有一定的要求。减刑既不能减得过少,否则达不到奖励的效果;也不能减得过多,否则有损原判决的权威性。所以,每次减刑,如果本身原判刑期就比较短,可以减刑几个月到减刑半年;如果原判刑期很长,一次可以减1年,最高一次可以减2年。

同时,减刑不是只能适用一次,可以数次减刑,这也是其作为一项刑罚执行制度所具有的特点,而这点明显不同于后文中的假释。

四、减刑的程序以及减刑后的刑期计算

(一)减刑的程序

《刑法》第79条对减刑的程序作了明确规定,对于犯罪分子的减刑,由执行机关向中级以上人民法院提出减刑建议书。根据《刑事诉讼法》第264条第2款的规定,对被判处死刑缓期2年执行、无期徒刑、有期徒刑的罪犯,由监狱执行刑罚;对被判处有期徒刑的罪犯,在被交付执行刑

罚前,剩余刑期在3个月以下的,由看守所代为执行;对被判处拘役的罪犯,由公安机关执行。之所以由执行机关提出建议,是因为作为减刑与否的依据,即服刑人员在监管改造中的表现,包括立功等情况,只有第一线的执行机关才最了解,所以减刑建议由执行机关提出。之所以向中级以上人民法院提出建议,实际上也是为了使得减刑的程序变得更为严肃、更有节制。对此,人民法院应当组成合议庭进行审理,对确有悔改或者立功事实的,裁定予以减刑。非经法定程序不得减刑。实践中,由于服刑人员是否确实具有悔改或者立功的事实,法院并不清楚,故而法院在很大程度上只对减刑进行形式审查,至于立功到底是真是假,悔改表现是真心的还是伪装的,合议庭并不会去相应监禁场所开展实地调查,而是根据执行机关的书面材料予以裁定。从这个意义上说,对于减刑具有实质影响的是执行机关,甚至是执行机关的一线执行人员。如何使得执行机关能够抵制腐败,公正地提出减刑建议,是当前在减刑领域所面临的紧迫而现实的问题。

(二)减刑后的刑期计算

《刑法》第80条规定,无期徒刑减为有期徒刑的刑期,从裁定减刑之日起计算。无期徒刑通常经过2年或者2年以上才能决定减刑,比如减为15年有期徒刑,这个15年是从裁定减刑之日起计算,而不是从判决生效之日起计算,更不能把羁押期限算进来。由于无期徒刑本身具有终身自由刑的属性,所以不存在折抵的问题,减为15年有期徒刑的,先前羁押的期限不允许折抵,必须从裁定减刑之日开始计算有期徒刑的起点。当然,对这15年还可以再减,但是减刑之后实际执行的刑期,加上以无期徒刑名义执行的刑期,总共不能少于15年。

如果是有期徒刑、拘役、管制的减刑,减刑后的刑期从原判决执行之日起计算。比如,判处10年有期徒刑,并且判决书自2000年1月1日生效,即从此日开始计算刑期,由于表现突出减为9年有期徒刑,那么依然从2000年1月1日起算,此时只需执行到2008年12月31日。

第三节 假 释

一、假释概说

(一)假释的概念

在说明假释之前,需要首先了解什么是释放。释放,就是被告人因无罪或罪犯因已被执行完刑罚、已被执行部分刑罚后获得自由。释放有几种情况:(1)无罪释放;(2)刑满释放;(3)提前释放;(4)附条件的提前释放。

(1)无罪释放是无条件的。比如,因故意杀人罪被判处死刑缓期执行,在监狱里执行11年后,司法机关发现有足够的证据证明被害人是他人所杀("真凶落网"),或者有足够的证据证明所谓的被害人还活着("被害人复活"),故意杀人罪根本不成立。这时,当然就需要无罪释放。这种无罪释放是无条件的,而且需要进行国家赔偿。

(2)刑满释放也是无条件的。刑罚期满,即国家已经对被告人执行了相应刑罚,刑罚权归于消灭,必须予以释放。刑满释放但发现犯罪人并没有被改造好,比如一些盗窃的惯犯,在监狱中关了3年,明明知道把他放出去后还会继续盗窃,怎么办?有一种观点主张,只有消除了盗窃习气才能予以释放,从而建议规定不定期刑,即没有明确的监禁期限,改造好时再予以释放。但是,这种不定期刑违背罪刑法定原则,为现代绝大多数国家所不采。所以,即便明知没改造好,但只要刑期已满,也只能予以释放。如果再犯罪就重新判刑,构成累犯的按累犯从重处罚,不构成累犯的,就作为酌定的从重处罚情节。

(3)减刑场合的提前释放。刑满释放既包括没有任何减刑的按期释放,也包括通过减刑而释放(比如判处10年有期徒刑,因为立功减为9年,执行了9年而释放)。此时,从一个角度讲,由于减刑为9年有期徒刑,9年执行期满属于刑满释放;从另一个角度讲,相对于原判刑罚而言,并未执行完10年有期徒刑,也可以将其理解为一种提前释放。所以,减刑场合的释放兼有刑满释放和提前释放两种属性。

(4)附条件的提前释放。这里的提前释放和减刑之后的刑满释放不同,和无罪释放差别更大,它是一种有条件的提前释放。对此,需要执行一定的刑期,并且犯罪分子要表现良好。这样一来,仍然予以监禁的话既不利于服刑人员重新回归社会,还占据着国家的司法资源,故可以附条件地先释放出去。所谓附条件,就是附考验期,如果顺利通过考验期,则考验期满后不再执行剩余的刑罚;如果未能通过考验期,就不具备真正释放的条件,撤销提前释放的决定并收监执行剩余刑期;其中,如果再犯新罪的,还应数罪并罚。这种附条件的提前释放,并不是一种真正的释放。因为无论刑满释放(包括因减刑而提前释放)还是无罪释放,都是刑罚权的消灭,国家就不可能对服刑人员再次执行刑罚;而这种附条件的提前释放,并非是刑罚权的消灭,而仅是刑罚执行方式的变更,因而和真正的释放相对照,作为有条件的提前释放,被称为"假释放",简称假释。

(二)与相关概念的区别

假释不同于监外执行。监外执行在怀孕或者生病等事实消失后,就要收监执行;而假释是基于人身危险性的减少,只要能够顺利通过考验期,就没必要再予以监禁。

假释不同于减刑。减刑可以多次,而假释只有一次。同时,减刑是根据先前的服刑表现或者立功表现予以决定的,其效果是不可逆的,决定之后不存在考验期和撤销;而假释,如果发现在考验期内违反相关规定,完全可以随时撤销,收监执行原判刑罚。

假释不同于缓刑。缓刑是一种刑罚裁量制度,是在判决时根据被告人的认罪悔罪态度等确定的一种未来将如何执行刑罚的制度;而假释是刑罚执行制度,必须以事先确定的并执行一定期限的刑罚为前提。

(三)假释制度的适用现状

假释制度具有许多优越性,不但可以节约国家监禁资源,更可以鼓励服刑人员尽早回归社会,有助于再社会化。但是,假释在实践中的适用率偏低,与适用率很高的减刑形成鲜明对照。

可以说，与欧美国家“重假释、轻减刑”不同，我国大陆明显属于“轻假释、重减刑”。[①]《刑法修正案（八）》虽然对假释的实质性条件做了完善，并将社区矫正作为假释的行刑方式，但假释的适用率仍然很低。同时，毋庸讳言的是，在假释的适用中，特别是在对职务犯罪、金融犯罪、黑社会性质犯罪的罪犯的假释中仍存在不少徇私枉法、权钱交易的司法腐败等诸多问题。假释常常成为行刑机关的一种恩赐，甚至沦为监狱行刑机关等进行腐败交易的筹码。[②] 原本是初衷很好的一项制度，在实践中并没有被充分地发挥应有的功效。所以，如何充分激活假释制度，将假释从司法行政机关的恩赐变成服刑人员的权利，可能是当前亟待研究的重要课题。

二、假释的适用条件

（一）对象条件

1. 积极条件

根据《刑法》第 81 条的规定，假释只适用于被判处有期徒刑或者无期徒刑的犯罪分子。如果当初被判处的是死刑缓期执行，由于两年考验期顺利通过而减为无期徒刑或者有期徒刑的，能否适用假释？从形式解释的角度讲，既然“被判处”的是死缓而非无期徒刑或有期徒刑，就不符合第 81 条关于假释之适用前提、适用对象的规定，就不应该允许假释。不过，死缓由于没有故意犯罪而在考验期满之后减为无期或者有期徒刑的，相应的决定也是由人民法院作出的，虽说不是以判决而是以裁定名义作出，因此认为不是“被判处”无期徒刑或有期徒刑也有一定道理，但既然也是由人民法院将死缓减为无期徒刑或有期徒刑的，也经过了严格程序的限定，那么对这种由死缓犯减刑而来的无期徒刑犯、有期徒刑犯一概不允许假释，就缺乏实质性理由。同时，既然死缓减为无期或者有期徒刑后还可以进一步减刑，却认为死缓犯不允许被假释，也欠缺均衡性。最后，即使认为对死缓犯也可能被假释的理解是一种类推，那也是一种有利于被告人的类推，并不为罪刑法定原则所禁止。因此，本书认为，作为假释的积极条件，也应该包括死缓犯。

对于死缓犯到底有没有可能被假释，2012 年 1 月 17 日公布的最高人民法院《关于办理减刑、假释案件具体应用法律若干问题的规定》（以下简称 2012 年《减刑、假释规定》）第 18 条第 2 款指出，“因前款情形和犯罪（《刑法》第 81 条第 2 款之规定——引者注）被判处死刑缓期执行的罪犯，被减为无期徒刑、有期徒刑后，也不得假释。”之所以如此规定，是因为既然属于第 81 条第 2 款情形的被判处 10 年以上有期徒刑、无期徒刑的犯罪分子就不得假释，那么被判处死刑缓期执行而后减为无期或者有期徒刑的当然也不得假释，这符合举轻以明重的基本法理，而且不违反罪

---

① 王志祥：《我国减刑、假释制度改革路径前瞻》，载《法商研究》2009 年第 6 期。

② 针对目前实践中存在的假释腐败等问题，为加强对假释、减刑合法性的监督，最高人民检察院于 2014 年 7 月 21 日通过《人民检察院办理减刑、假释案件规定》，针对 6 类减刑假释案件全部进行调查核实。一是职务犯罪、破坏金融管理秩序和金融诈骗犯罪、黑社会性质组织犯罪、严重暴力恐怖犯罪、其他在社会上有重大影响、社会关注度高的罪犯拟提请减刑假释的；二是因罪犯有立功表现或者重大立功表现拟提请减刑的；三是减刑幅度大、假释考验期长、起始时间早、间隔时间短或者实际执行刑期短的罪犯拟提请减刑假释的；四是考核计分高、专项奖励多或者鉴定材料、奖惩记录有疑点的罪犯拟提请减刑假释的；五是收到控告、举报的案件；六是其他应当进行调查核实的案件。

刑法定原则。该解释第 21 条则规定，对死刑缓期执行罪犯减为无期徒刑或者有期徒刑后，不符合《刑法》第 81 条第 2 款等限制，而符合第 81 条第 1 款等规定的，可以假释。比如，因贪污罪被判处死缓，减为无期或者有期徒刑后，如果符合《刑法》第 81 条第 1 款和该解释第 9 条第 2 款、第 18 条规定的，可以假释。这些都是关于假释的实质性规定，涉及认罪、悔罪态度、有无再犯罪的危险等问题。也就是说，司法解释对死缓犯的假释还是给予了一定认可，除了对符合第 81 条第 2 款的死缓犯一概不允许假释外，其他的死缓犯仍然存在被假释的空间。可见，司法解释在这一问题上采取的立场与学术界的多数主张是一样的，值得称赞。

2. 消极条件

《刑法》第 81 条第 2 款对于假释的适用对象还有一个例外性规定："对累犯以及因故意杀人、强奸、抢劫、绑架、放火、爆炸、投放危险物质或者有组织的暴力性犯罪被判处十年以上有期徒刑、无期徒刑的犯罪分子，不得假释。"在此，对没有被判处 10 年以上有期徒刑、无期徒刑的累犯，是否允许假释？换言之，上文的"被判处十年以上有期徒刑、无期徒刑"只是针对故意杀人、强奸、抢劫、绑架等犯罪的限定，还是也包括对累犯的限定？本书认为，此处并不包括累犯，即累犯无须受到上述限定。从语言形式上分析，前面明确规定的是"对累犯"，而后边规定的是"因"故意杀人等，所以 10 年以上有期徒刑、无期徒刑只限于对后面的故意杀人等情形的限定，否则"对累犯……被判处……"的句式明显不通。当然，如果是规定"对因累犯以及故意杀人……被判处十年以上有期徒刑、无期徒刑"，结果就完全不同："因"字是放在"累犯"前边，就意味着即便是累犯，如果未被判处 10 年以上有期徒刑或者无期徒刑，仍然可以假释。这也反向说明，现行法律的规定意味着只要是累犯就一概不得假释。从实质角度上分析，立法做如此限制也是有道理的：既然是累犯，就一般累犯而言，在刑罚执行完毕或者赦免之后 5 年以内这么短的时间里，又犯了应当判处有期徒刑以上刑罚这么严重的犯罪，就证明其危险性非常高，再犯可能性非常大，因此在实际执行刑罚时不能附条件地提前释放。就特殊累犯而言，是为了严厉打击危害国家安全犯罪、恐怖活动犯罪、黑社会性质的组织犯罪的犯罪分子，既然如此，那么对其在假释方面作出限定也符合立法目的乃至刑事政策的一贯性。综上，累犯者，无须再附加其他条件，一概不得适用假释。

至于"因故意杀人、强奸、抢劫、绑架、放火、爆炸、投放危险物质或者有组织的暴力性犯罪被判处十年以上有期徒刑、无期徒刑的犯罪分子"，也不得假释，体现了立法在质和量两方面的限定。在犯罪性质上，并不是所有犯罪都不得假释，而必须是故意杀人、强奸、抢劫、绑架、放火、爆炸、投放危险物质这 7 种，或者有组织的暴力性犯罪，比如组织、领导、参加黑社会性质组织（或恐怖组织）的犯罪，又体现出暴力性。7 个明确的列举，加上 1 个概括性规定（俗称"7 + 1"），这就是罪质上的限制。在罪量方面，必须是因为这些犯罪而被判处 10 年以上有期徒刑或者无期徒刑。即便是前述犯罪，如果情节较轻，没有达到非常严重的程度，从而被判处的刑罚没有达到 10 年以上有期徒刑或者无期徒刑的，证明其犯罪性质虽比较恶劣，但是违法性程度或者是可谴责性程度没有达到非常高的地步，这时立法就仍然允许对其适用假释。概言之，在非累犯的情况下，只有同时满足罪质和罪量的要求的，才能排除适用假释。

（二）刑期条件

犯罪分子必需要被执行一定刑期之后才可能被假释。之所以要求必需执行一定刑期，主要是基于两方面理由。首先，唯其如此才足以体现刑罚的威慑力与报应性，才足以体现判决的权威性和严肃性。如果不对假释作这些要求，实践中会带来很多负面效应。其次，规定必须要执行一定刑期之后才允许假释，也是为了综合考察服刑人员在服刑期限内的认罪、悔罪态度，以确定是否有再犯罪的危险。认罪、悔罪态度等是决定假释与否的事实材料和判断根据，这些内容当然只能在犯罪之后、服刑期间的各项表现中寻找，并以此作为判断再犯罪可能性高低的重要因素。基于上述理由，适用假释必须要首先执行一定刑期。

根据《刑法》第 81 条的规定，被判处有期徒刑的犯罪分子，被执行原判刑期 1/2 以上的，被判处无期徒刑的犯罪分子，被实际执行 13 年以上的，才可能对其适用假释。首先，立法规定被判处有期徒刑的犯罪分子，“执行”原判刑期 1/2 以上，而没有强调“实际执行”，这意味着此处的执行包括折抵期限在内。即先前的羁押期限允许计算在此处的执行刑期之内。对此，司法解释也予以认可。2012 年《减刑、假释规定》第 16 条规定：“有期徒刑罪犯假释，执行原判刑期二分之一以上的起始时间，应当从判决执行之日起计算，判决执行以前先行羁押的，羁押 1 日折抵刑期 1 日。”即先前的羁押期限允许计算在内。至于无期徒刑，其本身就不存在先前羁押时间折抵刑期的问题，所以在无期徒刑的场合，立法特别强调“实际执行”13 年以上，才允许考虑假释问题。无期徒刑实际执行 13 年以后才允许假释，也是为了通过提高其实际执行期限，以拉近与死缓、死刑立即执行之间的距离。这里的实际执行期限，从无期徒刑的判决确定之日起计算。

《刑法》第 81 条第 1 款还规定，如果有特殊情况，经最高人民法院核准，适用假释可以不受上述执行期限的限制。也就是说，如果存在特殊情况，那么即便无期徒刑实际执行的刑期未达到 13 年的，有期徒刑执行的刑期未到 1/2 的，若符合对象条件和后述的实质条件，经最高人民法院核准，也可以被假释。这里所说的特殊情况，根据 2012 年《减刑、假释规定》第 17 条的规定，是指“与国家、社会利益有重要关系的情况”。比如，外国的一个重要官员犯了比较严重的犯罪，被判处无期徒刑，在中国关押六七年后，这时两国关系紧张，需要通过将该人释放并遣送回国来缓和两国的紧张关系，可是其尚未被实际执行 13 年以上，这时最高人民法院核准之后，就可以不受刑期的限制。这一例外规定坚持了原则性与灵活性的结合，且设定了较为严格的程序，总体上值得肯定。

（三）实质条件

根据修正后的《刑法》第 81 条之规定，对“认真遵守监规，接受教育改造，确有悔改表现，没有再犯罪的危险”的罪犯，可以假释。这是适用假释的实质条件。在修改之前，1997 年《刑法》的相应规定为，“认真遵守监规，接受教育改造，确有悔改表现，假释后不致再危害社会”，但假释后是否“不致再危害社会”本身缺乏明确的标准，比较抽象，不易操作，《刑法修正案（八）》将其具体化为“没有再犯罪的危险”,相对而言判断起来更具操作性。[①] 除此之外,第 81 条第 3 款还规定:“对犯罪分子决定假释时,应当考虑其假释后对所居住社区的影响。”因此,只要是认真遵守监规,接受教育改造,确有悔改表现,没有再犯罪的危险,适用假释不会对所居住社区有明显影响的,就符合了假释的实质条件。至于是否立功,对假释而言没有实际的独立意义。亦即,尽管有立功表现,但是在立功的同时没有遵守监规,接受教育改造,没有悔改表现,则可能给予减刑,但是不符合假释条件,仍然不会予以假释。

三、假释的程序、考验与撤销

(一)假释的程序

对于犯罪分子的假释,依照《刑法》第 79 条规定的程序进行。《刑法》第 79 条规定的是减刑的程序,所以假释的程序和减刑的程序是相同的。具体来说,就是由执行机关向中级以上人民法院提出假释建议书,中级以上人民法院组成合议庭进行审理,如果认为服刑人员符合假释条件,则裁定予以假释。非经法定程序不得假释。

(二)假释的考验

在减刑的场合不存在考验与否的问题。而在假释的场合,由于是有条件地提前释放,就必须附一个考验期限予以考验。根据《刑法》第 83 条的规定,有期徒刑的假释考验期限,为没有执行完毕的刑期,即刑期剩多少,假释的考验期限就是多少;而无期徒刑的假释考验期限为 10 年,即在实际执行 13 年以上之后,再考验 10 年。考验期从假释之日起计算。一般而言,假释犯就不再减刑了,考验期也不再缩短。但如果出现特殊情况,比如在假释考验期限内有重大立功表现,这时需要对原判刑期减刑的,同样要缩短假释的考验期。

被假释的罪犯,应当遵守相应规定。《刑法》第 84 条规定,被宣告假释的犯罪分子,应当遵守下列规定:遵守法律、行政法规,服从监督;按照监督机关的规定报告自己的活动情况;遵守监督机关关于会客的规定;离开所居住的市、县或者迁居,应当报告监督机关批准。《刑法》第 85 条规定,对假释的犯罪分子,在假释考验期限内,依法实行社区矫正,如果没有《刑法》第 86 条规定的情形,假释考验期满,就认为原判刑罚已经执行完毕,并公开予以宣告。因为已经执行了一部分刑罚(有期徒刑已经执行 1/2 以上,无期徒刑已经实际执行 13 年以上),若是顺利通过假释的考验期,就认为原判刑罚已经执行完毕。缓刑场合的“不再执行”是根本没有执行,而此处的“执行完毕”是已经执行了一部分,就认为已经执行完毕,并公开予以宣告。

(三)假释的撤销

《刑法》第 86 条对假释考验不合格的处理进行了明确规定,具体可分为三种情况。

---

① 从纯粹语言逻辑的角度讲,“没有再犯罪的危险”的表述或许存在问题:一个已经犯罪的人,即便不考虑过失犯罪的问题,也一定是有可能再次实施故意犯罪的,因此,也就一定会有再犯罪的“危险”。不过,此处的“没有再犯罪的危险”,应当是指再次犯罪的可能性很低,即“再犯罪的危险”是指一种较为明显的可能性或者说一定时期内再犯罪的“现实危险”。

（1）被假释的犯罪分子，在假释考验期内犯新罪，应当撤销假释，依照《刑法》第71条又犯新罪的规定处理，即依照"先减后并"的原则实行数罪并罚。

（2）在假释考验期限内，发现被假释的犯罪分子在判决宣告以前还有其他罪没有判决的，即发现漏罪的，应当撤销假释，依照《刑法》第70条发现漏罪的规定处理，即按照"先并后减"的原则来数罪并罚。

（3）被假释的犯罪分子，在假释考验期限内，虽没有发现漏罪或者再犯新罪，但是有违反法律、行政法规或者国务院有关部门关于假释的监督管理规定的行为，这些行为尚未构成新的犯罪的，应当依照法定程序撤销假释，收监执行未执行完毕的刑罚。

第十五章　刑罚的消灭

刑罚执行完毕之后，国家对犯罪分子的行刑权已经消灭，整个刑罚权也随之归于消灭。这就涉及刑罚的消灭问题。刑罚的消灭，是指由于各种各样的原因，导致国家对犯罪人的刑罚权归于消灭。这时，有犯罪而没有刑罚。刑罚消灭的原因既可以是法定的，也可以是事实性的。

刑罚的消灭当然以刑罚的存在为前提，而刑罚的存在又以行为构成犯罪为前提。没有犯罪，就没有刑罚，更谈不上刑罚的消灭。刑罚的消灭包括求刑权、量刑权和行刑权的消灭。如果过了追诉时效，求刑权、量刑权、行刑权均告消灭，具体就实务操作而言，案件尚未到检察机关的，求刑权消灭；到法院的，量刑权消灭；到执行机关的，行刑权消灭。刑罚的消灭必须基于一定的事由，这些事由或者是法律明文规定的，或者是有事实基础的。比如，刑满释放的，刑罚的消灭就是因为刑罚执行完毕这样一种法定事由的存在；又如，刑法分则中规定的亲告罪，告诉才处理，若是被害人没有告诉，或者告诉之后又予以撤销的，就等于被害人放弃了求刑权，刑罚权也就消灭了；再如，在公诉阶段或者是审判阶段，犯罪嫌疑人或者被告人死亡的，刑罚权也归于消灭。其中，如果是在起诉阶段死亡的，求刑权就消灭；如果是在审判阶段死亡的，量刑权就消灭。这是事实性的理由。刑罚的消灭还可能是由于超过了追诉时效。超过追诉时效的，国家也就不得再动用刑罚。或者是，国家主动进行了赦免，赦免之后也就导致刑罚权的消灭。

在本章中，重点介绍时效和赦免两种刑罚权的消灭事由。

第一节　时　　效

一、时效概说

时效，是指经过一定期限，对犯罪就不得再行追诉或者对原判刑罚就不得再执行。在不得再追诉的情况下，被称为追诉时效；经过一定期限，对原判刑罚就不得再执行的，被称为行刑时效。简单来说，追诉时效是指对犯罪分子追究刑事责任的有效期限，而行刑时效是指判处了刑罚却没有执行，超过法定执行期限之后，就不得再执行刑罚的有限期限。我国只有关于追诉时效的规定而没有关于行刑时效的规定。即在我国，行刑问题不存在时效。

之所以各国法律都有关于时效的制度，特别是关于追诉时效制度的规定，是因为其存在相当的根据。[①] (1)司法经济的考虑。从司法审判的角度讲，存在刑罚经济、司法经济的基本原则：如

---

① 关于追诉时效的正当性根据的各个学说，可以参见张明楷：《外国刑法纲要》(第2版)，清华大学出版社2007年版，第425页。

果过了相应时间,再去追诉相应犯罪可能会导致巨大的司法资源浪费,甚至可能是巨大司法资源耗费之后的无功而返。所以,规定追诉时效制度是有必要的。(2)社会的容忍与接纳。从社会角度讲,由犯罪行为所造成的危害经过相应时间的经过后,直接造成的危害可能会随之湮没、平复,犯罪所造成的间接危害、影响等也会随之逐渐被稀释。同时,社会对犯罪人的宽容可能会越来越多。(3)犯罪人的自我惩罚。从犯罪人本身的角度讲,已经过去这么长时间,虽然其并未受到国家的正式审判,但是却无时无刻不生活在自责之中,无时无刻不生活在原罪之中。这种无形的痛苦,这种自身的惩罚已经在一定程度上起到了报应作用,所以,也就没有必要再对他进行审判。基于以上理由,各国通常都规定了追诉时效制度。

二、我国关于追诉时效的规定

我国《刑法》第 87 条规定,犯罪经过下列期限不再追诉:法定最高刑为不满 5 年有期徒刑的,经过 5 年;法定最高刑为 5 年以上不满 10 年有期徒刑的,经过 10 年;法定最高刑为 10 年以上有期徒刑的,经过 15 年;法定最高刑为无期徒刑、死刑的,经过 20 年。如果 20 年以后认为必须追诉的,须报请最高人民检察院核准。因为这是关于追诉与否的问题,而追诉权是求刑权的重要内容,所以由最高人民检察院而不是最高人民法院核准。

对这里的"法定最高刑"如何理解？如果一个犯罪只有一个量刑幅度,当然很好理解其法定最高刑,就是立法所配置的刑罚上限。如果有数个量刑幅度,这时的法定最高刑当然是指根据相应的情节(如是否属于"数额巨大"、有无加重情节),其相应量刑幅度内的法定最高刑。

在《刑法》第 87 条规定追诉时效之后,第 88 条还确立了不受追诉期限限制的几种情形,其中第 1 款规定:"在人民检察院、公安机关、国家安全机关立案侦查或者在人民法院受理案件以后,逃避侦查或者审判的,不受追诉期限的限制。"在检察机关对其职权范围内的案件立案侦查,或者在公安机关对普通刑事案件立案侦查,或者在国家安全机关对危害国家安全的犯罪立案侦查之后,或者对包括亲告罪在内的自诉案件,人民法院受理之后,逃避侦查或者审判的,不受追诉期限的限制。第 2 款还规定:"被害人在追诉期限内提出控告,人民法院、人民检察院、公安机关应当立案而不予立案的,不受追诉期限的限制。"在此,不但以被害人提出控告为前提,而且以相应部门应当立案为必要,如果没有达到立案条件而不应当立案的,那么即使提出控告也不行,必须要达到规范性的"应当立案"的条件。第 2 款实际上是对第 1 款的一个补充。之所以规定这些例外情况,是为了防止犯罪分子在犯罪之后恶意利用追诉时效的规定来逃避法律追究,导致该制度被滥用。这些不受追诉期限限制的情形,还可以被称为追诉时效的延长。

除了延长,追诉时效还有中断的问题。对此,《刑法》第 89 条第 2 款规定,"在追诉期限以内又犯罪的,前罪追诉的期限从犯后罪之日起计算。"亦即,行为人在成立犯罪后,在其追诉时效之内又成立另一新罪的,则前罪的诉讼时效中断,开始从犯后罪之日起重新计算。比如,甲在 2010 年 1 月 1 日成立盗窃罪,属于"数额较大",法定最高刑为 3 年有期徒刑,不超过 5 年,诉讼时效为 5 年,那么从其盗窃之日起计算,追诉时效止于 2014 年 12 月 31 日。如果在 2014 年 1 月 1 日甲又实施抢劫行为,成立抢劫罪,那么就盗窃罪而言,它的诉讼时效中断,从 2014 年 1 月 1 日重新计算，诉讼时效止于2018年12月31日。

除此之外，诉讼时效的计算也是一个重要问题。我国《刑法》第89条第1款规定，“追诉期限从犯罪之日起计算；犯罪行为有连续或者继续状态的，从犯罪行为终了之日起计算。”在实行犯的场合，行为完成，法益就消灭，犯罪也就完成，犯罪之日和行为之日、结果之日通常是一天，没有太大差别。在连续犯的场合，基于一个概括故意在较短的时间内连续实施相同的行为，以及在持续犯的场合，应从犯罪行为终了之日起计算，也就是说从后行为终了之日起计算。比如对于非法拘禁这一持续犯，拘禁的时间长达数年，从行为终了之日起计算追诉时效意味着，何时结束拘禁行为何时才开始计算追诉时效。需要注意的是，在行为和结果之间往往存在时间间隔的犯罪中，比如滥用职权罪、玩忽职守罪，所造成的公共财产、国家和人民利益遭受严重损失的后果可能在滥用职权、玩忽职守行为之后较长时间之内才发生，这时当然应以危害结果发生的时候作为犯罪之日。对此，根据2003年《全国法院审理经济犯罪案件工作座谈会纪要》第6条第2款的明确规定，玩忽职守犯罪从结果发生之日起追诉。所以，对于犯罪之日不能理解为是犯罪行为之日，而应该认为是犯罪成立之日。对滥用职权、玩忽职守行为而言，单有行为并不成立滥用职权罪、玩忽职守罪，只有在这类行为导致了严重后果时才成立相应犯罪，才开始计算追诉时效。综上，《刑法》第89条规定的犯罪之日，应该分几种情况：(1)如果行为和结果同时发生的，就应该理解为犯罪成立之日；(2)如果行为和结果不同时发生，结果仅仅是量刑事由，结果发生与否对犯罪成立并不产生影响的，行为之日就是犯罪之日；(3)如果行为和结果不同时发生，且结果的发生是犯罪成立所必需的，则结果发生之日就是犯罪之日；(4)在持续犯和连续犯的场合，由于法律的明确规定，犯罪之日以犯罪行为终了之日起计算。

第二节 赦　　免

一、赦免概述

作为重要的刑罚消灭事由，除了追诉时效外，还包括赦免制度。所谓赦免，是国家以政令的形式免除犯罪人的罪责或者刑罚。各国通常都有赦免制度。

赦免包括大赦和特赦两种。大赦是国家元首或者国家最高权力机关对某一时期的罪犯一律予以赦免。在历史上，通常新皇帝登基要大赦天下。大赦既赦罪，又赦刑。对正在服刑的人员，不但免除其剩下的刑罚，而且也不认为其行为是犯罪，将其放回社会。由于既赦刑，又赦罪，那么前面的行为已经不按犯罪处理，也就不存在累犯的问题。特赦是指国家元首或者最高国家权力机关对已受罪刑宣告的犯罪人免除全部或者部分刑罚。与大赦不同的是，特赦只赦刑不赦罪，意味着只免除剩余的刑期，但是对其行为本身属于犯罪这一点并不加以否定。既然并非是对犯罪本身的否定，即使被赦免之后，罪犯在5年之内再犯罪的，完全可能构成累犯。

二、赦免制度在我国的适用情况

我国1954年《宪法》规定了大赦与特赦制度，并将大赦的决定权赋予全国人民代表大会，特赦的决定权赋予全国人民代表大会常务委员会，大赦令与特赦令均由国家主席发布。后来的《宪法》包括现行《宪法》仅规定了特赦制度，这表明我国已经取消了大赦制度；《刑法》第65条、第66条所指的赦免便仅限于特赦。现行《宪法》规定的特赦，由全国人大常委会决定，由国家主席发布特赦令。

从1959年起至改革开放之前，我国曾分别在1959年、1960年、1961年、1963年、1964年、1966年、1975年共实行过7次特赦。除1959年的第一次特赦是既对战争罪犯，又对反革命罪犯和普通刑事罪犯施行以外，其余6次特赦都是只对战争罪犯施行。在2009年时，曾有学者呼吁利用新中国成立60周年的机会进行特赦，但并未引起足够重视。在中国人民抗日战争暨世界反法西斯战争胜利70周年之际，即于2015年时，国家在时隔40年后重启特赦，对2015年1月1日前正在服刑的罪犯，符合以下4种条件之一的，经人民法院依法作出裁定后，即予以释放：一是参加过中国人民抗日战争、中国人民解放战争的正在服刑的罪犯；二是中华人民共和国成立以后，参加过保卫国家主权、安全和领土完整对外作战的正在服刑的罪犯，但犯贪污受贿犯罪，故意杀人、强奸、抢劫、绑架、放火、爆炸、投放危险物质或者有组织的暴力性犯罪、黑社会性质的组织犯罪，危害国家犯罪、恐怖活动犯罪，有组织犯罪的主犯以及累犯除外；三是年满75周岁、身体严重残疾且生活不能自理的服刑罪犯；四是犯罪的时候不满18周岁，被判处3年以下有期徒刑或者剩余刑期在1年以下的服刑罪犯，但犯故意杀人、强奸等严重暴力性犯罪、恐怖活动犯罪、贩卖毒品犯罪的除外。

在2019年6月29日，国家主席再次签署发布特赦令，根据十三届全国人大常委会第十一次会议通过的《全国人大常委会关于在中华人民共和国成立七十周年之际对部分服刑罪犯予以特赦的决定》，对9类服刑罪犯实行特赦。根据国家主席的特赦令，对依据2019年1月1日前人民法院作出的生效判决正在服刑的9类罪犯实行特赦：一是参加过中国人民抗日战争、中国人民解放战争的；二是中华人民共和国成立以后，参加过保卫国家主权、安全和领土完整对外作战的；三是中华人民共和国成立以后，为国家重大工程建设做过较大贡献并获得省部级以上“劳动模范”“先进工作者”“五一劳动奖章”等荣誉称号的；四是曾系现役军人并获得个人一等功以上奖励的；五是因防卫过当或者避险过当，被判处3年以下有期徒刑或者剩余刑期在1年以下的；六是年满75周岁、身体严重残疾且生活不能自理的；七是犯罪的时候不满18周岁，被判处3年以下有期徒刑或者剩余刑期在1年以下的；八是丧偶且有未成年子女或者有身体严重残疾、生活不能自理的子女，确需本人抚养的女性，被判处3年以下有期徒刑或者剩余刑期在1年以下的；九是被裁定假释已执行1/5以上假释考验期的，或者被判处管制的。国家主席特赦令同时明确，在上述9类对象中，具有以下情形之一的，不得特赦：一是第二、三、四、七、八、九类对象中系贪污受贿犯罪，军人违反职责犯罪，故意杀人、强奸、抢劫、绑架、放火、爆炸、投放危险物质或者有组织的暴力性犯罪，黑社会性质的组织犯罪，贩卖毒品犯罪，危害国家安全犯罪，恐怖活动犯罪的罪犯，其他有组织犯罪的主犯，累犯的；二是第二、三、四、九类对象中剩余刑期在10年以上的和仍处于无期徒刑、死刑缓期执行期间的；三是曾经被特赦又因犯罪被判处刑罚的；四是不认罪悔改的；五是经评估具有现实社会危险性的。国家主席特赦令指示，对2019年6月29日符合上述条件的服刑罪犯，经人民法院依法作出裁定后，予以释放。这次的依法特赦，对于推动特赦的制度化、法治化运作，是一个很好的范例。

此外，就特赦而言，历史上曾对死刑缓期二年执行的普通刑事罪犯和无期徒刑犯通过特赦令给予过赦免，但是，对于死刑立即执行犯却从未进行过特赦。联合国《公民权利和政治权利国际公约》第 6 条提出了对人的生命权国际强行法（jus cogens）的保护要求，认为缔约国有必要在其国内法上给予死刑犯以赦免或者减刑之请求权。我国已经签署了公约，是否、如何保障死刑立即执行犯的赦免请求权，成为在批准该公约之前我国国内法上亟须解决的问题。[①]

① 樊文研究员提出，有必要根据赦免权之正当根据和性质，归纳出赦免的实质构成要件（赦免事由），设计出不同于历史实践的、“自下而上”的“申请——特赦”的请求权运作程序，以便实现对死刑立即执行犯赦免请求权的切实保障。参见樊文：《论死刑立即执行犯赦免请求权之保障》，载《中国刑事法杂志》2015 年第 5 期。

后　记

一

我 2006 年 10 月从东京大学回国到人大法学院任教后，从 2007 年 3 月开始讲授《刑法各论》，同年 9 月起开始讲授《刑法总论》，至今已经十几个年头了。这本《刑法总论》是在我十余年间《刑法总论》课程讲义的基础上，经过两年左右的补充、完善而成的，于我来说，也是一个阶段性小结。

在我留学的日本，出版教科书（体系书）通常是一个学者学术生涯的集大成式的总结。所以，一般是在退休之后，至少也是在五十几岁临近退休时，才会将多年积累汇集成教科书，以体系性地全景展示自己在刑法总论或分论问题上的立场和观点。个性化的教科书也成为学者本人的一个标签，一份荣誉和责任。而且，随着时间的流逝和社会变迁，教科书的再版与更新也成为一道风景，甚至在作者年事已高而无力自行承担，或者作者去世而无法承担修订任务时，还可能会有作者的弟子等后来人接下这一工作，使教科书的生命得以延续。德国学者魏根特教授对耶塞克教科书的修订，日本学者桥爪隆教授对西田典之教科书的修订，都是其中的很好证明。但即便是在德日，也都有四十几岁出版教科书的先例。比如德国的韦塞尔斯、施特拉滕韦特、雅各布斯、格洛普、弗罗因德、海因里希等。还有德国教授在不到 40 岁的年纪就推出了自己的教科书，较早的有鲍曼，晚近有霍夫曼－霍兰德，更有刑法学的先贤费尔巴哈、李斯特与施密特（与李斯特合著）在 20 多岁或者 30 岁的年纪就出版了教科书。在日本，也有四十几岁出版教科书的先例，比如藤木英雄就是在 43 岁时出版了《刑法讲义总论》，山口厚出版《刑法总论》第 1 版时也不到 48 岁。见贤思齐，这些杰出的前辈们永远值得我们致敬和学习。

在我国，改革开放之后盛行的是主编制教材，更存在带有一定官方色彩的所谓“统编教材”。时至今日，在刑法领域仍然存在多部影响较大的主编制教材，如高铭暄、马克昌主编的《刑法学》（俗称“红皮书”），以及王作富主编的《刑法》（俗称“蓝皮书”）等。主编制教材可以集思广益，采众家之所长，但也有不少缺陷，比如可能因诸多参编者之间立场不一致而出现同一本书的前后不协调。我国刑法学界个人独著的教科书大致出现在 20 世纪 90 年代。1997 年刑法典颁布以后，张明楷教授于当年出版了《刑法学》，之后陈兴良教授于 2001 年出版了《本体刑法学》，于 2003 年出版了《规范刑法学》。独著的刑法教科书在我国面世虽不算早，但起点比较高，直接推动了中国的刑法学研究从单纯的法条释义向法教义学转变。进入 21 世纪，尤其是 2010 年之后，个人独著的刑法教科书逐渐多了起来，加起来有十余种之多。这些风格各异的个性化教材，极大地丰富了读者的阅读范围，也直接提升了中国刑法学的研究水准。在这些个人独著的教科书作者群中，四十几岁的作者并不罕见。要是再将眼光放宽到我国其他法学二级学科，比如刑事诉讼法学、民法学等，则个人法学教材作者年龄的年轻化就更不值得大惊小怪。年轻作者固然存在积累不够充分、思想尚不成熟等局限，但也可能会因留学经历等而有知识结构相对合理的优势，况且还存在通过打磨而提升的空间。想到这些，我出版这本《刑法总论》教科书也就没那么踌躇了。

二

这本《刑法总论》教科书的最大特点，是直接采用了在德日等大陆法系国家处在通说地位的“构成要件该当性—违法性—有责性”的三阶层犯罪论体系，使得其和我国传统的刑法教科书在体例上明显有别。之所以采纳这一体系而没有坚持传统的平面四要件犯罪论体系，在本书的正文第四章中有详细的论述和交代，这里再稍赘数言。这首先是因为区分违法和责任的阶层式体系能够区隔出不同意义上的犯罪概念、能够体现客观优先的犯罪认定顺序和认定过程，同时“构成要件该当性”这一阶层则有助于罪刑法定原则的贯彻。就此而言，这种三阶层体系较之四要件理论具有体系上的优势，且操作起来也并不多么复杂，是相对合理的。其次，阶层式犯罪论体系并没有被中国的司法实务所漠视或者拒绝，一些判决中已经呈现出相应的思考方式，甚至一些司法解释中也直接认可了“客观意义上的犯罪”等要素。阶层式体系较之平面四要件体系对具体问题的解释优势，实践正在证明，时间终将证明。再次，我国刑法学界的诸多前辈们早已在教科书中表达了对于传统四要件理论的不满，进而选择了不同于传统的其他体系。比如张明楷教授选择了“不法—责任”的二阶层体系，周光权教授采纳了“犯罪客观要件—犯罪主观要件—犯罪排除事由”的新三阶层体系。而陈兴良教授则在主编的由复旦大学出版社出版的《刑法学》教材中，直接采用了“构成要件该当性—违法性—有责性”的三阶层体系。这都表明，采用阶层的犯罪论体系正逐渐获得学术界越来越多的认同。最后，作为我这个已经逐渐步入中年的刑法学人而言，采用三阶层的犯罪论体系，不但是一种旗帜鲜明的态度，而且也是一种一以贯之的立场。我在21世纪初攻读研究生期间就与梁根林教授合作过《刑事领域的违法性冲突及其救济》的文章，系统反思了社会危害性理论；在日本访学两年于2006年回国任教后，在人大法学院10余年的《刑法总论》课堂上，始终讲授的是三阶层的犯罪论体系，在这本教科书中坚持这一体系，是理所当然的。而且，犯罪构成理论也是我多年以来的重点研究领域，希望在保有完整刑法学知识体系的同时，将自己的个人特色、见解融入刑法学教科书中予以展现。我也希望借用读者的“挑剔”眼光再次审视过去的基本立场和结论，为以后完善教科书和个人研究提供支持。

这本书的第二个特点，是追求理论联系实际。我在2009年和他人一起翻译了我在日本的导师山口厚教授的《从新判例看刑法》(第2版)，2011年又单独翻译了山口老师的《刑法总论》(第2版)，并且分别在2018年和2019年跟进翻译出版了这两本书的第3版。我深切地体会到日本刑法学在理论研究时结合判例、裁判例展开的务实态度和绵密风格，这一点也深深影响了我。此外，我还在北京市通州区人民检察院挂职副检察长长达5年，参加过几十次专门研究具体案件的检察委员会会议，总体上了解了现有刑法理论对具体案件解决的作用及其局限。因此，我在这本《刑法总论》教科书的写作中，尽可能地查找刊载于《刑事审判参考》等处的真实案例，将其反映在书的相应章节之中，并给予理论回应。实务对理论的滋养和理论对实务的回馈，既使得这本教科书不至于过于枯燥和自说自话，也应该是理论研究的应有范式，教科书写作的基本风格。当然，我也很清楚，由于时间等多方面原因，在贴近实务方面本书还存在较多不足。这将留待于本书再版——如果有机会的话——届时加以完善。

本书设想的基本定位是法学本科生和法律硕士研究生的教科书，以及刑事司法实务工作者和刑法学研究者的参考书。因此，在语言表达上尽量追求平实。本书脱胎于对作者10余年课堂讲义的录音整理，因此不可避免地带有一定的口语化特征。在扩充、完善为教科书的过程中，我虽尽量修改了过于口语化的表达，但还是有意保留了一定的课堂讲义的痕迹。这既会让读者有一定的现场感，也因尽量避免高头讲章式的书面表达而能使读者不至于产生明显的隔阂。当然，由于刑法学本身的严整性和严肃性，使用已经形成共识的专业术语是必需的，这也正是刑法学本身的魅力所在。同时，在难易问题上，考虑读者群体的接受程度，本书尽量在“必要最小限度”内介绍国内外学界的前沿知识和学说发展状况的基础上，着力体现作者本人的现有立场。既要让本科生、法律硕士生读得懂，又要让实务人员有收获，还要让刑法学研究者有启发，这是本书的基本追求。

三

本书的完成和顺利出版，需要感谢一些人。陈兴良先生和梁根林先生，是我在北京大学读书期间的两位导师，也是我走上刑法学之路的领路人。我能有幸走到今天这一步，与两位老师将近20年来的鼓励、鞭策与扶持密不可分。两位恩师在为人为学方面的言传身教，必将使我获益终身。我在东京大学留学、访学两年期间的指导教师山口厚先生，如今已是日本最高裁判所的大法官，他为我打开了了解和研习日本刑法学的一扇大门，令我眼界大开。山口老师对我的指导和期待，也是我在刑法学教学科研之路上不敢懈怠的动力所在。在这里，我要首先将这本教科书恭敬地呈献给我的这三位导师。

高铭暄先生、王作富先生、储槐植先生、张文先生对我的鼓励令我感动，铭记于心。张明楷老师、黎宏老师、周光权老师、曲新久老师等前辈的教科书给我极多的启发，是我学习的楷模。我的几位同事，谢望原教授、刘明祥教授、冯军教授、田宏杰教授、时延安教授、李立众教授、王莹教授等，以及人大法学院的领导王轶教授、杜焕芳教授、杨东教授等，也都给予我在科研之路上很多实实在在的支持，在此一并表示感谢。同时，感谢法律出版社应用分社的冯雨春分社长，她不但欣然同意了本书的出版，还为本书的问世保证了时间。另外，在具体出版问题上，感谢法律出版社的杨大康兄。他是一位既有眼光也有行动力的优秀出版人，这本书在他的负责之下呈现出了我喜欢的模样。还要感谢法律出版社的谢瑞忠编辑，他的敬业与专业，尽心和耐心都让我感动。

最后，还要感谢如下几位学生。严爽、刘丽帮我整理了本科课堂上的大量录音，形成了本书的文字雏形。陈少青、简爱、刘俊杰、李至、郑朝旭、汪雪城、徐桢清、周奕澄在注释核对、文字校对、文献查找、表述完善等方面付出了大量心血。尤其是李至，他不但帮我进行了全书的通稿校对，还直接为我丰富了书中的一些英文文献。谢谢你们了，未来的学术之路，我愿意继续和你们一起成长。

付立庆

2020 年 7 月 24 日于明德楼研究室

图书在版编目(CIP)数据

刑法总论 / 付立庆著. -- 北京 : 法律出版社,
2020(2020.12 重印)
ISBN 978-7-5197-4830-2

Ⅰ. ①刑… Ⅱ. ①付… Ⅲ. ①刑法-法学-中国
Ⅳ. ①D924.01

中国版本图书馆 CIP 数据核字(2020)第 146784 号

刑法总论
XINGFA ZONGLUN

付立庆 著

策划编辑 杨大康
责任编辑 冯雨春 谢瑞忠
装帧设计 鲁 娟

出版 法律出版社
总发行 中国法律图书有限公司
经销 新华书店
印刷 中煤(北京)印务有限公司
责任校对 杨锦华
责任印制 吕亚莉

编辑统筹 法律应用出版分社
开本 787 毫米×1092 毫米 1/16
印张 28.25
字数 659 千
版本 2020 年 8 月第 1 版
印次 2020 年 12 月第 2 次印刷

法律出版社/北京市丰台区莲花池西里 7 号(100073)
网址/www.lawpress.com.cn
投稿邮箱/info@lawpress.com.cn
举报维权邮箱/jbwq@lawpress.com.cn
销售热线/400-660-8393
咨询电话/010-63939796

中国法律图书有限公司/北京市丰台区莲花池西里 7 号(100073)
全国各地中法图分、子公司销售电话:
统一销售客服/400-660-8393/6393
第一法律书店/010-83938432/8433 西安分公司/029-85330678 重庆分公司/023-67453036
上海分公司/021-62071639/1636 深圳分公司/0755-83072995

书号:ISBN 978-7-5197-4830-2
定价:99.00 元
(如有缺页或倒装,中国法律图书有限公司负责退换)